Kohlhammer

Staatsrecht II

Grundrechte

begründet von

Prof. Dr. Dr. h.c. Ingo von Münch

fortgeführt und neu bearbeitet von

Prof. Dr. Ute Mager

7., überarbeitete Auflage

Verlag W. Kohlhammer

7. Auflage 2018

Print:
ISBN 978-3-17-033626-1

E-Book-Formate:
pdf: ISBN 978-3-17-033627-8
epub: ISBN 978-3-17-033628-5
mobi: ISBN 978-3-17-033629-2

Vorwort zur 7. Auflage

Mit der 7. Auflage wird das Lehrbuch auf den aktuellen Stand gebracht. Wichtige Entscheidungen vor allem des Bundesverfassungsgerichts wurden eingearbeitet, allfällige Korrekturen und Verbesserungen vorgenommen. Wie schon bei der Neubearbeitung für die 6. Auflage haben mich auch dieses Mal meine Mitarbeiterinnen und Mitarbeiter mit wichtigen Hinweisen, Recherchen und aufwändiger Bearbeitung der Nachweise unterstützt. Danken möchte ich meinen studentischen Mitarbeiterinnen und Mitarbeitern Felix Bruckert, Theresa Lanzl, Navin Mienert und Robert Pracht sowie meinem wissenschaftlichen Mitarbeiter Ass. jur. Maximilian Mödinger. Für Unterstützung in organisatorischer Hinsicht gebührt wiederum Frau Gioseppina Klingmann Dank. Herzlich danken möchte ich schließlich Herrn Ass. jur. Philipp Haubelt vom Kohlhammer Verlag für die sehr angenehme und gute Zusammenarbeit. Über Anregungen und Kritik freue ich mich. Schreiben Sie an ute.mager@jurs.uni-heidelberg.de.

Heidelberg, im Dezember 2017   Ute Mager

Auszug aus dem Vorwort zur 6. Auflage

Mit der 6., neu bearbeiteten Auflage wird das Lehrbuch zum Staatsrecht, das Ingo von Münch begründet hat, nunmehr auch in seinem zweiten Band, der sich den Grundrechten widmet, fortgeführt. Die Neubearbeitung hält an dem bewährten Konzept fest, wonach die systematische Darstellung anhand von Fällen mit ausformulierten Lösungsvorschlägen veranschaulicht wird. Die Zahl der Fälle ist von bisher sechs auf nunmehr sechzehn deutlich erhöht worden. Der zweite Abschnitt, der sich den allgemeinen Grundrechtslehren widmet, enthält am Ende zudem Prüfungsschemata. Neu ist ein erster Teil, der sich knapp den ideen- und verfassungsgeschichtlichen Grundlagen der Grundrechte widmet. Hier finden sich jetzt auch die Hinweise zur Entwicklung des internationalen Grundrechtsschutzes, die in der Vorauflage den Schluss des Lehrbuchs bildeten. Im Übrigen folgt der Aufbau nicht der textlichen Reihenfolge des Grundgesetzes, sondern im Wesentlichen einer thematischen Ordnung, die von der Person ausgeht und sodann gewissermaßen in konzentrischen Kreisen ihre verschiedenen Bezüge zur Umwelt in den Blick nimmt: Familie und Schule, Religion, Kommunikation, Wirtschaftsleben, Zugehörigkeit zum Staat. Die Justizgrundrechte, die eine Subjektivierung des Staatsstrukturprinzips der Rechtsstaatlichkeit darstellen, sind bereits im ersten Band dieses Lehrbuchs, Staatsorganisationsrecht, behandelt worden. Die dortigen Ausführungen werden daher im vorliegenden Grundrechtsband nur in Bezug genommen.

Wie die Vorlesung ist auch dieses Lehrbuch als Anleitung zum Selbststudium gedacht. Es richtet sich nicht nur an Studienanfänger, sondern insbesondere auch an Examenskandidaten. Eine abschnittsweise Lektüre ist möglich. Für eine gewinnbringende Lektüre ist es zwingend, das Grundgesetz und ggf. weitere Gesetzestexte zur Hand zu haben. Empfehlenswert ist es, die Fälle zunächst auf der Grundlage der Lektüre des jeweiligen systematischen Teils selbst zu lösen und erst dann den Lösungsvorschlag zu lesen. Angesichts des prinzipienhaften Charakters der Grundrechte ist zudem das Studium von Bundesverfassungsgerichtsentscheidungen außerordentlich wichtig, um Struktur und Argumentation von Grundrechtsprüfungen zu erlernen. Aus diesem Grund sind grundlegende Entscheidungen des Bundesverfassungsgerichts am Ende eines jeden Abschnitts zusammengestellt. Wie schon im ersten Band beschränken sich die Nachweise in den Fußnoten im Wesentlichen auf Rechtsprechung des Bundesverfassungsgerichts und Ausbildungsliteratur. Auf veröffentlichte Fälle mit Lösungen wird gesondert hingewiesen.

Heidelberg, im Dezember 2013   Ute Mager

Inhaltsverzeichnis

Inhaltsverzeichnis

Inhaltsverzeichnis

Inhaltsverzeichnis

Inhaltsverzeichnis

Inhaltsverzeichnis

Abkürzungsverzeichnis

A

aA.	anderer Ansicht
a. a. O.	am angegebenen Ort
ABl.	Amtsblatt
Abs.	Absatz
abw.	abweichend
AEMR	Allgemeine Erklärung der Menschenrechte
AEUV	Vertrag über die Arbeitsweise der Europäischen Union
aF.	alte Fassung
AfP	Archiv für Presserecht
AG	Aktiengesetz, Aktiengesellschaft, Amtsgericht
AGG	Ausführungsgesetz zu ...
AK	Alternativkommentar
allg.	allgemein
Alt.	Alternative
ÄndG	Änderungsgesetz zu ...
Anm.	Anmerkung
AO	Abgabenordnung
AöR	Archiv des öffentlichen Rechts
ArbuR	Arbeit und Recht (Zeitschr.)
ARSP	Archiv für Rechts- und Sozialphilosophie
Art.	Artikel
AT	Allgemeiner Teil
AtG	Gesetz über die friedliche Verwendung der Kernenergie und den Schutz gegen ihre Gefahren (Atomgesetz)
AufenthG	Gesetz über den Aufenthalt, die Erwerbstätigkeit und die Integration von Ausländern (Aufenthaltsgesetz)
Aufl.	Auflage
ausf.	ausführlich
AWACS	Airborne Warning and Control System
AWG	Außenwirtschaftsgesetz
Az.	Aktenzeichen

B

BaföG	Gesetz über individuelle Förderung der Ausbildung (Bundesausbildungsförderungsgesetz)
BAG	Bundesarbeitsgericht
BAGE	Entscheidungen des Bundesarbeitsgerichts
Bay.	Bayern
bayr.	bayerisch
BayVBl.	Bayerische Verwaltungsblätter
BayVerfGH	Bayerischer Verfassungsgerichtshof
BayVerfGHE	Entscheidungen des Bayerischen Verfassungsgerichtshofs
BB	Brandenburg
Bbg.	Brandenburg, brandenburgisch
BDSG	Bundesdatenschutzgesetz
Berl.	Berlin, berliner
BGB	Bürgerliches Gesetzbuch
BGBl.	Bundesgesetzblatt
BGH	Bundesgerichtshof
BGHZ	Entscheidungen des Bundesgerichtshofs in Zivilsachen
BHO	Bundeshaushaltsordnung
BImSchG	Gesetz zum Schutz vor schädlichen Umwelteinwirkungen durch Luftverunreinigungen, Geräusche, Erschütterungen und ähnliche Vorgänge (Bundesimmissionsschutzgesetz)

BK	Bonner Kommentar zum Grundgesetz
BKAG	Bundeskriminalamtgesetz
BKG	Brand- und Katastrophenschutzgesetz
BNDG	Bundes-Nachrichtendienstgesetz
Brem.	Bremen
BremWG	bremisches Wassergesetz
BRJ	Bonner Rechtsjournal
BT-Drs.	Drucksachen des Deutschen Bundestages (Wahlperiode, Nummer)
BVerfG	Bundesverfassungsgericht
BVerfGE	Entscheidungen des Bundesverfassungsgerichts
BVerfGG	Gesetz über das Bundesverfassungsgericht
BVerfSchG	Gesetz über die Zusammenarbeit des Bundes und der Länder in Angelegenheiten des Verfassungsschutzes (Bundesverfassungsschutzgesetz)
BVerwG	Bundesverwaltungsgericht
BVerwGE	Entscheidungen des Bundesverwaltungsgerichts
BvR	Aktenzeichen einer Verfassungsbeschwerde zum Bundesverfassungsgericht
BW	Baden-Württemberg
bzgl.	bezüglich
bzw.	beziehungsweise
D	
ders.	derselbe
DDR	Deutsche Demokratische Republik
dh.	das heißt
dies.	dieselbe
DÖV	Die öffentliche Verwaltung
Drs.	Drucksache
DRiZ	Deutsche Richterzeitung
DV	Die Verwaltung
DVBl.	Deutsches Verwaltungsblatt
E	
eA.	einstweilige Anordnung
EALR	Einleitung Allgemeines Landrecht für die Preußischen Staaten von 1794
EGMR	Europäischer Gerichtshof für Menschenrechte
EMRK	Europäische Konvention zum Schutz der Menschenrechte und Grundfreiheiten
EStG	Einkommensteuergesetz
EU	Europäische Union
EUV	Vertrag über die Europäische Union
EuGH	Gerichtshof der Europäischen Union
EUGrCh	Charta der Grundrechte der Europäischen Union
EuGRZ	Europäische Grundrechte-Zeitschrift
EuR	Europarecht
EuZW	Europäische Zeitschrift für Wirtschaftsrecht
EV	Einigungsvertrag
EWG	Europäische Wirtschaftsgemeinschaft
F	
FamFG	Gesetz über das Verfahren in Familiensachen und in den Angelegenheiten der freiwilligen Gerichtsbarkeit
f.	folgende (Verweis nur auf eine der Seite folgende Seite)
ff.	folgende (Verweis auf mehrere der Seite folgende Seiten)
Fn.	Fußnote
FR	Finanzrundschau
FS	Festschrift
FSHG	Gesetz über den Feuerschutz und die Hilfeleistung
FwG	Feuerwehrgesetz

Abkürzungsverzeichnis

G

GBl.	Gesetzblatt
GenG	Genossenschaftsgesetz
GFK	Genfer Flüchtlingskonvention
GG	Grundgesetz für die Bundesrepublik Deutschland
gg.	gegen
ggf.	gegebenenfalls
GmbHG	Gesetz betreffend die Gesellschaften mit beschränkter Haftung
GVG	Gerichtsverfassungsgesetz
GVBl.	Gesetz- und Verordnungsblatt

H

Hbg.	Hamburg
HdbStKirchR	Handbuch des Staatskirchenrechts
HdbStR	Handbuch des Staatsrechts (s. Literaturhinweise)
Hess.	Hessen, hessisch
HGB	Handelsgesetzbuch
hM.	herrschende Meinung
Hrsg.	Herausgeber
HWaG	hamburgisches Wassergesetz
HwO	Handwerksordnung

I

idF.	in der Fassung
idR.	in der Regel
IFG	Informationsfreiheitsgesetz
insbes.	insbesondere
IPwskR	Internationaler Pakt über wirtschaftliche, soziale und kulturelle Rechte
IRG	Gesetz über die internationale Rechtshilfe
iSv.	im Sinne von
iSe.	im Sinne eine(r,s)
iVm.	in Verbindung mit

J

JA	Juristische Arbeitsblätter
JöR	Jahrbuch des öffentlichen Rechts der Gegenwart
JP	Jarass/Pieroth (siehe Literaturhinweise)
JR	Juristische Rundschau
Jura	Jura
JuS	Juristische Schulung
JZ	Juristenzeitung

K

KatSG	Katastrophenschutzgesetz
KritV	Kritische Vierteljahresschrift
KSG	Katastrophenschutzgesetz

L

LAG	Landesarbeitsgericht
LBKG	Landesbrand- und Katastrophenschutzgesetz
LfG.	Lieferung (bei Loseblattangaben)
LG	Landgericht
LHG	Landeshochschulgesetz
lit.	litera (Buchstabe)
Ls.	Leitsatz
LuftSiG	Luftsicherheitsgesetz
LV	Landesverfassung

M

mwN.	mit weiterem(n) Nachweis(en)
mwRsprN.	mit weiterem(n) Rechtsprechungsnachweis(en)

mWv.	mit Wirkung vom
MV	Mecklenburg-Vorpommern

N

NATO	North Atlantic Treaty Organisation
NDG	niedersächsisches Deichgesetz
nF.	neue Fassung
NJ	Neue Justiz
NJW	Neue Juristische Wochenschrift
NJW-RR	Neue Juristische Wochenschrift Rechtsprechungsreport
Nr.	Nummer(n)
NRW	Nordrhein-Westfalen
Nds.	Niedersachsen, niedersächsisch
NVwZ	Neue Zeitschrift für Verwaltungsrecht
NVwZ-RR	Neue Zeitschrift für Verwaltungsrecht Rechtsprechungsreport
NZA	Neue Zeitschrift für Arbeitsrecht

O

og.	oben genannt
OLG	Oberlandesgericht
OVG	Oberverwaltungsgericht
OVGE	Entscheidungen des Oberverwaltungsgerichts
OwiG	Ordnungswidrigkeitengesetz

P

PatG	Patentgesetz
PartG	Gesetz über die politischen Parteien (Parteiengesetz)
PolG	Polizeigesetz
PostG	Postgesetz
Prot.	Protokoll(e)

R

RegE	Regierungsentwurf
RGBl.	Reichsgesetzblatt
RGZ	Reichsgericht für Zivilsachen
RL.	Richtlinie(n)
Rn.	Randnummer(n)
RP	Rheinland-Pfalz
Rs.	Rechtssache
Rspr.	Rechtsprechung

S

s.	siehe
S.	Seite
saarl.	saarländisch
SG	Soldatengesetz
SGB	Sozialgesetzbuch
SGB I-AT	Sozialgesetzbuch Buch I. Allgemeiner Teil
SGG	Sozialgerichtsgesetz
SH	Schleswig-Holstein
Slg.	Sammlung der Rechtsprechung des EuGH
SL	Saarland
SN	Sachsen
SNA	Sachsen-Anhalt
sog.	sogenannt
Staat	Der Staat
StAG	Staatsangehörigkeitsgesetz
StGB	Strafgesetzbuch
StGH	Staatsgerichtshof
StPO	Strafprozessordnung

Abkürzungsverzeichnis

str.	strittig
StrG	Straßengesetz
StrReinG	Straßenreinigungsgesetz
st. Rspr.	ständige Rechtsprechung
StudZR	Studentische Zeitschrift für Rechtswissenschaft
StV	Staatsvertrag
T	
Thür.	Thüringen
TKG	Telekommunikationsgesetz
tlw.	teilweise
U	
ua.	unter anderem
UIG	Umweltinformationsgesetz
UN	United Nations
UNO	Organisation der Vereinten Nationen
UNTS	United Nations Treaty Series
Urt.	Urteil
usw.	und so weiter
V	
va.	vor allem
VBlBW	Verwaltungsblätter Baden-Württemberg
vgl.	vergleiche
VerfG	Verfassungsgericht
VerfGH	Verfassungsgerichtshof
VersG	Versammlungsgesetz
VerwArch	Verwaltungsarchiv
VG	Verwaltungsgericht
VGH	Verwaltungsgerichtshof
vH.	von Hundert
VN	Vereinte Nationen
VR	Verwaltungsrundschau
VVDStRL	Veröffentlichungen der Vereinigung der Deutschen Staatsrechtslehrer
VwGO	Verwaltungsgerichtsordnung
VwVfG	Verwaltungsverfahrensgesetz
W	
wg.	wegen
wN.	weitere Nachweise
WRV	Weimarer Reichsverfassung
Z	
ZaöRV	Zeitschrift für ausländisches öffentliches Recht und Völkerrecht
zB.	zum Beispiel
ZBR	Zeitschrift für Beamtenrecht
ZevKR	Zeitschrift für evangelisches Kirchenrecht
ZPO	Zivilprozessordnung
ZRP	Zeitschrift für Rechtspolitik
ZSR	Zeitschrift für Sozialreform
zutr.	zutreffend
zT.	zum Teil
zzgl.	zuzüglich

Literaturhinweise

I. Lehrbücher und Grundrisse

Badura, Peter, Staatsrecht, 6. Auflage 2015.
Epping, Volker, Grundrechte, 7. Auflage 2017.
Hesse, Konrad, Grundzüge des Verfassungsrechts der Bundesrepublik Deutschland, Nachdruck der 20. Auflage 1999.
Hufen, Friedhelm, Staatsrecht II – Grundrechte, 6. Auflage 2017.
Ipsen, Jörn, Staatsrecht II – Grundrechte, 20. Auflage 2017.
Kingreen, Thorsten/Poscher, Ralf, Grundrechte – Staatsrecht II, 33. Auflage 2017.
Manssen, Gerrit, Staatsrecht II – Grundrechte, 14. Auflage 2017.
Michael, Lothar/Morlok, Martin, Grundrechte, 6. Auflage 2017.
von Münch, Ingo/Mager, Ute, Staatsrecht I – Staatsorganisationsrecht, 8. Aufl. 2015.
Zippelius, Reinhold/Würtenberger, Thomas, Deutsches Staatsrecht, 33. Auflage 2018 (i. E.).

II. Kommentare zum Grundgesetz

Denninger, Erhard/Hoffmann-Riehm, Wolfgang/Schneider, Hans-Peter/Stein Ekkehart (Hrsg.), Kommentar zum Grundgesetz für die Bundesrepublik Deutschland (Reihe Alternativ-Kommentare), Loseblattausgabe, 3. Auflage 2001. Zitiert: *Bearbeiter,* in: AK, Art. Rn.
Dreier, Horst (Hrsg.), Grundgesetz, Band I, Artikel 1–19, 3. Auflage 2013. Zitiert: *Bearbeiter,* in: Dreier, Art. Rn.
Epping, Volker/Hillgruber, Christian, Grundgesetz, Beckscher Online-Kommentar. Zitiert: *Bearbeiter,* in: Epping/Hillgruber, Art. Rn.
Friauf, Karl Heinrich/Höfling, Wolfram (Hrsg.), Berliner Kommentar zum Grundgesetz, Loseblattausgabe, 2017. Zitiert: *Bearbeiter,* in: Friauf/Höfling, Art. Rn.
Hömig, Dieter (Hrsg.)/*Wolff, Heinrich Amadeus,* Grundgesetz für die Bundesrepublik Deutschland, 11. Auflage 2016.
Kahl, Wolfgang/Waldhoff, Christian/Walter, Christian (Hrsg.), Bonner Kommentar zum Grundgesetz, Loseblattausgabe, 184. Aktualisierung, Stand: Mai 2017. Zitiert: *Bearbeiter,* in: BK, Art. Rn.
Jarass, Hans Dieter/Pieroth, Bodo, Grundgesetz für die Bundesrepublik Deutschland, 14. Auflage 2016. Zitiert: *Bearbeiter,* in: JP, Art. Rn.
Leibholz, Gerhard/Rinck, Hans-Justus (Begr.), Grundgesetz für die Bundesrepublik Deutschland, Rechtsprechung des Bundesverfassungsgerichts, Loseblattausgabe, 74. Aktualisierung, Stand: 2017.
von Mangoldt, Hermann/Klein, Friedrich/Starck, Christian (Hrsg.), Das Bonner Grundgesetz, 3 Bde., 7. Auflage 2018 (i. E.). Zitiert: *Bearbeiter,* in: von Mangoldt/Klein/Starck, Art. Rn.
Maunz, Theodor/Dürig, Günter (Begr.), Grundgesetz, Loseblattausgabe, Stand: 81. Auflage 2018. Zitiert: *Bearbeiter,* in: Maunz/Dürig, Art. Rn.
von Münch, Ingo/Kunig, Philip (Hrsg.), Grundgesetz-Kommentar, 2 Bde., 6. Auflage 2012. Zitiert: *Bearbeiter,* in: von Münch/Kunig, Art. Rn.
Sachs, Michael (Hrsg.), Grundgesetz. Kommentar, 8. Auflage 2018 (i. E.) . Zitiert: *Bearbeiter,* in: Sachs, Art. Rn.
Schmidt-Bleibtreu, Bruno/Hofmann, Hans/Hopfauf, Axel, Kommentar zum Grundgesetz, 14. Auflage 2017.
Sodan, Helge (Hrsg.), Grundgesetz, 4. Auflage 2018 (i. E.).

III. Fallbesprechungen, Repetitorien

Bumke, Christian/Voßkuhle, Andreas, Casebook Verfassungsrecht, 7. Auflage 2015.
Degenhart, Christoph, Klausurenkurs im Staatsrecht I, 4. Auflage 2016.
derselbe, Klausurenkurs im Staatsrecht II, 7. Auflage 2015.
Eberhard, Harald/Lachmayer, Konrad, Casebook Verfassungsrecht, 2. Auflage 2012.

Literaturhinweise

Hebeler, Timo, 40 Probleme aus dem Staatsrecht, 3. Auflage 2011.

Heimann, Hans M./Kirchhof, Gregor/Waldhoff, Christian, Verfassungsrecht und Verfassungsprozessrecht, 2. Aufl. 2010.

Höfling, Wolfram, Fälle zu den Grundrechten, 2. Auflage 2014.

Kilian, Michael/Eiselstein, Klaus, Grundfälle im Staatsrecht, 5. Auflage 2011.

Schmidt, Thorsten Ingo, Staatsrecht (PdW), 3. Auflage 2013.

Schwerdtfeger, Gunther (Begr.)/*Schwerdtfeger, Angela,* Öffentliches Recht in der Fallbearbeitung, 14. Auflage 2012.

Volkmann, Uwe, Staatsrecht II – Grundrechte, 2. Auflage 2011.

IV. Handbücher und Lexika

Görres-Gesellschaft (Hrsg.), Staatslexikon: Recht, Wirtschaft, Gesellschaft, 7 Bde., 7. Auflage 1985 ff.

Heun, Werner/Honecker, Martin/Morlok, Martin/Wieland, Joachim (Hrsg.), Evangelisches Staatslexikon, Neuausgabe 2006.

Isensee, Josef/Kirchhof, Paul (Hrsg.), Handbuch des Staatsrechts der Bundesrepublik Deutschland, 3. Auflage, Bd. I, 2003; Bd. II, 2004; Bd. III, 2005; Bd. IV, 2006; Bd. V, 2007; Bd. VI, 2009; Bd. VII, 2009; Bd. VIII, 2010; Bd. X, 2012; Bd. XI, 2013; Bd. XII, 2014.

Merten, Detlef/Papier, Hans-Jürgen (Hrsg.), Handbuch der Grundrechte in Deutschland und Europa, bislang Bd. I, 2004; Bd. II, 2006; Bd. III, 2009; Bd. IV, 2011; Bd. VI 1, 2010; Bd. VI 2, 2009; Bd. VII 1, 2009; VII 2, 2007; Bd. IX, 2016.

VI. Europäischer Grundrechtsschutz

Ehlers, Dirk (Hrsg.), Europäische Grundrechte und Grundfreiheiten, 4. Auflage 2015.

Grabenwarter, Christoph, Europäische Menschenrechtskonvention, 6. Auflage 2016.

Meyer, Jürgen (Hrsg.), Charta der Grundrechte der Europäischen Union, 4. Auflage 2014.

Peters, Anne/Altwicker, Tilmann, Europäische Menschenrechtskonvention mit rechtsvergleichenden Bezügen zum deutschen Grundgesetz, 2. Aufl. 2012.

Einführung

1. Die fundamentale Bedeutung der Grundrechte für Rechtsstaat und Demokratie

Grundrechte sind das Herzstück des Rechtsstaats und von fundamentaler Bedeutung **1**
für freiheitliche Demokratien. Grundrechtsverbürgungen sind demgemäß Charakteristikum und wesentlicher Bestandteil der geschriebenen Verfassungen, die an die Verfassungstradition der westlichen Welt mit ihren ideengeschichtlichen Wurzeln in der Aufklärung und im rationalistischen Naturrecht anknüpfen.[1]
Es lassen sich drei grundlegende Arten von Rechtsbeziehungen im Staat unterscheiden[2]:
- die Rechtsbeziehungen zwischen den Privatpersonen, die einander prinzipiell gleichberechtigt gegenüberstehen;
- die Rechtsbeziehungen zwischen den Privatpersonen und der organisierten Staatlichkeit sowie
- die Rechtsbeziehungen innerhalb der organisierten Staatlichkeit.

Die **Grundrechte** bilden als **subjektive Rechte der Menschen** und Bürger das Fundament für die Rechtsbeziehungen zur organisierten Staatlichkeit. Diese fundamentale Bedeutung findet im Verfassungstext des Grundgesetzes ihren Ausdruck in **Art. 1 Abs. 3 GG**, wonach alle staatliche Gewalt – Gesetzgebung, vollziehende Gewalt und Rechtsprechung – unmittelbar an die Grundrechte gebunden ist. Darauf beruht auch das viel zitierte Diktum, Verwaltungsrecht sei konkretisiertes Verfassungsrecht.[3] Unter Berufung auf Grundrechte können Privatpersonen zudem alle sie belastenden Akte hoheitlicher Gewalt einer gerichtlichen Überprüfung zuführen und ggf. abwehren. Dies garantiert ausdrücklich **Art. 19 Abs. 4 GG**.

Daneben können die Grundrechte aber auch in den Rechtsbeziehungen der Privatpersonen untereinander Wirkung entfalten. Zwar sind Privatpersonen prinzipiell Grundrechtsberechtigte, nicht aber Grundrechtsverpflichtete. Es gehört jedoch zu den wesentlichen Aufgaben des Staates, die Freiheitssphären der Privatpersonen voneinander abzugrenzen und einander zuzuordnen. Diese Aufgabe kommt in erster Linie dem Gesetzgeber zu, der dabei die Grundrechte aller Betroffenen beachten muss. Kommt es auf der Grundlage von zwingenden Gesetzen, welche die Rechtssphären von Privaten untereinander abgrenzen, zum Streit zwischen Privaten, so haben die Gerichte bei der Anwendung und Auslegung dieser Gesetze die Grundrechte zu beachten. Dies folgt aus der Bindung des Gesetzgebers wie der Rechtsprechung an die Grundrechte.[4] Auf diese Weise können Grundrechte **mittelbar Wirkung in Privatrechtsbeziehungen** entfalten. Es wird, zum Teil mit kritischem Unterton, von der Konstitutionalisierung der Zivilrechtsordnung gesprochen.[5]

Allein in Bezug auf die Rechtsbeziehungen innerhalb der organisierten Staatlichkeit **3**
haben die Grundrechte keine Anwendung. Hier ist der genuine Raum des Staatsorganisationsrechts.

---

1 S. dazu *von Münch/Mager*, Staatsrecht I, Rn. 20 ff. mwN.
2 S. dazu *von Münch/Mager*, Staatsrecht I, Rn. 5 mwN.
3 *Fritz Werner* (3. Präsident des BVerwG 1958–1969), Verwaltungsrecht als konkretisiertes Verfassungsrecht, DVBl. 1959, 527–533.
4 S. dazu noch unten Rn. 107 ff.
5 *G. Hager*, Von der Konstitutionalisierung des Zivilrechts zur Zivilisierung der Konstitutionalisierung, JuS 2006, 769.

2. Die Rechtsquellen und ihr Verhältnis zueinander

4   Das Grundgesetz beginnt mit dem **Grundrechtsteil**, der **Art. 1 bis 19 GG** umfasst. Die Entfaltung von Bedeutung und Funktion dieser Vorschriften ist der Hauptgegenstand dieses Lehrbuchs. Darüber hinaus gehören die in Art. 93 Abs. 1 Nr. 4a GG aufgelisteten Verfassungsvorschriften, soweit sie subjektive Rechte enthalten, zu den **grundrechtsgleichen Rechten**. Es handelt sich um das Widerstandsrecht nach Art. 20 Abs. 4 GG, die staatsbürgerliche Gleichheit, den Zugang zu öffentlichen Ämtern sowie die subjektiven Rechte von Beamten nach Art. 33 GG, das aktive und passive Wahlrecht nach Art. 38 GG sowie die Prozessgrundrechte nach Art. 101, 103 und 104 GG. Auch ihre Verletzung kann nach Erschöpfung des jeweils eröffneten Rechtswegs im Wege der Verfassungsbeschwerde gerügt werden. Wegen des engen Bezugs zur Garantie des Berufsbeamtentums, zum Wahlrecht sowie zur Rechtsprechung[6] als der dritten staatlichen Gewalt, finden sich die näheren Ausführungen zu diesen Rechten in Band 1 – Staatsorganisationsrecht.[7]

5   Daneben enthalten fast alle **Verfassungen der Bundesländer Grundrechtsabschnitte**. Zum Teil wird auf den Grundrechtsabschnitt des Grundgesetzes Bezug genommen. Das Verhältnis zwischen den Grundrechten des Grundgesetzes und denen der Landesverfassungen regelt Art. 142 GG. Danach bleiben ungeachtet des Art. 31 (Bundesrecht bricht Landesrecht) Bestimmungen der Landesverfassungen auch insoweit in Kraft, als sie in Übereinstimmung mit Art. 1 bis 18 des Grundgesetzes Grundrechte gewährleisten.[8] Da alle staatliche Gewalt des Bundes wie der Länder gemäß Art. 1 Abs. 3 GG an die Grundrechte des Grundgesetzes unmittelbar gebunden ist, spielen die Landesgrundrechte im Vergleich mit den Bundesgrundrechten nur eine beschränkte Rolle. Bedeutsam ist Art. 142 GG für das Verhältnis der Landesverfassungsgerichte zum Bundesverfassungsgericht.[9] Ein durch Landesstaatsgewalt in seinen Grundrechten Betroffener kann sich aussuchen, ob er/sie Grundrechtsschutz vor dem Landesverfassungsgericht am Maßstab der Landesgrundrechte oder vor dem Bundesverfassungsgericht am Maßstab des GG sucht.[10] Die Landesverfassungsgerichte sind ihrerseits hinsichtlich der Auslegung der übereinstimmenden Landesgrundrechte an die Auslegung der entsprechenden Bundesgrundrechte durch das Bundesverfassungsgericht gebunden.[11]

6   Auch die **Europäische Menschenrechtskonvention** gewährt Grundrechtsschutz. Als völkerrechtlicher Vertrag, der gemäß Art. 59 Abs. 2 S. 1 GG in Bundesrecht transformiert wurde, hat die Konvention den Rang eines einfachen Bundesgesetzes und steht damit in der Normenhierarchie unter dem Grundgesetz.[12] Verwaltung und Rechtsprechung sind an sie wie an jedes Gesetz gebunden.[13] Privatpersonen können sich vor den jeweiligen Fachgerichten auf eine Verletzung der EMRK berufen, jedoch mit dieser Behauptung keine Verfassungsbeschwerde erheben, da diese ihrem Wortlaut nach allein für die Rüge der Verletzung von Grundrechten und grundrechtsgleichen Rechten

---

6   Vgl. BVerfGE 61, 82 (104 f.): „Diese Verfassungsbestimmungen gehören formell nicht zu den Grundrechten im Sinne des Art. 19 GG; sie gewährleisten auch nach ihrem Inhalt keine Individualrechte wie die Art. 1–17, sondern enthalten **objektive Verfahrensgrundsätze**, die für jedes gerichtliche Verfahren gelten und daher auch jedem zugutekommen müssen, der nach den Verfahrensnormen parteifähig ist oder von dem Verfahren unmittelbar betroffen ist."

7   *Von Münch/Mager*, Staatsrecht I, Rn. 92 ff., 503 ff., 529 ff., 534 ff.

8   S. dazu *von Münch/Mager*, Staatsrecht I, Rn. 590 f., 700.

9   Siehe dazu *von Münch/Mager*, Staatsrecht I, Rn. 590 f.

10   Vgl. § 90 Abs. 3 BVerfGG: „Das Recht, eine Verfassungsbeschwerde an das Landesverfassungsgericht nach dem Recht der Landesverfassung zu erheben, bleibt unberührt."

11   Zu Einzelheiten s. *von Münch/Mager*, Staatsrecht I, Rn. 590 f.

12   BVerfGE 111, 307 (315, 317) – *Görgülü*; 128, 326 Ls. 2 – *Sicherungsverwahrung II*.

13   S. dazu BVerfGE 111, 307 (323) – *Görgülü*.

des Grundgesetzes vorgesehen ist. Im Rahmen einer völkerrechtsfreundlichen Auslegung des Grundgesetzes orientiert sich die Rechtsprechung einschließlich des Bundesverfassungsgerichts[14] aber bei der Auslegung der Grundrechte vielfach an den Verbürgungen der EMRK und deren Auslegung durch den Europäischen Gerichtshof für Menschenrechte. Denn immerhin hat sich die Bundesrepublik Deutschland völkerrechtlich verpflichtet, den in der EMRK als Mindeststandard vereinbarten Grundrechtsschutz innerstaatlich zu gewährleisten. Einen normhierarchischen Vorrang der EMRK vor den Grundrechten gibt es jedoch nicht.[15] Einen Verstoß gegen die EMRK kann ein Betroffener nach Erschöpfung des innerstaatlichen Rechtswegs einschließlich der Verfahren vor dem Bundesverfassungsgericht im Wege der **Individualbeschwerde vor dem EGMR** geltend machen.[16]
Auf den Einfluss der EMRK wird im Folgenden eingegangen, soweit dies für die Auslegung eines Grundrechts bedeutsam ist.

Eine weitere Grundrechtsquelle stellt die **Charta der Grundrechte der Europäischen**   **7**
Union dar. Sie ist mit dem Vertrag von Lissabon mit Wirkung zum 1.12.2009 verbindliches Unionsrecht geworden (Art. 6 Abs. 1 EUV). Ihr Anwendungsbereich erstreckt sich jedoch allein auf die Ausübung europäischer Hoheitsgewalt. Art. 51 Abs. 1 S. 1 EUGrCh bestimmt ausdrücklich: „Diese Charta gilt für die Organe, Einrichtungen und sonstigen Stellen der Union unter Wahrung des Subsidiaritätsprinzips und für die Mitgliedstaaten ausschließlich bei der Durchführung des Rechts der Union". Nur soweit deutsche Behörden Unionsrecht vollziehen und folglich funktional als europäische Verwaltungsstellen tätig werden, sind sie an die EUGrCh gebunden.[17] Daneben müssen sie aber gemäß Art. 1 Abs. 3 GG auch die Grundrechte des GG beachten. Im Interesse der einheitlichen Anwendung des Unionsrechts **genießt der europäische Maßstab jedoch Anwendungsvorrang**, soweit er reicht[18], und solange auf europäischer Ebene ein insgesamt vergleichbares Niveau an Grundrechtsschutz besteht.[19] Ist allerdings die Verfassungsidentität im Sinne des Art. 23 Abs. 1 S. 3 GG iVm. Art. 79 Abs. 3 GG betroffen, also die Menschenwürde, so sieht sich das Bundesverfassungsgericht in der Verantwortung, eine Grundrechtsprüfung im Einzelfall durchzuführen.[20]
Die Auslegung der Charta der Grundrechte der Europäischen Union orientiert sich gemäß Art. 52 Abs. 3 EUGrCh wiederum an der EMRK.

Im Kern bestehen zwischen den Grundrechtsverbürgungen der genannten Rechtsquel-   **8**
len erheblich **mehr Gemeinsamkeiten als Unterschiede**. Dies hat seinen Grund zum einen in der gemeinsamen ideengeschichtlichen Tradition, zum anderen in der gegenseitigen Berücksichtigung der Rechtsprechung durch die jeweils zur letztverbindlichen Auslegung berufenen obersten Gerichte.

---

14 S. die Nachweise unten Rn. 111.
15 Zum Verhältnis zwischen Grundgesetz und EMRK s. *von Münch/Mager*, Staatsrecht I, Rn. 599.
16 S. unten Rn. 37 sowie *von Münch/Mager*, Staatsrecht I, Rn. 599 ff.
17 S. zur Vollziehung von Unionsrecht durch die Mitgliedstaaten *von Münch/Mager*, Staatsrecht I, Rn. 487 ff.
18 S. dazu EuGH, Urt. v. 26.2.2013, Rs. C-617/10 – *Akerberg Fransson* und dazu *Ute Mager*, in: FS für Müller-Graff, 2015, 1358 ff.
19 Siehe zu der berühmten „Solange-Rechtsprechung" *von Münch/Mager*, Staatsrecht I, Rn. 594 ff. mwN.
20 BVerfGE 140, 317 – *Europäischer Haftbefehl, Identitätskontrolle*.

3. Grundrechtsauslegung

9 Die Grundrechte sind Teil des Verfassungsrechts. Ihre Auslegung erfolgt damit grundsätzlich mit dem methodischen Werkzeug der Rechtsauslegung im Allgemeinen und
der Auslegung von Verfassungstexten im Besonderen. Ziel ist es, die Bedeutung eines
Rechtssatzes zu ermitteln und rational nachvollziehbar zu begründen. Diese Aufgabe
stellt sich in der Regel angesichts eines konkreten Konflikts. Ausgangspunkt und
Grenze der Auslegung ist der **Wortsinn** einer Vorschrift. Ein besonderes Problem der
Grundrechtsauslegung besteht allerdings darin, dass die verwendeten Begriffe weit und
unbestimmt sind. Der Wortlaut eines Grundrechts ist daher stets nur der Einstieg in
die Aufgabe, aus den prinzipienhaft gefassten Vorgaben die für den konkreten Fall
geltende Konfliktregel abzuleiten.[21]

10 Ein Werkzeug für die Ermittlung von Regelungsabsichten ist **die historische Auslegung**,
die darauf zielt, den Sinn aus dem Vergleich der aktuellen Vorschrift mit Vorläufervor-
schriften in ihrem jeweiligen geschichtlichen Umfeld zu klären. Die **Entstehungsgeschichte** gibt Hinweise auf die Bedeutung von Vorläuferregelungen für die aktuelle
Norm sowie auf die Regelungsabsichten des Gesetzgebers. Diese Auslegungsmethoden
haben vor allem ergänzende und bestätigende Bedeutung für die Ergebnisse der anderen Auslegungsansätze.

11 **Die systematische Auslegung** fragt nach dem Sinn des Begriffs aber auch des Norminh-
halts im Gesamtzusammenhang des Gesetzes oder sogar der Rechtsordnung. Die **teleo-
logische Auslegung** stellt die Frage nach dem mit der Norm angestrebten Zweck. Gerade die Auslegung nach Sinn und Zweck ist von entscheidender Bedeutung für die
Grundrechtsinterpretation. Hier ist aber auch das Einfallstor für unterschiedliche
Grundrechts*vor*verständnisse.[22] Je nachdem, ob etwa die Versammlungsfreiheit libe-
ral-rechtsstaatlich, wertbezogen oder funktional-demokratisch interpretiert wird, ergeben sich andere Akzente.[23] Bei der Frage, inwieweit die Gewährleistungen die materiellen Voraussetzungen der Freiheitsübung mitumfassen, stehen sich liberal-
rechtsstaatliche und sozialstaatliche Freiheitsverständnisse gegenüber.[24] Es ist die ver-
antwortungsvolle Aufgabe des Bundesverfassungsgerichts, die mit den Grundrechten
gegebenen verfassungsrechtlichen Rahmenvorgaben unter Beachtung der Gestaltungs-
spielräume des unmittelbar demokratisch legitimierten Gesetzgebers letztverbindlich
zu interpretieren.[25] Das heißt nicht, dass nicht auch diese Entscheidungen einer rechtswissenschaftlichen Kritik zugänglich sind. Für das Studium und Verständnis der
Grundrechte ist es dennoch unabdingbar, die wichtigsten Entscheidungen des Bundesverfassungsgerichts zu kennen und die Rechtsprechung zu verfolgen.

12 Bereits angesprochen wurde die **völkerrechtsfreundliche Auslegung** der Grundrechte
insbesondere im Lichte der EMRK. Daneben fordern zwar nicht die unionsrechtlichen
Grundrechte, aber die unionsrechtlichen Marktfreiheiten und Diskriminierungsverbote eine **europarechtskonforme Auslegung** und Anwendung der Grundrechte des
Grundgesetzes.

13 Die **Grundrechtsdogmatik** ist die rechtswissenschaftlich-systematisch aufbereitete
Summe der allgemeinen und besonderen Auslegungs- und Anwendungsgrundsätze sowie Definitionen, die letztlich dazu dienen, in rational nachvollziehbarer Weise den

---

21 Zu Grundrechten als Prinzipien s. *R. Alexy*, Theorie der Grundrechte, 2. Aufl. 1994, S. 71 ff.
22 Dazu *E.-W. Böckenförde*, NJW 1976, 2089 (2093 f.).
23 S. dazu unten Rn. 530 ff.
24 S. zu den verschiedenen Freiheitskonzepten in Bezug auf die Grundrechtsinterpretation *E.-W. Böckenförde*,
    NJW 1976, 2089 (2094); *ders.*, EuGRZ 2004, 598 (600 f.).
25 Zu Stellung und Funktion des Bundesverfassungsgerichts s. *von Münch/Mager*, Staatsrecht I, Rn. 550 ff.

Sinn der jeweiligen Grundrechte angesichts konkreter Konflikte zu ermitteln. Gerade weil der Wortlaut so weit und unbestimmt ist, hilft Methodenkenntnis allein bei der Lösung von Grundrechtsfällen nicht, sondern bedarf es solider Kenntnisse der Grundrechtsdogmatik und der Rechtsprechung des BVerfG.

Literatur: *E.-W. Böckenförde*, Wie werden in Deutschland die Grundrechte im Verfassungsrecht interpretiert?, EuGRZ 2004, 598; *M. Herdegen*, Verfassungsinterpretation als methodische Disziplin, JZ 2004, 873; *B. Schlink*, Abschied von der Dogmatik. Verfassungsrechtsprechung und Verfassungsrechtswissenschaft im Wandel, JZ 2007, 157.

Erster Teil: Ideen- und verfassungsgeschichtliche Grundlagen der Grundrechte

1. Kapitel: Ideengeschichtliche Grundlagen

Die Idee der Grundrechte[1] im Sinne individueller Rechte auf Freiheit, Selbstbestimmung und Gleichbehandlung gegenüber dem Staat hat ihre Wurzeln im **Humanismus**, in der **Aufklärung** und im **rationalistischen Naturrecht**.[2] Sie ist auf das Engste verbunden mit den vertragstheoretischen Begründungen staatlicher Herrschaft.[3] Bereits von Natur aus und vorab jeder staatlichen Ordnung kommt danach allen Menschen das gleiche Recht auf Leben, Freiheit und Eigentum zu. Der Staat findet Grund und Grenze seiner Legitimation in der Übereinkunft, dass er die im Naturzustand gefährdete natürliche Freiheit der Menschen zu sichern habe.[4] Diese Ideen fanden im Zuge der Verselbständigung der englischen Kolonien in Amerika sowie der französischen Revolution den Weg aus der Philosophie in das Recht[5] und bildeten die Grundlage für die weitere Entstehung von Menschen- und Grundrechtsdokumenten. **14**

Die neuzeitliche Menschenrechtsidee ist nicht aus dem Nichts entstanden: Bereits die philosophische Lehre der **Stoa** entfaltet den Gedanken der Gleichheit und Freiheit aller Menschen.[6] Auch die **biblische Vorstellung** vom Menschen als Ebenbild Gottes im Alten Testament sowie der Menschwerdung Gottes im Neuen Testament legt besonderen Wert und Würde menschlichen Daseins nahe und kann die Idee angeborener Rechte inspirieren, steht ihr zumindest nicht entgegen.[7] Erst in der Verbindung mit der Theorie des Gesellschaftsvertrags entstand aber aus diesen Menschenbildern die Idee von natürlichen Menschenrechten mit dem Potential, Staats- und Rechtsordnung zu verändern. **15**

Während im Begriff „Menschenrechte„ der naturrechtlich-universalistische Hintergrund mitschwingt, bezieht sich der Begriff „**Grundrechte**" auf die konkrete verfassungsrechtliche Gewährleistung. Vor diesem Hintergrund wird die Wortwahl in Art. 1 GG verständlich, wo es in Abs. 2 heißt, dass das Deutsche Volk sich zu unverletzlichen und unveräußerlichen Menschenrechten als Grundlage jeder menschlichen Gemeinschaft, des Friedens und der Gerechtigkeit in der Welt bekennt, während Abs. 3 bestimmt, dass die nachfolgenden Grundrechte Gesetzgebung, vollziehende Gewalt und Rechtsprechung als unmittelbar geltendes Recht binden. **16**

Literatur: H. Hofmann, Zur Herkunft der Menschenrechtserklärungen, JuS 1988, 841; *H. Hofmann*, Die Entdeckung der Menschenrechte, 1999; *D. Grimm*, HdbStR I, 3. Auflage, 2003, § 1.

---

[1] Siehe zum Begriff: *G. Kleinheyer*, in: O. Brunner/W. Conze/R. Koselleck (Hrsg.), Geschichtliche Grundbegriffe, Historisches Lexikon zur politisch-sozialen Sprache in Deutschland. Band 2, 1975, S. 1047 f.

[2] S. hierzu *C.-F. Menger*, Deutsche Verfassungsgeschichte der Neuzeit, 8. Aufl. 1993, 5. Kapitel: Die geistige Welt der französischen Revolution, § 16 Die Aufklärung, S. 70 ff. und § 19 Die Kodifikation naturrechtlicher Theorien in Nordamerika, S. 89 ff.

[3] *H. Dreier*, in: Dreier, Vorb. Rn. 5.

[4] Grundlegend formuliert von *J. Locke*, Two treatises of Government, 1689, London 1690, Book II, Chapter VIII, Chapter XIX.

[5] S. dazu *G. Jellinek*, Die Eklärung der Menschen- und Bürgerrechte, 1895.

[6] *H. Dreier*, in: Dreier, Vorb. Rn. 2.

[7] *H. Dreier*, in: Dreier, Vorb. Rn. 3.

2. Kapitel: Verfassungsgeschichtliche Grundlagen

Wie dargelegt, ist der wesentliche Impuls für Grundrechte in freiheitlich-demokratischen Verfassungen von der Aufklärung, dem rationalistischen Naturrecht und den Vertragstheorien als Grund und Grenze der Begründung staatlicher Herrschaft ausgegangen.

2.1 Meilensteine der Grundrechtsentwicklung

17   Zu den verfassungsgeschichtlich bedeutsamen Dokumenten der Grundrechtsentwicklung vor der verfassungsrechtlichen Umsetzung der naturrechtlichen Menschenrechtsidee gehören die Magna Carta Libertatum von 1215, die Petition of Rights von 1628, die Habeas-Corpus-Akte von 1679 sowie die Bill of Rights von 1668, allesamt **Dokumente der englischen Verfassungsrechtsentwicklung**.[1] Sie sind jedoch nach Berechtigten und/oder Berechtigung begrenzt. Soweit es überhaupt um Individualrechte und nicht um Parlamentsrechte geht, liegt der Schwerpunkt auf dem Schutz vor Verhaftung und unverhältnismäßigen Strafen.[2] Die beiden erstgenannten Dokumente berechtigen nur den Adel bzw. Freie. Die Dokumente enthalten damit vor allem wichtige rechtsstaatliche Garantien und zeigen die fortschreitende Ausdehnung dieser Rechte vom Adel über die Freien hin zu allen Untertanen.[3] Die Dokumente sind jedoch frei von prinzipiellen naturrechtlich fundierten Überzeugungen.

18   Ebenfalls nicht prinzipieller Natur, sondern Ergebnis konkreter Konfliktlösung, waren die Gewährung des Auswanderungsrechts (ius emigrandi) im **Augsburger Religionsfrieden** von 1555 sowie der ungestörten Hausandacht im Westfälischen Frieden von 1648 als Vorläufer der Religionsfreiheit. Dennoch beförderte gerade der **Religionskonflikt** die allen Freiheitsrechten zugrundeliegende Idee von Bereichen individueller Freiheit und Selbstverantwortung.

19   Die positive verfassungsrechtliche Verankerung von Grundrechten als fundamentalen, allen Menschen gleichermaßen zukommenden Individualrechten, enthielt erstmals die **Bill of Rights des amerikanischen Staates Virginia vom 12. Juni 1776**.[4] Art. 1 lautet: *„That all men are by nature equally free and independent, and have certain inherent rights, of which, when they enter into a state of society, they cannot, by any compact, deprive or divest their posterity; namely, the enjoyment of life and liberty, with the means of acquiring and possessing property, and pursuing and obtaining happiness and safety."* Zu den weiteren Grundrechten der ersten amerikanischen Verfassungen zählten die Pressefreiheit (Art. 12) und das Recht der freien Religionsausübung (Art. 16). In zeitnahen Erklärungen anderer Unionsstaaten kamen die Petitionsfreiheit, die Meinungsfreiheit sowie die Versammlungsfreiheit hinzu.[5]

20   Diesen Vorbildern folgend, verabschiedete die französische Nationalversammlung am **26. August 1789 die Erklärung der Menschen- und Bürgerrechte** (Déclaration des droits de l'homme et du citoyen).[6] Art. 1 lautet: *„Les hommes naissent et demeurent libres et égaux en droits. Les distinctions sociales ne peuvent être fondées que sur l'utilité commune."* Als wichtigste Rechte gewährleistete sie Freiheit, Eigentum, Sicher-

---

1   Vgl. *H. Dreier*, in: Dreier, Vorb. Rn. 11; *R. Zippelius*, Allgemeine Staatslehre, 17. Aufl. 2017, § 32 II, S. 271 ff.
2   Vgl. zu Herrschaftsverträgen und Freiheitsgewährungen im dualistischen Staatswesen: *G. Kleinheyer*, in: O. Brunner/W. Conze/R. Koselleck (Hrsg.), Geschichtliche Grundbegriffe, Band 2, S. 1048 ff.
3   Vgl. *H. Dreier*, in: Dreier, Vorb. Rn. 12.
4   *W. Frotscher/B. Pieroth*, Verfassungsgeschichte, 15. Aufl. 2016, Rn. 25.
5   Vgl. dazu *K. Stern*, StaatsR III/1, § 59 IV 2b. Zur Entstehung der Grundrechte in den USA allg. auch *N. C. Johnson*, Vereinigte Staaten von Amerika, in: *E. Grabitz* (Hrsg.), Grundrechte in Europa und USA, Bd. 1, 1986, S. 885.
6   *H. Hofmann*, Die Grundrechte 1789–1949–1989, NJW 1989, 3177 (3179 ff.); *R. Schnur* (Hrsg.), Zur Geschichte der Erklärung der Menschenrechte, 1964.

heit und Widerstand gegen Unterdrückung. Sie bestimmte zudem, dass die Grenzen der Freiheit nur durch das Gesetz bestimmt werden können. Weitere Garantien betrafen die Bekenntnisfreiheit, die freie Meinungsäußerung und das Eigentum. Die Erklärung fand Aufnahme in die französische Verfassung von 1791 und blieb für die weitere Verfassungsentwicklung in Frankreich und in Europa von großer Bedeutung.[7]

2.2 Erste Verfassungsurkunden mit Grundrechten in Deutschland

In Deutschland gab es **seit 1818 in einigen süddeutschen Verfassungen Gewährleistungen staatsbürgerlicher Rechte,** so in der Verfassungsurkunde für das Königreich Bayern vom 26. Mai 1818, in der Verfassungsurkunde für das Großherzogtum Baden vom 22. August 1818 und in der Verfassungsurkunde für das Königreich Württemberg vom 25. September 1819.[8] Hierbei handelte es sich allerdings nicht um die verfassungsrechtliche Anerkennung von Menschenrechten, sondern um Verfassungsgarantien, die vom Monarchen für zeitgemäß oder politisch klug befunden wurden.[9] Sie betrafen etwa die Sicherheit von Person und Eigentum, die Gewissensfreiheit, die Freiheit von Presse und Buchhandel sowie den gleichen Ämterzugang für alle (männlichen) Bürger. **21**

Erst die im Zuge der Märzrevolution[10] gewählte Nationalversammlung setzte am 27. Dezember 1848 mit dem „Gesetz betreffend die Grundrechte des deutschen Volkes"[11] den ersten modernen Grundrechtskatalog für Deutschland in Kraft. Er wurde als Abschnitt VI (§§ 130–189) in die **Frankfurter Paulskirchenverfassung vom 28. März 1849** eingefügt.[12] Auch wenn diese Verfassung als Ganze nie in Kraft trat und der vorab verkündete Grundrechtsteil bereits 1851 wieder außer Kraft gesetzt wurde, war der Grundrechtskatalog für die weitere deutsche Verfassungsentwicklung wegweisend. Sein Einfluss reicht über die Preußische Verfassung vom 31. Januar 1850 und die Weimarer Reichsverfassung vom 11. August 1919 bis zur Fassung des Grundgesetzes.[13] Fast alle Grundrechte des GG einschließlich der Justizgrundrechte und der Abschaffung der Todesstrafe finden ihre Vorbilder, zumindest Vorläufer, im Grundrechtsteil der Frankfurter Paulskirchenverfassung. Ausnahmen sind die Gleichberechtigung der Geschlechter, der Schutz von Ehe und Familie, die Koalitionsfreiheit und das Recht auf Asyl.[14] **22**

Während die Deutsche Reichsverfassung vom 16. April 1871 als Verfassung eines Fürstenbundes keinen Grundrechtsteil enthielt,[15] war der zweite Hauptteil der **Weima-** **23**

---

7 Vgl. *T. Kingreen/R. Poscher*, Grundrechte, § 2 Rn. 25; s. auch *W. Frotscher/B. Pieroth*, Verfassungsgeschichte, 15. Aufl. 2016, Rn. 69.
8 Texte in: *E. R. Huber*, Dokumente zur deutschen Verfassungsgeschichte, Bd. 1, 1961, S. 141 ff., 157 ff., 171 ff. Vgl dazu und zum Folgenden: *W. Frotscher/B. Pieroth*, Verfassungsgeschichte, 15. Aufl. 2016, Rn. 280 ff.; *M. Kotulla*, Deutsche Verfassungsgeschichte, 2008, Rn. 1304 ff.
9 *W. Frotscher/B. Pieroth*, Verfassungsgeschichte, 15. Aufl. 2016, Rn. 292.
10 Ausführlich zur Märzrevolution s. *W. Pöggeler/J. Inhoff*, Die deutsche Revolution 1848/49, JA 1998, 311.
11 *M. Kotulla*, Deutsche Verfassungsgeschichte, 2008, Rn. 1713.
12 S. *von Münch/Mager*, Staatsrecht I, Rn. 24; abgedruckt zB. in: *W. Frotscher/B. Pieroth*, Verfassungsgeschichte, 15. Aufl. 2016, Rn. 336. Zur Einführung in Inhalt und Entstehung s. auch *A. Laufs*, Die Frankfurter Nationalversammlung 1848/1849 – Das erste frei gewählte gesamtdeutsche Parlament und sein Werk, JuS 1998, 385.
13 *Von Münch/Mager*, Staatsrecht I, Rn. 24. S. auch *J. D. Kühne*, 150 Jahre Revolution von 1848/49 – ihre Bedeutung für den deutschen Verfassungsstaat, NJW 1988, 1513; *U. Scheuner*, Die rechtliche Tragweite der Grundrechte in der deutschen Verfassungsentwicklung des 19. Jahrhunderts, in: *E.-W. Böckenförde* (Hrsg.), Moderne deutsche Verfassungsgeschichte, 2. Aufl. 1981, S. 319 (326).
14 Art. 15 GG (Sozialisierung) ist ebenfalls ohne Vorläufer. Hierbei handelt es sich jedoch um eine spezifische Grundrechtsschranke zulasten des Eigentums, nicht um ein Grundrecht. Auch die Regelung der Grundrechtsverwirkung (Art. 18 GG) kannte die Frankfurter Paulskirchenverfassung nicht.
15 Vgl. dazu die Erklärung, dass „die großen nationalen Einheitsfragen begreiflicherweise und so sehr im Vordergrund standen, dass der in den Grundrechten sich verkörpernde Freiheitsgedanke dahinter ganz zurücktrat" (*G. Anschütz*, Die Verfassung des Deutschen Reiches, 14. Aufl., 1933, S. 507). S. aber auch *M. Stolleis*, Geschichte II, S. 372.

rer **Reichsverfassung** den Grundrechten und Grundpflichten[16] der Deutschen gewidmet. Er bestand aus fünf Abschnitten (Die Einzelperson, Das Gemeinschaftsleben, Religion- und Religionsgesellschaften, Bildung und Schule, Das Wirtschaftsleben) mit insgesamt 57 Artikeln (Art. 109–165). In Ergänzung zu den klassischen Freiheitsgrundrechten, die sich hauptsächlich in den ersten beiden Abschnitten fanden, enthielt der dritte Abschnitt wesentliche Bestimmungen über das Verhältnis zwischen Staat und Kirche, die auch heute über die Inkorporationsanordnung des Art. 140 GG den Kern des Staatskirchenrechts[17] bilden. Der Abschnitt über das Wirtschaftsleben garantierte nicht nur das Privateigentum, sondern enthielt Grundlagen für eine sozialstaatliche Wirtschaftsordnung.[18] Der Grundrechtsteil war der Kompromiss zwischen protestantischen und katholischen, konservativen, liberalen und sozialistischen Interessen in Bezug auf das Verhältnis von Staat und Kirche, Schul- und Hochschulverfassung, Eigentums- und Wirtschaftsordnung.[19] Die Einigung auf einen Verfassungstext schien zu der Hoffnung zu berechtigen, dass gerade der 2. Hauptteil der Verfassung nunmehr einen Teil der Integrationsfunktion übernehmen konnte, die bis in den Ersten Weltkrieg hinein die Monarchie geleistet hatte.[20] Stattdessen wurde dieser Teil der Verfassung von Anfang an als „dilatorischer Formelkompromiss", als „inkohärent" und „heterogen" angegriffen und abgewertet.[21] Fehlende Eindeutigkeit zahlreicher Bestimmungen begünstigte es, die Verfassungssätze als „eine Vielheit von Bestätigungen, Beteuerungen, Ermahnungen, Programmen und Proklamationen aufzufassen, denen nur ausnahmsweise und nur in bescheidenem Maße unmittelbar verbindliche Rechtsnormen entnommen werden"[22] könnten. Hinzu gesellte sich der überkommene positivistische Gesetzesbegriff. Danach liefen mangels materieller Anforderungen an den Gesetzesbegriff alle Grundrechte mit Gesetzesvorbehalt gegenüber dem Gesetzgeber praktisch leer.[23] Auch Art. 76 WRV, der die Verfassungsänderung an die parlamentarische Zwei-Drittel-Mehrheit knüpfte, enthielt nach dieser Auffassung nur eine rein formale Bindung des Gesetzgebers.[24] Da es keine Instanz zur letztverbindlichen Entschei-

---

16 Zur Annahme von Grundpflichten als eigenständiger Kategorie von Verfassungsrechtssätzen in neuerer verfassungsrechtlicher Diskussion: *Ch. Gusy*, Grundpflichten und Grundgesetz, JZ 1982, 657, *P. Badura*, Grundpflichten als verfassungsrechtliche Dimension, DVBl. 1982, 861; *H. Bethge*, Die verfassungsrechtliche Problematik der Grundpflichten, JA 1985, 249; *V. Götz/H. Hofmann*, Grundpflichten als verfassungsrechtliche Dimension, VVStRL 41 (1983), S. 8; *J. Isensee*, Die verdrängten Grundpflichten des Bürgers, DÖV 1982, 609; *O. Luchterhandt*, Grundpflichten als Verfassungsproblem in Deutschland, 1988; *Th. I. Schmidt*, Grundpflichten, 1999.

17 Vgl. zum Begriff: *U. Mager*, in: von Münch/Kunig, Art. 140 GG Rn. 2 f.

18 Art. 151–165 WRV. Vgl. dazu *G. Anschütz*, Die Verfassung des deutschen Reiches vom 11. August 1919, 14. Aufl., 1933, Vorb. vor Art. 151.

19 *U. Mager*, Einrichtungsgarantien, 2003, S. 9.

20 Vgl. *R. Smend*, Verfassung und Verfassungsrecht (1928), in: *ders.*, Staatsrechtliche Abhandlungen und andere Aufsätze, 3. Aufl., 1994, S. 119 (267): „Auch die Grundrechte müssen die Leere ausfüllen, die der Wegfall der Monarchie hinterlassen hat."

21 Siehe nur *C. Schmitt*, Grundrechte und Grundpflichten (1932), in: *ders.*, Verfassungsrechtliche Aufsätze, 2. Aufl. 1973, S. 181 (196) sowie zuvor *ders.*, Verfassungslehre, 1928, S. 162.

22 *R. Thoma*, in: *H. C. Nipperdey* (Hrsg.), Die Grundrechte, Erster Band, 1929, S. 1 (3 f.).

23 *E. R. Huber*, Deutsche Verfassungsgeschichte, Band V, 1978, S. 1200; *ders.*, Deutsche Verfassungsgeschichte, Band VI – Die Weimarer Reichsverfassung, Stuttgart 1981, S. 99; s. auch die Kritik bei *C. Schmitt*, Freiheitsrechte und institutionelle Garantien (1931), in: *ders.*, Verfassungsrechtliche Aufsätze, 2. Aufl., 1973, S. 140 (140 ff., 143); *P. von Oertzen*, Die soziale Funktion des staatsrechtlichen Positivismus, 1974, S. 259 f., 263: „Reduktion des Rechts auf den bloßen Willen des Staates"; s. dazu auch *C. Schmitt*, Über die drei Arten des rechtswissenschaftlichen Denkens, 2. Aufl. 1993, S. 26 f.; aber auch frühere naturrechtlich-liberale Grundrechtsverständnisse sahen den Inhalt von Grundrechten nie als absolut, sondern stets als durch einfaches Gesetz verengbar an, s. hierzu *W. Apelt*, Geschichte der Weimarer Verfassung, 2. Aufl. 1964, S. 293.

24 *G. Anschütz*, Verfassung des Deutschen Reichs vom 11. August 1919, 14. Aufl., Berlin 1933, Bem. 1 zu Art. 76 (S. 401).

dung von Streitigkeiten über die Auslegung von Vorschriften des 2. Hauptteils gab, fehlten die nötigen Vorkehrungen, um die Konflikte, die sich in diesem Teil der Verfassung niederschlugen, durch harmonisierende und verbindliche Auslegung zu lösen.[25] Das Auseinanderbrechen der Gesellschaft in verschiedene Interessengruppen fand seine Entsprechung in einer interessengeleiteten Interpretation der Verfassung[26], die deren Integrationspotential,[27] unausgeschöpft ließ. Die Wirkung der Grundrechte wurde schließlich auch dadurch erheblich geschmälert, dass Art. 48 Abs. 2 WRV dem Reichspräsidenten die Befugnis einräumte, aufgrund des Notverordnungsrechts ua. die Freiheit der Person, die Meinungsfreiheit, die Versammlungs- und die Vereinigungsfreiheit vorübergehend ganz oder zum Teil außer Kraft zu setzen.[28]

In der **Zeit des Nationalsozialismus** wurde die Weimarer Reichsverfassung zwar nie **24** formell aufgehoben, aber materiell nicht mehr angewendet – in der Realität war sie beseitigt,[29] ersetzt wurde sie nicht. Grundrechtsschutz existierte in dieser Zeit nicht mehr; vielmehr war die Nichtachtung und Missachtung grundlegender Menschenrechte Wesensmerkmal der NS-Herrschaft.[30]

Literatur: F. *Hammer*, Die Verfassung des Deutschen Reichs vom 11. August 1919 – die Weimarer Reichsverfassung, Jura 2000, 57; F. *Hufen*, Entstehung und Entwicklung der Grundrechte, NJW 1999, 1504; A. *Laufs*, Die Frankfurter Nationalversammlung 1848/1849 – Das erste frei gewählte gesamtdeutsche Parlament und sein Werk, JuS 1998, 385; A. *Leisner*, Fünf Fragen an die Vorgeschichte des Grundgesetzes, JA 1999, 952; R. *Mußgnug*, 90 Jahre Weimarer Reichsverfassung – Zum 11. August 2009, ZJS 2009, 346; W. *Pöggeler/J. Inhoff*, Die deutsche Revolution 1848/49, JA 1998, 511.

---

25 *Bauer*, Wertrelativismus und Wertgebundenheit, 1968, S. 65.

26 Siehe die Beispiele bei C. *Schmitt*, Grundrechte und Grundpflichten (1932), in: ders., Verfassungsrechtliche Aufsätze, 2. Aufl., 1973, S. 181 (196 f.).

27 Siehe dazu R. *Thoma*, in: H. C. *Nipperdey* (Hrsg.), Die Grundrechte, Erster Band, 1929, S. 1 (9 ff.); R. *Smend*, Verfassung und Verfassungsrecht (1928), in: *ders.*, Verfassungsrechtliche Aufsätze, 3. Aufl., 1994, S. 119 (260 ff.); C. *Schmitt*, Verfassungslehre, 1. Aufl., 1928, S. 161.

28 Ch. *Gusy*, Die Weimarer Reichsverfassung, 1997, S. 107 ff.; F. *Hammer*, Jura 2000, 57 (60).

29 Dazu M. *Kotulla*, Deutsche Verfassungsgeschichte 2008, Rn. 2434. Eine Teilaufhebung der WRV ist durch das Gesetz zur Behebung der Not von Volk und Reich vom 23. März 1933 (RGBl. 1933 I, S. 141), das sog. Ermächtigungsgesetz, erfolgt. Zum Ganzen vgl. M. *Stolleis*, Geschichte des öffentlichen Rechts in Deutschland, Bd. 3, 1999.

30 Beispiele hierfür sind die Rassengesetzgebung, insbesondere die sog. Nürnberger Gesetze, und die massenhaften Ermordungen und Misshandlungen in den Konzentrationslagern.

3. Kapitel: Entstehungs- und Entwicklungsgeschichte der Grundrechte des Grundgesetzes

25 Nach sechsmonatiger Beratung auf der Grundlage des Verfassungsentwurfs des Ausschusses von Sachverständigen für Verfassungsfragen (Herrenchiemsee Entwurf)[1] beschloss der Parlamentarische Rat am 8. Mai 1949 das Grundgesetz. Danach wurde der Grundrechtsteil bis heute (2017) sieben Mal geändert.[2]

3.1 Grundkonzeption und Regelungsabsichten

26 Vor dem Hintergrund der Schrecken und des Unrechts der nationalsozialistischen Herrschaft mit seiner Ideologie der Unterwerfung des Einzelnen unter Volk und Staat war es das **Anliegen** der Mitglieder des Parlamentarischen Rates, **den prinzipiellen Vorrang der Menschen und ihrer Rechte vor Volk und Staat zum Ausdruck zu bringen.** Aus diesem Grund beginnt das Grundgesetz mit dem Grundrechtsteil, steht die Menschenwürde an der Spitze dieses ersten Abschnitts, wird in Art. 1 Abs. 2 GG das Bekenntnis zu „unveräußerlichen und unverletzlichen Menschenrechten" ausgesprochen und ist das Recht der Kriegsdienstverweigerung in Art. 4 Abs. 3 GG verfassungsrechtlich verankert.

27 Ein weiteres Anliegen war es, die **Grundrechte als verbindliche Rechtssätze** auszugestalten. Im Grundgesetz sollten nicht Ziele oder Versprechungen als Grundrechte formuliert werden, die in der Anwendung unverbindliche Programmsätze bleiben würden, wie dies für nicht wenige Vorschriften aus dem Grundrechtsteil der Weimarer Reichsverfassung geschehen war. Dementsprechend enthalten die meisten Verbürgungen im Grundrechtsteil des Grundgesetzes klassische Freiheitsrechte. **Art. 1 Abs. 3 GG** bestimmt zudem: „Die nachfolgenden Grundrechte binden Gesetzgebung, vollziehende Gewalt und Rechtsprechung als unmittelbar geltendes Recht."

3.2 Die Änderungen im Grundrechtsteil

28 Von den bis 2017 insgesamt 60 Grundgesetzänderungen betrafen nur sieben den Grundrechtsteil.

Die erste Änderung erfolgte mit der **Einführung des Wehrdienstes** durch das 7. Gesetz zur Änderung des GG vom 19.3.1956 und betraf Art. 12 GG sowie Art. 17a GG, der die Grundrechtseinschränkungen bei Wehrdienstverpflichteten regelt.[3] Zudem wurde in Art. 1 Abs. 3 GG der Begriff der „Verwaltung" durch den der „vollziehenden Gewalt" ersetzt.

Mit der **Notstandsverfassung** durch das 17. Gesetz zur Änderung des GG vom 24.6.1968 waren Änderungen der Koalitionsfreiheit (Art. 9 Abs. 3 S. 3 GG), des Brief-, Post- und Fernmeldegeheimnisses (Art. 10 Abs. 2 S. 2 GG) sowie der Freizügigkeit (Art. 11 Abs. 2 GG) und erneut des Art. 12 GG verbunden, da die Wehrdienstbestimmungen in Art. 12a GG verselbständigt wurden. Die Änderung von Art. 10 Abs. 2 S. 2 GG schlug sich auch in Art. 19 Abs. 4 S. 2 GG nieder.[4]

Durch das 39. Gesetz zur Änderung des GG vom 28.6.1993 wurde das Recht auf **Asyl** neu formuliert und aus Art. 16 GG in Art. 16a GG verlagert mit Folgeänderungen für Art. 18 GG.

---

1 Dokumentation dieser Beratungen, die für das Verständnis der Entstehungsgeschichte der einzelnen Bestimmungen des Grundgesetzes von großer Wichtigkeit ist, in: JöR nF. 1 (1951). – Akten und Protokolle in: *W. Werner*, Der Parlamentarische Rat 1948–1949, Band 1–3, 1986 (Hrsg.: Deutscher Bundestag [Bundesarchiv] 1975–1989). – vgl. auch *H. von Wedel*, Das Verfahren der demokratischen Verfassungsgebung, dargestellt am Beispiel Deutschlands 1848/49, 1919, 1948/49, 1975.
2 S. auch *G. Robbers*, Die Änderungen des Grundgesetzes, NJW 1989, 1325.
3 S. zur sog. Wehrverfassung *von Münch/Mager*, Staatsrecht I, Rn. 39.
4 S. zur sog. Notstandsverfassung *von Münch/Mager*, Staatsrecht I, Rn. 40 f.

Als Ergebnis der Verfassungsreformdebatte im Zuge der Wiedervereinigung ergänzte das 42. Gesetz zur Änderung des GG vom 27.10.1994 die **Gleichberechtigung der Geschlechter** durch eine Förderklausel (Art. 3 Abs. 2 S. 2 GG) und führte das **Verbot der Benachteiligung von Behinderten** ein (Art. 3 Abs. 3 S. 2 GG).[5]
Zur verfassungsrechtlichen Absicherung des sog. großen **Lauschangriffs** ergänzte das 45. Gesetz zur Änderung des GG vom 26.3.1998 Art. 13 GG um die Absätze 3 bis 6.[6]
Europarechtlich veranlasst waren schließlich das 47. Gesetz zur Änderung des GG vom 29.11.2000 sowie das 48. Gesetz zur Änderung des GG zum 19.12.2000. Ersteres schuf durch Änderung des Art. 16 Abs. 2 S. 2 GG die nötigen **Grundlagen für den europäischen Haftbefehl**,[7] letzteres öffnete die Bundeswehr durch Änderung von Art. 12a Abs. 4 für Frauen.[8]

3.3 Die Änderungen der grundrechtsgleichen Rechte

Von den in Art. 93 Abs. 1 Nr. 4a GG aufgelisteten grundrechtsgleichen Rechten wurde das **Widerstandsrecht** des Art. 20 Abs. 4 erst durch das 17. Gesetz zur Änderung des GG vom 24.6.1968, also als Bestandteil der Notstandsverfassung in das GG eingefügt.[9]   **29**
Durch das 27. Gesetz zur Änderung des GG vom 31.7.1970 wurde das **Wahlalter** von 21 auf 18 Jahre herabgesetzt.[10]
Schließlich erfuhr Art. 33 Abs. 5 GG im Zuge der Föderalismusreform durch das 52. Gesetz zur Änderung des GG vom 28.8.2006 eine Klarstellung dahingehend, dass das Recht des öffentlichen Dienstes nicht nur unter Berücksichtigung der hergebrachten Grundsätze des **Berufsbeamtentums** geregelt, sondern auch fortentwickelt werden darf.[11]

3.4 Die ausdrückliche verfassungsrechtliche Verankerung der Verfassungsbeschwerde

Erwähnenswert ist schließlich, dass erst durch das 19. Gesetz zur Änderung des GG vom 29.1.1969 das **Verfassungsbeschwerdeverfahren** ausdrücklich in das Grundgesetz eingefügt wurde. Zum Verfahrenskatalog nach dem Bundesverfassungsgerichtsgesetz vom 16.4.1951 gehörte die Verfassungsbeschwerde aber auf der Grundlage des Art. 93 Abs. 3 GG von Anfang an.[12] Dieses Verfahren macht die größte Anzahl der Rechtsstreitigkeiten vor dem Bundesverfassungsgericht aus.[13] Seine Bedeutung für die Auslegung und den Einfluss der Grundrechte kann gar nicht hoch genug eingeschätzt werden.   **30**

Literatur: *W. Kahl*, Die Entstehung des Grundgesetzes, JuS 1997, 1083; *K. von Lewinski*, Weimarer Reichsverfassung und Grundgesetz als Gesellen- und Meisterstück, JuS 2009, 505; *I. von Münch*, Fünfzig Jahre Grundgesetz, Jura 1999, 225; *T. Oppermann*, Deutschland in guter Verfassung? 60 Jahre Grundgesetz, JZ 2009, 481; *M. Sachs*, Die Entstehungsgeschichte des Grundgesetzes, Jura 1984, 519; *K. Stern*, Altes und Neues aus der Genese der Grundrechte des Grundgesetzes, JA 1984, 642; *J. Ziekow*, Einheit in Freiheit – 50 Jahre Grundgesetz für die Bundesrepublik Deutschland, JuS 1999, 417.

---

5 S. dazu *von Münch/Mager*, Staatsrecht I, Rn. 55.
6 S. dazu *von Münch/Mager*, Staatsrecht I, Rn. 67.
7 S. dazu BVerfGE 113, 273 – *Europäischer Haftbefehl*.
8 S. dazu EuGH, C-285/98, Slg. 2000, 69 – *Tanja Kreil*.
9 S. dazu und zur Bedeutung des Art. 20 Abs. 4 GG *von Münch/Mager*, Staatsrecht I, Rn. 40.
10 S. dazu *von Münch/Mager*, Staatsrecht I, Rn. 97.
11 S. dazu *von Münch/Mager*, Staatsrecht I, Rn. 509 ff.
12 Zur Entstehungsgeschichte der Verfassungsbeschwerde s. *R. Zuck*, Das Recht der Verfassungsbeschwerde, 4. Aufl. 2013, S. 53 ff.
13 Aktuelle Zahlen sind auf der Homepage des BVerfG zu finden: http://www.bundesverfassungsgericht.de/ DE/Verfahren/Jahresstatistiken/ [zuletzt aufgerufen am 9.1.2018].

4. Kapitel: Die Entwicklung des internationalen Grundrechtsschutzes

31   Das **Völkerrecht** war über lange Epochen[1] kein Recht der Menschen oder Völker, sondern ein **Recht der Staaten** zur Regelung ihrer Beziehungen untereinander. Das Individuum war demgemäß nur Objekt völkerrechtlicher Regelungen und Handlungen der Staaten[2], was jedoch völkerrechtliche Vereinbarungen zugunsten von Individuen nicht ausschloss. Beispiele hierfür sind Übereinkommen zur Bekämpfung des Sklaven-, Frauen- und Kinderhandels[3].

4.1 Anfänge

32   Erste Individualrechte auf völkerrechtlicher Grundlage entstanden im Laufe des 18. und 19. Jahrhunderts im **Fremdenrecht**[4] und im **humanitären Kriegsvölkerrecht**[5]. Freundschafts-, Handels- und Niederlassungsverträge[6] enthielten Klauseln zum Schutz der jeweils „Fremden", also der im Inland niedergelassenen Ausländer[7]. Dem Schutz der Kriegsopfer diente die Genfer Konvention zum Schutz Verwundeter von 1864, fortgeführt mit dem Haager Abkommen betreffend die Gesetze und Gebräuche des Landkriegs (Haager Landkriegsordnung) von 1907, inzwischen ergänzt durch die vier Genfer Abkommen zum Schutz Verwundeter im Feld und zur See sowie von Kriegsgefangenen und Zivilpersonen vom 12. August 1949.[8] Der **Schutz von nationalen (ethnischen) Minderheiten**[9] war nach dem Ersten Weltkrieg Gegenstand von Friedensverträgen sowie von speziellen Minderheitenschutzverträgen.[10]

4.2 Weltweiter Menschenrechtsschutz

33   Der weltweite Menschenrechtsschutz nahm seinen Aufschwung erst nach dem Zweiten Weltkrieg. Unter dem Eindruck der systematischen Verletzung von Menschenrechten durch totalitäre Regime und den Schrecken der Kriege in der ersten Hälfte des 20. Jahrhunderts wuchs die Einsicht in die Notwendigkeit, Frieden und Menschenrechte zu sichern. In der „**Atlantikcharta**"[11] von 1941 postulierten der Präsident der USA *Franklin D. Roosevelt* und der britische Premierminister *Winston Churchill* die „Vier Freiheiten": Freiheit der Rede und Meinungsäußerung, Freiheit der Religion,

---

1 Zu den verschiedenen Epochen: *W. G. Grewe*, Epochen der Völkerrechtsgeschichte, 2. Aufl., 1988; *K.-H. Ziegler*, Völkerrechtsgeschichte, 2. Aufl. 2007.

2 *K. Ipsen*, Völkerrecht, 6. Aufl., 2014, Kap. 8 Rn. 2 f. – Zur neuen Positionierung: *J. A. Frowein*, Die Wiederentdeckung des Menschen im Völkerrecht, in: P.-Ch. Müller-Graff/H. Roth, Recht und Rechtswissenschaft, 2000, S. 65 ff.

3 Der Bekämpfung des Frauen- und Mädchenhandels dienten internationale Übereinkommen vom 18.5.1904 (RGBl. 1905, S. 705) und vom 4.5.1910 (RGBl. 1913, S. 31); Änderungsprotokolle vom 4.5.1949 (BGBl. 1972 II, S. 1074). Dazu *K. Ipsen*, Völkerrecht, 6. Aufl. 2014, § 63 Rn. 3 ff.

4 *K. Ipsen*, Völkerrecht, 6. Aufl. 2014, Kap. 8 Rn. 3 f., § 38.

5 Dazu *K. Ipsen*, Völkerrecht, 6. Aufl. 2014, § 57.

6 Beispiele eines früheren Handels- und Niederlassungsvertrages ist der Vertrag zwischen Preußen und den USA vom 1.5.1828 (Preuß. Gesetzsammlung 1829, S. 25 ff.).

7 Vgl. schon *J. C. Bluntschli*, Das moderne Völkerrecht der civilisierten Staaten als Rechtsbuch dargestellt, 1868, § 386: „Die Fremden haben einen rechtmäßigen Anspruch auf den gesetzlichen und landesüblichen Rechtsschutz ihrer Persönlichkeit, ihrer Familien- und Vermögensrechte."

8 I. Genfer Abkommen zur Verbesserung des Loses der Verwundeten und der Streitkräfte im Felde (BGBl. 1954 II, S. 783); II. Genfer Abkommen zur Verbesserung des Loses der Verwundeten, Kranken und Schiffbrüchigen der Streitkräfte zur See (BGBl. 1954 II, S. 813); III. Genfer Abkommen über die Behandlung der Kriegsgefangenen (BGBl. 1954 II, S. 838); IV. Genfer Abkommen zum Schutze der Zivilpersonen in Kriegszeiten (BGBl. 1954 II, S. 917).

9 Vgl. dazu *M. Kau*, in: W. Graf Vitzthum/A. Proelß (Hrsg.), Völkerrecht, 7. Aufl., 2016, 3. Abschnitt, Rn. 328 ff.

10 Siehe zu Minderheitenschutzverfahren vor dem Völkerbund: *Ch. Gütermann*, Das Minderheitenschutzverfahren des Völkerbundes, 1979; *O. Junghann*, Das Minderheitenschutzverfahren vor dem Völkerbund, 1934.

11 Vgl. dazu *K. Ipsen*, Völkerrecht, 6. Aufl. 2014, § 6 Rn. 103.

Freiheit von materieller Not und Freiheit von Furcht. Die am 26.6.1945 in San Francisco unterzeichnete und am 24.10.1945 in Kraft getretene Charta der Vereinten Nationen[12] ist zwar kein Menschenrechtsdokument und nimmt nur an wenigen Stellen auf Menschenrechte Bezug[13], schuf aber den Rahmen und die Organisation zur Beförderung der Menschenrechte.

Die im Jahr 1946 eingesetzte **Menschenrechtskommission der Vereinten Nationen**[14] **34**
begann noch im selben Jahr mit Beratungen über eine allgemeine Menschenrechtserklärung. Sie arbeitete eine Erklärung, einen Vertrag und ein Abkommen über geeignete Überwachungsmaßnahmen aus. Von diesen nahm die Generalversammlung nur die Erklärung in Form der „Universal Declaration of Human Rights" (**Allgemeine Erklärung der Menschenrechte**) an. Als Deklaration handelt es sich um eine Resolution, dh. politische Erklärung, von höchstem Stellenwert, aber nicht um einen rechtlich verbindlichen Text.[15] Dies schließt nicht aus, dass einzelne Regelungen dieser Erklärung inzwischen als Völkergewohnheitsrecht oder allgemeine Rechtsgrundsätze Rechtsverbindlichkeit erlangt haben.[16]

Nach langwierigen Vorarbeiten durch die Menschenrechtskommission der Vereinten **35**
Nationen nahm die Generalversammlung am 19.12.1966 zwei Konventionen an: den **Internationalen Pakt über bürgerliche und politische Rechte** (International Covenant on Civil and Political Rights)[17] und den **Internationalen Pakt über wirtschaftliche, soziale und kulturelle Rechte** (International Covenant on Economic, Social and Cultural Rights)[18]. Für beide Verträge war die Ratifikation durch je 35 Mitgliedstaaten erforderlich, die erst im Jahre 1976 erreicht wurde.[19] Während der „Zivilpakt" den klassischen Katalog von Freiheits-, Gleichheits- und Justizgrundrechten enthält, umfasst der „Sozialpakt" soziale Garantien wie das Recht auf Arbeit, auf Bildung, auf soziale Sicherheit oder auf einen angemessenen Lebensstandard nicht in der Gestalt von Individualgrundrechten, sondern als Staatszielbestimmungen[20], wonach die Staaten verpflichtet sind, mit allen geeigneten Mitteln durch gesetzgeberische Maßnahmen die Verwirklichung der im Pakt anerkannten Rechte zu erreichen.[21]

Die Menschenrechtspakte werden durch Fakultativprotokolle, Resolutionen der Gene- **36**
ralversammlung und durch andere im Rahmen der UNO oder einer ihrer Spezialorganisationen, zB. der **International Labour Organization**, erarbeitete Konventionen ergänzt.[22] Beispiele sind die Konvention über die Verhütung und Bestrafung des Völkermordes vom 19.12.1948 (**Genozid-Konvention**)[23], das Übereinkommen über die Nichtanwendbarkeit gesetzlicher Verjährungsfristen auf Kriegsverbrechen und Ver-

---

12 Vgl. dazu *K. Ipsen*, Völkerrecht, 6. Aufl. 2014, § 6 Rn. 103 f.
13 Art. 1 Nr. 3; Art. 13 Abs. 1 lit. b; Art. 55 lit. c; Art. 62 Abs. 2; Art. 68; Art. 76 lit. c.
14 Zu den Bemühungen der Durchsetzung von Menschenrechten durch die Kommission: *W. Kälin*, Menschenrechtsverträge als Gewährleistung einer objektiven Rechtsordnung, in: Berichte DtGVR 33 (1994), S. 9 ff. (S. 15 ff.).
15 Zutreffende Ablehnung auch bei *M. Kau*, in: W. Graf Vitzthum/A. Proelß (Hrsg.), Völkerrecht, 3. Abschnitt, Rn. 235; *K. Ipsen*, Völkerrecht, 6. Aufl. 2014, § 36 Rn. 37.
16 Dazu *U. Fastenrath*, Entwicklung und Stand des Menschenrechtsschutzes, in: ders. (Hrsg.), Internationaler Schutz der Menschenrechte, 2000, S. 35; *St. Hobe*, Einführung in das Völkerrecht, 10. Aufl., 2014, S. 408.
17 Text in: BGBl. 1973 II, S. 1534; in deutscher Übersetzung auch in: *O. Dörr* (Hrsg.), Völkerrechtliche Verträge, 14. Aufl., 2016, Nr. 16 (Beck-Texte im dtv); Satorius II, Nr. 20.
18 Text in: BGBl. 1973 II, S. 1570; in deutscher Übersetzung auch in: *O. Dörr* (Hrsg.), Völkerrechtliche Verträge, 14. Aufl., 2016, Nr. 17 (Beck-Texte im dtv); Satorius II, Nr. 21.
19 Dazu *K. Ipsen*, Völkerrecht, 6. Aufl. 2014, § 36 Rn. 38.
20 S. zum Begriff der Staatszielbestimmung *H. Maurer*, Staatsrecht I, 6. Aufl. 2010, § 6 Rn. 9 ff.
21 S. zu den Menschenrechtspakten *K. Ipsen*, Völkerrecht, 6. Aufl. 2014, § 36 Rn. 38 ff.
22 Vgl. dazu *K. Ipsen*, Völkerrecht, 6. Aufl. 2014, § 36, Rn. 38.
23 Text in: BGBl. 1954 II, S. 730.

brechen gegen die Menschlichkeit vom 26.11.1968[24], das **Internationale Übereinkommen zur Beseitigung jeder Form von Rassendiskriminierung** vom 7.3.1966[25], das **Übereinkommen zur Beseitigung jeder Form von Diskriminierung der Frau** vom 18.12.1979[26], das Übereinkommen gegen Folter und andere grausame, unmenschliche oder erniedrigende Behandlung vom 10.12.1984[27] und das **Übereinkommen über die Rechte des Kindes** vom 20.11.1989[28]. Der institutionelle Rahmen zum Schutz und zur Durchsetzung der internationalen Menschenrechte ist allerdings nur schwach ausgebildet.[29] Eine besondere Rolle spielt die **Internationale Strafgerichtsbarkeit** zur Ahndung schwerer Menschenrechtsverletzungen, mit ihren Vorläufern in den Internationalen Militärtribunalen von Nürnberg und Tokio, die noch keine internationalen Gerichte, sondern Gerichte der Alliierten waren,[30] über die Jugoslawien-[31] und Ruanda-Tribunale[32] bis hin zur Einrichtung des Internationalen Strafgerichtshofs in Den Haag durch das Statut von Rom vom 17.7.1998[33]

4.3 Regionaler Menschenrechtsschutz

37   Neben den weltweiten Bemühungen gibt es regionale Instrumente des überstaatlichen Menschenrechtsschutzes von unterschiedlicher Bedeutung. Das wirksamste regionale Menschenrechtsschutzsystem ist zugleich das älteste, nämlich die am 4.11.1950 in Rom unterzeichnete Europäische Konvention zum Schutz der Menschenrechte und Grundfreiheiten (**Europäische Menschenrechtskonvention** = EMRK), die seit dem 3.9.1953 in Kraft ist. Sie ist das Werk des Europarates, der seit seiner Gründung im Jahre 1949 mehr als 200 Konventionen zu den verschiedensten Rechtsgebieten verabschiedet hat, von denen die EMRK nebst bisher 16 zusätzlichen Protokollen und die Europäische Sozialcharta vom 18.10.1961 die wichtigsten bilden. Zweck der EMRK ist die **Gewährleistung eines menschenrechtlichen Mindeststandards** in den inzwischen 47 Konventionsstaaten, zu denen auch alle Mitgliedstaaten der EU gehören.[34] Ihre erhebliche praktische Bedeutung erhält die EMRK durch das neben der Staatenbeschwerde vorgesehene Rechtsmittel der **Individualbeschwerde**, mit der sich jede natürliche Person nach Erschöpfung des innerstaatlichen Rechtswegs an den Europäischen Gerichtshof für Menschenrechte mit der Behauptung wenden kann, der Konventionsstaat habe sie in einem ihrer Rechte aus der EMRK oder den Zusatzprotokollen verletzt (Art. 34 EMRK). Des Weiteren bildet die EMRK nach Art. 6 Abs. 3 EUV Rechtserkenntnisquelle für die Grundrechte der Europäischen Union im Sinne

---

24 Text in: UNTS Bd. 754, S. 73; deutsche Übersetzung in: *B. Simma/U. Fastenrath* (Hrsg.), Menschenrechte. Ihr internationaler Schutz, 6. Aufl., 2010, Nr. 17.

25 Text in: BGBl. 1969 II, S. 961.

26 Text in: BGBl. 1985 II, S. 647.

27 Text in: BGBl. 1990 II, S. 246.

28 Text in: BGBl. 1992 II, S. 122.

29 Dazu *U. Fastenrath*, Entwicklung und Stand des Menschenrechtsschutzes, in: ders. (Hrsg.), Internationaler Schutz der Menschenrechte, 2000, S. 42; *M. Haedrich*, Von der Allgemeinen Erklärung der Menschenrechte zur internationalen Menschenrechtsordnung, JA 1999, 251 (266).

30 Vgl. dazu *K. Ipsen*, Völkerrecht, 6. Aufl. 2014, § 31 Rn. 37 f. – Zum Nürnberger Militärgericht allgemein: *S. Jung*, Die Rechtsprobleme der Nürnberger Prozesse, 1992.

31 Vgl. dazu *C. Hollweg*, Das neue Internationale Tribunal der UNO und der Jugoslawienkonflikt, JZ 1993, 980 ff.; *K. Oellers-Frahm*, Das Statut des Internationalen Strafgerichtshofs zur Verfolgung von Kriegsverbrechen im ehemaligen Jugoslawien, ZaöRV 54 (1994), S. 416 ff.; *St. Oeter*, Kriegsverbrechen in den Konflikten um das Erbe Jugoslawiens, ZaöRV 53 (1993), S. 1 ff.; *H. Roggemann*, Der Internationale Strafgerichtshof der Vereinten Nationen von 1993 und der Krieg auf dem Balkan, 1994.

32 Vgl. dazu *St. Hobe*, Einführung in das Völkerrecht, 10. Aufl. 2014, S. 338.

33 Text: BGBl. 2000 II, S. 1393. Dazu: *G. Seidel/C. Stahn*, Das Statut des Weltstrafgerichtshofs, Jura 1999, 14; *U. Fastenrath*, Der Internationale Strafgerichtshof, JuS 1999, 632. Zu neueren Entwicklungen s. *B. Dürr*, Internationaler Strafgerichtshof: In der Realität angekommen, DRiZ 2017, 224 ff.

34 S. zur Bedeutung in Deutschland *von Münch/Mager*, Staatsrecht I, Rn. 599 ff.

allgemeiner Rechtsgrundsätze und nach Art. 52 Abs. 3 EUGrCh den Mindestinhalt von entsprechenden Garantien in der Charta.

Dem Vorbild der EMRK folgend, vereinbarten die mittel- und südamerikanischen **38** Staaten am 22.11.1969 in San José, Costa Rica, die **Amerikanische Menschenrechtskonvention,** die am 18.7.1978 in Kraft trat. Ihr Verfahrensrecht entspricht dem der EMRK vor ihrer Reform 1994. Neben dem Inter-Amerikanischen Gerichtshof existiert die Inter-Amerikanische Kommission für Menschenrechte. Ihr obliegt die Prüfung der Individualbeschwerden und die Entscheidung darüber, ob eine Individualbeschwerde vor den Inter-Amerikanischen Gerichtshof für Menschenrechte gelangt. Zusätzlich zu dieser Funktion überwacht die Kommission die Einhaltung der Menschenrechtsverpflichtungen durch Vor-Ort-Studien, Länderberichte und Empfehlungen. Der Interamerikanische Gerichtshof für Menschenrechte in San José, Costa Rica, hatte bisher über eine erheblich geringere Anzahl an Fällen zu entscheiden als der EGMR.

Die jüngste regionale Menschenrechtskonvention ist die 1981 vereinbarte und 1986 **39** in Kraft getretene **Afrikanische Charta der Menschenrechte und der Rechte der Völker.** Sie geht inhaltlich deutlich weiter als die EMRK, bleibt in ihrer Wirksamkeit jedoch schwach. Ihr Durchsetzungsorgan ist die Afrikanische Kommission für Menschenrechte und Rechte der Völker, deren politische Abhängigkeit von den Staatschefs erheblich ist. Auf der Grundlage eines 1998 vereinbarten und 2004 in Kraft getretenen Zusatzprotokolls wurde der Afrikanische Gerichtshof für Menschenrechte und Rechte der Völker in Arusha, Tansania, eingerichtet, der im Dezember 2009 sein erstes Urteil fällte.[35]

4.4 Grundrechtsschutz in der Europäischen Union

Die Gründungsverträge der Europäischen Wirtschaftsgemeinschaft enthielten die viel- **40** fach als Grundfreiheiten bezeichneten **Binnenmarktfreiheiten,** aber keine Grundrechte. Die wachsende Einflussnahme gemeinschaftsrechtlicher Rechtsakte auf Grundrechte der Bürger hatte zur Folge, dass nationale Verfassungsgerichte, nicht zuletzt das Bundesverfassungsgericht, den Vorbehalt äußerten, europäische Rechtsakte an den nationalen Grundrechten zu prüfen mit der möglichen Folge der Nichtanwendung, solange auf der europäischen Ebene kein Grundrechtsschutz gesichert sei.[36] Da dies den Geltungsvorrang und die einheitliche Anwendung des Europarechts gefährdete, begann der EuGH seit Ende der 1960er Jahre, Grundrechte als allgemeine Rechtsgrundsätze des Gemeinschaftsrechts zu entwickeln.[37]

Diese richterrechtliche Entwicklung von Grundrechten erhielt 1992 mit dem **Vertrag** **41** **von Maastricht** ihre vertragliche Grundlage in Art. F Abs. 2 EUV (später Art. 6 Abs. 2 EU), der bestimmte: „Die Union achtet die Grundrechte, wie sie in der am 4. November 1950 in Rom unterzeichnete Europäische Konvention zum Schutze der Menschenrechte und Grundfreiheiten gewährleistet sind und wie sie sich aus den gemeinsamen Verfassungsüberlieferungen der Mitgliedstaaten als allgemeine Grundsätze des Gemeinschaftsrechts ergeben."

Im Auftrag des Europäischen Rates erarbeitete ein aus 62 Mitgliedern bestehender **42** Konvent unter dem Vorsitz des ehemaligen deutschen Bundesverfassungsrichters und Bundespräsidenten Roman Herzog eine **Charta der Grundrechte der Europäischen**

---

35 S. dazu *A. Zimmermann/J. Bäumler,* Der Afrikanische Gerichtshof für Menschen und Völkerrechte, KAS Auslandsinformationen 2010, 41 ff.; *M. Löffelmann,* Das Urteil des Afrikanischen Gerichtshofs für die Rechte der Menschen und der Völker zum Wahlrecht, EuGRZ 2013, 577 ff.
36 BVerfGE 37, 271 – *Solange I.*
37 Nachweise *von Münch/Mager,* Staatsrecht I, Rn. 595.

Union, die am 7.12.2000 vom Europäischen Parlament, Rat und Kommission in einer gemeinsamen feierlichen Erklärung proklamiert wurde,[38] aber zunächst rechtlich unverbindlich blieb. Nachdem der Europäische Verfassungsvertrag scheiterte, ist die Charta mit dem Inkrafttreten des Vertrags von Lissabon am 1.12.2009 zum Bestandteil des Primärrechts der Europäischen Union geworden (Art. 6 Abs. 1 EUV). Daneben gelten die bisher vom EuGH entwickelten allgemeinen Rechtsgrundsätze mit Grundrechtsinhalten weiter (Art. 6 Abs. 3 EUV), um die Kontinuität der Rechtsprechung sicherzustellen. Zudem schafft Art. 6 Abs. 2 S. 1 EUV die Rechtsgrundlage für den Beitritt der EU zur EMRK. Art. 59 Abs. 2 EMRK in der Fassung des 14. Zusatzprotokolls ermöglicht wiederum der EU den Beitritt zur EMRK. Das 14. Zusatzprotokoll trat am 1.6.2010 in Kraft. Die Beitrittsbemühungen erhielten allerdings einen erheblichen Rückschlag, als der EuGH in seinem Gutachten vom 18.12.2014 feststellte, dass der beabsichtigte Vertrag über den Beitritt der EU zur EMRK unionsrechtswidrig sei.[39]

Literatur: *Ch. Gusy,* Wirkungen der Rechtsprechung des Europäischen Gerichtshofs für Menschenrechte in Deutschland, JA 2009, 406; *M. Haedrich,* Von der Allgemeinen Erklärung der Menschenrechte zur internationalen Menschenrechtsordnung, JA 1999, 251; *J.M. Hoffmann/ K. Mellech/V. Rudolphi,* Der Einfluss der EMRK auf die grundrechtliche Fallbearbeitung, Jura 2009, 256; *S. Kadelbach,* Der Status der Europäischen Menschenrechtskonvention im deutschen Recht, Jura 2005, 480; *M. Ludwigs/P. Sikora,* Grundrechtsschutz im Spannungsfeld von Grundgesetz, EMRK und Grundrechtecharta, JuS 2017, 385; *J. Oster,* Grundrechtsschutz in Deutschland im Lichte des Europarechts, JA 2007, 96; *M. Payandeh,* Die EMRK als grundrechtsbeschränkendes Gesetz?, JuS 2009, 212.

GG	EMRK	Europäische Grundrechte-charta
Art. 1 Abs. 1 Menschenwürde		**Art. 1:** Menschenwürde
Art. 2: Freie Entfaltung, Recht auf Leben, Recht auf körperliche Unversehrtheit, Freiheit der Person **Art. 2 Abs. 1 iVm. Art. 1 Abs. 1:** Allgemeines Persönlichkeitsrecht, Informationelle Selbstbestimmung, Gewährleistung d. Vertraulichkeit und Integrität informationstechnischer Systeme, Recht auf sexuelle Selbstbestimmung	**Art. 2:** Recht auf Leben **Art. 5:** Recht auf Freiheit und Sicherheit **Art. 8:** Recht auf Achtung des Privatlebens	**Art. 2 Abs. 1:** Recht auf Leben **Art. 3:** Recht auf Unversehrtheit, Beschränkung der medizinischen Forschung **Art. 6:** Recht auf Freiheit und Sicherheit **Art. 8:** Schutz personenbezogener Daten
Art. 3: Allgemeiner Gleichheitssatz, Gleichberechtigung der Geschlechter, Diskriminierungsverbot	**Art. 14:** Diskriminierungsverbot	**Art. 20:** Gleichheit vor dem Gesetz **Art. 21:** Nichtdiskriminierung **Art. 22:** Vielfalt der Kulturen, Religionen und Sprachen **Art. 23:** Gleichheit der Geschlechter
Art. 4 Abs. 1, 2: Glaubens-, Gewissens- und Bekenntnisfreiheit	**Art. 9:** Gedanken-, Gewissens- und Religionsfreiheit	**Art. 10:** Gedanken- Gewissens- und Religionsfreiheit
Art. 4 Abs. 3: Recht der Kriegsdienstverweigerung		**Art. 10 Abs. 2:** Kriegsdienstverweigerung nach Maßgabe des einfachen Rechts
Art. 5: Meinungs- und Informati-	**Art. 10:** Freiheit der Meinungsäu-	**Art. 11:** Meinungs- und Informati-

---

38 Text in: Beilage zu NJW Heft 49/2000, S. 7 ff. Zur Vorgeschichte vgl. *M. Hilf,* Die Charta der Grundrechte – Ausarbeitung, Inhalte, Bindung, in: FS W. Rudolf, 2001, S. 225 (226 ff.). – Allgemein auch: *R. Streinz,* Europarecht, 10. Aufl., 2016, Rn. 749 ff.
39 EuGH, Gutachten 2/13 vom 18.12.2014, EuGZR 2014, 30 ff.

GG	EMRK	Europäische Grundrechte-charta
onsfreiheit, Medien-, Kunst- und Wissenschaftsfreiheit	ßerung, Informations-, Presse- und Rundfunkfreiheit	onsfreiheit, Medienfreiheit **Art. 13:** Kunst- und Wissenschaftsfreiheit
Art. 6: Schutz von Ehe und Familie; Erziehungsrecht der Eltern	**Art. 8:** Recht auf Achtung des Privat- und Familienlebens **Art. 12:** Recht auf Eheschließung	**Art. 9:** Recht auf Eheschließung und Familiengründung **Art. 7:** Achtung des Privat- und Familienlebens **Art. 14:** Recht auf Bildung, Erziehungsrecht der Eltern **Art. 33:** Schutz von Familien- und Berufsleben
Art. 7: Schulwesen	1. ZP: **Art. 2:** Recht auf Bildung	**Art. 14:** Recht auf Bildung, Erziehungsrecht der Eltern
Art. 8: Versammlungsfreiheit	**Art. 11:** Versammlungs- und Vereinigungsfreiheit	**Art. 12:** Versammlungs- und Koalitionsfreiheit
Art. 9: Vereinigungsfreiheit, Koalitionsfreiheit	**Art. 11:** Versammlungs- und Vereinigungsfreiheit	**Art. 12:** Versammlungs- und Koalitionsfreiheit **Art. 28:** Recht auf Kollektivmaßnahmen und Kollektivverhandlungen, insbesondere Tarifverhandlungen
Art. 10: Brief-, Post- und Fernmeldegeheimnis	**Art. 8:** Recht auf Achtung des Privat- und Familienlebens	**Art. 7:** Recht auf Achtung des Privat- und Familienlebens
Art. 11: Freizügigkeit	Prot. Nr. 4: **Art. 2:** Freizügigkeit	**Art. 45:** Freizügigkeit und Aufenthaltsfreiheit
Art. 12: Berufsfreiheit, Schutz vor Zwangsarbeit	**Art. 4:** Verbot von Sklaverei und Zwangsarbeit	**Art. 5:** Verbot der Sklaverei und Zwangsarbeit **Art. 15:** Berufsfreiheit **Art. 16:** Unternehmerische Freiheit
Art. 13: Unverletzlichkeit der Wohnung	**Art. 8:** Recht auf Achtung des Privat- und Familienlebens	**Art. 7:** Achtung des Privat- und Familienlebens
Art. 14: Garantie von Eigentum und Erbrecht	1. ZP: **Art. 1:** Eigentumsgarantie	**Art. 17:** Recht auf Eigentum und Erbrecht
Art. 15: Sozialisierung von Eigentum		
Art. 16: Ausbürgerung, Auslieferung	Prot. Nr. 4: **Art. 3:** Auslieferungsverbot	**Art. 19:** Schutz bei Abschiebung, Ausweisung und Auslieferung
Art. 16a: Asylrecht		**Art. 18:** Asylrecht
Art. 17: Petitionsrecht		**Art. 44:** Petitionsrecht
Art. 19 Abs. 4: Effektiver Rechtsschutz **Art. 20 Abs. 3 iVm. 2 Abs. 1:** Justizgewährleistungsanspruch	**Art. 6:** Recht auf ein faires Verfahren **Art. 13:** Recht auf eine wirksame Beschwerde (im Fall einer Verletzung der EMRK)	**Art. 47:** Recht auf einen wirksamen Rechtsbehelf und ein unparteiisches Gericht
Art. 20 Abs. 4: Widerstandsrecht		
Art. 33 Abs. 1–3: Staatsbürgerliche Rechte, Zugang zu öffentlichen Ämtern		
Art. 38: Wahlrecht (Bundestag)	1. **ZP: Art. 3:** Recht auf freie Wahlen	**Art. 39:** Wahlrecht (Europäisches Parlament) **Art. 40:** Kommunalwahlrecht
Art. 101: Verbot von Ausnahmegerichten, Recht auf den gesetzlichen Richter	**Art. 6:** Recht auf ein faires Verfahren	**Art. 47:** Recht auf wirksamen Rechtsbehelf und ein unparteiisches Gericht

GG	EMRK	Europäische Grundrechtecharta
Art. 102: Abschaffung der Todesstrafe	Prot. Nr. 6 u. 13: Abschaffung der Todesstrafe	**Art. 2 Abs. 2:** Ausschluss d. Todesstrafe
Art. 103: Anspruch auf rechtliches Gehör, Gesetzlichkeitsprinzip, Bestimmtheitsgebot, Rückwirkungsverbot, Verbot der Doppelbestrafung	**Art. 6:** Anspruch auf ein faires Verfahren **Art. 7:** Keine Strafe ohne Gesetz Prot. Nr. 7: Art. 4: Verbot der Doppelbestrafung	**Art. 48:** Unschuldsvermutung und Verteidigungsrechte **Art. 49:** Grundsatz der Gesetzmäßigkeit, Verhältnismäßigkeit der Bestrafung **Art. 50:** Verbot der Doppelbestrafung
Art. 104 Abs. 1 S. 2: Misshandlungsverbot von Gefangenen; Art. 1 Abs. 1 GG iVm. Art. 2 Abs. 2 GG	**Art. 3:** Folterverbot	**Art. 4:** Folterverbot

Vor dem Hintergrund, dass Art. 52 Abs. 3 EUGrCh für die Auslegung „entsprechender" Grundrechte auf die EMRK verweist, enthalten die „Erläuterungen zur Charta der Grundrechte" (ABl. EU C 303/17 vom 14.12.2007) eine Übersicht der einander entsprechenden Vorschriften in der EUGrCh und der EMRK.

Nicht zugeordnete Rechte aus der Europäischen Grundrechtecharta sind danach:

Art. 24: Rechte des Kindes

Art. 25: Rechte älterer Menschen

Art. 26: Integration von Menschen mit Behinderung

Art. 27: Recht auf Unterrichtung und Anhörung der Arbeitnehmer und Arbeitnehmerinnen im Unternehmen

Art. 29: Recht auf Zugang zu einem Arbeitsvermittlungsdienst

Art. 34: Soziale Sicherheit und soziale Unterstützung

Art. 35: Gesundheitsschutz

Art. 36: Zugang zu Dienstleistungen von allgemeinem wirtschaftlichem Interesse

Art. 38: Verbraucherschutz

Art. 41: Recht auf eine gute Verwaltung (bzgl. Organen und Einrichtungen der EU)

Art. 42: Recht auf Zugang zu Dokumenten (der EU)

Art. 43: Der Bürgerbeauftragte

Art. 46: Diplomatischer und konsularischer Schutz

Zweiter Teil: **Allgemeine Grundrechtslehren**

Fall 1: Erpressung

Im September 1977 entführten Terroristen den unter Polizeischutz stehenden damaligen Präsidenten der Bundesvereinigung der Deutschen Arbeitgeberverbände Hanns Martin Schleyer. Seine Freilassung machten sie ua. davon abhängig, dass die Bundesregierung elf inhaftierte Personen aus der Haft entlassen würde. Für den Fall der Nichterfüllung drohten sie die Ermordung von Hanns Martin Schleyer an. Dessen Sohn (S) verlangte von der Bundesregierung, zur Rettung seines Vaters auf die Forderungen der Terroristen einzugehen. Diese gab den Forderungen der Terroristen jedoch im Hinblick auf die Gefahren, die sich aus dem Erfolg der Erpressung ergeben würden, nicht nach. Konnte S verlangen, dass die Bundesregierung auf die Forderungen der Terroristen eingeht, um auf diese Weise das Leben von Hanns Martin Schleyer zu retten?

1. Kapitel: Arten und Funktionen der Grundrechte

Für einen ersten Überblick lassen sich die Grundrechte des Grundgesetzes nach verschiedenen Arten unterscheiden. Innerhalb der einzelnen Grundrechte gibt es verschiedene Gewährleistungsgehalte, die auch als Grundrechtsfunktionen bezeichnet werden. **43**

1.1 Arten

Ganz formal nach der Stellung im Grundgesetz wird zwischen **Grundrechten** im ersten Abschnitt des Grundgesetzes und dort nicht genannten **grundrechtsgleichen Rechten** unterschieden, die sich im Zusammenhang mit der Verfassungsbeschwerde in Art. 94 Abs. 1 Nr. 4a GG finden. Eine auf die Schutzwirkung bezogene Unterscheidung ist die zwischen **Freiheitsgrundrechten** und **Gleichheitsgrundrechten**. Erstere zielen auf Selbstbestimmung, letztere auf Gleichbehandlung. Eine weitere Kategorie bilden die **Justizgrundrechte**, die überwiegend zu den grundrechtsgleichen Rechten gehören. **44**

Inhaltlich lassen sich Gruppierungen nach dem Schutzgegenstand bilden. Diese Kategorienbildung ist nützlich, weil sie den Kreis der Grundrechte zeigt, die möglicherweise in Konkurrenz zueinanderstehen oder für eine systematisch konsistente Auslegung herangezogen werden können. **45**

Allen Grundrechten voranstehend und eine Kategorie für sich bildet die **Menschenwürde**[1], die Art. 1 Abs. 1 GG für unverletzlich erklärt.

Die **Freiheitsrechte** schützen

- die körperliche und geistig-seelische Integrität (Leben und körperliche Unversehrtheit Art. 2 Abs. 2, Glaubens- und Gewissensfreiheit Art. 4 GG),
- die Privatsphäre (allgemeines Persönlichkeitsrecht Art. 2 Abs. 1 iVm. Art. 1 Abs. 1 GG; Ehe und Familie Art. 6 GG, Brief- und Fernmeldegeheimnis Art. 10 GG, Wohnung Art. 13 GG),
- die Selbstbestimmung hinsichtlich Fortbewegung und Aufenthalt (Art. 2 Abs. 2 GG und Art. 11 GG),
- die Kommunikation und die offene Gesellschaft (Meinungs-, Kunst- und Wissenschaftsfreiheit Art. 5 GG, Versammlungs- und Vereinigungsfreiheit Art. 8 und 9 Abs. 1, 2 GG, Petitionsrecht Art. 17 GG),

---

1 S. zum Streit um die Grundrechtsqualität der Menschenwürde unten Rn. 156.

– die wirtschaftliche Freiheit (insbes. Beruf Art. 12 Abs. 1 GG und Eigentum Art. 14 GG, aber auch die Koalitionsfreiheit Art. 9 Abs. 3 GG), und schließlich
– auffangweise die allgemeine Handlungsfreiheit (Art. 2 Abs. 1 GG).

Die **Gleichheitsrechte** lassen sich untergliedern in die speziellen Diskriminierungsverbote und den allgemeinen Gleichheitssatz. Erstere verbieten Ungleichbehandlungen in Bezug auf Merkmale wie Geschlecht, Rasse, Heimat, Herkunft (Art. 3 Abs. 2 und 3 GG), uneheliche Geburt (Art. 6 Abs. 5) sowie in Bezug auf den Ämterzugang (Art. 33 Abs. 2 und 3)[2] und das Wahlrecht (Art. 38 Abs. 1 S. 1 GG)[3]. Der allgemeine Gleichheitssatz gebietet, dass Ungleichbehandlungen jeglicher Art sachlich begründet sein müssen.

Unter dem Oberbegriff der **Justizgrundrechte** sind die Rechte und Prinzipien zusammengefasst, die für einen fairen und rechtsstaatlichen Prozess wesentlich sind. Es handelt sich dabei um die Rechtsschutzgarantie gegen Rechtsverletzungen durch die öffentliche Gewalt (Art. 19 Abs. 4 GG), das Recht auf den gesetzlichen Richter (Art. 101 Abs. 1 GG), das Verbot der Todesstrafe (Art. 102 GG), den Anspruch auf rechtliches Gehör (Art. 103 Abs. 1 GG), den Grundsatz „keine Strafe ohne Gesetz" (Art. 103 Abs. 2 GG), das Verbot der Mehrfachbestrafung (Art. 103 Abs. 3 GG)[4] sowie besondere Rechte im Falle einer Verhaftung (Art. 104 GG)[5].

46 Nach dem Grundrechtsträger bzw. Grundrechtsberechtigten ist zwischen Jedermann-Grundrechten (Menschenrechte) und **Deutschengrundrechten**[6] (Bürgerrechte) zu unterscheiden. Zu letzteren gehören im Grundrechtsteil[7] die Versammlungs- und die Vereinigungsfreiheit (Art. 8 und Art. 9 Abs. 1, 2 GG), die Freizügigkeit (Art. 11 GG), die Berufsfreiheit sowie das Ausbürgerungs- und Auslieferungsverbot (Art. 16 GG). Eine Besonderheit stellt das Grundrecht auf Asyl gemäß Art. 16a GG dar, das als einziges Grundrecht ausschließlich Ausländern zusteht.

1.2 Funktionen

47 Georg Jellinek hat in seinem Werk „System der subjektiven öffentlichen Rechte" die klassisch gewordene Unterscheidung zwischen vier Rechtsverhältnissen –„status"– getroffen, in denen sich ein Einzelner zum Staat befinden kann und aus denen sich subjektive Rechte gegen den Staat ableiten: der **status negativus**, der **status positivus**, der **status activus** und der **status passivus**.[8] Der erste status bezieht sich auf die durch Abwehransprüche geschützten Sphären der Freiheit und Selbstbestimmung. Beim zweiten geht es um Schutz- und Leistungsansprüche. Der dritte bezeichnet die Rechte aktiver Teilnahme am Staat, also insbesondere Wahlrecht und Ämterzugang, während der vierte für die Pflicht zum Rechtsgehorsam steht und sich damit komplementär zu den anderen status und vor allem zum status negativus verhält, nämlich zu dulden und Folge zu leisten, soweit kein Abwehranspruch gegen den Staat besteht.

1.2.1 Abwehrrechte

48 Ihrer Geschichte wie dem Wortlaut nach enthalten die meisten im Grundrechtsabschnitt aufgeführten Artikel zunächst einmal **Abwehrrechte** gegen den Staat.[9] In seiner

---

2 S. dazu *von Münch/Mager*, Staatsrecht I, Rn. 513–516.
3 S. dazu *von Münch/Mager*, Staatsrecht I, Rn. 106–109.
4 S. dazu schon *von Münch/Mager*, Staatsrecht I, Rn. 548.
5 S. dazu unten Rn. 194, 202, 204 ff.
6 Zur europarechtskonformen Auslegung von Deutschengrundrechten siehe unten Rn. 81, 92.
7 Zum Wahlrecht als Staatsbürgerrecht s. *von Münch/Mager*, Staatsrecht I, Rn. 89, 97.
8 S. *G. Jellinek* (16. Juni 1851–12. Januar 1911), System der subjektiven öffentlichen Rechte, 2. Neudr. d. 2. Aufl. 1919, 1979, S. 87, 94 ff; s. zur Person *A. Fijal/R.-R. Weingärtner*, Georg Jellinek – Universalgelehrter und Jurist, JuS 1987, 97 ff.; *Stanley L. Paulsen* (Hrsg.), Georg Jellinek – Beiträge zu Leben und Werk, 2000.
9 S. nur BVerfGE 7, 198 (204) – *Lüth*; 68, 193 (205) – *Innunug*.

Funktion als Abwehrrecht verbietet ein Grundrecht allen staatlichen Stellen, Grundrechtsträger in ihrem Grundrecht zu verletzen, also etwa in ihrer Freiheit die Meinung zu äußern, einen Beruf auszuüben, sich zu versammeln oder auch sie ungleich zu behandeln[10]. Gesetzgebung, Verwaltung und Rechtsprechung sind nach Art. 1 Abs. 3 GG unmittelbar, dh. ohne einfachgesetzliche Vermittlung, an die Grundrechte gebunden, was zuallererst bedeutet, dass sie **Verletzungen** zu **unterlassen** haben. Eine Unterlassung ist eine eindeutige Rechtsfolge. Den Verfassungsgebern war es wichtig, dass die Grundrechte des Grundgesetzes unmittelbar anwendbare und einklagbare Rechte,[11] nämlich **Unterlassungsansprüche**, gewähren.

Nicht jede dem Staat zurechenbare Beeinträchtigung eines Grundrechts stellt eine den **49** Unterlassungsanspruch auslösende **Grundrechtsverletzung** dar, sondern nur eine solche Grundrechtsbeeinträchtigung, für die sich der Staat nicht auf eine bereits in der Verfassung angelegte Rechtfertigung berufen kann. Hieraus folgt der dreischrittige Aufbau, der für die Prüfung eines Freiheitsgrundrechts als Abwehrrecht typisch ist: 1. Schutzbereich, 2. Eingriff, 3. verfassungsrechtliche Rechtfertigung.
Beim Prüfungspunkt „Schutzbereich„ geht es um die Frage, von welchem Grundrecht das als beeinträchtigt behauptete Sein oder Verhalten des Grundrechtsträgers geschützt wird. Beim **Eingriff** ist zu prüfen, ob der geschützte Zustand oder das geschützte Verhalten beeinträchtigt wird, und vor allem ob diese Beeinträchtigung dem Staat zurechenbar ist.
Die umfangreichste Prüfung findet regelmäßig auf der dritten Stufe, der **verfassungsrechtlichen Rechtfertigung**, statt. Der Unterschied zwischen dem Eingriff in ein Grundrecht und seiner Verletzung liegt in der Beantwortung der Frage nach der verfassungsrechtlichen Rechtfertigung. Ein **Grundrechtseingriff** stellt nur dann eine **Grundrechtsverletzung** dar, wenn er sich nicht verfassungsrechtlich rechtfertigen lässt. Ein Eingriff ist gerechtfertigt, wenn er sich auf eine bereits in der Verfassung ausdrücklich oder durch Auslegung zu ermittelnde **Grundrechtsschranke** stützen kann und diese Schranke durch oder aufgrund eines Gesetzes in verfassungsmäßiger Weise konkretisiert worden ist. Die Anforderungen an die **verfassungsmäßige Konkretisierung** von Grundrechtsschranken werden – mehr verwirrend als erhellend – auch Schranken-Schranken genannt. Es handelt sich um die zunächst an den Gesetzgeber gerichteten Anforderungen bei der Konkretisierung der Grundrechtsschranke sowie die Anforderungen an Verwaltung und Rechtsprechung zu grundrechtskonformer Gesetzesanwendung. Nicht die einzige, aber die wichtigste Anforderung folgt aus dem Verhältnismäßigkeitsprinzip. Danach muss das in den Schutzbereich eingreifende Mittel (zB. gesetzliches Verbot) in Bezug auf den verfolgten Zweck (zB. Umweltschutz) geeignet, erforderlich und angemessen sein (siehe dazu beispielhaft die Lösungen zu Fall 3 und 4).

Im Folgenden wird es bei der systematischen Darstellung der einzelnen Grundrechte **50** stets einen Gliederungspunkt Schutzbereich und einen Gliederungspunkt Grundrechtsschranken geben. Die Frage nach dem Eingriff ist dagegen nur ein Bestandteil des Gliederungspunkts „Gewährleistungsgehalt". Dieser erfasst alle von dem jeweiligen Grundrecht gewährleisteten Funktionen und enthält im Zusammenhang mit der Abwehrfunktion Ausführungen zum Eingriff.

---

10 In der Abwehr von Ungleichheit hat auch der Gleichheitssatz einen abwehrenden Gehalt, erschöpft sich darin aber nicht und unterscheidet sich auch ansonsten in der Struktur von Freiheitsgrundrechten; s. dazu unten Rn. 287 ff. Jarass schlägt eine neue Kategorie, nämlich den status relativus vor, s. dazu *H. D. Jarass,* Bausteine einer umfassenden Grundrechtsdogmatik, AöR 1995, 345 ff.
11 JöR nF. Bd 1, S. 42 f.

1.2.2 Der objektive Wertgehalt der Grundrechte und die daraus abgeleiteten Ansprüche (subjektiven Rechte) auf Schutz, Leistung und Teilhabe einschließlich Organisation und Verfahren

51 Während das Abwehrrecht, also der Anspruch auf Unterlassen, vielfach schon nach dem Wortlaut („frei", „unverletzlich", „ungestört") aber auch wegen seines präzisen Inhalts leicht zu begründen ist, drängen sich Ansprüche auf **Schutz** etwa vor dem gefährlichen Tun Dritter (Nichtraucherschutz), auf **Leistung** (Sozialhilfe) oder **Teilhabe** (Zulassung zum Studium) nicht auf. Einen Argumentationsansatz bietet der Wortlaut des Art. 1 Abs. 1 GG, wonach alle staatliche Gewalt die Menschenwürde nicht nur zu achten, sondern auch zu schützen hat. Diese Schutzverpflichtung erstreckt sich zumindest insoweit auf andere Grundrechte, soweit diesen ein Menschenwürdekern innewohnt. Hinzu kommt der sog. objektiv-rechtliche Gehalt der Grundrechte.[12] Damit ist gemeint, dass die von den Grundrechten geschützten Rechtsgüter an sich wertvoll und Grundlage des Zusammenlebens sein sollen, was sich in der Rechtsordnung insgesamt sowie in der Rechtsanwendung auswirken muss. Hieraus lässt sich ableiten, dass der einzelne Mensch beispielsweise nicht nur das Recht hat, sich gegen Beschränkungen seiner Meinungsäußerungsfreiheit durch den Staat zu wehren, sondern es aufgrund des hohen Stellenwerts der Meinungsäußerungsfreiheit in der Rechts- und Gesellschaftsordnung auch einen Anspruch auf Schutz gegen Beeinträchtigungen der Meinungsfreiheit durch nichtstaatliche Stellen geben muss. Leben und körperliche Unversehrtheit als Wert an sich können die Grundlage für einen Schutzanspruch gegen Beeinträchtigungen durch Dritte[13] oder durch gefährliche Technologien wie die Nutzung der Atomenergie[14] bilden oder einen Anspruch auf medizinische Leistungen gewähren[15]. Die freie Wahl der Ausbildungsstätte als Wert verpflichtet den Staat, nach Maßgabe des Möglichen an den staatlichen Hochschulen Studienplätze bereitzustellen und dem Einzelnen einen Anspruch auf chancengerechten Zugang (Teilhabe) zu diesen Plätzen zu gewähren.[16] Aus der Wissenschaft als Wert folgt die Notwendigkeit wissenschaftsadäquater Hochschul-**Organisation und -Verfahren**.[17]

52 Allen genannten Funktionen ist gemeinsam, dass aus dem im Grundrecht verbürgten objektiven Wert zunächst eine **Pflicht des Staates zu aktivem Tun** und erst daraus ein **korrespondierendes subjektives Recht** – ein originärer Anspruch[18] – auf staatliches Tätigwerden abgeleitet wird. Der Anspruchsinhalt ist jeweils vage und in vielfältiger Weise konkretisierungsfähig. Hinzukommt, dass andere Werte entgegenstehen können[19] – etwa der Persönlichkeitsschutz der Meinungsfreiheit – und dass die finanziellen Mittel des Staates begrenzt sind. Für derartige Konkretisierungen ebenso wie für die Abgrenzung der Freiheitssphären und für die Entscheidung über den Einsatz begrenzter Mittel ist in erster Linie der Gesetzgeber zuständig. Aus den Grundrechten lassen sich deshalb grundsätzlich keine unmittelbaren Ansprüche auf Schutz, Leistung oder Teilhabe mit spezifischen Inhalten ableiten. Vielmehr ist die Rechtslage in dem

---

12 BVerfGE 7, 198 (205) – *Lüth.*

13 Vgl. BVerfGE 46, 160 (164) – *Schleyer*; 39, 1 (42) – *Schwangerschaftsabbruch I*; 88, 203 (252 f.) – *Schwangerschaftsabbruch II.*

14 Vgl. BVerfGE 49, 89 (140 ff.) – *Kalkar I*; 53, 30 (57 ff.) – *Mühlheim-Kärlich.*

15 Vgl. BVerfGE 115, 25 (44 f., 49) – *Nikolausbeschluss.*

16 Vgl. BVerfGE 33, 303 (329 ff.); BVerfG, Urt. vom 19.12.2017 – 1 BvL 3/14 Ls. 1 – jeweils *Numerus clausus.*

17 BVerfGE 35, 79 (114 ff.) – *Gruppen-Universität*; 93, 85 (95 ff.) – *Universitätsgesetz NRW*; 111, 333 (353 ff.) – *Brbg. Hochschulgesetz*; 127, 87 (114 ff.) – *Hamb. Hochschulgesetz.*

18 Aus Schutzpflichten abgeleitete Ansprüche sind von den Ansprüchen auf Teilhabe zu unterscheiden. Letztere haben ihre Grundlage im Gleichbehandlungsgrundsatz und knüpfen an bereits bestehende Leistungsansprüche an, weshalb sie derivative Leistungsansprüche genannt werden. S. dazu unten Rn. 582.

19 S. vertiefend zum Problem *Chr. Calliess*, Die grundrechtliche Schutzpflicht im mehrpoligen Verfassungsverhältnis, JZ 2006, 321 ff.; *U. Vosgerau*, Zur Kollision von Grundrechtsfunktionen, AöR 133 (2008), 346 ff.

Sachbereich daraufhin zu untersuchen, ob der an die Grundrechte gebundene Gesetzgeber den jeweiligen Grundrechten als Wertaussagen hinreichend Rechnung getragen hat. Entsprechendes gilt für die Rechtsanwender. Nur wenn dies eindeutig nicht der Fall ist, kann dem Grunde nach, in der Regel aber nicht dem genauen Inhalt nach, ein Anspruch auf Schutz, Leistung oder Teilhabe bestehen.

Auch in diesen Konstellationen besteht die Prüfung einer Grundrechtsverletzung aus drei Schritten. Zunächst ist festzustellen, welches Grundrecht in seinem Schutzbereich betroffen ist. In einem zweiten Schritt ist zu prüfen, ob den Staat eine Pflicht trifft, die Grundrechtsbeeinträchtigung durch aktives Tun abzuwenden. Auf der dritten Stufe ist zu untersuchen, ob der Staat dieser Pflicht bereits hinreichend nachgekommen ist. Hinreichend meint dabei, dass das von Grundrechts wegen erforderliche Minimum nicht unterschritten ist (sog. **Untermaßverbot**[20]).

1.2.3 Rechtsinstitutsgarantien und institutionelle Garantien

Auch die Rechtsinstitutsgarantien und die institutionellen Garantien werden den objektiven Grundrechtsgehalten zugezählt. Als Oberbegriff für beides wird von Einrichtungsgarantien gesprochen. Ihre Funktion lässt sich ohne rechtshistorisches Hintergrundwissen nicht verstehen. Die Begriffe wurden zum Zweck der systematischen Ordnung des umfangreichen Grundrechtsteils der **Weimarer Reichsverfassung** von Carl Schmitt geprägt.[21] Die Besonderheit derartiger Garantien bestand nach Schmitt darin, dass ihre Schutzgüter nicht individuelle Freiheit, sondern historisch überkommene Einrichtungen der staatlichen oder gesellschaftlichen Ordnung sind, die aufgrund spezifischer historischer Erfahrung vor Abschaffung und Aushöhlung geschützt werden sollen. Die **Funktion** der Kategorie bestand also darin, eine – wenn auch **begrenzte** – **Verfassungsbindung des Gesetzgebers** zu erreichen, die durch die Weimarer Reichsverfassung gerade nicht ausdrücklich geregelt und nach der überkommenen rechtspositivistischen Auffassung in der damaligen Staatsrechtslehre auch nicht Bestandteil der Grundrechtsdogmatik war. Nach der Lehre von Schmitt, die bald Anhänger fand, waren als derartige „Einrichtungen" Ehe, Eigentum und Erbrecht, die damals im Grundrechtsteil geregelte kommunale Selbstverwaltung sowie die hergebrachten Grundsätze des Berufsbeamtentums in einem **historisch überkommenen Kern vor Abschaffung und Aushöhlung geschützt**. Der Unterschied zwischen Rechtsinstitutsgarantien und institutionellen Garantien sollte vor allem darin bestehen, dass es sich bei den Rechtsinstitutsgarantien um Garantien von Rechtsinstituten aus dem Bereich des Zivilrechts handelte, bei institutionellen Garantien um sonstige in der Regel in einem öffentlich-rechtlichen Zusammenhang stehende „Einrichtungen".[22]

Mit der Geltung, Anwendung und rechtswissenschaftlichen Bearbeitung des Grundrechtsteils des Grundgesetzes erfuhr auch die Kategorie der Einrichtungsgarantien eine Wiederbelebung. Allerdings war ein wesentlicher Aspekt ihrer Funktion, nämlich die Bindung des Gesetzgebers an die Grundrechte, nun ausdrücklich in **Art. 1 Abs. 3 GG** vorgeschrieben, zudem der Wesensgehalt aller Grundrechte in **Art. 19 Abs. 2 GG** explizit geschützt. Insbesondere die wenig konturenscharfe Kategorie der institutionellen

53

54

---

20 BVerfGE 88, 203, 254 f. – *Schwangerschaftsabbruch II*. Zur Prüfung des Untermaßverbots, *Chr. Callies*, Die grundrechtliche Schutzpflicht im mehrpoligen Verfassungsverhältnis, JZ 2006, 321 (329 f.); *L. Michael*, Die drei Argumentationsstrukturen des Grundsatzes der Verhältnismäßigkeit – Zur Dogmatik des Über- und Untermaßverbots und der Gleichheitssätze, JuS 2001, 148 (151 f.). Siehe zum Prüfungsaufbau unten Rn. 151.

21 S. *C. Schmitt*, Verfassungsrechtliche Aufsätze, 2. Aufl. 1973, S. 140 ff. Dazu *F. Meinel*, Die Grundrechtstheorie Carl Schmitts – Systematik Wirkung und Bedeutung, StudZR 2007, 237 ff. Zu den problematischen Ansichten von Carl Schmitt *L. Gruchmann*, Dummheiten eines Genies, JZ 2005, 763 ff.

22 S. dazu *U. Mager*, Einrichtungsgarantien, 2003, S. 21 ff.; *dies.*, Lexikon des Rechts, Stand Dez. 2004, Stichwort: Institutionelle Garantien.

Garantie führte dazu, dass ein Sammelsurium verschiedenster Vorschriften als Institutions-, Instituts- oder institutionelle Garantien bezeichnet wurden, ohne dass klar wäre, was damit überhaupt ausgesagt werden sollte. Gemeinsam war ihnen nur, dass es sich um Vorschriften mit Rechtswirkungen zugunsten von Organisations- bzw. Funktionszusammenhängen handelte wie etwa Presse, Rundfunk, Hochschulen, aber auch Ehe, Familie, Sonn- und Feiertage sowie die aus dem Grundrechtsteil ausgegliederte kommunale Selbstverwaltung und die Garantie des Berufsbeamtentums. Eine darüber hinausgehende Strukturgemeinsamkeit und damit ein weiterführender dogmatischer Gehalt war und ist dagegen in der Rechtsprechung des Bundesverfassungsgerichts nicht erkennbar.[23]

55   Eine **Fortführung der Kategorie** unter dem Grundgesetz ist daher **nur in modifizierter Form und Funktion** möglich. Die Anknüpfung an die alte Kategorie findet ihre Rechtfertigung darin, dass schon damals die **Verfassungsbindung des Gesetzgebers** das eigentliche **Problem** war. Trotz der ausdrücklichen Bindung des Gesetzgebers an die Grundrechte nach Art. 1 Abs. 3 GG gibt es auch heute noch Garantien im Grundrechtsteil, bei denen diese Bindung besondere Probleme aufwirft. Grund dafür ist, dass diese Garantien nicht natürliche Freiheit oder Selbstbestimmung schützen, sondern Rechtsmacht. Die Ausübung von Rechtsmacht setzt aber vom Gesetzgeber geschaffene Rechtsnormen voraus. Die Gemeinsamkeit besteht also darin, dass es sich um Verfassungsnormen handelt, die für bestimmte Lebensbereiche Rechtsmacht zur Selbstregulierung einräumen. Zweck solcher Garantien ist nicht der Schutz historisch überkommener Ordnungsstrukturen, sondern der Schutz von Autonomie im Sinne staatsfreier bzw. staatsferner Selbstregulierung. Rechtsinstitutsgarantien sind Verfassungsgarantien zum Schutz von Rechtsmacht im Dienste individueller grundrechtlicher Freiheitsentfaltung, namentlich Ehe, Eigentum, Erbrecht, Vertragsfreiheit und Tarifautonomie. Die Funktion institutioneller Garantien liegt dagegen in der Herstellung und Bewahrung freiheitssichernder Pluralität oder demokratischer Teilhabe. Als solche ist innerhalb des Grundrechtsteils allein die Privatschulgarantie zu nennen, deren Funktion gerade nicht im Schutz der freien Entfaltung des Privatschulbetreibers, sondern in der Sicherung eines pluralen, offenen und freiheitlichen Schulsystems liegt. Außerhalb des Grundrechtsteils lässt sich als institutionelle Garantie die Garantie der kommunalen Selbstverwaltung nennen.[24]

56   Das Dilemma der Verfassungsbindung des Gesetzgebers findet sich wieder in der Notwendigkeit, **ausgestaltende Gesetzgebung** von **eingreifender Gesetzgebung** zu unterscheiden. Ausgestaltend ist die Gesetzgebung, welche die Voraussetzungen autonomer Rechtsgestaltung überhaupt erst schafft. Eingreifend ist dagegen solche Rechtsetzung, die im Interesse der Allgemeinheit, anderer Verfassungswerte oder der Rechte außenstehender Dritter die Autonomie beschränkt. Während die ausgestaltende Gesetzgebung funktions- und sachgerecht sein muss, ist die eingreifende Gesetzgebung am Grundsatz der Verhältnismäßigkeit zu messen.[25]

1.3 Bedeutung der Grundrechte in der Rechtsanwendung

57   In der Ausbildung tritt den Studierenden die praktische Anwendung von Grundrechten zuerst im Gewand des Grundrechtsfalls entgegen. In diesen Fällen bilden Grundrechte den Prüfungsmaßstab und richtet sich die Falllösung nach dem Prüfungsaufbau einer Grundrechtsverletzung. Variationen im Prüfungsaufbau ergeben sich, abgesehen von der jeweils betroffenen Grundrechtsfunktion, daraus, ob im Rahmen einer Verfas-

---

23 S. die ausführliche Analyse bei *U. Mager*, Einrichtungsgarantien, 2003, S. 69 ff.
24 S. *U. Mager*, Einrichtungsgarantien, 2003, S. 395 ff.; *von Münch/Mager*, Staatsrecht I, Rn. 495 ff.
25 S. dazu *U. Mager*, Einrichtungsgarantien, 2003, S. 435 ff. mwN.

sungsbeschwerde die behaupteten Grundrechtsverletzungen oder im Rahmen einer Normenkontrolle die objektive Verfassungsmäßigkeit von Gesetzen den Prüfungsgegenstand bilden. Im ersten Fall wird die Frage der formellen Verfassungsmäßigkeit im Rahmen der Prüfung der verfassungsmäßigen Schrankenkonkretisierung geprüft, im zweiten Fall wird die formelle Verfassungsmäßigkeit als erster Prüfungspunkt der Verfassungsmäßigkeit des Gesetzes erörtert.

In diesen Konstellationen erschöpft sich die Bedeutung von Grundrechten in der Rechtsanwendung jedoch nicht. Da das Verwaltungsrecht in weiten Teilen „konkretisiertes Verfassungsrecht", genauer vom Gesetzgeber konkretisierte Grundrechtsschranke ist und/oder eine grundrechtliche Schutzpflicht verwirklicht, bilden die durch das Verwaltungsrecht eingeschränkten oder geschützten Grundrechte den Hintergrund für die **Auslegung** des einfachgesetzlichen Tatbestands sowie für die Beurteilung der rechtmäßigen Ausübung von **Ermessensspielräumen**. Dies gilt in Bezug auf die Prüfung von Akten exekutiver Normsetzung (zB. Rechtsverordnungen) ebenso wie in Bezug auf die Prüfung von Einzelakten (insbesondere Verwaltungsakten). In Eingriffskonstellationen (Versammlungsverbot, Abrissverfügung) bilden die Grundrechte zudem die subjektiven Rechte, die dem Betroffenen den Rechtsschutz eröffnen. **58**

In zivilrechtlichen Streitigkeiten spielen die Grundrechte eine geringere Rolle, da das Zivilrecht zum großen Teil den Individuen Rechtsmacht zur Verwendung nach freier Willensausübung zur Verfügung stellt, insoweit also fakultatives Recht ist. Soweit jedoch das **Zivilrecht** zwingende Rechtsvorschriften enthält und die Tatbestandsmerkmale sich nicht aus der feinziselierten Systematik des Zivilrechts erschöpfend auslegen lassen, sondern **wertungsoffene Begriffe** enthalten, sind auch diese im Lichte der grundrechtlichen Wertordnung zu interpretieren.[26] **59**

Im Rahmen der **verfassungskonformen Auslegung** von Tatbestandsmerkmalen findet keine vollständige dreischrittige Grundrechtsprüfung statt. Vielmehr geht es grundsätzlich um die Prüfung der Verhältnismäßigkeit angesichts der durch oder aufgrund des Gesetzes bewirkten Grundrechtsbeeinträchtigung. So ist der Begriff der persönlichen „Zuverlässigkeit" im Rahmen des Gewerberechts angesichts der Rechtsfolge der Gewerbeuntersagung bei Unzuverlässigkeit im Lichte der Berufsfreiheit eng und deshalb dahin auszulegen, dass nur berufsrelevante Vorkommnisse die Unzuverlässigkeit begründen können. Nur darin kann ein erforderlicher Eingriff in die Berufsfreiheit gesehen werden. **60**

Grenze der verfassungskonformen Auslegung ist grundsätzlich der **Wortlaut**. Ist ein Gesetz durch verfassungskonforme Auslegung nicht zu retten, ist es verfassungswidrig. Die Grenzen der verfassungskonformen Auslegung markieren folglich auch die Kompetenzgrenze zwischen Rechtsprechung und Gesetzgebung. Zu kritisieren ist daher die Entscheidung des Bundesverfassungsgerichts zur Auslegung von § 14 VersG des Bundes. Dieser statuiert die ausnahmslos formulierte Pflicht, Versammlungen unter freiem Himmel spätestens 48 Stunden vor der Bekanntgabe der zuständigen Behörde anzumelden. Die Versammlungsfreiheit fordert allerdings, dass auch Spontan- und Eilversammlungen rechtlich zulässig sein müssen. Das Bundesverfassungsgericht hat § 14 VersG dennoch nicht für verfassungswidrig erklärt, sondern den Anwendungsbereich bzw. die Anmeldefrist im Wege verfassungskonformer Auslegung reduziert.[27] Dem Wortlaut des § 14 VersG ist das nicht anzusehen. **61**

---

26 S. dazu noch unten Rn. 112 zur mittelbaren Drittwirkung von Grundrechten.
27 BVerfGE 69, 315 (350 f.) – *Spontanversammlungen*; 85, 69 (74 ff.) – *Eilversammlungen*. S. auch noch unten Rn. 541 f.

62   Räumt der Gesetzgeber einer staatlichen Stelle bei Vorliegen des Tatbestands **Ermessen hinsichtlich** der Rechtsfolge ein – zB.: „Steht eine bauliche Anlage im Widerspruch zu öffentlich-rechtlichen Vorschriften, so *kann* die zuständige Behörde ihre Beseitigung anordnen." – so muss dieses Ermessen stets in verhältnismäßiger Weise ausgeübt werden. Auch hierbei handelt es sich regelmäßig um eine grundrechtliche **Verhältnismäßigkeitsprüfung**, bei der zu fragen ist, ob der mit der im Ermessen stehenden Maßnahme (Abrissverfügung) bewirkte Grundrechtseingriff (Eigentum) im Blick auf den verfolgten Zweck geeignet, erforderlich und angemessen ist. Insoweit ist für die Falllösung wichtig, dass die gerichtliche Rechtskontrolle sich darauf beschränkt, eindeutige Unverhältnismäßigkeiten zu verhindern, nicht aber anstelle der Behörde die vermeintlich beste Lösung zu bestimmen.

Literatur: *Chr. Calliess,* Die grundrechtliche Schutzpflicht im mehrpoligen Verfassungsverhältnis, JZ 2006, 321; *H. Dreier,* Subjektiv und objektiv-rechtliche Grundrechtsgehalte, Jura 1994, 505; *T. Gostomzyk,* Grundrechte als objektiv-rechtliche Ordnungsidee, JuS 2004, 949; *F. Hufen,* Entstehung und Entwicklung der Grundrechte, NJW 1999, 1504; *H.D. Jarass,* Bausteine einer umfassenden Grundrechtsdogmatik, AöR 120 (1995), 345; *S. von Kielmansegg,* Grundfälle zu den allgemeinen Grundrechtslehren, JuS 2009, 19 ff., 118 ff., 216 ff.; *O. Klein,* Das Untermaßverbot – Über die Justiziabilität grundrechtlicher Schutzpflichterfüllung, JuS 2006, 960; *Chr. Spielmann,* Die Verstärkungswirkung der Grundrechte, JuS 2004, 371; *L.P. Störring,* Das Untermaßverbot in der Diskussion, 2009; *U. Vosgerau,* Zur Kollision von Grundrechtsfunktionen, AöR 133 (2008), 346.

2. Kapitel: Grundrechtsträger

Jedes Grundrecht hat einen **sachlichen** und einen **persönlichen Schutzbereich**. Der persönliche Schutzbereich betrifft die jeweiligen Grundrechtsträger, dh. die Inhaber des Rechts. Als Grundrechtsträger finden sich im Wortlaut je nach Grundrecht unterschiedlich „jeder", „Deutsche", „Männer und Frauen", „Eltern", „Erziehungsberechtigte", „jede Mutter", „Lehrer", „politisch Verfolgte" oder auch „jedermann". Angesprochen sind damit natürliche Personen. Etwaige Funktionsbezeichnungen stehen in Zusammenhang mit dem jeweiligen sachlichen Schutzbereich. Die Staatsangehörigkeitskennzeichnung „deutsch" begrenzt den persönlichen Schutzbereich. Eine Ausdehnung auf juristische Personen nimmt Art. 19 Abs. 3 GG vor. Danach gelten die Grundrechte auch für inländische juristische Personen, soweit sie ihrem Wesen nach auf diese anwendbar sind. Aus alledem ergibt sich eine gewisse Abhängigkeit des persönlichen Schutzbereichs von dem jeweiligen sachlichen Schutzbereich, so dass in einer Grundrechtsprüfung zunächst der sachliche Schutzbereich zu entfalten ist. **63**

2.1 Natürliche Personen

Angesichts ihrer menschenrechtlichen Wurzeln sind Grundrechte in erster Linie Menschenrechte. Probleme stellen sich insoweit in Bezug auf den Beginn und das Ende der Grundrechtsträgerschaft, auch Grundrechtsfähigkeit genannt. **64**

2.1.1 Beginn und Ende der Grundrechtsfähigkeit

Die Grundrechtsfähigkeit kann theoretisch mit der **Rechtsfähigkeit**, also in Anlehnung an § 1 BGB mit der Geburt beginnen, oder mit dem **Menschsein**, dessen Beginn vor der Geburt liegt. Sie endet mit dem Tod. Insoweit gibt es auch theoretisch keine Differenz zwischen dem Ende der Rechtsfähigkeit und dem Ende der Grundrechtsfähigkeit. Anders als bei einem gezeugten, aber noch ungeborenen Menschen ist bei einem toten Menschen die Annahme von Grundrechtsfähigkeit unter keinen Umständen sinnvoll, weil ein toter Mensch im Gegensatz zu einem ungeborenen Menschen seine Rechte nicht nur nicht selbst geltend machen kann, sondern auch von einer stellvertretenden Geltendmachung durch Dritte nicht mehr profitieren kann. Der Schutz des Andenkens Toter kommt nicht den Toten selbst, sondern lebenden, ihnen verbundenen Menschen zugute. Das Bundesverfassungsgericht hat in seiner Mephisto-Entscheidung, in der es um die Frage nach dem Verhältnis von künstlerischer Freiheit eines Schriftstellers und dem Persönlichkeitsschutz Toter ging, aus der staatlichen Verpflichtung zum Schutz der Menschenwürde die Pflicht zum Schutz des Andenkens Verstorbener abgeleitet.[1] Dabei wird nicht deutlich, dass es sich insoweit nur um eine objektive Schutzpflicht handeln kann, der kein Schutzanspruch des Toten korrespondiert. Gegenüber einem Schutzanspruch des Toten, der von nahestehenden Personen geltend gemacht werden könnte, ist es überzeugender, das Andenken an Tote als Teil des Persönlichkeitsrechts der nahestehenden Personen selbst anzusehen. **65**

Die für das **Ende der Grundrechtsfähigkeit** allein bedeutsame Frage, anhand welcher Kriterien der Tod eines Menschen zu bestimmen ist, ist in erster Linie eine medizinische Frage.[2] Im Streit um die medizinischen Kriterien **Hirn- oder Herztod** (im Sinne **66**

---

1 BVerfGE 30, 173 (194) – *Roman „Mephisto" von Klaus Mann*. Die Hauptperson des Romans ist dem während der NS-Zeit erfolgreichen Schauspieler Gustav Gründgens nachempfunden.

2 Vgl. § 3 Abs. 1 Nr. 2 und Abs. 2 Nr. 2 Transplantationsgesetz: „(1) Die Entnahme von Organen oder Geweben ist [...] nur zulässig, wenn (Nr. 2) der Tod des Organ- oder Gewebespenders nach Regeln, die dem Stand der Erkenntnisse der medizinischen Wissenschaft entsprechen, festgestellt ist [...]", „(2) Die Entnahme von Organen oder Geweben ist unzulässig, wenn (Nr. 2) nicht vor der Entnahme bei dem Organ- oder Gewebespender der endgültige, nicht behebbare Ausfall der Gesamtfunktion des Großhirns, des Kleinhirns und des Hirnstamms nach Verfahrensregeln, die dem Stand der Erkenntnisse der medizinischen Wissenschaft entsprechen, festgestellt ist."

des unumkehrbaren Kreislaufstillstands) ergibt sich aus dem objektiven Gehalt des Grundrechts auf Leben die Wertaussage zugunsten der das Leben besser schützenden und damit der strengeren Kriterien.[3]

67 Sehr viel schwieriger ist die Frage nach der **Grundrechtsfähigkeit Ungeborener** zu beurteilen, da es sich um menschliches Leben handelt und zu ihren Gunsten eine stellvertretende Wahrnehmung durchaus sinnvoll ist. Gegen eine Grundrechtsträgerschaft lässt sich anführen, dass das ungeborene Leben jedenfalls bis kurz vor der Geburt in untrennbarer Verbindung mit dem Körper der Mutter steht. Auch bei Verneinung der Grundrechtsträgerschaft, welche die Geltendmachung als eigenes Recht umfasst, bleibt jedoch **zumindest eine objektive** (dh. ohne korrespondierendes subjektives Recht) staatliche **Schutzpflicht** bestehen. Das Bundesverfassungsgericht hat die Frage der Grundrechtsträgerschaft in seiner ersten Entscheidung zum Schwangerschaftsabbruch ebenso wie später offengelassen. Es führt aus: „Die Pflicht des Staates, jedes menschliche Leben zu schützen, lässt sich bereits unmittelbar aus Art. 2 Abs. 2 S. 1 GG ableiten. … Hingegen braucht die im vorliegenden Verfahren wie auch in der Rechtsprechung und im wissenschaftlichen Schrifttum umstrittene Frage nicht entschieden zu werden, ob der nasciturus selbst Grundrechtsträger ist oder aber wegen mangelnder Rechts- und Grundrechtsfähigkeit „nur" von den objektiven Normen der Verfassung in seinem Recht auf Leben geschützt wird. Nach der ständigen Rechtsprechung des Bundesverfassungsgerichts enthalten die Grundrechtsnormen nicht nur subjektive Abwehrrechte des Einzelnen gegen den Staat, sondern sie verkörpern zugleich eine objektive Wertordnung, die als verfassungsrechtliche Grundentscheidung für alle Bereiche des Rechts gilt …"[4]

Literatur: *Chr. Hillgruber*, Das Vor- und Nachleben von Rechtssubjekten, JZ 1997, 975 ff.; *Chr. Hillgruber/Chr. Goos*, Grundrechtsschutz für den menschlichen Embryo?, ZfL 2008, 43.

Fallbearbeitungen: *H.-M. Heimann/G. Kirchhof/Chr. Waldhoff*, Verfassungsrecht und Verfassungsprozessrecht, 2. Aufl. 2010, Fall 8, S. 93 ff. (postmortales Persönlichkeitsrecht).

2.1.2 Grundrechtsmündigkeit

68 Mit dem Begriff der Grundrechtsmündigkeit ist sowohl die Frage nach der Grundrechtsträgerschaft als auch nach der **Grundrechtsausübung durch Minderjährige** verbunden.[5] Die Bearbeitung beider Probleme unter einem Begriff führt zu Verwirrung und Fehlannahmen. Zum richtigen Verständnis und Umgang mit der Kategorie muss vielmehr klar zwischen Grundrechtsträgerschaft und Grundrechtsausübung unterschieden werden, analog der zivilrechtlichen Unterscheidung zwischen Rechtsfähigkeit und Geschäftsfähigkeit.

69 **2.1.2.1 Ausdrückliche Bestimmungen: Art. 12a Abs. 1, 38 Abs. 2 GG.** Die Grundrechtsträgerschaft ist nur dann altersabhängig, wenn dies ausdrücklich verfassungsrechtlich angeordnet ist. Dies gilt für das Recht der Kriegsdienstverweigerung gemäß Art. 4 Abs. 3 GG, solange die Wehrpflicht gemäß Art. 12a Abs. 1 GG mit Vollendung

---

3   Zur Bedeutung des Hirntods im Rahmen der Transplantationsmedizin s. *D. Norba*, Rechtsfragen der Transplantationsmedizin aus deutscher und europäischer Sicht, 2009, S. 34 ff., 138 ff.; *H. Thomas*, Hirntod: Ungewisses Todeszeichen, aber Organentnahme erlaubt?, ZfL 2008, 74 ff.; kritisch zum Hirntod *S. Rixen*, Lebensschutz am Lebensende, 1999, S. 269 ff.

4   BVerfGE 39, 1 (41) – *Schwangerschaftsabbruch*; zum Beginn menschlichen Lebens s. noch unten Rn. 184.

5   S. etwa *T. Kingreen/R. Poscher*, Grundrechte, § 5 Rn. 184 ff.; *L. Michael/M. Morlok*, Grundrechte, Rn. 452; *M. Sachs*, in: Sachs, vor Art. 1 Rn. 75 f.; *A. von Mutius*, Grundrechtsmündigkeit, Jura 1987, 272 (273 f.). Für überflüssig halten den Begriff: *G. Manssen*, Staatsrecht II, Rn. 66; *F. Hufen*, Staatsrecht II, 5. Aufl. 2016, § 6 Rn. 41.

des 18. Lebensjahrs beginnt, sowie für das grundrechtsgleiche Wahlrecht, das gemäß Art. 38 Abs. 2 GG von der Vollendung des 18. Lebensjahrs abhängt.

2.1.2.2 Kriterien bei Grundrechten ohne ausdrückliche Bestimmung. Fehlt es an ausdrücklichen Regelungen, stellt sich die Frage, ob sich aus dem sachlichen Schutzbereich eine immanente Begrenzung hinsichtlich der Grundrechtsträgerschaft ergeben kann. Die Annahme einer Alters- bzw. **Reifeabhängigkeit des Grundrechtsschutzes** setzt voraus, dass ein Kind aus rein tatsächlichen Gründen unter keinen Umständen im sachlichen Schutzbereich eines Grundrechts berührt werden kann. Dies ist seltener der Fall, als es auf den ersten Blick scheint. Zu denken ist an die Meinungsfreiheit oder an die Freiheit des Brief- und Telekommunikationsverkehrs, solange ein Kind nicht sprechen bzw. nicht schreiben kann. Dagegen kann bereits ein Kleinkind in der Berufsfreiheit betroffen sein, nämlich wenn ihm – wie etwa im Kastenwesen – bereits von Geburt an nur ein Beruf offensteht oder bestimmte Berufe von vornherein verschlossen sind. Noch eindeutiger ist, dass auch ein Baby, das noch nicht laufen kann, aus eigenem Recht abwehren können muss, von staatlichen Stellen festgehalten und eingesperrt zu werden. An diesen Beispielen wird deutlich, dass es nicht nur auf tatsächliches Vermögen auf Seiten des Grundrechtsträgers, sondern auch auf den jeweiligen Eingriff ankommt, um zu beantworten, ob der sachliche Schutzbereich tatsächlich unter keinen Umständen berührt werden kann.

70

Bei der Versammlungsfreiheit lässt sich darüber streiten, ob ein Baby, das von seinen Eltern auf eine Demonstration mitgenommen wird, selbst Träger der Versammlungsfreiheit ist oder sich sein Schutz gegen staatliches Einschreiten nur aus der Versammlungsfreiheit der Eltern in Verbindung mit deren Erziehungsrecht ergibt, womit das Kind selbst keine eigenen Grundrechte gegen den Staat hätte.[6] Ähnlich kann sich im Zusammenhang mit der Glaubensfreiheit zunächst die Frage stellen, ob ein Kind von Anfang an aus eigenem Recht staatliche Einflussnahme abwehren kann oder ob ein staatlicher Zugriff nur die Glaubensfreiheit der Eltern in Verbindung mit ihrem Erziehungsrecht berührt.[7] Im Interesse der Rechtssicherheit ist es **vorzugswürdig, eine Begrenzung der Grundrechtsträgerschaft aus Gründen, die angeblich dem sachlichen Schutzbereich immanent sind, abzulehnen.** Kommt aus tatsächlichen Gründen eine Schutzbereichsbetroffenheit nicht in Betracht, entsteht auch kein Konflikt. Im Übrigen ist die Grundrechtsträgerschaft ohne ausdrückliche verfassungsrechtliche Regelung nicht nach dem Alter einschränkbar. Einfachgesetzliche Ausübungsregelungen stellen demnach Grundrechtseingriffe da.

71

Alle anderen unter dem Begriff der Grundrechtsmündigkeit verhandelten Probleme betreffen nicht die Grundrechtsträgerschaft, sondern die **Wahrnehmung der Grundrechtsausübung durch die Eltern** oder die **Beschränkung der Grundrechtsausübung im Verhältnis zu den Eltern.**[8] Es ist zwischen einer materiell-rechtlichen und einer prozessrechtlichen Ebene zu unterscheiden.

72

Materiell-rechtlich sind die Eltern bzw. Erziehungsberechtigten schon von Verfassung wegen (Art. 6 Abs. 2 GG), aber auch nach einfachem Recht (s. §§ 1626 ff. BGB) zur Geltendmachung der Grundrechte ihrer Kinder bzw. der ihrer Erziehung anvertrauten

73

---

6   Gegen eine Grundrechtsausübung des Kindes in diesem Fall: *P. Kunig*, in: von Münch/Kunig, Art. 8 Rn. 9; *C. Gusy*, in: von Mangoldt/Klein/Starck, Art. 8 Rn. 37; *J. Martens*, Grundrechtsausübung als Spiel ohne Grenzen, NJW 1987, 2561. Dafür: *H. D. Jarass*, in: JP, Art. 8 Rn. 11; *K.-H. Hohm*, Grundrechtsträgerschaft und „Grundrechtsmündigkeit" am Beispiel öffentlicher Heimerziehung, NJW 1986, 3107 (3110, 3112).

7   BVerfGE 41, 29 (47 f.) – *christliche Gemeinschaftsschule*: Eingriff sowohl in Grundrechte des Kindes wie auch der Eltern.

8   So zutreffend *T. Kingreen/R. Poscher*, Grundrechte, Rn. 186; s. auch unten Lösung zu Fall 4.

Minderjährigen unter Wahrung des Kindeswohls berufen und berechtigt. So können Eltern das Recht ihres Kindes auf körperliche Unversehrtheit gegenüber staatlichem Impfzwang oder die Glaubensfreiheit ihres Kindes gegenüber der Verpflichtung zum Unterricht in einer (anderen) Religion geltend machen.

74 Eine andere Frage ist die **Abgrenzung der Grundrechtssphären** im Verhältnis von **Kindern und Eltern**. Diese hat der Staat unter Berücksichtigung des Erziehungsrechts der Eltern einerseits, des Kindeswohls und der zunehmenden Reife des Kindes andererseits, voneinander abzugrenzen. Ein **Beispiel** dafür ist die **Religionsmündigkeit**. Nach § 5 S. 2 des Gesetzes über die religiöse Kindererziehung darf ein Kind nach Vollendung des zwölften Lebensjahres nicht mehr gegen seinen Willen in einer anderen als der bisherigen Religion erzogen werden. Diese Regelung hat nicht den Staat zum Adressaten, dem die Entscheidung über die religiöse Kindererziehung von vornherein entzogen ist, sondern die Eltern bzw. Erziehungsberechtigten. Mit Vollendung des 14. Lebensjahres ist nach § 5 S. 1 dieses Gesetzes ein Kind vollständig religionsmündig. Dies hindert die Eltern nicht daran, auch weiterhin in Vertretung ihres Kindes dessen Religionsfreiheit geltend zu machen; sie können es aber nicht mehr gegen den Willen des Kindes tun. Im Konflikt kann das Kind seine Religionsfreiheit entweder selbst geltend machen oder es wird dabei von einem Verfahrensbeistand vertreten.

75 Damit ist die prozessuale Frage angesprochen, nämlich die nach der Fähigkeit, Grundrechte im gerichtlichen Verfahren geltend zu machen. Insoweit ist zwischen den prozessualen Kategorien Beteiligtenfähigkeit, **Prozessfähigkeit** und Postulationsfähigkeit zu unterscheiden. Beteiligtenfähigkeit ist die prozessuale Rechtsfähigkeit, dh. die Fähigkeit als Kläger, Beklagter oder sonstiger Beteiligter an einem Prozess beteiligt zu sein. Prozessfähigkeit meint dagegen die prozessuale Geschäftsfähigkeit und bezieht sich auf die Fähigkeit prozessrelevante Handlungen vorzunehmen. Hierfür ist nach den Gerichtsverfahrensgesetzen und Prozessordnungen in der Regel die Geschäftsfähigkeit und damit die Volljährigkeit erforderlich. Postulationsfähigkeit bezeichnet die Prozessführungsbefugnis und meint das Recht, dem Gericht vorzutragen. Dieses gewöhnlich mit der Prozessfähigkeit verbundene Recht ist in einigen Fällen Rechtsanwälten und ihnen gleichgestellten qualifizierten Personen vorbehalten.

76 In der Regel kann eine fünfzehnjährige Schülerin ihre Religionsfreiheit gegenüber der Schule selbst geltend machen.[9] Selbstverständlich können ihre Eltern sie dabei unterstützen. Kommt es zu einem Rechtsstreit vor dem Verwaltungsgericht, ist sie Klägerin, muss sich nach den Vorschriften der VwGO über die Prozessfähigkeit aber durch ihre Eltern vertreten lassen. Unter dem Begriff der Grundrechtsmündigkeit wird in diesem Zusammenhang diskutiert, ob von Grundrechts wegen die fünfzehnjährige Schülerin zur Durchsetzung ihres Grundrechts selbst prozessfähig sein muss. Diese Frage wird vor allem relevant **im Falle eines Konflikts mit den Eltern**. Dieser Konflikt lässt sich jedoch durch die Beiordnung eines Verfahrensbeistands lösen, so dass es nicht erforderlich ist, die klaren Vorgaben des Prozessrechts durch ungeschriebene und in ihrer Reichweite unklare Ausnahmen zu unterlaufen. Diskutiert wird die Frage auch in Bezug auf Verfahren vor dem Bundesverfassungsgericht, weil das BVerfGG keine Vorschriften über die Prozessfähigkeit enthält.[10] Aus Gründen der Rechtsklarheit ist eine Lösung in Anlehnung an die Prozessvorschriften der Fachgerichtsbarkeiten einer Lösung nach Maßgabe der Grundrechtsmündigkeit vorzuziehen.

---

9 Vgl. § 12 Abs. 1 Nr. 2 VwVfG: Fähig zur Vornahme von Verfahrenshandlungen sind … 2. natürliche Personen, die nach bürgerlichem Recht in der Geschäftsfähigkeit beschränkt sind, soweit sie für den Gegenstand des Verfahrens durch Vorschriften des bürgerlichen Rechts als geschäftsfähig oder durch Vorschriften des öffentlichen Rechts als handlungsfähig anerkannt sind.
10 S. dazu BVerfGE 1, 87 (88 f.) – *Antragsbefugnis Entmündigter.*

Im Rahmen eines **Verfassungsbeschwerdeverfahrens** kann die Kategorie der Grund- **77** rechtsmündigkeit bei der Prüfung der Beschwerdefähigkeit zu erörtern sein, die sachlich von der Grundrechtsträgerschaft abhängt. Insoweit führt sie grundsätzlich nicht zu Einschränkungen (s. oben Rn. 70 f.). Des Weiteren kann sie vor allem im Zusammenhang mit der Prozessfähigkeit relevant werden (s. oben Rn. 75).

Literatur: *H. Krüger*, Grundrechtsausübung durch Jugendliche, FamRZ 1956, 329; *S. von Kielmansegg*, Grundfälle zu den allgemeinen Grundrechtslehren, JuS 2009, 216 (219 f.); *G. Kirchhof*, Kinderrechte in der Verfassung – Zur Diskussion einer Grundgesetzänderung, ZRP 2007, 149; *G. Robbers*, Partielle Handlungsfähigkeit Minderjähriger im Öffentlichen Recht, DVBl. 1987, 709; *S. Tonikidis*, Die Grundrechtsfähigkeit und Grundrechtsberechtigung natürlicher Personen, JA 2013, 38.

Fallbearbeitungen: *W. Kahl*, Der praktische Fall – Öffentliches Recht: Koran und Schulsport, JuS 1995, 904 ff.; *P. Kunig/U. Mager*, Schulsport und Islam, Jura 1992, 364 ff.

2.2 Relevanz der deutschen Staatsangehörigkeit

Zur Kategorie der Deutschengrundrechte gehören die Versammlungs- und die Vereini- **78** gungsfreiheit (Art. 8 und Art. 9 Abs. 1, 2 GG), die Freizügigkeit (Art. 11 GG), die Berufsfreiheit (Art. 12 Abs. 1 GG) sowie das Ausbürgerungs- und Auslieferungsverbot (Art. 16 GG). Von den grundrechtsgleichen Rechten sind das Widerstandsrecht (Art. 20 Abs. 4 GG), das Recht auf gleichen Ämterzugang (Art. 33 Abs. 2 GG) sowie das Wahlrecht (Art. 38 Abs. 1 S. 1 GG) hinzuzufügen. Es handelt sich um politisch und wirtschaftlich relevante Grundrechte sowie um zentrale Inhalte der Staatsangehörigkeit.

2.2.1 Der Begriff des „Deutschen"

Der Begriff des Deutschen im Sinne des Grundgesetzes ist in **Art. 116 Abs. 1 GG** legal- **79** definiert. Deutscher ist danach, wer die deutsche Staatsangehörigkeit besitzt. Dies ist wiederum im Staatsangehörigkeitsgesetz geregelt. Die zweite Alternative, wonach Deutscher ist, wer als Flüchtling oder Vertriebener deutscher Volkszugehörigkeit oder als dessen Ehegatte oder Abkömmling in dem Gebiete des Deutschen Reiches nach dem Stande vom 31. Dezember 1937 Aufnahme gefunden hat[11], hat – trotz der Erstreckung auf Abkömmlinge – mehr als 60 Jahre nach dem Krieg an Bedeutung verloren.

2.2.2 Art. 2 Abs. 1 GG als Auffanggrundrecht für Ausländer

Der Ausschluss von Ausländern aus dem Schutzbereich der Deutschengrundrechte be- **80** deutet nicht, dass diese überhaupt keinen Grundrechtsschutz genießen. Für Ausländer, die nicht EU-Bürger sind, gilt, dass Handlungen und Verhalten, die sachlich in den Schutzbereich der Deutschengrundrechte gehören – sich versammeln, eine Vereinigung bilden, einen Beruf ausüben – zumindest als Ausdruck der allgemeinen Handlungsfreiheit von Art. 2 Abs. 1 GG geschützt sind. Damit besteht für sie ein Anspruch, formell verfassungswidrige und unverhältnismäßige staatliche Maßnahmen abzuwehren. Der Unterschied zu den Deutschengrundrechten besteht darin, dass in die Verhältnismäßigkeitsprüfung nicht die Bedeutung des speziellen Grundrechts eingeht und dass ggf. die Ausländereigenschaft einen sachlichen Grund für die staatliche Eingriffsmaßnahme darstellen kann.

2.2.3 Die Stellung der EU-Bürger

Demgegenüber sind die EU-Bürger den **Deutschen gleichgestellt.** Dies folgt aus Art. 18 **81** Abs. 1 AEUV (ex Art. 12 EG), wonach im Anwendungsbereich des (EU- und AEU-) Vertrages jede Diskriminierung aus Gründen der Staatsangehörigkeit verboten ist. Dies

---

11 S. dazu *von Münch/Mager*, Staatsrecht I, Rn. 88.

schließt insbesondere eine Ungleichbehandlung im Anwendungsbereich der Freizügigkeit (Art. 11 GG) und Berufsfreiheit (Art. 12 Abs. 1 GG) aus. Streitig ist, ob dieses Ergebnis besser über eine europarechtskonforme Auslegung der betroffenen Grundrechte oder über eine angepasste Verhältnismäßigkeitsprüfung im Rahmen des Art. 2 Abs. 1 GG zu erreichen ist. Aus Respekt vor der Wortlautgrenze ist die zweite Alternative vorzugswürdig.[12]

Literatur: *H. Bauer/W. Kahl*, Europäische Unionsbürger als Träger von Deutschen-Grundrechten?, JZ 1995, 1077; *W. Kahl*, Grundfälle zu Art. 2 I GG, JuS 2008, 595; *U. Karpenstein*, Europarechtliche Leerstellen im Grundgesetz?, EuZW 2016, 361; *J. Lücke*, Zur Europarechtskonformität der Deutschen-Grundrechte – Europarechtskonforme Auslegung oder Rechtsfortbildung der Grundrechte?, EuR 2001, 112; *M. Nolte/Chr. J. Tams*, Grundfälle zu Art. 12 GG, JuS 2006, 31; *M. Sachs*, Ausländergrundrechte im Schutzbereich von Deutschengrundrechten, BayVBl. 1990, 385; *R. Wernsmann*, Die Deutschengrundrechte des Grundgesetzes im Lichte des Europarechts, Jura 2000, 657.

Fallbearbeitungen *W. Höfling*, Fälle zu den Grundrechten, 2009, Fall 12 (Verfassungsbeschwerde eines Niederländers).

2.3 Grundrechtsträgerschaft juristischer Personen

82 Angesichts der natur- und menschenrechtlichen Wurzeln der Grundrechte, auf die Art. 1 GG verweist – Menschenwürde, Menschenrechte, Grundrechte –[13], ist die Erstreckung der Grundrechtsträgerschaft auf Organisationen nicht selbstverständlich. In der WRV fehlte eine ausdrückliche Verfassungsbestimmung zu dieser Frage, die als Problem erkannt, in der Beantwortung jedoch umstritten war.[14] Demgegenüber enthält das Grundgesetz in **Art. 19 Abs. 3 GG** eine prinzipielle Antwort, die allerdings nicht in allen Punkten klar ist. Danach gelten Grundrechte auch für inländische juristische Personen, soweit sie ihrem Wesen nach auf diese anwendbar sind.

2.3.1 Gründe für die Erstreckung des Grundrechtsschutzes auf juristische Personen

83 Von entscheidender Bedeutung für die Auslegung der Bestimmung ist ihr Zweck. Zwei Grundpositionen lassen sich unterscheiden: Die eine Auffassung, die auch vom Bundesverfassungsgericht geteilt wird, stellt das Wesen der Grundrechte als Schutz individueller Würde und (gleicher) Freiheit in den Mittelpunkt. Die Erstreckung des Grundrechtsschutzes auf Organisationen findet ihren Grund in der **Verstärkung und Absicherung des Grundrechtsschutzes für das organisierte Zusammenwirken der Menschen.** „Die Grundrechte sollen in erster Linie die Freiheitssphäre des Einzelnen gegen Eingriffe der staatlichen Gewalt und ihm insoweit zugleich die Voraussetzungen für eine freie aktive Mitwirkung und Mitgestaltung im Gemeinwesen sichern. Von dieser zentralen Vorstellung her ist auch Art. 19 Abs. 3 GG auszulegen und anzuwenden. Sie rechtfertigt eine Einbeziehung der juristischen Personen in den Schutzbereich der Grundrechte nur, wenn ihre Bildung und Betätigung Ausdruck der freien Entfaltung der natürlichen Personen sind, besonders wenn der „Durchgriff" auf die hinter den juristischen Personen stehenden Menschen dies als sinnvoll oder erforderlich erscheinen lässt."[15]

84 Nach anderer Auffassung, die nach dem Wortlaut möglich ist, in der Entstehungsgeschichte und Systematik des Grundgesetzes jedoch weniger Rückhalt findet, spielt das Wesen der Grundrechte im Sinne ihrer menschenrechtlichen Fundierung keine Rolle. Danach kommt es entscheidend darauf an, dass eine Organisation sich in Bezug auf

---

12 S. dazu *Ruffert*, in: Epping/Hillgruber, Art. 12, Rn. 35–37.
13 S. oben Rn. 16 ff.
14 S. dazu *B. Remmert*, in: Maunz/Dürig, Art. 19 Abs. 3 Rn. 4 ff.
15 BVerfGE 21, 362 (369) – *Rentenversicherungsträger*; 68, 193 (205 f.) – *Zahntechniker-Innungen*.

ein spezifisches Grundrecht in einer Situation befindet, in der ein Individuum grundrechtlichen Schutz erhielte. Es kommt also darauf an, ob sich die Organisation in einer Individuen **vergleichbaren Gefährdungslage** befindet.[16] Diese Auffassung führt tendenziell zu einem weiteren Kreis von Grundrechtsträgern. Nach dieser Auffassung ist es nicht ausgeschlossen, dass auch rechtlich verselbständigte juristische Personen, die der Staatsorganisation zuzuordnen sind, sich auf Grundrechte, etwa die Eigentumsgewährleistung, berufen können. Das Bundesverfassungsgericht hat dieser Auffassung in Bezug auf die Frage, ob Gemeinden sich unter Berufung auf Art. 14 GG gegen eine Enteignung wehren können, eine Absage erteilt. „Die Frage, ob einer Gemeinde außerhalb des Bereichs der Wahrnehmung öffentlicher Aufgaben das Grundrecht aus Art. 14 Abs. 1 Satz 1 GG zusteht, ist zu verneinen; die Gemeinde befindet sich auch bei Wahrnehmung nicht-hoheitlicher Tätigkeit in keiner „grundrechtstypischen Gefährdungslage (…). Verfehlt ist es schon, undifferenziert davon auszugehen, juristische Personen des öffentlichen Rechts seien bei ihrer Betätigung außerhalb dieses Bereichs in jedem Fall hoheitlichen Eingriffen ebenso unterworfen wie private Personen. Öffentliche Körperschaften genießen bei ihrer wirtschaftlichen Betätigung oder als Vermögensträger verschiedene „Vorrechte" (sogenannte „Fiskusprivilegien"), die Privaten nicht zustehen (…) und die – wenn auch verfassungsrechtlich nicht gewährleistet – ihre Stellung von der Privater abhebt."[17]

2.3.2 Grundrechte im Sinne des Art. 19 Abs. 3 GG

Art. 19 Abs. 3 GG erstreckt den persönlichen Schutzbereich der Grundrechte auf juristische Personen. Der Begriff Grundrechte nimmt den ersten Abschnitt des Grundgesetzes, dh. Art. 1–19 GG in Bezug. **Fraglich** ist, ob darüberhinaus die in Art. 93 Abs. 1 Nr. 4a GG aufgezählten **grundrechtsgleichen Rechte** in den Anwendungsbereich des Art. 19 Abs. 3 GG einbezogen sind. Diese Frage erübrigt sich für das Recht auf gleichen Ämterzugang nach Art. 33 Abs. 2 und 3 sowie die mit dem Beamtenstatus verbundenen Rechte nach Art. 33 Abs. 4 und 5 GG, für das Wahlrecht nach Art. 38 GG sowie die Rechte bei Freiheitsentziehung nach Art. 104 GG, weil es sich insoweit eindeutig um Rechte handelt, die nur natürlichen Personen zustehen können. Art. 33 Abs. 1 GG fügt dem allgemeinen Gleichheitssatz des Art. 3 Abs. 1 nichts hinzu. Das Widerstandsrecht nach Art. 20 Abs. 4 GG ist als symbolisches Recht[18] ohne praktische Bedeutung. Es ließe sich theoretisch durchaus von Organisationen wahrnehmen. Dies spielt aber für die Auslegung keine Rolle, weil das Widerstandsrecht erst nachträglich im Jahre 1968 eingefügt wurde. Die **Justizgrundrechte** auf den gesetzlichen Richter und auf rechtliches Gehör stehen als wesentlicher Bestandteil des Rechtsstaatsprinzips allen juristischen Personen unabhängig von der Regelung des Art. 19 Abs. 3 GG zu.[19] Vor diesem Hintergrund lässt sich ohne Einbuße an Rechtsstandard vertreten, dass Art. 19 Abs. 3 GG wörtlich zu nehmen ist und sich allein auf die Grundrechte im ersten Abschnitt bezieht.[20]

85

Ob eine juristische Person *grundrechtsgleiche Rechte* im Wege der **Verfassungsbeschwerde** vor dem Bundesverfassungsgericht geltend machen kann, ist dann losgelöst von Art. 19 Abs. 3 GG und allein durch Auslegung von Art. 93 Abs. 1 Nr. 4a GG zu beantworten. Es erscheint naheliegend, dass alle Personen, denen die ausdrücklich aufgelisteten grundrechtsgleichen Rechte zustehen können, auch das Recht haben müs-

86

---

16 S. die Nachweise bei *B. Remmert*, in: Maunz/Dürig, Art. 19 Abs. 3 Rn. 27. So *A. von Mutius*, BK, § 19 III Rn. 114; *H.-U. Erichsen*, NVwZ 1990, 8 (11).

17 BVerfGE 61, 82 (105 f.) – *Gemeinde Sasbach*.

18 *Von Münch/Mager*, Staatsrecht I, Rn. 40.

19 So das BVerfGE 6, 45 (49) – *Staat als Fiskus beruft sich auf Art. 101 Abs. 1 S. 2, 103 Abs. 1 GG*; bestätigt in 61, 82 (104 f.) – *Gemeinde Sasbach*; 75, 192 (200) – *öffentlich-rechtliche Sparkasse*.

20 So *Chr. Enders*, in: Epping/Hillgruber, Art. 19 Rn. 49.

sen, diese im Wege der Verfassungsbeschwerde durchzusetzen, den Begriff „jedermann" also in Abhängigkeit von den genannten Rechten zu definieren.[21] Dies würde bedeuten, dass auch Behörden bzw. die dahinter stehenden Körperschaften des öffentlichen Rechts wie Bund und Länder wegen Verstoßes des Rechts auf rechtliches Gehör eine Verfassungsbeschwerde einlegen könnten. Dies erscheint mit dem Charakter der Verfassungsbeschwerde als außerordentlichem Rechtsbehelf gegen staatliche Gewalt schwer vereinbar.[22] Der Begriff „jedermann" ließe sich von daher auch eigenständig verstehen im Sinne einer Person, die der nichtstaatlichen Sphäre zugehört. Danach könnten juristische Personen, die der staatlichen Sphäre zugehören, sich zwar vor der Fachgerichtsbarkeit auf die Justizgrundrechte berufen, jedoch nicht den außerordentlichen Rechtsbehelf der Verfassungsbeschwerde nutzen. Das Bundesverfassungsgericht hat dies in Bezug auf Justizgrundrechte anders entschieden.[23]

2.3.3 Juristische Person im Sinne des Art. 19 Abs. 3 GG

87 Art. 19 Abs. 3 GG erstreckt die Grundrechtsgeltung auf „inländische juristische Personen".

Zunächst bedarf es einer Definition des Begriffs der „juristischen Person". Nach einfachem Recht ist eine juristische Person eine **Organisation**, welche die volle **Rechtsfähigkeit** besitzt. Es lassen sich juristische Personen des Privatrechts und solche des öffentlichen Rechts unterscheiden.

Juristische Personen des Privatrechts sind zB.

Eingetragener Verein	eV	§§ 21 ff. BGB
Stiftung des Privatrechts		§ 80 BGB
Aktiengesellschaft	AG	§ 1 Abs. 1 AG
Gesellschaft mit beschränkter Haftung	GmbH	§ 13 GmbHG
Genossenschaft	eG	§ 17 GenG
Landesinnungsverband		§ 80 HwO

Juristische Personen des öffentlichen Rechts sind die Gebietskörperschaften Bund, Länder und Gemeinden, sonstige Körperschaften wie etwa Universitäten, Anstalten wie Rundfunkanstalten sowie Stiftungen des öffentlichen Rechts wie zB. die Stiftung Preußischer Kulturbesitz.

In jedem Fall ist zu prüfen, ob die Grundrechte auch „ihrem Wesen nach" anwendbar sind (dazu Rn. 95 ff.).

88 Die Frage ist, ob Art. 19 Abs. 3 GG nur die rechtlich verselbständigten Organisationen mit voller Rechtsfähigkeit erfasst, ob also der verfassungsrechtliche Begriff der juristischen Person mit dem einfachgesetzlichen Begriff der juristischen Person identisch ist. Hiergegen spricht, dass dann der einfache Gesetzgeber über die Reichweite des Art. 19 Abs. 3 GG disponieren könnte, womit die Bindungswirkung des Art. 1 Abs. 3 GG in ihr Gegenteil verkehrt würde. Zudem ist der Unterschied zwischen **Teilrechtsfähigkeit** und voller Rechtsfähigkeit in Bezug auf die Notwendigkeit von Grundrechtsschutz ohne sachliche Bedeutung. Die Grenze der Anwendbarkeit von Art. 19 Abs. 3 GG ist vielmehr erst erreicht, wenn die Individuen genau so gut und ohne Verlust an Grundrechtsschutz ihre Rechte geltend machen können und dann auch müssen. Aus

---

21 So BVerfGE 6, 45 (49) – *Verstoß gegen Recht auf den gesetzlichen Richter im Rahmen eines Amtshaftungsprozesses.*

22 Vgl. BVerfGE 4, 27 (30): Die Verfassungsbeschwerde als „der spezifische Rechtsbehelf des Bürgers gegen den Staat".

23 BVerfGE 6, 45 (49) – *Verstoß gegen Recht auf den gesetzlichen Richter im Rahmen eines Amtshaftungsprozesses*; bestätigt in BVerfGE 13, 132 (139 f.); BVerfGE 61, 82 (104) – *Gemeinde Sasbach.*

diesem Grunde sind auch teilrechtsfähige Vereinigungen des Privatrechts vom Begriff der juristischen Person im Sinne des Art. 19 Abs. 3 GG erfasst, der insoweit untechnisch, dafür im systematischen Zusammenhang der Grundrechte auszulegen ist. **Teilrechtsfähige Vereinigungen** des Privatrechts sind zum Beispiel:

Nichtrechtsfähiger Verein	§ 54 BGB
Parteien	§ 3 PartG
Gewerkschaften	Art. 9 Abs. 3 GG
Gesellschaft bürgerlichen Rechts	§ 705 BGB
Offene Handelsgesellschaft	§ 124 Abs. 1 HGB
Kommanditgesellschaft	§ 161 Abs. 2 HGB
Reederei	§ 489 HGB

Als Beispiele für teilrechtsfähige Personen des öffentlichen Rechts ließen sich Fakultäten anführen.

Ob darüber hinaus bereits verfestigte Organisationsstrukturen mit der Fähigkeit zur **89** eigenen Willensbildung, aber ohne ausdrückliche einfachgesetzlich bestimmte Rechtsmacht, wie etwa Bürgerinitiativen, vom Begriff der juristischen Person im Sinne des Art. 19 Abs. 3 GG erfasst werden, ist streitig. Das Interesse an Rechtsklarheit spricht gegen diese Ausdehnung. Das Argument vom Grundrechtsschutz aus der Hand des einfachen Gesetzgebers ist in diesem Fall nicht überzeugend, weil und soweit die Individuen gleichen Schutz auf der Grundlage der ihnen selbst zustehenden Grundrechte erlangen können.
Juristische Personen im Sinne des Art. 19 Abs. 3 GG sind folglich alle Organisationen, die Träger von Rechten oder Pflichten sind.[24]

2.3.4 Inländische juristische Personen

Die Erstreckung der Grundrechtsgeltung ist auf inländische juristische Personen be- **90** schränkt.

2.3.4.1 Abgrenzung inländisch – ausländisch. Die Frage ist, von welchen Umständen es abhängt, ob eine juristische Person als inländisch oder ausländisch zu qualifizieren ist. Die Beantwortung dieser Frage hängt vom **Zweck der Beschränkung** ab. Dieser liegt insbesondere auch nach den Vorstellungen im Parlamentarischen Rat darin, der Bundesrepublik **außen(wirtschafts)politischen Handlungsspielraum** zu erhalten, genauer: ihr die Möglichkeit zu geben, gegenüber anderen Staaten, die ihrerseits ausländischen juristischen Personen keinen Grundrechtsschutz gewähren, auf gleiche Behandlung „deutscher" juristischer Personen zu drängen, mit dem Versprechen, dann ebenfalls den juristischen Personen dieses Staates Grundrechtsschutz einzuräumen. Eine solche Verhandlungsposition wäre genommen, wenn sich der Grundrechtsschutz bereits aus Art. 19 Abs. 3 GG ergäbe. Ergänzend lässt sich der Ausschluss nicht-inländischer juristischer Personen mit der Überlegung rechtfertigen, dass diese **nicht in gleicher Weise** wie natürliche oder inländische juristische Personen **der deutschen Hoheitsgewalt ausgesetzt** sind.[25]
Für die Charakterisierung als inländisch und ausländisch sind verschiedene **Kriterien** denkbar: Ort und Recht der Gründung bzw. der Satzungssitz (Gründungstheorie), das tatsächliche Aktionszentrum bzw. der Verwaltungssitz (Sitztheorie) oder die Staatsangehörigkeit der Personen, welche die tatsächliche Kontrolle ausüben. Für die letztge-

---

24 S. auch *B. Remmert*, in: Maunz/Dürig, Art. 19 Abs. 3 Rn. 37 ff.
25 S. dazu *C. Kruchen*, Europäische Niederlassungsfreiheit und „inländische" Kapitalgesellschaften im Sinne von Art. 19 Abs. 3 GG, 2009, S. 110, der dieses Argument aber im Ergebnis ablehnt.

nannte Auffassung spricht zwar ihre Nähe zum individualrechtlichen Gehalt der Grundrechte. Gegen sie ist jedoch anzuführen, dass dieses Kriterium nichts darüber aussagt, in welchem Ausmaß eine juristische Person der deutschen Hoheitsgewalt unterworfen ist. Zudem können die maßgeblichen Personen vielfach wechseln. Letztlich ignoriert die Auffassung die rechtliche Verselbständigung der juristischen Person.

91   In Bezug auf die beiden anderen Kriterien – Recht des **Gründungsstatuts** oder tatsächliches **Aktionszentrum** – ist festzustellen, dass zur Zeit der Entstehung des Grundgesetzes infolge der Regelungen des deutschen Internationalen Gesellschaftsrechts ein Auseinanderfallen dieser beiden Kriterien praktisch nicht vorkam, da eine nach fremdem Recht gegründete juristische Person mit Verwaltungszentrale in Deutschland von der deutschen Rechtsordnung als rechtliches Nullum betrachtet wurde.[26] Diese einfachgesetzliche Rechtslage hat sich durch Einwirkungen des Europarechts, insbesondere der Niederlassungsfreiheit, inzwischen verändert. Gesellschaften mit Gründungsstatut gemäß der Rechtsordnung eines Mitgliedstaats der Europäischen Union können ohne Weiteres und ohne Rechtsnachteile ihr Aktionszentrum in Deutschland haben.[27] Für Gesellschaften mit Gründungsstatut gemäß der Rechtsordnung eines nicht der EU angehörenden Staates, gilt dies allerdings nach wie vor nicht, sofern nicht völkerrechtliche Verträge anderes bestimmen. Berücksichtigt man die og. Gründe für die Einschränkung auf inländische juristische Personen – Einwirkungsintensität der deutschen Hoheitsgewalt und völkerrechtlicher Gestaltungsspielraum – so zeigt sich, dass der Ort des tatsächlichen Aktionszentrums (Verwaltungssitz) sowie mindestens die **Teilrechtsfähigkeit** nach deutschem Recht geeignete Kriterien sind, um eine juristische Person als inländisch zu charakterisieren.

92   Liegt nach diesen Voraussetzungen eine **ausländische juristische Person** vor, die einem **EU-Mitgliedstaat** zugeordnet ist (nach französischem Recht gegründete Gesellschaft mit Verwaltungssitz in Frankreich), folgt aus dem europarechtlichen Diskriminierungsverbot nach Maßgabe der Niederlassungsfreiheit (Art. 49 ff. AEUV) oder gemäß Art. 18 AEUV die Notwendigkeit, diese europäischen ausländischen juristischen Personen den inländischen juristischen Personen gleichzustellen. Im Interesse der Rechtsklarheit sollte dieses Ergebnis nicht durch Erstreckung des Begriffs „inländisch", sondern durch eine europarechtlich geforderte Analogie erreicht werden. Das Bundesverfassungsgericht spricht insoweit von einer unionsrechtlich veranlassten Anwendungserweiterung des Art. 19 Abs. 3 GG.[28]

93   **2.3.4.2 Sonderfall: Deutschengrundrechte?** Ein zusätzliches Problem im Zusammenhang mit der Unterscheidung inländisch – ausländisch stellt sich für die Geltung von Deutschengrundrechten. Die Frage ist, ob die Qualifizierung einer juristischen Person als inländisch sie automatisch zu Trägern der Deutschengrundrechte macht. Diese Frage stellt sich dann, wenn eine nach den og. Kriterien inländische juristische Person ausschließlich aus Ausländern besteht oder von Ausländern „beherrscht" wird. In diesem Fall würde durch die Gründung einer juristischen Person mittelbar Grundrechtsschutz auf Ausländer erstreckt, der ihnen unmittelbar nicht zugutekäme. Für diejenigen, welche die Grundrechtsgeltung dem Wesen nach allein auf die grundrechtsgleiche Gefährdungslage für die juristische Person stützen, besteht kein Anlass hinsichtlich

---

26 C. *Kruchen*, Europäische Niederlassungsfreiheit und „inländische" Kapitalgesellschaften im Sinne von Art. 19 Abs. 3 GG, 2009, S. 99.
27 S. die Leitentscheidungen: EuGH, Rs. C-212/97, Slg. 1999 I-1459 – *Centros*; Rs. C-208/00, Slg. 2002, I-9919 – *Überseering*; Rs. 167/01, Slg. 2003, I-10 155 – *Inspire Art*. Zu den Auswirkungen auf das deutsche Recht C. *Kruchen*, Europäische Niederlassungsfreiheit und „inländische" Kapitalgesellschaften im Sinne von Art. 19 Abs. 3 GG, 2009, S. 178.
28 BVerfGE 129, 78 (94 ff.) – *Cassina*.

der Deutscheneigenschaft auf die beteiligten natürlichen Personen zurückzugreifen. Für diese Auffassung stellt sich allein die Frage, ob die Kriterien für inländisch und deutsch in Bezug auf juristische Personen identisch sind oder nicht. Nach der herrschenden Meinung dient Art. 19 Abs. 3 GG jedoch der Verstärkung des Grundrechtsschutzes der Individuen, die hinter der juristischen Person stehen. Nach dieser Auffassung ist die Überlegung naheliegend, dass Deutschengrundrechte ihrem Wesen nach auf eine inländische juristische Person dann nicht zur Anwendung kommen, wenn dieser ausschließlich Ausländer angehören, alternativ bereits dann, wenn sie von Ausländern „beherrscht" wird. Für beide Grundpositionen gilt allerdings, dass es sich nicht um ein Problem des Begriffs „inländische juristische Person" handelt, sondern um ein **Problem der wesensmäßigen Geltung der Grundrechte**. Dort wird die Frage sogleich vertieft werden.

2.3.4.3 Ausnahme: Justizgrundrechte? Schon im Zusammenhang mit der Auslegung **94** des Begriffs „Grundrechte" hat sich die Frage nach der Geltung des Art. 19 Abs. 3 GG für die grundrechtsgleichen Rechte und damit für die Justizgrundrechte gestellt.[29] Nach hier vertretener Auffassung bedarf es keiner Erstreckung der Geltungsanordnung von Art. 19 Abs. 3 GG auf grundrechtsgleiche Rechte. Vielmehr folgt die allein relevante Frage der Anwendung der Justizgrundrechte auf juristische Personen, namentlich des Rechts auf den gesetzlichen Richter sowie des Rechts auf rechtliches Gehör, unmittelbar aus der Auslegung dieser Garantien im Lichte ihrer Funktion als Grundprinzipien der Rechtsstaatlichkeit. Hieraus erklärt sich auch die **Geltung** dieser Rechte **für inländische wie für ausländische juristische Personen**.[30]

2.3.5 Wesensgemäße Anwendbarkeit

Art. 19 Abs. 3 GG ordnet keine generelle und vorbehaltlose Geltung der Grundrechte **95** für juristische Personen an, sondern verlangt, dass diese dem Wesen nach auf juristische Personen anwendbar sind. Positiv lässt sich daraus folgern, dass Wesen und Funktion der Grundrechte als solche nicht zu einem generellen Ausschluss der Grundrechtsberechtigung von juristischen Personen führen.

2.3.5.1 Kategorische Unanwendbarkeit. Allerdings können die **Schutzbereiche von** **96** **einzelnen Grundrechten** dergestalt sein, dass sie **ausschließlich für natürliche Personen** von Bedeutung sind und damit juristische Personen welcher Art auch immer kategorisch ausschließen. Hierzu gehören der Schutz der Menschenwürde nach Art. 1 GG, die Garantie von Leben, körperlicher Unversehrtheit und Bewegungsfreiheit nach Art. 2 Abs. 2 GG, die Gleichberechtigung der Geschlechter nach Art. 3 Abs. 2 GG, die meisten Diskriminierungsverbote, die Gewissensfreiheit gemäß Art. 4 Abs. 1 GG und das Recht der Kriegsdienstverweigerung gemäß Art. 4 Abs. 3 GG, der Schutz von Ehe und Elternschaft gemäß Art. 6 GG, die Teilnahme am und das Geben von Religionsunterricht nach Art. 7 Abs. 2 und 3 GG, der Schutz vor Arbeitszwang nach Art. 12 Abs. 2 GG, das Ausbürgerungs- und Auslieferungsverbot nach Art. 16 GG sowie das Asylrecht nach Art. 16a GG. Streitig ist etwa die Anwendbarkeit der Versammlungsfreiheit auf juristische Personen. Es ist aber durchaus möglich, dass eine juristische Person eine Versammlung organisiert. Insoweit kommt ihr dann auch Grundrechtsträgerschaft zu. Weitere Streitfragen werden bei den spezifischen Grundrechten erörtert.

2.3.5.2 Gattungsmäßige Unanwendbarkeit. Unter den nicht bereits kategorisch ausge- **97** schlossenen Grundrechten kann die Grundrechtsträgerschaft für juristische Personen

---

29 S. oben Rn. 85.
30 S. zu einer juristischen Person BVerfGE 3, 359 (362); 6, 45 (49 f.); zu einer ausländischen juristischen Person BVerfGE 64, 1 (11); zu einer öffentlich-rechtlichen juristischen Person BVerfGE 6, 45 (49 f.); BVerfGE 61, 82 (104).

aus Gründen ausgeschlossen sein, die sich aus dem Wesen der Grundrechte ergeben, jedoch ihren Grund in der **Art der juristischen Person** selbst haben. Insoweit lässt sich davon sprechen, dass der Grundrechtsschutz wesensgemäß für bestimmte Gattungen von juristischen Personen ausgeschlossen ist. Diese Frage stellt sich insbesondere für **juristische Personen des öffentlichen Rechts,** die nicht bereits dem Wortlaut nach, aber möglicherweise dem Wesen der Grundrechte gemäß von jeglicher Grundrechtsträgerschaft ausgeschlossen sein könnten. Folgt man der herrschenden Meinung, wonach die Grundrechtsträgerschaft juristischer Personen den Zweck hat, die Freiheit der an ihnen beteiligten natürlichen Personen zu verstärken, so sind alle juristischen Personen des öffentlichen Rechts vom Anwendungsbereich des Art. 19 Abs. 3 GG ausgeschlossen, deren Zweck und Betätigung nicht Grundrechtsausübung, sondern Wahrnehmung zugewiesener Kompetenzen darstellt. In der Tat entspricht es nicht dem Wesen bzw. der Funktion der Grundrechte, Kompetenzkonflikte zwischen staatlichen Einrichtungen zu lösen, noch viel weniger staatlichen Einrichtungen womöglich Schutz gegenüber Privatpersonen zu vermitteln. Der Gedanke der grundrechtsgleichen Gefährdungslage ist daher nicht ausreichend, um juristischen Personen des öffentlichen Rechts Grundrechtsschutz zu gewähren. Zwar ist es auf den ersten Blick schwer nachvollziehbar, weshalb sich eine Gemeinde nicht gegenüber dem Land unter Berufung auf das Eigentumsgrundrecht gegen eine Enteignung wehren können soll, zumal sie zivilrechtlich Eigentümerin von Grundstücken sein kann. Dennoch steht ihr dieses Eigentum nicht wie einer Privatperson zur freien Verfügung zu. Sie ist in Bezug auf die Nutzung vielmehr an das Gemeinwohl gebunden. Zudem untersteht sie in vielerlei Hinsicht der staatlichen Aufsicht. Als mittelbare Staatsverwaltung ist sie Teil des staatlichen Organisationsgefüges, deren Verselbständigung durch die Garantie der kommunalen Selbstverwaltung geschützt wird. Somit ist dem Bundesverfassungsgericht zuzustimmen, welches prägnant formuliert hat: „Das Eigentumsgrundrecht schützt nicht Privateigentum, sondern das Eigentum Privater"[31].

98 Der dargelegte Grundsatz kennt Ausnahmen und Zweifelsfälle. Ausnahmen ergeben sich für juristische Personen des öffentlichen Rechts, deren Aufgabe gerade in der Grundrechtsausübung besteht. Dies betrifft die **staatlichen Universitäten,** welche Körperschaften des öffentlichen Rechts sind, einschließlich ihrer teilrechtsfähigen Untergliederungen in Bezug auf die **Wissenschaftsfreiheit**[32] sowie die **öffentlich-rechtlichen Rundfunkanstalten** in Bezug auf die **Rundfunkfreiheit.**[33] Die Grundrechtsträgerschaft ist auf das Grundrecht beschränkt, zu dessen Ausübung die juristische Person eingerichtet wurde.[34] Einen Sonderfall stellen die Kirchen und Religionsgemeinschaften dar, die in der Rechtsform der Körperschaft des öffentlichen Rechts organisiert sind. Diese Rechtsform ist allein historisch zu erklären und enthält in keiner Weise eine Eingliederung in das staatliche Kompetenzgefüge[35], weshalb allein aus ihrem Rechtsstatus auch keine Einschränkung der Grundrechtsträgerschaft folgt. Soweit die übrigen Körperschaften und Anstalten des öffentlichen Rechts sich im sachlichen Schutzbereich „ihres" Grundrechts bewegen, sind sie Grundrechtsträger. Üben sie allerdings Hoheitsgewalt aus, wie etwa Universitäten bzw. Fakultäten bei Prüfungen, so ist ihre Grundrechtsträgerschaft zu verneinen. Dies gilt auch für Kirchen im Falle der Steuererhebung gemäß Art. 140 GG iVm. Art. 137 Abs. 6 WRV, da sie insoweit hoheitlich tätig werden.[36]

---

31 BVerfGE 61, 82 (108 f.) – *Gemeinde Sasbach.*
32 S. BVerfGE 15, 156 (261 f.); 93, 85 (93); BVerfG, NVwZ-RR 2003, 705 (706); s. auch noch unten Rn. 519.
33 S. BVerfGE 31, 314 (322); 59, 231 (254); 83, 238 (312 f.); 107, 299 (310); s. auch noch unten Rn. 482.
34 Vgl. BVerfGE 78, 101 (102) – *Verwertungsrechte von Rundfunkanstalten.*
35 S. BVerfGE 30, 112 (119 f.); 53, 366 (387); 102, 370 (387); s. auch noch unten Rn. 408.
36 BVerfGE 19, 206 (217 f.).

Andererseits sind auch nicht alle juristischen Personen des Privatrechts per se Grund- **99** rechtsträger, denn dem Staat ist es nach dem Grundsatz der Formenwahlfreiheit der Verwaltung erlaubt, **staatliche Aufgaben in Privatrechtsformen** wahrzunehmen. Eine staatliche Aufgabe kann sogar unternehmerische Betätigung sein, an der sich wiederum Privatpersonen beteiligen. Der Staat kann sich auch an Unternehmen Privater beteiligen. Damit stellen sich schwierige Abgrenzungsfragen. Nimmt eine juristische Person des Privatrechts öffentlich-rechtlich zugewiesene Aufgaben wahr, etwa Aufgaben der staatlichen Daseinsvorsorge wie den Betrieb eines Schwimmbads oder einer Stadtbibliothek oder die Wasserversorgung[37], so kommt ihr kein Grundrechtsschutz zu.

Bei den **gemischtwirtschaftlichen Unternehmen, an denen** Staat und Private beteiligt **100** sind, wird überwiegend vertreten, die Grundrechtsgeltung müsse danach entschieden werden, ob das Unternehmen staatlich beherrscht sei oder nicht.[38] Dem wird entgegengehalten, dass dadurch den beteiligten Privatpersonen zwar nicht der eigene, aber der durch die juristische Person ansonsten vermittelte Grundrechtsschutz verkürzt werde. Andererseits ist die Beteiligung der Privatpersonen freiwillig und diese können wissen, worauf sie sich einlassen.[39] Das Merkmal der „Beherrschung" ist aber vor allem deshalb ausschlaggebend, weil staatliche unternehmerische Tätigkeit niemals Freiheitsausübung ist, sondern stets gemeinwohlgebunden erfolgen muss. Insoweit muss den gemischtwirtschaftlichen Unternehmen aus demselben Grund wie den Gemeinden bezüglich ihres Privateigentums der Grundrechtsschutz versagt werden. Die staatliche Beherrschung indiziert somit die Wahrnehmung staatlicher Aufgaben. Eine ausdrückliche Entkräftung dieses Indizes findet sich in **Art. 87f Abs. 2 GG**, wonach Dienstleistungen im Bereich des Postwesens und der Telekommunikation als privatwirtschaftliche Tätigkeiten durch die aus dem Sondervermögen Deutsche Bundespost hervorgegangenen Unternehmen und durch andere private Anbieter erbracht werden. In Bezug auf Post und Telekom spielt die staatliche Beteiligungsquote also ausnahmsweise keine Rolle.[40]

2.3.5.3 Wesensvorbehalt im Einzelfall. Schließlich ist es so, dass juristische Personen, **101** die nicht schon ihrer Art nach von der Grundrechtsträgerschaft ausgeschlossen sind, jeweils nur Träger von Grundrechten sein können, die ihrer spezifischen Rechtsnatur entsprechen. So kann sich ein Wirtschaftsunternehmen in der Gestalt einer juristischen Person nicht auf die Religionsfreiheit berufen, sehr wohl aber auf die Eigentums-, Berufs- und Handlungsfreiheit. Ein Idealverein kann sich nicht auf die Berufsfreiheit berufen, aber durchaus auf die Meinungs- oder Versammlungsfreiheit.

Auch die Frage, ob **Deutschengrundrechte** auf inländische juristische Personen in der **102** Hand von Ausländern Anwendung finden, ist als Frage eines Wesensvorbehalts im Einzelfall zu stellen. Dies setzt allerdings voraus, dass man die Einschränkung auf Deutsche als einen „Wesensbestandteil" des jeweiligen Grundrechts ansieht. Um einen Wesensbestandteil der Grundrechte an sich handelt es sich jedenfalls nicht. Des Weiteren stellt sich die Frage, ob die Eigenschaft „deutsch" in Bezug auf die juristische Person allein im Wege des Durchgriffs auf die beherrschenden Personen zu bestimmen ist. Dies ist nicht der Fall: Die **Deutscheneigenschaft der juristischen Person** selbst ließe

---

37 BVerfGE 45, 63 (78 ff.).

38 BVerfG, NJW 1990, 1783; NVwZ 2009, 1282 (1283) lehnt die Grundrechtsfähigkeit bei einer staatlichen Beteiligung von über 70 % ab; s. auch BVerfGE 128, 226 (246 f.) – *Fraport* und dazu die Lösung zu Fall 2 Abschnitt II. 1. b).

39 So auch *B. Remmert*, in: Maunz/Dürig, Art. 19 Abs. 3 Rn. 72.

40 S. BVerwGE 114, 160 (189); s. auch BVerfGE 115, 205 (227 f.); *R. Uerpmann-Wittzack*, in: von Münch/Kunig, Art. 87f Rn. 17.

sich auch in der Weise definieren, dass neben dem Sitz im Inland eine Gründung und Rechtsform nach deutschem Recht bestehen muss. Auch dann ist aber nicht beantwortet, ob das Wesen der Deutschengrundrechte verlangt, dass das personelle Substrat sich überwiegend aus Deutschen zusammensetzt. Diese Frage ist nicht leicht zu beantworten; sie hat auch durchaus Relevanz, darf aber andererseits in ihrer Bedeutung nicht überschätzt werden, da das Europarecht für alle inländischen juristischen Personen, die von Unionsbürgern „beherrscht" werden, ohnehin Gleichbehandlung verlangt[41], während die dann noch verbleibenden inländischen juristischen Personen mit einer Rechtsform nach deutschem Recht sich auch bei Versagung der Grundrechtsträgerschaft in Bezug auf Deutschengrundrechte jedenfalls auf die allgemeine Handlungsfreiheit berufen können. Damit wird erneut deutlich, dass es – anders als bei der Frage der Beherrschung durch den Staat – nicht um den Grundrechtsschutz an sich, sondern allein um den Grad des Grundrechtsschutzes geht. Zu bedenken ist zudem, dass sich in einigen Rechtsformen die Beherrschung durch Ausländer täglich ändern kann (Aktiengesellschaften) und dass ggf. der Grundrechtsschutz für eine Minderheit von deutschen Beteiligten verkürzt werden kann. Nach hier vertretener Auffassung sollten sich inländische juristische Personen in einer Rechtsform nach deutschem Recht auf die Deutschengrundrechte berufen können, auch wenn das personelle Substrat mehrheitlich aus Ausländern besteht. Dafür spricht insbesondere, dass es möglich ist, die Deutscheneigenschaft für eine juristische Person ohne Durchgriff auf die natürlichen Personen zu bestimmen. Da es nur um graduelle Abstufungen geht, erscheint es hinnehmbar, dass Ausländer bei Verwendung einer Rechtsform nach deutschem Recht und Aktionsschwerpunkt in Deutschland mit Hilfe der Gründung einer juristischen Person in den Genuss von Deutschengrundrechten kommen, auf die sie sich als natürliche Personen nicht berufen können. Auch die Meinung, die aus dem Wesen der Grundrechte an sich die Notwendigkeit eines Durchgriffs auf die hinter der juristischen Person stehenden natürlichen Personen folgert, kann sich dieser Auffassung anschließen, ohne ihre Grundposition aufzugeben, es sei denn, sie will die Beschränkung auf Deutsche dem „Wesen" der Grundrechte zurechnen.

2.3.6 Art. 19 Abs. 3 GG und die Lehre von den Doppelgrundrechten (Art. 4 Abs. 2; 9 Abs. 1 und 3; 17 GG)

103 In Bezug auf einige Grundrechte wird schließlich vertreten, dass sich bereits aus deren Wortlaut oder Auslegung ergibt, dass sie nicht nur Individualrechte gewähren, sondern auch unmittelbar Organisationen zustehen. Zu diesen Grundrechten zählen Art. 4 Abs. 2 GG (Religionsausübungsfreiheit), Art. 9 Abs. 1 und 3 GG (Vereinigungs- und Koalitionsfreiheit) sowie Art. 17 GG (Petitionsrecht). Dabei ist es notwendig, klar zwischen der Ausübung eines Grundrechts in faktischer Gemeinschaft mit anderen als Bestandteil des Individualrechts und der Ausübung eines Grundrechts durch eine organisierte Gemeinschaft zu unterscheiden. Nur wenn Wortlaut oder Auslegung des Grundrechts ergeben, dass der **Schutzbereich** bereits **organisierte Gemeinschaften umfasst**, bedarf es keines Rückgriffs auf Art. 19 Abs. 3 GG. Die Auslegung von Art. 4 Abs. 2 GG ebenso wie von Art. 17 GG ergibt, dass jeweils das Individualgrundrecht das Recht umfasst, das Grundrecht gemeinsam mit anderen auszuüben. Die faktische Gemeinschaft bzw. Koordination ist als Bestandteil des Individualrechts geschützt. Die Geltung beider Grundrechte für Organisationen bedarf dagegen des Rückgriffs auf Art. 19 Abs. 3 GG.

104 Anders stellt sich die Rechtslage in Bezug auf die **Vereinigungs- und Koalitionsfreiheit** dar. Geschützt ist zunächst als Individualrecht die Bildung von Vereinigungen. Die Freiheit der internen Selbstorganisation der Vereinigung bedarf aber ebenso des Schut-

---

41 S. zu den Begründungsmöglichkeiten für dieses zwingende Ergebnis oben Rn. 92.

zes vor staatlichen Eingriffen und kann sachgerecht nur durch die Vereinigung selbst in Anspruch genommen werden. Insoweit vermitteln Art. 9 Abs. 1 und 3 GG aus sich heraus, auf Bestand und Organisation beschränkt, den Vereinigungen Grundrechtsschutz.[42] Für das Handeln nach außen gelten dagegen die einschlägigen Grundrechte nach Maßgabe von Art. 19 Abs. 3 GG.[43]

2.3.7 Prozessuale Konsequenzen

Die dargelegten Probleme der Grundrechtsträgerschaft sind für die Prüfung einer Verfassungsbeschwerde von Bedeutung. Die Zulässigkeitsprüfung setzt sich nach Art. 93 Abs. 1 Nr. 4a GG aus den Punkten **105**
– Beschwerdegegenstand (Akt der öffentlichen Gewalt),
– Beschwerdefähigkeit (jedermann),
– Beschwerdebefugnis (Behauptung, in einem *seiner* Grundrechte … verletzt zu sein) zusammen.

Weitere Voraussetzungen finden sich in §§ 90 ff. BVerfGG, insbesondere Rechtswegerschöpfung, Subsidiarität, Form und Frist.

Fragen der Grundrechtsträgerschaft können bereits im Rahmen der **Beschwerdefähigkeit** erörtert werden. Da die Verfassungsbeschwerde der Durchsetzung von Grundrechten bzw. grundrechtsgleichen Rechten dient, ist „jedermann" zu definieren als jeder Grundrechtsträger bzw. Träger der genannten grundrechtsgleichen Rechte.[44] Damit ist an dieser Stelle bei entsprechender Sachverhaltskonstellation zumindest festzustellen, dass auch Minderjährige bzw. juristische Personen Träger verfassungsbeschwerdefähiger Rechte sein können.[45] Ggf. ist im Anschluss der Punkt **Prozessfähigkeit** anzusprechen, in dem die Vertretung Minderjähriger durch ihre Erziehungsberechtigten oder die Vertretung von juristischen Personen durch Vorsitzende, Geschäftsführer oder Ähnliches dargelegt wird.

Im Rahmen der **Beschwerdebefugnis** ist dann zu prüfen, ob der Beschwerdeführer auch und gerade Träger der von ihm gerügten Grundrechte oder grundrechtsgleichen Rechte sein kann oder ob dies von vornherein ausgeschlossen ist. Zudem ist es wichtig zu wissen, dass (auch) juristische Personen nur die ihnen selbst zustehenden Grundrechte, nicht aber Grundrechte ihrer Mitglieder geltend machen dürfen. So war es dem Bundesverband für den gesamten Werksverkehr eV. verwehrt, Verfassungsbeschwerde gegen eine Steuererhöhung einzulegen, welche die einzelnen Unternehmer traf.[46]

Bei der materiellen Prüfung der Grundrechtsverletzung sind die Probleme der Grundrechtsträgerschaft als Aspekt des persönlichen Schutzbereichs des jeweiligen Grundrechts zu erörtern.

2.3.8 Zusammenfassung

– Art. 19 Abs. 3 GG bezieht sich auf die „Grundrechte" im 1. Abschnitt des Grundgesetzes. Dies schließt nicht aus, dass juristische Personen Träger von grundrechtsgleichen Rechten, insbesondere den Justizgrundrechten, sein können. **106**
– „Juristische Personen" iSd Art. 19 Abs. 3 GG sind auch teilrechtsfähige Vereinigungen.
– Ob eine juristische Person inländisch ist, bestimmt sich nach ihrem tatsächlichen Aktionszentrum (Sitztheorie). Auf juristische Personen mit Sitz in der EU findet Art. 19 Abs. 3 GG analog Anwendung.

---

42 BVerfGE 13, 174 (175); 30, 227 (241); 50, 290 (354); 80, 244 (253); 84, 372 (378).
43 BVerfG, NJW 2000, 1251.
44 S. aber zur Problematik im Zusammenhang mit juristischen Personen des öffentlichen Rechts und den Justizgrundrechten oben Rn. 86.
45 S. dazu *D. Hummel*, Beschwerdefähigkeit und Beschwerdebefugnis – zum Prüfungsort des Art. 19 Abs. 3 GG bei der Prüfung der Zulässigkeit einer Verfassungsbeschwerde, JA 2010, 346 ff.
46 BVerfGE 16, 147 ff.

– Ob ein Grundrecht seinem Wesen nach auf eine juristische Person anwendbar ist, bestimmt sich nach
  – der Zuordnung der juristischen Person zum staatlichen oder zum gesellschaftlichen Bereich,
  – dem sachlichen Schutzbereich des Grundrechts und
  – dem Vorliegen einer grundrechtstypischen Gefährdungslage unter besonderer Berücksichtigung des personalen Substrats bzw. der Privatautonomie.

Rechtsprechung: Zu juristischen Personen des öffentlichen Rechts: BVerfGE 21, 362 (370) – *Rentenversicherungsträger*; 39, 302 (312 ff.) – *AOK*; 61, 82 (103 f.) – *Gemeinde Sasbach*; 68, 193 (207) – *Zahntechniker-Innungen*; 75, 192 (196) – *Sparkassen*; 81, 310 (334) – *Kalkar II*; Zu den Justizgrundrechten: BVerfGE 12, 6 (8) – *Société Anonyme*; 18, 441 (447) – *AG in Zürich*; 21, 362 (373) – *Rentenversicherungsträger*; 64, 1 (11) – *National Iranian Oil Company*; 95, 220 (241 f.) – *Aufzeichnungspflicht*; Zu den gemischtwirtschaftlichen Unternehmen: BVerfG, JZ 1990, 335 = NJW 1990, 1783 mit Anm. JuS 1991, 294 (Siehe § 65 BHO); BVerfGE 128, 226 – *Fraport*; Zu ausländischen juristischen Personen: BGHZ 76, 387 (390, 395) – *Ausschluss der Amtshaftung*; BVerfGE 21, 362 (373) – *Sozialversicherungsträger*; 64, 1 (11) – *National Iranian Oil Company*; BVerfGE 129, 78 (91 f.) – *Le Corbusier*.

Literatur: *M. Goldhammer*, Grundrechtsberechtigung und -verpflichtung gemischtwirtschaftlicher Unternehmen, JuS 2014, 891; *M. Hilf/S. Hörmann*, Der Grundrechtsschutz von Unternehmen im europäischen Verfassungsverbund, NJW 2003, 1; *D. Hummel*, Beschwerdefähigkeit und Beschwerdebefugnis – zum Prüfungsort des Art. 19 III GG bei der Prüfung der Zulässigkeit einer Verfassungsbeschwerde, JA 2010, 346; *H.-G. Koppensteiner*, Zur Grundrechtsfähigkeit gemischtwirtschaftlicher Unternehmen, NJW 1990, 3105; *D. Krausnick*, Grundfälle zu Art. 19 III GG, JuS 2008, 869, 965; *C. Kruchen*, Art. 19 III GG und die Sitztheorie – Konvergenzen von Verfassungs- und Internationalem Gesellschaftsrecht?, NZG 2012, 377; *G. Kühne*, Anmerkung zu BVerfG, Kammerbeschluss v. 18.5.2009, 1 BvR 1731/05, JZ 2009, 1071 (gemischt-wirtschaftliche Unternehmen); *F. Schoch*, Grundrechtsfähigkeit juristischer Personen, Jura 2001, 201; *J. Wilms/J. Roth*, Die Anwendbarkeit des Rechts auf informationelle Selbstbestimmung auf juristische Personen iS. von Art. 19 III GG, JuS 2004, 577; *R. Zuck*, Die Verfassungsbeschwerdefähigkeit ausländischer juristischer Personen, EuGRZ 2008, 680.

Fallbearbeitungen: *H. Butzer*, Der praktische Fall Öffentliches Recht: Die termingebundene Demonstration, JuS 1994, 1045 (Grundrechtsträgerschaft nicht rechtsfähiger Personenvereinigungen); *M. Droege/Th. Wischmeyer*, Anfängerhausarbeit – Öffentliches Recht: „Ownership Unbundling" – Grundrechtliche Grenzen bei der Neuordnung der Energiewirtschaft, JuS 2009, 706 (Grundrechtsträgerschaft gemischt-wirtschaftlicher Unternehmen).

3. Kapitel: Grundrechtsverpflichtete

Fall 2: Grundrechtsbindung gemischtwirtschaftlicher Unternehmen

Wegen einer bevorstehenden Abschiebung verteilte die Aktivistin A mit anderen Mitgliedern der „Initiative gegen Abschiebungen" im Frankfurter Flughafen Flugblätter. Die Aktion wird von Mitarbeitern der Fraport AG, der Betreiberin des Flughafens und Eigentümerin des Flughafengeländes, beendet. Die Fraport AG steht zu 70 % im Eigentum der öffentlichen Hand, namentlich des Bundes, des Landes Hessen und der Stadt Frankfurt, wobei kein Beteiligter über 50 % der Aktien verfügt. Die restlichen 30 % der Aktien befinden sich in Privatbesitz.

Noch am selben Tag erteilte die Fraport AG der A ein Flughafenverbot mit der Begründung, sie dulde aus Gründen der Sicherheit und des reibungslosen Betriebsablaufs Demonstrationen im Flughafen grundsätzlich nicht. Gemäß der Flughafenbenutzungsordnung der Fraport AG ist für Sammlungen, Werbungen und das Verteilen von Flugblättern die Einwilligung der Fraport AG erforderlich.

Die Klage der A gegen die Fraport AG auf Aufhebung des Meinungskundgabe- und Demonstrationsverbots bleibt in allen Instanzen erfolglos. Prüfen Sie die Erfolgsaussichten einer form- und fristgerecht erhobenen Verfassungsbeschwerde der A.

Nach **Art. 1 Abs. 3 GG** binden die Grundrechte Gesetzgebung, vollziehende Gewalt und Rechtsprechung als unmittelbar geltendes Recht. **107**

3.1 Grundrechtsbindung der öffentlichen Gewalt

Gegenüber der Weimarer Reichsverfassung neu und bemerkenswert ist vor allem die **Bindung des Gesetzgebers** an die Grundrechte. Darin liegt eine Einschränkung der demokratisch legitimierten parlamentarischen Mehrheitsentscheidung aus Gründen der Rechtsstaatlichkeit. Eine Funktion der Grundrechte als Bestandteil materieller Rechtsstaatlichkeit ist gerade der **Schutz von Minderheiten** gegenüber der Mehrheit. Infolge der Bindung des Gesetzgebers an die Grundrechte ist die Bundesrepublik Deutschland nicht nur ein demokratischer, sondern ein freiheitlich-demokratischer Rechtsstaat.

Der Gesetzgeber hat seine umfassende und unmittelbare Bindung an die Grundrechte **in jedem Rechtsgebiet,** also auch bei der Schaffung zivilrechtlicher Normen zu beachten, welche die Freiheitssphären der Privatpersonen zueinander in Beziehung setzen bzw. voneinander abgrenzen. Dies ist der Hintergrund für die mittelbare Wirkung von Grundrechten bei Konflikten zwischen Privatpersonen, die ihrerseits nicht an Grundrechte gebunden, sondern vielmehr Grundrechtsträger sind, also Berechtigte.[1] Bedienen sich dagegen staatliche Stellen privatrechtlicher Rechtsformen für die Erfüllung öffentlicher Aufgaben, bleiben sie dennoch an die Grundrechte gebunden.[2] Dies gilt auch für fiskalische und erwerbswirtschaftliche Betätigung des Staates, denn auch diese findet nicht in Freiheit statt, sondern stets in Bindung an das Gemeinwohl.[3] **108**

3.2 Grundrechtsbindung der deutschen öffentlichen Gewalt und Anwendung von EU-Recht

Die von Art. 1 Abs. 3 GG angeordnete Grundrechtsbindung betrifft allein die deutsche öffentliche Gewalt, also Bundestag, Landtage, Bundes- und Landesbehörden, Einrichtungen der mittelbaren Staatsverwaltung sowie Bundes- und Landesgerichte. Internati- **109**

---

1 S. dazu noch unten Rn. 112.
2 S. BGHZ 29, 76 (80); 33, 230 (233); 37, 1 (27); 52, 325 (328); 91, 84 (96 f.); BVerfGE 128, 226 – *Fraport*.
3 Vgl. auch die Vorschriften über die kommunale Wirtschaftstätigkeit in den Gemeindeordnungen, die eine solche an die Rechtfertigung durch einen öffentlichen Zweck binden.

onale Organisationen sind ebenso wenig von der Bindung erfasst wie die Organe und Einrichtungen der Europäischen Union. Letztere sind gemäß Art. 6 EUV iVm. Art. 51 EUGrCh an die Grundrechte der Europäischen Union gebunden. Für jede Übertragung von Hoheitsgewalt gilt allerdings gemäß Art. 59 Abs. 2 GG, dass sie durch Gesetz erfolgen muss. Insoweit kommt wieder die Grundrechtsbindung des deutschen Gesetzgebers zur Anwendung. Die **Geltung des europäischen Primärrechts** in Deutschland ist als Folge verfassungsmäßiger Übertragung von Hoheitsgewalt im Rahmen von Art. 23 Abs. 1 GG[4] grundrechtskonform. Die Kontrolle der Auslegung des Primärrechts ist wiederum Angelegenheit des EuGH.

110 Infolge des europäischen Integrationsprozesses hat der deutsche Gesetzgeber (in Gestalt des Bundestages oder der Landtage) aber auch Richtlinien der EU in deutsches Recht umzusetzen; deutsche Behörden haben neben dem unmittelbar geltenden europäischen Primärrecht (zB. die Marktfreiheiten) auch unmittelbar geltendes **Sekundärrecht** (Verordnungen, Beschlüsse, vgl. Art. 288 AEUV) oder auf Richtlinien zurückgehendes Recht anzuwenden, und deutsche Gerichte müssen Streitigkeiten auf dieser Grundlage entscheiden. Damit stellt sich die Frage, inwieweit diese Akte öffentlicher Gewalt der Bindung an die Grundrechte des Grundgesetzes unterliegen. Die Frage ist deshalb so bedeutsam, weil eine unbeschränkte Bindung an die Grundrechte des Grundgesetzes mit der entsprechenden unbeschränkten Prüfungskompetenz des Bundesverfassungsgerichts die einheitliche Anwendung des Europarechts ernsthaft gefährden könnte. Das Bundesverfassungsgericht hat deshalb in seiner grundlegenden Solange II-Entscheidung geurteilt, dass es seine Gerichtsbarkeit über die Anwendung von abgeleitetem Unionsrecht, das als Rechtsgrundlage für ein Verhalten deutscher Gerichte oder Behörden in Anspruch genommen wird, nicht mehr ausüben und dieses Recht mithin nicht mehr am Maßstab der Grundrechte des Grundgesetzes überprüfen wird, solange auf Unionsebene ein dem nationalen Recht vergleichbarer Grundrechtsschutz gewährleistet ist.[5] Auf diese Weise wird der **Anwendungsvorrang des Unionsrechts** realisiert. Soweit das Unionsrecht allerdings ausdrücklich und eindeutig Umsetzungs- oder Entscheidungsspielräume gewährt, ist die deutsche öffentliche Gewalt bei der Nutzung dieser Spielräume neben denen der EU auch an die deutschen Grundrechte gebunden.[6] In einer im Dezember 2015 ergangenen Entscheidung hat das Bundesverfassungsgericht die „solange"-Rechtsprechung um eine „soweit"-Einschränkung ergänzt: Soweit es um die Kontrolle der Verfassungsidentität gemäß Art. 23 Abs. 1 S. 3 in Verbindung mit Art. 79 Abs. 3 und Art. 1 Abs. 1 GG geht, gewährleistet das Bundesverfassungsgericht den danach unabdingbar gebotenen Grundrechtsschutz uneingeschränkt und im Einzelfall.[7]

Rechtsprechung: BVerfGE 73, 339 – *Solange II*; 113, 272 – *Europäischer Haftbefehl*; 126, 286 – *ultra vires*; 129, 78 – zur unionsrechtskonformen Auslegung von Art. 19 Abs. 3 GG; 140, 317 – *Europäischer Haftbefehl II – Identitätskontrolle*.

Literatur: *S. Eßlinger/K. Herzmann*, Die verfassungsrechtliche Identitätskontrolle und ihre Konkretisierung durch die Entscheidung 2 BvR 2735/14 „Identitätskontrolle I" als Vorbote von „Solange III"?, Jura 2016, 852; *W. Frenz/Andrea Kühl*, Deutsche Grundrechte und Europarecht, Jura 2009, 401; *M. Goldhammer*, Grundrechtsberechtigung und -verpflichtung gemischtwirtschaftlicher Unternehmen, JuS 2014, 891; *D. Heck*, Rechtsschutz gegen durch EG-Richtlinien determiniertes Gesetzesrecht, NVwZ 2008, 523; *W. Holz*, Grundrechtsimmunes Gesetzesrecht,

---

4 S. dazu BVerfGE 126, 286 – *ultra vires*.
5 BVerfGE 73, 339 (387); s. auch *von Münch/Mager*, Staatsrecht I, 7. Aufl., Rn. 595 ff.
6 S. dazu *Chr. Calliess*, Europäische Gesetzgebung und nationale Grundrechte – Divergenzen in der aktuellen Rechtsprechung von EuGH und BVerfG?, JZ 2009, 113 (115 ff.); s. auch BVerfGE 113, 273 – *Europäischer Haftbefehl*.
7 BVerfGE 140, 317 Ls. 1 und Rn. 49.

NVwZ 2007, 1153; *M. Honer*, Geltung der EU-Grundrechtecharta für Mitgliedstaaten nach Art. 51 Abs. 1 Satz 1 EUGrCh, JuS 2017, 409; *U. Mager*, Geltung der Grundrechte der Charta der EU nach Maßgabe des Vorrangprinzips, in FS Müller-Graff, 2015, S. 1358.

3.3 Die Bindung der öffentlichen Gewalt an die EMRK

Eine andere Situation besteht in Bezug auf die Rechte der **EMRK**. Sie binden die **111** deutsche öffentliche Gewalt als einfaches Gesetz neben den deutschen Grundrechten. Im Konfliktfall verpflichtet die völkervertragliche Bindung aller Organe der Bundesrepublik Deutschland zu einer EMRK-freundlichen Auslegung der Grundrechte.[8] Sollte dies nicht möglich sein, genießen innerstaatlich die Grundrechte als höherrangiges Recht Vorrang. Völkerrechtlich begeht die Bundesrepublik allerdings einen Vertragsverstoß.[9] Für das Bundesverfassungsgericht ist die EMRK ebenso wenig Prüfungsmaßstab wie die Binnenmarktfreiheiten und Grundrechte der Europäischen Union. Als Folge der Verpflichtung zu völkerrechtsfreundlichem Verhalten sind sie jedoch bei der Auslegung der Grundrechte heranzuziehen.[10]

Rechtsprechung: BVerfGE 111, 307 – *Görgülü*; 128, 326 – *Sicherungsverwahrung*.

Literatur: *M. Ludwigs/P. Sikora*, Grundrechtsschutz im Spannungsfeld von Grundgesetz, EMRK und Grundrechtecharta, JuS 2017, 385; *J. Rauber*, Grundrechtsschutz zwischen Straßburg und Karlsruhe – Plädoyer für eine hierarchische Ordnung, StudZR 2008, 443; *A. Voßkuhle*, Der europäische Verfassungsgerichtsverbund, NVwZ 2010, 1.

3.4 Grundrechtsbindung in Bezug auf Konflikte zwischen Privaten

Geraten Privatpersonen untereinander in Rechtsstreit, so stehen sich zwei Grund- **112** rechtsträger gegenüber, die von ihrer grundrechtlich geschützten Freiheit, häufig ihrer Privatautonomie (Vertragsfreiheit), Gebrauch machen. Als Grundrechtsträger sind sie nicht an Grundrechte gebunden und können damit ihr Gegenüber auch nicht in Grundrechten verletzen. An Grundrechte gebunden ist allerdings der **Gesetzgeber** bei der Schaffung zivilrechtlicher Normen. **Grundrechtsgebunden** sind auch die **Gerichte**. Das gilt sowohl bei der Anwendung prozessualer Vorschriften, die das Handeln der Gerichte bestimmen, als auch bei materiellen Normen, an denen der Rechtsstreit gemessen wird. Die Grundrechtsbindung kommt bei materiell-rechtlichen Regelungen zum Tragen, die für die Parteien zwingend, dh. ihrer Disposition entzogen sind. Ihre Wirkung entfalten die Grundrechte über Generalklauseln und unbestimmte Tatbestandsmerkmale, die einer **wertorientierten Auslegung** bedürfen. Solche Tatbestandsmerkmale sind etwa die sonstigen Rechte sowie die Rechtfertigungsgründe des Schadensersatzanspruches nach § 823 BGB, der Verstoß gegen die guten Sitten nach § 138 Abs. 1 oder § 826 BGB oder das berechtigte Interesse gemäß § 23 Abs. 2 Kunsturhebergesetz. Bei der Auslegung und Anwendung solcher Rechtsvorschriften verpflichtet Art. 1 Abs. 3 GG die Gerichte, die unbestimmten Rechtsbegriffe im Lichte der objektiven Wertgehalte der einschlägigen Grundrechte auszulegen.[11] Dies wird als mittelbare Wirkung von Grundrechten zwischen Privatpersonen bezeichnet. Zum Zwecke der Überprüfung, ob die streitentscheidende Norm verfassungsgemäß und ihre Auslegung und Anwendung grundrechtskonform erfolgte, steht der unterlegenen Streitpartei nach Erschöpfung des Rechtswegs die Verfassungsbeschwerde offen. Eine unmittelbare Wirkung ordnet allein **Art. 9 Abs. 3 Satz 2 GG** an. Danach sind Abreden, welche die Koalitionsfreiheit einschränken oder zu behindern suchen, nichtig, hierauf gerichtete Maßnahmen rechtswidrig.

---

8 Std. Rspr., s. nur BVerfGE 128, 326 – *Sicherungsverwahrung* und dort Ls. 2.
9 S. dazu *von Münch/Mager*, Staatsrecht I, Rn. 599 ff. mwN.
10 Vgl. BVerfGE 31, 58 (67) – *Eheschließungsfreiheit*; BVerfGE 128, 326 – *Sicherungsverwahrung* und dazu *M. Payandeh/H. Sauer*, Menschenrechtskonforme Auslegung als Verfassungsmehrwert, Jura 2012, 289 ff.
11 Grundlegend BVerfGE 7, 205 – *Lüth*.

Literatur: *H-U. Erichsen*, Die Drittwirkung der Grundrechte, Jura 1996, 527; *A. Guckelberger*, Die Drittwirkung der Grundrechte, JuS 2003, 1151; *H. Schulze-Fielitz*, Das Lüth-Urteil – nach 50 Jahren, Jura 2008, 52; *F. Michl*, Die Bedeutung der Grundrechte im Privatrecht, Jura 2017, 1062.

Fallbearbeitungen: *M. Fehling*, Der praktische Fall – Öffentliches Recht: Plakataktion, JuS 1996, 431 ff.; *A. Schäfer/J.O. Merten*, „Der Skandalroman", JA 2004, 548.

4. Kapitel: Der Grundrechtseingriff und weitere Formen der Grundrechtsbeeinträchtigung

Der Schutzbereich eines Grundrechts umschreibt einen geschützten Zustand (Leben, **113** körperliche Unversehrtheit) oder ein geschütztes Handeln (Meinung äußern, Beruf ausüben). Jede Beeinträchtigung eines solchen Zustands oder Handelns, die einem der durch Art. 1 Abs. 3 GG verpflichteten Hoheitsträgern zugerechnet werden kann, stellt einen Grundrechtseingriff dar. Ein Grundrechtseingriff besteht also mindestens aus den beiden Elementen **Grundrechtsbeeinträchtigung** und **Zurechnung zum Staat**. Zur Rechtfertigung von Grundrechtseingriffen bedarf es stets einer gesetzlichen Grundlage.

4.1 Der klassische Grundrechtseingriff

Keine Zweifel hinsichtlich der Zurechnung bestehen, wenn eine staatliche Stelle zielge- **114** richtet (final) durch vollziehbaren und vollstreckbaren Rechtsakt, also mit Befehl und Zwang, unmittelbar einen grundrechtlich geschützten Zustand oder geschütztes Verhalten beeinträchtigt (Zwangsuntersuchung, Freiheitsentziehung, Versammlungsverbot, Gewerbeuntersagung, Abrissverfügung). Mit **Finalität**, **Unmittelbarkeit**, **Rechtsakt**, **Befehl** und **Zwang** sind die Elemente des klassischen Eingriffsbegriffs benannt.

4.2 Der moderne Eingriffsbegriff

Die genannten Voraussetzungen schränken jedoch dem Staat zurechenbare Grund- **115** rechtsbeeinträchtigungen zu sehr ein. Auch rein **tatsächliches staatliches Verhalten** kann in Grundrechte eingreifen. Beispiele hierfür sind Öffentlichkeitsinformationen, Subventionen oder auch die versehentliche Inanspruchnahme von privatem Grundstückseigentum durch Straßenbau. Faktische Beeinträchtigungen sind jedenfalls dann dem Staat zurechenbar, wenn sie **beabsichtigt** sind (final). So stellen nachteilige Äußerungen über Religionsgemeinschaften im Rahmen von Informationsmaterial über Jugendsekten einen Eingriff in die Religionsfreiheit der betroffenen Religionsgemeinschaften dar.[1] **Warnungen** vor Glykol in den Weinen bestimmter Hersteller sind ein Eingriff in deren Berufsfreiheit, wobei das Bundesverfassungsgericht insoweit einen Eingriff nur unter der zusätzlichen Voraussetzung bejahte, dass die Information unzutreffend war.[2] Zwischen diesen beiden Entscheidungen lässt sich dadurch Konsistenz herstellen, dass man zwischen nachteilig wertenden und allein tatsachenhaltigen bzw. „neutralen"[3] Informationen unterscheidet. Hierbei handelt es sich jedoch um fließende Übergänge. Überzeugender ist es deshalb, in beiden Fällen einen Eingriff anzunehmen. Treffen die Informationen zu, folgt die Rechtfertigung in beiden Fällen aus der Schutzpflicht des Staates, zum einen für die Religionsfreiheit, zum anderen für die körperliche Unversehrtheit. Einen Eingriff durch zutreffende Informationen hat auch das Bundesverwaltungsgericht im Falle von Arzneimitteltransparenzlisten[4] angenommen. Indem die Listen die Preise verschiedener Medikamente für dieselbe Indikation transparent machen, greifen sie gezielt in das Marktgeschehen ein. Damit verbunden sind Eingriffe in die freie Berufsausübung von Arzneimittelherstellern, nämlich in die Preisgestaltung. Ein solcher Eingriff lässt sich durchaus rechtfertigen, bedarf aber eines Gesetzes, der etwa das Verfahren der Zusammenstellung der Transparenzlisten regelt.

Auch **Subventionen** greifen in das Marktgeschehen ein. Nicht jede Subvention stellt **116** aber bereits einen Eingriff in die Berufsausübungsfreiheit der Konkurrenten dar. Deren Beeinträchtigung ist mit der Subvention nämlich nicht gewollt. Der Eingriff ist nicht

---

1 BVerfGE 105, 279 (293 ff.; zum Eingriffsbegriff: 299 f.) – *Osho*. Allerdings verwendet das Gericht den Begriff der Beeinträchtigung (S. 301).
2 BVerfGE 105, 252 (265 ff., 272 f.) – *Glykol*.
3 BVerfGE 105, 279 (294).
4 BVerwGE 71, 183 (190 ff.).

final, und er ist zudem nur vermittelt (mittelbar) über die Besserstellung des Begünstigten. Diese Besserstellung muss sich weder zwingend noch spürbar auf den oder die Nichtbegünstigen auswirken. Von einem Eingriff kann daher allein im Falle einer marktverzerrenden Subventionierung gesprochen werden. Anders zu beurteilen sind dagegen etwa Pressesubventionen. Hier folgt aus der Pressefreiheit die Verpflichtung des Staates zu strikter Neutralität, so dass die einseitige Subventionierung von Presseunternehmen einen Eingriff in die Pressefreiheit der anderen Unternehmen auf demselben Markt darstellt, insbesondere dann, wenn der regionale Markt, um den es geht, auf der Anbieterseite sehr übersichtlich ist.[5]

Sonstige **ungewollte faktische Grundrechtsbeeinträchtigungen** setzten für die Zurechnung zum Staat voraus, dass es sich nicht um reine Bagatellen handelt – etwa eine unverbindliche Bitte – und dass die Beeinträchtigungen unmittelbar durch staatliches Handeln verursacht sind, also nicht Handlungsbeiträge Dritter dazwischentreten.

4.3 Grundrechtsbeeinträchtigung durch Unterlassen

117 Der Begriff des Grundrechtseingriffs ist mit staatlichem Handeln verknüpft. Geht es um die **Schutzpflichtfunktion** von Grundrechten, folgt die Grundrechtsbeeinträchtigung dagegen aus staatlichem Unterlassen, etwa unterlassener oder unzureichender Gesetzgebung zum Schutz vor den Gefahren der Atomenergie[6], des Rauchens[7] oder genveränderter Pflanzen oder auch unterlassenes Handeln zum Schutz einer Geisel in Terroristenhand[8]. Eine dem Staat zurechenbare Grundrechtsbeeinträchtigung (auch insoweit lässt sich durchaus von Grundrechtseingriff sprechen) setzt in diesen Fällen voraus, dass staatlichen Stellen ein Handeln, welches die Grundrechtsbeeinträchtigung beendet oder mildert, tatsächlich möglich ist und dass den Staat dem Grunde nach eine Schutzpflicht trifft. Das konkrete Ausmaß der Schutzpflicht und ob der Staat die Pflicht ggf. bereits durch sein Tun erfüllt hat, ist dann eine Frage der Rechtfertigung der Grundrechtsbeeinträchtigung.

Literatur: *S. von Kielmansegg*, Grundfälle zu den allgemeinen Grundrechtslehren, JuS 2009, 19; *D. Murswiek*, Das Bundesverfassungsgericht und die Dogmatik mittelbarer Grundrechtseingriffe, Zu der Glykol- und der Osho-Entscheidung vom 26.6.2002, NVwZ 2003, 1; *M. Oermann,/J. Staben*, Mittelbare Grundrechtseingriffe durch Abschreckung, Der Staat 52 (2013), 630; *A. Voßkuhle/A-B. Kaiser*, Grundwissen – Öffentliches Recht: Der Grundrechtseingriff, JuS 2009, 313; *D. Winkler*, Der „additive Grundrechtseingriff": Eine adäquate Beschreibung kumulierender Belastungen?, JA 2014, 881.

Fallbearbeitungen: *B. Jeand'Heur/W. Cremer*, Der praktische Fall – Öffentliches Recht: Warnungen vor Sekten, JuS 2000, 991; *Chr. Seiler*, Der praktische Fall – Öffentliches Recht: Private Warnungen vor Elektrosmog, JuS 2002, 156.

---

5 BVerwGE 80, 129; s. zu besonderer Grundrechtsrelevanz auch BVerwGE 112, 90 – *Bezuschussung eines privaten Vereins, der vor Jugendsekten warnt.*
6 BVerfGE 49, 89 (140 ff.) – *Kalkar I*; 53, 30 (57 ff.) – *Mühlheim-Kärlich.*
7 BVerfG NJW 1998, 2961 (2962); vgl. auch BVerfGE 121, 317 (349 ff.) – *Nichtraucherschutzgesetz*, wo die Einschränkung der Berufsfreiheit mit der Schutzpflicht für die Gesundheit gerechtfertigt wurde.
8 BVerfGE 46, 160 (164 f.) – *Schleyer.*

5. Kapitel: Grundrechtsschranken und die Anforderungen an ihre verfassungsmäßige Konkretisierung

Ein **Grundrechtseingriff** ist nur dann eine **Grundrechtsverletzung**, wenn er verfassungsrechtlich nicht gerechtfertigt werden kann. Verfassungsrechtliche Rechtfertigung bedeutet, dass sich der Eingriff in verfassungsmäßiger Weise auf die jeweilige Grundrechtsschranke zurückführen lässt. Kein Grundrecht – abgesehen von dem Sonderfall der Menschenwürdegarantie – ist gänzlich schrankenlos gewährt. Selbst wenn ausdrückliche Gesetzesvorbehalte fehlen, lassen sich im Wege systematischer Verfassungsauslegung Grundrechtsschranken ermitteln. Alle Grundrechtsschranken sind also in der Verfassung selbst angelegt. Sie bedürfen aber der Konkretisierung durch den Gesetzgeber, der dabei seinerseits an die Grundrechte gebunden ist. Diese schrankenkonkretisierenden Gesetze sind von der Exekutive und Judikative anzuwenden, die dabei ebenfalls grundrechtsgebunden sind. Daraus folgt die Struktur für die Prüfung der Rechtfertigung eines Grundrechtseingriffs. Sie umfasst im ersten Schritt die Prüfung des Gesetzes auf seine Verfassungsmäßigkeit und ggf. im Anschluss daran die Prüfung der verfassungsmäßigen Anwendung. **118**

5.1 Arten von Grundrechtsschranken

Den meisten Grundrechten ist ein ausdrücklicher Vorbehalt beigefügt, der Eingriffe, Beschränkungen, Regelungen, Inhalts- und Schrankenbestimmungen uä. durch und/oder aufgrund von Gesetzen zulässt. Je nachdem, ob die Gesetzesvorbehalte mit spezifischen Anforderungen versehen sind oder nicht, handelt es sich um einen qualifizierten **Gesetzesvorbehalt** (lies zB. Art. 5 Abs. 2, 11 Abs. 2, 13 Abs. 2–5 und 7 GG) oder um einen einfachen Gesetzesvorbehalt (lies zB. Art. 2 Abs. 2 S. 3, 12 Abs. 1 S. 2, 14 Abs. 1 S. 2 GG). Grundrechte ohne ausdrücklichen Vorbehalt unterliegen Schranken, die im Wege systematischer Auslegung der Verfassung zu entnehmen sind. Sie werden als **verfassungsimmanente Schranken** bezeichnet. Es handelt sich in erster Linie um Grundrechte selbst (die Kunstfreiheit des A wird durch das Persönlichkeitsrecht des B eingeschränkt) oder um andere Werte mit Verfassungsrang von vergleichbarer Konkretheit und Bedeutung (zB. Staatszielbestimmung Umweltschutz, Art. 20a GG, dagegen grundsätzlich nicht Gesetzgebungsmaterien). **119**

In Bezug auf einzelne Grundrechte ist streitig, inwieweit bereits der **Schutzbereich** selbst nicht nur tatbestandlich, sondern **verfassungsimmanent begrenzt** ist, so dass ein bestimmtes Handeln schon gar nicht grundrechtlich geschützt ist, die Schrankenprüfung sich demnach erübrigt. Eine klare tatbestandliche Anwendungsgrenze enthält zB. Art. 8 Abs. 1 GG, der den Schutz der Versammlungsfreiheit von vornherein auf Versammlungen beschränkt, die friedlich und ohne Waffen stattfinden. Eine verfassungsimmanente Tatbestandsgrenze stellt es dar, wenn man aus dem Anwendungsbereich der Kunstfreiheit von vornherein die Handlungen ausnimmt, die fremdes Eigentum in Anspruch nehmen. Eine Lösung auf der abstrakten Ebene der allgemeinen Grundrechtslehren gibt es nicht. Vielmehr bedarf es einer Erörterung im Zusammenhang des jeweiligen Grundrechts. Als allgemeiner Gesichtspunkt ist dabei jedoch von Bedeutung, dass eine Ausgrenzung auf Tatbestandsebene kategorisch ist, während die Annahme einer Beschränkung stets eine Abwägung zwischen den widerstreitenden Grundrechten, Rechtsgütern oder Verfassungswerten nach Maßgabe des Verhältnismäßigkeitsgrundsatzes nach sich zieht. **120**

5.1.1 Einfacher Gesetzesvorbehalt

Ein einfacher Gesetzesvorbehalt verlangt zur Rechtfertigung eines Grundrechtseingriffs ein einfaches Gesetz, das seinerseits formell und materiell den verfassungsrechtlichen Anforderungen genügt (dazu sogleich Rn. 124 ff.). Handelt es sich bei dem Ein- **121** griff um eine Einzelmaßnahme, muss diese sich auf das verfassungsmäßige Gesetz stützen können und ihrerseits im Lichte des betroffenen Grundrechts verhältnismäßig sein.

5.1.2 Qualifizierter Gesetzesvorbehalt

122 Unterliegt das betroffene Grundrecht einem qualifizierten Gesetzesvorbehalt, ist zu prüfen, ob das jeweilige einfache Gesetz den qualifizierenden Anforderungen genügt, ob es also beispielsweise grundsätzlich nur den Richter zur Vornahme bestimmter Handlungen ermächtigt (zB. Art. 13 Abs. 2; Art. 2 Abs. 2 S. 2 iVm. Art. 104 Abs. 2 S. 1 GG) oder ob es den geforderten spezifischen Gefahrentatbestand umschreibt oder aber die spezifischen verfassungsrechtlich vorgeschriebenen Zwecke verfolgt (zB. Art. 11 Abs. 2 GG). Im Übrigen gilt dasselbe wie zum einfachen Gesetzesvorbehalt ausgeführt.

5.1.3 Verfassungsimmanente Schranken

123 Während im Falle eines ausdrücklichen – einfachen oder qualifizierten – Gesetzesvorbehalts dieser nur unter Rückgriff auf die jeweilige Bestimmung benannt werden muss, bedarf es zur Begründung verfassungsimmanenter Schranken etwas längerer Ausführungen. Der Feststellung, dass ein Grundrecht nicht mit einem ausdrücklichen Vorbehalt versehen ist, folgt die Einsicht, dass **keine Freiheitsbetätigung schrankenlos gewährleistet** werden kann, da sie anderenfalls notwendig mit der Freiheitsentfaltung Dritter in Konflikt gerät.[1] So wie die Grundrechte mit ausdrücklichem Vorbehalt ihre Einschränkung durch Verfassungsrecht erhalten, können auch vorbehaltlose Grundrechte nur durch die Verfassung selbst eingeschränkt werden. Im Wege der verfassungssystematischen Auslegung stellen die **Grundrechte Dritter** und andere gleichermaßen konkrete und **bedeutende Werte von Verfassungsrang** Schranken für vorbehaltlos gewährleistete Grundrechte dar.[2] Ebenso wie die ausdrücklichen Gesetzesvorbehalte müssen auch sie durch den Gesetzgeber konkretisiert werden.[3]

5.2 Anforderungen an die Schrankenkonkretisierung

124 Allen Arten von Schranken ist also gemeinsam, dass sie der Konkretisierung durch den Gesetzgeber bedürfen. Das Bundesverfassungsgericht hat in seiner berühmten Elfes-Entscheidung aus dem Jahre 1957 ausgeführt, dass ein Grundrechtseingriff nur durch ein in jeder Hinsicht verfassungsmäßiges Gesetz gerechtfertigt werden kann.[4] Daraus folgt, dass auch die formellen Voraussetzungen für den Erlass eines Gesetzes (Gesetzgebungskompetenz, Gesetzgebungsverfahren) erfüllt sein müssen.

5.2.1 Formelle Verfassungsmäßigkeit des Schranken konkretisierenden Gesetzes

125 Die formelle Verfassungsmäßigkeit eines Schranken konkretisierenden Gesetzes setzt voraus, dass der zuständige Gesetzgeber tätig, das Gesetzgebungsverfahren verfassungsgemäß durchgeführt und das Gesetz ordnungsgemäß ausgefertigt und verkündet wurde.[5]

5.2.2 Zitiergebot

126 Eine spezielle Formvorschrift für Gesetze, die in Grundrechte eingreifen, stellt Art. 19 Abs. 1 Satz 2 GG auf. Kann ein Grundrecht durch Gesetz oder auf Grund eines Gesetzes eingeschränkt werden, so muss das Gesetz das Grundrecht, welches es einschränkt,

---

1 BVerfGE 30, 173 (190) – *Mephisto*.
2 BVerfGE 28, 243 (262) – *Kriegsdienstverweigerung*.
3 BVerfGE 108, 282 (297, 299, 310 ff.) – *Kopftuch der Lehrerin*.
4 BVerfGE 6, 32 (41) – *Elfes*.
5 Zu den Problemen, die dabei auftreten können s. *von Münch/Mager*, Staatsrecht I, Rn. 371 ff.

unter Angabe des Artikels nennen. Dieses **Zitiergebot** gilt nur für ausdrückliche Gesetzesvorbehalte und unter diesen auch nur für solche, die explizit zu Eingriffen oder Einschränkungen ermächtigen, dagegen nicht für den Regelungsvorbehalt in Art. 12 Abs. 1 GG oder Inhalts- und Schrankenbestimmungen gemäß Art. 14 Abs. 1 GG. Diese strikt am Wortlaut orientierte Auslegung findet Bestätigung im Zweck des Zitiergebots, der als **Hinweis- und Warnfunktion** bezeichnet wird. Der Gesetzgeber soll sich darüber im Klaren sein, dass er in eine geschützte Grundrechtssphäre eingreift, und der Gesetzesanwender soll wissen, dass der Gesetzgeber sich darüber im Klaren war und bewusst und gewollt zu Grundrechtseingriffen ermächtigt hat.[6] Um Grundrechtseingriffe bzw. -beschränkungen in diesem engen und spezifischen Sinn handelt es sich nicht, wenn der Gesetzgeber konkretisierend die Freiheit der einen mit der Freiheit der anderen in Ausgleich bringt, wie dies in Bezug auf die Grundrechte der allgemeinen Handlungsfreiheit, der Berufsfreiheit oder der Eigentumsfreiheit regelmäßig der Fall ist.[7] Das Zitiergebot des Art. 19 Abs. 1 S. 2 GG gilt danach nur für Art. 2 Abs. 2 (Leben, körperliche Unversehrtheit, Bewegungsfreiheit), 8 (Versammlungsfreiheit), 10 (Brief-, Post- und Fernmeldegeheimnis), 11 (Freizügigkeit) und 13 (Unverletzlichkeit der Wohnung) GG.

Nach der Rechtsprechung soll das Zitiergebot auch für die vorgenannten Grundrechte **127** dann nicht gelten, wenn die Hinweis- und Warnfunktion nicht erforderlich ist oder nicht erreicht werden kann. Dies soll dann der Fall sein, wenn der Eingriff bereits seit langem bekannt und gesetzlich geregelt war und nur in eine neue Gesetzesfassung übernommen wurde.[8] Führt eine Gesetzesänderung dagegen zu einer Eingriffsverschärfung, so muss das Änderungsgesetz dem Zitiergebot genügen, auch wenn in der bisherigen Fassung bereits das betroffene Grundrecht zitiert wurde.[9] Klar ist, dass das Zitiergebot von vornherein nur für nachkonstitutionelle Gesetze gelten kann.[10]

5.2.3 Verbot des Einzelfallgesetzes

Art. 19 Abs. 1 S. 1 GG verbietet dem Gesetzgeber die Gesetzesvorbehalte, die eine **128** Einschränkung von Grundrechten erlauben, allein zur Regelung eines Einzelfalls zu benutzen. Dieses Verbot des Einzelfallgesetzes fügt dem allgemeinen Gleichheitsgrundsatz des Art. 3 Abs. 1 GG, wonach alle vor dem Gesetz gleich sind, den Aspekt hinzu, dass auch die Grundrechte für alle gleich gelten und dementsprechend eine Ungleichheit nicht erst durch (Einzelfall-)Gesetz geschaffen werden kann, sondern in der Sache liegen muss. Allerdings folgt diese Hochzonung des Gleichheitsgrundsatzes nach Art. 3 Abs. 1 GG auch schon aus Art. 1 Abs. 3 GG, wonach der Gesetzgeber an die Grundrechte als unmittelbar geltendes Recht gebunden ist. Dementsprechend wird die Auffassung vertreten, dass Art. 19 Abs. 1 S. 1 GG keinen über **Art. 3 Abs. 1 GG** hinausreichenden Gehalt hat.[11]

Das Verbot des Einzelfallgesetzes steht aber auch in Beziehung zum **Gewaltenteilungs-** **129** **grundsatz**. Die Entscheidung von Einzelfällen ist grundsätzlich Sache der Exekutive, wohingegen die Aufgabe des Gesetzgebers darin besteht, abstrakt und generell, also allgemein, Recht zu setzen. Versteht man Art. 19 Abs. 1 S. 1 GG dahingehend, dass dieses Anliegen nur prinzipienhaft verfolgt wird, also wiederum durch einen sachlichen Grund relativierbar ist, so kommt Art. 19 Abs. 1 S. 1 GG tatsächlich kein eigen-

---

6 S. BVerfGE 64, 72 (79 f.) – *Altersgrenze Prüfingenieure*.

7 Die Enteignung als klar eingreifende Maßnahme unterliegt mit dem Junktimgebot, eine Entschädigung zu regeln, ihrer eigenen materiellen Anforderung mit entsprechender Hinweis- und Warnfunktion.

8 BVerfGE 35, 185 (189) – *Haftgrund der Wiederholungsgefahr*.

9 BVerfGE 113, 348 (366 f.) – *Telekommunikationsüberwachung*.

10 BVerfGE 5, 13 (16) – *Blutentnahme*.

11 ZB. *T. Kingreen/R. Poscher*, Grundrechte, § 6 Rn. 362.

ständiger Gehalt gegenüber Art. 3 Abs. 1 GG zu. Liest man das Verbot dagegen als eine strikt zu verstehende Konkretisierung des Gewaltenteilungsgrundsatzes, so hat Art. 19 Abs. 1 S. 1 GG einen eigenen, nicht relativierbaren Gehalt. Nach dieser Lesart hätte die Entscheidung des Bundesverfassungsgerichts zur Südumfahrung Stendal anders ausfallen müssen. In dieser Entscheidung ging es darum, dass der Bundesgesetzgeber den Verlauf einer Autobahntrasse, der in der Regel durch Planfeststellungsbeschluss auf der Grundlage des Bundesfernstraßengesetz erfolgt, zum Zwecke der Beschleunigung durch Gesetz bestimmt hatte. Das Bundesverfassungsgericht hat Art. 19 Abs. 1 S. 1 GG nur als prinzipienhaften Ausdruck des allgemeinen Gleichheits- und Gewaltenteilungsgrundsatzes aufgefasst, der einer Relativierung durch sachliche Gründe zugänglich sei.[12]

5.2.4 Wesensgehaltsgarantie, Verhältnismäßigkeitsgrundsatz und Bestimmtheitsgebot

130   Art. 19 Abs. 2 GG bestimmt, dass „in keinem Fall (darf) ein Grundrecht in seinem Wesensgehalt angetastet werden" darf. Um diese Vorschrift ist viel gerätselt worden. Ist sie auf den subjektiven Anspruchsgehalt oder den objektiven Wertgehalt des jeweiligen Grundrechts zu beziehen, auf den Einzelfall oder auf den verbliebenen Schutzgehalt in einer Zusammenschau aller möglichen Beschränkungen?[13] Das Auslegungsproblem wird theoretisch verschärft, praktisch aber entschärft durch die flächendeckende Anwendung des Verhältnismäßigkeitsgrundsatzes bei der Prüfung von Grundrechtseingriffen. Die Anforderung der Verhältnismäßigkeit an Grundrechtseingriffe und damit an grundrechtseingreifende Gesetze folgt aus der Bindung des Gesetzgebers an die Grundrechte gemäß Art. 1 Abs. 3 GG. Anders als noch zur Zeit der Weimarer Republik vertreten, wird durch einen grundrechtlichen Gesetzesvorbehalt der Grundrechtsschutz nicht dem Parlament zur demokratisch legitimen Mehrheitsentscheidung überlassen; sondern es findet eine rechtsstaatliche Rückbindung an die Grundrechte statt, die den Gesetzgeber zu einer Abwägung zwischen verfolgtem Eingriffszweck und Grundrechtsschutz verpflichtet. Während den Grundrechtsträgern die Freiheit qua Verfassung zusteht, muss der Gesetzgeber die Freiheitsverkürzung, den Grundrechtseingriff, rechtfertigen. Daraus folgen die Anforderungen des Verhältnismäßigkeitsgrundsatzes.

131   Die Prüfung des Verhältnismäßigkeitsgrundsatzes besteht aus vier Teilschritten.[14] Zunächst muss der Eingriff **legitime** (dh. mit der Verfassung in Einklang stehende) **Zwecke** verfolgen. Im Hinblick auf diese Zwecke muss der Eingriff **geeignet sein.** Das heißt, er muss die Erreichung des verfolgten Zwecks zumindest fördern. Darüber hinaus muss der Eingriff aber auch **erforderlich** sein. Dies ist dann der Fall, wenn es kein milderes gleich geeignetes Mittel gibt, um den verfolgten Zweck ebenso gut zu erreichen. Hier hat der Gesetzgeber in Abhängigkeit von der Schwere des Eingriffs und der jeweiligen Prognosemöglichkeiten vielfach einen **Einschätzungsspielraum.**[15] Das Bundesverfassungsgericht überprüft die Entscheidung des Gesetzgebers dann nur auf Plausibilität und Tragfähigkeit, wozu es insbesondere die Begründung des Gesetzentwurfs heranziehen kann. Schließlich darf das Verhältnis zwischen der Bedeutung des verfolgten Zwecks und dem Gewicht der Grundrechtsbeschränkung nicht **unangemessen,** d. h. evident unverhältnismäßig (ieS.) sein. Unangemessen ist es etwa zur Aufklärung der Schuldfähigkeit einen schmerzhaften und nicht risikofreien Eingriff in die

---

12 BVerfGE 95, 1 (17) – *Südumfahrung Stendal.*
13 S. zum Streitstand *M. Middendorf,* Zur Wesensgehaltsgarantie des Grundgesetzes, Jura 2003, 232 ff.;
   B. Remmert, in: Maunz/Dürig, Art. 19 Abs. 2, Rn. 36 ff.
14 Siehe zur Anwendung und Prüfung des Verhältnismäßigkeitsgrundsatzes die Falllösungen.
15 BVerfGE 30, 292 – *Mineralölbevorratung.*

körperliche Unversehrtheit anzuordnen, wenn es sich nur um ein Bagatelldelikt handelt.[16]

Wird ein Grundrecht in seiner Funktion als Anspruch auf Schutz geltend gemacht, nimmt der Verhältnismäßigkeitsgrundsatz die Gestalt des Untermaßverbots an. Nach dem **Untermaßverbot** hat die staatliche Gewalt – in der Regel der Gesetzgeber – gegen das Untermaßverbot verstoßen, wenn er zur Abwehr eines Grundrechtseingriffs überhaupt nicht tätig geworden ist, wirksamerer Maßnahmen ergreifen könnte, ohne dass Dritte stärker belastet würden oder wenn die Hinnahme des Eingriffs in Abwägung mit den Beeinträchtigungen Dritter nicht zumutbar ist.[17]

Infolge der Anwendung des Verhältnismäßigkeitsgrundsatzes kann es eigentlich nicht **132** mehr dazu kommen, dass der Wesensgehalt eines Grundrechts angetastet wird. Verständlich ist die Wesensgehaltsgarantie vielmehr vor dem Hintergrund der Weimarer Grundrechtsdogmatik und als Reaktion darauf, da diese aus sich heraus das Leerlaufen von Grundrechten mit Gesetzesvorbehalt gerade nicht verhinderte. Art. 19 Abs. 2 GG lässt sich dann als weiterer verfassungsrechtlicher Anknüpfungspunkt und Kerngehalt des Grundsatzes der Verhältnismäßigkeit begreifen.[18]

Ein grundrechtseingreifendes Gesetz muss zudem sowohl aus Gründen der Rechts- **133** staatlichkeit im Allgemeinen wie des Grundrechtsschutzes im Besonderen **hinreichend bestimmt** sein, dh. so bestimmt, wie die zu regelnde Materie es erlaubt und die Vorhersehbarkeit für die Betroffenen es erfordert. Angesichts der Bedeutung grundrechtsrelevanter Fragen verlangt auch das Demokratieprinzip, dass der parlamentarische Gesetzgeber die wesentlichen Fragen selbst regelt.[19] Vielfach ist ein Gesetz im Falle unnötiger Unbestimmtheit gleichzeitig unverhältnismäßig, weil es zu weit gefasst und deshalb nicht erforderlich ist. Damit überragt das Verhältnismäßigkeitsprinzip sowohl die Wesensgehaltsgarantie als auch den Bestimmtheitsgrundsatz hinsichtlich der praktischen Bedeutung bei weitem.

Literatur: *M. Borowski*, Die verfassungsrechtliche Rechtfertigung des Grundrechtseingriffs in der Fallprüfung I und II, StudZR 2015, 287 und StudZR 2016, 115; *T. Kalenborn*, Die praktische Konkordanz in der Fallbearbeitung, JA 2016, 6; *S. von Kielmansegg*, Grundfälle zu den allgemeinen Grundrechtslehren, JuS 2009, 118; *S. Kluckert*, Die Gewichtung von öffentlichen Interessen im Rahmen der Verhältnismäßigkeitsprüfung, JuS 2015, 116; *D. Krausnick*, Grundfälle zu Art. 19 I und II GG, JuS 2007, 991, 1088; *L. Michael*, Die drei Argumentationsstrukturen des Grundsatzes der Verhältnismäßigkeit – Zur Dogmatik des Über- und Untermaßverbotes und der Gleichheitssätze, JuS 2001, 148; *T. Reuter*, Die Verhältnismäßigkeit im engeren Sinne – das unbekannte Wesen, Jura 2009, 511; *M. Sachs*, Die Gesetzesvorbehalte der Grundrechte des Grundgesetzes, JuS 1995, 693; *ders.*, Grundrechtsbegrenzungen außerhalb von Gesetzesvorbehalten, JuS 1995, 984; *N. Schaks*, Die Wesensgehaltsgarantie, Art. 19 II GG, JuS 2015, 407.

5.3 Exkurs: Verwirkung und Verzicht

Während die Grundrechtsverwirkung in Art. 18 GG eine ausdrückliche Regelung er- **134** fahren hat, findet sich über den Grundrechtsverzicht nichts. Beide Rechtsfiguren schließen eine Berufung auf die Grundrechte aus.

Nach **Art. 18 GG** kommt die Verwirkung nur für die dort abschließend aufgelisteten Grundrechte in Betracht. Es handelt sich um Grundrechte, die in besonderer Weise geeignet sind, zum „Kampf gegen die freiheitliche demokratische Grundordnung missbraucht" zu werden und deren Gebrauch auf der anderen Seite in besonderem Maße die freiheitliche demokratische Grundordnung konstituiert. Damit wird deutlich, dass

---

16 BVerfGE 16, 194 – *Liquorentnahme*.
17 Siehe zur Prüfung eines Schutzanspruchs Rn. 151 sowie die Lösung zu Fall 1.
18 Vgl. BVerfGE 109, 133 (156) – *Sicherungsverwahrung I*, BVerwGE 30, 313 (316) – *Lastenausgleich*.
19 S. zum Gesetzesvorbehalt *von Münch/Mager*, Staatsrecht I, Rn. 212 ff.

die Freiheit ihre Schranke in der politischen und gesellschaftlichen Freiheitlichkeit der Ordnung findet, auf der sie beruht. Die freiheitliche demokratische Grundordnung in Art. 18 GG ist ebenso zu verstehen wie in Art. 21 Abs. 2 GG.[20] Danach handelt es sich um eine Ordnung, die unter Ausschluss jeglicher Gewalt- und Willkürherrschaft eine rechtsstaatliche Herrschaftsordnung auf der Grundlage der Selbstbestimmung des Volkes nach dem Willen der jeweiligen Mehrheit und der Freiheit und Gleichheit darstellt. Zu den grundlegenden Prinzipien dieser Ordnung sind mindestens zu rechnen: die Achtung vor den im Grundgesetz konkretisierten Menschenrechten, vor allem vor dem Recht der Person auf Leben und freie Entfaltung, die Volkssouveränität, die Gewaltenteilung, die Verantwortlichkeit der Regierung, die Gesetzmäßigkeit der Verwaltung, die Unabhängigkeit der Gerichte, das Mehrparteienprinzip und die Chancengleichheit für alle politischen Parteien mit dem Recht auf verfassungsmäßige Bildung und Ausübung einer Opposition.[21] Auch die Definition von „zum Kampf ... missbrauchen" entspricht den Anforderungen, die im Zusammenhang mit dem Parteiverbot aufgestellt werden. Vergleichbar mit dem Parteienprivileg ist auch, dass die Verwirkungsentscheidung beim Bundesverfassungsgericht konzentriert ist. Einen Antrag auf Grundrechtsverwirkung können nur der Bundestag, die Bundesregierung oder eine Landesregierung stellen. Näheres ist in § 13 Abs. 1 Nr. 1 iVm. §§ 36–41 BVerfGG geregelt. Bisher hat es in der Geschichte der Bundesrepublik erst vier Anträge auf Grundrechtsverwirkung gegeben, von denen keiner Erfolg hatte.[22]

135 Mangels ausdrücklicher Regelung ist die Frage des **Grundrechtsverzichts** streitig und zudem vom Inhalt des jeweiligen Grundrechts abhängig. Sie kann stets nur den subjektivrechtlichen Gehalt des Grundrechts betreffen, nicht die Pflichten, die den Staat aus den objektiven Wertgehalten treffen. Für die Möglichkeit eines Grundrechtsverzichts in diesen Grenzen spricht das Recht auf **Selbstbestimmung**, das allen Freiheitsgewährleistungen zugrunde liegt. Voraussetzung für einen wirksamen Verzicht ist demzufolge eine Entscheidung, die von jedem Zwang, Druck oder sonstiger staatlicher Einflussnahme frei ist und in voller Kenntnis der relevanten Umstände erfolgt. **Beispiel.**: Einwilligung in Telefonüberwachung. Die praktische Bedeutung dieser Figur ist gering.[23]

---

20 S. dazu *von Münch/Mager*, Staatsrecht I, Rn. 146.
21 BVerfGE 2, 1 (12) – *SRP-Verbot*; vgl. auch § 92 StGB.
22 *W. Krebs*, in: von Münch/Kunig, Art. 18 Rn. 1 Fn. 2 mwN.; s. BVerfGE 11, 282 ff.; 38, 23 ff.
23 S. den Fall BVerfG, 1 BvR 409/09 vom 22.2.2009, juris Rn. 35; s. auch BVerwG, Beschl. v. 6.7.2016, 1 B 39/16 – *Einwilligung in Plastination zwingende Ausstellungsvoraussetzung*.

6. Kapitel: Verhältnisse zwischen verschiedenen Grundrechten

Die Frage nach dem Verhältnis zwischen verschiedenen Grundrechten kann sich in **136** Bezug auf die Grundrechtsverbürgungen einer Verfassung, aber auch zwischen den Grundrechten verschiedener Normsetzer stellen, wobei letzteres schon im Zusammenhang mit den Rechtsquellen angesprochen wurde (oben Rn. 4 ff.).

6.1 Spezialität, Subsidiarität, Konkurrenz

Zugunsten ein und derselben Person und in einer Situation können gleichzeitig ver- **137** schiedene Grundrechte des GG zur Anwendung kommen. Sie können sich in ihrer Wirkung verstärken, aber auch verdrängen. Im Falle der Verdrängung spricht man vom Verhältnis der **Spezialität**. Beispielsweise sind gegenüber der allgemeinen Handlungsfreiheit des Art. 2 Abs. 1 GG alle anderen Freiheitsgrundrechte spezieller.[1] Daraus folgt die **Subsidiarität** der allgemeinen Handlungsfreiheit, also ihre nachrangige Prüfung.[2] Im Verhältnis der Spezialität stehen zB. auch Glaubensfreiheit und Meinungsfreiheit, denn eine glaubensgetragene Äußerung fordert spezifische zusätzliche Merkmale gegenüber einer Meinung; gleiches gilt für das Verhältnis von Wissenschaftsfreiheit und Meinungsfreiheit. Dagegen können etwa Meinungsfreiheit und Versammlungsfreiheit oder Berufsfreiheit und Eigentumsfreiheit auch nebeneinander zum Tragen kommen. Einzelheiten werden bei den jeweiligen Grundrechten behandelt. Welche Grundrechte in einem Sachverhalt Bedeutung erlangen, ist aber nicht nur eine Frage des abstrakten Verhältnisses von Normen, sondern hängt zudem auch von der Richtung des jeweiligen Eingriffs ab. Kommen mehrere Grundrechte nebeneinander zur Anwendung (**Grundrechtskonkurrenz**), so kann sich das Problem der **Schrankendivergenz** stellen. Da jedes Grundrecht nach Maßgabe seiner Schranken zu prüfen ist und bereits der Verstoß gegen ein Grundrecht zur Verfassungswidrigkeit eines Eingriffs führt, setzt sich schrankenseitig notwendig das weniger einschränkbare, also das stärkere Grundrecht durch.

6.2 Grundrechtskombination

Von der Grundrechtskonkurrenz zu unterscheiden ist die **Grundrechtskombination**, **138** die ein neues Grundrecht oder eine neue Grundrechtsfunktion ergibt. So hat die Rechtsprechung aus der Kombination von Menschenwürdegarantie und allgemeiner Handlungsfreiheit das allgemeine Persönlichkeitsrecht geschaffen.[3] Die Kombination aus Ausbildungsfreiheit und Gleichheitsgrundsatz hat einen Teilhabeanspruch als Grundlage des Hochschulzugangs hervorgebracht.[4] Kritikwürdig wird an die Kombinieren, wenn es an die Stelle der Grundrechtskonkurrenz, also der jeweils selbständigen Prüfung der verschiedenen betroffenen Grundrechte tritt, mit dem Ergebnis, dass die Schranken des stärkeren Grundrechts überspielt werden. Beispielsfall hierfür ist das Verbot des Schächtens gegenüber dem muslimischen Schlachter, das vom Bundesverfassungsgericht am Maßstab und nach den Schranken der allgemeinen Handlungsfreiheit[5] unter wertender Heranziehung der Glaubensfreiheit, aber ohne Berücksichtigung von dessen geringerer Einschränkbarkeit geprüft wurde.[6]

---

1   S. nur BVerfGE 67, 157 (171) – *Post- und Telefonkontrolle*.
2   Siehe dazu unten Rn. 215 f.
3   Siehe dazu unten Rn. 234 ff.
4   S. dazu unten Rn. 581.
5   Da der Beschwerdeführer nicht die deutsche Staatsbürgerschaft besaß, schied das Deutschengrundrecht Berufsfreiheit als Prüfungsmaßstab aus.
6   BVerfGE 104, 337 – *Schächten*; s. dazu die Kritik bei *U. Volkmann*, Schächterlaubnis für muslimische Metzger, DVBl. 2002, 332 ff.

6.3 Grundrechtskollision

139   Im Falle der **Grundrechtskollision** geht es nicht mehr um das Nebeneinander von Grundrechten ein- und desselben Grundrechtsträgers, sondern um das Aufeinandertreffen von gegenläufigen Grundrechtspositionen verschiedener Grundrechtsträger. Es gehört zu den ureigensten Aufgaben des Gesetzgebers, die Grundrechtssphären der Privatpersonen untereinander abzugrenzen, etwa des Eigentümers und des Mieters, des Bauherrn und der Nachbarn. Die Eingriffe sind dabei jeweils nach Maßgabe der betroffenen Grundrechte und des Verhältnismäßigkeitsgrundsatzes zu prüfen. Bei der Anwendung derartiger Rechtsnormen handelt es sich im Falle des Zivilrechts um Konstellationen der mittelbaren Drittwirkung[7], im Falle des öffentlichen Rechts um solche der verfassungskonformen Auslegung.

Literatur: *E. Hofmann*, Grundrechtskombinationen in der Fallbearbeitung – Konkurrenzen, Kollisionen, Verstärkungswirkungen, Jura 2008, 667; *C. Spielmann*, Die Verstärkungswirkung der Grundrechte, JuS 2004, 371.

---

7   Siehe dazu Rn. 112.

7. Kapitel: Rechtsschutz und Prüfungsschemata

Grundrechte können praktisch in allen Rechtsschutzverfahren Bedeutung entfalten.[1] **140**
Das Verfahren, das nach Erschöpfung des Rechtswegs oder in Ermangelung eines anderen Rechtswegs speziell zum Schutz gegen Grundrechtsrechtsverletzungen geschaffen wurde, ist jedoch die Verfassungsbeschwerde. Sie stellt das am häufigsten genutzte Verfahren vor dem Bundesverfassungsgericht dar.

7.1 Verfassungsbeschwerde

Nach Art. 93 Abs. 1 Nr. 4a GG kann jedermann mit der Behauptung, durch die öffent- **141**
liche Gewalt in einem seiner Grundrechte oder in einem seiner in Artikel 20 Abs. 4, 33, 38, 101, 103 und 104 GG enthaltenen Rechte verletzt zu sein, Verfassungsbeschwerde erheben. Weitere Voraussetzungen finden sich in §§ 90 ff. BVerfGG. Aus diesen Vorschriften leiten sich die folgenden Voraussetzungen für die Zulässigkeit einer Verfassungsbeschwerde ab:

Tauglicher Beschwerdegegenstand ist gemäß § 90 Abs. 1 BVerfGG jede Maßnahme **142**
der öffentlichen Gewalt. Aus der in Art. 1 Abs. 3 GG angeordneten Grundrechtsbindung folgt, dass damit jede Maßnahme der Legislative, Exekutive oder Judikative gemeint ist. **Beschwerdefähig** ist „jedermann". Da die Verfassungsbeschwerde der Durchsetzung von Grundrechten dient, meint „jedermann" jeden Grundrechtsträger. Wird eine Verletzung in grundrechtsgleichen Rechten geltend gemacht, kommt es auf die Rechtsträgerschaft in Bezug auf diese Rechte an.[2] Die **Prozessfähigkeit** ist im BVerfGG nicht geregelt. Sie ist unter Anwendung des sachlich nächstliegenden Prozessrechtsgesetzes zu ermitteln.[3] Des Weiteren ist die Beschwerde führende Person nur **beschwerdebefugt**, wenn sie geltend macht, in ihren Grundrechten verletzt zu sein. Dies bedeutet, dass nach ihrem Vortrag eine Grundrechtsverletzung möglich erscheinen muss. Aus dem dargelegten Geschehen muss sich eine gegenwärtige und unmittelbare Beeinträchtigung bzw. Betroffenheit in eigenen Grundrechten ergeben. Beeinträchtigungen Dritter sind irrelevant. Gegenwärtig ist eine Betroffenheit, wenn sie direkt bevorsteht oder noch andauert. Unmittelbare Betroffenheit setzt voraus, dass diese nicht erst durch einen weiteren Rechtsakt vermittelt wird. Während die gesetzliche Gurtpflicht jeden Autofahrer ohne Dazwischentreten einer individuellen Anweisung bindet und damit eine unmittelbare Grundrechtsbetroffenheit auslöst, ist dies bei einem Steuertatbestand, der erst durch Erlass eines Steuerbescheids zur realen Belastung wird[4], nicht der Fall.

Die Verfassungsbeschwerde ist nur zulässig, wenn der Beschwerdeführer den **Rechts-** **143**
weg zuvor **erschöpft** hat (§ 90 Abs. 2 BVerfGG). Bei Verfassungsbeschwerde unmittelbar gegen ein Parlamentsgesetz steht grundsätzlich kein anderer Rechtsweg zur Verfügung, so dass in diesem Fall die Verfassungsbeschwerde direkt erhoben werden kann. Allerdings muss nach dem **Grundsatz der Subsidiarität, der** aus dem gesetzlichen Gebot der Rechtswegerschöpfung abzuleiten ist, ein Beschwerdeführer auch vor Erhebung einer direkt gegen ein Parlamentsgesetz gerichteten Verfassungsbeschwerde die Fachgerichte anrufen, wenn bereits durch diese Rechtsschutz zu erreichen ist, etwa in dem der Anwendungsbereich des Gesetzes geklärt wird.[5] Diese Pflicht entfällt dann,

---

1 Vgl. oben Rn. 57 ff., 108, 112.
2 Zu der Frage, Inwieweit der Staat Justizgrundrechte im Wege der Verfassungsbeschwerde geltend machen kann, s. oben Rn. 86.
3 Zur Bedeutung der Grundrechtsmündigkeit in diesem Zusammenhang s. oben Rn. 68 ff.
4 Vgl. BVerfGE 124, 348 – *Erhebung von Sonderbeiträgen*.
5 S. zB. BVerfG v. 12.12.2012, 1 BvR 2550/12 – Verfassungsbeschwerde gegen RundfunkänderungsStV unzulässig, da Klage vor den Verwaltungsgerichten möglich oder Antrag auf Beitragsbefreiung gestellt werden kann.

wenn die angegriffene Regelung den Beschwerdeführer zu irreversiblen Dispositionen zwingt[6], etwa Bildung von Rücklagen oder Investitionen, oder wenn die Anrufung der Fachgerichte dem Beschwerdeführer – etwa mangels Erfolgsaussichten[7]– nicht zuzumuten ist. Eine **Ausnahme vom Gebot der Rechtswegerschöpfung** findet sich in § 90 Abs. 2 S. 2 BVerfGG. Danach kann das Bundesverfassungsgericht über eine Verfassungsbeschwerde auch vor Erschöpfung des Rechtswegs entscheiden, wenn sie von allgemeiner Bedeutung ist oder wenn dem Beschwerdeführer ein schwerer und unabwendbarer Nachteil entstünde, falls er zunächst auf den Rechtsweg verwiesen würde.[8] Ein Beispiel aus der Rechtsprechung betraf den Streit zwischen Parteien und öffentlich-rechtlichen Rundfunkanstalten um die Zuteilung von Sendezeiten vor der Wahl[9], der vor den Verwaltungsgerichten auszutragen war. Hier drohte – jedenfalls nach Erschöpfung des vorläufigen Rechtsschutzes – ein schwerer und unabwendbarer Nachteil durch Zeitablauf.

144 Schließlich muss die Beschwerde gemäß § 92 BVerfGG begründet werden und der **Schriftform** gemäß § 23 Abs. 1 BVerfGG genügen. Sie ist nach § 93 Abs. 1 BVerfGG binnen einer **Frist** von einem Monat ab Zustellung bzw. Verkündung der angegriffenen Entscheidung, bei einem Gesetz gemäß § 93 Abs. 3 BVerfGG binnen eines Jahres nach Inkrafttreten zu erheben.

145 Ist die Verfassungsbeschwerde zulässig, prüft das Bundesverfassungsgericht, ob der Beschwerdeführer tatsächlich in seinen Grundrechten verletzt ist. Dies ist der Fall, wenn eine Grundrechtsbeeinträchtigung vorliegt, die verfassungsrechtlich nicht gerechtfertigt ist. Hieraus folgt das dreigliedrige Grundmuster:
1. Schutzbereich
2. Eingriff
3. Schranken und die Prüfung von deren verfassungsmäßiger Konkretisierung
   a) durch Gesetz und ggf. b) im Einzelfall.

7.2 Konkrete Normenkontrolle

146 Kommt ein Gericht zu der **Überzeugung, dass ein streitentscheidendes Gesetz** gegen **Grundrechte verstößt**, muss es einen Antrag auf Normenkontrolle im Sinne des Art. 100 Abs. 1 GG, §§ 13 Nr. 11, 80 ff. BVerfGG stellen, sofern es sich um ein Gesetz des nachkonstitutionellen parlamentarischen Gesetzgebers handelt. Ist die konkrete Normenkontrolle zulässig, prüft das Bundesverfassungsgericht, ob das Gesetz Grundrechte verletzt.

7.3 Abstrakte Normenkontrolle

147 Das objektive Beanstandungsverfahren der abstrakten Normenkontrolle dient insbesondere der Durchsetzung der Verfassungsbindung des Gesetzgebers. Die Verfassungswidrigkeit des beanstandeten Bundes- oder Landesrechts ergibt sich dabei häufig aus der Verletzung von Grundrechten.
Die **Parteifähigkeit** ist bei einem Antrag auf abstrakte Normenkontrolle auf die Bundesregierung, Landesregierungen oder ein Viertel der Mitglieder des Bundestages[10] beschränkt. **Prüfungsgegenstand** ist Bundesrecht oder Landesrecht. Der **Antragsgrund** ist nach Art. 93 Abs. 1 Nr. 2 das Vorliegen von Meinungsverschiedenheiten oder Zwei-

---

6 BVerfGE 60, 360 (372) – *gesetzliche Krankenversicherung.*
7 BVerfGE 102, 197 (208) – *Verfassungsbeschwerde gegen Spielbankengesetz BW*: Verwaltungsrechtsschutz offensichtlich ohne Erfolgsaussichten.
8 BVerfGE 96, 44 – *Durchsuchungsbefehl.*
9 BVerfGE 14, 121 (130 f.).
10 Senkung des Quorums von einem Drittel der Mitglieder des Bundestages auf ein Viertel durch das 53. ÄndG zum GG mit Wirkung zum 1.12.2009 (BGBl. I, S. 1926).

feln über die förmliche oder sachliche Vereinbarkeit mit der jeweils den Prüfungsmaßstab bildenden höherrangigen Norm. In § 76 Abs. 1 BVerfGG wird diese Formulierung in zwei Fallgruppen überführt: In Nr. 1 wird für die Zulässigkeit verlangt, dass der Antragsteller die Norm für nichtig hält, in Nr. 2 ist Voraussetzung, dass er sie für gültig hält, nachdem eine staatliche Stelle sie wegen Unvereinbarkeit mit höherrangigem Recht nicht angewendet hat. In der Literatur ist streitig, ob § 76 Abs. 1 Nr. 1 BVerfGG noch von der verfassungsrechtlichen Ermächtigung des Art. 94 Abs. 2 GG gedeckt ist. Art. 93 Abs. 1 Nr. 2 GG lasse schon „Zweifel an der Verfassungsmäßigkeit" der Regelung genügen, verlange also gerade keine Überzeugung von der Nichtigkeit der Norm. Der Bundesgesetzgeber sei nach Art. 94 Abs. 2 GG nur ermächtigt, Verfahrensvoraussetzungen zu konkretisieren, könne diese aber nicht erhöhen. Daher sei § 76 BVerfGG teilnichtig oder entsprechend verfassungskonform auszulegen.[11] Das Bundesverfassungsgericht geht in Kenntnis des Streitstandes von einer verfassungsmäßigen Konkretisierung aus.[12] Meines Erachtens stellt § 76 Abs. 1 Nr. 1 BVerfGG „für nichtig halten" die verfassungsmäßige Konkretisierung des Begriffs „Meinungsverschiedenen" im Sinne des Art. 93 Abs. 1 Nr. 2 GG dar, während § 76 Abs. 1 Nr. 2 BVerfGG „für gültig halten" im Widerspruch zu anderen staatlichen Stellen die Variante der „Zweifel" im Sinne des Art. 93 Abs. 2 GG konkretisiert.

Ob zusätzlich zu diesen Voraussetzungen noch zu fordern ist, dass für den Antragsteller ein objektives **Klarstellungsinteresse** hinsichtlich der Verfassungsmäßigkeit oder -widrigkeit der Rechtsnorm besteht, ist fraglich. Aus der gemeinsamen Verpflichtung von Bund und Ländern auf das Grundgesetz ergibt sich, dass jedes Bundesland die Verfassungsmäßigkeit der Gesetzgebung auch anderer Länder prüfen lassen kann.[13] Eine Grenze ist allein rechtsmissbräuchlichem Verhalten gezogen.[14] Die abstrakte Normenkontrolle unterliegt keiner Frist.

Ist die abstrakte Normenkontrolle zulässig, überprüft das Bundesverfassungsgericht in vollem Umfang die Verfassungsmäßigkeit der angegriffenen Rechtsnorm. Hieraus folgt ein von der Verfassungsbeschwerde abweichender Aufbau der Begründetheitsprüfung. Zunächst wird die formelle Verfassungsmäßigkeit der streitgegenständlichen Rechtsnorm überprüft. Im Rahmen der materiellen Verfassungsmäßigkeitsprüfung bilden insbesondere auch Grundrechte den Maßstab. Die Prüfungsfolge entspricht dann dem bekannten Dreischritt. Innerhalb der dritten Stufe – Schranken und deren verfassungsmäßige Konkretisierung – entfällt jedoch die Prüfung der formellen Verfassungsmäßigkeit der Rechtsnorm, da diese bereits erfolgt ist. **148**

Literatur: *O. Klein/C. Sennekamp*, Aktuelle Zulässigkeitsprobleme der Verfassungsbeschwerde, NJW 2007, 945; *S. Mückl*, Die abstrakte Normenkontrolle vor dem Bundesverfassungsgericht gemäß Art. 93 Abs. 1 Nr. 2, 2a GG, §§ 13 Nr. 6, 6a, 76 ff. BVerfGG, Jura 2005, 463 (mit zahlreichen Fallbeispielen); *H. Sodan*, Grundsatz der Subsidiarität der Verfassungsbeschwerde, DÖV 2002, 925.

---

11 S. zum Streit *S. Mückl*, Die abstrakte Normenkontrolle vor dem Bundesverfassungsgericht gemäß Art. 93 Abs. 1 Nr. 2, 2a, §§ 13 Nr. 6, 6a, 76 ff. BVerfGG, Jura 2005, 463 (468) mwN.

12 S. BVerfGE 96, 133 (137); 101, 1 (30 f.).

13 BVerfGE 83, 37 (49) – *kommunales Ausländerwahlrecht*.

14 Das BVerfGE 83, 37 (49 f.) lässt offen, ob die Antragsbefugnis ausnahmsweise dann entfallen kann, wenn die „beanstandete Norm fremden Landesrechts Belange des antragstellenden Landes unter keinem denkbaren Gesichtspunkt berühren kann."

7.4 Prüfungsschemata

7.4.1 Prüfung eines Freiheitsrechts als Abwehrrecht

149

I. Schutzbereich eröffnet
  1. sachlich
  2. persönlich
II. Eingriff
III. Rechtfertigung des Eingriffs
  1. Ermittlung der Grundrechtsschranke
  2. verfassungsmäßige Konkretisierung der Grundrechtsschranke
    a) formell
      aa) Gesetzgebungskompetenz (Art. 70 ff. GG)
      bb) Gesetzgebungsverfahren (Art. 76 ff. GG)
      cc) ggf. Zitiergebot (Art. 19 I 2 GG)
    b) materiell
      aa) Verbot des Einzelfallgesetzes (Art. 19 I 1 GG)
      bb) (Wesensgehalt und) Verhältnismäßigkeit
        – legitimer Zweck
        – geeignet
        – erforderlich
        – angemessen (verhältnismäßig ieS)
      cc) Bestimmtheitsgebot (sofern Anlass besteht, ggf. auch vor dem Verhältnismäßigkeitsgrundsatz)

7.4.2 Prüfung eines Freiheitsrechts in mittelbarer Drittwirkung, dh. in zivilrechtlichen Streitigkeiten

150

I. Schutzbereich
  1. sachlich
  2. persönlich
II. Eingriff
III. Rechtfertigung des Eingriffs
Ein Grundrechtsverstoß liegt vor, wenn das Gericht bei der Auslegung und Anwendung von Vorschriften des Privatrechts Grundrechte verkannt hat und die Entscheidung auf diesem Fehler beruht.
  1 Prüfung, ob das anzuwendende einfache Gesetz eine verfassungsmäßige Konkretisierung der Grundrechtsschranke darstellt
  2. Prüfung, ob das Gericht bei Anwendung des einfachen Gesetzes Grundrechte verkannt hat:
    – Beachtung von Grundrechten
    – unvollkommene oder unrichtige Bestimmung des Schutzbereichs
    – unrichtige Gewichtung in der Abwägung
  3. Entscheidungsrelevanz

7.4.3 Prüfung eines Freiheitsrechts als Schutzanspruch auf staatliches Einschreiten

151

I. Schutzbereich
  1. sachlich – Herleitung der Schutzpflicht aus objektivem Gehalt
  2. persönlich
II. Eingriff: Schutzverweigerung = Unterlassen trotz Möglichkeit staatlicher Schutzgewährleistung

III. Rechtfertigung des Unterlassens
  1. Ermittlung der Grundrechtsschranke = dem Schutz entgegenstehende Zwecke oder Rechte
  2. Kompetenz zum Handeln, ggf. Gesetzesvorbehalt
  3. Bestehender Zustand bzw. Unterlassen stellt keinen Verstoß gegen das Untermaßverbot dar:
     – in Bezug auf die Rechtslage
     – ggf. in Bezug auf den Einzelfall
     Das Untermaßverbot wird verletzt, wenn:
     – der Staat überhaupt keine Maßnahme trifft
     – wenn es Mittel gibt, die einen besseren Schutz ermöglichen, ohne Dritte stärker zu belasten
     – wenn die Hinnahme der Beeinträchtigung bzw. der Gefährdung des Schutzgutes bei Abwägung mit den entgegenstehenden Interessen nicht zumutbar ist.

7.4.4 Prüfung eines Freiheitsrechts als Leistungs- oder Teilhaberecht

I. Schutzbereich   **152**
  1. sachlich – Herleitung der Leistungspflicht (idR) aus objektivem Gehalt idR iVm. Art. 3 I GG
  2. persönlich
II. Eingriff: Leistungsverweigerung
III. Rechtfertigung der Leistungsverweigerung
  1. Ermittlung der Grundrechtsschranke = dem Schutz entgegenstehende Zwecke oder Rechte
  2. formell und materiell verfassungsmäßige Ausgestaltung der Gewährung u. Verteilung knapper Mittel oder Kapazitäten, insbes. sachgerechte Kriterien und Anwendung des Gleichheitsgrundsatzes
  3. Verfassungsmäßige Anwendung im Einzelfall

7.4.5 Prüfung eines Gleichheitsrechts

I. Feststellung der Gleichartigkeit der Vergleichsgruppen   **153**
II. Feststellung der Ungleichbehandlung
III. Rechtfertigung der Ungleichbehandlung
  – bei Diskriminierungsverboten: zwingender Grund
  – bei allgemeinem Gleichheitssatz: entweder Vorliegen eines sachlichen Grundes oder Verhältnismäßigkeit der Ungleichbehandlung im Verhältnis zum verfolgten Zweck bzw. der Ungleichheit.

7.4.6 Prüfung einer Rechtsinstitutsgarantie

I. Schutzbereich   **154**
  1. sachlich: Inhalt der Rechtsinstitutsgarantie
  2. persönlich
II. Beeinträchtigung: Veränderung des Normenbestands
III. Rechtfertigung
  Entweder: sachgerechte Ausgestaltung des Rechtsinstituts:
  1. Normenbestandsänderung dient dem Zweck des Rechtsinstituts und
  2. ist sachlich gerechtfertigt

Oder: Eingriff:
1. Normenbestandsänderung dient einem Zweck außerhalb des Rechtsinstituts in Konkretisierung einer Grundrechtsschranke
2. das Rechtsinstitut wird durch die Änderung im Normenbestand nicht abgeschafft oder ausgehöhlt
3. Änderung ist im Hinblick auf die verfolgten Zwecke verhältnismäßig.

Lösung zu Fall 1:   Erpressung[15]

Fallfrage: Hatte S einen Anspruch darauf, dass die Bundesregierung auf die Forderungen der Terroristen eingeht, um auf diese Weise das Leben von Hanns Martin Schleyer zu retten?
S könnte sich für sein Verlangen auf Art. 2 Abs. 2 S. 1 GG berufen.

1. Schutzbereich und Gewährleistungsgehalt des Art. 2 Abs. 2 S. 1 GG

Gemäß Art. 2 Abs. 2 S. 1 GG hat jeder „das Recht auf Leben". Als Abwehrrecht verbietet er grundsätzlich staatliche Maßnahmen, die das Leben nehmen oder gefährden. Ein Rechtsstaat mit Gewaltmonopol, dessen Aufgabe die Herstellung und Wahrung des innerstaatlichen Friedens ist, darf jedoch auch nicht tatenlos zusehen, wenn das Leben von Menschen in seiner Herrschaftssphäre durch das Handeln anderer Menschen gefährdet oder bedroht wird. Daher gebietet das Grundrecht auf Leben dem Staat auch, „sich schützend und fördernd vor dieses Leben zu stellen; das heißt vor allem, es auch vor rechtswidrigen Eingriffen von Seiten anderer zu bewahren"[16].
Träger dieses Grundrechts ist Hanns Martin Schleyer. Prozessual kann S das Recht seines Vaters in dessen Auftrag und Namen als Prozessvertreter geltend machen.

2. Eingriff

Mit der Weigerung der Bundesregierung, zur Rettung des Lebens von Hanns Martin Schleyer auf die Forderungen der Terroristen einzugehen, unterlässt der Staat eine mögliche lebensrettende Maßnahme.

3. Verfassungsrechtliche Rechtfertigung des Unterlassens

Dieses Unterlassen könnte gerechtfertigt sein. Das Recht auf Leben und damit auch die Pflicht des Staates zum Schutz des Lebens kann in Verfolgung legitimer Zwecke eingeschränkt werden. Solche legitimen Zwecke ergeben sich insbesondere aus der Pflicht zum Schutz des Lebens anderer und zur Wahrung der staatlichen Friedensordnung. In der Verfolgung dieser Zwecke dürfte die Bundesregierung jedoch nicht das Untermaß an Schutzverpflichtung gegenüber dem Leben des Entführten unterschreiten.
Eine Schutzpflichtverletzung entfällt nicht schon deshalb, weil der Bundesregierung die Kompetenz zum Handeln fehlt. Die Verfolgung von terroristischen Straftaten fällt nach Maßgabe von Art. 96 Abs. 5 Nr. 6 GG iVm. § 74a Abs. 2 GVG (Zuständigkeit des Generalbundesanwalts) und § 120 Abs. 2 Nr. 1 GVG (Zuständigkeit des Staatsschutzsenats beim OLG) in die Zuständigkeit des Bundes. Ein Fall der Erpressung der Bundesregierung ist – abgesehen vom strafrechtlichen Verbot – gesetzlich nicht geregelt, fällt als außergewöhnliche Angelegenheit von gesamtstaatlicher Bedeutung jedoch in die Kompetenz der Bundesregierung (vgl. § 15 Abs. 1

---

15 Fall nach BVerfGE 46, 160 – *Schleyer – Entführung.*
16 BVerfGE 39, 1 (42) – *Fristenlösung I.*

GOBReg.) und könnte durch Weisung des Bundesjustizministers gegenüber dem Generalbundesanwalt umgesetzt werden (vgl. § 147 Nr. 1 GVG).

Fraglich ist jedoch, ob die Bundesregierung mit ihrer Weigerung das Untermaßverbot verletzt. Das Untermaßverbot wird verletzt, wenn der Staat überhaupt keine Maßnahmen zum Schutz des Lebens des Entführten trifft, wenn es Mittel gibt, die das Leben besser schützen, ohne Dritte stärker zu belasten oder wenn die Hinnahme der Gefährdung bei Abwägung mit den entgegenstehenden Interessen nicht zumutbar ist. Im Falle der Entführung von Hanns Martin Schleyer hatte die Bundesrepublik durch die Bereitstellung von Polizeischutz sowie die staatsanwaltliche und polizeiliche Ermittlungsarbeit nach der Entführung Schutzmaßnahmen ergriffen. Die geforderte Freilassung von Terroristen wäre mit erheblichen Risiken und Gefahren auch für Leib und Leben von Menschen in der Zukunft verbunden. Die unabsehbaren Folgen einer erfolgreichen Erpressung für den innerstaatlichen Frieden schließen aus, dass die Bundesregierung diese Maßnahme zum Schutz des Lebens des Entführten ergreifen muss.

4. Ergebnis

Es liegt keine Schutzpflichtverletzung vor.

Lösung zu Fall 2: Grundrechtsbindung gemischtwirtschaftlicher Unternehmen[17]

Fallfrage: Prüfen Sie die Erfolgsaussichten einer form- und fristgerecht erhobenen Verfassungsbeschwerde der A.

Die Verfassungsbeschwerde der A wird Erfolg haben, wenn sie zulässig und begründet ist.

I.   Zulässigkeit

Die Zulässigkeit der Verfassungsbeschwerde der A richtet sich nach Art. 93 Abs. 1 Nr. 4a GG, §§ 13 Nr. 8a, 90 ff. BVerfGG.

1. Beschwerdefähigkeit

Gemäß Art. 93 Abs. 1 Nr. 4a GG, § 90 Abs. 1 BVerfGG steht das Recht, eine Verfassungsbeschwerde zu erheben, „jedermann" zu. Da die Verfassungsbeschwerde der Durchsetzung von Grundrechten und grundrechtsgleichen Rechten dient, umfasst „jedermann" alle Träger dieser Rechte. Grundrechte stehen als Menschenrechte natürlichen Personen zu. A ist eine natürliche Person, als solche Grundrechtsträgerin und damit gem. § 90 Abs. 1 BVerfGG beschwerdefähig.

2. Beschwerdegegenstand

Beschwerdegegenstand ist ein Akt der öffentlichen Gewalt. Da die Grundrechtsbindung gemäß Art. 1 Abs. 3 GG Gesetzgebung, vollziehende Gewalt und Rechtsprechung erfasst, sind die Akte aller drei Hoheitsgewalten taugliche Beschwerdegegenstände. Folglich sind die Gerichtsurteile, die das von der Fraport-AG ausgesprochene Hausverbot bestätigt haben, als Akte der Rechtsprechung Akte der öffentlichen Gewalt. Problematisch ist dagegen, ob auch das auf zivilrechtlicher Grundlage ausgesprochene Hausverbot der Fraport-AG selbst einen Akt der öffentlichen Gewalt darstellt und damit tauglicher Beschwerdegegenstand wäre. Dies hängt zum einen davon ab, ob die Fraport-AG trotz ihrer zivilrechtlichen Rechtsform der Grundrechtsbindung unterliegt. Zum anderen stellt sich die Frage, ob aus der materiellen Grundrechtsbindung folgt, dass es sich auch formal um einen „Akt der vollziehenden Gewalt" im Sinne des Art. 1 Abs. 3 GG handelt, der wiederum

---

17 Fall nach BVerfGE 128, 226 – *Fraport*.

den Begriff „Akt der öffentlichen Gewalt" im Sinne des Art. 93 Abs. 1 Nr. 4a GG, § 90 Abs. 1 BVerfGG konkretisiert. Da die materielle Grundrechtsbindung auch über den Beschwerdegegenstand gerichtlicher Urteile geltend gemacht werden und ein zivilrechtliches Hausverbot, anders als ein entsprechender Verwaltungsakt, nicht unanfechtbar werden kann, besteht keine zwingende Notwendigkeit, das Hausverbot selbst zum Beschwerdegegenstand zu machen. Die zivilgerichtlichen Urteile bilden einen tauglichen Beschwerdegegenstand.

3. Beschwerdebefugnis

Des Weiteren muss A geltend machen, in eigenen Grundrechten verletzt zu ein. Nach ihrem Vortrag muss die Möglichkeit bestehen, dass sie selbst, gegenwärtig und unmittelbar in Grundrechten verletzt wird. A rügt, dass es ihr aufgrund der gerichtlich bestätigten Hausverbote verwehrt wird, an einem öffentlich zugänglichen Ort ihre Meinung gemeinsam mit weiteren Personen kundzutun. Sie macht damit eine Verletzung ihrer Grundrechte aus Art. 8 Abs. 1 GG (Versammlungsfreiheit) und Art. 5 Abs. 1 S. 1 GG (Meinungsfreiheit) geltend. Eine Verletzung wäre nur dann offensichtlich ausgeschlossen, wenn weder die Fraport-AG an die Grundrechte unmittelbar gebunden wäre, noch die Gerichte bei dem Streit um das Hausverbot die Grundrechte der Versammlungsfreiheit und Meinungsfreiheit zu beachten hätten. Da es sich bei der Fraport-AG um ein Unternehmen handelt, das mehrheitlich in öffentlicher Hand ist, ist schon deren unmittelbare Grundrechtsbindung nicht eindeutig ausgeschlossen. Die mittelbare Drittwirkung von Grundrechten bei der Anwendung und Auslegung unbestimmter Rechtsbegriffe in zivilgerichtlichen Streitigkeiten ist zudem seit langem anerkannt; dies gilt insbesondere für die Meinungsfreiheit. Da A durch die Urteile auch selbst, gegenwärtig und unmittelbar betroffen ist, ist sie beschwerdebefugt.

4. Rechtswegerschöpfung, Form und Frist

Der zivilgerichtliche Instanzenweg wurde durchlaufen, so dass der Rechtsweg, wie von § 90 Abs. 2 S. 1 BVerfGG gefordert, erschöpft ist. Form und Frist (Monatsfrist) nach §§ 23, 92, 93 Abs. 1 BVerfGG sind zu wahren.

5. Ergebnis

Die Verfassungsbeschwerde der A ist zulässig.

II. Begründetheit

Die Verfassungsbeschwerde der A ist begründet, wenn sie durch die gerichtliche Bestätigung des Hausverbots in ihren Grundrechten verletzt wird. Dies ist dann der Fall, wenn die Gerichte bei der Anwendung und Auslegung des Zivilrechts, namentlich der §§ 903, 1004 BGB Grundrechte in ihrer Bedeutung oder Tragweite verkannt haben und dieser Fehler entscheidungserheblich ist.

1. Verletzung der Versammlungsfreiheit, Art. 8 Abs. 1 GG

Durch die gerichtliche Bestätigung des Hausverbots könnte A in ihrer Versammlungsfreiheit verletzt worden sein.

a) Schutzbereich

Die Versammlung, an der A teilgenommen hat, müsste dem Schutzbereich von Art. 8 Abs. 1 GG unterfallen. Eine Versammlung ist eine örtliche Zusammenkunft von mindestens zwei Personen zur gemeinschaftlichen, auf die Teilhabe an der öffentlichen Meinungsbildung gerichteten Erörterung oder Kundgebung. Art. 8 Abs. 1 GG gewährleistet insbesondere, über Ort, Zeitpunkt, Art und Inhalt der

Veranstaltung frei zu bestimmen. Die Selbstbestimmung über den Ort geht jedoch nicht soweit, dass ein Anspruch darauf bestünde, jeden beliebigen Ort für eine Versammlung zur Verfügung gestellt zu bekommen. Die Versammlungsfreiheit erstreckt sich nur auf allgemein und öffentlich zugängliche Orte, deren Widmungszweck die allgemeine Kommunikation umfasst, insbesondere also Straßen im Gemeingebrauch, dagegen nicht Verwaltungsgebäude oder Krankenhäuser. Da die Kommunikationsfunktion der öffentlichen Straßen, Wege und Plätze zunehmend durch weitere Foren wie Einkaufszentren, Ladenpassagen oder sonstige Begegnungsstätten ergänzt wird, muss auch an solchen Orten, an denen ein öffentlicher Verkehr eröffnet ist und der Zugang nicht individuell kontrolliert wird, die Versammlungsfreiheit gelten.

Da das Flughafengebäude im Bereich vor der Abfertigung den Charakter eines öffentlich zugänglichen Einkaufszentrums mit Gastronomieangeboten hat, ist die Nutzung zu grundrechtlich geschützten Kommunikationszwecken nicht schon durch den Zweck von vornherein ausgeschlossen. Der Schutzbereich der Versammlungsfreiheit ist eröffnet.

b) Eingriff

Durch die das Verbot bestätigenden Urteile muss in das Grundrecht der A aus Art. 8 Abs. 1 GG eingegriffen worden sein. Ein Grundrechtseingriff ist jede dem Staat zurechenbare Beeinträchtigung grundrechtlich erfassten Handelns. Das Verbot macht es A unmöglich, sich im Flughafengebäude mit anderen zu versammeln und ihre Meinung kundzutun. Eine Beeinträchtigung des Schutzbereichs der Versammlungsfreiheit liegt somit vor. Fraglich ist, ob diese Beeinträchtigung auch dem Staat zurechenbar ist. Dies ist der Fall, wenn die Gerichte das Grundrecht der Versammlungsfreiheit schon deshalb zu beachten hatten, weil die Fraport-AG als Unternehmen in mehrheitlich öffentlicher Hand unmittelbar an Grundrechte gebunden ist.

Die Fraport AG ist eine juristische Person des Privatrechts. Die Grundrechte binden gemäß Art. 1 Abs. 3 GG die öffentliche Gewalt. Der Staat darf sich aber nicht durch Schaffung von Subjekten des Privatrechts der Grundrechtsbindung entziehen. Jedenfalls dann, wenn sich die Fraport AG zu 100 % in öffentlichem Eigentum befände, wäre sie (und nicht nur ihr Träger) grundrechtsverpflichtet.

Fraglich ist, ob die Grundrechtsbindung auch gilt, wenn das Privatrechtssubjekt nur zu 70 % in öffentlichem Eigentum steht, dh. bei gemischtwirtschaftlichen Unternehmen. Dem Zweck der Grundrechtsbindung folgend, muss entscheidend sein, ob das Unternehmen von den öffentlichen Anteilseignern beherrscht wird. Davon kann in der Regel ausgegangen werden, wenn mehr als die Hälfte der Anteile im Eigentum der öffentlichen Hand stehen. Im Interesse des effektiven Grundrechtsschutzes kann es nicht um konkrete Einwirkungsmacht in jedem denkbaren Fall hinsichtlich der Geschäftsführung, sondern nur um die Gesamtverantwortung für das Unternehmen gehen, so dass es nicht darauf ankommt, ob die Beteiligung der öffentlichen Hand sich ihrerseits auf mehrere Anteilseigner, wie hier Bund, Land und Stadt, verteilt. Hält die öffentliche Hand die Mehrheit an einem Unternehmen, handelt es sich grundsätzlich nicht um private Aktivitäten unter Beteiligung des Staates, sondern um staatliche Aktivitäten unter Beteiligung von Privaten. Eine andere Bewertung könnte sich daraus ergeben, dass die an dem Unternehmen beteiligten Privaten benachteiligt werden. Da es aber in deren freier Entscheidung liegt, sich an einem solchen Unternehmen zu beteiligen, müssen sie sowohl die Chancen als auch die Risiken, die sich aus den Handlungsbedingungen der öffentlichen Hand ergeben, tragen. Die Fraport AG ist demnach grundrechtsverpflichtet. Die Gerichte mussten eine unmittelbare Grundrechtsverletzung der A durch das Hausverbot der

Fraport AG prüfen. Sofern sie dies nicht getan haben, hat sich dieser Mangel dann nicht in entscheidungserheblicher Weise ausgewirkt, wenn der Eingriff in die Versammlungsfreiheit gerechtfertigt ist.

c) Verfassungsrechtliche Rechtfertigung
Der Eingriff in Art. 8 Abs. 1 GG könnte gerechtfertigt sein.

aa) Schranke
Gemäß Art. 8 Abs. 2 GG kann die Versammlungsfreiheit für Versammlungen unter freiem Himmel durch oder aufgrund eines Gesetzes eingeschränkt werden.
(1) Versammlung unter freiem Himmel
Bei der Versammlung im Flughafengebäude müsste es sich um eine Versammlung unter freiem Himmel handeln. Da die Versammlung im Inneren des Flughafengebäudes stattgefunden hat, scheint dies dem Wortlaut nach nicht der Fall zu sein. Nach Sinn und Zweck sind Versammlungen unter freiem Himmel jedoch als Versammlungen an Orten allgemeinen kommunikativen Verkehrs zu verstehen. Solche Versammlungen finden in der unmittelbaren Auseinandersetzung mit einer unbeteiligten Öffentlichkeit statt, wobei aufgrund möglicher Gegenreaktionen des Publikums ein höheres, weniger beherrschbares Gefahrenpotential entsteht, was Einschränkungen des Grundrechts rechtfertigt. Da die Versammlung der A in dem öffentlich zugänglichen Bereich des Flughafengebäudes stattfand, handelte es sich demnach um eine Versammlung unter freiem Himmel, die gem. Art. 8 Abs. 2 GG durch oder aufgrund eines Gesetzes eingeschränkt werden kann.
(2) Rechtsgrundlage für das Hausverbot
Als Person des Privatrechts kann sich die Fraport AG nicht auf das schrankenkonkretisierende Versammlungsgesetz berufen; sie ist nicht Versammlungsbehörde. Sie könnte das Verbot aber auf ihr Hausrecht aus §§ 903 S. 1, 1004 BGB stützen.

bb) Verfassungsmäßige Konkretisierung der Schranke
(1) Verfassungsmäßigkeit des schrankenkonkretisierenden Gesetzes
Zweifel an der formellen und materiellen Verfassungsmäßigkeit der §§ 903 S. 1, 1004 BGB bestehen nicht. Das Zitiergebot des Art. 19 Abs. 1 S. 2 GG findet schon deshalb keine Anwendung, weil es sich bei den §§ 903, 1004 BGB um Recht handelt, das bereits vor Erlass des GG galt. Zudem ist der zivilrechtliche Unterlassungsanspruch nicht zielgenau auf die Einschränkung eines spezifischen Grundrechts gerichtet. Bei derart unspezifischen Bestimmungen kann das Zitiergebot von vornherein seine Warnfunktion nicht erfüllen.
(2) Verfassungsmäßigkeit der Anwendung im Einzelfall
Das gerichtlich bestätigte Hausverbot müsste seinerseits verfassungsmäßig, das heißt verhältnismäßig, also in der Verfolgung eines legitimen Zwecks geeignet, erforderlich und angemessen sein.
(a) Legitimer Zweck
Sicherheit und die Gewährleistung eines geordneten Betriebsablaufs im Flughafengebäude stellen legitime Zwecke dar. Dagegen kann sich die Fraport AG nicht auf die Eigentümerfreiheit berufen. Als unmittelbar Grundrechtsverpflichtete stehen ihr keine Grundrechte zu.
(b) Geeignetheit
Das Verbot der Versammlung ist geeignet, zur Sicherheit und zu einem geordneten Betriebsablauf im Flughafengebäude beizutragen.
(c) Erforderlichkeit
Das Hausverbot ist erforderlich, wenn es kein milderes, gleichermaßen geeignetes Mittel gibt. Insoweit ist zu berücksichtigen, dass A Versammlungen unabhängig

von der Prognose einer konkreten Gefahr und ausnahmslos verboten werden. Versammlungen in Flughafengebäuden sind aber nicht generell so gefährlich, dass Gefährdungspotentialen nicht durch vorherige Absprachen oder Auflagen begegnet werden könnte. Damit geht das Hausverbot der Fraport AG über das zur Sicherheit und Ordnung im Flughafengebäude Erforderliche hinaus.[18]

(3) Ergebnis

Das Verbot und die es bestätigenden Urteile sind mangels Erforderlichkeit unverhältnismäßig (iwS.) und verletzen A in ihrem Grundrecht aus Art. 8 Abs. 1 GG.

2. Meinungsfreiheit, Art. 5 Abs. 1 S. 1 GG

A könnte des Weiteren in ihrer Meinungsfreiheit verletzt sein.

a) Schutzbereich

Art. 5 Abs. 1 S. 1 GG schützt das Äußern einer Meinung hinsichtlich ihres Inhalts wie auch hinsichtlich der Form ihrer Verbreitung. Dazu gehört auch das Verteilen von Flugblättern, die Meinungsäußerungen enthalten. Geschützt ist auch die Wahl des Ortes und der Zeit einer Äußerung. Das Handeln der A fällt demnach in den Schutzbereich von Art. 5 Abs. 1 S. 1 GG.

b) Eingriff

Da die Fraport AG – wie oben ausgeführt – unmittelbar grundrechtsgebunden ist, stellt das Hausverbot gegenüber A, mit dem dieser die Meinungskundgabe im Flughafengebäude unmöglich gemacht wird, einen Eingriff in Art. 5 Abs. 1 S. 1 GG dar.

c) Verfassungsrechtliche Rechtfertigung

aa) Schranke

Gemäß Art. 5 Abs. 2 GG findet die Meinungsfreiheit ihre Schranken in den allgemeinen Gesetzen. Allgemeine Gesetze sind solche, die sich nicht direkt gegen eine spezifische Meinung richten, sondern in der Verfolgung eines anderen gleich- oder höherrangigen Zwecks im Einzelfall auch einmal die Meinungsfreiheit beeinträchtigen können.

bb) Verfassungsmäßige Konkretisierung der Schranke

(1) Rechtsgrundlage

Die §§ 903 S. 1, 1004 BGB sind verfassungsmäßige schrankenkonkretisierende Gesetze. Insbesondere richtet sich der Unterlassungsanspruch nicht gegen eine bestimmte Meinung.

(2) Anwendung im Einzelfall

Es gilt das zu Art. 8 Abs. 1 GG Ausgeführte: Das generelle und ausnahmslose Verbot der Meinungskundgabe durch das Verteilen von Flugblättern ist für die Wahrung von Sicherheit und Ordnung in dem Flughafengebäude nicht erforderlich.

Die das Verbot bestätigenden Urteile stellen einen nicht gerechtfertigten Eingriff in Art. 5 Abs. 1 GG dar.

3. Ergebnis

Die das Hausverbot bestätigenden Urteile verletzen A in ihren Grundrechten aus Art. 8 Abs. 1 und Art. 5 Abs. 1 S. 1 GG.

---

18 Selbst wenn man der Auffassung ist, dass ein Hausverbot iS. eines ausnahmslosen Versammlungsverbots effektiver ist als Absprachen und Auflagen, handelt es sich um einen so geringen Mehrwert, nämlich die Ausschaltung eines Restrisikos unterhalb der Schwelle der Gefahr, dass der gewichtige Eingriff in die Versammlungsfreiheit im Lichte der Abwägung zwischen Freiheit und Gemeinwohlinteresse jedenfalls unangemessen wäre.

C.   Ergebnis

Die Verfassungsbeschwerde der A ist zulässig und begründet und wird somit erfolg-reich sein.

Dritter Teil: **Der Grundrechtsschutz der Person, ihrer Selbstbestimmung und Privatsphäre**

Fall 3: Brechmitteleinsatz

Der professionelle Dealer D wird von der Polizei gestellt, als er ein Päckchen Kokain verkauft. Bei der Festnahme sieht der Polizeiobermeister P, wie D sich etwas in den Mund steckt. Da er vermutet, dass es sich um weitere Rauschgiftportionen handelt, ordnet P an, dass ein Polizeiarzt D ein Brechmittel in Sirupform verabreicht. D wird auf seinen Gesundheitszustand untersucht und auf die Gesundheitsgefahren aufmerksam gemacht, die drohen, wenn die Rauschgiftpäckchen sich in seinem Magen öffnen. Dennoch weigert er sich, das Mittel zu nehmen. Daraufhin führt ihm der Arzt das Mittel zwangsweise mit einer Nasen-Magensonde zu. Der Widerstand des D wird dadurch gebrochen, dass ihn zwei Polizisten festhalten. D erbricht nach kurzer Zeit den gesamten Mageninhalt, in dem sich 20 Kokainbömbchen befinden. Diese werden im Strafverfahren als Beweismittel verwertet. D wird wegen Verstoßes gegen Strafvorschriften des Betäubungsmittelgesetzes zu einer Haftstrafe von zwei Jahren verurteilt.

D ist der Auffassung, dass die gewaltsame Gabe des Brechmittels nicht von § 81a StPO gedeckt sei. Er dürfe nicht zur Beweisführung gegen sich selbst gezwungen werden. Außerdem sei diese Art der Beweismittelgewinnung menschenunwürdig. Die auf diese Art erhobenen Beweise hätten daher im Strafverfahren nicht verwertet werden dürfen.

Ist D in Grundrechten verletzt?

§ 81a StPO

(1) Eine körperliche Untersuchung des Beschuldigten darf zur Feststellung von Tatsachen angeordnet werden, die für das Verfahren von Bedeutung sind. Zu diesem Zweck sind Entnahmen von Blutproben und andere körperliche Eingriffe, die von einem Arzt nach den Regeln der ärztlichen Kunst zu Untersuchungszwecken vorgenommen werden, ohne Einwilligung des Beschuldigten zulässig, wenn kein Nachteil für seine Gesundheit zu befürchten ist.

(2) Die Anordnung steht dem Richter, bei Gefährdung des Untersuchungserfolges durch Verzögerung auch der Staatsanwaltschaft und ihren Hilfsbeamten (§ 152 GVG) zu.

1. Kapitel: Art. 1 Abs. 1 GG: „Die Würde des Menschen ist unantastbar."

1.1 Allgemeine Bedeutung und Rechtsnatur

Der erste Abschnitt des Grundgesetzes –„Die Grundrechte"– beginnt in Art. 1 Abs. 1 **155** GG mit dem Rechtssatz: „Die Würde des Menschen ist unantastbar." Bereits in dieser Spitzenstellung kommt die fundamentale Bedeutung der Menschenwürdegarantie zum Ausdruck. Sie wird durch Art. 79 Abs. 3 GG bestätigt, der aus dem ersten Abschnitt des GG allein die in Art. 1 GG enthaltenen Grundsätze für unabänderlich erklärt. Das Bundesverfassungsgericht bezeichnet die Würde des Menschen als den „**höchsten Rechtswert**" innerhalb der verfassungsmäßigen Ordnung"[1]. Demgegenüber eröffnete

---

1 BVerfGE 45, 187 (227); BVerfG NJW 1995, 3244 (3245); BVerfGE 117, 71 (89) – jeweils zur *lebenslangen Freiheitsstrafe*.

die Weimarer Reichsverfassung mit den staatsorganisationsrechtlichen Grundaussagen: „Art. 1 WRV: Das Deutsche Reich ist eine Republik. Die Staatsgewalt geht vom Volke aus." Während 1919 die entscheidende Zäsur tatsächlich in der Ablösung des Kaiserreichs durch die demokratische Republik lag, kam es den Verfasserinnen und Verfassern des Grundgesetzes nach der Erfahrung des totalitären und menschenverachtenden Regimes der Nationalsozialisten darauf an, Freiheit und Wohl der Menschen als Mittelpunkt und Zweck staatlicher Ordnung zu betonen, deren Basis in der Achtung und dem Schutz der Menschenwürde liegt.

156   In der Formulierung: „Die Menschenwürde *ist* unantastbar" drückt sich höchste Verbindlichkeit aus. Dennoch ist umstritten, ob die Menschenwürdegarantie die Rechtsnatur eines echten **Grundrechts** hat oder allein **objektivrechtlicher Natur** oder gar nur ein **Programmsatz** ist. Diese Frage ist etwa von Bedeutung im Rahmen der Beschwerdebefugnis. Als Argument gegen den Grundrechtscharakter wird Art. 1 Abs. 3 GG angeführt, in dem es heißt, dass die *nachfolgenden* Grundrechte Gesetzgebung, vollziehende Gewalt und Rechtsprechung als unmittelbar geltendes Recht binden. Dem lässt sich die systematische Erwägung entgegenhalten, dass der gesamte erste Abschnitt einschließlich Art. 1 GG die Überschrift „Die Grundrechte" trägt. Zudem enthält Art. 1 Abs. 1 Satz 2 GG eine ausdrückliche Verpflichtung des Staates, die Menschenwürde zu achten und zu schützen. Für rechtliche Verbindlichkeit spricht auch Art. 79 Abs. 3 GG, denn es ist nicht anzunehmen, dass ausgerechnet ein Programmsatz für unabänderlich erklärt wird. In Art. 79 Abs. 3 GG ist allerdings die Rede von „Grundsätzen". Damit bleibt die Frage nach dem subjektivrechtlichen Charakter der Menschenwürdegarantie. Insoweit erscheint es wenig überzeugend, dass die Garantie, welche davon ausgeht, dass den Menschen eine besondere Qualität (Würde) zukommt, von ebendiesen nicht mit Rechtsmitteln geltend gemacht werden können soll, zumal Art. 1 Abs. 1 S. 2 GG den Staat zu Achtung und Schutz verpflichtet.[2] Dies gilt selbst dann, wenn alle Menschenwürdeverletzungen im Wege der Rüge der nachfolgenden Grundrechte erfasst werden könnten. Die besseren Argumente sprechen deshalb dafür, dass die Menschenwürdegarantie ein **subjektives Recht** und einklagbares Grundrecht ist, zumal sich über die Bestimmung der Rechtsnatur als nur objektives oder auch subjektives Recht weder die Probleme der Schutzbereichsbestimmung noch des Verhältnisses zu den anderen Grundrechten lösen lassen.

1.2 Schutzbereich

Die Bestimmung des Schutzbereichs der Menschenwürdegarantie stellt den Rechtsanwender vor erhebliche Probleme.

1.2.1 Sachlicher Schutzbereich

157   Der Grund liegt darin, dass mit dem Begriff der Menschenwürde auf ein **Menschenbild** Bezug genommen wird, das seinerseits in kulturellen und damit religiösen und philosophischen Zusammenhängen steht, die eine lange Tradition haben, vielfältig sind und zudem der Wandlung unterliegen.

158   **1.2.1.1 Positive Bestimmung.** In den verschiedenen Versuchen, die Menschenwürde positiv zu umschreiben, zeigen sich solche religiösen und/oder philosophischen Wurzeln. Zu nennen sind die Mitgifttheorie, die Versprechenstheorie sowie die Leistungstheorie.[3]
Die Mitgifttheorie knüpft an jüdisch-christliche bzw. naturrechtliche Menschenbilder an. Danach kommt dem Menschen kraft seines Menschseins, also kraft seiner **Zugehö-**

---

2   *J. Ipsen*, Staatsrecht II, Rn. 234.
3   S. dazu zB. *T. Kingreen/R. Poscher*, Grundrechte, § 7 Rn. 412 ff.; *F. Hufen*, Staatsrecht II, § 10 Rn. 5 ff.; *M. Morlok/L. Michael*, Grundrechte, § 8 Rn. 135 ff.

rigkeit zur Spezies Mensch – von Kritikern deshalb als Speziezismus gescholten[4] – Würde zu. Religiöses Fundament ist die im alten wie neuen Testament verkündete Erschaffung des Menschen als Ebenbild Gottes.[5] In säkularisierter Form wird die Einzigartigkeit des Menschen und die daraus jedem einzelnen Menschenwesen angeborene und von Natur mitgegebene Würde in vielerlei Weise mit spezifischen Eigenschaften der Gattung Mensch begründet, wobei die grundsätzliche Fähigkeit zur Vernunft und zur Selbstbestimmung eine herausragende Rolle spielen.[6] Dieser Ansatz betont die in der Menschenwürdegarantie enthaltene **Anerkennung prinzipieller Gleichheit** aller Angehörigen der Gattung Mensch.

Nach anderer Auffassung wird die Achtung der Menschenwürde in Anlehnung an die Theorien des Gesellschaftsvertrags als **Inhalt und Ergebnis eines gegenseitigen Versprechens** aufgefasst.[7] Damit droht die Menschenwürde allerdings ihren universellen Gehalt zu verlieren und auf die Mitglieder einer Rechtsgemeinschaft beschränkt zu bleiben.[8] Betonung erfährt die Pflicht zur Anerkennung der anderen Mitglieder als prinzipiell gleich. **159**

Eine dritte Auffassung legt stärkeres Gewicht auf die Fähigkeit zur Selbstbestimmung und Selbstverantwortung jedes Einzelnen. Würde ist danach das **Ergebnis persönlicher Leistung.**[9] Die Menschenwürde wird individualisiert. Mit diesem Ansatz werden zwei Ziele verfolgt: Der Staat soll nicht gegenüber einem Menschen unter Berufung auf den Schutz von dessen eigener Menschenwürde freiheitsbeschränkend tätig werden können. Er soll vielmehr in die Pflicht genommen werden, die nötigen Voraussetzungen für die Führung eines selbstbestimmten und damit menschenwürdigen Lebens zu schaffen. Das Problem dieses Ansatzes besteht darin, dass gerade die besonders schutzbedürftigen Mitglieder der Gattung Mensch, nämlich diejenigen, die kaum oder gar nicht zur Führung eines selbstbestimmten Lebens in der Lage sind, zwar nicht notwendig im Ergebnis aus dem Menschenwürdekonzept herausfallen, aber durch zusätzliche Begründungsanstrengungen zunächst wieder einbezogen werden müssen. **160**

Das Bundesverfassungsgericht definiert zwar, dass Art. 1 Abs. 1 GG die Würde des Menschen schützt, „wie er sich in seiner Individualität selbst begreift und seiner selbst bewusst wird", wozu gehöre, „dass der Mensch über sich selbst verfügen und sein Schicksal eigenverantwortlich gestalten kann"[10], betont aber auch: „Jeder Mensch besitzt als Person diese Würde, ohne Rücksicht auf seine Eigenschaften, seinen körperlichen oder geistigen Zustand, seine Leistungen und seinen sozialen Status"[11].
Letztlich lassen sich jedem der genannten Konzepte kritische Einwände entgegenhalten; keines kann als der verbindliche Verfassungsinhalt deklariert werden. Zusammengenommen enthalten sie jedoch mit der Pflicht jedes einzelnen Menschen, alle anderen Menschen als prinzipiell gleich und selbstbestimmt anzuerkennen sowie dem korrespondierenden Anspruch jedes Einzelnen, von allen anderen Menschen sowie der organisierten Staatlichkeit in dieser Weise anerkannt zu werden, einen konkretisierungsfähigen Maßstab von Menschenwürde, ohne dass damit schon alle Probleme der Einzelfallanwendung geklärt wären. **161**

---

4 *P. Singer*, Praktische Ethik, 2. Aufl. 1994, S. 82 ff.
5 Im Alten Testament: 1. Mose 1,27; 1. Mose 9,6; im Neuen Testament: Jakobus 3,9.
6 *H. Dreier*, in: Dreier, Art. 1 Rn. 57.
7 *H. Hofmann*, Die versprochene Menschenwürde, AöR 118 (1993), 353.
8 S. *L. Michael/M. Morlok*, Grundrechte, Rn. 138.
9 *N. Luhmann*, Grundrechte als Institution, 5. Aufl. 2009, S. 57 ff.
10 BVerfGE 49, 286 (298) – *Transsexuelle I.*
11 BVerfGE 115, 118 (Rn. 152) – *Luftsicherheitsgesetz* mit Hinweis auf BVerfGE 87, 209 (228) – *Einziehung einer Videokassette*; 96, 375 (399) – *Arzthaftung bei fehlgeschlagener Sterilisation*.

162 **1.2.1.2 Negative Bestimmung.** Angesichts der Schwierigkeiten Menschenwürde positiv und als Schutzbereich zu definieren, wird auch der Weg beschritten, allein zu bestimmen, worin eine **Menschenwürdeverletzung** besteht. Große praktische Bedeutung hat insoweit der wohl auf Josef Wintrich zurückgehende und von Günter Dürig geprägte, an den großen Philosophen Immanuel Kant anknüpfende[12] Maßstab erlangt, dass niemand zum bloßen Objekt staatlichen Handelns gemacht werden dürfe (**Objektformel**). Allerdings bestimmt der Staat in vielfältiger Weise über Menschen, indem er Pflichten auferlegt und diese ggf. auch gegen den Willen der Betroffenen vollzieht. Im **Abhör-Urteil** hat das Bundesverfassungsgericht deshalb festgestellt, dass die Objektformel zwar die Richtung weise, jedoch für sich genommen noch nicht ausreiche, um eine Menschenwürdeverletzung festzustellen. Die Menschenwürde werde nur dann berührt, wenn die staatliche Handlung Ausdruck der Verachtung des Wertes sei, der dem Menschen als Person zukomme.[13] Dieses (subjektive) Erfordernis „Ausdruck der Verachtung" wird im Minderheitsvotum zum Abhör-Urteil mit der Begründung kritisiert, dass ein Mensch auch nicht in vermeintlich bester Absicht unpersönlich und wie ein Gegenstand behandelt werden dürfe.[14]

163 In der Entscheidung zum **Großen Lauschangriff**[15] hat das Gericht die Einschränkung der Objektformel verobjektiviert. Es führt aus: „Das Bundesverfassungsgericht hat wiederholt betont, dass es mit der Würde des Menschen nicht vereinbar ist, ihn zum bloßen Objekt der Staatsgewalt zu machen. ... Allerdings sind der Leistungskraft der Objektformel auch Grenzen gesetzt (vgl. BVerfGE 30, 1 (25)). Der Mensch ist nicht selten bloßes Objekt nicht nur der Verhältnisse und der gesellschaftlichen Entwicklung, sondern auch des Rechts, dem er sich zu fügen hat. Die Menschenwürde wird nicht schon dadurch verletzt, dass jemand zum Adressaten von Maßnahmen der Strafverfolgung wird, wohl aber dann, wenn durch die Art der ergriffenen Maßnahme die Subjektqualität des Betroffenen grundsätzlich in Frage gestellt wird. Das ist der Fall, wenn die Behandlung durch die öffentliche Gewalt die Achtung des Wertes vermissen lässt, der jedem Menschen um seiner selbst willen zukommt."[16] In der Entscheidung konkretisiert das Gericht, dass nicht bereits die heimliche Beobachtung als solche die Subjektqualität in Frage stellt, dies jedoch der Fall sei, wenn diese auch vor dem unantastbaren Kernbereich privater Lebensgestaltung nicht haltmache.

164 In der Entscheidung zum **Luftsicherheitsgesetz**[17] wird deutlich, wie sehr die eng verstandene Objektformel Ausdruck der positiven Gehalte der Menschenwürde ist:

„Ausgehend von der Vorstellung des Grundgesetzgebers, dass es zum Wesen des Menschen gehört, in Freiheit sich selbst zu bestimmen und sich frei zu entfalten, und dass der Einzelne verlangen kann, in der Gemeinschaft grundsätzlich als gleichberechtigtes Glied mit Eigenwert anerkannt zu werden (vgl. BVerfGE 45, 187 (227 f.)), schließt es die Verpflichtung zur Achtung und zum Schutz der Menschenwürde vielmehr generell aus, den Menschen zum bloßen Objekt des Staates zu machen (vgl. BVerfGE 27, 1 (6)); 45, 187 (228); 96, 375 (399)). Schlechthin verboten ist damit jede Behandlung des Menschen durch die öffentliche Gewalt, die dessen Subjektqualität, seinen Status

---

12 *M. Herdegen*, in: Maunz/Dürig, Art. 1 Abs. 1 Rn. 36; s. *G. Dürig*, in: Maunz/Dürig, 1958, Art. 1 Abs. 1 Rn. 28, 34; *J. Wintrich*, in: FS Laforet, 1952, 227 (235 f.); *I. Kant*, Metaphysische Anfangsgründe der Tugendlehre, Metaphysik der Sitten, Zweiter Teil, 1797, Hamburg 1990, § 38: „Die Menschheit selbst ist eine Würde; denn der Mensch kann von keinem Menschen [...] bloß als Mittel, sondern muß jederzeit zugleich als Zweck gebraucht werden und darin besteht eben seine Würde."
13 BVerfGE 30, 1 (26).
14 BVerfGE 30, 1 (40).
15 BVerfGE 109, 279.
16 BVerfGE 109, 279 (312 f.).
17 BVerfGE 115, 118.

als Rechtssubjekt, grundsätzlich in Frage stellt (vgl. BVerfGE 30, 1 (26); 87, 209 (228); 96, 375 (399)), indem sie die Achtung des Wertes vermissen lässt, der jedem Menschen um seiner selbst willen, kraft seines Personseins, zukommt (vgl. BVerfGE 30, 1 (26); 109, 279 (312 f.)). Wann eine solche Behandlung vorliegt, ist im Einzelfall mit Blick auf die spezifische Situation zu konkretisieren, in der es zum Konfliktfall kommen kann (vgl. BVerfGE 30, 1 (25); 109, 279 (311))."[18]

Für die Tötung von Geiseln in der Hand von Flugzeugentführern folgert das Gericht die Menschenwürdewidrigkeit aus der Unentrinnbarkeit der Situation für die Geiseln:

„In dieser Extremsituation, die zudem durch die räumliche Enge eines im Flug befindlichen Luftfahrzeugs geprägt ist, sind Passagiere und Besatzung typischerweise in einer für sie ausweglosen Lage. Sie können ihre Lebensumstände nicht mehr unabhängig von anderen selbstbestimmt beeinflussen. Dies macht sie zum Objekt nicht nur der Täter. Auch der Staat, der in einer solchen Situation zur Abwehrmaßnahme des § 14 Abs. 3 LuftSiG greift, behandelt sie als bloße Objekte seiner Rettungsaktion zum Schutze anderer. Die Ausweglosigkeit und Unentrinnbarkeit, welche die Lage der als Opfer betroffenen Flugzeuginsassen kennzeichnen, bestehen auch gegenüber denen, die den Abschuss des Luftfahrzeugs anordnen und durchführen. Flugzeugbesatzung und -passagiere können diesem Handeln des Staates auf Grund der von ihnen in keiner Weise beherrschbaren Gegebenheiten nicht ausweichen, sondern sind ihm wehr- und hilflos ausgeliefert mit der Folge, dass sie zusammen mit dem Luftfahrzeug gezielt abgeschossen und infolgedessen mit an Sicherheit grenzender Wahrscheinlichkeit getötet werden. Eine solche Behandlung missachtet die Betroffenen als Subjekte mit Würde und unveräußerlichen Rechten. Sie werden dadurch, dass ihre Tötung als Mittel zur Rettung anderer benutzt wird, verdinglicht und zugleich entrechtlicht; indem über ihr Leben von Staats wegen einseitig verfügt wird, wird den als Opfern selbst schutzbedürftigen Flugzeuginsassen der Wert abgesprochen, der dem Menschen um seiner selbst willen zukommt."[19]

1.2.1.3 Modales Grundrecht. Zusammenfassend lässt sich festhalten, dass die Menschenwürde keinen Seins- oder Handlungsbereich schützt, sondern die Einhaltung eines **Minimalstandard**s in der Art und Weise der Behandlung von Menschen durch den Staat wie durch Dritte fordert. Dieser Minimalstandard hat zum Inhalt, dass die handelnde Person den behandelten Menschen als grundsätzlich gleich und selbstbestimmt anerkennt. Dies erfordert es, den Interessen des betroffenen Menschen in angemessener Weise Rechnung zu tragen. Letztlich müsste die handelnde Person akzeptieren können, selbst in der Weise behandelt zu werden, wie sie den anderen behandelt. **165**

Neben dem abstrakten und universellen Kern der Anerkennung grundsätzlicher Gleichheit als Mensch mit der Fähigkeit zur Selbstbestimmung kann die konkrete Beurteilung, ob eine Behandlung menschenwürdewidrig ist, von den jeweiligen kulturellen, sozialen und wirtschaftlichen Gegebenheiten in einem Staat abhängen (zB. Ernährung oder sanitäre Versorgung im Gefängnis). Die Menschenwürde verbietet Behandlungen, die keinem Menschen unter diesen Umständen und in dieser Lage zumutbar sind. In diesem Sinne handelt es sich um die Errichtung eines Tabus.[20] Die Auffassung als **Tabu** entspricht der rechtssystematischen Einsicht, wonach Unantastbarkeit der Menschenwürde bedeutet, dass diese der Abwägung nicht zugänglich und **166**

---

18 BVerfGE 115, 118 (153).
19 BVerfGE 115, 118 (154); zur Diskussion um den „Rettungsabschuss" s. *J. Lindner*, Die Würde des Menschen und sein Leben, DÖV 2006, 577 (579 f.).
20 *R. Poscher*, „Die Würde des Menschen ist unantastbar", JZ 2004, 756.

daher uneinschränkbar ist. Jede Beeinträchtigung, jeder Eingriff in die Menschen-würde ist zugleich eine Verletzung, also verfassungswidrig.[21]

1.2.2 Persönlicher Schutzbereich

167 Die Menschenwürdegarantie ist ein **Menschenrecht**. Die Rechtsträgerschaft des Men-schen beginnt jedenfalls mit der Geburt. Dies gilt auch für die Menschenwürdegaran-tie. Dies ist für die Anhänger der Mitgifttheorie evident und folgt aus dem Anspruch auf Anerkennung der Zugehörigkeit zur Gattung Mensch. Die Formulierung des Bun-desverfassungsgerichts: „wo menschliches Leben ist, kommt ihm Menschenwürde zu"[22], führt zu den bereits im Zusammenhang mit der Grundrechtsträgerschaft erör-terten Problemen von deren Beginn und Ende. Das Problem ist virulent geworden im Zusammenhang mit den Entscheidungen zum Abtreibungsstrafrecht. Es prägt die Debatten um die In-vitro-Fertilisation, Präimplantationsdiagnostik, Stammzellfor-schung und sonstigen Embryonenschutz. Gerade diese Diskussionen zeigen, wie die Menschenwürde als unangreifbares Höchstwert-Argument eingesetzt, aber auch wie mit diesem Argument um Tabugrenzen gerungen wird.

168 Es sind dogmatisch zwei Fragen zu unterscheiden: nämlich zum einen, ob und ggf. ab wann **vorgeburtliches menschliches Leben**[23] Menschenwürde hat (**würdefähig** ist) und zum anderen, ob vorgeburtliches Leben Grundrechtsträger ist, dh. ob ihm Achtung und Schutz der Menschenwürde als **subjektives Recht** zustehen, das bei Beeinträchti-gung von den dazu berufenen Vertretern geltend gemacht werden kann. Solange die (Über-) Lebensfähigkeit des ungeborenen Lebens von der Verbindung mit der Mutter abhängt, kommt eine Grundrechtsträgerschaft im Sinne der Fähigkeit, Grundrechte eigenständig als subjektive Rechte geltend zu machen, mE. wegen existenzieller Ver-bundenheit mit der Mutter und infolgedessen fehlender Eigenständigkeit des Embryos bzw. Fötus nicht in Betracht. Das Bundesverfassungsgericht hat diese Frage offen ge-lassen, da es die objektivrechtliche Verpflichtung des Staates zum Schutz des ungebore-nen Lebens für ausreichend erachtet hat.[24] Auch ein solcher objektivrechtlicher Schutz setzt voraus, dass dem ungeborenen menschlichen Leben Menschenwürde zukommt. Dies zu bejahen, folgt aus der konsequenten Anwendung der Mitgifttheorie, die Men-schenwürde als menschlichem Leben „gegeben", und nicht zu einem bestimmten Zeit-punkt von anderen Menschen zugesprochen ansieht. Das Bundesverfassungsgericht erweist sich mit seiner Formulierung als Anhänger dieser Auffassung. Wird dagegen in menschlichen Stammzellen, die sich außerhalb des Mutterleibes befinden, nicht ein-mal das Entwicklungspotential zu einem grundsätzlich gleichen und grundsätzlich selbstbestimmten menschlichen Wesen gesehen, so fehlt es an der individuellen Würde-fähigkeit dieser menschlichen Stammzellen, die dann eben auch nicht als „menschli-ches Leben" bezeichnet werden. Auch damit ist jedoch ein Schutz durch objektive Gehalte der Menschenwürdegarantie noch nicht ausgeschlossen. Der objektive Schutz-gehalt kann sich nämlich auch auf die **Gattung „Mensch"** beziehen.[25] Behandlungen von menschlichen Stammzellen können gegen diesen objektiven Gehalt der Menschen-würdegarantie verstoßen, wenn sie eine Gefährdung des Bildes vom Menschen als grundsätzlich gleich und grundsätzlich selbstbestimmt darstellen. Bereits dieser objek-tive Gehalt trägt die Verbote des Klonens[26] und der Hybrid- bzw. Chimärenbildung[27]

---

21 S. dazu noch unten Rn. 172.
22 BVerfGE 39, 1 (41) – *Schwangerschaftsabbruch I*; 88, 203 (251 f.) – *Schwangerschaftsabbruch II*.
23 Zum Beginn des menschlichen Lebens s. unten Rn. 184.
24 S. oben Rn. 67; BVerfGE 39, 1 (41 f.); 88, 203 (251 f.).
25 Dazu *M. Nettesheim*, Die Garantie der Menschenwürde zwischen metaphysischer Überhöhung und bloßem Abwägungstopos, AöR 130 (2005), 71 (107 ff.).
26 § 6 Embryonenschutzgesetz.
27 § 7 Embryonenschutzgesetz.

von bzw. mit menschlichen Stammzellen. Festzuhalten ist, dass die Garantie der Menschenwürde sich nur in Teilen subjektiv-rechtlich, jedenfalls aber objektivrechtlich auf die Stadien der Entwicklung menschlichen Lebens wie auch objektivrechtlich auf die Gattung Mensch erstreckt.

In Bezug auf **tote Menschen** kommt von vornherein nur eine objektive Schutzwirkung **169** der Menschenwürde in Betracht.[28] Das Bundesverfassungsgericht hat in der Mephisto-Entscheidung aus der staatlichen Verpflichtung zum Schutz der Menschenwürde die Pflicht zum Schutz des Andenkens Verstorbener abgeleitet.[29]

1.3 Gewährleistungsgehalt

Art. 1 Abs. 1 S. 2 GG verpflichtet den Staat dazu, die Menschenwürde zu **achten** **170** und zu **schützen**. Die Verpflichtung zum Achten verbietet staatliche Eingriffe. Darüber hinaus erweist sich der Höchstwertcharakter der Menschenwürde auch darin, dass ausdrücklich die Pflicht des Staates ausgesprochen ist, jeden Menschen vor Beeinträchtigungen seiner Menschenwürde (durch Dritte) zu schützen. Diese ausdrückliche Verpflichtung des Staates zum Schutz stellt ein wichtiges Argument dar, auch in Bezug auf andere Grundrechte Schutzgehalte zu begründen.[30] Es ist zwingend, soweit innerhalb des Schutzbereichs eines anderen Grundrechts ein Menschenwürdekern enthalten und betroffen ist. Der Schutzgehalt der Menschenwürdegarantie umfasst Schutz vor Beeinträchtigungen durch Dritte sowie **staatliche Leistungen** zur Sicherung des Existenzminimums.[31] Darüber hinaus kommt der Menschenwürdegarantie eine **Ausstrahlungswirkung** bei der Anwendung des einfachen Rechts zu.

1.4 Schranken

Wie bereits angesprochen, ist das Postulat der **Unantastbarkeit** dahin zu verstehen, **171** dass jeder Eingriff und jede Beeinträchtigung verfassungswidrig ist und damit eine Verletzung der Menschenwürde darstellt.[32] Dies ist nach wie vor (fast) unstreitig, soweit die Menschenwürde als subjektives Recht reicht.[33] Streitig ist dagegen geworden, ob bei Betroffenheit der objektivrechtlichen Gehalte die Möglichkeit der Abwägung mit anderen hochrangigen Rechtsgütern besteht.[34] Wiederum geht es um die rechtliche und rechtsethische Diskussion um Humangenetik und Fortpflanzungsmedizin, die im Falle der Großzügigkeit bei der Eröffnung der Menschenwürdegarantie nun an dieser Stelle fortgeführt wird. Die Position birgt die Gefahr der Relativierung der Menschenwürdegarantie in sich, auch wenn diese durch strikte Unterscheidung zwischen subjektivem Recht und objektivrechtlichem Gehalt begrenzt werden kann.

1.5 Kasuistik

Die abstrakt schwer zu fassende Menschenwürdegarantie wird greifbarer vor dem **172** Hintergrund der **Geschichte** und der **Rechtsprechung**. Unter dem unmittelbaren Eindruck des **Nationalsozialismus** ist unbestritten, dass Diffamierung, Diskriminierung, Erniedrigung, Brandmarkung, grundlose Verfolgung, Ächtung, Folter und grausame

---

28 S. zur Ausstellung von plastinierten Toten VGH München, NJW 2003, 1618; VGH Mannheim, VBlBW 2006, 186.
29 BVerfGE 30, 173 (194) – *Roman „Mephisto" von Klaus Mann*. Die Hauptperson des Romans ist dem Schauspieler Gustav Gründgens nachempfunden. S. dazu oben Rn. 65.
30 S. oben Rn. 51.
31 BVerfGE 125, 175 – *Hartz IV*; NVwZ 2012, 1024 – *Asylbewerberleistungsgesetz*.
32 BVerfGE 75, 369 (380) – *Strauß-Karikatur*.
33 Zur Diskussion um den Einsatz von Folter s. für Zulässigkeit *C. Starck*, in: von Mangoldt/Klein/Starck, Art. 1 Abs. 1 Rn. 79; zur Gegenmeinung *P. Kunig*, in: von Münch/Kunig, Art. 1 Rn. 4; *W. Höfling*, in: Sachs, Art. 1 Rn. 20; alle mwN.
34 S. dazu *M. Herdegen*, in: Maunz/Dürig, Art. 1 Abs. 1 Rn. 46 ff.; s. auch *M. Nettesheim*, AöR 130 (2005), 71.

Bestrafung von Menschen für die Zukunft ausgeschlossen werden sollten.[35] Auch wenn im funktionierenden Rechtsstaat Menschenwürdeverletzungen keineswegs ausgeschlossen sind, besteht andererseits die Gefahr, den Höchstwert zur kleinen Münze zu machen oder unter Verweis auf die Unantastbarkeit die argumentative Auseinandersetzung zu verhindern.

1.5.1 Achten: staatlicher Eingriff

173 Auch im Rechtsstaat ist die Menschenwürde dort gefährdet, wo Menschen sich in einem Verhältnis ungleicher Machtverteilung gegenüberstehen, aus dem es für den Unterlegenen keine Ausweichmöglichkeit gibt. Dies gilt im Staat-Bürger-Verhältnis insbesondere für den **Strafprozess** und mehr noch für den **Strafvollzug**. Die in der Menschenwürdegarantie verbürgte Anerkennung der Fähigkeit zur Selbstbestimmung verbietet Bestrafung ohne Schuld und verlangt auch für den zu lebenslanger Haft Verurteilten **die Chance auf Freilassung**[36]. Unzulässig ist auch der Zwang zur **Selbstbezichtigung**.[37] Die Anerkennung grundsätzlicher Gleichheit als Mensch verbietet grausame und **erniedrigende Strafen** ebenso wie den Missbrauch als „Arbeitstier"[38], **Folter** zur Erzwingung von Aussagen[39], ggf. aber auch schon die Durchführung eines Strafverfahrens bei unheilbarer Krankheit und baldigem Tod.[40] Dagegen stellt die zwangsweise Veränderung der Haar- und/oder Barttracht zum Zwecke der Gegenüberstellung keine Erniedrigung zum bloßen Schauobjekt dar, denn die Veränderungen sind schmerzfrei, von nur vorübergehender Natur, geringfügig und nicht entstellend.[41] Auch in der **Haft** müssen dem Gefangenen die grundlegenden Voraussetzungen individueller und sozialer Existenz erhalten bleiben.[42] Dagegen stellt eine zur Abwehr von Gefahren erforderliche, zeitlich befristete **Kontaktsperre** trotz der mit ihr in der Regel verbundenen psychischen Belastungen keine seelische oder körperliche Misshandlung dar.[43]

174 Auch innerhalb stark hierarchisch geführter Verbände wie der **Bundeswehr** oder der **Polizei** oder bei deren Einsatz kann es zu Menschenwürdeverletzungen kommen. **Schikanemaßnahmen** wie die Simulation des Erhängens[44] oder der Zwang zum Essen von Regenwürmern bei einem Überlebenstraining[45] stellen Verletzungen dar; sexuelle Belästigungen können diesen Charakter haben[46]. Menschenwürdeverletzungen bei Polizeieinsätzen sind anzunehmen bei der Ausübung unverhältnismäßiger körperlicher Gewalt[47] sowie bei der gezielten Tötung („Opferung") Unbeteiligter zur Rettung Drit-

---

35 BVerfGE 1, 97 (104); BVerfGE 109, 279 (312).

36 BVerfGE 75, 105 (116) – Bei einem 87-Jährigen, der wegen 54 Morden im KZ 22 Jahre Haft verbüßt hat, stellt die Fortsetzung der Haft keinen Verstoß gegen die Menschenwürde dar, weil erstere im Verhältnis zu den Straftaten steht. S. auch BVerfGE 45, 187. Zur lebenslangen Sicherungsverwahrung s. BVerfGE 109, 133 ff.; 117, 71 ff.

37 BVerfGE 56, 37 – *Zwang zur Selbstbezichtigung*: Ein Zwang zur Selbstbezichtigung berührt zugleich die Würde des Menschen, dessen Aussage als Mittel gegen ihn selbst verwendet wird. Zum Lügendetektor: BVerwGE 82, 375; BGH, NJW 1999, 657; BVerfG, NJW 1998, 1938.

38 BVerfGE 74, 102 (120) – *zur Zwangsarbeit*, ausdrücklich verboten in Art. 12 Abs. 2 GG.

39 EGMR, EuGRZ 2008, 466 – *Fall Gaefgen*.

40 BerlVerfG, NJW 1993, 515 – *Honecker*.

41 S. dazu BVerfGE 47, 239 (247); s. auch BVerwGE 46, 1; 84, 287; NJW 1996, 1164 zu Vorschriften in Bezug auf die äußere Erscheinung bei der Bundeswehr.

42 BVerfG, NJW 1993, 3190 – *Fäkalien in der Haftzelle*; BVerfG, NJW 2011, 137 – *unzumutbare Haftraumunterbringung*.

43 BVerfGE 49, 24 – *Kontaktsperregesetz*.

44 BVerwGE 83, 384 (391).

45 BVerwG, NJW 1992, 587 – *Regenwürmer*.

46 BVerwG, NVwZ 1999, 659 – *sexuelle Belästigung*.

47 BVerwGE 26, 161 (168).

ter.[48] Die Grenzen akustischer Wohnraumüberwachung wurden bereits dargelegt: ein Kern individueller Lebensgestaltung muss unbeobachtet bleiben.[49]

1.5.2 Schutz und Leistung

Die Menschenwürdegarantie verbietet dem Staat nicht nur, Zugriff auf das Existenzminimum zu nehmen mit Auswirkungen insbesondere auf das **Steuerrecht**[50], sondern er steht auch in der Pflicht, jedem Einzelnen die Mindestvoraussetzungen für ein menschenwürdiges Dasein zu sichern, so er oder sie dazu nicht aus eigener Kraft in der Lage ist. Dies hat Auswirkungen etwa auf die Ausgestaltung der **Sozialhilfe** oder der Hinterbliebenenversorgung.[51] **175**

Der staatlichen Schutzpflicht aus Art. 1 Abs. 1 GG korrespondiert in gewissem Umfang auch ein Anspruch auf Schutz vor **Menschenwürdeverletzungen durch andere Staaten**, etwa in der Gestalt, bei drohender Folter oder Todesstrafe im Ausland, unabhängig von einem Anspruch auf Asyl, als fremder Staatsangehöriger in Deutschland bleiben zu dürfen.[52] **176**

Der Staat ist nicht zuletzt verpflichtet, Menschen vor **Würdeverletzungen durch andere Menschen**, „Dritte", zu schützen. Ein Mittel hierzu ist das Strafrecht (vgl. §§ 130, 131, 166, 168, 174 ff., 185 ff., 218 ff., 223 ff. StGB), das etwa Schmähung, entwürdigende Erziehungsmethoden, sexuellen Missbrauch, körperliche Grausamkeit und Quälerei unter Strafe stellt. Auch die bereits oben angesprochenen Probleme des Schwangerschaftsabbruchs, der Humangenetik und Fortpflanzungsmedizin gehören zu dieser Konstellation des Schutzes vor Dritten. Inwieweit die Zuerkennung eines Schadensersatzanspruchs gegen den Arzt wegen einer fehlgeschlagenen Abtreibung oder Sterilisation die Menschenwürde des Kindes berührt, ist streitig. Dabei geht der Streit aber letztlich nicht darum, ob die Bewertung der Existenz eines Kindes als Schaden menschenwürdewidrig ist, sondern darum, ob mit der Zuerkennung eines Schadensersatzanspruchs gegen den Arzt tatsächlich eine Ineinssetzung von „Schaden" und Kind vorgenommen wird.[53] **177**

Zwischen dem Schutz vor Dritten und dem Schutz vor sich selbst liegt der Streit, der unter dem Stichwort „Recht auf einen menschenwürdigen Tod" geführt wird. Es geht um die Abgrenzung zwischen aktiver und passiver sowie indirekter **Sterbehilfe**, um straflose Beihilfe zur Selbsttötung und Tötung auf Verlangen.[54] Es handelt sich um ein Problemgeflecht von medizinischen, theologischen und ethisch-moralischen Fragen. Dabei ist es die Aufgabe des Rechts, die Selbstbestimmung des Todkranken zu schützen. Die Schwierigkeit besteht darin, dass die Fähigkeit zur Selbstbestimmung bei Todkranken aus vielerlei Gründen (physischer und psychischer Art) eingeschränkt sein kann. Auch hier steht zudem die Frage „wo wird das hinführen?" im Raum. Der **178**

---

48 BVerfGE 115, 118. – *Luftsicherheitsgesetz.* S. dazu oben Rn. 164 und unten Rn. 190 (Recht auf Leben).
49 S. oben Rn. 164.
50 BVerfGE 82, 60 (85) – *Kindergeldentscheidung*; 87, 153 (169); 99, 246 (259 ff.) – *Kinderexistenzminimum I*; BVerfG, NJW 1999, 561.
51 BVerwGE 25, 307 (315); BVerfGE 40, 121 (133) – *Waisen*; 48, 346 (361) – *Witwen*; siehe auch § 1 II BSHG; BVerwGE 1, 159 (161); 14, 294 (296 f.); 69, 146 (154); BVerfGE 125, 175 – *Hartz IV-Regelsatz*; BVerfGE 132, 134 – *Asylbewerberleistungsgesetz.*
52 BVerwG, Urt. v. 1.12.1987, 1 C 31/85, juris.
53 S. dazu BGHZ 76, 249; 124, 128 und BVerfGE 88, 203 (296); 96, 375 (400): Während der 1. Senat des BVerfG davon ausgeht, dass die Rechtsprechung des BGH nicht gegen Art. 1 Abs. 1 GG verstößt, sieht es der 2. Senat als Würdeverstoß an, die Unterhaltpflicht für ein Kind als Schaden zu begreifen. S. dazu *R. Stürner*, JZ 1998, 317.
Zum Verbot einer kommerziellen Kindervermittlung s. VG Frankfurt, NJW 1988, 3032.
54 *J. F. Lindner*, Grundrechtsfragen aktiver Sterbehilfe, JZ 2006, 373.

Schwerpunkt der grundrechtlichen Probleme liegt jedoch letztlich im Bereich von Art. 2 Abs. 2 GG in Bezug auf den Schutz des Lebens sowie von Art. 2 Abs. 1 GG (allgemeine Handlungsfreiheit ggf. in Verbindung mit Art. 1 Abs. 1 GG – allgemeines Persönlichkeitsrecht) als Schutz der Selbstbestimmung über das eigene Lebensende.[55]

179 Auch nicht leicht, aber einfacher zu lösen sind die Problemfälle, in denen es um die Frage geht, ob **Menschen** auch **davor zu schützen** sind, **ihre Würde selbst zu gefährden.** Hier stehen sich die Anhänger der Mitgifttheorie mit einem tendenziell objektiven Würdekonzept, und Anhänger der Leistungstheorie, wonach die Selbstbestimmung entscheidend ist, gegenüber. Wenn es sich denn tatsächlich um selbstbestimmtes Tun handelt und andere nicht in Rechtsgütern gefährdet werden, sollte der Selbstbestimmung Vorrang vor objektiven Würdevorstellungen eingeräumt werden. Die Rechtsprechung sieht das zum Teil anders.[56]

1.6 Verhältnis zu anderen Grundrechten

180 Da die Menschenwürde keinen spezifischen Lebens- oder Sachbereich betrifft, sondern Anforderungen an die Art und Weise des Umgangs mit Menschen stellt, sind regelmäßig auch noch andere Grundrechte betroffen. Besonders häufig besteht Anlass, eine Menschenwürdeverletzung zu prüfen, wenn die Grundrechte aus Art. 2 Abs. 2 GG (Leben, körperliche Unversehrtheit, Bewegungsfreiheit) betroffen sind. Grundsätzlich bietet es sich an, zunächst die Grundrechte mit spezifischem Lebens- und Sachbereich und erst im Anschluss daran die Menschenwürdegarantie zu prüfen.

Rechtsprechung: BVerfGE 30, 1 – *Abhörurteil*; 30, 173 – *Mephisto*; 39, 1 – *Schwangerschaftsabbruch I*; 40, 121 – *Existenzminimum*; 45, 197 – *lebenslange Freiheitsstrafe*; 109, 279 – *Wohnraumüberwachung*; 115, 118 – *Luftsicherheitsgesetz*; 125, 175 – *Hartz IV-Regelsatz*; 132, 134 – *Asylbewerberleistungsgesetz*.

Literatur: *K. Bauz*, Die Menschenwürde als Ware – Grenzen des selbstbestimmten Umgangs mit Art. 1 I GG, Jura 2011, 647; *C.D. Classen*, Die Menschenwürde ist – und bleibt – unantastbar, DÖV 2009, 689; *G. Herbert*, Folter und andere Würdeverletzungen – Absoluter oder relativer Schutz der Menschenwürde?, EuGRZ 2014, 661; *W. Höfling*, Die Unantastbarkeit der Menschenwürde – Annäherungen an einen schwierigen Verfassungsrechtssatz, JuS 1995, 857; *N. Hörster*, Sind Lebensrecht und Menschenwürde „abstufbar"?, Jura 2011, 241; *C. Jäger*, Folter und Flugzeugabschuss – rechtsstaatliche Tabubrüche oder rechtsguterhaltende Notwendigkeiten? JA 2008, 678; *R. Kipke/E. Gündüz*, Philosophische Dimensionen der Menschenwürde – zu den Grundlagen des höchsten Verfassungsgutes, Jura 2017, 9; *T. Linke*, Die Menschenwürde im Überblick: Konstitutionsprinzip, Grundrecht, Schutzpflicht, JuS 2016, 888; *M. Nettesheim*, Die Garantie der Menschenwürde zwischen metaphysischer Überhöhung und bloßem Abwägungstopos, AöR 130 (2005), 71; *R. Poscher*, „Die Würde des Menschen ist unantastbar.", JZ 2004, 756; *A. Scheidler*, Verstoßen Tötungsspiele gegen die Menschenwürde? Jura 2009, 575.; *M. Wienbracke*, Das Grundrecht der Menschenwürde, VR 2016, 181.

Fallbearbeitungen: *U. Sittard/M. Ulbrich*, Fortgeschrittenenklausur Öffentliches Recht: Das Luftsicherheitsgesetz, JuS 2005, 432; *U. Haltern/L. Viellechner*, Import embryonaler Stammzellen zu Forschungszwecken, JuS 2002, 1197.

---

55 S. dazu BVerwG, Urt. v. 2.3.2017, 3 C 19.15 mit krit. Anmerkung von *K. Weilert*, DVBl. 2017, 930 ff. – Zuordnung des Rechts auf Selbsttötung zum allgemeinen Persönlichkeitsrecht.

56 BVerwGE 64, 274; 84, 314 – *Peep-Show*; VG Neustadt, NVwZ 1993, 98 – *Zwergenweitwurf*; OVG Koblenz, DÖV 1994, 96 – *Laserdrome*; VGH Mannheim, VBlBW 2004, 378 – *Paintball*; s. dazu auch EuGH, Slg 2004, I-9609 – *Omega*; s. nunmehr aber auch OVG Lüneburg, GewArch. 2010, 499 ff. – *Paintball*; zu der Sendung „Big Brother" s. *U. Hinrichs*, NJW 2000, 2173; *W. Schmitt Glaeser*, ZRP 2000, 395.

2. Kapitel: Art. 2 Abs. 2 GG: Leben, körperliche Unversehrtheit und Freiheit der Person

Art. 2 Abs. 2 GG enthält elementare Freiheitsrechte. Schutzgut ist allerdings nicht Frei-   **181** heit zum Handeln, sondern die Freiheit vor Beeinträchtigungen der **körperlichen Existenz, Integrität und Bewegungsfreiheit,** somit vorrangig das unbeeinträchtigte körperliche Sein.

Leben und körperliche Unversehrtheit haben als grundrechtliche Schutzgüter keine Vorläufer in der deutschen Verfassungsgeschichte. Eine Aufnahme dieser Grundrechte war nach den Verbrechen des NS-Staates zwingend.[1] Der Schutz der Freiheit der Person geht dagegen bis auf die Magna Carta Libertatum von 1215 und die Habeas Corpus Akte von 1679 zurück und findet Vorläufer in der Frankfurter Paulskirchen- und in der Weimarer Reichsverfassung. Die Gewährleistung, nicht Opfer willkürlicher Verhaftung zu werden, zielte von Anfang an auch auf den Schutz von Leib und Leben.

2.1   Leben

Der Schutz des Lebens findet neben Art. 2 Abs. 2 S. 1 GG spezielle Ausprägung im   **182** **Verbot der Todesstrafe gemäß Art. 102 GG**[2].

2.1.1   Schutzbereich

Das Recht auf **Leben** schützt das Recht zu leben, dh. die **biologisch-physische Existenz**   **183** eines Menschen. Dieses Recht wird nicht staatlich zugesprochen, sondern jeder Mensch hat es. Zur Selbstbestimmung über das eigene Leben enthält es keine Aussage. Art. 2 Abs. 2 S. 1 GG enthält also kein Verfügungsrecht über das eigene Leben und gewährt dementsprechend weder ein Grundrecht auf Selbsttötung (Freitod, Suizid), noch äußert er ein entsprechendes Verbot.[3]

Ähnlich wie bei der Menschenwürdegarantie stellt sich auch für das Recht auf Leben   **184** die Frage nach der Anwendungsreichweite als Frage nach dem **Beginn menschlichen Lebens.** Der früheste in Betracht kommende Zeitpunkt ist die Verschmelzung von menschlicher Ei- und Samenzelle. Alternativ werden als maßgebliche Zeitpunkte ua. vertreten: die Nidation (14. Tag nach der Empfängnis), die Messbarkeit von Gehirnströmen (10. Woche), die Lebensfähigkeit außerhalb des Mutterleibes (20.–22. Woche). Der theoretisch späteste Zeitpunkt ist die Geburt. Die Beantwortung der Frage muss in Übereinstimmung stehen mit den Erkenntnissen der biologisch-medizinischen Forschung. Das Bundesverfassungsgericht hat in Anknüpfung an diese Erkenntnisse in seiner ersten Entscheidung zum Schwangerschaftsabbruch festgestellt, dass „jedenfalls vom 14. Tage nach der Empfängnis (Nidation, Individuation) an"[4] menschliches Leben anzuerkennen ist. Von diesem Zeitpunkt an besteht eine staatliche Pflicht zum Schutz des Lebens unabhängig von der Frage der Grundrechtsträgerschaft.[5]

Auch die Bestimmung des **Lebensendes** hängt von naturwissenschaftlichen Erkenntnis-   **185** sen ab. Bei Zweifeln ist es verfassungsrechtlich geboten, die wissenschaftliche Auffassung zugrunde zu legen, welche die höheren Anforderungen an die Feststellung des Todes stellt.[6] Dies ist nach derzeitigem Erkenntnisstand die Feststellung des Hirntods; der Herztod allein genügt nicht.[7]

---

1   *P. Kunig,* in: von Münch/Kunig, Art. 2 Rn. 2.
2   BVerfGE 18, 112; 60, 348 (354) – *Auslieferung.*
3   *W. Bottke,* Das Recht auf Suizid und Suizidverhütung, GA 1982, 346–361; *L. Schittek,* Das „Recht" auf Selbsttötung, BayVBl. 1990, 137–139.
4   BVerfGE 39, 1 (37); 88, 203 (251) – *Schwangerschaftsabbruch I, II.*
5   Dazu schon oben Rn. 66.
6   Dazu schon oben Rn. 66 mwN., insbes. *S. Rixen,* Lebensschutz am Lebensende, 1999.
7   S. dazu *S. Rixen,* Lebensschutz am Lebensende, 1999, S. 79 ff.

2.1.2 Gewährleistungsgehalt

186 Das Grundrecht auf Leben ist historisch gesehen in erster Linie ein **Abwehrrecht** gegen Eingriffe des Staates. Dem Staat ist die Entscheidung über Gewährung und Entzug des menschlichen Lebens prinzipiell verwehrt. Ebendiese Auffassung kommt in der Abschaffung der Todesstrafe zum Ausdruck. Nicht nur gezielte Tötungen, sondern auch die dem Staat zurechenbare Begründung von **Lebensgefahren** stellt einen rechtfertigungsbedürftigen und abwehrfähigen Grundrechtseingriff dar. Zu denken ist an den Befehl zur Durchführung eines trotz aller Vorsichtsmaßnahmen lebensgefährlichen Einsatzes, wobei die Einwilligung in diese Gefahr den Eingriff entfallen lässt. Die (praktisch kaum vorstellbare) Einwilligung in eine gezielte staatliche Tötung entfaltet dagegen keine rechtfertigende Wirkung, da eine solche Einwilligung den Staat nicht von dem objektiven Verbot, gezielt Leben zu nehmen, befreien kann. Der weder gewollte noch im Einzelfall vorhersehbare Tod als Folge eines staatlich angeordneten Impfzwangs stellt wegen der Risikobegründung durch staatliche Verpflichtung einen zurechenbaren Eingriff dar.

187 Auch wenn Eingriffe in das Recht auf Leben nicht völlig ausgeschlossen (Stichwort: finaler Todesschuss) und zudem rechtfertigungsfähig sind[8], liegt die erheblich größere praktische Bedeutung in der Pflicht des Staates, sich schützend vor Bedrohungen des Lebens durch Dritte zu stellen. In den Entscheidungen zum Schwangerschaftsabbruch, zur Zulassung der Kernenergie aber auch im Fall Schleyer, der die Frage betraf, ob der Staat auf die Forderungen von Terroristen eingehen muss, um das Leben einer Geisel zu retten, hat das Bundesverfassungsgericht unter Rückgriff auch auf Art. 1 Abs. 1 GG aus dem Grundrecht auf Leben die korrespondierende **Schutzpflicht** des Staates entwickelt.[9] Ausdruck der verfassungsrechtlichen Schutzpflicht ist auch das in § 8 IGR (Gesetz über die internationale Rechtshilfe in Strafsachen) enthaltene Verbot, einen Menschen an einen Staat auszuliefern, in dem ihm die Todesstrafe droht.[10] Dem korrespondiert grundsätzlich ein Anspruch (ein subjektives Recht) auf Schutz.

188 Über die Frage, ob die Schaffung der rechtlichen Grundlagen für die **Zulassung gefährlicher Anlagen** wie etwa Atomkraftwerken sowie deren Zulassung im Einzelfall einen staatlichen Eingriff darstellen und nicht „nur" ein Problem hinreichender Schutzgewährleistung sind, besteht keine Einigkeit.[11] Sofern nicht der Staat selbst solche Anlagen betreibt und sofern mit der Zulassung keine Pflicht zum Betreiben derartiger Anlagen verbunden ist, sondern Errichtung und Betrieb auf freier Entscheidung von Privatpersonen beruhen, fehlt es an der unmittelbaren Zurechenbarkeit des gefährdenden Tuns zum Staat. Damit handelt es sich um eine Konstellation der staatlichen Schutzpflicht.

189 Primär im Bereich der Schutzpflicht liegt das Problem der **Sterbehilfe**. Der Staat muss alle Gefahren abwehren, durch die Sterbehilfe, die schon begrifflich eine Lebensbeendigung gegen den Willen ausschließt, auf die schiefe Bahn der Tötung gerät.[12] Für den Schutz der Selbstbestimmung über den eigenen Tod gibt Art. 2 Abs. 2 S. 1 GG, der

---

8 S. dazu unten Rn. 191 f. Schranken.
9 BVerfGE 39, 1 (41); 88, 203 (251) – *Schwangerschaftsabbruch I, II*; 46, 160 (164) – *Schleyer*; 49, 89 (142) – *Atomkraftwerk Kalkar*; BVerfGE 53, 30 (57 f.) – *Mülheim-Kärlich*.
10 BVerfGE 60, 348 (354) – *Auslieferung*.
11 Für einen Eingriff insbes. *D. Murswick*, Die staatliche Verantwortung für die Risiken der Technik, 1985, S. 91 ff.; *D. Murswick*, NVwZ 1986, 611 (611 ff.); *G. Lübbe-Wolff*, Die Grundrechte als Abwehrrechte, 1988, S. 179 ff.
12 S. das Gesetz zur Strafbarkeit der geschäftsmäßigen Förderung der Selbsttötung vom 9.12.2015, BGBl. I, S. 2177, durch das mit § 217 StGB in neuer Fassung ein Straftatbestand zur Erfüllung der Schutzpflicht geschaffen wurde.

das Leben schützt, dagegen nichts her.[13] Der Gesetzgeber hat 2015 mit § 217 StGB, der die geschäftsmäßige Förderung der Selbsttötung verbietet, einen Straftatbestand zur Erfüllung seiner Schutzpflicht erlassen.[14]

2.1.3 Schranken und ihre verfassungsmäßige Konkretisierung

Weder der Abwehranspruch noch der Schutzanspruch sind grenzenlos.

2.1.3.1 Rechtfertigung von Eingriffen. Gemäß Art. 2 Abs. 2 S. 3 GG darf in die Rechte **190** und damit auch in das Recht auf Leben nur auf Grund eines Gesetzes eingriffen werden. Angesichts der Schwere des Eingriffs muss es sich um ein **Parlamentsgesetz** handeln. Aufgrund der fundamentalen Bedeutung des Rechts auf Leben kann es nur ganz ausnahmsweise eine Rechtfertigung für die gezielte Tötung eines Menschen geben, welche zudem stets **ultima ratio** sein muss.[15] Als äußerstes Mittel zur Rettung einer Geisel ist eine gesetzliche Regelung, die einen tödlichen Schuss erlaubt, verfassungsgemäß, zumal der Geiselnehmer in jedem Zeitpunkt der Geiselnahme die Möglichkeit hat, die Geisel freizulassen und damit durch eigene Entscheidung dem tödlichen Schuss entgehen kann. Darin liegt ein wesentlicher Unterschied zur Todesstrafe, die über einen Täter bei Bestehen der tatbestandlichen Voraussetzungen verhängt würde und von diesem nicht abgewendet werden könnte. Die Unentrinnbarkeit stellte auch einen wesentlichen Gesichtspunkt in der Entscheidung des Bundesverfassungsgerichts zum Luftsicherheitsgesetz dar. Unentrinnbarkeit ohne eigenen Verantwortungsbeitrag kennzeichnet einen solchen Eingriff in das Recht auf Leben zugleich als menschenwürdewidrig.[16]

Ist ausnahmsweise und unter strikter Anwendung des **Verhältnismäßigkeitsgrundsat** **191** zes ein polizeilicher Todesschuss rechtfertigungsfähig, folgt daraus notwendigerweise, dass die Wesensgehaltsgarantie des Art. 19 Abs. 2 GG in Bezug auf das Recht auf Leben bei individuell-subjektivrechtlicher Betrachtung mit dem Verhältnismäßigkeitsgrundsatz identisch ist. Der Schutz eines unantastbaren Kerngehalts kann dagegen nur objektivrechtlich gewährleistet sein. Gesetzliche Regelungen, die zu Eingriffen in das Recht auf Leben ermächtigen, unterliegen grundsätzlich[17] dem **Zitiergebot** des Art. 19 Abs. 1 S. 2 GG.[18]

Einen Sonderfall stellt der Schusswaffengebrauch von **Soldaten** im Einsatz dar. Rechts **192** grundlagen für Tötungen im Krieg ergeben sich aus dem völkerrechtlichen Kriegsrecht in Verbindung mit Art. 25 oder Art. 59 Abs. 2 GG. Zu nennen sind insbesondere die Haager Landkriegsordnung sowie die Genfer Abkommen.[19] Nicht der Rechtfertigung von Tötungen, sondern dem Schutz des Lebens dienen demgegenüber das Völkerstrafgesetzbuch sowie die in § 1a Abs. 2 Wehrstrafgesetz angeordnete Geltung des Strafgesetzbuchs für Straftaten von Soldaten im Ausland.

2.1.3.2 Grenzen der Schutzpflicht. Sofern die Gewährung von Schutz mit Eingriffen **193** in Grundrechte Dritter verbunden ist, folgt aus deren Grundrechtsbetroffenheit zwingend die Notwendigkeit einer gesetzlichen Regelung. Schon deshalb richtet sich der

---

13 S. oben Rn. 183 (Schutzbereich Leben).
14 BGBl. I vom 9.12.2015, S. 2177.
15 Vgl. die Vorschriften zur Anwendung von Schusswaffengebrauch in §§ 53, 54 PolG BW, Art. 67 Abs. 1 Nr. 1 Bay PAG, § 61 Abs. 1 Nr. 1 HSOG, § 64 Abs. 1 Nr. 1 PolG NRW, § 64 Abs. 1 Nr. 1 POG RP, § 57 Abs. 2 Nr. 1 SPolG, § 258 Abs. 1, 2 Nr. 1 LVwG SH, § 65 Abs. 1 Nr. 1 PAG T, § 66 Abs. 1 Nr. 1 SOG SA, § 47 Abs. 1 Nr. 1 BremPolG, § 109 Abs. 1, 2 Nr. 1 MV PolG.
16 S. dazu oben Rn. 164 sowie BVerfGE 115, 118 (160).
17 S. zur Anwendung des Zitiergebots oben Rn. 126 f.
18 S. zB. § 4 Nr. 1 PolG BW.
19 *M. Ladiges*, Erlaubte Tötungen, JuS 2011, 879 (883).

Schutzanspruch in erster Linie gegen den Gesetzgeber. Dieser hat hinsichtlich der Art und Weise der Schutzgewährung einen weiten Gestaltungsspielraum. Ein der Schutzpflicht korrespondierender Schutzanspruch richtet sich deshalb in der Regel nicht auf eine bestimmte staatliche Maßnahme, sondern nur darauf, dass der Staat überhaupt schützend tätig wird und dabei ihm mögliche Schutzanstrengungen nicht ohne gewichtige Gründe unterlässt (**Untermaßverbot**[20]). So verlangt die jedenfalls objektiv dem Staat auferlegte Pflicht zum Schutz des ungeborenen Kindes zwar wirksame Mechanismen zur Verhinderung von Schwangerschaftsabbrüchen, grundsätzlich wegen des Höchstwerts Leben auch den Einsatz des Strafrechts, aber nicht umfassende Strafbarkeit, zumal wenn die Wirksamkeit strafrechtlicher Maßnahmen zweifelhaft ist. Im Fall Schleyer verdichtete sich der Schutzanspruch nicht auf die Maßnahme, auf das Verlangen der Terroristen einzugehen und zur Rettung der Geisel Terroristen freizulassen.[21] In der Entscheidung zum Atomkraftwerk Kalkar erkannte das Bundesverfassungsgericht als Grenze der Schutzpflicht, dass vom Gesetzgeber keine Regelung gefordert werden könne, „die mit absoluter Sicherheit Grundrechtsgefährdungen ausschließt, die aus der Zulassung technischer Anlagen und ihrem Betrieb möglicherweise entstehen können"; dies „hieße die Grenzen menschlichen Erkenntnisvermögens verkennen und würde weithin jede staatliche Zulassung der Nutzung von Technik verbannen. Für die Gestaltung der Sozialordnung muß es insoweit bei Abschätzungen anhand praktischer Vernunft bewenden. Ungewißheiten jenseits dieser Schwelle praktischer Vernunft sind unentrinnbar und insofern als sozialadäquate Lasten von allen Bürgern zu tragen"[22]. Auch ein Anspruch auf effektive Strafverfolgung kann in bestimmten Fallgruppen aus der Schutzpflicht folgen.[23]

Rechtsprechung: BVerfGE 39, 1; 88, 203 – *Schwangerschaftsabbruch I und II*; 46, 160 – *Fall Schleyer*; 49, 89 – *Atomkraftwerk Kalkar (schneller Brüter)*; 53, 30 – *Atomkraftwerk Mülheim-Kärlich*; 115, 118 – *Luftsicherheitsgesetz*.

Literatur: *M. Anderheiden*, „Leben" im Grundgesetz, KritV 2001, 353; *I. Augsberg*, Grundfälle zu Art. 2 II 1 GG, JuS 2011, 28, 128; *U. Fink*, Der Schutz menschlichen Lebens im Grundgesetz – zugleich ein Beitrag zum Verhältnis des Lebensrechts zur Menschenwürdegarantie, Jura 2000, 210; *P. Kunig*: Grundrechtlicher Schutz des Lebens, Jura 1991, 415; *M. Jakobs*, Terrorismus und polizeilicher Todesschuss, DVBl. 2006, 83; *R. Rupprecht*; Die tödliche Abwehr des Angriffs auf menschliches Leben, JZ 1973, 263; *T. Schöne/T. Klaes,* Die hoheitliche Befugnis zur Tötung eines Angreifers, DÖV 1996, 992.

Fallbesprechungen: *I. von Münch*, Das Baby von Erlangen, JuS 1997, 248 (Examensklausur); *R. Grote/D. Kraus*, Fälle zu den Grundrechten (1997), Fall 9, 120; *C. Maierhöfer,* Übungsklausur Öffentliches Recht – Verwaltungskompetenz im Bundesstaat und grundrechtliche Schutzpflichten, JuS 2004, 598.

2.2 Körperliche Unversehrtheit

194 Eine ungleich größere praktische Bedeutung als das Recht auf Leben hat das Recht auf körperliche Unversehrtheit. Sein abwehrender Gehalt findet für Personen in Gewahrsam oder Gefangenschaft **Verstärkung durch Art. 104 Abs. 1 S. 2 GG.** Auch wenn Art. 2 Abs. 2 S. 1 GG nicht zum allgemeinen Grundrecht auf Umweltschutz ausgeformt und uminterpretiert werden kann[24], so lässt sich sein Schutzpflichtgehalt doch als Grundlage des Umweltschutzes heranziehen, soweit es um die Abwehr von Gesundheitsgefahren geht. Die 1994 in das Grundgesetz aufgenommenen Staatszielbe-

---

20 S. zum Untermaßverbot oben Rn. 52, 131 und 151.
21 S. oben Fall 1.
22 BVerfGE 49, 89 Ls. 6 – *Atomkraftwerk Kalkar.*
23 BVerfG, Beschl. v. 6.10.2014, 2 BvR 1568/12 – *Unfall auf der „Gorch Fock".*
24 *P. Kunig*, in: von Münch/Kunig, Art. 2 Rn. 71.

stimmung Umweltschutz in Art. 20a GG umfasst sachlich weitergehend zudem Aspekte der Vorsorge und der Nachhaltigkeit.

2.2.1 Schutzbereich

Die körperliche Unversehrtheit hat drei Facetten: die **körperliche Integrität**, die **Freiheit von Schmerzzufügung** und **Gesundheit** im biologisch-physiologischen wie auch im psychischen Sinne. Gesundheit ist dabei nicht zu verstehen als Wohlbefinden im umfassenden Sinne[25], sondern als Abwesenheit eines medizinisch regelwidrigen und Beschwerden verursachenden Zustands. **195**

Streitig ist, ob die zwangsweise **Veränderung des äußeren Erscheinungsbilds**, die weder schmerzhaft noch irreversibel ist, insbes. die Veränderung der Haar- oder Barttracht, den Schutzbereich der körperlichen Unversehrtheit berührt. Nach Auffassung des Bundesverwaltungsgerichts stellen Eingriffe in die körperliche Integrität, die weder mit Schmerzen noch mit einer Gesundheitsschädigung verbunden sind, nur dann Eingriffe in das Grundrecht auf körperliche Unversehrtheit dar, wenn die Beeinträchtigung der Körpersphäre selbst sich als unangemessene Behandlung von nicht unbeträchtlichem Gewicht darstellt.[26] Diese Einschränkung in Bezug auf das Merkmal der körperlichen Integrität erscheint plausibel, zumal die Selbstbestimmung über das äußere Erscheinungsbild Schutz nach Maßgabe der allgemeinen Handlungsfreiheit (Art. 2 Abs. 1 GG) erfährt. Für die Zuordnung kommt es in der Tat entscheidend darauf an, ob im Schwerpunkt die Selbstbestimmung oder (darüber hinausgehend) die Körperlichkeit (die körperliche Erscheinung) beeinträchtigt wird. Die Zuordnung ist von Bedeutung in Bezug auf die Notwendigkeit eines spezifischen Parlamentsgesetzes für Eingriffe in die körperliche Unversehrtheit, das auch das Zitiergebot zu beachten hat. **196**

Grundrechtsträger sind alle Menschen. Die im Rahmen der Menschenwürde und des Rechts auf Leben erörterten Probleme in Bezug auf den Lebensanfang und das Lebensende spielen im Rahmen des Rechts auf körperliche Unversehrtheit bisher kaum eine Rolle. **197**

2.2.2 Gewährleistungsgehalt

Das Grundrecht gewährt in erster Linie einen Abwehranspruch, legt dem Staat aber auch Schutzpflichten auf, auf deren Beachtung gemäß dem Untermaßverbot ein Anspruch besteht.

2.2.2.1 Abwehrrecht. Mit dem Abwehrrecht können dem Staat zurechenbare **Eingriffe** in die körperliche Unversehrtheit auf ihre **Verhältnismäßigkeit** überprüft und ggf. unterbunden werden. Die klassischen Entscheidungen hierzu betreffen Eingriffe auf der Grundlage von § 81a Strafprozessordnung, etwa die Entnahme von Rückenmarksflüssigkeit bei gleichzeitiger Luftfüllung der Gehirnkammern zum Zwecke der Aufklärung der Schuldfähigkeit.[27] Auch die Gabe eines Brechmittels zur Wiedererlangung von verschluckten Kokainbömbchen stellt als Herbeiführung eines krankhaften Zustands und bei zwangsweiser Gabe als Eingriff in die körperliche Integrität eine Beeinträchtigung dar. Gleiches gilt für Blutentnahmen uä. Wie schon im Zusammenhang mit dem Grundrecht auf Leben ausgeführt, bilden auch unbeabsichtigte körperliche Schäden als Folge von staatlichen Handlungen Eingriffe, sofern sie im Rahmen grundsätzlich **198**

---

25 So aber die Definition der World Health Organization (WHO) in: Constitution of the WHO, S. 1: „Health is a state of complete physical, mental and social well-being and not merely the absence of desease or infirmity."

26 BVerwGE 46, 1 (7) – *Kontaktsperre*.

27 BVerfGE 16, 194 (198) – *Liquorentnahme*; 17, 108 (115) – *Hirnkammerlüftung*.

vorhersehbarer Folgen liegen.[28] Die in Kenntnis aller Umstände und frei von jeglichem Zwang erklärte Einwilligung des Grundrechtsträgers schließt den Eingriff in der Regel aus.[29] Die medizinische Zwangsbehandlung psychisch Kranker ist nur in den Fällen krankheitsbedingt fehlender Einsichtsfähigkeit gerechtfertigt und setzt das vorherige Bemühen um eine Einwilligung voraus.[30]

199 **2.2.2.2 Schutzpflicht.** Von beträchtlicher Bedeutung ist die staatliche Pflicht zum Schutz der körperlichen Unversehrtheit als Grundlage für **gesundheitsschützendes Umweltrecht.** Rechtliche Maßnahmen zur Bekämpfung von Luftverschmutzung, Ozon, Flug- und Straßenlärm, Elektrosmog und auch das Rauchen sind dem Grunde nach durch Art. 2 Abs. 2 S. 1 GG gefordert.[31] Für die Art und Weise des Schutzes lässt das Untermaßverbot dem Gesetzgeber allerdings einen erheblichen **Gestaltungsspielraum.** Da das Umweltrecht nicht nur auf Gesundheitsschutz zielt, sondern gemäß der Staatszielbestimmung Umweltschutz und europarechtlicher Vorgaben dem Vorsorgeprinzip und dem Grundsatz der nachhaltigen Entwicklung verpflichtet ist, gehen die meisten Grenzwerte über den von Art. 2 Abs. 2 S. 1 GG zwingend geforderten Standard hinaus.

2.2.3 Schranken und ihre verfassungsmäßige Konkretisierung

200 Eingriffe in das Grundrecht auf körperliche Unversehrtheit bedürfen einer parlamentsgesetzlichen Rechtsgrundlage. Das **Zitiergebot** gemäß Art. 19 Abs. 1 S. 2 GG ist zu beachten. Die Rechtsgrundlage selbst wie auch jede Anwendung im Einzelfall ist am **Verhältnismäßigkeitsgrundsatz** zu messen. Unverhältnismäßig sind nach heutiger Ansicht körperliche Strafen. Sie sind zur Erreichung des Erziehungsziels bei Kindern jedenfalls nicht erforderlich. Gleiches gilt für derartige strafrechtliche Sanktionen gegenüber Erwachsenen. Die erwähnte Liquorentnahme als Mittel der Wahrheitsfindung kommt jedenfalls im Zusammenhang mit einem Bagatelldelikt gegen den Willen des Betroffenen nicht in Betracht, weil die damit verbundenen Schmerzen und Gefahren zwar zur Wahrheitsfindung geeignet und erforderlich sein mögen, aber ein größeres Übel darstellen als die zu erwartende Geldstrafe in geringer Höhe, woraus die Unangemessenheit dieses Mittels folgt. Zu den Schranken der Schutzpflicht gilt das zum Recht auf Leben Ausgeführte entsprechend.[32]

Rechtsprechung: BVerfGE 16, 194 – *Liquorentnahme*; 17, 108 – *Hirnkammerlüftung*; 49, 89 – *Atomkraftwerk Kalkar (schneller Brüter)*; 53, 30 – *Mülheim-Kärlich*; 56, 54 – *Fluglärm*; 66, 39 – *Pershing II*; 77, 170 – *C-Waffen*; 78, 155 – *Heilpraktiker*; 115, 25 – *Heilbehandlung*; 133, 112 – *medizinische Zwangsbehandlung.*

Literatur: *I. Augsberg*, Grundfälle zu Art. 2 II 1 GG, JuS 2011, 28, 128; *A. Faber*, Gesundheitliche Gefahren des Tabakrauchens und staatliche Schutzpflichten, DVBl. 1998, 745; *A. Scherzberg/M. Mayer*, Die Prüfung staatlicher Schutzpflichten in der Verfassungsbeschwerde, JA 2004, 51.

Fallbearbeitungen: *Chr. Calliess/A. Kallmayer*, Abwehrrechte und Schutzpflichten aus Grundrechten, JuS 1999, 785 (Examensklausur); *I. Klinge/V. Schlette*, Das „widersprüchliche" Transplantationsgesetz, Jura 1997, 642 (Anfängerhausarbeit); *C. Maierhöfer*, Übungsklausur im Öf-

---

28 BVerwGE 9, 78 – *Impfzwang*; VGH Mannheim, DÖV 1979, 338 – *Röntgenreihenuntersuchung.*
29 BVerfGE 52, 131 (174) – *Arzthaftung*; vgl. § 228 StGB, wonach eine Einwilligung nicht gegen die guten Sitten verstoßen darf.
30 BVerfGE 128, 282 ff.; 129, 269 ff. 133, 112 ff.
31 BVerfGE 56, 54 (73 ff.) – *Fluglärm*; BVerfGE 66, 39 (57 ff.) – *Pershing* II; BVerfGE 77, 170 (220) – *C-Waffen*; BVerwGE 54, 211 (222 f.); OVG Lüneburg, NVwZ 1994, 713 (713 f.) – *Lichtimmissionen*; VGH Mannheim, NVwZ 1994, 920 (920 ff.) – *Grillplatz*; BVerwGE 79, 254 (257) – *Feuerwehrsirenen.*
32 S. oben Rn. 193.

fentlichen Recht – Verwaltungskompetenz im Bundesstaat und grundrechtliche Schutzpflichten, JuS 2004, 598.

2.3 Körperliche Bewegungsfreiheit

In unmittelbarem Zusammenhang mit dem Recht auf Leben und körperliche Unversehrtheit wird in Art. 2 Abs. 2 S. 2 GG die „Freiheit der Person" für unverletzlich erklärt. Die gemeinte „Freiheit der Person„ ist abzugrenzen von der „freien Entfaltung der Persönlichkeit", wie Art. 2 Abs. 1 GG sie schützt, sowie von der „Freizügigkeit" des Art. 11 Abs. 1 GG. Den Weg zum richtigen Verständnis des Schutzbereichs weisen Geschichte und systematischer Zusammenhang: Historisch und auch heute **schützt** das Grundrecht der Freiheit der Person in seinem Kern **vor Festnahmen** sowie **zwangsweisem Festgehaltenwerden**. Der systematische Zusammenhang bestätigt, dass es um Einwirkungen auf die Freiheit der Person geht, die sich nicht nur als Rechtspflicht, sondern tatsächlich körperlich vermitteln. **201**

Ergänzung findet Art. 2 Abs. 2 S. 2 in **Art. 104 Abs. 1 GG**. Danach kann die Freiheit der Person nur auf Grund eines förmlichen Gesetzes und nur unter Beachtung der darin vorgeschriebenen Formen beschränkt werden. Das Bundesverfassungsgericht hat zum Verhältnis der beiden Vorschriften ausgeführt: „Die formellen Gewährleistungen der Freiheit in Art. 104 GG stehen mit der materiellen Freiheitsgarantie des Art. 2 Abs. 2 S. 2 GG in unlösbarem Zusammenhang; Art. 104 Abs. 1 GG nimmt den schon in Art. 2 Abs. 2 S. 3 GG enthaltenen Gesetzesvorbehalt auf und verstärkt ihn, indem er neben der Forderung nach einem „förmlichen" freiheitsbeschränkenden Gesetz die Pflicht, dessen Formvorschriften zu beachten, zum Verfassungsgebot erhebt. Verstöße gegen die durch Art. 104 GG gewährleisteten Voraussetzungen und Formen freiheitsbeschränkender Gesetze stellen daher stets auch eine Verletzung der Freiheit der Person dar,[33] die dementsprechend auch mit der Verfassungsbeschwerde gerügt werden können. **202**

2.3.1 Schutzbereich

Art. 2 Abs. 2 S. 2 GG schützt die **tatsächliche körperliche Bewegungsfreiheit** vor körperlich vermittelten Beeinträchtigungen. Damit geht es weder um die allgemeine Handlungsfreiheit noch um die Freiheit des Ortswechsels. Vielmehr dient das Grundrecht dazu, tatsächlichen Zugriff auf den Körper abzuwehren. Das Grundrecht kann daher nicht gegen staatliche Ge- oder Verbote wie die Schulpflicht, eine Vorladung, ein Aufenthaltsverbot[34] oder einen Platzverweis in Stellung gebracht werden, sondern allein und erst gegen deren zwangsweise Durchsetzung.[35] **203**

Art. 104 GG unterscheidet zwischen Freiheitsentziehungen und Freiheitsbeschränkungen. **Freiheitsentziehung** ist der engere Begriff. Eine solche liegt nur vor, wenn die körperliche Bewegungsfreiheit nach jeder Richtung aufgehoben ist, also im Falle der Haft, des Gewahrsams, des Arrests oder der Unterbringung in einem psychiatrischen Krankenhaus. Eine Freiheitsentziehung zeichnet sich zudem dadurch aus, dass ihr Zweck darin besteht, den Aufenthalt und zum Teil auch das Verhalten der festgehaltenen Person zu kontrollieren. **204**

Freiheitsbeschränkungen sind dagegen nur mit einem vorübergehenden körperlichen Einwirken verbunden, dessen Art und Ausmaß sich nach dem jeweils angestrebten Zweck richtet. So dient eine körperliche Durchsuchung dem Auffinden von Gegen- **205**

---

33 BVerfGE 58, 208 (220) – *Unterbringung in einer psychiatrischen Klinik ohne vorherige richterliche Anhörung*.
34 Dazu BayVGH, NVwZ 2000, 454.
35 *D. Mursiwiek*, in: Sachs, Art. 2 Rn. 233 f.

ständen, die zwangsweise Vorführung der Vernehmung, die Mitnahme zur Dienststelle der Identitätsfeststellung, die zwangsweise Vertreibung von einem Ort der Gefahrenabwehr. Alle genannten Maßnahmen enden jeweils mit der Zweckerreichung. Soweit eine Person durch eine elektronische Aufenthaltsüberwachung („elektronische Fußfessel") daran gehindert werden soll, ein bestimmtes Gebiet zu verlassen, handelt es sich um eine Freiheitsbeschränkung.[36] Eine die Bewegungsfreiheit nicht einschränkende elektronische Aufenthaltsüberwachung betrifft vorrangig das Recht auf informationelle Selbstbestimmung.[37] An der Grenze zwischen Freiheitsentziehung und Freiheitsbeschränkung liegt die polizeiliche **Einkesselung** von Versammlungen.[38]

206 Weder eine Freiheitsentziehung noch eine Freiheitsbeschränkung folgt aus der **Flughafenregelung**, wonach Asylbewerber, die sich nicht ausweisen können oder die aus einem sicheren Herkunftsstaat kommen, während der Dauer des (sehr kurz gehaltenen) Rechtsschutzverfahrens nicht einreisen dürfen, sondern in einem abgesperrten Bereich des Flughafens verbleiben müssen. Das Bundesgebiet ist für Ausländer, die nicht Unionsbürger sind, rechtlich nicht frei zugänglich.

„Daran ändert auch die Berufung auf Asyl zunächst einmal nichts. Im Übrigen werden die Menschen nicht festgehalten, sondern können jederzeit das Land verlassen. Daran ändert auch die Stellung eines Asylantrags nichts. Dieser begründet weder nach Völkerrecht noch nach deutschem innerstaatlichem Recht einen Anspruch auf Einreise. Der Raum der Bundesrepublik Deutschland ist Asylbewerbern, die ihn ohne entsprechende Reisedokumente erreichen, vor der Feststellung ihrer Asylberechtigung rechtlich nicht zugänglich. Die Tatsache, daß sie sich bei Ankunft auf einem Flughafen schon auf deutschem Staatsgebiet befinden, ändert nichts daran, daß über die Gewährung der Einreise erst noch zu entscheiden ist. Abgesehen davon ergibt sich für Asylsuchende am Flughafen die tatsächliche Begrenzung ihrer Bewegungsfreiheit aus ihrer Absicht, in der Bundesrepublik Deutschland um Schutz nachzusuchen und das hierfür vorgesehene Verfahren zu durchlaufen. Zwar kann ihnen in dieser Lage eine Rückkehr in den Staat, der sie möglicherweise verfolgt, nicht angesonnen werden. Die hieraus folgende Einschränkung der Bewegungsfreiheit ist jedoch nicht Folge einer der deutschen Staatsgewalt zurechenbaren Maßnahme."[39]

Die Auflage für Asylsuchende, ein bestimmtes Gemeindegebiet nicht zu verlassen, betrifft nicht die Freiheitsgarantie des Art. 2 Abs. 2 S. 2 GG, was sich daran zeigt, dass damit kein tatsächliches Festhalten verbunden ist. Es handelt sich um eine Frage der Freizügigkeit, die für Ausländer allein durch die allgemeine Handlungsfreiheit geschützt ist.

207 Der Schutz der körperlichen Bewegungsfreiheit ist ein **Menschenrecht**. Aus der Tatsache, dass körperliches Einwirken wesentlich für die Betroffenheit des Schutzbereichs ist, folgt notwendig, dass eine wesensgemäße Anwendung auf juristische Personen gemäß Art. 19 Abs. 3 GG – wie bei allen anderen Grundrechten des Art. 2 Abs. 2 GG auch – ausgeschlossen ist.

2.3.2 Gewährleistungsgehalt

208 Art. 2 Abs. 2 S. 2 GG gewährt in erster Linie ein **Abwehrrecht** gegen Beeinträchtigungen der körperlichen Bewegungsfreiheit, die dem Staat zurechenbar sind. Das Grund-

---

36 S. dazu *J.F. Lindner/A. Bast*, Die elektronische Fußfessel als Instrument des Polizeirechts, DVBl. 2017, 290 ff.

37 S. dazu *A. Guckelberger*, Die präventiv-polizeiliche elektronische Aufenthaltsüberwachung, DVBl. 2017, 1121 ff.

38 S. dazu BVerfG, NVwZ 2017, 555 – *Einordnung einer Einkesselung zur Identitätsfeststellung als Freiheitsentziehung.*

39 BVerfGE 94, 166 (199).

recht enthält aber auch eine **Schutzpflicht**. Diese hat der Gesetzgeber etwa durch die Strafbarkeit freiheitsentziehender Handlungen nach §§ 239 bis 239b StGB und durch den zivilrechtlichen Unterlassungs- und Schadensetzsatzanspruch gemäß §§ 1004, 823 BGB befolgt.

2.3.3 Schranken und ihre verfassungsmäßige Konkretisierung

Auch die Freiheit der Person unterliegt dem **Gesetzesvorbehalt** des Art. 2 Abs. 2 S. 3 **209** GG sowie dem **Zitiergebot** des Art. 19 Abs. 1 S. 2 GG. Während die Notwendigkeit eines förmlichen Gesetzes zur Rechtfertigung von Eingriffen für das Recht auf Leben und die körperliche Unversehrtheit aus der Bedeutung der Grundrechte in Anwendung der Wesentlichkeitstheorie abzuleiten ist, bestimmt Art. 104 Abs. 1 GG dies für Freiheitsbeschränkungen ausdrücklich. Zudem ist danach eine Freiheitsbeschränkung verfassungswidrig, wenn einfachgesetzlich vorgeschriebene „Formen" nicht eingehalten wurden. Der Begriff „Formen" meint in erster Linie Verfahrensvorschriften. Hierzu gehören etwa Zuständigkeitsregelungen, Antrags- oder Anhörungserfordernisse sowie Fristen.[40]

Freiheitsentziehungen stellt Art. 104 Abs. 2 GG unter einen **Richtervorbehalt**. In der **210** Regel bedarf es einer vorherigen richterlichen Anordnung. Der Staat muss zudem organisatorische Vorkehrungen dafür treffen, dass Richter jedenfalls tagsüber jederzeit erreichbar sind.[41] Kann eine vorherige richterliche Anordnung ausnahmsweise nicht eingeholt werden, ist dies unverzüglich nachzuholen, wie Art. 104 Abs. 2 S. 2 GG ausdrücklich anordnet. Die Höchstfrist für das Festhalten durch die Polizei ohne richterliche Prüfung bestimmt Art. 104 Abs. 2 S. 3 GG mit dem Ende des Tages nach dem Ergreifen, gemeint ist der Ablauf des Tages nach dem Tag des Ergreifens, mit anderen Worten maximal 48 Stunden.[42] Auch wenn die Frist abgelaufen und die betroffene Person bereits wieder freigelassen wurde, muss eine richterliche Prüfung stattfinden.[43] Nähere gesetzliche Regelungen finden sich zB. in § 28 Abs. 3 PolG BW, § 3 Abs. 1 UnterbringungsG iVm. § 312 FamFG. Art. 104 Abs. 3 GG formt den Richtervorbehalt in Bezug auf Festnahmen zum Zwecke der Strafverfolgung näher aus. Die gesetzlichen Regelungen dazu finden sich in § 112 StPO.

Eine besondere **Verfahrenssicherung** enthält schließlich Art. 104 Abs. 4 GG, der vor- **211** schreibt, dass unverzüglich ein Angehöriger des Festgehaltenen oder eine Person seines Vertrauens von jeder richterlichen Entscheidung in Bezug auf eine Freiheitsentziehung zu benachrichtigen ist. Diesen Verfahrenssicherungen des Art. 104 GG fügt der Schutzgehalt des Art. 2 Abs. 2 S. 2 GG hinsichtlich der Schrankenkonkretisierung in erster Linie die Anforderung strikter **Verhältnismäßigkeit** hinzu.[44]

Rechtsprechung: BVerfGE 10, 302 – *Unterbringung in einer Heil- und Pflegeanstalt*; 45, 187 – *lebenslange Freiheitsstrafe*; 58, 208 – *Unterbringung eines Geisteskranken*; 83, 24 – *Richterliche Prüfung polizeilichen Gewahrsams zum Zwecke der Gefahrenabwehr*; 105, 239 – *Freiheitsentziehung zum Zweck der Abschiebung*; 109, 133; 117, 128, 326; 130, 372 – *jeweils Sicherungsverwahrung*.

Literatur: *A. Guckelberger,* Der präventiv-polizeiliche Gewahrsam, Jura 2015, 926.

---

40 S. *F. Schulze-Fielitz,* in: Dreier, Art. 104 Rn. 35 f.
41 BVerfGE 105, 239 (248).
42 *Jarass,* in: Jarass/Pieroth, Art. 104 Rn. 27.
43 BVerfGE 105, 239 (249).
44 BVerfGE 117, 71 (95) – *Sicherungsverwahrung*.

Lösung zu Fall 3:   Brechmitteleinsatz[45]

Fallfrage: Ist D in Grundrechten verletzt?

Zu prüfen ist, ob D durch staatliche Maßnahmen in einem Grundrecht oder grundrechtsgleichen Recht verletzt wurde. Es ist zu unterscheiden zwischen der Verabreichung des Brechmittels und der Verwertung der Beweismittel, die auf diese Weise gewonnen wurden.

I.   Verabreichung des Brechmittels

1.   Verletzung in Art. 2 Abs. 2 S. 1 GG (iVm. Art. 104 Abs. 1 S. 2 GG)

D könnte durch die Verabreichung des Brechmittels gegen seinen Willen in seinem Grundrecht auf körperliche Unversehrtheit verletzt worden sein.

a)   Schutzbereich

Art. 2 Abs. 2 S. 1 GG schützt vor Maßnahmen, die in die körperliche Integrität eingreifen, die Gesundheit im biologischen Sinne beeinträchtigen oder erhebliche Schmerzen verursachen. D wird ein Brechmittel verabreicht, das auch tatsächlich zum Erbrechen führt. Bereits das zwangsweise Einflößen des Brechmittels greift in die körperliche Integrität ein. Das Erbrechen stellt zudem einen Krankheitszustand dar, so dass der Schutzbereich des Rechts auf körperliche Unversehrtheit betroffen ist.

b)   Eingriff

Ein Eingriff ist jede dem Staat zurechenbare Schutzbereichsbeeinträchtigung. Die Verabreichung des Brechmittels, das den Krankheitszustand des Erbrechens auslöst, erfolgte auf Anweisung der Polizei zwangsweise durch einen Polizeiarzt. Ein Eingriff liegt vor.

c)   Verfassungsrechtliche Rechtfertigung

Dieser Eingriff könnte jedoch gerechtfertigt sein.

aa) Schranke

Nach Art. 2 Abs. 2 S. 3 GG ist für Eingriffe in die körperliche Unversehrtheit eine gesetzliche Grundlage erforderlich.

bb) Verfassungsmäßige Konkretisierung der Schranke durch Gesetz

Die gesetzliche Grundlage könnte in § 81a Abs. 1 StPO zu sehen sein. Die Vorschrift erlaubt „andere körperliche Eingriffe" zur Feststellung von Tatsachen, die im Strafverfahren von Bedeutung sind.

(1) Formelle Verfassungsmäßigkeit

Es handelt sich um ein vorkonstitutionelles Gesetz, so dass formelle Fragen nicht zu erörtern sind. Insbesondere die Einhaltung des Zitiergebots entfällt bei einem vorkonstitutionellen Gesetz.

(2) Materielle Verfassungsmäßigkeit

Das Gesetz müsste insbesondere verhältnismäßig sein. Dies ist der Fall, wenn es einen legitimen Zweck verfolgt sowie zur Verfolgung des Zwecks geeignet, erforderlich und angemessen ist.

§ 81a StPO dient der Aufklärung von Straftaten und verfolgt damit einen legitimen Zweck.

---

45 S. dazu EGMR, NJW 2006, 3117; s. auch OLG Frankfurt, NJW 1997, 1647; BVerwG, NStZ 2000, 96; KG Berlin, NStZ-RR 2001, 204; OLG Frankfurt, NStZ-RR 2003, 23; KG Berlin, StV 2002, 122; OLG Bremen, NStZ-RR 2000, 270; BGH, NJW 2010, 2595.

Es ist geeignet, wenn das Mittel der Verfolgung dieses Zwecks förderlich ist. Dies ist dann nicht der Fall, wenn körperliche Eingriffe beim Beschuldigten per se gegen die Menschenwürde verstoßen und daher nicht zu rechtfertigen sind. Die Menschenwürde verbietet, sich selbst belasten zu müssen. Körperliche Eingriffe können aber nicht nur der Belastung, sondern auch der Entlastung dienen. Der Beschuldigte wird auch nicht gezwungen, Beweise gegen sich selbst erst zu generieren, wie bei einer erzwungenen Aussage, sondern nur zu dulden, dass vorhandene Beweise erlangt werden. Damit sind körperliche Eingriffe nicht per se aus Rechtsgründen ungeeignet. Die tatsächliche Eignung körperlicher Untersuchungen für Zwecke der Beweisgewinnung ist unproblematisch.

Bei der Beweiserhebung durch körperliche Eingriffe müsste es sich auch um ein erforderliches Mitteln handeln. Erforderlich ist nur das mildeste unter gleich geeigneten Mitteln. Milder aber nicht gleich geeignet wäre der Einsatz des Mittels als ultima ratio. Im Übrigen ist durch den Richter- und Arztvorbehalt sowie die Einräumung von Ermessen, dessen Ausübung wiederum an den Verhältnismäßigkeitsgrundsatz gebunden. Die Erforderlichkeit ist gewahrt.

Ein körperlicher Eingriff steht nicht per se außer Verhältnis zur Beweiserlangung zum Zwecke der Tatsachenermittlung im Strafverfahren, so dass das Gesetz nicht unangemessen ist.

Die gesetzliche Grundlage ist verfassungsgemäß.

cc) Verfassungsmäßigkeit der Anwendung im Einzelfall

Auch die Anwendung der Vorschrift im Einzelfall müsste verfassungsgemäß sein. Da das Bundesverfassungsgericht keine Superrevisionsinstanz ist, prüft es die richtige Anwendung der Norm nicht in der gleichen Weise wie ein Fachgericht. Vielmehr kontrolliert das BVerfG nur, ob spezifisch Verfassungsrecht verletzt wurde. Die zwangsweise Verwendung des Brechmittels könnte gegen Art. 2 Abs. 2 S. 1 iVm. Art. 104 Abs. 1 S. 2 GG verstoßen.

(1) Art. 104 Abs. 1 S. 2 GG

In der zwangsweisen Verabreichung des Brechmittels könnte eine körperliche Misshandlung liegen. Eine körperliche Misshandlung ist eine Körperverletzung iSe. üblen unangemessenen Behandlung, insbes. eine Körperverletzung, deren Zweck allein die Zufügung von Schmerzen ist. Das Legen der Nasen-Magensonde auch das Erbrechen mag zwar nicht schmerzfrei sein, ist jedoch notwendige Begleiterscheinung in der Verfolgung des Ziels, die Kokainbömbchen als Beweismittel zu erlangen und Gesundheitsgefahren durch deren Verbleib im Magen-Darm-Trakt zu verhindern. Eine körperliche Misshandlung liegt darin nicht.

(2) Verhältnismäßigkeit

Art. 2 Abs. 2 S. 1 GG, der gemäß Art. 1 Abs. 3 GG auch die vollziehende Gewalt unmittelbar verpflichtet, verlangt, dass auch die Anwendung im konkreten Fall verhältnismäßig, also in Verfolgung eines legitimen Zwecks geeignet, erforderlich und angemessen ist.

Die Verabreichung des Brechmittels dient zum einen dem Strafverfahren, also der Durchsetzung des staatlichen Strafanspruchs. Zum anderen soll verhindert werden, dass sich die Kokainpäckchen im Magen des D öffnen und dieser erhebliche Gesundheitsschäden erleidet. Somit liegen legitime Zwecke vor.

Die Verabreichung des Brechmittels ist auch tatsächlich geeignet, die angestrebten Zwecke zu erreichen. (Die Maßnahme könnte jedoch aus Rechtsgründen ungeeignet sein, nämlich dann, wenn sie gegen die Menschenwürde verstößt. [Ausführungen zur Menschenwürde können hier folgen. Die Menschenwürde kann jedoch auch gesondert geprüft werden. S. unten. Beides ist gleichwertig.])

Es könnte jedoch ein milderes Mittel sein, das natürliche Ausscheiden der Kokainpäckchen abzuwarten. Dabei besteht allerdings die Gefahr, dass sich die Päckchen zuvor öffnen und D erhebliche gesundheitliche Beeinträchtigungen erleidet. Zudem müsste D von einem Polizeibeamten beim Stuhlgang beobachtet werden. Das Abwarten des natürlichen Ausscheidens ist deshalb nicht an und für sich ein milderes Mittel. Ein milderes Mittel könnte allerdings darin liegen, dem Betroffenen nach umfassender Aufklärung über die jeweiligen Risiken die Wahl zu lassen, ob er ein Brechmittel einnehmen oder das Ausscheiden abwarten will. Wenn beide Alternativen in gleicher Weise den Zweck erreichen, die Kokainbömbchen als Beweismittel zu erlangen, handelt es sich um ein milderes gleich geeignetes Mittel. Insbesondere ist die Verzögerung hinsichtlich der Erlangung der Beweismittel so geringfügig, dass dadurch die gleiche Eignung nicht beeinträchtigt wird. Unter diesen Umständen ist die Maßnahme nicht erforderlich.[46]

d) Zwischenergebnis

Die zwangsweise Verabreichung des Brechmittels stellt mangels Erforderlichkeit eine Körperverletzung dar.

2. Verletzung in Art. 1 Abs. 1 GG

Die Verabreichung könnte zudem gegen die durch Art. 1 Abs. 1 GG geschützte Menschenwürde des D verstoßen.

a) Menschenwürde

Die Menschenwürde ist der Achtungsanspruch, der jedem Menschen per se zukommt. Sie wird beeinträchtigt, wenn ein Mensch zum bloßen Objekt staatlichen Handelns gemacht wird. Dies ist dann der Fall, wenn ein Mensch einer Behandlung ausgesetzt wird, die niemandem unter den gegebenen Umständen zumutbar ist und welche die ausführende Person an sich unter keinen Umständen hinnehmen würde.

b) Verletzung

Eine Verletzung könnte in der zwangsweisen Verabreichung des Brechmittels zu sehen sein. Polizeibeamte haben gegenüber D unmittelbaren körperlichen Zwang ausgeübt, was D in eine ausweglose Situation gebracht und in diesem Sinne zum Objekt staatlicher Gewalt gemacht hat. Diese Gewaltanwendung erfolgte weder ausschließlich im Interesse des D noch zum Schutz Dritter. Sie ist auch nicht allein Folge des selbstbestimmten Handelns des D, die Kokainbömbchen zu verschlucken, sondern schießt über das Ziel, diese als Beweismittel zu erlangen, hinaus, jedenfalls dann, wenn die Beweise auch im Wege des natürlichen Ausscheidens erlangt werden. Andererseits ist in Rechnung zu stellen, dass gegenüber D nicht sogleich Gewalt angewendet wurde, sondern er zuvor ärztlich untersucht und aufgefordert wurde, das Brechmittel freiwillig zu sich zu nehmen. Damit haben die handelnden Beamten die Interessen des D nicht völlig ignoriert. Der für die Zweckerreichung letztlich nicht nötige Zwang allein reicht noch nicht aus, um eine Menschenwürdeverletzung im Sinne eines Tabubruchs zu begründen. Ein solcher Tabubruch könnte sich aber aus der besonderen Kombination von nicht erforderlichem Zwang und der erzwungenen Körperreaktion des Erbrechens ergeben. Da es sich um eine sehr unangenehme, nicht beherrschbare und daher tabuisierte Körperreaktion handelt,

---

46 Dies ist sehr streitig. S. dazu EGMR, NJW 2006, 3117 (3119 ff.) tragende Mehrheit einerseits, die Beobachtung bei natürlichem Ausscheiden für das mildere Mittel halten; Sondervoten Wildhaber/Caflisch, Ress/Pellonpää/Baka/Šikuta und Hajiyev andererseits.

stellt deren zwangsweise Herbeiführung eine Menschenwürdeverletzung dar. (A.A. wird vertreten und ist vertretbar.)

Eine Menschenwürdeverletzung könnte auch darin liegen, dass D daran mitwirken muss, sich selbst zu belasten. Allerdings wird er nicht gezwungen, Beweise gegen sich selbst erst zu generieren, sondern muss nur dulden, dass vorhandene Beweise erlangt werden. Die Menschenwürdeverletzung liegt daher allein in der Art und Weise, wie diese Mittel von D erlangt wurden.

c) Zwischenergebnis

Durch die zwangsweise Verabreichung des Brechmittels wurde D in seiner Menschenwürde verletzt.

II. Verwertung im Strafverfahren

1. Schutzbereich

Die Verurteilung des D unter Verwertung der erbrochenen Drogenpäckchen als Beweismittel im Strafverfahren könnte gegen das in Art. 2 Abs. 1 GG iVm. dem Rechtsstaatsprinzip verbürgte Recht auf ein faires Verfahren verstoßen.

2. Eingriff

In der Verwendung grundrechtswidrig erlangter Beweismittel im Strafverfahren liegt ein Eingriff in das Recht auf ein faires Verfahren.

3. Verfassungsrechtliche Rechtfertigung

Dieser Eingriff könnte jedoch gerechtfertigt sein.

a) gesetzliche Grundlage

Gesetzliche Grundlage sind die Regelungen der StPO über die Beweiserhebung und -verwertung, insbesondere die §§ 244, 245 StPO.

Hinsichtlich der Verfassungsmäßigkeit der Vorschriften bestehen keine Bedenken.

b) Anwendung im Einzelfall

Die Anwendung dieser gesetzlichen Grundlage auf den Einzelfall müsste verfassungsgemäß sein. Hierfür kommt es entscheidend darauf an, ob das verwertete Beweismittel aus verfassungsrechtlichen Gründen unzulässig war. Dies ist dann der Fall, wenn die Grundrechtsverletzung bei der Beweiserhebung zur Unverhältnismäßigkeit der Beweisverwertung führt.

Die Verwertung dient der Durchsetzung des staatlichen Strafanspruchs, verfolgt also ein legitimes Ziel.

Die Verwertung ist auch geeignet, dieses Ziel zu erreichen.

Die Erforderlichkeit hängt davon ab, ob die sonstigen Beweise zur Aufklärung der Straftat ausreichen. Ist dies nicht der Fall, ist die Verwertung erforderlich.

Die Verwertung müsste jedoch auch angemessen sein, dh. Mittel und Zweck müssten in einem angemessenen Verhältnis zueinanderstehen. Folgt die Verfassungswidrigkeit aus schlichter Unverhältnismäßigkeit, so kann eine Verwertung je nach Schwere der Tat und Bedeutung des Beweismittels für das Strafverfahren angemessen sein. Folgt die Verfassungswidrigkeit dagegen aus einem Verstoß gegen die Menschenwürde, so ist die Verwertung im Strafverfahren schlechthin ausgeschlossen.

c) Zwischenergebnis

Somit ist der Eingriff in Art. 2 Abs. 1 iVm. dem Rechtsstaatsprinzip nicht gerechtfertigt.

III. Ergebnis

Die Verfassungsbeschwerde ist begründet.

3. Kapitel: Art. 2 Abs. 1 GG: Allgemeine Handlungsfreiheit

Fall 4: Sonnenstudio

§ 4 des Gesetzes zum Schutz vor nichtionisierender Strahlung bei der Anwendung am Menschen vom 1.7.2011 lautet: „Die Benutzung von Anlagen nach § 3 zur Bestrahlung der Haut mit künstlicher ultravioletter Strahlung in Sonnenstudios, ähnlichen Einrichtungen oder sonst öffentlich zugänglichen Räumen darf Minderjährigen nicht gestattet werden." Das Verbot ist für Solarienbetreiber bußgeldbewehrt.

Der Gesetzgeber begründete diese Regelung damit, dass das Risiko im Erwachsenenalter an Hautkrebs zu erkranken, steige, wenn Menschen bereits seit ihrer Kindheit oder Jugend verstärkt der ultravioletten Strahlung ausgesetzt sind. Das Risiko bei Kindern und Jugendlichen steige deutlich, wenn diese sich zusätzlich zu der natürlichen auch künstlicher UV-Strahlung aussetzten. Dies belegten Studien.

Die minderjährige M nutzt gelegentlich im Einverständnis mit ihren Eltern E Solarien und möchte das auch weiterhin tun. Der Solarienbetreiber S fürchtet Umsatzeinbußen, da ein nicht unerheblicher Teil der Besucher seiner Solarien Schülerinnen und Schüler sind.

M, E und S möchten wissen, ob und wie sie gegen das Verbot vorgehen können.

Art. 2 Abs. 1 GG garantiert subsidiär und in diesem Sinne ergänzend zu den spezielleren Freiheitsrechten die allgemeine Handlungsfreiheit.

3.1 Schutzbereich

Die ursprüngliche Formulierung des Art. 2 Abs. 1 GG für die Beratungen im Parlamentarischen Rat lautete: „Jedermann ist frei, zu tun und zu lassen, was die Rechte anderer nicht verletzt und nicht gegen die verfassungsmäßige Ordnung oder das Sittengesetz verstößt." Die Verfassungstext gewordene Formulierung, wonach jeder das Recht auf freie Entfaltung der Persönlichkeit hat, sollte inhaltlich nichts ändern, sondern nur den Anforderungen gehobener Sprache gerecht werden.[1] Art. 2 Abs. 1 GG schützt folglich die allgemeine **Handlungsfreiheit im umfassenden Sinne**. Eine Beschränkung auf einen Persönlichkeitskern[2] lässt sich weder begründen, noch lässt sich ein solcher Kern überhaupt mit hinreichender Klarheit abgrenzen. **212**

Der Kritik, dass im Wege dieser weiten Auslegung auch Banalitäten wie das Taubenfüttern[3] oder das Reiten im Walde[4] der verfassungsgerichtlichen Überprüfung zugeführt werden können, ist als gewichtiger Vorteil entgegenzuhalten, dass nur auf diese Weise das „**rechtsstaatliche Verteilungsprinzip**"[5] zur vollen Geltung gelangt. Dieses besagt, dass Privatpersonen grundsätzlich von ihrer Freiheit ohne Erlaubnis Gebrauch machen dürfen, wohingegen der Staat sich für jede Einschränkung der Freiheit zu rechtfertigen hat. Eben dieses Grundrecht, nur in jeder Hinsicht rechtmäßige staatliche Belastungen dulden zu müssen[6], verbürgt Art. 2 Abs. 1 GG in seiner Auslegung als allgemeine Handlungsfreiheit. Dieser **Anspruch auf Verfassungs- und Rechtmäßigkeit** erstreckt **213**

---

1   S. den Nachweis in BVerfGE 6, 32 (36 f.) auf *v. Mangoldt*, Parlamentarischer Rat, 42. Sitzung des Hauptausschusses, S. 533, abgedruckt in JöR nF. Band 1, S. 61.

2   Früher vertreten von *H. Peters*, Das Recht auf freie Entfaltung der Persönlichkeit in der höchstrichterlichen Rechtsprechung, 1963, s. insbes. S. 49. S. auch BVerfGE 80, 137 (164 ff.) – *Reiten im Walde*, Sondervotum Grimm.

3   BVerfGE 54, 143.

4   BVerfGE 80, 137.

5   *C. Schmitt*, Verfassungslehre, 1. Aufl. 1928, 9. Aufl. 2009, S. 126.

6   BVerfGE 6, 32 (41) – *Elfes*; 29, 402 (408) – *Konjunkturzuschlag*.

sich auf alle rechtlichen Anforderungen einschließlich Zuständigkeits-, Verfahrens- und Formvorschriften. Ein kompetenzwidrig erlassenes freiheitseinschränkendes Gesetz stellt daher schon aus diesem Grunde und unabhängig von der Frage der Verhältnismäßigkeit eine Grundrechtsverletzung dar. Auch unter Verstoß gegen einfaches Recht getroffene freiheitsbeschränkende Einzelfallentscheidungen verletzen den Betroffenen zumindest in seinem Grundrecht der allgemeinen Handlungsfreiheit. Dies ist der Hintergrund der sog. **Adressatentheorie** im Rahmen des § 42 Abs. 2 VwGO[7], wonach der Adressat einer belastenden Verwaltungsentscheidung diese stets der verwaltungsgerichtlichen Überprüfung zuführen kann, da die Rechtswidrigkeit einer Maßnahme gewöhnlich nicht auszuschließen ist und damit für den Adressaten die Möglichkeit einer Verletzung in subjektiven Rechten besteht.

214   Das Bundesverfassungsgericht erstreckt seine Grundrechtsprüfung allerdings nicht auf jede Frage der Anwendung einfachen Rechts, sondern beschränkt sie auf Verstöße gegen **spezifisches Verfassungsrecht**. Dies ist aber eine Folge der Funktionenteilung zwischen der Fachgerichtsbarkeit und dem Bundesverfassungsgericht, das nicht höchstes Fachgericht, nicht Superrevisionsinstanz sein will und soll, sondern Verfassungsgericht ist. Spezifisches Verfassungsrecht umfasst etwa die föderale Kompetenzordnung und das Gesetzgebungsverfahren sowie die zutreffende Auslegung und Anwendung der Grundrechte, insbesondere die Prüfung der grundrechtlichen Verhältnismäßigkeit von Eingriffen.

215   Als Freiheitsrecht ohne spezifischen Bezug zu einem bestimmten Lebensbereich oder Verhalten kommt Art. 2 Abs. 1 GG nur als **Auffanggrundrecht** (subsidiär) zur Anwendung, dh. nur dann, wenn das zu prüfende Verhalten nicht dem Schutzbereich eines anderen Grundrechts zuzuordnen ist. So hat das Bundesverfassungsgericht die Ausreisefreiheit nicht von dem Grundrecht auf Freizügigkeit gemäß Art. 11 GG umfasst gesehen[8], sondern in der grundlegenden Elfes-Entscheidung[9] Art. 2 Abs. 1 GG zugeordnet. Auch die verpflichtende Eingliederung in öffentlich-rechtliche Körperschaften ist wegen Unanwendbarkeit der Vereinigungsfreiheit[10], die sich auf private Zusammenschlüsse bezieht, an Art. 2 Abs. 1 GG zu messen.[11] Dem Anspruch auf effektiven Rechtsschutz gegen Maßnahmen der öffentlichen Gewalt gemäß Art. 19 Abs. 4 GG fügt Art. 2 Abs. 1 GG iVm. Art. 20 Abs. 3 GG den **allgemeinen Justizgewährungsanspruch** hinzu.[12] Auch andere rechtsstaatliche Gehalte lassen sich mithilfe von Art. 2 Abs. 1 GG subjektivieren, und damit verfassungsbeschwerdefähig machen, etwa der Grundsatz der Rechtssicherheit[13], soweit nicht spezielle Grundrechte vorrangig Anwendung finden.

216   Eine Auffangfunktion nimmt Art. 2 Abs. 1 GG auch dann ein, wenn ein spezielleres Grundrecht nur deshalb nicht zur Anwendung kommt, weil dessen personeller Schutzbereich auf Deutsche beschränkt ist. Personen mit anderer als der deutschen Staatsan-

---

7 § 42 Abs. 2 VwGO: „Soweit gesetzlich nichts anderes bestimmt ist, ist die Klage nur zulässig, wenn der Kläger geltend macht, durch den Verwaltungsakt oder seine Ablehnung oder Unterlassung in seinen Rechten verletzt zu sein."
8 S. dazu unten Rn. 226.
9 BVerfGE 6, 32 ff. unbedingt lesen!
10 S. dazu unten Rn. 550.
11 Ständige Rspr.; s. nur BVerfGE 15, 235 – *Pflichtzugehörigkeit zur Industrie- und Handelskammer*; bestätigt in BVerfG, NVwZ 2002, 335; s. noch unten Rn. 550.
12 BVerfGE 107, 395 (401) – *Rechtsschutz gegen den Richter I*; BVerfGE 116, 135 (144 f.) – *Gleichheit im Vergaberecht*.
13 BVerfGE 133, 143 – *Kommunalabgabe, Belastungsvorhersehbarkeit*.

gehörigkeit können sich gegen Beeinträchtigungen im sachlichen Anwendungsbereich von Deutschengrundrechten also auf der Grundlage von Art. 2 Abs. 1 GG wehren.[14]

Grundrechtsträger der allgemeinen Handlungsfreiheit ist „jeder", dh. jede natürliche **217** Person und angesichts der sachlichen Unbestimmtheit des Schutzbereichs auch die juristischen Personen gemäß Art. 19 Abs. 3 GG.[15]

3.2 Gewährleistungsgehalt

Die allgemeine Handlungsfreiheit ist ein klassisches **Abwehrrecht**. Wie bereits ausge- **218** führt[16], kann bei eigener Betroffenheit jegliche dem Staat zurechenbare Maßnahme vom zuständigen Fachgericht daraufhin überprüft werden, ob es sich um eine in jeder Hinsicht rechtmäßige und vor dem Bundesverfassungsgericht, ob es sich um eine spezifisch verfassungsgemäße Konkretisierung der Schranken handelt. Auf der Grundlage der allgemeinen Handlungsfreiheit können also rechtswidrige und insbesondere unverhältnismäßige staatliche Belastungen abgewehrt werden.

Auch die allgemeine Handlungsfreiheit kann durch Dritte beeinträchtigt werden und **219** bedarf dann des **Schutz**es durch den Staat. Die allgemeine Handlungsfreiheit ist Grundlage der **Privatautonomie**, die für das Zivilrecht konstitutiv ist. Diese beruht auf rechtlicher Gleichheit und der Vermutung eines grundsätzlichen Machtgleichgewichts. Aus der Pflicht des Staates, die allgemeine Handlungsfreiheit und Privatautonomie zu schützen, folgt, dass zivilrechtlichen Verträgen, die auf einem eindeutigen Machtungleichgewicht beruhen und sich damit für den unterlegenen Vertragspartner als Fremdbestimmung erweisen, die rechtliche Anerkennung zu versagen ist. Den rechtlichen Ansatz dafür bieten etwa § 138 BGB (Verstoß gegen die guten Sitten) und § 242 BGB (Treu und Glauben).[17] Auch Straftatbestände zum Schutz der Willensbetätigungsfreiheit (zB. § 240 StGB Nötigung) konkretisieren die Schutzpflicht.

3.3 Schranken und ihre verfassungsmäßige Konkretisierung

Da Art. 2 Abs. 1 GG jegliches menschliche Handeln schützt, das nicht von anderen **220** Freiheitsrechten erfasst wird, ohne Rücksicht darauf, welches Gewicht der Betätigung für die Persönlichkeitsentfaltung zukommt[18], sind die Schranken besonders wichtig. Dem Wortlaut nach stößt die allgemeine Handlungsfreiheit auf eine **Schrankentrias:** die Rechte anderer, die verfassungsmäßige Ordnung und das Sittengesetz. Von praktischer Bedeutung ist allein die Schranke der verfassungsmäßigen Ordnung. Dieser Begriff ist nach der entstehungsgeschichtlichen und systematischen Auslegung dahin zu verstehen, dass die gesamte der Verfassung gemäße Rechtsordnung gemeint ist, also alle formell und materiell verfassungsgemäßen Gesetze.[19] War Art. 2 Abs. 1 GG, wie die Entstehungsgeschichte belegt, als allgemeine Handlungsfreiheit gewollt, müssen die Schranken entsprechend weit sein. Dem lässt sich nicht entgegenhalten, dass der identische Begriff (verfassungsmäßige Ordnung) in Art. 9 Abs. 2 GG oder Art. 20 Abs. 3 GG etwas Anderes bedeutet. Zwar besteht bei identischer Begrifflichkeit innerhalb eines Gesetzes eine Vermutung für ein identisches Verständnis. Diese Vermutung kann jedoch durch den engeren systematischen Zusammenhang innerhalb einer Norm

---

14 BVerfGE 78, 179 (196 f.) – *Heilpraktiker*; s. dazu schon oben Rn. 80.
15 S. dazu oben Rn. 87 ff.
16 S. oben Rn. 213.
17 BVerfGE 89, 214 – *Verfassungsverstoß bei eindeutiger Unterlegenheit des einen Partners eines Bürgschaftsvertrags bei ungewöhnlich hohem Haftungsrisiko und fehlendem wirtschaftlichem Eigeninteresse der Bürgin*; s. auch BVerfGE 81, 242 – *Handelsvertreter.*
18 BVerfGE 80, 137 (152) – *Reiten im Walde*; BVerfGE 90, 145 (171) – *Cannabis-Konsum.*
19 BVerfGE 6, 32 (37 ff.) – *Elfes.*

entkräftet werden.[20] Ist die verfassungsmäßige Ordnung im Rahmen des Art. 2 Abs. 1 GG somit als **einfacher Gesetzesvorbehalt** zu verstehen, so bleibt für die anderen beiden Schranken praktisch kein Raum mehr. Die Rechte anderer sind entweder einfachgesetzlich begründete oder geschützte Rechte oder Grundrechte. Letztere binden unmittelbar nur den Staat, nicht aber Privatpersonen, so dass Grundrechte als Rechte anderer stets der Vermittlung durch einfaches Recht bedürfen. Für das Sittengesetz ohne einfachgesetzliche Vermittlung wie in der polizeilichen Generalklausel zu Abwehr von Gefahren der öffentlichen Sicherheit oder Ordnung[21] bleibt in einem Rechtsstaat mit seinen Anforderungen an Normenklarheit und Bestimmtheit praktisch kein Raum.

221 Damit wird die allgemeine Handlungsfreiheit durch einen einfachen Gesetzesvorbehalt beschränkt. An die schrankenziehenden Gesetze sind die bereits dargelegten Anforderungen zu stellen. Insbesondere muss jedes Gesetz dem Grundsatz der **Verhältnismäßigkeit** genügen. Das **Zitiergebot gilt nicht.** Zum einen dient die schrankenziehende Gesetzgebung vielfach der Abgrenzung der Freiheitssphären zwischen Privatpersonen, zum anderen würde die dann nötige inflationäre Verwendung die Warnfunktion des Zitiergebots entwerten.

Rechtsprechung: BVerfGE 6, 32 – *Elfes*; 20, 150 – *Sammlungsgesetz*; 80, 137 – *Reiten im Walde*; 89, 214 – *Bürgschaftsvertrag*; 90, 145 – *Cannabisverbot*; 116, 135 – *Justizgewährleistungsanspruch*; 133, 143 – *Kommunalabgabe, Belastungsvorhersehbarkeit*.

Literatur: *W. Kahl*, Grundfälle zu Art. 2 I GG, JuS 2008, 499 und 595; *J. Lege*, Die Allgemeine Handlungsfreiheit gemäß Art. 2 I GG, Jura 2002, 753.

Fallbearbeitungen: *M. Morlok/D. Disci*, "Teenager-Terroristen, JA 2016, 45; *S. Simon/Chr. Lipp*, Vom Schulhof in den Krieg, Anfängerklausur Grundrechte, JuS 2015, 327.

Lösung zu Fall 4:   Sonnenstudio[22]

Fallfrage: M, die beiden E und S möchten wissen, ob und wie sie gegen das Verbot vorgehen können.

M, E und S könnten Verfassungsbeschwerde einlegen. Die Verfassungsbeschwerden werden Erfolg haben, wenn sie zulässig und begründet sind.

I.   Zulässigkeit

Die Zulässigkeit der Verfassungsbeschwerden richtet sich nach Art. 93 Abs. 1 Nr. 4a GG, §§ 13 Nr. 8a, 90 ff. BVerfGG.

1.   Beschwerdefähigkeit

Nach Art. 93 Abs. 1 Nr. 4a GG, § 90 Abs. 1 BVerfGG ist „jedermann" beschwerdefähig. Angesichts des Zwecks der Verfassungsbeschwerde, Rechtsschutz gegen Grundrechtsverletzungen zu gewähren, sind damit alle Träger von Grundrechten oder grundrechtsgleichen Rechten gemeint, also insbesondere natürliche Personen wie M, die beiden E und S. Soweit der persönliche Schutzbereich der Grundrechte keine Differenzierungen nach dem Alter vorsieht, was der Regelfall ist, sind auch Minderjährige grundrechts- und damit beschwerdefähig. Demnach sind M, die beiden E und S beschwerdefähig.

2.   Prozessfähigkeit

Die Prozessfähigkeit ist im BVerfGG nicht ausdrücklich geregelt. Sie richtet sich nach den fachgerichtlichen Prozessordnungen, denen der jeweilige Streitgegenstand

---

20 Vgl. die Argumentation in BVerfGE 6, 32 (38).
21 Vgl. §§ 1, 3 PolG Baden-Württemberg.
22 Fall nach BVerfG, NJW 2012, 1062 ff.

zuzuordnen ist. In der Regel ist die Geschäftsfähigkeit entscheidend (vgl. § 62 VwGO). Die beiden E und S sind danach prozessfähig. Dagegen ist M als Minderjährige in der Regel mangels unbeschränkter Geschäftsfähigkeit nicht prozessfähig, sondern bedarf der Vertretung durch ihre Eltern. Im Konfliktfall, der hier aber nicht besteht, ist die Vertretung durch einen Prozesspfleger möglich. Bei hinreichender Einsichts- und Artikulationsfähigkeit ist auch die Zuerkennung der Prozessfähigkeit von Grundrechts wegen denkbar. Im konkreten Fall wird M von ihren Eltern vertreten.

3. Beschwerdegegenstand

Beschwerdegegenstand iSd. § 90 Abs. 1 BVerfGG sind alle Akte der öffentlichen Gewalt. Als Folge der Grundrechtsbindung gemäß Art. 1 Abs. 3 GG sind dies die Akte aller drei Staatsgewalten, Gesetzgebung, vollziehende Gewalt und Rechtsprechung. Als Akt der Legislative ist § 4 NiSG tauglicher Beschwerdegegenstand.

4. Beschwerdebefugnis

Befugt zur Erhebung der Verfassungsbeschwerde ist nur, wer geltend machen kann, in eigenen Grundrechten verletzt zu sein. Es muss ein Sachverhalt vorgetragen werden, der eine gegenwärtige und unmittelbare Verletzung in eigenen Grundrechten möglich erscheinen lässt. M macht geltend, nicht gemäß ihren Wünschen ins Solarium gehen, also handeln zu können. Eine Verletzung von Art. 2 Abs. 1 GG ist nicht ausgeschlossen. Die beiden E tragen vor, M nicht gemäß ihren Vorstellungen den Sonnenstudiobesuch erlauben und verbieten, dh. sie nach ihren Vorstellungen erziehen zu können. Eine Verletzung ihres Elternrechts aus Art. 6 Abs. 2 GG erscheint möglich. S macht geltend, beim Betreiben seiner Solarien beschränkt zu werden. Eine Verletzung seiner Berufsfreiheit aus Art. 12 Abs. 1 GG ist nicht ausgeschlossen. Alle Beschwerdeführer machen somit die Verletzung in eigenen Grundrechten geltend. Da das Gesetz in Kraft ist, sind sie auch gegenwärtig betroffen. Eine unmittelbare Betroffenheit setzt voraus, dass das gesetzliche Verbot sie ohne einen weiteren Rechtsakt oder sonstigen staatlichen Zwischenschritt trifft. Das Verbot bedarf nicht der Umsetzung durch einen Verwaltungsakt, sondern gilt für S unmittelbar. Die Bußgeldandrohung ist Sanktion für einen Verstoß gegen das Verbot und nicht dessen Geltungsvoraussetzung. M und die beiden E sind zwar nicht direkt Adressaten des gesetzlichen Verbots. Sie sind als Konsequenz der Befolgung jedoch faktisch unmittelbar, nämlich ohne weiteren staatlichen Akt, betroffen. M, die beiden E und S sind somit gem. § 90 Abs. 1 BVerfGG beschwerdebefugt.

5. Rechtswegerschöpfung

Unmittelbar gegen Parlamentsgesetze des Bundes gibt es nur Verfahren vor dem Bundesverfassungsgericht, so dass das Gebot der Rechtswegerschöpfung gemäß § 90 Abs. 2 S. 1 BVerfGG entfällt. Zu einem Vorrang fachgerichtlicher Klärung könnte noch das in Analogie zur Rechtswegerschöpfung entwickelte Prinzip der Subsidiarität der Verfassungsbeschwerde führen. In einer Feststellungsklage vor dem VG liegt jedoch weder für S noch für die anderen Beschwerdeführer ein anderer oder einfacherer Weg, da es allein um die Frage der Verfassungsmäßigkeit geht, die ohnehin das BVerfG entscheiden müsste (vgl. Art. 100 GG). Eine inzidente Prüfung im Rahmen eines Bußgeldverfahrens ist zwar denkbar; es ist dem S jedoch nicht zuzumuten, sich ordnungswidrig verhalten zu müssen, um die Frage einer Grundrechtsverletzung der Klärung zuzuführen.

6. Form und Frist

Form und Frist richten sich nach §§ 23, 92, 93 Abs. 3 BVerfGG. Die Frist zur Erhebung einer Verfassungsbeschwerde unmittelbar gegen ein Gesetz beträgt ein Jahr seit dessen Inkrafttreten.

7. Ergebnis

Die Verfassungsbeschwerden von M, den beiden E und S sind zulässig.

II. Begründetheit

Die Verfassungsbeschwerden sind begründet, wenn M, die beiden E und S in ihren Grundrechten verletzt sind. [Aufbauhinweis: Adressat des Verbots ist S, was dafür spricht, zunächst die Verletzung in dessen Berufsfreiheit zu prüfen. Allerdings hängt die Verfassungsmäßigkeit des Eingriffs in die Berufsfreiheit entscheidend und allein von der Frage ab, ob der den Minderjährigen und ihren Eltern zu Lasten von deren Selbstbestimmung aufgedrängte Schutz verfassungsmäßig ist. Dies gibt den Ausschlag dafür, zunächst deren Grundrechte zu prüfen. Da das Elternrecht hier das Selbstbestimmungsrecht flankiert, ist es überzeugend mit der Prüfung der Handlungsfreiheit der M zu beginnen. Ein Verstoß gegen den Grundsatz der Subsidiarität der allgemeinen Handlungsfreiheit liegt darin nicht, da dieser nur Anwendung findet, wenn es um die Grundrechte derselben Person geht.]

1. Verletzung der M in Art. 2 Abs. 1 GG

Das Verbot der Sonnenstudiobenutzung durch Minderjährige könnte M in ihrer allgemeinen Handlungsfreiheit verletzen.

a) Schutzbereich

Der Schutzbereich von Art. 2 Abs. 1 GG umfasst jedes menschliche Verhalten unabhängig von der Bedeutung für die Persönlichkeitsentfaltung, denn bereits das Urteil über Bedeutung und Wert eines Verhaltens ist Teil der Selbstbestimmung jeder einzelnen Person. Der Besuch von Sonnenstudios ist folglich von der allgemeinen Handlungsfreiheit erfasst.

b) Eingriff

In den Schutzbereich wird eingegriffen, wenn geschütztes Verhalten in einer dem Staat zurechenbaren Weise unmöglich gemacht oder beeinträchtigt wird. Das gesetzliche Verbot richtet sich zwar nicht an Minderjährige, sondern an Solarienbetreiber, trifft M aber faktisch wie ein an sie gerichtetes Verbot. Das Gesetz greift daher in die allgemeine Handlungsfreiheit von M ein.

c) Verfassungsrechtliche Rechtfertigung

Der Eingriff könnte gerechtfertigt sein.

aa) Schranke

Grundrechtsschranke von Art. 2 Abs. 1 GG ist die verfassungsmäßige Ordnung, dh. in Entsprechung zum weiten Schutzbereich jedes verfassungsmäßige Gesetz.

bb) Verfassungsmäßigkeit der Schrankenkonkretisierung

Zu prüfen ist, ob § 4 NiSG als schrankenkonkretisierendes Gesetz formell und materiell verfassungsmäßig ist.

(1) Formelle Verfassungsmäßigkeit

Die Gesetzgebungszuständigkeit des Bundes ergibt sich aus Art. 72 Abs. 1 und 2 iVm. Art. 74 Abs. 1 Nr. 7, 11 und 19 GG. Die öffentliche Fürsorge umfasst auch den Jugendschutz. Das Betreiben von Solarien unterfällt dem Recht der Wirtschaft und Krebs, um dessen vorsorgliche Bekämpfung es geht, stellt eine gemeingefährliche Krankheit im Sinne des Art. 74 Abs. 1 Nr. 19 GG dar. Da die Materien des Art. 74 Abs. 1 Nr. 19 GG nicht der Erforderlichkeitsprüfung nach Art. 74 Abs. 2 GG unterfallen und die Regelung untrennbar ist, bedarf es keiner Erforderlichkeitsprüfung bzw. ergibt sich die Erforderlichkeit im Sinne der Rechtseinheit notwendig aus dem Ziel des Gesundheitsschutzes. Zweifel an der sonstigen formellen Verfassungsmäßigkeit des Gesetzes bestehen nicht.

(2) Materielle Verfassungsmäßigkeit

Das Gesetz müsste auch materiell verfassungsmäßig, insbesondere verhältnismäßig sein.

(a) Legitimer Zweck

Das Gesetz zielt darauf, die erhöhte Gefahr zu bekämpfen, die von ultravioletter Strahlung für Kinder und Jugendliche ausgeht. Der Schutz der Jugend vor Gesundheitsgefahren stellt einen legitimen Zweck dar.

(b) Geeignetheit

Das Verbot der Nutzung von Sonnenstudios durch Minderjährige ist geeignet, die UV-Bestrahlung zu reduzieren und damit deren Gesundheit zu schützen.

(c) Erforderlichkeit

Es existiert kein anderes, gleich wirksames Mittel. Insbesondere wäre die Aufklärung über die Risiken nicht gleich wirksam.

(d) Angemessenheit

Die Belastung muss aber auch in einem angemessenen Verhältnis zum verfolgten Zweck stehen. Grundsätzlich ist es nicht Aufgabe des Staates, seine Bürger vor Selbstschädigungen zu schützen. Zu bedenken ist aber die besondere Schutzbedürftigkeit von Kindern und Jugendlichen, deren besonderer Rang sich darin zeigt, dass in Art. 5 Abs. 2 GG der Jugendschutz und in Art. 6 Abs. 2 GG das Kindeswohl ausdrücklich erwähnt werden. Die häufig noch nicht vollständig ausgeprägte Einsichtsfähigkeit Minderjähriger rechtfertigt eine stärker schützende Gesetzgebung. Das Argument, der Schutz der Jugend sei in erster Linie Aufgabe der Eltern, verfängt nicht, da die Eltern ihre Kinder nicht rund um die Uhr überwachen können und diese bei zunehmender Selbstständigkeit und unbeaufsichtigtem Verhalten in der Öffentlichkeit des Schutzes durch an Dritte gerichtete Verbote bedürfen. Die Einschränkung der Handlungsfreiheit ist auf der anderen Seite gering. Das Verbot der Sonnenstudiobenutzung ist somit im Hinblick auf die Handlungsfreiheit der Minderjährigen angemessen.

2. Verletzung der E in ihrem Erziehungsrecht

Das Gesetz könnte E in ihrem Recht aus Art. 6 Abs. 2 GG verletzen.

a) Schutzbereich

Das elterliche Erziehungsrecht umfasst das Recht der Eltern, ihre Kinder ihren Vorstellungen gemäß zu erziehen. Die Entscheidung der Eltern darüber, ob sie einen Solariumbesuch ihres minderjährigen Kindes erlauben, erscheint auf den ersten Blick als Bestandteil dieses Erziehungsrechts. Allerdings stellt sich die Frage, ob das Elternrecht nicht von vornherein nur im Rahmen der Rechtsordnung seine Geltung entfaltet, die Eltern ihren Kindern also von Rechts wegen Erlaubtes zwar verbieten, nicht aber von Rechts wegen Verbotenes erlauben können. So stellt etwa das Verbot des Diebstahls keinen Eingriff in das Erziehungsrecht der Eltern dar, auch wenn diese ihren Kindern Diebstahl erlauben möchten. Dieser Ansatz bedarf allerdings der Einschränkung, sofern es sich nicht um Verbote handelt, die generell und eben auch und gerade für Erwachsene gelten, sondern wenn die Minderjährigkeit zum

Grund und Anknüpfungspunkt von Verboten wird. Denn dann stellt sich stets auch die Frage des Verhältnisses zwischen dem elterlichen Erziehungsrecht und staatlicher Reglementierung. Vor diesem Hintergrund ist die Entscheidung über den Besuch des Solariums durch das an Solarienbetreiber gerichtete Verbot nicht bereits aus dem Schutzbereich des Elternrechts ausgeschlossen.

b) Eingriff

Fraglich ist, ob das angegriffene Gesetz in dieses Bestimmungsrecht eingreift. Ein Eingriff ist jede dem Staat zurechenbare Beeinträchtigung oder Schmälerung des Grundrechts. Durch das Gesetz wird den Eltern die Entscheidung zugunsten eines Solariumsbesuchs nicht verboten. Vielmehr wird die Option durch das an die Solarienbesitzer gerichtete Verbot faktisch beeinträchtigt. Die Erlaubnis in Bezug auf die nichtöffentliche und nichtkommerzielle Nutzung bleibt den Eltern erhalten. Dennoch hat das Verbot eine faktische Schmälerung der Entscheidungsmöglichkeiten der Eltern zur Folge. Ein Eingriff liegt vor.

c) Verfassungsrechtliche Rechtfertigung

Der Eingriff könnte gerechtfertigt sein.

aa) Schranke

Das elterliche Erziehungsrecht findet gemäß Art. 6 Abs. 2 S. 2 GG seine Schranke im Wächteramt des Staates. Diese Schranke bezieht sich allerdings ihrem Wortlaut nach auf direkte und zielgerichtete Eingriffe in das Elternrecht zum Wohl des Kindes und nicht auf mittelbare Auswirkungen auf elterliche Entscheidungsoptionen. Insoweit kommen als Konsequenz systematischer Verfassungsauslegung verfassungsimmanente Schranken zum Tragen. Zu nennen ist der Gesundheitsschutz.

bb) Verfassungsmäßigkeit der Schrankenkonkretisierung

Das formell verfassungsmäßige Gesetz (s. o.) müsste auch im Hinblick auf die Beeinträchtigung des Elternrechts verhältnismäßig sein. Im Hinblick auf Zweck, Eignung und Erforderlichkeit gilt das bereits Ausgeführte. Fraglich ist die Angemessenheit der Beeinträchtigung des elterlichen Erziehungsrechts in Abwägung mit dem verfolgten Zweck des Gesundheitsschutzes. Insoweit ist zu berücksichtigen, dass es sich nur um einen sehr geringfügigen Eingriff handelt, da es den Eltern unbenommen bleibt, ihren Kindern im privaten Lebensbereich den Zugang zu einer UV-Bestrahlung zu eröffnen, wenn sie dies für verantwortbar und richtig halten. Demgegenüber werden Eltern unterstützt, welche die Gesundheitsgefahren sehen und damit im Gegensatz zu ihren Kindern stehen. Die Gesundheitsgefahren sind zudem nachgewiesen und erheblich. Der Eingriff durch § 4 NiSG in das Elternrecht ist mithin angemessen.

3. Verletzung des S in seiner Berufsfreiheit

Das Gesetz könnte S in seinem Recht aus Art. 12 Abs. 1 GG verletzen.

a) Schutzbereich

Die Berufsfreiheit schützt Berufswahl und Berufsausübung. Beruf ist jede Tätigkeit, die zur Schaffung einer Lebensgrundlage dient oder beiträgt und nicht schlechthin gemeinwohlschädlich ist. Das Betreiben von Solarien gegen Entgelt fällt damit in den Schutzbereich von Art. 12 Abs. 1 GG.

b) Eingriff

§ 4 NiSG beschränkt den Kundenkreis des S und greift so in seine Berufsausübungsfreiheit ein.

c) Verfassungsrechtliche Rechtfertigung

Der Eingriff könnte gerechtfertigt sein.

aa) Schranke

Nach Art. 12 Abs. 1 S. 2 GG kann die Berufsausübung durch Gesetz geregelt werden. Die Berufsfreiheit unterliegt damit – jedenfalls in der Facette der Berufsausübung – einem einfachen Gesetzesvorbehalt.

bb) Verfassungsmäßigkeit des schrankenkonkretisierenden Gesetzes

Das Gesetz ist formell verfassungsgemäß. Materiell ist die Verhältnismäßigkeit zu prüfen. Im Falle einer schlichten Berufsausübungsregelung bestehen keine erhöhten Anforderungen an diese Prüfung. Hinsichtlich Zweck, Eignung und Erforderlichkeit kann nach oben verwiesen werden. Zu prüfen bleibt die Angemessenheit im Blick auf die Berufsausübungsfreiheit. Den Solarienbetreibern werden zwar potentielle Kunden entzogen, dies jedoch nicht dauerhaft. Das Betreiben von Solarien wird nicht unrentabel oder unmöglich gemacht. Angesichts der hohen Bedeutung des Jugendschutzes und der durch Studien belegten Gefahr, die Kindern und Jugendlichen durch die Nutzung von Sonnenbänken droht, erweist sich die Beschränkung als geringfügig.

4. Ergebnis

Das Gesetz stellt sich im Hinblick auf alle geltend gemachten Grundrechtsbeeinträchtigungen als verhältnismäßig dar.

III. Ergebnis

Die Verfassungsbeschwerden sind zulässig, aber unbegründet. Sie haben keine Aussicht auf Erfolg.

4. Kapitel   Art. 11 GG: Freizügigkeit

4.1 Geschichtliche Entwicklung und allgemeine Bedeutung

222   Art. 11 Abs. 1 GG gewährleistet allen Deutschen Freizügigkeit im ganzen Bundesgebiet. Geschützt ist damit die **Selbstbestimmung** in Bezug auf den **räumlichen Aufenthalt.** Diese Freiheit war ursprünglich[1] allein das Recht des freien Mannes (vgl. Art. 1 iVm. Art. 41, 42 Magna Charta Libertatum[2]). Im Augsburger Religionsfrieden von 1555 wurde die Regelung „cuius regio eius religio" durch ein Auswanderungsrecht für diejenigen flankiert, welche die Glaubensüberzeugung ihres Herrschers nicht teilten. Erst die **Bauernbefreiung** im 19. Jahrhundert machte die Freizügigkeit in Deutschland zu einem allgemeinen Bürgerrecht, zum ersten Mal erwähnt in § 133 Abs. 1 der Frankfurter Paulskirchenverfassung von 1848. Die Vorschrift war Vorbild für Art. 111 WRV. Die darin garantierte innerstaatliche Freizügigkeit wurde in Art. 112 WRV um die Ausreise- und Auswanderungsfreiheit ergänzt. Die Freizügigkeit erweist sich vor diesem geschichtlichen Hintergrund als ein Recht persönlicher und wirtschaftlicher Freiheit.

223   Seine Bewährungsprobe bestand das Grundrecht auf Freizügigkeit in der **Nachkriegszeit,** in der die Bundesrepublik Deutschland Millionen von Flüchtlingen aufzunehmen hatte. Aus dieser Situation erklärt sich die Einschränkbarkeit für den Fall, dass eine ausreichende Lebensgrundlage nicht vorhanden ist und der Allgemeinheit daraus besondere Lasten entstehen würden. Ausdruck staatlicher Schutzpflichten sind die Vorbehalte zur Abwehr von Seuchengefahr, zum Schutz der Jugend und zur Vorbeugung strafbarer Handlungen. Erst mit der Notstandsverfassung im Jahre 1968 fanden die

---

1   Zur Geschichte der Freizügigkeit s. *J. Ziekow*, Über Freizügigkeit und Aufenthalt, 1997, S. 63 ff.

2   Magna Charta:

     Art. 1: Concessimus eciam omnibus liberis hominibus regni nostri, pro nobis et heredibus nostri in perpetuum, omnes libertates subscriptas, habendas et tenendas eis et heredibus suis, de nobis et heredibus nostris.

     We have also granted to all freemen of our kingdom, for us and our heirs for ever, all the underwritten liberties, to be had and held by them and their heirs, of us and our heirs for ever.

     Art. 41: Omnes mercatores habeant salvum et securum exire de Anglia, et venire in Angliam, et morari, et ire per Angliam, tam per terram quam per aquam, ad emendum et vendendum, sine omnibus malis toltis, per antiquas et rectas consuetudines, preterquam in tempore gwerre, et si sint de terra contra nos gwerrina; et si tales inveniantur in terra nostra in principio gwerre, attachientur sine dampno corporum et rerum, donec sciatur a nobis vel capitali justiciario nostro quomodo mercatores terre nostre tractentur, qui tunc invenientur in terra contra nos gwerrina; et si nostri salvi sint ibi, alii salvi sint in terra nostra.

     All merchants shall have safe and secure exit from England, and entry to England, with the right to tarry there

     and to move about as well by land as bywater, for buying and selling by the ancient and right customs, quit from allevil tolls, except (in time of war) such merchants as are of the land at warwith us. And if such are found in our land at the beginning of the war, they shall be deltained, without injury to their bodies or goods, until information be received by us, or by our chief justiciar, how the merchants of our land found in the land at war with us are treated; and if our men are safe there, the others shall be safe in our land.

     Art. 42: Liceat unicuique decetero exire de regno nostro, et redire, salvo et secure, per terram et per aquam, salva fide nostra, nisi tempore gwerre per aliquod breve tempus, propter communem utilitatem regni, exceptis imprisonatis et utlagatis secundum legem regni, et gente de terra contra nos gwerrina, et mercatoribus, de quibus fiat sicut predictum est.

     It shall be lawful in future for any one (excepting always those imprisoned or outlawed in accordance with the law of the kingdom, and natives of any country at war with us, and merchants, who shall be treated as is above provided) to leave our kingdom and to return, safe and secure by land and water, except for a short period in time of war, on grounds of public policy-\\\\-reserving always the allegiance due to us.

     Quelle: Latein: Charles B. Mont, Chartes des libertés anglaises (1100–1305), veröffentlicht durch Alphonse Picard, Paris, 1892. Englisch: Albert Beebe White and Wallce Notestein, eds., Source Problems in English History, Harper and Brothers, New York 1915.

Gefahrenabwehrvorbehalte zugunsten der Bundesrepublik Deutschland und zur Bekämpfung von Naturkatastrophen Eingang in den Verfassungstext.

Innerhalb der Europäischen Gemeinschaft, heute EU, war die Freizügigkeit zunächst **224** als wirtschaftliches Diskriminierungs- und Beschränkungsverbot für Arbeitnehmer, Dienstleister und Unternehmen garantiert (heute Art. 45, 49, 56 AEUV). Seit dem Vertrag von Maastricht (1989) besteht das Recht auf **Freizügigkeit für alle Unionsbürger**, vorausgesetzt sie verfügen über die notwendigen Existenzmittel (heute: Art. 21 AEUV). Einschränkungen ergeben sich insbesondere aus Gründen der öffentlichen Sicherheit und zum Schutz der öffentlichen Gesundheit. Flankiert wird die europaweite Freizügigkeit durch das Schengener Abkommen von 1985, in Deutschland in Kraft seit 1995, durch das die Grenzkontrollen zwischen den Mitgliedstaaten, die sich an diesem Abkommen beteiligen, weitestgehend beseitigt worden sind. Diese unionsrechtlichen Rechtspositionen überlagern die Auslegung und Anwendung der Grundrechte des Grundgesetzes in der Weise, dass der Inhalt der Deutschengrundrechte für nichtdeutsche EU-Bürger im Wege europarechtskonformer Erweiterung oder – vorzugsweise – auf der Grundlage von Art. 2 Abs. 1 GG geltend gemacht werden kann.[3]

4.2 Schutzbereich

4.2.1 Sachlicher Schutzbereich

Als Selbstbestimmung hinsichtlich des räumlichen Aufenthalts umfasst die Freizügig-**225** keit begrifflich **Zuzug** und **Wegzug**, vorübergehenden **Aufenthalt** und dauerhafte **Niederlassung**.[4] Freizügigkeit in diesem Sinne ist abzugrenzen von der körperlichen Bewegungsfreiheit[5], die durch Art. 2 Abs. 2 S. 2 GG sowie Art. 104 GG geschützt wird und von der allgemeinen Handlungsfreiheit, die in Art. 2 Abs. 1 GG ihre Grundlage findet. Während es bei den Habeas-Corpus Rechten der Art. 2 Abs. 2 S. 2 und Art. 104 GG um den Schutz vor staatlichen Zugriffen geht, die die Bewegungsfreiheit tatsächlich beeinträchtigen oder unmöglich machen, also um den Schutz vor dem Festgehalten- und Eingesperrtwerden[6], schützt die Freizügigkeit vor rechtlichen Beschränkungen der Selbstbestimmung über den räumlichen Aufenthalt, betrifft also das **Dürfen**. Geht es im Schwerpunkt um die Selbstbestimmung bzgl. des räumlichen Aufenthalts, so tritt die allgemeine Handlungsfreiheit des Art. 2 Abs. 1 GG – wie stets gegenüber spezielleren Grundrechten – hinter Art. 11 GG zurück.[7] Die Abgrenzung zwischen der Freizügigkeit und der allgemeinen Handlungsfreiheit lässt sich damit nicht am Merkmal einer „gewissen Dauer" festmachen[8], sondern muss sowohl das **Ausmaß der Betroffenheit** in der **Selbstbestimmung über den Aufenthalt** wie den Zweck des jeweiligen Eingriffs berücksichtigen. Danach sind polizeiliche oder jugendschutzrechtliche Aufenthaltsverbote[9] und Sperrbezirke[10] an Art. 11 GG zu messen, weil durch diese Maßnahmen einem bestimmten Personenkreis der Aufenthalt an einem bestimmten Ort verboten wird, wohingegen polizeiliche Kontrollstellen[11] und behördliche Hausverbo-

---

3 Siehe oben Rn. 81.
4 Vgl. BVerfGE 2, 266 – *Notaufnahme*; s. auch BVerfGE 43, 203 (211) – *Deutsch-tschechoslowakischer Vertrag*; 110, 177 (190 f.) – *Spätaussiedler*.
5 S. dazu *D. Merten*, Der Inhalt des Freizügigkeitsrechts, 1970, S. 45 ff.
6 S. oben Rn. 201 ff.
7 Vgl. BVerfGE 80, 137 – *Reiten im Walde*: Problem der allgemeinen Handlungsfreiheit, denn der Aufenthalt im Wald war in räumlicher Hinsicht uneingeschränkt möglich; der Streit ging um das Reiten.
8 So aber *H. D. Jarass*, in: JP, Art. 11 Rn. 2; *D. Merten*, Der Inhalt des Freizügigkeitsrechts, 1970, S. 52.
9 OVG Magdeburg, Beschl. v. 27.6.2006, 2 M 224/06, juris, Rn. 3; VGH Mannheim, NJW 2005, 88.
10 *H. W. Alberts*, NVwZ 1997, 45 (47).
11 *P. Kunig*, in: von Münch/Kunig, Art. 11 Rn. 20 (polizeiliche Maßnahmen).

te[12] allein die allgemeine Handlungsfreiheit betreffen. Kontrollstellen berühren schon gar nicht den Aufenthalt, sondern halten nur auf, während Behörden von vornherein nicht zweckfrei allgemein zugänglich sind. Auch kurzfristige polizeiliche Platzverweise etwa zur Sicherung eines Feuerwehreinsatzes oder einer Bombenentschärfung stellen allein einen Eingriff in die allgemeine Handlungsfreiheit dar.[13]

226   Art. 11 Abs. 1 GG umfasst die Freizügigkeit „im ganzen Bundesgebiet".[14] Dies setzt notwendig voraus, dass auch ein **Recht auf Einreise** besteht, denn anderenfalls würde das Grundrecht durch Verlassen der Bundesrepublik verloren gehen. Die Freizügigkeit „im ganzen Bundesgebiet" gewährleistet dagegen nicht das Recht der Ausreise oder Auswanderung. Dieses Recht ist vielmehr Bestandteil der allgemeinen Handlungsfreiheit.[15]

227   Als Selbstbestimmung über den Aufenthalt schützt Art. 11 GG auch das Recht, nicht zu ziehen, sondern am bisherigen Aufenthaltsort zu bleiben. Handelt es sich allerdings um die Enteignung von Grund und Boden, so sind Art. 14 Abs. 3 und ggf. Art. 15 GG leges speciales. Eine Enteignung im Zusammenhang mit der Ausweitung des Braunkohletagebaus und die damit verbundene Umsiedlung eines ganzen Dorfes (Garzweiler in Nordrhein-Westfalen oder Horno in Brandenburg) waren daher nicht an Art. 11 GG zu messen.[16]

4.2.2 Persönlicher Schutzbereich

228   Das Grundrecht der Freizügigkeit ist ein **Deutschengrundrecht**. Dies steht hinsichtlich des Zuzugs nach Deutschland in Übereinstimmung mit internationalen menschenrechtlichen Standards (vgl. Art. 13 Abs. 1 AEMR, Art. 2 Abs. 1 des 4. ZP EMRK). Die insoweit übliche Unterscheidung zwischen eigenen und fremden Staatsangehörigen ist Grundlage der weltweiten politischen Ordnung in Staaten. Die Gewährung der Freizügigkeit für alle **Unionsbürger** in allen Mitgliedstaaten der Europäischen Union erweist sich vor diesem Hintergrund als eine der Besonderheiten dieses supranationalen Staatenverbundes. Die unmittelbar in Deutschland geltende Grundlage der europäischen Freizügigkeit findet sich in Art. 21 AEUV. Dieses Recht ist vor den Fachgerichten als subjektives Recht durchsetzbar. Für das Bundesverfassungsgericht stellt es allerdings keinen Prüfungsmaßstab dar. Verletzungen des Rechts auf Freizügigkeit im Bundesgebiet sind von Unionsbürgern vor dem Bundesverfassungsgericht auf der Grundlage von Art. 2 Abs. 1 GG geltend zu machen, wobei Schutzgehalt und Schranken europarechtskonform wie in Art. 11 GG zu verstehen sind. Für sonstige Ausländer ist nach der Einreise die Freizügigkeit nach Maßgabe der allgemeinen Handlungsfreiheit garantiert.[17] Ein Zuzugsrecht auf Verfassungsebene besteht für sie nur unter den inzwischen höchst eingeschränkten Voraussetzungen des Asylrechts gemäß Art. 16a

---

12 *S. Baer*, Zum Recht auf Heimat – Art. 11 GG und Umsiedlungen zugunsten des Braunkohletagebaus, NVwZ 1997, 27 (33).

13 *W. Durner*, in: Maunz/Dürig, Art. 11, Rn. 83; aA. *H. W. Alberts*, Freizügigkeit als polizeiliches Problem, NVwZ 1997, 45 (47).

14 S. BVerfGE 110, 177 (191): „Hierzu gehören die Einreise nach Deutschland zum Zwecke der Wohnsitznahme (vgl. BVerfGE 2, 266 (273); 43, 203 (211)) und die Freizügigkeit zwischen Ländern, Gemeinden und innerhalb einer Gemeinde."

15 BVerfGE 6, 32 (36) – *Elfes*; *D. Merten*, Der Inhalt des Freizügigkeitsrechts, 1970, S. 110.

16 BVerfGE 134, 242 Ls. 5 und Rn. 251 ff. – *Braunkohletagebau*; s. zum Ganzen und zur Gegenmeinung *S. Baer*, NVwZ 1997, 27 ff.

17 Vgl. BVerfGE 96, 10 – *Aufenthaltsbeschränkungen für Asylbewerber*; s. zu den Neuregelungen über die Residenzpflicht von Asylbewerbern *M. Pelzer/M. Pichl*, Wohnsitzauflage und Residenzpflicht, Aktuelle Einschränkungen der Freizügigkeit von Flüchtlingen, ZAR 2016, 96 ff.; *S. Sieweke*, Die neuen Grenzen der Freizügigkeit der Nich-EU-Bürger, ZAR 2015, 12 ff.

GG.[18] In der Facette des freien Abzugs aus Deutschland ist die Freizügigkeit dagegen ein Menschenrecht (vgl. Art. 13 II AEMR, Art. 2 II des 4. ZP EMRK). Das GG gewährt dieses Deutschen und Ausländern gleichermaßen auf der Grundlage der allgemeinen Handlungsfreiheit des Art. 2 Abs. 1 GG. **Juristische Personen** können sich auf Art. 11 GG nach Maßgabe von Art. 19 Abs. 3 GG berufen. Für sie erweist sich der Schutzgehalt als Niederlassungsfreiheit.

4.3 Gewährleistungsgehalt

Art. 11 GG ist ein **Abwehrrecht** gegen Beeinträchtigungen und Behinderungen des   **229** freien Ziehens und der freien Aufenthaltsnahme, die dem Staat zurechenbar sind. Ein Eingriff liegt insbesondere vor, wenn der Zug oder der Aufenthalt von Bedingungen, Genehmigungen oder Nachweisen abhängig gemacht wird. An Art. 11 GG zu messen war etwa die Regelung, nach der Spätaussiedler, die an einem anderen als dem ihnen zugewiesenen Ort ständigen Aufenthalt nahmen, grundsätzlich keine Hilfe zum Lebensunterhalt nach dem Bundessozialhilfegesetz erhielten.[19]

Umstritten ist, ob berufliche **Residenzpflichten** einen Eingriff in das Grundrecht auf   **230** Freizügigkeit darstellen.[20] Meines Erachtens handelt es sich in erster Linie um eine Berufsausübungsregelung. Als solche muss die Residenzpflicht zur Gewährleistung spezifischer Berufsanforderungen gerechtfertigt sein. Im Übrigen wird mit der freien Wahl des jeweiligen Berufs die Beschränkung der Freizügigkeit in Kauf genommen, also in sie eingewilligt.
Ein Schutzgehalt ist bisher noch nicht aktuell geworden.

4.4 Schranken und ihre verfassungsmäßige Konkretisierung

Gemäß Art. 11 Abs. 2 S. 1 GG kann das Grundrecht der Freizügigkeit nur durch Gesetz   **231** oder aufgrund eines Gesetzes eingeschränkt werden, welches die spezifischen Anforderungen dieses Absatzes erfüllt (**qualifizierter Gesetzesvorbehalt**). Das **Zitiergebot** findet Anwendung.
Es gibt fünf Fallgruppen, in denen die Verfassung eine Einschränkung der Freizügigkeit erlaubt:
–   Situationen, in denen eine ausreichende Lebensgrundlage nicht vorhanden ist und der Allgemeinheit daraus Lasten entstehen würden (**Sozialvorbehalt**);
–   zur Abwehr einer drohenden Gefahr für den Bestand der freiheitlichen demokratischen Grundordnung des Bundes oder eines Landes (**Notstandsvorbehalt**);
–   zur Bekämpfung von Seuchengefahr, Naturkatastrophen oder besonders schweren Unglücksfällen (**Katastrophenvorbehalt**);
–   zum Schutz der Jugend vor Verwahrlosung (**Jugendschutzvorbehalt**);
–   um strafbaren Handlungen vorzubeugen (**Kriminalvorbehalt**).

Große praktische Bedeutung hat vor allem der Sozialvorbehalt erlangt. Der Gesetzge-   **232** ber hat auf ihn das Gesetz über die Aufnahme von Deutschen in das Bundesgebiet vom 22.8.1950 (Notaufnahmegesetz) gestützt, das Gesetz über die Festlegung eines vorläufigen Wohnsitzes für Aussiedler und Übersiedler vom 6.7.1989 (Aus- und Übersiedlergesetz) sowie die schon erwähnten Beschränkungen für Spätaussiedler.[21]

---

18 Dazu unten Rn. 647 ff.
19 BVerfGE 110, 177 – *Spätaussiedler*.
20 S. *J. Ziekow*, Über Freizügigkeit und Aufenthalt, 1997, S. 473 mwN.
21 Das Gesetz über die Festlegung eines vorläufigen Wohnortes für Spätaussiedler (BGBl. I 2005, S. 2474) trat zum 31.12.2009 außer Kraft. S. zum Zuzugsrecht von Aussiedlern allg. *U. Ruhrmann*, Reformen zum Recht des Aussiedlerzuzugs, 1994; *M. Silagi*, Die Aufnahmerestriktionen für Spätaussiedler und ihre rechtliche Problematik, in: FS Rauschning, 2001, S. 713; *S. Haug/L. Sauer*, Zuwanderung und Integration von (Spät-) Aussiedlern, 2007.

Die polizeirechtlichen Aufenthaltsverbote konkretisieren den Kriminalvorbehalt.[22] Die Gesetzgebungskompetenz des Bundes für die Freizügigkeit gemäß Art. 73 Abs. 1 Nr. 3 GG steht derartigen landesgesetzlichen Regelungen nicht entgegen.[23] Die Konkretisierung der Schranken des Grundrechts der Freizügigkeit ist dem Gegenstand nach keine Regelung der Freizügigkeit im Sinne der Gesetzgebungskompetenz, sondern eine Regelung der Gefahrenabwehr.

Auf den Jugendschutzvorbehalt lassen sich die Aufenthaltsverbote für Vergnügungsstätten stützen (§§ 4 ff. Jugendschutzgesetz[24]). Eingriffsregelungen enthalten auch die Katastrophenschutzgesetze der Länder[25], wobei nicht alle dem Zitiergebot[26] nachkommen.

233 Eine spezielle Schranke für die Freizügigkeit von Dienstverpflichteten enthält **Art. 17a Abs. 2 GG** für Zwecke der Verteidigung einschließlich des Schutzes der Zivilbevölkerung.

Der qualifizierte Gesetzesvorbehalt schließt zusätzliche Einschränkungen der Freizügigkeit durch kollidierende Grundrechte oder andere Rechtswerte von Verfassungsrang nicht aus. Das Bundesverfassungsgericht hat keine Verletzung des Grundrechts aus Art. 11 GG darin gesehen, dass ein von dem geschiedenen Elternteil aus der Obhut des sorgeberechtigten Elternteils entführtes minderjähriges Kind unter Berücksichtigung des in Art. 6 Abs. 2 GG verankerten Sorgerechts an den sorgeberechtigten Elternteil überstellt wurde.[27] Ebenfalls unter Berufung auf Art. 6 Abs. 2 GG hat der Bundesgerichtshof entschieden, dass Eltern verpflichtet sind, einen ihnen zumutbaren Orts- und Berufswechsel vorzunehmen, wenn sie nur auf diese Weise ihre Unterhaltspflicht gegenüber ihren minderjährigen Kindern erfüllen können.[28]

Rechtsprechung: BVerfGE 2, 266 – *Notaufnahme*; 8, 95 – *LandeswohnungsG NRW*; 110, 177 – *Spätaussiedler*; 134, 242 – *Braunkohletagebau*.

Literatur: *M. Breucker*, Präventionsmaßnahmen gegen reisende Hooligans, NJW 2004, 1631; *G.M. Frenzel*, Grundfälle zu Art. 11 GG, JuS 2011, 595. – *F. Schoch*, Das Grundrecht der Freizügigkeit, Jura 2005, 34.

---

22 *W. Hetzer*, Zur Bedeutung des Grundrechts auf Freizügigkeit (Art. 11 GG) für polizeiliche Aufenthaltsverbote, JR 2000, 1 (6 f.).
23 *J. Ziekow*, Über Freizügigkeit und Aufenthalt, 1997, S. 564 ff.
24 Art. 11 GG wird in diesem Gesetz nicht zitiert. Vermutlich handelt es sich um eine bereits vor dem Inkrafttreten des GG existente Eingriffsregelung. S. zum Zitiergebot oben Rn. 126 f.
25 §§ 28 f., 36 LKatSG BW; Art. 10, 18 BayKSG; §§ 13, 15, 16 BbgBKG; §§ 4, 66 BremHilfeG; §§ 46, 51, 64 HBKG; §§ 18 f., 21 LKatSG MV; §§ 26, 34 NKatSG; §§ 25, 28, 40 LBKG RP; §§ 27, 40, 55 SBKG; §§ 58, 74 SächsBRKG; §§ 20, 27 KatSG-LSA; §§ 27, 42 LKatSG SH; §§ 24, 30, 42, 52 ThürBKG.
26 § 20 KatSG Berlin, § 30 HmbKatSG und § 38 FSHG NRW erlauben nicht die Einschränkung von Art. 11 GG.
27 BVerfG, NJW 1996, 3145.
28 BGH, NJW 1980, 2414.

5. Kapitel: Art. 2 Abs. 1 iVm. Art. 1 Abs. 1 GG: Allgemeines Persönlichkeitsrecht

Fall 5: Spick mich

Spickmich.de ist eine Webseite, bei dem die registrierten Nutzer den Inhalt in dem durch den Betreiber des Portals vorgegebenen Rahmen gestalten können. Eine Unterseite ermöglicht es, die Namen von Lehrkräften einzutragen, die an der Schule des Nutzers unterrichten. In einem Bewertungsmodul sind verschiedene Bewertungskriterien aufgelistet, hinsichtlich derer für Lehrer anonym Noten von 1 bis 6 der im Schulbereich üblichen Notenwertigkeit vergeben werden können. Bei früher mindestens vier und inzwischen mindestens zehn abgegebenen Einzelbewertungen wird aus dem Durchschnitt eine Gesamtnote gebildet. Benotungen mit ausschließlich der Note 1 oder 6 werden ausgesondert und fließen nicht in die Gesamtbenotung ein. Auf der Lehrerseite befindet sich außerdem die Schaltfläche „Hier stimmt was nicht", über die Nutzer den Betreiber auf Unstimmigkeiten aufmerksam machen können. Erfolgt innerhalb von 12 Monaten keine Neubewertung für einen Lehrer, werden die früher abgegebenen Bewertungen gelöscht.

L ist Lehrerin. Auf Spickmich.de wurde ein Zeugnis für sie unter Angabe ihres Namens, ihrer Schule und ihrer Unterrichtsfächer angelegt. Auf der Grundlage von vier Schülerbewertungen wurde sie mit der durchschnittlichen Gesamtbewertung 4,3 beurteilt. Name, Schule und Unterrichtsfächer der L können auch über die Webseite ihrer Schule abgerufen werden.

L fühlt sich durch die Veröffentlichung in ihren Grundrechten verletzt. Beurteilen Sie die Rechtslage aus verfassungsrechtlicher Perspektive für den Fall, dass L gerichtlich ein Anspruch auf Löschung der Daten nach § 35 BDSG mit der Begründung verwehrt wird, die Datenerhebung iSd. § 29 BDSG sei zulässig.

§ 29   BDSG Geschäftsmäßige Datenerhebung und -speicherung zum Zweck der Übermittlung

(1) Das geschäftsmäßige Erheben, Speichern, Verändern oder Nutzen personenbezogener Daten zum Zweck der Übermittlung ist zulässig, wenn
1. kein Grund zu der Annahme besteht, dass der Betroffene ein schutzwürdiges Interesse an dem Ausschluss der Erhebung, Speicherung oder Veränderung hat,
2. die Daten aus allgemein zugänglichen Quellen entnommen werden können oder die verantwortliche Stelle sie veröffentlichen dürfte, es sei denn, dass das schutzwürdige Interesse des Betroffenen an dem Ausschluss der Erhebung, Speicherung oder Veränderung offensichtlich überwiegt, …

(2) Die Übermittlung im Rahmen der Zwecke nach Absatz 1 ist zulässig, wenn
1. der Dritte, dem die Daten übermittelt werden, ein berechtigtes Interesse an ihrer Kenntnis glaubhaft dargelegt hat und
2. kein Grund zu der Annahme besteht, dass der Betroffene ein schutzwürdiges Interesse an dem Ausschluss der Übermittlung hat. …

§ 35 Abs. 2 S. 2 BDSG

Personenbezogene Daten sind zu löschen, wenn 1. ihre Speicherung unzulässig ist.

Der grundrechtliche Schutz des allgemeinen Persönlichkeitsrechts ist ein Beispiel richterlicher Rechtsfortbildung von außerordentlicher Wirkungsmacht. Die normative Grundlage bilden Art. 2 Abs. 1 GG und Art. 1 Abs. 1 GG. Es handelt sich um die Abwehr von Beeinträchtigungen der Person, die nicht primär ihr Handeln, sondern ihr **Sein** berühren. Anders als im Schutzbereich des Art. 2 Abs. 2 GG ist dieses Sein   **234** allerdings nicht körperlich betroffen, sondern die Person ist **immateriell beeinträchtigt.** Die Qualität des Menschen als Person findet ihre Grundlage in der Menschenwürde. Es geht aber um die Abwehr von Eingriffen, die nicht die Qualität einer Menschenwürdeverletzung haben, da und sofern durch sie die Persönlichkeitssphäre zwar berührt, das Personsein des betroffenen Menschen aber nicht negiert wird. Insofern lässt sich sagen, dass die Verbindung von Art. 2 Abs. 1 GG und Art. 1 Abs. 1 GG, genannt allgemeines Persönlichkeitsrecht, eine Lücke zwischen den beiden Grundrechten schließt, die sich daraus ergibt, dass Art. 2 Abs. 1 GG das aktive Tun schützt, während es beim allgemeinen Persönlichkeitsrecht eher darum geht „in Ruhe gelassen zu werden", ein solches Recht aber nicht umfassend den Höchstwertschutz der Menschenwürde genießt. Die Verbindung beider Grundrechte wird praktisch bedeutsam bei der Bestimmung der Schranken.

5.1 Entstehung und Entwicklung

235   Es war der **BGH,** der **1954** in Abkehr von der früheren reichsgerichtlichen Judikatur[1] auf der Grundlage der neuen Verfassung und anknüpfend an Vorarbeiten in der Literatur das allgemeine Persönlichkeitsrecht als sonstiges Recht im Rahmen des § 823 Abs. 1 BGB anerkannte: „Nachdem nunmehr das Grundgesetz das Recht des Menschen auf Achtung seiner Würde (Art. 1 GG) und das Recht auf freie Entfaltung seiner Persönlichkeit auch als privates, von jedermann zu achtendes Recht anerkennt, soweit dieses Recht nicht die Rechte anderer verletzt oder gegen die verfassungsmäßige Ordnung oder das Sittengesetz verstößt (Art. 2 GG), muß das allgemeine Persönlichkeitsrecht als ein verfassungsmäßig gewährleistetes Grundrecht angesehen werden (vgl. Enneccerus-Nipperdey, Allgemeiner Teil 14. Aufl. § 78 I 2; Enneccerus-Lehmann, Schuldrecht 14. Aufl. §§ 233 2c; Coing SJZ 1947, 642)."[2] In weiteren Entscheidungen stellte der BGH klar, dass die Frage der Verletzung jeweils einer sorgsamen Güter- und Interessenabwägung bedürfe und bemühte sich, die generalklauselartige Weite des allgemeinen Persönlichkeitsrechts zu konkretisieren.[3]

236   Das **Bundesverfassungsgericht** spricht bereits in der Elfes-Entscheidung aus dem Jahre 1957 von einer dem Bürger vorbehaltenen **Sphäre privater Lebensgestaltung** und nimmt dabei Bezug auf die Menschenwürde sowie Art. 2 Abs. 1 GG und die Wesensgehaltsgarantie des Art. 19 Abs. 2 GG.[4] In dieser Entscheidung ging es allerdings vorrangig darum, die allgemeine Handlungsfreiheit gegenüber dem Gesetzgeber zu konturieren. Aufgenommen und weitergeführt wird der Gedanke vom Schutz der privaten Lebenssphäre in der Mikrozensus-Entscheidung.[5] Hier wie in folgenden Entscheidungen zur Verwendung von Daten aus Scheidungs-[6] oder Krankenakten[7] entfaltet das Gericht, dass die Erhebung und Verwendung von Daten der privaten Lebenssphäre, auch wenn sie nicht die Menschenwürde verletzen, am Maßstab von Art. 2 Abs. 1 GG in Verbindung mit Art. 1 Abs. 1 GG zu prüfen sind. Den Maßstab der Rechtfertigungs-

---

1 S. dazu die Ausführungen in BVerfGE 34, 269 (271 f.).
2 BGHZ 13, 334 (338) – *Hjalmar Schacht.* Es ging um die von dem Briefschreiber nicht genehmigte und inhaltlich veränderte Veröffentlichung eines Briefes.
3 Vgl. BVerfGE 34, 269 (272). S. aus der Rechtsprechung des BGH insbesondere noch den Herrenreiterfall BGHZ 26, 349, bei dem es um die ungenehmigte Verwendung eines Fotos für die Werbung für ein sexuelles Stärkungsmittel ging. S. auch BGHZ 30, 7 – *Caterina Valente* (Erwähnung in einer Werbeanzeige ohne Zustimmung); 107, 384 – *Emil Nolde* (Bildfälschung durch Signaturmissbrauch); 128, 1 – *erfundenes Interview mit Caroline von Monaco;* BGHZ 143, 214 – *Marlene Dietrich,* unautorisierte Verwendung von Bildern.
4 BVerfGE 6, 33 (41) – *Elfes.*
5 BVerfGE 27, 1 (6 f.) – *Mikrozensus.*
6 BVerfGE 27, 344 (350) – *Verwendung von Scheidungsakten im Disziplinarverfahren.*
7 BVerfGE 32, 373 (378 ff.) – *Verwendung von Krankenakten im Strafverfahren.*

prüfung sollen dabei die Grundsätze bilden, die das Bundesverfassungsgericht für Eingriffe in die körperliche Unversehrtheit entwickelt hat.[8]

In der Soraya-Entscheidung, bei der es um Schadensersatz für ein erfundenes Interview **237** ging, bestätigte das Bundesverfassungsgericht dann ausdrücklich die Rechtsprechung des BGH zum allgemeinen Persönlichkeitsrecht als verfassungskonform.[9] In der Volkszählungsentscheidung aus dem Jahre 1983 erfuhr das allgemeine Persönlichkeitsrecht eine weitere Konkretisierung als **Recht auf informationelle Selbstbestimmung** und avancierte damit zur verfassungsrechtlichen Grundlage eines weitreichenden **Datenschutz**es.[10] Die neueste Ausprägung hat das allgemeine Persönlichkeitsrecht im Zusammenhang mit der Abwehr von Online-Durchsuchungen als **Gewährleistung der Vertraulichkeit und Integrität informationstechnischer Systeme** erhalten.[11]

5.2 Schutzbereich

Wie dargelegt, besteht die Funktion des allgemeinen Persönlichkeitsrechts darin, die **238** engere persönliche Lebenssphäre und die Erhaltung ihrer Grundbedingungen zu gewährleisten, soweit dies nicht bereits durch die übrigen Freiheitsrechte geschieht.[12] Es entspricht dieser Funktion, dass der Schutzbereich gerade auch zur Abwehr neuer Bedrohungen **entwicklungsoffen** ist.[13]

5.2.1 Sachlicher Schutzbereich

Die folgenden Fallgruppen haben sich bisher herausgebildet[14]:   **239**
1. der Schutz der engeren persönlichen Lebenssphäre (Privat-, Geheim-, Intimsphäre)[15]
2. die persönliche Ehre[16]
3. das Recht am eigenen Bild und am eigenen Wort[17]
4. das Verfügungsrecht über die Darstellung der eigenen Person[18]
5. das Recht auf informationelle Selbstbestimmung[19]
6. das Recht auf Gewährleistung der Vertraulichkeit und Integrität informationstechnischer Systeme[20]
7. das Recht auf Kenntnis der eigenen Abstammung[21].

Der **Schutz der engeren persönlichen Lebenssphäre** schützt die Möglichkeit, sich aus der Öffentlichkeit zurückzuziehen und dort ungestört zu bleiben. Der Schutzgehalt weist einen thematischen und einen räumlichen Aspekt auf.[22] Besonders intensiven Schutz genießen Kinder.[23] Geschützt sind des Weiteren das nichtöffentliche Gespräch, Tagebuchaufzeichnungen, sowie Daten über den Gesundheitszustand oder Familienin-

---

8 BVerfGE 32, 373 (379).

9 BVerfGE 34, 269 (281 f.).

10 BVerfGE 65, 1 ff. – *Volkszählung*.

11 BVerfGE 120, 274 ff.

12 Zum Verhältnis zu Art. 10 GG s. Rn. 251 f., zu Art. 13 GG s. Rn. 241, 265.

13 S. BVerfGE 120, 274 (306) zur Notwendigkeit der Ergänzung um ein Recht auf Vertraulichkeit und Integrität informationstechnischer Systeme.

14 Vgl. auch die Zusammenstellung der bisherigen Rechtsprechung in BVerfGE 54, 148 (153 f.) – *Eppler*.

15 BVerfGE 34, 238 (245 f.) – *heimliche Tonbandaufnahme*; 47, 46 (73) – *Sexualkundeunterricht*; 49, 286 (298) – *Transsexuelle*.

16 BVerfGE 99, 185 (193 f.) – *Behauptung der Scientology-Mitgliedschaft*; 114, 339 (346 f.) – *herabsetzende Behauptung*.

17 BVerfGE 34, 269 (282 f.) – *Soraya*; BVerfGE 34, 238 (246) – *Tonband*; BVerfGE 54, 148 (155 f.) – *Eppler*.

18 BVerfGE 35, 202 (220) – *Lebach*; 119, 1 (24) – *Esra*.

19 BVerfGE 65, 1 ff. – *Volkszählung*; 84, 192 (194); 96, 171 (181).

20 BVerfGE 120, 274 (302 ff.).

21 BVerfGE 79, 256 (268 f.); 90, 263 (270).

22 BVerfGE 101, 361 (382 ff.) – *Caroline II*.

23 BVerfGE 101, 361 (385).

terna. Das **Recht der persönlichen Ehre** gibt dagegen kein umfassendes Recht darauf, Ruf und Ansehen der eigenen Person zu bestimmen. Es schützt aber, wie strafrechtlich insbesondere in den §§ 185 ff. StGB konkretisiert, vor Verleumdung und Schmähung. Das **Recht am eigenen Bild und am eigenen Wort** gibt dem Grundrechtsträger die Verfügungsbefugnis über die Verwendung von Bildern seiner Person sowie über seine verbalen Äußerungen. Insoweit erstreckt sich der Schutz auch gegen fehlerhafte Zuschreibung oder Verfälschung von Äußerungen. Darüber hinaus darf jedermann grundsätzlich selbst bestimmen, ob und wieweit andere sein Lebensbild im Ganzen oder bestimmte Vorgänge aus seinem Leben öffentlich darstellen dürfen.[24] Das Recht auf **informationelle Selbstbestimmung** gewährleistet die Befugnis des Einzelnen, grundsätzlich selbst über die Preisgabe und Verwendung seiner persönlichen Daten zu bestimmen. Es schützt damit gegen die unbegrenzte Erhebung, Speicherung, Verwendung und Weitergabe persönlicher Daten. Das Bundesverfassungsgericht reagierte mit dieser Ausprägung des allgemeinen Persönlichkeitsrechts auf die neuartigen Gefahren, die sich aus den Möglichkeiten der automatischen Datenverarbeitung ergeben haben.[25]

240 Den entwicklungsoffenen und lückenschließenden Charakter des allgemeinen Persönlichkeitsrechts betonte das Gericht erneut in seiner Entscheidung zu polizeirechtlichen Ermächtigungen zu **Online-Durchsuchungen**. Da weder Art. 13 noch Art. 10 GG diese Art von Eingriffen erfassen, musste das allgemeine Persönlichkeitsrecht um eine weitere Facette ergänzt werden:
„**Das Grundrecht auf Gewährleistung der Integrität und Vertraulichkeit informationstechnischer Systeme** [...] schützt [...] das Interesse des Nutzers, dass die von einem ... informationstechnischen System erzeugten, verarbeiteten und gespeicherten Daten vertraulich bleiben. Ein Eingriff in dieses Grundrecht ist [...] anzunehmen, wenn die Integrität des [...] informationstechnischen Systems angetastet wird, indem auf das System so zugegriffen wird, dass dessen Leistungen, Funktionen und Speicherinhalte durch Dritte genutzt werden können; dann ist die entscheidende technische Hürde für eine Ausspähung, Überwachung oder Manipulation des Systems genommen. [...] Eine grundrechtlich anzuerkennende Vertraulichkeits- und Integritätserwartung besteht allerdings nur, soweit der Betroffene das informationstechnische System als eigenes nutzt und deshalb den Umständen nach davon ausgehen darf, dass er allein oder zusammen mit anderen zur Nutzung berechtigten Personen über das informationstechnische System selbstbestimmt verfügt. Soweit die Nutzung des eigenen informationstechnischen Systems über informationstechnische Systeme stattfindet, die sich in der Verfügungsgewalt anderer befinden, erstreckt sich der Schutz des Nutzers auch hierauf."[26]
Das Bundesverfassungsgericht hatte nur Anlass, das Grundrecht auf Vertraulichkeit und Integrität informationstechnischer Systeme als Abwehrrecht gegenüber Zugriffen des Staates zu entwickeln. Ein Feld zukünftiger Entwicklungen wird es sein, die mittelbaren Wirkungen dieses Grundrechts zwischen Privatpersonen zu konkretisieren.

241 Einen ganz eigenen Charakter hat das allgemeine Persönlichkeitsrecht in der Gestalt des Rechts auf **Kenntnis der eigenen Abstammung**. Es geht um die Selbstbestimmung hinsichtlich der Kenntnis um die verwandtschaftlichen Verhältnisse zu anderen Personen. Dieses Wissen ist aufgrund seiner identitätsstiftenden Bedeutung Teil der Persönlichkeit.[27] Die Selbstbestimmung umfasst das Recht zu wissen ebenso wie nicht zu wissen. Entscheidend ist die Abwehr von Einmischungen Dritter. Das Recht gewährt nach der Rechtsprechung des Bundesverfassungsgerichts keinen Leistungsanspruch auf Verschaffung von Kenntnissen um die eigene Abstammung, sondern nur darauf, dass

---

24 BVerfGE 35, 202 (220); 63, 131 (142 f.).
25 BVerfGE 65, 1 (42 f.) – *Volkszählung*.
26 BVerfGE 120, 274 (314 f.).
27 BVerfGE 79, 256 (268 f.); 117, 202 (225 f.).

bestehende Kenntnis nicht vorenthalten wird. Dabei genügt es dem Gericht allerdings, dass die Information in den Genen der beteiligten Personen vorhanden ist.[28] Zudem hat es den Gesetzgeber in die Pflicht genommen, dem rechtlichen Vater ein geeignetes Verfahren zur Klärung der Abstammung eines Kindes zur Verfügung zu stellen.[29] Damit hat das Recht auf Kenntnis der Abstammung Züge eines Leistungsrechts erhalten.

5.2.2 Persönlicher Schutzbereich

Das allgemeine Persönlichkeitsrecht ist ein **Menschenrecht**. Aufgrund der Nähe zur **242** Menschenwürde stellt sich die Frage, ob dadurch dem Wesen nach eine Anwendung zugunsten juristischer Personen ausgeschlossen ist. Eine pauschale Antwort wird dem Facettenreichtum des Grundrechts nicht gerecht. Sofern nicht schon vergleichbare Schutzwirkungen etwa für Unternehmen durch die Anwendung der Berufsfreiheit[30] oder für Religionsgemeinschaften durch die Anwendung von Art. 4 Abs. 1 und 2 GG oder Art. 140 GG iVm. Art. 137 Abs. 3 WRV erreicht werden, ist insbesondere hinsichtlich der Ausprägung des Rechts am eigenen Wort[31], des Rechts auf informationelle Selbstbestimmung sowie des Rechts auf Gewährleistung der Vertraulichkeit und Integrität informationstechnischer Systeme eine vergleichbare Gefährdungslage denkbar.

5.3 Gewährleistungsgehalt

Das allgemeine Persönlichkeitsrecht schützt als **Abwehrrecht** vor staatlichen Eingrif- **243** fen, insbesondere vor der Erhebung und Verwendung von personenbezogenen Daten sowie nunmehr auch vor dem Eindringen in informationstechnische Systeme. Wie schon die Entstehung aus der Rechtsprechung des BGH vermuten lässt, ist das allgemeine Persönlichkeitsrecht aber auch in besonderem Maße Verletzungen durch private Dritte ausgesetzt. Die **Schutzpflicht** des Staates konkretisiert sich etwa in den Strafgesetzen zum Schutz der persönlichen Ehre sowie in den speziellen zivilrechtlichen Rechtsgrundlagen zum Schutz des Namens, Bildes, Wortes sowie der Privatsphäre. Zu nennen sind insbesondere die §§ 22, 23 Kunsturhebergesetz sowie die §§ 823, 1004 BGB. Die Gerichte haben bei der Anwendung und Auslegung dieser Normen die verfassungsrechtlichen und damit die verfassungsgerichtlichen Aussagen zum allgemeinen Persönlichkeitsrecht zu beachten. Des Weiteren sind die Vorschriften des Bundesdatenschutzgesetzes in Bezug auf die Erhebung und Verwendung von Daten durch Privatpersonen Schutzgesetze. Die Bedeutung der neuesten Ausprägung des allgemeinen Persönlichkeitsrechts, der Vertraulichkeit und Integrität informationstechnischer Systeme, für die Beziehungen zwischen Privatpersonen ist noch kaum absehbar. Die neue Datenschutzgrundverordnung der Europäischen Union[32] und ein neu gefasstes Bundesdatenschutzgesetz[33] sollen den Schutz auch insoweit verbessern.

5.4 Schranken und ihre verfassungsmäßige Konkretisierung

Ebenso wie die Grundrechte des Art. 2 Abs. 2 GG, welche die körperliche Seite der **244** Person schützen, steht das allgemeine Persönlichkeitsrecht, welches die Person vor immateriellen Beschädigungen schützt, unter **Gesetzesvorbehalt**.[34] Eingriffe bedürfen danach einer parlamentsgesetzlichen Rechtsgrundlage und sind einer strikten Prüfung

---

28 BVerfGE 117, 202 (227).
29 Zu den Grenzen dieses Rechts siehe nunmehr BVerfGE 141, 186 – *Abstammungsklärungsverfahren*.
30 Siehe dazu *J. Wilms/J. Roth*, Die Anwendbarkeit des Rechts auf informationelle Selbstbestimmung auf juristische Personen iS. von Art. 19 III GG, JuS 2004, 577.
31 BVerfGE 106, 28 (42) – *heimliches Mithören eines Telefonats*.
32 Verordnung (EU) 2016/679 vom 27. April 2016, ABl. vom 4.5.2016 L 119/1.
33 BGBl. I 2017, 2097.
34 BVerfGE 65, 1 (46) – *Volkszählung*; s. auch BVerfGE 138, 33 Rn. 30 – *Amtshilfe*: Art. 35 Abs. 1 GG genügt nicht als Grundlage für eine Datenübermittlung.

am Maßstab der **Verhältnismäßigkeit** unterworfen. Von erheblicher Bedeutung ist auch der **Bestimmtheitsgrundsatz.** Das **Zitiergebot** gilt allerdings nicht. Je näher ein Eingriff dem Menschenwürdekern des Grundrechts kommt, umso höher sind die Anforderungen an die Rechtfertigung. Insoweit wird zwischen einem **unantastbaren Kernbereich** privater Lebensgestaltung, einer innersten Sphäre (**Intimsphäre**), in die nur ausnahmsweise eingegriffen werden darf, einer Sphäre der **Privatheit** sowie einer Sphäre der **Öffentlichkeit** unterschieden. Zwar lassen sich die Sphären nicht eindeutig voneinander abgrenzen; sie bieten aber dennoch eine gewisse Orientierungshilfe bei der Anwendung des Verhältnismäßigkeitsgrundsatzes.

245   Bei unmittelbar staatlichen Eingriffen stellen vor allem die Abwehr von Gefahren für die öffentliche Sicherheit und die Strafverfolgung rechtfertigende Zwecke dar. Je intensiver der Eingriff in das Persönlichkeitsrecht ist, umso höhere Anforderungen sind an die Schwere, Konkretheit oder Intensität der Gefahr[35] oder die Schwere der verfolgten Straftaten[36] zu stellen. In den Entscheidungen zur Antiterrordatei und zu den Antiterrormaßnahmen auf der Grundlage des BKA-Gesetzes hat das Bundesverfassungsgericht aus dem Bestimmtheitsgrundsatz und dem Verhältnismäßigkeitsprinzip detaillierte Anforderungen an die Ausgestaltung der Regelungen abgeleitet. Dazu gehören neben dem Kernbereichsschutz ein informationelles Trennungsprinzip zwischen den verschiedenen Behörden, das Prinzip der hypothetischen Datenneuerhebung bei Zweckänderung sowie die Gewährleistung eines materiell vergleichbaren Schutzniveaus bei der Übermittlung von Daten an ausländische Stellen.[37] Im Zusammenhang mit dem Recht auf Vertraulichkeit und Integrität informationstechnischer Systeme hat das Bundesverfassungsgericht als Voraussetzung für den Eingriff aus dem **Verhältnismäßigkeitsgrundsatz** abgeleitet, dass „tatsächliche Anhaltspunkte einer konkreten Gefahr für ein überragend wichtiges Rechtsgut bestehen. Überragend wichtig sind Leib, Leben und Freiheit der Person oder solche Güter der Allgemeinheit, deren Bedrohung die Grundlagen oder den Bestand des Staates oder die Grundlagen der Existenz der Menschen berührt. Die Maßnahme kann schon dann gerechtfertigt sein, wenn sich noch nicht mit hinreichender Wahrscheinlichkeit feststellen lässt, dass die Gefahr in näherer Zukunft eintritt, sofern bestimmte Tatsachen auf eine im Einzelfall durch bestimmte Personen drohende Gefahr für das überragend wichtige Rechtsgut hinweisen."[38] Des Weiteren hat es in Entsprechung zu Art. 13 GG (Unverletzlichkeit der Wohnung) gefordert, dass die heimliche Infiltration eines informationstechnischen Systems grundsätzlich unter den **Vorbehalt richterlicher Anordnung** zu stellen ist, da nur auf diese Weise eine Kontrolle ermöglicht werde. Das Gesetz, das zu einem solchen Eingriff ermächtigt, muss zudem Vorkehrungen enthalten, um den Kernbereich privater Lebensgestaltung zu schützen.[39]

246   In den Fällen mittelbarer Drittwirkung sind es vor allem die Kommunikationsfreiheiten des Art. 5 GG, die mit dem allgemeinen Persönlichkeitsrecht in Kollision geraten. Darauf wird im siebten Teil näher eingegangen.[40]

Rechtsprechung: BVerfGE 65, 1 – *Volkszählung*; 80, 367 – *Tagebuch*; 115, 320 – *Rasterfahndung*; 120, 274 – *Online-Durchsuchung*; 120, 378 – *Kfz-Kennzeichen*; 133, 277 – *Antiterrordatei*; 141, 220 – *BKAG*; BVerfGE 35, 202 – *Lebach*; 101, 361 – *Caroline I*; 120, 180 – *Caroline II*; 106, 28 – *heimliches Mithören Telefonat*; 117, 202 – *heimliche Vaterschaftstests*; 119, 1 – *Esra*; 141, 186 – *Abstammungsklärungsverfahren*.

---

35 Vgl. §§ 26 ff. PolG BW.
36 Vgl. §§ 81a ff. StPO.
37 BVerfGE 133, 277 – *Antiterrordatei*; BVerfGE 141, 220 – *BKAG*.
38 BVerfGE 120, 274 Ls. 2.
39 BVerfGE 120, 274 Ls. 3. S. dazu auch die Ausführungen zu Art. 13 GG unten Rn. 272.
40 S. dazu unten Rn. 457 ff., 476, 506 ff.

Literatur: *H. Ehmann,* Das Allgemeine Persönlichkeitsrecht, Jura 2011, 437; *M. Eifert,* Das Allgemeine Persönlichkeitsrecht des Art. 2 Abs. 1 GG, Jura 2015, 1181; *W. Kahl/L. Ohlendorf,* Grundfälle zu Art. 2 I iV. mit 1 I GG, JuS 2008, 682; *C. Kremer,* Persönlichkeitsschutz für Prominente, Jura 2006, 459; *F. Schoch,* Das Recht auf informationelle Selbstbestimmung, Jura 2008, 352; *W. Schulz/U. Jürgens,* Das Recht am eigenen Bild – Eine fallorientierte Einführung in Struktur und aktuelle Probleme des Bildnisschutzes, JuS 1999, 770; *B. Spilker,* Das Recht auf Kenntnis der Abstammung im Verfassungsrecht, JuS 2016, 988; *J. Wilms/J. Roth,* Die Anwendbarkeit des Rechts auf informationelle Selbstbestimmung auf juristische Personen iS. von Art. 19 III GG, JuS 2004, 577.

Fallbearbeitungen: *W. Frotscher/U. Kramer,* Die Prinzessin als Objekt journalistisch-fotografischer Begierde, JuS 2002, 861 (Anfängerklausur, → Pressefreiheit); *C. Hinz,* Onlinedurchsuchungen, Jura 2009, 141 (Examensklausur); *D. Mengeler,* Sicherheit im Beichtstuhl, Anfängerklausur Grundrechte, JuS 2016, 997; *J. Nolte/J. Roggon,* Grundrecht – Männlich, weiblich, ohne Angabe, Anfängerhausarbeit, JuS 2015, 801; *A. Schäfer/J.O. Merten,* Der Skandalroman, JA 2004, 548 (Fortgeschrittenenklausur, → Kunstfreiheit); *J. Stinner,* Persönlichkeitsrecht vs. Rundfunkfreiheit (→ Rundfunkfreiheit), Anfängerklausur Grundrechte, JuS 2015, 616; *L. Wittschurky/D. Wolf,* Langhaarige Soldaten – Anfängerklausur Grundrechte, JuS 2017, 132.

Lösung zu Fall 5:   Spick mich[41]

L möchte wissen, ob die gerichtlich bestätigte Weigerung des Betreibers der Webseite Spickmich.de, ihre dort vorhandenen Daten zu löschen, sie in ihren Grundrechten verletzt. L könnte durch die verwehrte Löschung der Daten in ihrem allgemeinen Persönlichkeitsrecht aus Art. 2 Abs. 1 GG iVm. Art. 1 Abs. 1 GG verletzt sein.

I. Schutzbereich

Zunächst müsste der Schutzbereich des Grundrechts eröffnet sein.

Das allgemeine Persönlichkeitsrecht schützt vor Beeinträchtigungen der Person, die nicht primär ihr Handeln, sondern ihr Sein im nichtkörperlichen Sinne berühren. Die Menschenwürdegarantie nach Art. 1 Abs. 1 GG schützt die Achtung des Menschen als Person. Eingriffe, die nicht die Qualität einer Menschenwürdeverletzung haben, sondern die Persönlichkeitssphäre nur berühren, sind aber nicht von Art. 1 Abs. 1 erfasst. Art. 2 Abs. 1 GG erfasst wiederum nur Eingriffe in die Handlungsfreiheit, nicht in das immaterielle Sein; er schützt das Handeln, nicht das „in Ruhe gelassen werden". Die Verbindung von Art. 2 Abs. 1 GG und Art. 1 Abs. 1 GG zum allgemeinen Persönlichkeitsrecht schließt die Lücke zwischen den beiden Grundrechten.

Eine Ausprägung des allgemeinen Persönlichkeitsrechts ist das Recht auf informationelle Selbstbestimmung. Dieses Recht gewährleistet die Befugnis des Einzelnen, selbst über die Preisgabe und Verwendung seiner persönlichen Daten zu bestimmen. Es schützt damit gegen die unbegrenzte Erhebung, Speicherung, Verwendung und Weitergabe persönlicher Daten.

Bei der Bewertung auf der Webseite handelt es sich um Daten, die L als Person persönlich betreffen. Der Schutzbereich des Grundrechts aus Art. 2 Abs. 1 iVm. Art. 1 Abs. 1 GG ist eröffnet. L ist als natürliche Person Grundrechtsträgerin.

II. Eingriff

Indem die Gerichte L den von ihr geltend gemachten Anspruch auf Löschung versagen, müssten sie in ihr Grundrecht auf informationelle Selbstbestimmung eingegriffen haben. Ein Eingriff ist jede dem Staat zurechenbare Grundrechtsbeeinträchtigung. Die eigentliche Grundrechtsbeeinträchtigung geht von dem privaten Betreiber

---

41 Fall nach BGHZ 181, 328 ff.

der Webseite aus. Dieser ist selbst nicht unmittelbar an die Grundrechte gebunden. Die Grundrechte durchdringen jedoch als objektive Wertentscheidungen die gesamte Rechtsordnung. Die Generalklausel des „schutzwürdigen Interesses" in § 29 BDSG muss dementsprechend im Lichte der Grundrechte ausgelegt werden. Soweit die Grundrechte bei der Anwendung und Auslegung des einfachen Rechts zur Anwendung gelangen, sind die Gerichte ihrerseits gemäß Art. 1 Abs. 3 GG unmittelbar grundrechtsgebunden. Die Versagung der Löschung stellt daher einen dem Staat zurechenbaren Grundrechtseingriff durch die Gerichte dar.

III. Verfassungsrechtliche Rechtfertigung

Eine Grundrechtsverletzung liegt nur dann vor, wenn das Gericht bei der Anwendung und Auslegung verfassungsmäßiger Vorschriften Grundrechte verkannt hat und die Entscheidung auf diesem Fehler beruht.

1. Schranke

Schranke des allgemeinen Persönlichkeitsrechts ist der allgemeine Gesetzesvorbehalt des Art. 2 Abs. 1 GG, wobei die Nähe zum Grundrecht der Menschenwürde im Rahmen der Verhältnismäßigkeit besonders zu berücksichtigen ist.

2. Verfassungsmäßigkeit des Schranken konkretisierenden Gesetzes

Grundlage des Eingriffs in das Grundrecht der L ist § 29 BDSG, der die Zulässigkeit der Datenerhebung regelt. An der formellen Verfassungsmäßigkeit von § 29 BDSG bestehen keine Zweifel. Materiell lässt die Norm eine Abwägung nach Maßgabe des Verhältnismäßigkeitsgrundsatzes zu und ist auch bestimmt genug.

3. Verfassungsmäßigkeit der Anwendung im Einzelfall

Fraglich ist, ob das Gericht bei der Auslegung von § 29 BDSG, dh. der Frage nach einem schutzwürdigen Interesse der L an der Löschung ihrer Daten, die betroffenen Grundrechte erkannt, zutreffend bestimmt und in der Abwägung richtig gewichtet hat.

a) Die betroffenen Grundrechte, insbesondere der Schutzbereich der Meinungsfreiheit

Mit dem allgemeinen Persönlichkeitsrecht der L ist die Meinungsfreiheit der Nutzer der Webseite nach Art. 5 Abs. 1 GG abzuwägen, wenn die auf der Webseite abgegebenen Bewertungen von Art. 5 Abs. 1 GG geschützte Meinungsäußerungen darstellen. Es handelt sich um subjektiv wertende Auffassungen, nicht um reine Tatsachenbehauptungen. Unsachliche Schmähkritik, Formalbeleidigungen oder ein Angriff auf die Menschenwürde der L liegen nicht vor. Fraglich ist jedoch, ob die Meinungsfreiheit auch anonyme Äußerungen schützt. Dagegen ließe sich der Wortlaut einwenden, wonach es jeder freisteht, „seine" Meinung zu äußern. Ein Ausschluss anonymer Meinungsäußerungen lässt sich daraus allerdings nicht zwingend ableiten. Andererseits würde eine Beschränkung der Meinungsäußerungsfreiheit auf Äußerungen, die einem bestimmten Individuum zugeordnet werden können, die Wirksamkeit der Meinungsfreiheit erheblich beeinträchtigen. Der Anonymität einer Äußerung ist daher nicht bereits beim Schutzbereich, sondern erst im Rahmen der Abwägung Rechnung zu tragen. Die Bewertungen stellen somit von der Meinungsfreiheit erfasste Äußerungen dar.

b) Gewichtung der betroffenen Grundrechte

Das allgemeine Persönlichkeitsrecht der L ist mit der Meinungsfreiheit der Nutzer abzuwägen. Einen besonders hohen Schutz genießen im Rahmen des allgemeinen

Persönlichkeitsrechts solche Informationen, die der Intim- und Geheimsphäre zuzuordnen sind. Auf der Website geht es aber um Informationen, die zur beruflichen Tätigkeit als Lehrer und damit zur Sozialsphäre gehören. Äußerungen im Rahmen der Sozialsphäre dürfen nur im Falle schwerwiegender Auswirkungen auf das Persönlichkeitsrecht mit negativen Folgen verknüpft werden, so etwa dann, wenn Stigmatisierung, soziale Ausgrenzung oder Prangerwirkung drohen.

Es ist für L nicht zu konkreten Beeinträchtigungen auf Grund der Bewertung gekommen.

Angesichts der Tatsache, dass es sich um personenbezogene Daten der Sozialsphäre handelt, auf die nur Personen zugreifen können, die eine Verbindung zu dieser Sphäre haben, L durch die Schaltfläche „Hier stimmt was nicht" Möglichkeiten der Selbsthilfe eröffnet sind und die Daten nicht dauerhaft im Netz verfügbar sind, ist die Beeinträchtigung des Rechts auf informationelle Selbstbestimmung nur geringfügig.

Demgegenüber befriedigt die Webseite das Informationsinteresse von Schülern, Eltern und Lehrern der Schule, indem sie den Meinungsaustausch unter den Schülern über ihre Erfahrungen vereinfachen und anregen. Den Lehrern eröffnet die Bewertungsseite die Möglichkeit Feedback über ihre Akzeptanz bei den Schülern zu erhalten. Die Anonymität bietet dabei den Vorteil größerer Offenheit. Den mit der Anonymität verbundenen Gefahren begegnet der Betreiber mit der Selbsthilfefunktion und der regelmäßigen Datenlöschung.

Die Abwägung zwischen der Meinungsfreiheit der Nutzer mit dem Recht auf informationelle Selbstbestimmung der L lässt daher eine Auslegung des § 29 BDSG in dem Sinne zu, dass L kein schutzwürdiges Interesse an der Löschung der Daten hat.

IV. Ergebnis

L wird durch die Gerichtsentscheidung nicht in ihrem grundrechtlich geschützten allgemeinen Persönlichkeitsrecht in der Gestalt des Rechts auf informationelle Selbstbestimmung verletzt.

6. Kapitel: Art. 10 GG: Schutz des Brief-, Post- und Fernmeldegeheimnisses

247   Das Brief-, Post und Telekommunikationsgeheimnis ist im **Spannungsfeld von Freiheit und Sicherheit** angesiedelt, denn Eingriffe werden vornehmlich mit Sicherheitsargumenten, also zum Zweck der Gefahrenabwehr und Strafverfolgung gerechtfertigt. Bereits die Frankfurter Paulskirchenverfassung von 1849 kannte das Briefgeheimnis. Beschränkungen waren nur durch Gesetz zum Zweck der Strafverfolgung und im Kriegsfall erlaubt. Dem technischen Fortschritt folgend, verbürgte die Weimarer Reichsverfassung darüber hinaus das „Telegraphen- und Fernsprechgeheimnis". Durch Gesetz konnten „Ausnahmen" zugelassen werden.

6.1 Schutzbereich

248   Schutzgut des Art. 10 GG ist die **Vertraulichkeit der individuellen Kommunikation** zwischen Personen, die nicht von Angesicht zu Angesicht miteinander reden können, sondern sich wegen der Entfernung voneinander eines Übermittlungsmediums bedienen müssen. Die Notwendigkeit, ein Übermittlungsmedium einzuschalten, erleichtert den Zugriff Unbeteiligter und erhöht damit die Gefahren für die Vertraulichkeit.[1]

6.1.1 Sachlicher Schutzbereich

249   Art. 10 GG garantiert mit den Begriffen Brief-, Post- und Fernmeldegeheimnis die Vertraulichkeit dieser drei Übertragungswege. Das **Briefgeheimnis** erfasst alle individuellen schriftlichen Mitteilungen, die nicht auf dem Postweg übermittelt werden. Das **Postgeheimnis** erstreckt sich auf alle postalischen Sendungen von der Übergabe an die Post bis zur Abgabe an den Empfänger. Eingeschlossen sind die der Post übergebenen Briefe. Das **Fernmeldegeheimnis** umfasst die unkörperliche Übermittlung von Informationen mit den verfügbaren technischen Mitteln der Telekommunikation[2], also per Festnetz- oder Mobiltelefon, Funk sowie über das Internet. Der Schutzbereich ist in Bezug auf die eingesetzte Technik entwicklungsoffen. Entscheidend für die Eröffnung des Schutzbereichs ist und bleibt allerdings, dass es sich um Individualkommunikation handelt.[3] Geschützt ist insbesondere der **Kommunikationsinhalt**, ergänzend aber auch die **Kommunikationsumstände** wie Ort, Zeit, Dauer und Häufigkeit. Dementsprechend sind auch die Telefonverbindungsdaten vom Schutzbereich des Fernmeldegeheimnisses umfasst.[4]

250   Art. 10 GG ist vom allgemeinen Persönlichkeitsrecht in der Gestalt des Rechts auf informationelle Selbstbestimmung sowie des Rechts auf Vertraulichkeit und Integrität informationstechnischer Systeme abzugrenzen.[5] Dies geschieht in der Weise, dass der Schutz von Art. 10 GG grundsätzlich **auf den laufenden Kommunikationsvorgang beschränkt** ist und vor den Gefahren schützen soll, die sich daraus ergeben, dass das Vermittlungsmedium nicht im Herrschaftsbereich von Sender oder Empfänger liegt, also erleichtertem (staatlichen) Zugriff ausgesetzt ist.[6] Soweit Daten laufender Kommunikationen erhoben wurden, bleibt die Speicherung und weitere Verwendung dieser Daten ebenfalls an Art. 10 GG zu messen.[7]

---

1   BVerfGE 85, 386 (396) – *Fangschaltungen*; 100, 313 (363) – *Telekommunikationsüberwachung*; 106, 28 (38) – *Mithörvorrichtung*; 115, 166 (184) – *Beschlagnahme zur Ermittlung von Kommunikationsdaten*; 124, 43 (54 f.) – *E-Mail-Beschlagnahme*.

2   BVerfGE 115, 166 (182 f.); 120, 274 (306 f.) – *Online-Durchsuchung*; 124, 43 (54).

3   S. F. *Schoch*, Der Schutz des Fernmeldegeheimnisses, Jura 2011, 194 (194, 197).

4   BVerfGE 107, 299 (312 f.) – *Handyüberwachung*; 113, 348 (365) – *Niedersächsisches Polizeigesetz*; 115, 166 (183).

5   S. dazu oben Rn. 239 f.

6   BVerfGE 115, 166 (183 ff.); 120, 274 (307 f.); 124, 43 (54).

7   BVerfGE 100, 313 (366); 125, 260 (309 f.) – *Vorratsdatenspeicherung*.

Wird die **Vertraulichkeit** dagegen durch eine Person gebrochen, die am Kommunikationsprozess beteiligt ist, etwa dadurch, dass das Mithören eines Telefonats ermöglicht wird, ist der Schutzbereich von Art. 10 GG nicht betroffen.[8] Auch Kommunikationsdaten, die nicht während des laufenden Kommunikationsvorgangs erhoben werden, sondern auf der Chipkarte eines Mobiltelefons im Herrschaftsbereich des Kommunikationsteilnehmers gespeichert sind, genießen nicht den Schutz von Art. 10 GG gegen einen Zugriff, sondern den des Rechts auf informationelle Selbstbestimmung.[9] Demgegenüber sollen die Daten, die beim Provider gespeichert sind, dem Schutzbereich des Fernmeldegeheimnisses unterfallen und zwar unabhängig von einem laufenden Kommunikationsprozess.[10] Entscheidender Gesichtspunkt ist, dass es sich um Kommunikationsinhalte handelt, die sich außerhalb des Herrschaftsbereichs von Sender und Empfänger befinden. Dagegen erfasst Art. 10 GG wiederum nicht den Fall der Online-Durchsuchung. Dieser Eingriff geht nicht nur über den Zugriff auf laufende oder auch nur individuelle Kommunikationsvorgänge weit hinaus[11], es geht zudem um den Zugriff auf Daten im Herrschaftsbereich der Grundrechtsträger. **251**

6.1.2 Persönlicher Schutzbereich

Vom persönlichen Schutzbereich des Grundrechts sind **Absender und Empfänger**, also die unmittelbar am Telekommunikationsvorgang beteiligten Personen erfasst. Die Post- und Telekommunikationsdienstleister können sich gegen ihre Inpflichtnahme dagegen nur auf die Berufsfreiheit stützen.[12] Sind Vorgänge individueller Kommunikation einer juristischen Person zurechenbar, kann auch diese gemäß Art. 19 Abs. 3 GG den Grundrechtsschutz geltend machen.[13] Partiell grundrechtsberechtigte juristische Personen des öffentlichen Rechts wie Rundfunkanstalten oder Universitäten können sich ebenfalls auf Art. 10 GG berufen, soweit dies für die Wahrnehmung der Aufgabe, für die sie Grundrechtsschutz genießen, notwendig ist.[14] **252**

6.2 Gewährleistungsgehalt

Art. 10 GG ist in erster Linie ein **Abwehrrecht** und soll die Vertraulichkeit der Kommunikation vor staatlichen Eingriffen wie Beschlagnahme und Öffnen von Briefen oder anderen Postsendungen, Abhören, Fangschaltungen[15] bis hin zur Speicherung von Kommunikationsdaten schützen. Auch die Überwachung des internationalen Fernmeldeverkehrs stellt einen Eingriff dar, sofern sie deutschen Behörden zurechenbar ist.[16] Die Einwilligung in derartige Maßnahmen lässt für den Einwilligenden den Eingriff entfallen. Das Abwehrrecht aus Art. 10 GG erschöpft sich aber nicht in einem reinen Unterlassungsanspruch. Ist es zu einer Überwachung und Erhebung von Kommunikationsdaten gekommen, so fordert die Effektivität des Grundrechtsschutzes die Verpflichtung des Staates, über eine solche Maßnahme zumindest nachträglich in Kenntnis zu setzen und umfasst **Auskunfts-, Kennzeichnungs- und Löschungspflichten** mit jeweils korrespondierenden Ansprüchen.[17] **253**

Die Vertraulichkeit der Kommunikation bedarf aber auch des Schutzes vor Verletzungen durch Privatpersonen. Diese **Schutzpflicht** richtet sich an den Gesetzgeber, der ihr **254**

---

8 BVerfGE 106, 28 (37 f.) – *Mithörvorrichtung.*
9 BVerfGE 115, 166 (183 f.) – *Beschlagnahme.*
10 BVerfGE 124, 43 (54 f.) – *E-Mail-Beschlagnahme.*
11 BVerfGE 120, 274 (307 f.). – *Online-Durchsuchung.*
12 *W. Durner,* in: Maunz/Dürig, Art. 10 Rn. 104; LG Stuttgart, MMR 2001, 255 (256).
13 S. *F. Schoch,* Der Schutz des Fernmeldegeheimnisses, Jura 2011, 194 (199).
14 S. für Rundfunkanstalten BVerfGE 107, 299 (310) – *Handy-Überwachung.*
15 BVerfGE 85, 386 (400) – *Fangschaltungen.*
16 BVerfGE 100, 313 (366 f.) – *Telekommunikationsüberwachung.*
17 BVerfGE 100, 313 (361); 124, 43 (71) – *E-Mail-Beschlagnahme;* 125, 260 (334 f., 337) – *Vorratsdatenspeicherung.*

zB. durch die Straftatbestände der §§ 201–206 StGB im Abschnitt „Verletzung des persönlichen Lebens- und Geheimbereichs" nachgekommen ist. Durch die Privatisierung des Sondervermögens Deutsche Bundespost in die Unternehmen Postdienst und Telekom im Jahre 1994 (Art. 87 f Abs. 1 S. 1 GG, 143 Abs. 2 GG) wandelte sich die bisherige Abwehrkonstellation gegenüber dem Grundrechtsadressaten Deutsche Bundespost ebenfalls in eine Schutzpflichtkonstellation.[18] Der Gesetzgeber ist dem durch die Verankerung des Postgeheimnisses in § 39 PostG sowie des Fernmeldegeheimnisses in § 88 TKG nachgekommen. Soweit und solange die Übermittlungstätigkeit, also etwa die Beförderung des Briefes oder der Postsache, aber auch die Entgeltabrechnung für Telekommunikationsdienstleistungen es zwingend erfordern, dass Kommunikationsdaten zur Kenntnis genommen werden und derartige **betriebsbedingte Informationen** allein mit dem Ziel der Ausführung und Abwicklung der Übermittlungstätigkeit erhoben werden, soll kein Eingriff in das Grundrecht vorliegen.[19] Begründen lässt sich dies mit einer ggf. konkludenten Einwilligung der Kunden.

6.3 Schranken und ihre verfassungsmäßige Konkretisierung

6.3.1 Art. 10 Abs. 2 S. 1 GG

255   Gemäß Art. 10 Abs. 2 S. 1 GG dürfen Beschränkungen des Brief-, Post- und Fernmeldegeheimnisses nur auf Grund eines Gesetzes angeordnet werden. Es handelt sich um einen einfachen **Gesetzesvorbehalt**. Das **Zitiergebot** des Art. 19 Abs. 1 S. 2 GG ist zu beachten.[20] Einschränkende Gesetze finden sich insbesondere im G 10 Gesetz, im BKAG sowie in der Strafprozessordnung (vgl. §§ 99, 100a und b, 119 StPO) und in den Polizeigesetzen der Länder. Der Bundesgesetzgeber darf auf der Grundlage von Art. 74 Abs. 1 Nr. 1 GG zum Zwecke der Strafverfolgung einschließlich der Strafverfolgungsvorsorge tätig werden. Die Kompetenz der Landesgesetzgeber umfasst die Gefahrenabwehr, zu der auch die Verhütung von Straftaten gehört.[21]

256   Inhaltlich müssen die gesetzlichen Grundlagen hinreichend **bestimmt** sowie **verhältnismäßig** sein.[22] Nicht ausreichend bestimmt war zum Beispiel die Formulierung, dass Überwachungsmaßnahmen zulässig sind, wenn der Verdacht „erheblicher Straftaten" bestehe.[23] Vielmehr muss der Gesetzgeber durch Kataloge von Straftaten, durch die Angabe von spezifischen Rechtsgütern, deren Schutz die Maßnahmen dienen sollen und/oder durch Mindeststrafen die Eingriffsschwelle konkretisieren.[24] Wie bereits im Zusammenhang des allgemeinen Persönlichkeitsrechts dargestellt, genießt der Kernbereich persönlicher Lebensgestaltung absoluten Schutz.[25]

257   Art. 10 GG enthält anders als Art. 13 GG, der die Unverletzlichkeit der Wohnung garantiert, keinen ausdrücklichen Richtervorbehalt. Einfachgesetzlich ist allerdings in der Regel die richterliche Anordnung für heimliche Überwachungsmaßnahmen vorgesehen, vgl. § 100b StPO. In der Entscheidung zur Frage der Verfassungsmäßigkeit der **Vorratsdatenspeicherung** von Verbindungsdaten über sechs Monate ohne konkreten Anlass hat das Bundesverfassungsgericht aus dem Verhältnismäßigkeitsgrundsatz im Lichte eines effektiven Rechtsschutzes abgeleitet, dass die Abfrage und Verwendung

---

18 *Th. Groß*, JZ 1999, 326.
19 BVerfGE 76, 152 (155).
20 BVerfGE 113, 348 (365 ff.); 120, 274 (343 f.) – *Online-Durchsuchung*; 124, 43 (66) – *E-Mail-Beschlagnahme*.
21 S. dazu BVerfGE 113, 348 (367 f.).
22 S. dazu beispielhaft nunmehr auch BVerfGE 133, 277 Rn. 224 – *Antiterrordatei*; BVerfGE 141, 220 Rn. 91 ff. sowie Rn. 227 – *BKAG*.
23 BVerfGE 113, 348 (379) – *Nds. Polizeigesetz*.
24 BVerfGE 113, 348 (387 f.).
25 BVerfGE 113, 348 (390 f.).

der Daten ohne Kenntnis der Betroffenen grundsätzlich unter **Richtervorbehalt** stehen muss.[26]

6.3.2 Art. 10 Abs. 2 S. 2 GG

Im Zuge der **Notstandsgesetzgebung** von 1968 wurde Art. 10 Abs. 2 GG um Satz 2 **258** ergänzt. Das Besondere an dieser Regelung war und ist der **Ausschluss des Rechtswegs**, weshalb gleichzeitig eine Ergänzung des Art. 19 Abs. 4 GG um Satz 3 nötig war.[27] Der qualifizierte Gesetzesvorbehalt stützt insbesondere die Arbeit des Bundesnachrichtendienstes. Die Maßnahmen müssen dem Schutz der freiheitlichen demokratischen Grundordnung oder des Bestands oder der Sicherheit des Bundes oder eines Landes dienen.[28] Der Gesetzgeber hat zur Konkretisierung das Gesetz zur Beschränkung des Brief-, Post- und Fernmeldegeheimnisses, kurz **G 10**, erlassen.

Das Bundesverfassungsgericht hatte sowohl über die Verfassungsänderung wie auch **259** mehrfach über das G 10 zu entscheiden. Mit dem Argument, dass Art. 79 Abs. 3 GG nur die prinzipielle Preisgabe der darin enthaltenen Grundsätze verbiete, nicht aber Modifikationen für Sonderlagen, sowie mit dem Hinweis, dass die Rechtsschutzgarantie des Art. 19 Abs. 4 GG nicht vollumfänglich in den Grundsätzen des Art. 20 GG enthalten sei, hat es den Ausschluss des Rechtswegs und die Übertragung der Kontrolle auf einen Parlamentsausschuss für zulässig erachtet.[29] Maßnahmen der sog. **strategischen Überwachung**, welche die stichprobenartige Kontrolle des Brief- und Fernmeldeverkehrs in die Staaten des Warschauer Paktes betraf, hielt das Bundesverfassungsgericht zum Zwecke der Aufklärung von Truppenbewegungen in diesen Staaten für zulässig.[30] Überschießend fielen zunächst die Regelungen des Gesetzgebers aus, mit denen die Ermittlungszwecke des BND von der Kriegsgefahr auf Gefahren internationaler Kriminalität ausgedehnt wurden. Das Bundesverfassungsgericht verlangte erhebliche Nachbesserungen[31], die durch Gesetz vom 26.6.2001 erfolgten.

Rechtsprechung: BVerfGE 30, 1 – *Abhörurteil*; 67, 157 – *Post- und Telefonkontrolle/G 10*; 85, 386 – *Fangschaltungen*; 100, 313 – *Telekommunikationsüberwachung*; 107, 299 – *Handyüberwachung*; 106, 28 – *Mithörvorrichtung*; 110, 33 – *Außenwirtschaftsgesetz/Zollkriminalamt*; 113, 348 – *Niedersächsisches Polizeigesetz*; 115, 166 – *Beschlagnahme zur Ermittlung von Kommunikationsdaten*; 120, 274 – *Online-Durchsuchung*; 124, 43 – *E-Mail-Beschlagnahme*; 125, 260 – *Vorratsdatenspeicherung*; 133, 277 – *Antiterrordatei*; 141, 220 – *BKAG*.

Literatur: *A. Funke/J. Lüdemann*, Grundfälle zu Art. 10 GG, JuS 2008, 780; *A. Glaser*, Die „neue Generation" polizeirechtlicher Standardmaßnahmen, Jura 2009, 742; *Th. Groß*, Die Schutzwirkung des Brief-, Post- und Fernmeldegeheimnisses nach der Privatisierung der Post, JZ 1999, 326; *F. Schoch*, Der Schutz des Fernmeldegeheimnisses nach Art. 10 GG, Jura 2011, 194.

Fallbearbeitungen: *M. Kau*, Keine Rosen für den Staatsanwalt, Jura 2007, 869.

---

26 BVerfGE 125, 260 (337 f.).
27 S. dazu auch im Hinblick auf Art. 79 Abs. 3 GG *von Münch/Mager*, Staatsrecht I, Rn. 66.
28 Vgl. dazu die Legaldefinitionen in § 92 StGB, die wiederum auf BVerfGE 2, 1 zurückgehen; s. zu den Eingriffsvoraussetzungen §§ 3 und 5 G 10. Die Übermittlung von durch strategische Telekommunikationsüberwachung gewonnenen personenbezogenen Daten an ausländische öffentliche Stellen richtet sich nach § 7a G 10. S. auch § 9 Abs. 2 BNDG iVm. § 19 Abs. 3 BVerfSchG.
29 BVerfGE 30, 1 (27 ff.) – *Abhörurteil*.
30 BVerfGE 67, 157 – *Post- und Telefonkontrolle/G 10*.
31 BVerfGE 100, 313 – *Telekommunikationsüberwachung*.

7. Kapitel: Art. 13 GG: Unverletzlichkeit der Wohnung

260 Art. 13 GG garantiert in seinem Abs. 1 die Unverletzlichkeit der Wohnung. Schutzgut ist die **räumliche Privatsphäre**, in altmodischerer Sprache der **Hausfrieden**. Das Grundrecht gehört zu den Freiheitsrechten der ersten Generation und findet sich in der Frankfurter Paulskirchenverfassung ebenso wie in der Weimarer Reichsverfassung. Erst mit dem 45. Gesetz zur Änderung des Grundgesetzes im Jahre 1998 wurde die bis dahin zwei Absätze umfassende Schrankenregelung, die zwischen Durchsuchungen und sonstigen Eingriffen unterschied, um drei weitere Absätze ergänzt, die der verfassungsrechtlichen Absicherung des „großen Lauschangriffs" dienen.

7.1 Schutzbereich

261 Der sachliche Schutzbereich wird durch den Begriff der **Wohnung** bezeichnet.[1] Wohnung ist jede nicht allgemein zugängliche **Stätte privaten Lebens und Wirkens**. Die Kennzeichnung *privat* steht dabei im Gegensatz zu *öffentlich*, nicht aber im Gegensatz zu *gewerblich* oder *beruflich*. Entscheidend ist, dass es sich um befriedetes Besitztum handelt, dh. dass der Berechtigte nach seinem Gutdünken den Zutritt verwehren kann. Vom Begriff der Wohnung im Sinne des Art. 13 Abs. 1 GG sind neben Wohnhäusern und Wohnungen im eigentlichen Sinne folglich auch Gäste- und Hotelzimmer, Wochenendhäuser, Wohnheimzimmer, Wohnmobile, Schiffskabinen, Nebenräume wie Veranden, Keller und Garagen sowie abgegrenzte, nicht der Öffentlichkeit zugängliche Gärten, aber auch Vereins- und Clubräume sowie nicht allgemein zugängliche Geschäftsräume umfasst. Die weite Auslegung unter Einbeziehung von Geschäftsräumen wird nicht zuletzt historisch begründet.[2] Hinzu kommen der Gesichtspunkt der Grundrechtseffektivität sowie der Hinweis darauf, dass die freie Berufsausübung ihrerseits Teil der Persönlichkeitsentfaltung und privaten Lebensgestaltung ist. Zudem wäre es ungerechtfertigt, den Schutz der räumlichen Privatsphäre davon abhängig zu machen, ob in den Räumen der Berufsausübung gleichzeitig gewohnt wird oder nicht. Gegen die weite Auslegung lässt sich anführen, dass die Schrankensystematik dem nicht angepasst ist und Lücken in Bezug auf die Rechtfertigung sachlich erforderlicher und vertretbarer Eingriffe auftreten. Das Bundesverfassungsgericht hat dieses Problem durch kreative Auslegung gelöst.[3]

262 **Grundrechtsberechtigt** sind alle Inhaber und Bewohner geschützter Räume unabhängig von dem zugrunde liegenden Rechtsverhältnis.[4] In Anknüpfung an das Bundesverfassungsgericht lässt sich dies dahin auf den Punkt bringen, dass Art. 13 GG die Privatheit schütze, nicht das Besitzrecht.[5] Da und soweit Art. 13 Abs. 1 GG auch Vereins-, Geschäfts- und Betriebsräume schützt, können Grundrechtsträger auch juristische Personen sein.[6]

---

1 S. zum Begriff der Wohnung BVerfGE 42, 212 (219) – *Quick/Durchsuchungsbefehl*; 51, 97 (110) – *Zwangsvollstreckung I*; 89, 1 (11 f.) – *Besitzrecht des Mieters*; 103, 142 (150) – *Wohnungsdurchsuchung*; 109, 279 (309, 313) – *Großer Lauschangriff*.

2 BVerfGE 32, 54 (69) – *Betriebsbetretungsrecht*; 44, 353 (371) – *Durchsuchung Drogenberatungsstelle*; 76, 83 (88) – *Zwangsvollstreckung III*; 96, 44 (51) – *Durchsuchungsanordnung II*.

3 S. dazu unten Rn. 265 und 279 ff.

4 Nicht grundrechtsberechtigt ist der den Wohnraum selbst nicht innehabende Vermieter, BVerfG, NVwZ 2009, 1281 (1282).

5 BVerfGE 89, 1 (12) – *Besitzrecht des Mieters*.

6 BVerfGE 32, 54 (71 f.); 42, 212 (219); 44, 353 (371); 76, 83 (88).

7.2 Gewährleistungsgehalt

7.2.1 Abwehrrecht

Art. 13 GG ist in erster Linie ein **Abwehrrecht**. Es „enthält insbesondere das grund- **263**
sätzliche Verbot, gegen den Willen des Wohnungsinhabers in die Wohnung einzudrin-
gen oder darin zu verweilen."[7] Eine Beschlagnahme von Dokumenten stellt als solche
keinen Eingriff in Art. 13 GG dar.[8] Sie ist von dem dafür erforderlichen Eindringen in
Wohn- oder Geschäftsräume getrennt zu würdigen, das seinerseits Art. 13 GG berührt.
Dies bedeutet, dass der Richtervorbehalt für das **Eindringen** in Wohnungen sowie
Durchsuchungen nicht auf Beschlagnahmen als solche anzuwenden ist.[9] Eingriffe stellen neben den ausdrücklich genannten Durchsuchungen[10] etwa auch **Zwangseinquar-
tierungen** dar. Als Eingriffe sind in den Schrankenregelungen außerdem akustische
(„Wanzen") und sonstige **technische**, das sind vornehmlich optische **Überwachungen**,
ausdrücklich benannt. Ob Aufzeichnungsgeräte außerhalb der Wohnung in das
Grundrecht eingreifen, hängt von den Umständen des Einzelfalls ab. Entscheidend ist,
ob der Zugriff von außen in die Wohnung eindringt, was zB. durch Richtmikrophone
möglich ist. Handelt es sich dagegen um eine Überwachung außerhalb der Wohnung,
etwa die Beschattung von Besuchern, so besteht zwar ein Eingriff in das allgemeine
Persönlichkeitsrecht[11], nicht aber in die Unverletzlichkeit der Wohnung. Wie beim
Brief-, Post- und Fernmeldegeheimnis soll nicht nur die jeweilige **Erhebung der Daten**
einen Eingriff in Art. 13 GG darstellen, sondern auch die **weitere Verwendung**.[12] Dies
hat eine erhebliche Ausdehnung des Schutzbereichs zur Folge. Der Sinn dieser Auslegung liegt darin, dass der spezifische Verletzungsgehalt nicht in Vergessenheit geraten,
sondern fortwirken soll.

Die Erhebung von wohnungsstatistischen Angaben berührt nicht das Grundrecht der **264**
Unverletzlichkeit der Wohnung.[13] Zwar betrifft die Erhebung von Daten über die
räumliche Privatsphäre die Persönlichkeitssphäre, jedoch nicht die Räumlichkeit
selbst.

Nach der Rechtsprechung des Bundesverfassungsgerichts stellen die zahlreichen wirt- **265**
schafts- und gewerbeaufsichtsrechtlichen **Betretens- und Nachschaubefugnisse** jedenfalls keine „Eingriffe und Beschränkungen" im Sinne des Art. 13 Abs. 7 GG dar. Offen
bleibt, ob damit bereits auf der Stufe des Eingriffs die Betroffenheit des Schutzbereichs
zu verneinen ist, oder ob nur hinsichtlich der Schrankenziehung eine Weichenstellung
vorgenommen wird.[14] Das Gericht begründet seine Einschränkung damit, dass der
Betriebsinhaber seine Räume im Rahmen der gewählten „Zweckwidmung selbst nach
außen geöffnet" habe, so dass die Kontrollen nicht eigentlich den Hausfrieden stören,
sondern allenfalls um ihrer selbst willen als belästigend empfunden werden.[15] Hinzu
kommt das entstehungsgeschichtliche Argument, dass diese **berufsbezogenen Pflichten**
bei Inkrafttreten des GG seit langem bestanden und nicht für verfassungswidrig erklärt
werden sollten, was angesichts der engen Schrankenregelung gemäß Art. 13 Abs. 7
GG – vormals Abs. 3 – jedoch unvermeidlich wäre. Dem Bundesverfassungsgericht ist
zuzugeben, dass es sich bei der wirtschafts- und gewerberechtlichen Nachschau um

---

7 BVerfGE 76, 83 (90); 89, 1 (12); s. auch unten Rn. 265 zu sonstigen Eingriffen und Beschränkungen.
8 BVerfGE 113, 29 (45) – *Anwaltsdaten.*
9 BVerfG, NJW 1995, 2839 (2839 f.) – *Dresdner Bank II.*
10 Zum Begriff noch unten Rn. 269.
11 S. zum Verhältnis zum Allgemeinen Persönlichkeitsrecht auch BVerfGE 109, 279 (325 f.) – *Großer Lauschangriff.*
12 BVerfGE 109, 279 (374 f.).
13 BVerfGE 65, 1 (40) – *Volkszählung.*
14 BVerfGE 32, 54 (69 ff.) – *Betriebsbetretungsrecht.*
15 BVerfGE 32, 54 (76).

die Kontrolle berufsbezogener Pflichten handelt und nicht um ein Eindringen in die Sphäre räumlicher Privatheit. Das Problem entsteht jedoch überhaupt erst durch die Erstreckung des Schutzbereichs auf Betriebs- und Geschäftsräume ohne eindeutige Abgrenzung. Das Bundesverfassungsgericht zieht in dogmatisch unklarer Weise die Konsequenz aus der Tatsache, dass die Schranken des Art. 13 GG auf diese Ausdehnung des Schutzbereichs nicht vorbereitet sind.[16]

7.2.2 Schutz

266 Aus dem Grundrecht auf Unverletzlichkeit der Wohnung folgen nicht nur Beschränkungen staatlichen Handelns, sondern auch dessen Verpflichtung, die Grundrechtsträger vor Angriffen Dritter zu schützen.[17] Diesem Schutz dient etwa das strafrechtliche Verbot des **Hausfriedensbruchs** (§§ 123, 123a StGB) und der Verletzung des höchstpersönlichen Lebensbereichs durch Bildaufnahmen (§ 201a StGB). Die **Kündigung** eines Mietverhältnisses stellt dagegen – anders als die etwaige Entsetzung im Wege der Zwangsvollstreckung – keinen Eingriff dar, weil dadurch (noch) nicht die Privatheit der Wohnung, sondern nur das zugrunde liegende Rechtsverhältnis berührt wird.[18] Die Verpflichtung zum Verlassen der Wohnung auf der Grundlage eines polizeilichen Wohnungsverweises oder gemäß § 1 Abs. 1 Nr. 1 **Gewaltschutzgesetz** dienen dem Schutz der Person, die in der Wohnung verbleibt. Sie stellt dagegen keinen Eingriff in das Grundrecht auf Unverletzlichkeit der Wohnung der Person dar, die zum Verlassen aufgefordert wird, sondern einen Eingriff in deren Recht auf Freizügigkeit gemäß Art. 11 GG. Erst die zwangsweise Umsetzung dieser Pflicht berührt auch die durch Art. 13 GG geschützte räumliche Privatsphäre.[19]

7.2.3 Kein Leistungsanspruch

267 Art. 13 GG hat keinen Leistungscharakter.[20] Ein Recht auf Wohnraum kann aus der Vorschrift nicht abgeleitet werden. Insoweit findet sich die verfassungsrechtliche Basis in dem Recht auf ein menschenwürdiges Existenzminimum gemäß Art. 1 Abs. 1 GG iVm. dem Sozialstaatsprinzip.

7.3 Schranken und ihre verfassungsmäßige Konkretisierung

268 Dem Grundrecht auf Unverletzlichkeit der Wohnung ist eine **differenzierte Schrankenregelung** beigefügt, die sich teils nach der Art der Eingriffe, teils nach deren Zweck richtet. Es ist zu unterscheiden zwischen
- Durchsuchungen (Art. 13 Abs. 2 GG),
- technischen Mitteln zur akustischen Überwachung zwecks Strafverfolgung (Art. 13 Abs. 3 GG),
- technischen Mitteln zur Überwachung zwecks Gefahrenabwehr (Art. 13 Abs. 4 GG),
- technischen Mitteln zur Überwachung zur Sicherung eines verdeckten Ermittlers (Art. 13 Abs. 5 GG) sowie
- sonstigen Eingriffen und Beschränkungen (Art. 13 Abs. 7 GG).

7.3.1 Art. 13 Abs. 2 GG

269 Art. 13 Abs. 2 GG regelt die Anforderungen an die verfassungsrechtliche Rechtfertigung von Durchsuchungen. **Durchsuchungen** liegen nur vor, wenn staatliche Organe in geschützten Räumen planmäßig nach Personen oder Sachen suchen, die der Berech-

---

16 S. noch unten Rn. 279 ff.
17 Zur privatrechtlichen Drittwirkung s. BVerfGE 89, 1 (12 f.).
18 BVerfGE 89, 1 (12).
19 S. dazu BVerwGE 47, 31 (37) – *Studentenwohnheim*.
20 BVerfGE 7, 230 (238) – *Wahlwerbung an Mietwohnung*.

tigte nicht von sich aus offen legen oder herausgeben will.[21] Weder ein reines Betreten noch eine Besichtigung oder Nachschau von offen zutage Liegendem stellen daher Durchsuchungen dar.[22] Bei der Schranke für Durchsuchungen handelt es sich um einen **qualifizierten Gesetzesvorbehalt**. Dieser umfasst einen grundsätzlichen **Richtervorbehalt**[23] sowie einen **Verfahrensvorbehalt**. Die verfassungsrechtliche Vorgabe, dass Durchsuchungen von Wohnungen der Anordnung durch den Richter bedürfen, muss sich in den einfachgesetzlichen Ermächtigungsgrundlagen wiederfinden. Den Richter trifft als Kontrollorgan der Behörden, die für die Gefahrenabwehr oder Strafverfolgung zuständig sind, die Pflicht sicherzustellen, dass der Eingriff „messbar und kontrollierbar" ist. Daraus folgt, dass eine richterliche Durchsuchungsanordnung nach Inhalt und Umfang hinreichend bestimmt und konkret sein muss.[24] Schon deshalb dürfen Durchsuchungsanordnungen in strafrechtlichen Ermittlungsverfahren nicht auf Vorrat besorgt werden. Wird mit dem Vollzug nicht begonnen, verlieren sie nach spätestens sechs Monaten ihre Gültigkeit.[25] Weil eine richterliche Durchsuchungsanordnung einen besonders schweren Grundrechtseingriff bewirkt, hat das Bundesverfassungsgericht seine frühere Auffassung aufgegeben, der zufolge über eine gerichtliche Beschwerde gegen eine bereits abgeschlossene Durchsuchung in der Regel nicht mehr entschieden werden müsse.[26] Infolge der Schwere und zum Zwecke der Rehabilitation besteht vielmehr in der Regel ein Rechtsschutzinteresse an der Feststellung der Rechtswidrigkeit.

Allein bei **Gefahr im Verzug** ist eine Durchsuchung ausnahmsweise ohne richterliche Anordnung zulässig.[27] Gefahr im Verzug besteht, „wenn die vorherige Einholung der richterlichen Anordnung den Erfolg der Durchsuchung gefährden würde"[28]. Unter diesen Umständen kann die Durchsuchung auch durch gesetzlich dafür bestimmte „andere Organe" durchgeführt werden. Andere Organe sind insbesondere die Staatsanwaltschaft und die Polizei. Die polizeiliche Generalklausel reicht als Rechtsgrundlage für eine Durchsuchung nicht aus, vielmehr bedarf es dafür einer speziellen gesetzlichen Regelung. Dementsprechend gehört die Durchsuchung von Wohnungen zu den in den Polizeigesetzen geregelten sog. Standardmaßnahmen. Unabhängig davon, wer die Durchsuchung angeordnet hat, muss deren Durchführung in der gesetzlich vorgegebenen **Form** stattfinden. Die Missachtung der gesetzlichen Vorgaben über die Form der Durchsuchung, wie etwa die Beiziehung von Zeugen oder die Aushändigung einer schriftlichen Mitteilung über die Gründe der Durchsuchung, stellt einen Verfassungsverstoß dar.[29]

270

---

21 Vgl. die Definition des BVerwG in BVerwGE 47, 31 (37) – *Studentenwohnheim*; ihm folgend BVerfGE 51, 97 (106 f.); 75, 318 (327) – *Sachverständiger*; 76, 83 (89). Zu rechtlichen Grundlagen s. §§ 102 ff. StPO, § 31 PolG BW; s. auch §§ 19, 20 Musterpolizeigesetz; für die Zwangsvollstreckung durch den Gerichtsvollzieher s. BVerfGE 51, 97 (106); 57, 346 (354) – *Zwangsvollstreckung II*; 76, 83 (89 ff.) und §§ 758, 758a ZPO.

22 BVerfGE 32, 54 (73); BVerwGE 78, 251 (254) – *Lebensmittelkontrolle*; 121, 345 (349 f.) – *Teestube*.

23 S. dazu BVerfGE 139, 245 Rn. 55 ff. – *Eilkompetenz Ermittlungsbehörde*.

24 BVerfGE 42, 212 (220 f.); 103, 142 (151 f.); 115, 166 (197) – *Kommunikationsverbindungsdaten*; BVerfG, NJW 1994, 3281 (3282).

25 BVerfGE 96, 44 (54).

26 So noch BVerfGE 49, 329 (339) – *Lorenz-Entführung*.

27 Zum Ausnahmecharakter dieser Möglichkeit s. BVerfGE 103, 142 (153); 139, 245 Rn. 67 ff.

28 BVerfGE 51, 97 (111); 103, 142 (154).

29 Ein strafprozessuales Verwertungsverbot soll sich nach BVerfG, NJW 2009, 3225 (3225 f.) – *Zufallsfund bei rechtswidriger Durchsuchung*; BVerwGE 132, 100 (106 f.) – *Durchsuchung unter Verstoß gegen die Wehrdisziplinarordnung, nur bei schwerwiegenden Verstößen ergeben.*

7.3.2 Art. 13 Abs. 3–6 GG

271 Durch das 45. Gesetz zur Änderung des Grundgesetzes sind mit Wirkung zum 1. April 1998 die Abs. 3 bis 6 als neue Schrankenregelungen in Art. 13 GG eingefügt worden. Es handelt sich um die Schaffung der verfassungsrechtlichen Grundlagen für den „**großen Lauschangriff**", dh. für das Abhören und Ausspähen in der Wohnung mit technischen Mitteln.

272 **7.3.2.1 Verfassungsmäßigkeit der Verfassungsänderung.** Den gegen die Verfassungsänderung vorgebrachten Vorwurf eines Verstoßes gegen die **Menschenwürde** und damit gegen Art. 79 Abs. 3 GG wies das Bundesverfassungsgericht zurück, indem es postulierte, dass die neuen Schranken bis an die Grenze des Wortlauts im Lichte der Menschenwürde auszulegen seien. Lasse der Wortlaut eine solche Auslegung zu, sei ein Verstoß gegen die Menschenwürde ausgeschlossen. Im Wege dieser verfassungskernwahrenden Auslegung stellte das Bundesverfassungsgericht insbesondere fest, dass bei der Konkretisierung der Schranken ein Kernbereich privater Lebensgestaltung absolut geschützt bleiben müsse.[30] Darüber hinaus ist der Grundsatz der Verhältnismäßigkeit mit großer Striktheit anzuwenden.[31]

273 **7.3.2.2 Struktur der Verfassungsänderung.** Die Schrankenregelung für den Einsatz technischer Wohnraumüberwachung unterscheidet zwischen
– dem Einsatz zum Zweck der **Strafverfolgung**, der in Abs. 3 geregelt ist,
– dem Einsatz zum Zweck der **Gefahrenabwehr** nach Maßgabe von Abs. 4 sowie
– dem Einsatz zum **Schutz eines verdeckten Ermittlers** gemäß Abs. 5.
Für alle Formen und Zwecke gilt Abs. 6, wonach die Bundesregierung und in vergleichbarer Weise die Landesregierungen in ihrem jeweiligen Zuständigkeitsbereich verpflichtet werden, sich der parlamentarischen Kontrolle zu stellen. Diese Kontrolle wird durch ein speziell dafür eingerichtetes und vom Bundestag gewähltes Gremium durchgeführt. Anders als bei dem G-10-Ausschuss geht es im Rahmen des Art. 13 GG ausschließlich um die Gewährleistung einer parlamentarischen Kontrolle in Bezug auf Informationen mit einem gewissen Geheimhaltungsbedarf, dagegen nicht um den Ersatz richterlicher Kontrolle. Der Bundestag hat für diese Zwecke das „Gremium nach Artikel 13 Absatz 6 des Grundgesetzes" eingerichtet.[32]

274 **7.3.2.3 Art. 13 Abs. 3 GG: Akustische Überwachung zum Zweck der Strafverfolgung.** Art. 13 Abs. 3 GG enthält einen **qualifizierten Gesetzesvorbehalt** mit strengen Anforderungen.[33] Auf der Rechtsfolgenseite geht es um den Einsatz technischer Mittel zur akustischen Überwachung und zwar ausschließlich in Bezug auf Wohnungen, in denen der Verdächtige sich vermutlich aufhält. Voraussetzung für einen solchen Eingriff ist, dass bestimmte Tatsachen den **Verdacht einer besonders schweren Straftat** begründen. Die in Frage kommenden Straftaten müssen im Gesetz einzeln bestimmt sein. Die gesetzliche Grundlage muss also einen Katalog an Straftaten auflisten.[34] Des Weiteren muss die Maßnahme erforderlich sein und zwar in dem Sinne, dass „die Erforschung des Sachverhalts auf andere Weise unverhältnismäßig erschwert oder aussichtslos wäre". Zudem ist die Maßnahme zu befristen. Die Strafprozessordnung sieht eine

---

30 BVerfGE 109, 279 (313) – *Großer Lauschangriff*. Zur Kritik an der verfassungskernwahrenden Auslegung s. von Münch/Mager, Staatsrecht I, Rn. 67. S. zum Kernbereichsschutz auch BVerfGE 141, 220 Rn. 119 ff. – BKAG.
31 Zu Einzelheiten s. BVerfGE 109, 279 (315 ff.); 133, 277 Rn. 105 ff.; 141, 220 Rn. 131 ff.
32 S. zu diesem Gremium https://www.bundestag.de/ausschuesse/ausschuesse18/gremien18/artikel13/aufgaben/248862 [zuletzt aufgerufen am 9.1.2018]. S. auch die Berichte der Bundesregierung an das Gremium gemäß § 100e StPO für 2009 BT-Drs. 17/3038, für 2008 BT-Drs. 16/14 116.
33 Zu diesen Anforderungen BVerfGE 109, 279 (358 ff.).
34 S. beispielsweise § 100a StPO.

Frist von einem Monat vor, wobei um jeweils einen Monat bis zu insgesamt sechs Monaten durch das LG verlängert werden kann, bevor über die weitere Verlängerung das OLG entscheidet, § 100d Abs. 1 StPO. Schließlich ist die Maßnahme einem **qualifizierten Richtervorbehalt** unterstellt. Regelmäßig kann sie nur durch einen Spruchkörper von drei Richtern angeordnet werden; bei Gefahr im Verzug genügt ein einzelner Richter. Die Schranke ist in den §§ 100c und d StPO konkretisiert worden.

7.3.2.4 Art. 13 Abs. 4 GG: Technische Überwachung zum Zweck der Gefahrenab- **275** **wehr.** Die Möglichkeiten zum Einsatz technischer Mittel zur Überwachung von Wohnraum zum Zweck der Gefahrenabwehr sind deutlich **weiter gefasst** als zum Zweck der Strafverfolgung. Zum einen sind die technischen Mittel nicht auf die akustische Überwachung beschränkt, sondern umfassen alle technisch möglichen Formen der Überwachung, also insbesondere auch Videoaufnahmen. Zum anderen bestehen keine Einschränkungen in Bezug darauf, welche Wohnungen überwacht werden können. Schließlich handelt es sich um einen gewöhnlichen **Richtervorbehalt**. Bei Gefahr im Verzug kann die Entscheidung über den Einsatz auch durch andere gesetzlich bestimmte Stellen angeordnet werden. Eine richterliche Entscheidung ist dann unverzüglich nachzuholen. Die wesentliche materielle Voraussetzung für den Einsatz ist das Vorliegen einer **dringenden Gefahr**. Als Beispiel dafür werden gemeine Gefahr und Lebensgefahr genannt. Mit diesem Tatbestandsmerkmal werden Begriffe des Polizeirechts in Bezug genommen. Eine Gefahr liegt danach vor, wenn die hinreichende Wahrscheinlichkeit besteht, dass bei ungehindertem Kausalverlauf ein Schaden an Individualrechtsgütern oder Einrichtungen des Staates oder aber ein Rechtsverstoß eintreten wird. Eine Gefahr ist dringend, wenn für bedeutende Rechtsgüter eine erhöhte Schadenswahrscheinlichkeit besteht. Eine gemeine Gefahr liegt vor, wenn der Schaden eine Vielzahl von Personen oder in anderer Weise die Allgemeinheit betrifft, wie dies etwa bei terroristischen Anschlägen der Fall ist.[35]

7.3.2.5 Art. 13 Abs. 5 GG: Einsatz technischer Mittel zum Schutz von Einsatzpersonen **276** (**verdeckte Ermittler**). Bei der Schranke des Art. 13 Abs. 5 GG geht es um die Voraussetzungen für den Einsatz technischer Mittel, die ausschließlich dem Schutz einer Person dienen, die ihrerseits in einer Wohnung tätig wird. Dies kann als verdeckter Ermittler der Fall sein oder etwa um technische Mittel der Überwachung in der Wohnung anzubringen. Fraglich ist, ob das Mithören eines Gesprächs zwischen einem verdeckten Ermittler und einer anderen Person ausschließlich dem Schutz des verdeckten Ermittlers dient oder nicht doch auch dem Beweis. Für ersteres spricht, dass Beweis über Aussagen der dritten Person auch durch das Zeugnis des verdeckten Ermittlers erlangt werden kann, für letzteres die unbestreitbare Beweiskraft einer Aufnahme. Satz zwei, der die Verwertung der „hierbei" und nicht nur „zufällig" erlangten Erkenntnisse regelt, spricht für ein nicht ganz so striktes Verständnis von „ausschließlich zum Schutz". Der Eingriff ist, verglichen mit denen nach den Abs. 3 und 4, schon deshalb von geringerer Intensität, weil er auf die Verweildauer der zu schützenden Person in der Wohnung beschränkt ist. Die weitere Verwertung ist wiederum begrenzt auf Zwecke der Strafverfolgung und der Gefahrenabwehr. Auch wenn hier – anders als in den Abs. 3 und 4 – keine weiteren Eingriffsschwellen genannt sind, unterliegt die Verwertung dem Grundsatz der **Verhältnismäßigkeit**, der mit großer Striktheit zu prüfen ist. Grundsätzlich ist vor der Verwertung die Rechtmäßigkeit des Einsatzes richterlich zu prüfen. Bei Gefahr im Verzug kann die Verwertung auch ohne diese Prüfung angeordnet werden, die aber unverzüglich nachzuholen ist.

---

35 S. zu den polizeilichen Gefahrbegriffen *W.-R. Schenke*, Polizei- und Ordnungsrecht, 9. Aufl. 2016, Rn. 69 ff.

7.3.3 Art. 13 Abs. 7 GG: Rechtfertigung sonstiger Eingriffe und Beschränkungen

277 Das bloße Betreten einer Wohnung oder die Anordnung, die Wohnung zu verlassen[36], die Versiegelung eines Gewerberaumes zur Vollstreckung einer Gewerbeuntersagung oder die Entnahme einer Wasserprobe von einer Wasserversorgungsanlage sind Beispiele für **sonstige Eingriffe und Beschränkungen** im Sinne des Art. 13 Abs. 7 GG. Sie stehen nicht unter Richtervorbehalt. **Zur Abwehr einer gemeinen Gefahr oder Lebensgefahr** dürfen sie unmittelbar auf Art. 13 Abs. 7 GG gestützt werden und bedürfen keiner zusätzlichen einfachgesetzlichen Grundlage. Dies ergibt sich aus dem Vergleich des Wortlauts zwischen der ersten und der zweiten Alternative des Abs. 7. Vielfach wird sich – auch wenn dies nicht nötig ist – die polizeirechtliche Generalklausel als einfachgesetzliche Rechtsgrundlage heranziehen lassen. Anders als bei Durchsuchungen ist keinesfalls eine spezielle Regelung erforderlich. Eine gemeine Gefahr liegt vor, wenn erheblicher Schaden für eine Vielzahl von Menschen oder Sachen droht.

278 Eingriffe und Beschränkungen, die keine Durchsuchungen sind, dürfen auch **zur Verhütung dringender Gefahren für die öffentliche Sicherheit oder Ordnung**[37] vorgenommen werden, dies allerdings nur auf der Grundlage einer einfachgesetzlichen Ermächtigungsgrundlage, wobei der eigentliche Eingriff auch in einer Rechtsverordnung geregelt sein kann, sofern die parlamentsgesetzliche Grundlage dafür nach Inhalt, Zweck und Ausmaß hinreichend bestimmt ist.[38] Als Beispiele für „dringende Gefahren" und nicht abschließend („insbesondere") werden genannt
– Behebung der Raumnot, womit Zwangseinweisungen ermöglicht werden,
– Bekämpfung der Seuchengefahr, worauf sich das Betreten von Privaträumen zur Durchführung einer Desinfektion stützen lässt, sowie
– Schutz gefährdeter Jugendlicher, etwa die Kontrolle von Aufenthaltsverboten für Jugendliche.

279 Trotz der Offenheit dieser Aufzählung lassen sich die zahlreichen wirtschafts- und gewerberechtlichen Betretens- und Nachschaubefugnisse regelmäßig nicht auf die Schranke von Art. 13 Abs. 7 GG stützen, weil diese **routinemäßigen Kontrollen** nicht an eine dringende Gefahr anknüpfen. Eine solche liegt nur vor bei besonders hoher Wahrscheinlichkeit eines Schadenseintritts oder wenn ein besonders hoher Schaden zu erwarten ist. Diese Befugnisse werden daher nach Maßgabe des **Verhältnismäßigkeitsgrundsatz**es den folgenden Anforderungen unterworfen:
Eine besondere gesetzliche Vorschrift muss zum Betreten und Besichtigen der Räume ermächtigen sowie den Zweck des Betretens und den Gegenstand der Besichtigung und Prüfung deutlich erkennen lassen;
das Betreten muss einem erlaubten Zweck dienen und dafür erforderlich sein;
das Betreten ist nur zu den Zeiten statthaft, zu denen die Räume normalerweise für die jeweilige geschäftliche und betriebliche Nutzung geöffnet sind.
Wie schon oben beim Eingriff dargelegt[39], ist unklar, ob es sich bei diesen Anforderungen um eine Rechtsschöpfung im Rahmen des Art. 13 GG handelt oder ob ein anderes Grundrecht zur Anwendung gebracht wird. Das Bundesverfassungsrecht nimmt zwar Bezug auf Art. 2 Abs. 1 GG, dies jedoch eher als Anknüpfung für die Entwicklung der Schranken. Stimmiger wäre es, die berufsbezogenen Betretens- und Nachschaubefugnisse als Berufsausübungsregelungen am Maßstab von Art. 12 Abs. 1 GG zu messen. Die **Abgrenzung zwischen dem Anwendungsbereich von Art. 13 GG und Art. 12 GG** müsste im Rahmen des Schutzbereichs erfolgen. Geschäfts- und Betriebsräume wären

---

36 S. dazu BVerwGE 47, 32 (37).
37 Zum Begriff s. BVerwGE 47, 31 (40).
38 BVerwGE 37, 283 (286).
39 S. oben Rn. 265.

in den Grenzen der berufsbezogenen Zweckwidmung durch den Betriebsinhaber, welche die Öffnungszeiten umfasst, nicht Gegenstand des Art. 13 GG.

Rechtsprechung: BVerfGE 20, 162 – *Spiegel*; 32, 54 – *Betriebsbetretungsrecht*; 42, 212 – *Quick/ Durchsuchungsbefehl*; 44, 353 – *Durchsuchung Drogenberatungsstelle*; 51, 97 – *Zwangsvollstreckung I*; 57, 346 – *Zwangsvollstreckung II*; 75, 318 – *Sachverständiger*; 76, 83 – *Zwangsvollstreckung III*; 89, 1 – *Besitzrecht des Mieters*; 96, 44 – *Durchsuchungsanordnung II*; 103, 142 – *Wohnungsdurchsuchung*; 109, 279 – *großer Lauschangriff*; 120, 274 – *Online-Durchsuchung*; 133, 277 – *Antiterrordatei*; 141, 220 – *BKAG*; BVerfG, NVwZ 2009, 1281 – *Vermieter kein Grundrechtsträger*.

Literatur: *F. Schoch*, Die Unverletzlichkeit der Wohnung, Jura 2010, 22; *H. Wißmann*, Grundfälle zu Art. 13 GG, JuS 2007, 324 und 426.

Fallbearbeitungen: *H. Essig*, Großer Lauschangriff, JA 2006, 283; *M. Goldhammer/A.W. Hofmann*, Kontrolle im Copy-Shop, Anfängerklausur Grundrechte, JuS 2013, 322; *C. Hinz*, Onlinedurchsuchungen, Jura 2009, 141; *M. Kau*, Keine Rosen für den Staatsanwalt, Jura 2007, 869; *W. Miller/F. Schweighardt*, Hausfriedensbruch oder Verletzung des Art. 13 GG? – Ein Gerichtsvollzieher macht Ernst, JuS 2008, 607.

Vierter Teil: **Gleichheitsgrundsatz und Diskriminierungsverbote**

1. Kapitel: Grundlagen

Die **gleiche Behandlung vergleichbarer Fälle** ist Wesensmerkmal des Rechts im **Gegen-** **280** **satz** zur **Willkür** und zugleich ein Merkmal des Ideals der Gerechtigkeit. Unbeantwortet bleibt dabei allerdings die Frage, woran sich Gleichheit bemisst. Das Postulat gleicher Freiheit hat seine Grundlage denn auch nicht bereits in der Rechtsstaatlichkeit, sondern in der Menschenwürde. Dass vom Recht garantierte gleiche Freiheit nicht faktische Gleichheit bedeutet und sogar mit großer Ungerechtigkeit verbunden sein kann, hat Anatole France mit beißender Ironie auf den Punkt gebracht, indem er feststellte: „Die majestätische Gleichheit der Gesetze untersagt es dem Reichen ebenso wie dem Armen, unter den Brücken zu schlafen, auf der Straße zu betteln und Brot zu stehlen."[1] Das Konzept „Gleichheit" ist also für das Recht ebenso konstitutiv wie vielfältig und herausfordernd.

1.1 Begriff der Gleichheit

Gleichheit ist ein **Relationsbegriff**, der mindestens zwei Personen, Gegenstände oder **281** Sachverhalte in Beziehung zueinander setzt. Gleichheit setzt folglich **Unterscheidbarkeit** voraus und ist etwas Anderes als Identität. Die Gleichheit des Unterschiedenen besteht in Bezug auf eine **Gemeinsamkeit**, einen gemeinsamen Nenner, das tertium comparationis, dessen Ermittlung stets eine **Wertung** enthält.

1.2 Verschiedene Dimensionen des Gleichheitspostulats

Dementsprechend kann sich das Gleichheitspostulat auf sehr Verschiedenes beziehen. **282** Es ist zu unterscheiden zwischen dem Postulat rechtlicher Gleichheit mit den Facetten der allgemeinen Rechtsanwendungsgleichheit und der darüber hinausreichenden Rechtssetzungsgleichheit. Innerhalb des Postulats rechtlicher Gleichheit lässt sich zwischen **gleicher Freiheit** und der **Gleichheit demokratischer Teilhabe** unterscheiden. Einen anderen Bezugspunkt, nämlich nicht in der Sollensordnung, sondern im Sein, hat das Postulat **sozialer Gleichheit**, das auf die Angleichung der Lebensverhältnisse zielt.

1.3 Wechselbezüglichkeit zwischen Freiheit und Gleichheit

Freiheit und Gleichheit haben ihre **gemeinsame Wurzel** im Konzept der **Menschen-** **283** **würde** und damit in Humanismus und Aufklärung. Sie bilden die gemeinsame Grundlage der freiheitlich-demokratischen Verfassungsstaaten. Bereits die Französische Revolution forderte „Liberté, Egalité, Fraternité" in einem Atemzug, und die amerikanische Unabhängigkeitserklärung bekennt: „We hold these truths to be self-evident, that all men are created equal, that they are endowed by their Creator with certain unalienable Rights, that among these are Life, Liberty and the pursuit of Happiness." Trotz dieser gemeinsamen historischen und philosophischen Wurzeln ist das Verhältnis von Freiheit und Gleichheit nicht völlig spannungsfrei. Bereits auf der rechtlichen Ebene beschränkt die gleiche Freiheit des anderen die eigene Freiheit. Sehr viel stärker sind die Auswirkungen auf die Freiheit, wenn der Gesetzgeber sich um die Herstellung tatsächlicher Gleichheit bemüht. Derartige Fördermaßnahmen kosten Geld und setzen daher zumindest finanzielle Umverteilung voraus. Hinsichtlich der Herstellung der tatsächlichen Voraussetzungen von Freiheit ist wiederum zu unter-

---

1 *A. France*, Le lys rouge, 1894, p. 118: „La majestueuse égalité des lois, qui interdit au riche comme au pauvre de coucher sous les ponts, de mendier dans les rues et de voler du pain."

scheiden zwischen der Herstellung von **Chancengleichheit** und der tatsächlichen Angleichung der Lebensverhältnisse im Sinne einer **Erfolgsgleichheit**. Die Herstellung umfassender tatsächlicher Gleichheit scheitert nicht nur an der tatsächlichen Verschiedenheit der Menschen, sie wäre zudem nur unter gravierendsten Einschränkungen der Freiheit auch nur annäherungsweise zu erreichen. Dieser Aspekt war in dem Dreiklang der französischen Revolution denn auch – stark abgeschwächt – dem Begriff der Brüderlichkeit zugeordnet. Er ist in der Verfassung des Grundgesetzes überwiegend Gegenstand des Sozialstaatsprinzips.

1.4 Rechtsgrundlagen

284 Vor allem die rechtsstaatliche, aber auch die demokratische und in eingeschränktem Umfang die soziale Funktion des Gleichheitspostulats haben ihren Niederschlag im Grundgesetz gefunden. Im Einzelnen handelt es sich um die folgenden Grundrechte:
Art. 3 Abs. 1 GG verbürgt den allgemeinen rechtsstaatlichen Gleichheitsgrundsatz.
Art. 3 Abs. 2 S. 1 GG garantiert die Gleichberechtigung von Mann und Frau[2] und wurde 1994 mit Satz 2 um die Pflicht zur Förderung tatsächlicher Gleichstellung ergänzt.
Art. 3 Abs. 3 enthält strikte Diskriminierungsverbote, die im Wesentlichen im Dienste des Persönlichkeitsschutzes stehen.
Art. 6 Abs. 1 GG verbietet die Benachteiligung von Ehe und Familie, Art. 6 Abs. 5 GG zielt auf die Gleichstellung nichtehelicher Kinder mit ehelichen[3].
Die in Art. 21 Abs. 1 GG garantierte Gründungsfreiheit verbürgt den Parteien auch Chancengleichheit.[4]
Art. 33 Abs. 1 bis 3 GG garantiert die Gleichheit der Rechte und Pflichten für alle Deutschen in allen Bundesländern (gemeinsames Indigenat) sowie Chancengleichheit beim Zugang zu öffentlichen Ämtern einschließlich eines Diskriminierungsverbots wegen der religiösen Zugehörigkeit.[5]
In Art. 38 Abs. 1 GG findet sich mit dem Grundsatz der Allgemeinheit und Gleichheit der Wahl der demokratische Gehalt des Gleichheitsgrundsatzes.[6]

285 Von Bedeutung für den deutschen Rechtsraum sind auch die **unionsrechtlichen Diskriminierungsverbote** und **Gleichheitsgrundsätze**. Zu erwähnen sind die **Marktfreiheiten** als spezielle Verbote der Diskriminierung wegen der Staatsangehörigkeit[7] sowie das allgemeine Verbot der Diskriminierung wegen der Staatsangehörigkeit in Art. 18 AEUV (vormals Art. 12 EG)[8]. Art. 19 AEUV (vormals Art. 13 EG) enthält eine Ermächtigungsgrundlage zum Erlass von Rechtsvorschriften zur Bekämpfung von Diskriminierungen aus Gründen des Geschlechts, der Rasse, der ethnischen Herkunft, der Religion oder der Weltanschauung, einer Behinderung, des Alters oder der sexuellen Ausrichtung. Auf dieser Grundlage beruht die Richtlinie zur Bekämpfung jeglicher Diskriminierung im Beruf[9], zu deren Umsetzung in Deutschland das Allgemeine Gleichbehandlungsgesetz[10] erlassen wurde. Erwähnenswert ist schließlich noch die

---

2 S. auch Art. 117 Abs. 1 GG: Das dem Artikel 3 Absatz 2 entgegenstehende Recht bleibt bis zu seiner Anpassung an diese Bestimmung des Grundgesetzes in Kraft, jedoch nicht länger als bis zum 31. März 1953.
3 S. dazu im Zusammenhang mit Artikel 6 Rn. 359.
4 S. dazu *von Münch/Mager*, Staatsrecht I, Rn. 142 ff.
5 S. dazu *von Münch/Mager*, Staatsrecht I, Rn. 513 ff.
6 S. dazu *von Münch/Mager*, Staatsrecht I, Rn. 97 f., 106 ff.
7 S. dazu *D. Ehlers*, Die Grundfreiheiten des europäischen Gemeinschaftsrechts, Jura 2001, 266 und 482; *ders.*, in: D. Ehlers (Hrsg.), Europäische Grundrechte und Grundfreiheiten, 4. Aufl. 2014, § 7 Rn. 24 f.
8 S. dazu *T. Kingreen*, in: D. Ehlers, Europäische Grundrechte und Grundfreiheiten, 4. Aufl. 2014, § 13.
9 Richtlinie 2000/78/EG vom 27. November 2000, ABl. EG vom 2.12.2000 L 303/16.
10 Gesetz vom 14. August 2006 (BGBl. I, S. 1897), zuletzt geändert durch Art. 8 des Gesetzes vom 3. April 2013 (BGBl. I, S. 610).

Garantie der **Lohngleichheit** sowie des Grundsatzes der Chancengleichheit und Gleichbehandlung von Männern und Frauen, die von Anfang an Bestandteil des Europäischen Gemeinschaftsrechts waren und heute in Art. 157 AEUV geregelt sind. Die Rechtsprechung des EuGH zu dieser Vorschrift[11] dient insbesondere im Hinblick auf die Frage der Zulässigkeit von Frauenquoten als Vorbild für die Auslegung von Art. 3 Abs. 2 GG. Zu erwähnen ist schließlich noch die Charta der Grundrechte der Europäischen Union, deren Titel III der Gleichheit gewidmet ist und die auch Anwendung findet, soweit Mitgliedstaaten Unionsrecht anwenden.

Literatur: *O. Dann*, Gleichheit, in: W. Conze/R. Koselleck/O. Brunner (Hrsg.), Geschichtliche Grundbegriffe, Band 2, 1975, S. 997; *R. Zippelius*, Allgemeine Staatslehre, 16. Aufl., 2010, § 34: Freiheit, Gleichheit, Brüderlichkeit, S. 271.

---

11 Dazu unten Rn. 304 mwN.

2. Kapitel: Art. 3 Abs. 1 GG: Der allgemeine Gleichheitssatz

Fall 6: Raucherschutz

G betreibt auf einem an der Autobahn gelegenen Rasthof eine Speisewirtschaft, die nur aus einem Raum besteht. Er möchte seine Räumlichkeiten erweitern und einen Raucherraum errichten, weil sich unter seinen Kunden, insbesondere Fernfahrern, eine Vielzahl von Rauchern befinden. Nach § 2 Abs. 4 LPassivRSchG ist für Gaststätten, in denen keine Speisen zubereitet werden, die Errichtung von abgeschlossenen Raucherräumen gestattet, sofern diese Räume nicht größer sind als die übrige Gaststätte und der Zutritt Personen unter 18 Jahren verwehrt bleibt. Für Speisewirtschaften ist dies verboten. G begehrt vor dem Verwaltungsgericht die Feststellung, dass sein Vorhaben erlaubt ist. Das Gesetz verstoße gegen seine Berufsausübungsfreiheit. Zudem sei eine unterschiedliche Behandlung der Gaststätten nicht gerechtfertigt. Das Gericht ist von der Verfassungswidrigkeit des Gesetzes überzeugt und legt dem Bundesverfassungsgericht die Frage zur Entscheidung vor.

2.1 Inhalt

286 Gemäß Art. 3 Abs. 1 GG sind alle Menschen „vor dem Gesetz gleich". Die Formulierung „vor dem Gesetz gleich" ist aus Art. 109 Abs. 1 der Weimarer Reichsverfassung übernommen; die Auslegung hat sich jedoch wesentlich geändert: Während Art. 109 Abs. 1 WRV wortlautgetreu dahin verstanden wurde, dass der Gleichheitsgrundsatz nur für den Gesetzesanwender gelte, also für die vollziehende Gewalt und für die Rechtsprechung, ist heute unbestritten, dass Art. 3 Abs. 1 GG über das unbefangene Wortlautverständnis hinaus auch den Gesetzgeber bindet. Die Richtigkeit dieser Auslegung für Art. 3 Abs. 1 GG folgt zwingend aus Art. 1 Abs. 3 GG sowie Art. 20 Abs. 3 GG, wonach auch der Gesetzgeber an die Grundrechte sowie die Verfassung insgesamt gebunden ist. Der allgemeine Gleichheitssatz des GG garantiert also **Rechtssetzungsgleichheit** und **Rechtsanwendungsgleichheit**.

287 Der allgemeine Gleichheitsgrundsatz enthält das Gebot an den Gesetzgeber wie an den Rechtsanwender, wesentlich **Gleiches** rechtlich **gleich** zu **behandeln** bzw. das Verbot, wesentlich Gleiches ohne sachlichen Grund ungleich zu behandeln. Sowohl die Bestimmung der Gleichheit, mehr aber noch die Frage nach dem sachlichen Grund für eine Ungleichbehandlung erfordern **Wertungen**, die vom Gesetzgeber **im Einklang mit der Verfassung** sowie **sachgerecht** zu treffen sind. Vom Rechtsanwender wird, soweit die Gesetzesbindung reicht, richtige Rechtsanwendung verlangt, im Rahmen von Gestaltungsspielräumen Übereinstimmung mit verfassungsrechtlichen Wertungen sowie **Konsequenz**. Bei der Überprüfung von Gesetzen am Maßstab des allgemeinen Gleichheitsgrundsatzes gesteht das Bundesverfassungsgericht dem **Gesetzgeber** in unterschiedlichem Umfang eine **Einschätzungsprärogative** zu. Je nach Fallkonstellation gilt die **Willkürformel** oder die am Verhältnismäßigkeitsgrundsatz orientierte **neue Formel**. Infolge des von vornherein sehr viel geringeren Spielraums des Rechtsanwenders und der ohnehin schon bestehenden fachgerichtlichen Prüfung findet in Bezug auf die Überprüfung der Rechtsanwendung am Maßstab von Art. 3 Abs. 1 GG durch das Bundesverfassungsgericht nur eine Willkürkontrolle statt.[1]

---

1 BVerfGE 86, 59 (62 f.) – *Zweckentfremdungsverbot im Mietrecht*; 80, 48 (51) – *Räumungsanspruch des Vermieters*; 83, 82 (84) – *Eigenbedarfskündigung*; 87, 273 (278 f.) – *Erörterungsgebühr*; 89, 1 (13 f.) – *Besitzrecht des Mieters*.

2.2 Prüfung des allgemeinen Gleichheitsgrundsatzes

Der allgemeine Gleichheitssatz des Art. 3 Abs. 1 GG kommt nur zur Anwendung, sofern ihn keine der speziellen Ausprägungen verdrängt.

2.2.1 Feststellung von wesentlich Gleichem

In einem ersten Schritt ist das wesentlich Gleiche, also das Gemeinsame der **Vergleichs-** **288** **gruppen** bzw. Vergleichssachverhalte festzustellen. Beispielsweise sind Schoßhunde und Kampfhunde insoweit gleich, als es sich um Hunde handelt; Hund und Katzen sind gleichermaßen Haustiere, Arbeiter und Angestellte sind Arbeitnehmer, Männer und Frauen sind Menschen. Dagegen fällt es schwer, ein noch aussagekräftiges gemeinsames Merkmal für Hund und Villa zu finden. Die Unterschiede sind so vielfältig und zahlreich, dass sich kein sinnvoller Oberbegriff mehr bilden lässt und deshalb nicht mehr von wesentlich Gleichem gesprochen werden kann.

2.2.2 Feststellung der Ungleichbehandlung

Lässt sich ein vergleichbarer Sachverhalt feststellen, so ist in einem zweiten Schritt die **289** dem Staat zurechenbare Ungleichbehandlung zu bezeichnen und auf ihre sachliche Rechtfertigung zu prüfen. Die Ungleichbehandlung kann etwa darin bestehen, dass Schoßhunde anders besteuert werden als Kampfhunde, dass Hundehaltung steuerpflichtig ist, nicht aber das Halten von Katzen, dass für Arbeiter und Angestellte unterschiedliche Kündigungsfristen gelten[2] oder für Arbeiterinnen und weibliche Angestellte andere Arbeitszeitregelungen[3]. Insoweit liegt von vornherein keine Ungleichbehandlung vor, wenn **unterschiedliche Hoheitsträger** vergleichbare Sachverhalte unterschiedlich behandeln. Das Gebot der Gleichbehandlung richtet sich stets nur gegen denselben Hoheitsträger.[4] Aus diesem Grund stellt es keine Ungleichbehandlung dar, wenn EU-Recht Unionsbürger aus dem Ausland besser stellt als Inländer (**Inländerdiskriminierung**), auf die in ansonsten vergleichbarer Lage mangels Grenzübertritt nur nationales Recht zur Anwendung kommt.[5] Ebenfalls schon keine Ungleichbehandlung stellt es dar, wenn ein Fall rechtmäßig und nur deshalb anders behandelt wird, weil in einem vergleichbaren Fall zuvor gegen das Recht verstoßen wurde. Der allgemeine Gleichbehandlungsgrundsatz gibt **keinen Anspruch auf Gleichbehandlung im Unrecht.**[6]

2.2.3 Sachlicher Grund für die Ungleichbehandlung

Der Schwerpunkt der Prüfung liegt darin, ob ein sachlicher Grund die Ungleichbehandlung rechtfertigen kann. Dieser sachliche Grund steht regelmäßig in Beziehung zu der spezifischen Ungleichheit zwischen den Vergleichsgruppen.

2.2.3.1 Willkürverbot. Bis Anfang der 1980er Jahre wurde der allgemeine Gleichheits- **290** grundsatz auch und gerade in Bezug auf den Gesetzgeber vom Bundesverfassungsgericht als **Willkürverbot** verstanden. Das Merkmal der Willkür ist dabei nicht im Sinne eines subjektiven Schuldvorwurfs zu verstehen, sondern als objektives Kriterium.[7] Der Gleichheitssatz ist danach verletzt, „wenn sich ein vernünftiger, aus der Natur der Sache ergebender oder sonst wie sachlich einleuchtender Grund für die gesetzliche

---

2 BVerfGE 82, 126 – *Kündigungsfristen für Arbeiter.*
3 BVerfGE 85, 191 – *Frauen-Nachtarbeit.*
4 BVerfGE 21, 54 (68) – *Lohnsummensteuer*; 76, 1 (73) – *Familiennachzug*; 79, 127 (158) – *Rastede*; 138, 261 Rn. 61 – *Thüringer Ladenöffnungsgesetz.*
5 Beispiel: EuGH, NJW 1987, 1133 ff. – Aus dem Ausland eingeführtes Bier muss nicht dem Reinheitsgebot nach deutschem Recht entsprechen, das für in Deutschland hergestelltes Bier gilt.
6 BVerfGE 50, 142 (166) – *Unterhaltspflichtverletzung.*
7 BVerfGE 80, 48 (51); 83, 82 (84).

Differenzierung oder Gleichbehandlung nicht finden lässt"[8]; anders formuliert: „wo die gleiche oder ungleiche Behandlung nicht mehr mit einer am Gerechtigkeitsgedanken orientierten Betrachtungsweise vereinbar ist"[9]. Das Bundesverfassungsgericht habe aber „nicht zu beurteilen, ob der Gesetzgeber im Einzelnen die zweckmäßigste, vernünftigste oder gerechteste Lösung gefunden hat."[10] Dem Gesetzgeber wird mit diesem Maßstab ein **weiter Gestaltungsspielraum** zugestanden.

291 2.2.3.2 „Neue Formel". In einer Entscheidung aus dem Jahre 1980 entwickelte der 1. Senat des Bundesverfassungsgerichts einen strikteren Prüfungsmaßstab, der als **neue Formel** bezeichnet wird. Danach ist der Gleichheitssatz verletzt, wenn eine Gruppe von Normadressaten im Vergleich zu anderen Normadressaten anders behandelt wird, obwohl zwischen beiden Gruppen keine Unterschiede von solcher Art oder solchem Gewicht bestehen, dass sie die ungleiche Behandlung rechtfertigen könnten.[11] Dieser neue Prüfungsmaßstab sollte der Kritik an der Willkürformel, sie sei inhaltsleer, begegnen, hat aber seinerseits Kritik erfahren, weil er die **Kontrolldichte** durch das Bundesverfassungsgericht **erhöht** und damit den Gestaltungsspielraum des Gesetzgebers einschränkt. Zudem ist der Prüfungsmaßstab zwar stärker konturiert; in der Striktheit seiner Anwendung ist er aber von verschiedenen Gesichtspunkten abhängig und damit fließend.

Kommt die neue Formel als strikter Maßstab zur Anwendung, findet eine Art **Verhältnismäßigkeitsprüfung** im Sinne der Prüfung einer Mittel-Zweck-Relation zwischen der Ungleichbehandlung als Mittel und dem damit verfolgten Zweck statt, der in der Regel darin liegt, einer tatsächlich bestehenden Ungleichheit Rechnung zu tragen. Die Ungleichbehandlung, etwa unterschiedliche Kündigungsfristen, muss in Bezug auf die Ungleichheit, etwa zwischen Arbeitern und Angestellten, bzw. den damit verfolgten Zweck, etwa die Verbesserung der Arbeitsmarktsituation für Arbeiter, geeignet, erforderlich und angemessen sein. Eine solche besonders strikte Prüfung findet statt, sofern die Ungleichbehandlung an **personenbezogene Merkmale** (zB. Transsexualität oder Homosexualität[12]) oder an ein Verhalten anknüpft, das in spezifischer Weise grundrechtlich geschützt ist (zB. Berufswahl). Hierfür lässt sich die strukturelle Ähnlichkeit mit den ausdrücklichen Diskriminierungsverboten des Art. 3 Abs. 3 GG anführen, denn die dort genannten Merkmale sind durchgängig personenbezogen oder dienen dem **Schutz bedeutender Grundrechte**, namentlich der Glaubens-, Gewissens- und politischen Meinungsfreiheit. Handelt es sich dagegen um die Regelung von Massenphänomenen wie Typisierungen im Rahmen der Besteuerung[13] oder rein sachbezogene Ungleichbehandlungen, wie sie sich etwa aus Präklusionsvorschriften[14] ergeben, so spricht dies für eine großzügige Kontrolle, die letztlich dem Willkürverbot gleichkommt.

---

8 BVerfGE 1, 14 (52) – *Südweststaat*.
9 BVerfGE 31, 119 (130) – *Musikautomaten*.
10 BVerfGE 59, 287 (300) – *Rentenminderung*; 68, 287 (301) – *Pensionsrückstellungen*.
11 BVerfGE 55, 72 (88) – *Präklusion*; seitdem st. Rspr. des 1. Senats, vgl. BVerfGE 82, 60 (86) – *Kindergeld*; 84, 133 (157) – *Warteschleifenregelung*; 84, 197 (199) – *Kündigungsschutz bei Zwischenvermietung*; 85, 238 (244); 87, 1 (36) – *Ermäßigter Steuersatz für Kraftdroschken*; 94, 241 (260) – *Kindererziehungszeiten I*; 99, 129 (139) – *DDR-Erbbaurecht*; 99, 165 (177) – *BaföG*; 104, 126 (144 f.) – *Dienstbeschädigungsteilrenten*; 107, 133 (141) – *Rechtsanwaltsgebühren Ost*; 112, 50 (67) – *Opferentschädigungsgesetz*; 124, 199 (219 f.) – *eingetragene Lebenspartnerschaft*.
12 S. dazu BVerfGE 88, 87 (97) – *Transsexuelle*; 133, 377 Rn. 73 – *Ehegattensplitting*, zum Kriterium Alter s. noch unten Rn. 318 ff.
13 S. etwa BVerfGE 107, 27 (46 f.) – *doppelte Haushaltsführung*; 137, 350 Ls. 2 und Rn. 40 ff. – *Luftverkehrsteuer*.
14 Präklusion meint den Verlust des Klagerechts insbesondere wegen Versäumnis einer Rügepflicht.

2.3 Weitere relevante Gesichtspunkte

Der Gedanke der **Systemgerechtigkeit** bzw. Systemwidrigkeit, der insbesondere in der Rechtsprechung des Bundesverfassungsgerichts zum Abgabenrecht, zur Beamtenbesoldung oder zum Rentenversicherungsrecht auftaucht, fügt dem Gleichheitsgrundsatz nichts Substanzielles hinzu. Vielmehr geht es um die jeweilige Fassung der Vergleichssachverhalte bei komplexen Zusammenhängen oder um die folgerichtige Durchführung einer einmal getroffenen Belastungsentscheidung.[15] Einem klaren Systemwechsel steht der Gleichheitssatz nicht entgegen.

292

Einen weiten Gestaltungsspielraum hat der Gesetzgeber beim Erlass von Übergangsvorschriften, „die nicht auf ungleiche Behandlung Berechtigter abzielen, in der Regel nur für kurze Dauer gelten und zu keinen wesentlichen Ungleichheiten führen"[16]. Prinzipiell zulässig ist auch die Festsetzung eines **Stichtag**es, von dem an eine Neuregelung gelten soll. Die sich daraus ergebenden Ungleichheiten müssen hingenommen werden, „wenn die Einführung eines Stichtages notwendig und die Wahl des Zeitpunkts orientiert am gegebenen Sachverhalt, sachlich vertretbar ist"[17]. Die Festlegung von Stichtagen bedeutet stets eine **Typisierung** und Schematisierung. Angesichts der Komplexität der Lebensvorgänge in der modernen Gesellschaft einerseits und der Notwendigkeit effizienten Handelns des Staates andererseits, sind Typisierungen oft unvermeidbar. Sie verstoßen auch dann nicht gegen Art. 3 Abs. 1 GG, wenn unbefriedigend gelöste Grenzfälle bestehen. Insofern kann der Gesichtspunkt der Verwaltungseffektivität und -effizienz Ungleichbehandlungen rechtfertigen, sofern diese „nur in geringfügigen und besonders liegenden Fällen" auftreten, wohingegen „stärkere Belastungen ganzer Gruppen das Maß des verfassungsrechtlich Zulässigen überschreiten"[18].

293

Für die rechtsanwendenden Gewalten, insbesondere die **Verwaltung**, stellt der Gleichheitssatz eine rechtliche **Bindung bei der Ausübung von Ermessen** dar. Hat die Verwaltung in vergleichbaren Fällen – etwa bei der Duldung von nicht aufenthaltsberechtigten Ausländern, bei der Überprüfung von Gewerbebetrieben oder bei der Gewährung einer Subvention – eine bestimmte Verwaltungspraxis entwickelt, sei es allein durch tatsächliche Übung, sei es auf der Grundlage von internen Verwaltungsvorschriften, so stellt es gegenüber einem Betroffenen einen Ermessensfehler in Form eines Verstoßes gegen den Gleichheitssatz dar, wenn diesem gegenüber nunmehr anders, insbesondere strenger verfahren wird. Dies gilt allerdings nicht für die Zukunft, wenn die Verwaltung aus sachlichem Grund eine neue Verwaltungspraxis beginnen will. Dagegen gibt es, wie bereits erwähnt[19], keinen Anspruch darauf, dass die Verwaltung einen Fehler wiederholt, also keinen Anspruch auf Gleichbehandlung im Unrecht. Dies folgt aus der Bindung der Verwaltung an Gesetz und Recht gemäß Art. 20 Abs. 3 GG.

294

2.4 Rechtsfolgen im Falle eines gleichheitswidrigen Gesetzes

Verstößt ein Gesetz gegen die Verfassung, erklärt das Bundesverfassungsgericht es in der Regel für nichtig, vgl. § 95 Abs. 3, § 78 BVerfGG. Dies ist im Falle von Gleich-

295

---

15 In der Literatur tlw. als Systembindung iSe. Ausprägung der Gleichheitsidee verstanden. Das BVerfG weist aber zB. in BVerfGE 81, 156 (207) – *Arbeitsförderungsgesetz*; 104, 74 (87) – *kalte Enteignung*, darauf hin, dass es sich bei systemwidrigen Entscheidungen bloß um ein Indiz für Ungleichbehandlung handele, es keine Systembindung aus Gleichheitsgründen gebe; s. aber auch BVerfGE 138, 136 Ls. 3 und Rn. 123 – *Erbschaftsteuer*: Gebot der folgerichtigen Ausgestaltung des steuerrechtlichen Ausgangstatbestands.

16 BVerfGE 44, 290 (294) – *BAföG-Änderungsgesetz*.

17 BVerfGE 75, 78 (106) – *Berufsunfähigkeitsrente*; s. auch BVerfGE 72, 141 (150 f.) – *Geschiedenen-Witwenrente*; 87, 1 (42 f.) – *Trümmerfrauen*; 97, 103 (114 f.) – *Kindererziehungszeiten II*; 117, 272 (301) – *Rentenanwartschaft*.

18 BVerfGE 82, 60 (101) – *Kindergeld*; s. zur Zulässigkeit von Typisierungen auch BVerfGE 137, 350 Rn. 66 – *Luftverkehrsteuer* und 138, 136 Rn. 198 – *Erbschaftsteuer*.

19 S. oben Rn. 289.

heitsverstößen problematisch, wenn der Verstoß sich daraus ergibt, dass einer Person oder Personengruppe eine Vergünstigung zu Unrecht vorenthalten wird. Dennoch darf das Bundesverfassungsgericht den Gleichheitsverstoß nicht einfach durch Aufhebung des Gesetzes zu Lasten der Begünstigten oder durch Erstreckung der Regelung beseitigen. Dem steht nicht nur formal entgegen, dass das Gericht dann gesetzgebend tätig würde, sondern auch, dass die Erstreckung in der Regel nicht die einzige Möglichkeit ist, um den Gleichheitsverstoß zu beseitigen. Insbesondere kann die Ausweitung des begünstigten Personenkreises Änderungen der Regelung insgesamt erforderlich machen. Eine Erstreckung kommt daher allenfalls unter den Ausnahmebedingungen in Betracht, dass die Erstreckung sich aus anderem Grund als dem Gleichheitsverstoß als Verfassungsgebot darstellt oder wenn die Systematik der Regelungsmaterie und der (hypothetische) Regelungswille dies eindeutig verlangen. Anderenfalls darf das Bundesverfassungsgericht nur die Verfassungswidrigkeit der Regelung feststellen und ggf. eine Frist zur Beseitigung des Verfassungsverstoßes setzen.[20]

Rechtsprechung: BVerfGE 1, 14 – *Südweststaat*; 3, 58 – *Beamtenurteil*; 55, 72 – *Präklusion*; 82, 60 – *Kindergeld*; 84, 239 – *Kapitalertragsteuer*; 88, 87 – *Transsexuelle*; 90, 145 (198 ff.) – *Cannabis und Nikotin*; 105, 73 – *Besteuerung von Renten und Pensionen*; 110, 94 – *Spekulationssteuer*; 117, 1 – *Erbschaftsteuer*; 133, 377 – *Ehegattensplitting*; 137, 350 – *Luftverkehrsteuer*; 138, 136 – *Erbschaftsteuer*; 138, 261 – *Thüringer Ladenöffnungsgesetz*. BVerwGE 116, 347 – *Kampfhundeverordnung*.

Literatur: *M. Albers*, Gleichheit und Verhältnismäßigkeit, JuS 2008, 945; *T. Blome*, Der allgemeine Gleichheitssatz (Art. 3 I GG) – ein ordentliches Grundrecht!, JA 2011, 486; *R. Bösch*, Inländerdiskriminierung Jura 2009, 91; *S. Meyer*, Strukturelle Vollzugsdefizite als Gleichheitsverstoß, DÖV 2005, 551; *M. Sachs*, Die Maßstäbe des allgemeinen Gleichheitssatzes – Willkürverbot und sogenannte neue Formel, JuS 1997, 124; *M. Sachs/C. Jasper*, Der allgemeine Gleichheitssatz, JuS 2016, 769; *A. Scherzberg/M. Mayer*, Die Prüfung des Gleichheitssatzes in der Verfassungsbeschwerde, JA 2004, 137; *K. Schwarz*, Grundfälle zu Art. 3 GG, JuS 2009, 315 und 417 (Beitrag zweiteilig).

Fallbearbeitungen: *K. Herzmann/S. Eßlinger*, „Landeskleinkinder", Jura 2014, 842; *C. Hofmann*, Gleiches Recht für alle, Hausarbeit Grundrechte, JuS 2014, 617; *C. Kreuzer*, Die Feuerwehrabgabe, Jura 1996, 481 (Examensklausur); *H. Schaefer*, Wenn die Kampfhunde Trauer tragen, JuS 1993, 136 (Anfängerhausarbeit); *J. Froese*, Bettelverbot, JuS 2016, 33 (Semesterabschlussklausur).

Lösung zu Fall 6:   Raucherschutz[21]

Zu prüfen sind Zulässigkeit und Begründetheit der Richtervorlage gemäß Art. 100 Abs. 1 GG (konkrete Normenkontrolle).

I.   Zulässigkeit des Antrags auf Normenkontrolle

Die Zulässigkeit einer Richtervorlage bestimmt sich gemäß Art. 93 Abs. 1 Nr. 5 iVm. Art. 100 Abs. 1 GG iVm. §§ 13 Nr. 11 und 80 ff. BVerfGG.

1.   Vorlageberechtigung

Zur Vorlage berechtigt ist jedes Gericht. Hierzu gehören die Fachgerichte des Bundes und der Länder und damit auch das vorlegende Verwaltungsgericht.

---

20 BVerfGE 8, 28 (36 f.) – *Besoldungsrecht*; 37, 217 (260 f.) – *Staatsangehörigkeit von Abkömmlingen*; 85, 191 (211 f.) – *Frauen-Nachtarbeit*; 110, 94 (138 f.) – *Spekulationssteuer*; 115, 81 (93 ff.) – *Rechtsschutz gegen Verordnungen*; 133, 377 Rn. 104 – *Lebenspartnerschaft, Ehegattensplitting*.
21 Fall nach BVerfG, NVwZ 2012, 257; s. auch BVerfGE 121, 317 ff.

2. Vorlagegegenstand

Gegenstand der Vorlage muss ein Gesetz sein. Da die konkrete Normenkontrolle mit der Konzentration der Verwerfungsbefugnis bei den Verfassungsgerichten dem Schutz des unmittelbar demokratisch legitimierten Parlamentsgesetzgebers dient, sind mit dem Begriff „Gesetz" die nach Inkrafttreten des Grundgesetzes erlassenen Parlamentsgesetze des Bundes oder der Länder gemeint. Bei dem Passivraucherschutzgesetz handelt es sich um ein solches Landesgesetz.

3. Vorlagebefugnis

Das Gericht muss darlegen, dass und weshalb es von der Unvereinbarkeit des Gesetzes mit dem GG und bei Landesgesetzen ggf. auch mit dem einfachen Bundesrecht überzeugt ist. Es ist davon auszugehen, dass das Gericht seine Auffassung, wonach das Gesetz die Berufsausübungsfreiheit und den Gleichheitsgrundsatz verletzt, dargelegt hat.

4. Entscheidungserheblichkeit

Des Weiteren muss das Gericht begründen, weshalb die Entscheidung über die Gültigkeit des Gesetzes für die fachgerichtliche Entscheidung erheblich ist. Sie ist dann erheblich, wenn die fachgerichtliche Entscheidung im Falle der Nichtigkeit des Gesetzes anders ausfiele als im Falle der Gültigkeit. Ist das Gesetz gültig, so muss das Gericht die Feststellungsklage des G als unbegründet abweisen. Ist das Gesetz dagegen verfassungswidrig und damit nichtig, so besteht keine gesetzliche Grundlage mehr für das Verbot des Erweiterungsvorhabens, und die Feststellungsklage wird Erfolg haben. Die vorgelegte Frage nach der Verfassungswidrigkeit ist folglich entscheidungserheblich.

II. Begründetheit des Normenkontrollantrags

Der Antrag auf Normenkontrolle ist begründet, wenn das Passivraucherschutzgesetz verfassungswidrig ist.

1. Formelle Verfassungswidrigkeit

Gemäß Art. 70 Abs. 1 GG war das Land zum Erlass des Gesetzes befugt. Hinweise auf Fehler im Gesetzgebungsverfahren gibt es nicht und würden vom Bundesverfassungsgericht auch nur sehr eingeschränkt am Maßstab des Homogenitätsprinzips gemäß Art. 28 Abs. 1 S. 1 GG überprüft.

2. Materielle Verfassungswidrigkeit

a) Verletzung von Art. 12 Abs. 1 GG

Das Passivraucherschutzgesetz betrifft Betreiber von Speisewirtschaften in ihrer Berufsausübung. Zu prüfen ist eine Verletzung der Berufsfreiheit.

aa) Schutzbereich

Beruf ist jede nicht schlechthin gemeinschädliche Tätigkeit, die der Schaffung einer Lebensgrundlage dient oder zumindest dazu beiträgt. Das Betreiben einer Gaststätte mit Gewinnerzielungsabsicht ist Beruf. Zur Berufsausübungsfreiheit gehört auch das Recht, Art und Qualität der angebotenen Güter und Leistungen selbst festzulegen und den Kundenkreis selbst auszuwählen. Die Entscheidung, Raucherräume einzurichten und damit Raucher in den Kundenkreis aufzunehmen, ist Bestandteil der Berufsausübungsfreiheit.

bb) Eingriff

Durch § 2 Abs. 4 LPassivRSchG, der den Betreibern von Speisewirtschaften die Möglichkeit vorenthält, Raucherräume einzurichten, wird die Berufsausübungsfreiheit beeinträchtigt.

cc) Verfassungsrechtliche Rechtfertigung

(1) Schranke
Gemäß Art. 12 Abs. 1 S. 2 GG steht die Berufsausübungsfreiheit unter dem Vorbehalt der Regelung durch einfaches Gesetz.
(2) Verfassungsmäßige Schrankenkonkretisierung
Ein solches Gesetz muss im Blick auf die Berufsausübungsfreiheit verhältnismäßig und auch sonst in jeder Hinsicht materiell verfassungsmäßig sein. Im vorliegenden Fall besteht die Besonderheit, dass es nicht um die Verhältnismäßigkeit eines Rauchverbots an und für sich geht, sondern um eine Unverhältnismäßigkeit, die sich aus der unterschiedlichen Behandlung von Speisewirtschaften und reinen Schankwirtschaften ergibt. Eine Prüfung des § 2 Abs. 4 LPassivRSchG allein im Blick auf die Berufsausübungsfreiheit ginge deshalb an dem eigentlichen Problem vorbei. Die Verletzung der Berufsausübungsfreiheit kommt vielmehr allein als Folge einer nicht zu rechtfertigenden Ungleichbehandlung zwischen Schank- und Speisewirtshaften in Betracht. Zu prüfen ist daher der Verstoß gegen den allgemeinen Gleichheitsgrundsatz.

b) Verletzung von Art. 3 Abs. 1 GG

Gemäß Art. 3 Abs. 1 GG sind alle Menschen vor dem Gesetz gleich. Dieser allgemeine Gleichheitsgrundsatz bindet gemäß Art. 1 Abs. 3 GG auch den Gesetzgeber. Das Gesetz verstößt gegen den allgemeinen Gleichheitsgrundsatz, wenn es wesentlich Gleiches ohne sachlichen Grund ungleich behandelt.

aa) Ungleichbehandlung von wesentlich Gleichem

Sowohl bei Speisewirtschaften als auch bei Schankwirtschaften handelt es sich um Gastwirtschaften. Während das LPassivRSchG Schankwirtschaften erlaubt, Raucherräume einzurichten, ist dies für Speisewirtschaften nicht der Fall.

bb) Sachliche Rechtfertigung der Ungleichbehandlung

Diese Ungleichbehandlung müsste aus sachlichen Gründen gerechtfertigt sein. Die Intensität der rechtlichen Prüfung ist dabei je nach Regelungsgegenstand und Differenzierungsmerkmalen unterschiedlich und reicht vom Willkürverbot bis zu einer strengen Prüfung der Verhältnismäßigkeit zwischen Differenzierungsgrund und tatsächlich vorhandener Differenz. Ein Kriterium für eine strengere Prüfung ist die Betroffenheit von Freiheitsgrundrechten, insbesondere auch der Berufsfreiheit. Das die Speisewirtschaften treffende Verbot stellt eine nicht unerhebliche Beeinträchtigung dar, wie gerade der Ausgangsfall belegt, bei dem zum Kundenkreis des G eine große Anzahl Fernfahrer gehören, von denen wiederum ein großer Anteil raucht. Angesichts der Schwere des Eingriffs ist daher zu prüfen, ob das Verbot der Einrichtung von Raucherräumen für Speisewirtschaften mit Blick auf Differenzen zu Speisewirtschaften eine verhältnismäßige Maßnahme darstellt.
In Betracht kommen Unterschiede in Bezug auf den Gesundheitsschutz, der mit dem Rauchverbot verfolgt wird, sowie hinsichtlich der wirtschaftlichen Betroffenheit.
(1) Was den Gesundheitsschutz der Angestellten betrifft, so ist festzustellen, dass auch in reinen Schankwirtschaften Angestellte beschäftigt sind, die in dort zulässigen Raucherräumen Kunden bedienen und hierbei der Gefahr des Passivrauchens ausgesetzt werden. Anhaltspunkte dafür, dass Angestellte in Speisewirtschaften grö-

ßerer Gefahr ausgesetzt sind, gibt es nicht und sind vom Gesetzgeber nicht dargetan.

Dem Gesundheitsschutz der Gäste wird in Schankwirtschaften gerade durch ge-
trennte Räumlichkeiten Rechnung getragen. Dem Schutz der Raucher vor Selbst-
schädigung kommt kein unterschiedliches Gewicht zu. Dass Gäste in Speisewirtschaften durch Verbindung der Nahrungsaufnahme mit Tabakrauch zusätzlich
belastet werden, ist nicht bekannt.

Damit fehlt es an einem hinreichenden Zusammenhang zwischen dem Regelungs-
ziel des Gesundheitsschutzes und der Differenzierung zwischen Schank- und Speisewirtschaften.

(2) Eine hinreichende Tatsachengrundlage dafür, dass Schankwirtschaften durch ein
ausnahmsloses Rauchverbot stärker belastet würden als Speisewirtschaften, liegt
nicht vor. Damit kann auch dies nicht als sachlicher Grund für die Ungleichbehandlung angeführt werden.

3. Zwischenergebnis

Das Gesetz verstößt gegen Art. 3 Abs. 1 GG und stellt infolgedessen auch eine
verfassungswidrige Berufsausübungsregelung dar.

III. Gesamtergebnis

Die Richtervorlage ist zulässig und begründet.

3. Kapitel: Art. 3 Abs. 2 und 3 GG: Gleichberechtigung der Geschlechter

Fall 7: Kosmetikbedarf im Gefängnis

S verbüßt eine Freiheitsstrafe in der Justizvollzugsanstalt in Stuttgart. Er beantragt, von seinem Eigengeld für 30 Euro zu telefonieren und für 25 Euro Kosmetikartikel kaufen zu dürfen. Dies wird vom Leiter der Anstalt abgelehnt. Nach § 32 StVollzG könne den Gefangenen zwar gestattet werden, Telefongespräche zu führen, ein Anspruch ergebe sich daraus aber nicht. In dem Hafthaus, in dem S wohnt und in dem besonders gefährliche Gefangene untergebracht sind, stünden, anders als im Frauenvollzug, keine speziell für die Gefangenen eingerichteten Telefone zur Verfügung. Die Ermöglichung des Telefonierens erfordere somit einen deutlich größeren Aufwand, was insbesondere nicht mit der erhöhten Sicherheitsstufe, die in jenem Hafthaus gelte, zu vereinbaren sei. Auch die Verwendung von Eigengeld für den Kauf von Kosmetika sei nicht zulässig, solange die Ausnahme des § 22 Abs. 3 StVollzG nicht vorliege, dh. ein Strafgefangener ohne eigenes Verschulden weder über Hausgeld noch über Taschengeld verfüge, was auf den S nicht zutreffe. Weitere Ausnahmen würden üblicherweise nur für weibliche Gefangene bewilligt. S fühlt sich durch die Ablehnung seiner Anträge gegenüber den Gefangenen im Frauenvollzug diskriminiert.

§ 32 S. 1 Strafvollzugsgesetz:

Dem Gefangenen kann gestattet werden, Ferngespräche zu führen...

Das Geschlechterverhältnis hat im Rahmen der Gleichbehandlungsgrundsätze eine besonders intensive Regelung erfahren.

3.1 Überblick über die Regelungen

296 Das Merkmal Geschlecht gehört nicht nur zu den personenbezogenen Eigenschaften im Rahmen des Diskriminierungsverbots des **Art. 3 Abs. 3 GG**; zudem findet sich verstärkend in **Art. 3 Abs. 2 GG** der Satz „Männer und Frauen sind gleichberechtigt." Dieser Satz ist in Verbindung mit **Art. 117 Abs. 1 GG** zu sehen, in dem es heißt: „Das dem Art. 3 Abs. 2 entgegenstehende Recht bleibt bis zu seiner Anpassung an diese Bestimmung des Grundgesetzes in Kraft, jedoch nicht länger als bis zum 31. März 1953." Diese Verknüpfung weist auf den spezifischen Sinn des Art. 3 Abs. 2 GG neben dem Diskriminierungsverbot des Art. 3 Abs. 3 GG hin: Art. 3 Abs. 2 GG sollte verhindern, dass das damalige patriarchalische Ehe- und Familienrecht trotz Art. 3 Abs. 3 GG und Art. 3 Abs. 1 GG unter Rückgriff auf Art. 6 Abs. 1 GG gerechtfertigt und infolgedessen bestehen bleiben würde.[1] Der Gesetzgeber ist dem in Art. 117 Abs. 1 GG enthaltenen Anpassungsgebot nur zögerlich nachgekommen. Dem Bundesverfassungsgericht ist daher in erheblichem Maß die Rolle zugefallen, die Gleichberechtigung durchzusetzen.[2] Der Gesetzgeber wurde erstmals mit dem Gesetz über die Gleichberechtigung von Mann und Frau auf dem Gebiet des Bürgerlichen Rechts (Gleichberechtigungsgesetz) vom 18.6.1957[3] tätig.

297 Über den dargelegten entstehungsgeschichtlichen Sinn hinaus, hat das Bundesverfassungsgericht in seiner Entscheidung zum Nachtarbeitsverbot für Arbeiterinnen, die für das Verständnis des Verbots der Geschlechterdiskriminierung grundlegend geworden ist, Art. 3 Abs. 2 GG noch einen weiteren Sinne beigelegt: Während Art. 3 Abs. 3 GG

---

1 *Dürig/Scholz*, in: Maunz/Dürig, Art. 3 Abs. 2, Rn. 3 f.
2 BVerfGE 10, 59 – *Stichentscheid*; BVerfGE 63, 181 – *Anknüpfung des Güterrechts an Heimatrecht des Mannes*; BVerfGE 84, 9 – *Ehenamen*.
3 BGBl. I, S. 609.

dazu diene, bestehende **rechtliche Ungleichheiten abzubauen**, solle Art. 3 Abs. 2 GG das Gleichberechtigungsgebot auch auf die gesellschaftliche Wirklichkeit erstrecken und gebiete eine **Angleichung der tatsächlichen Verhältnisse.**[4] Diese Interpretation legt allerdings der Wortlaut „Männer und Frauen sind gleichberechtigt" nicht nahe. Sie ist seit der Ergänzung des Art. 3 Abs. 2 GG im Jahre 1994 um den zweiten Satz auch nicht mehr nötig. In Gestalt eines Staatsziels ist nunmehr festgelegt, dass der Staat die tatsächliche Durchsetzung der Gleichberechtigung von Frauen und Männern fördert und auf die Beseitigung bestehender Nachteile hinwirkt. Dies ist, nachdem die Gleichheit im Recht verwirklicht ist[5], ein sehr viel schwerer und nur beschränkt mit rechtlichen Mitteln zu erreichendes Ziel.[6]

3.2 Verbot der Diskriminierung wegen des Geschlechts

Die **Prüfung** des Verbots der Diskriminierung wegen des Geschlechts gemäß Art. 3 Abs. 3 GG erfolgt **in zwei Schritten:** Zunächst ist festzustellen, ob und welche Ungleichbehandlung wegen des Geschlechts vorliegt, sodann ist zu prüfen, ob diese ausnahmsweise gerechtfertigt werden kann. Dabei indiziert der Begriff der Diskriminierung bereits die Rechtswidrigkeit. **298**

3.2.1 Feststellung der Ungleichbehandlung wegen des Geschlechts

Mit dem Begriff des Geschlechts sind die Vergleichsgruppen Männer und Frauen vorgegeben. Dies schließt nicht aus, auf diesen Begriff auch das Verbot der Diskriminierung von Hermaphroditen zu stützen[7], ohne dass eine solche Fallkonstellation bisher relevant geworden wäre. Eine Ungleichbehandlung „wegen" des Geschlechts setzt voraus, dass die **Geschlechtszugehörigkeit der kausale Anknüpfungspunkt** für die Ungleichbehandlung ist. Keine Ungleichbehandlung wegen des Geschlechts liegt deshalb vor, wenn etwa die Sprachkompetenz oder die Muskelkraft ausschlaggebend sind. Eine diskriminierende Absicht im Sinne eines gewollten Herabsetzens oder einer anderen Form der bewussten Persönlichkeitsbeeinträchtigung ist über die kausale Verknüpfung hinaus nicht notwendig, um eine Ungleichbehandlung *wegen* des Geschlechts zu bejahen. **299**

Nicht unproblematisch ist das Konzept der mittelbaren Diskriminierung. Dies gilt weniger für die begriffliche Definition als für die Anwendung im Einzelfall. Eine **mittelbare Diskriminierung** im Sinne einer Vermutung für eine ungerechtfertigte Ungleichbehandlung wegen des Geschlechts soll vorliegen, wenn eine Behandlung oder Anforderung zwar nicht formal an das Geschlecht anknüpft, sich aber tatsächlich zu Ungunsten eines Geschlechts auswirkt.[8] Dieses Konzept lockert die Kausalverknüpfung: Nicht das Geschlecht selbst ist Anknüpfungsmerkmal, sondern die statistisch erhöhte Betroffenheit eines Geschlechts.[9] Liegt eine solche statistisch erhöhte Betroffenheit eines Geschlechts vor, ist mE. zu differenzieren: Wird mit der formal geschlechtsneutralen Behandlung eine Differenzierung nach dem Geschlecht nur verschleiert, so handelt es sich um einen echten Fall der Ungleichbehandlung *wegen* des **300**

---

4 BVerfGE 85, 191 (206 f.) – *Nachtarbeitsverbot.*
5 Weitere wichtige Entscheidungen auf dem Weg zu diesem Ziel: BVerfGE 15, 337 – *Höfeordnung;* BVerfGE 37, 217 – *Staatsangehörigkeit von Kindern;* BVerfGE 71, 224 – *Scheidungsprozessrecht;* BVerfGE 92, 91 – *Feuerwehrabgabe.*
6 S. dazu *U. Mager/M. Koreuber* (Hrsg.), Recht und Geschlecht, 2004 mwN.; *W. Rüfner,* Die tatsächliche Durchsetzung der Gleichberechtigung von Männern und Frauen im Zielkonflikt, in: FS Zacher 1998, 820.
7 S. dazu *A. Kolbe,* Intersexualität, Zweigeschlechtlichkeit und Verfassungsrecht, 2010, 120 ff.; *D. Coester-Waltjen,* Geschlecht – kein Thema mehr für das Recht?, JZ 2010, 852.
8 BVerfGE 97, 35 (43) – *Hamburger Ruhegeldgesetz;* BVerfGE 121, 241 (254 f.) – *Versorgungsabschlag.*
9 BVerfGE 87, 234 (258) – *Einkommensanrechnung;* BVerfGE 89, 276 (290 f.) – *§ 611a BGB;* BVerfGE 97, 35 (43); BVerfGE 121, 241 (254 f.).

Geschlechts; handelt es sich dagegen um eine an und für sich nachvollziehbare Differenzierung, wie etwa die Anforderung von Berufserfahrung, dann handelt es sich tatsächlich nicht um Diskriminierung im strengen Sinne des Art. 3 Abs. 3 GG, sondern es geht darum, zum Zwecke der Chancengleichheit und der Beförderung tatsächlicher Gleichstellung, eine Veränderung in den Anforderungen herbeizuführen, die dem sachlichen Zweck der Anforderung ebenso gerecht wird wie die sich statistisch negativ auswirkende Anforderung aufgrund typischerweise unterschiedlicher Lebensläufe zwischen den Geschlechtern. Das Tatbestandsmerkmal „wegen des Geschlechts" hat im Falle der mittelbaren Diskriminierung also die Funktion, Fälle echter, aber verschleierter Diskriminierung von Fällen zu unterscheiden, die Maßnahmen zur Beförderung tatsächlicher Gleichstellung verlangen.

3.2.2 Ausnahmsweise Rechtfertigung

Lässt sich eine Ungleichbehandlung wegen des Geschlechts feststellen, so ist die Rechtswidrigkeit indiziert; eine Rechtfertigung ist nur ganz ausnahmsweise möglich.

301 **3.2.2.1 Biologische Unterschiede.** Während das Bundesverfassungsgericht in älterer Rechtsprechung Unterschiede infolge einer überkommen Aufgabenverteilung zwischen Männern und Frauen – sog. funktionale Unterschiede – als Rechtfertigungsgrund anerkannt hatte,[10] betont es seit der Entscheidung zum Nachtarbeitsverbot für Arbeiterinnen, dass an das Geschlecht anknüpfende Regelungen nur dann mit Art. 3 Abs. 3 GG vereinbar sind, „soweit sie zur Lösung von Problemen, die ihrer Natur nach nur entweder bei Männern oder bei Frauen auftreten können, zwingend erforderlich sind"[11]. Das bedeutet, dass die Ungleichbehandlung in Bezug auf den biologischen Unterschied geeignet, zwingend erforderlich und angemessen sein muss. Gemessen daran waren die Argumente, die das Nachtarbeitsverbot für Arbeiterinnen mit ihren Belastungen durch Familienarbeit oder ihrer Schutzbedürftigkeit auf dem nächtlichen Heimweg begründen sollten,[12] nicht tragfähig.

302 **3.2.2.2 Verfassungsrechtliche Ausnahmen (Art. 12a; Art. 3 Abs. 2 S. 2 GG).** Neben den zwingenden biologischen Gründen können sich Rechtfertigungen unmittelbar aus der Verfassung ergeben. Zu nennen sind Art. 12a Abs. 1 GG sowie Art. 3 Abs. 2 S. 2 GG.

Nach Art. 12a Abs. 1 GG gilt die Wehrpflicht nur für Männer. Da diese Vorschrift gleichen verfassungsmäßigen Rang hat wie Art. 3 Abs. 3 GG, handelt es sich um eine ausdrückliche, spezifische und eng umgrenzte Ausnahme.[13] Streitig war die Frage, ob Art. 12a GG auch einen freiwilligen **Dienst von Frauen mit der Waffe** in der Bundeswehr verbietet. Dies war in Deutschland, gestützt auf Art. 12a Abs. 4 S. 2 GG aF. – „Frauen dürfen auf keinen Fall Dienst mit der Waffe leisten"– die herrschende Auffassung.[14] Nach anderer Meinung ergab sich aus der systematischen Verknüpfung mit der Dienstverpflichtung, dass die Vorschrift einen freiwilligen Dienst von vornherein nicht erfasse.[15] Zudem könne es nicht Sinn der Norm sein, mündige Frauen von einem von ihnen gewollten Dienst mit der Waffe, der bei der Polizei seit langem üblich sei, auszuschließen.[16] Der Streit erledigte sich mit dem Urteil des Europäischen Gerichts-

---

10 S. BVerfGE 63, 181 (194); BVerfGE 52, 369 (374) – *Hausarbeitstag.*

11 BVerfGE 85, 191 (206). S. auch BVerfGE 92, 91 (109) – *Feuerwehrabgabe.*

12 S. die Wiedergabe der Gründe in BVerfGE 85, 191 (200 ff.).

13 BVerfGE 12, 45 (52) – *Kriegsdienstverweigerung I.*

14 BVerfGE 103, 301 (303) – *Militärkraftfahrlehrer.*

15 *M. Zuleeg,* Frauen in die Bundeswehr, DÖV 1997, 1017 (1018); *H.-W. Laubinger/U. Repkewitz,* Freiwilliger Waffendienst von Frauen in der Bundeswehr, VerwArch 91 (2000), 297 (310); *R. Streinz,* Frauen an die Front, DVBl. 2000, 585 (594).

16 *I. von Münch,* Staatsrecht II, 5. Aufl., Rn. 600.

hofs vom 11.1.2000 in der Rechtssache Tanja Kreil.[17] Darin entschied der EuGH, dass nationale Bestimmungen, die den Dienst von Frauen mit der Waffe kategorisch ausschließen, mit dem im Sekundärrecht[18] konkretisierten Grundsatz der Chancengleichheit und Gleichbehandlung von Männern und Frauen in Arbeits- und Beschäftigungsverhältnissen (vgl. Art. 157 AEUV) nicht vereinbar sind. Durch Änderung des Grundgesetzes vom 19.12.2000 erfolgte eine entsprechende Klarstellung in der Formulierung von Art. 12a Abs. 4 S. 2 GG, der nunmehr lautet: „Sie dürfen auf keinen Fall zum Dienst mit der Waffe verpflichtet werden".

Fraglich ist, ob und inwieweit Art. 3 Abs. 2 S. 2 GG als rechtfertigender Grund für Ungleichbehandlungen wegen des Geschlechts zum Tragen kommt. Erfasst sein können nur solche Ungleichbehandlungen, die geeignet, erforderlich und angemessen sind, um die tatsächliche Gleichstellung zwischen den Geschlechtern zu befördern. Gerechtfertigt werden können also nur **Bevorzugungen** des insgesamt und statistisch gesehen benachteiligten Geschlechts bzw. Benachteiligungen des statistisch bevorzugten Geschlechts. Auch unter dieser einschränkenden Bedingung würde eine Bevorzugung, die unmittelbar an das Merkmal des Geschlechts anknüpft, allerdings in einem direkten Normwiderspruch zu Art. 3 Abs. 3 GG stehen. Der eigentliche Anwendungsbereich des Art. 3 Abs. 2 S. 2 GG liegt daher im Bereich der mittelbaren Diskriminierung, wie schon oben dargelegt. Damit ist etwa eine Regelung, welche die Pflege von Angehörigen und Kindererziehungszeiten Berufserfahrung gleichstellt, trotz faktisch-statistischer Bevorzugung von Frauen gerechtfertigt. **303**

Zur Verfassungsmäßigkeit der umstrittenen **Frauenquoten** hat sich das Bundesverfassungsgericht noch nicht geäußert, jedoch mehrfach der EuGH. Es ist anzunehmen, dass das Bundesverfassungsgericht dessen Linie folgen würde. Nach der Rechtsprechung des EuGH in der Rechtssache Kalanke[19] stellt eine nationale Regelung, wonach Frauen, welche die gleiche Qualifikation wie ihre männlichen Mitbewerber haben, in Bereichen, in denen Frauen unterrepräsentiert sind, bei der Beförderung automatisch der Vorrang eingeräumt wird, eine Diskriminierung der Männer dar. In der späteren Marschall-Entscheidung hat er eine grundsätzliche Bevorzugung von Frauen in dieser Konstellation gebilligt, sofern alle Umstände des Einzelfalls ggf. auch zugunsten des Mannes Berücksichtigung finden.[20] Die **Geltung des Leistungsprinzips** sowie die **Berücksichtigung aller Umstände des Einzelfalles** bilden danach den Rahmen dafür, dass die Zugehörigkeit zum unterrepräsentierten Geschlecht ein zulässiges Entscheidungskriterium darstellt.[21] **304**

Mit Wirkung zum 1.1.2016 hat der Gesetzgeber eine Geschlechterquote von jeweils 30 % für Aufsichtsräte von börsennotierten und mitbestimmungspflichtigen Aktiengesellschaften vorgeschrieben.[22] Diese Quote verbleibt insoweit im Bereich der Förderklausel, als sie nicht in Bezug auf einzelne oder jeden frei werdenden Aufsichtsratssitz die Besetzung mit einer Frau bis zum Erreichen der Quote vorschreibt, sondern ein Ziel, das innerhalb einer Frist von maximal fünf Jahren zu erreichen ist, wobei für Frauen und Männer die gleiche Quote gilt, nämlich jeweils mindestens 30 %. Während das Gesetz Männer und Frauen also gleich behandelt, kann die Anwendung im

---

17 EuGH, Slg. 2000, I-69 – *Kreil.*
18 Richtlinie 76/207/EWG des Rates vom 9. Februar 1976 zur Verwirklichung des Grundsatzes der Gleichbehandlung von Männern und Frauen hinsichtlich des Zugangs zur Beschäftigung, zur Berufsbildung und zum beruflichen Aufstieg sowie in Bezug auf die Arbeitsbedingungen.
19 EuGH, Slg. 1995, I-3051 – *Kalanke.*
20 EuGH, Slg. 1997, I-6363 – *Marschall.*
21 S. auch noch EuGH, Slg. 2000, I-5539 – *Abrahamsson.*
22 BGBl. I 2015, S. 642 ff. – Gesetz für die gleichberechtigte Teilhabe von Frauen und Männern an Führungspositionen in der Privatwirtschaft und im öffentlichen Dienst.

Einzelfall faktisch zu einer Benachteiligung (insbesondere) von Männern führen. Im Unterschied zu den bislang entschiedenen Fällen handelt es sich aber nicht um eine öffentlich-rechtlich zu beurteilende Auswahlentscheidung nach Maßgabe des Leistungsprinzips, sondern um eine Bestellung durch Wahl, wobei alle Kandidatinnen und Kandidaten die Wählbarkeitsvoraussetzungen erfüllen müssen. Die Benachteiligung im Einzelfall lässt sich auf der Grundlage von Art. 3 Abs. 3 S. 2 GG rechtfertigen.[23]

3.3 Drittwirkung des Diskriminierungsverbots?

305   Von großer praktischer Bedeutung ist das Gebot der **Gleichberechtigung im Arbeitsrecht**. Das europäische Gemeinschaftsrecht enthielt schon in der ersten Fassung, also in den Römischen Verträgen, das Gebot der Lohngleichheit und der gleichen Arbeitsbedingungen für Männer und Frauen (heute: Art. 157 AEUV). Es handelt sich um ein unmittelbar geltendes subjektives Recht.[24] Das Bundesarbeitsgericht sieht ein entsprechendes subjektives Recht in Art. 3 Abs. 2 S. 1 und Abs. 3 GG verankert.[25] Über die Verpflichtung des Gesetzgebers, diese Gebote im Zivil- und Arbeitsrecht umzusetzen, sowie der Gerichte, sie bei der Anwendung und Auslegung des einfachen Rechts zu beachten (Drittwirkung der Grundrechte), besteht zwar dem Grunde nach Einigkeit, nicht aber hinsichtlich der Reichweite im Einzelnen.

306   Durch das EG-Anpassungsgesetz vom 13.8.1980 fügte der Gesetzgeber in das BGB ausdrückliche Regelungen über die Lohngleichheit von Männern und Frauen für gleiche Arbeit (§ 612 Abs. 3 BGB), über das allgemeine Benachteiligungsverbot bei arbeitsrechtlichen Maßnahmen (§ 611a BGB) sowie das Gebot der grundsätzlich geschlechtsneutralen Stellenausschreibung (§ 611b BGB) ein. Der EuGH verlangte, dass Verstöße mit spürbaren Sanktionen geahndet werden[26] und hielt deshalb die ursprünglich allein bestehende verschuldensabhängige und in der Höhe begrenzte Verpflichtung zum Ersatz des Schadens für nicht ausreichend. Alle genannten Vorschriften wurden mit dem **Erlass des Allgemeinen Gleichbehandlungsgesetzes** (AGG) vom 13. August 2006[27] aufgehoben und der Sache nach in das neue Gesetz überführt. Wie der amtlichen Anmerkung zu entnehmen ist, dient das AGG der Umsetzung diverser europäischer Richtlinien, die auf der Grundlage der Vorgängervorschrift zum heutigen Art. 19 AEUV (allgemeine Ermächtigung zum Erlass von Vorschriften zur Bekämpfung diverser Formen von Diskriminierung) sowie Art. 157 AEUV ergangen sind. Der grundlegende Streit um die Einschränkbarkeit der Privatautonomie bzw. Vertragsfreiheit durch Diskriminierungsverbote wurde erneut im Zusammenhang mit dem Gesetzgebungsverfahren des AGG und wird nunmehr im Rahmen von dessen Auslegung geführt.[28] Alle Regelungen haben bis heute nichts daran ändern können, dass der durchschnittliche Bruttostundenverdienst von Frauen um 21 % niedriger ist als der von Männern; bezogen auf vergleichbare Qualifikation und Tätigkeit liegt der Unterschied bei 6 %.[29]

---

23 S. zum Thema *G. Bachmann*, Zur Umsetzung einer Frauenquote im Aufsichtsrat, ZIP 2011, 1131; *F. Ossenbühl*, Frauenquoten für Leitungsorgane von Privatunternehmen, NJW 2012, 417; *I. Ohmann-Sauer/M. Langemann*, Der Referentenentwurf zur Einführung einer „gesetzlichen Frauenquote", NZA 2014, 1120 ff.

24 EuGH, Slg. 1976, 455 = NJW 1976, 2068 – Defrenne I und EuGH, Slg. 1978, 1365 = NJW 1978, 2445 – *Defrenne II*.

25 S. BAGE 11, 338 = NJW 1962, 220 – unterschiedliche Weihnachtsgratifikation für verheiratete männliche und verheiratete weibliche Arbeitnehmer; BAGE 36, 187 = NJW 1982, 461 – Entgelt für Nachtschichten.

26 EuGH, Slg. 1997, I-2195 = NJW 1997, 1839 – *Draehmpaehl*.

27 BGBl. I 2006, S. 1897.

28 Siehe aus der Fülle der Literatur *T. Lobinger*, Vertragsfreiheit und Diskriminierungsverbote, in: *J. Isensee* (Hrsg.), Vertragsfreiheit und Diskriminierung, 2007, S. 99 ff.

29 https://www.destatis.de/DE/PresseService/Presse/Pressemitteilungen/2017/03/PD17_094_621.html;jsessionid=FB4F6EFA608D8C6A6379326BD6BD1F86.cae1 [zuletzt aufgerufen am 9.1.2018].

Rechtsprechung: BVerfGE 52, 369 – *Hausarbeitstag*; 74, 163 – *Rentenalter*; 85, 191 – *Nachtarbeitsverbot*; 92, 91 – *Feuerwehrabgabe*; BVerfG, NJW 2009, 661 – *Kosmetikeinkauf in der Justizvollzugsanstalt*.

Literatur: *F. Welti*, Rechtsgleichheit und Gleichstellung von Frauen und Männern, JA 2004, 310.

Fallbearbeitungen: *S. Müller-Franken*, Frauenförderung im Subventionswesen (Examensklausur), JuS 2005, 723; *J. Nolte/J. Roggon*, Grundrecht – Männlich, weiblich, ohne Angabe, Anfängerhausarbeit, JuS 2015, 801.

Lösung zu Fall 7:   Kosmetikbedarf im Gefängnis[30]
Fallfrage: Wird S durch die Ablehnung seiner Anträge diskriminiert?

I.   Ablehnung des Antrags für 30 Euro telefonieren zu dürfen

Da weibliche Gefangene telefonieren dürfen, was dem S verboten wird, ist ein Verstoß gegen Art. 3 Abs. 3 GG zu prüfen, wonach niemand wegen seines Geschlechts bevorzugt oder benachteiligt werden darf.

1.   Ungleichbehandlung wegen des Geschlechts

Voraussetzung für einen Verstoß gegen das Diskriminierungsverbot ist, dass eine nicht zu rechtfertigende Ungleichbehandlung wegen des Geschlechts vorliegt. Dies verlangt, dass die Geschlechtszugehörigkeit der kausale Anknüpfungspunkt für die Ungleichbehandlung ist. Eine Herabsetzung oder gewollte Persönlichkeitsbeeinträchtigung ist dagegen nicht erforderlich.

Der Leiter der Justizvollzugsanstalt begründet die in seinem Ermessen liegende Versagung nicht direkt damit, dass S ein Mann ist. Vielmehr stützt er sich auf die erhöhten Sicherheitsanforderungen und die im Vergleich mit dem Frauenvollzug anders geartete Ausstattung in dem Hafthaus, in dem S untergebracht ist. Mit dieser Begründung knüpft der Anstaltsleiter zwar nicht formal an das Geschlecht an, seine Entscheidung benachteiligt S und mit ihm alle Männer in der JVA aber allein deshalb, weil sie als Männer nicht in dem besser ausgestatteten Haus des Frauenvollzuges untergebracht werden können. Die Ungleichbehandlung wegen des Geschlechts liegt damit bereits in der unterschiedlichen Ausstattung der beiden nach Geschlechtern getrennten Hafthäuser. Da nicht eine besondere Gefährlichkeit des S auch und gerade gegenüber den anderen männlichen Strafgefangenen Grund für die Versagung ist, sondern allein seine geschlechtsbedingte Unterbringung im Männervollzug, liegt faktisch eine Ungleichbehandlung wegen des Geschlechts vor.

2.   Verfassungsrechtliche Rechtfertigung

Ungleichbehandlungen wegen des Geschlechts sind grundsätzlich nicht zu rechtfertigen; das Geschlecht stellt keinen sachlichen Grund für Differenzierungen dar. Eine Ausnahme gilt nur, soweit die Ungleichbehandlung zur Lösung von Problemen zwingend erforderlich ist, die ihrer Natur nach allein entweder bei Männern oder allein bei Frauen auftreten können oder eine Abwägung mit kollidierendem Verfassungsrecht sie ausnahmsweise rechtfertigt. Allenfalls statistisch fundierte Geschlechterstereotype oder tradierte Rollenzuschreibungen können dagegen nicht zur Rechtfertigung von Ungleichbehandlungen dienen.

a)   Abwägung mit kollidierendem Verfassungsrecht

Eine Rechtfertigung durch kollidierendes Verfassungsrecht kommt in Betracht, wenn es sich bei der besseren Ausstattung des Frauenvollzugs um eine Maßnahme der Gleichstellung im Sinne des Art. 3 Abs. 2 S. 2 GG handelt. Dies setzt voraus,

---

30 Fall nach BVerfG, NJW 2009, 661 ff.

dass mit der Maßnahme bisher bestehende Benachteiligungen ausgeglichen werden sollen. Da dies weder ersichtlich noch naheliegend ist, kommt eine Rechtfertigung gemäß Art. 3 Abs. 2 S. 2 GG nicht in Betracht.

b)   Ungleichbehandlung zur Lösung geschlechtsspezifischer Probleme zwingend erforderlich

Die Ungleichbehandlung könnte gerechtfertigt sein, wenn die erhöhte Gefährlichkeit im Männervollzug ein Problem ist, das seiner Natur nach zwingend mit der Geschlechtszugehörigkeit verknüpft ist und nicht auf andere Weise gelöst werden kann.

Schon die erste Bedingung des strikten Diskriminierungsverbots ist zweifelhaft. Zwar mag sich eine erhöhte Gefährlichkeit männlicher Strafgefangener statistisch belegen lassen, jedoch ist Gefährlichkeit letztlich nur individuell festzustellen. Das Diskriminierungsverbot soll gerade vor Geschlechterstereotypisierung schützen. Eine erhöhte individuelle Gefährlichkeit war nicht Grund des Verbots.
Zudem ist die Untersagung nicht die einzige Möglichkeit, das Problem zu lösen. Vielmehr drängt sich als diskriminierungsfreie Lösung auf, auch den Männervollzug mit speziell für die Gefangenen eingerichteten Telefonen auszustatten. Es ist nicht erkennbar, warum dies nicht möglich ist.
S wird folglich durch das Verbot, mit seinem Eigengeld telefonieren zu dürfen, diskriminiert.

II.   Verbot, Eigengeld zum Kauf von Kosmetika zu verwenden

1.   Ungleichbehandlung wegen des Geschlechts

Während es Frauen in der Justizvollzugsanstalt gestattet wird, Kosmetikartikel mit Eigenmitteln zu erwerben, wird S dies allein deshalb untersagt, weil er ein Mann ist. Darin liegt eine direkt an die Geschlechtszugehörigkeit anknüpfende Ungleichbehandlung.

2.   Verfassungsrechtliche Rechtfertigung

Wie bereits ausgeführt, kommt eine Rechtfertigung im Falle von Ungleichbehandlungen wegen des Geschlechts nur in engen Ausnahmefällen in Betracht.

a)   Abwägung mit kollidierendem Verfassungsrecht

Eine Rechtfertigung auf der Grundlage kollidieren Verfassungsrechts, insbesondere des Gleichstellungsgebots gemäß Art. 3 Abs. 2 S. 2 GG scheidet offensichtlich aus. Die Frauen erteilte Erlaubnis, Kosmetika zu kaufen, stellt keine Maßnahme der Gleichstellung dar.

b)   Ungleichbehandlung zur Lösung von geschlechtsspezifischen Problemen ieS. zwingend erforderlich

Die Ungleichbehandlung könnte nur dann gerechtfertigt sein, wenn das Bedürfnis nach dem Kauf von Kosmetika eines ist, dass seiner Natur nach allein bei Frauen auftritt und deshalb für die Frauen die Erlaubnis zwingend notwendig erfordert.
Da die Verwendung von Kosmetika ein kulturelles und kein natürlich gegebenes Phänomen ist, von dem Männer zudem nicht ausgeschlossen sind, handelt es sich bei einem etwaigen statistisch nachweisbaren erhöhten Interesse an Kosmetika bei Frauen um ein zeitbedingtes Geschlechterstereotyp, aber nicht um ein Interesse, das nur bei Frauen auftritt. Art. 3 Abs. 3 GG hat gerade die Funktion, solchen Typisierungen entgegenzuwirken. Der Schutz umfasst daher auch, ohne Nachteil anders sein zu dürfen als die Mehrheit der Gruppe, der man angehört.

Das Verbot, Eigengeld für den Kauf von Kosmetika zu verwenden, diskriminiert S wegen des Geschlechts, wenn und solange Frauen dies gestattet wird.

III. Ergebnis

Durch die Ablehnung seiner Anträge wird S wegen seines Geschlechts diskriminiert.

4. Kapitel: Die weiteren Diskriminierungsverbote des Art. 3 Abs. 3 S. 1 GG

307 Art. 3 Abs. 3 S. 1 GG enthält neben dem Geschlecht eine Reihe weiterer Merkmale, deren Gemeinsamkeit darin besteht, dass sie für die einzelne Person unverfügbar oder grundrechtlich in besonderer Weise ihrer Selbstbestimmung zugewiesen sind. Allen gemeinsam ist, dass in der Geschichte aber auch noch aktuell massive und massenhafte Ungleichbehandlungen wegen dieser Merkmale stattgefunden haben oder stattfinden. Das Verbot der Bevorzugung oder Benachteiligung wegen des Glaubens oder wegen der religiösen Anschauungen hat eine spezielle Ausprägung in Art. 33 Abs. 3 GG gefunden und ist zudem nach heutiger Auffassung bereits Inhalt der Glaubensfreiheit.[1] Das Verbot der Diskriminierung wegen der politischen Anschauungen weist Überschneidungen mit der Meinungsfreiheit und der Parteigründungsfreiheit auf. Historisches Anschauungsmaterial für die beiden Diskriminierungsverbote bieten bereits vor dem in vielfältiger und grauenhafter Weise diskriminierenden Nazi-Regime die Kulturkampf- sowie die Sozialistengesetze während der Bismarck-Ära.[2] Seit Inkrafttreten des Grundgesetzes hatte das Bundesverfassungsgericht, sieht man von der Geschlechterdiskriminierung ab, nur eine geringe Anzahl von Verfahren am Maßstab von Art. 3 Abs. 3 S. 1 GG zu entscheiden.

4.1 Die einzelnen Merkmale

308 **Abstammung** bedeutet „die natürliche biologische Beziehung eines Menschen zu seinen Vorfahren".[3] Eine Diskriminierung wegen der Abstammung läge etwa im Falle der Sippenhaft vor.

309 Der Begriff der **Rasse** ist in Deutschland historisch schwer belastet und zudem ein wissenschaftlich problematischer Begriff.[4] Vielfach findet heute anstelle oder daneben der Begriff der Ethnie Verwendung. Der Begriff der Rasse soll eine Gruppe von Menschen bezeichnen, die nach bestimmten vererbbaren körperlichen Merkmalen zusammengefasst werden. Für die Anwendung des Diskriminierungsverbots genügt bereits die Tatsache der Zusammenfassung, auf die wissenschaftliche Tragfähigkeit kommt es nicht an.

310 Mit dem Merkmal **Sprache** ist die Muttersprache gemeint, die für jede Person sowohl identitätsprägend als auch vorgegeben ist. Anknüpfungspunkt einer Diskriminierung muss die Sprache als solche sein, **nicht** die **Sprachfertigkeit**, die durchaus einen sachlichen Grund für Ungleichbehandlungen darstellen kann.[5] Die Bevorzugung der deutschen Sprache in Deutschland etwa als Amts- und Gerichtssprache unterfällt nicht dem Diskriminierungsverbot.[6] Es handelt sich um eine sowohl historisch begründete wie pragmatische Ordnungsentscheidung für die Sprache der Mehrheit der Staatsangehörigen. Etwaige sich daraus ergebende faktische Nachteile für Sprachunkundige gleich welcher Staatsangehörigkeit werden zwar nicht umfassend, aber soweit vom Rechtsstaatsgebot und dessen Ausprägung als Anspruch auf ein faires Verfahren gefordert, ausgeglichen, etwa durch den Einsatz von Dolmetschern (vgl. zB. § 17 AsylVfG; §§ 114b, 259 StPO; §§ 185 ff. GVG).

---

1   S. dazu unten Rn. 377 ff.

2   S. dazu *M. Kotulla*, Deutsche Verfassungsgeschichte, 2008, Rn. 2163 ff.

3   BVerfGE 9, 124 (128) – *Armenrechtsgesuch.*

4   *H. Cremer*, „ … und welcher Rasse gehören Sie an?" – Zur Problematik des Begriffs „Rasse" in der Gesetzgebung, 2. Aufl. 2009, abrufbar unter: http://www.institut-fuer-menschenrechte.de/uploads/tx_commerce/policy_paper_10_und_welcher_rasse_gehoeren_sie_an_2_auflage.pdf [zuletzt aufgerufen am 9.1.2018].

5   BVerfGE 39, 334 (368) – *Extremistenbeschluss.*

6   S. BVerfGE 64, 135 (157) – *Urteilsgründe in deutscher Sprache.*

Heimat bezieht sich auf den örtlichen Bereich, in dem jemand geboren oder ansässig **311** ist.[7] Schutzbedürftig waren nach den Vorstellungen der Verfasser des Grundgesetzes insbesondere die etwa sieben Millionen Flüchtlinge und Vertriebenen.[8] Der Wohnsitz als Anknüpfungspunkt ist für sich genommen nicht erfasst; es geht vielmehr um die örtliche Herkunft, die als identitäts- oder gruppenstiftendes Merkmal wirkt oder Anwendung findet.[9] Ebenfalls **nicht** erfasst sind Differenzierungen nach der **Staatsangehörigkeit**. Die Unterscheidung zwischen eigenen und fremden Staatsangehörigen ist konstitutiv für die Existenz eines Staatsvolkes, das wiederum – neben Staatsgebiet und Staatsgewalt – notwendige Bedingung für die Existenz eines Staates ist.[10] Auch die Deutschengrundrechte zeigen, dass es sich bei der Differenzierung nach der Staatsangehörigkeit nicht um eine Diskriminierung handelt. Für die Staatsangehörigen der Mitgliedstaaten der Europäischen Union verbietet das Unionsrecht mit den Marktfreiheiten sowie dem allgemeinen Verbot der Diskriminierung wegen der Staatsangehörigkeit gemäß Art. 18 AEUV im Rahmen des Anwendungsbereichs des Unionsrechts weitestgehend die Anknüpfung an die Staatsangehörigkeit als Kriterium der Ungleichbehandlung mit Auswirkungen auch und gerade auf die Anwendung der Deutschengrundrechte.[11]

Herkunft meint die „von den Vorfahren hergeleitete soziale Verwurzelung, nicht die in **312** den eigenen Lebensumständen begründete Zugehörigkeit zu einer bestimmten sozialen Schicht."[12] Verfassungswidrig wäre deshalb etwa das Verbot zu studieren für Abkömmlinge von Akademikern oder aber von Nichtakademikern. Verfassungswidrig ist aus diesem Grunde auch Art. 101 Abs. 3 der Hessischen Landesverfassung, wonach Angehörige der Häuser, die bis 1918 in Deutschland oder in einem anderen Land regiert haben, nicht Mitglieder der Landesregierung sein können.

Glauben und religiöse Anschauungen verweisen auf den Schutzbereich der Glaubens- **313** freiheit gemäß Art. 4 Abs. 1 und 2 GG. Verpönter Anknüpfungspunkt für eine Ungleichbehandlung ist die Zugehörigkeit oder individuelle Überzeugung in Bezug auf eine Religion oder Weltanschauung. Derartige Ungleichbehandlungen stellen zugleich einen Eingriff in die Glaubensfreiheit dar. Lässt sich ein solcher Eingriff rechtfertigen, liegt auch keine Diskriminierung vor, sofern alle Glaubens- und Weltanschauungsrichtungen unterschiedslos behandelt werden, wie das Bundesverfassungsgericht für äußere religiöse Bekundungen des Lehrpersonals in öffentlichen nicht bekenntnisgebundenen Schulen ausgeführt hat.[13]

Das Diskriminierungsverbot wegen der **politischen Anschauungen** stützt die Mei- **314** nungsfreiheit gemäß Art. 5 Abs. 1 GG, die Parteiengründungs- und -betätigungsfreiheit, die politische Chancengleichheit sowie die demokratische Beteiligung ab. Auch insoweit werden Beeinträchtigungen in der Regel bereits von den Freiheitsrechten erfasst und abgewehrt. Im Rahmen des Art. 33 Abs. 2 und 3 GG wurde das Problem des Zugangs sog. Radikaler, in der Regel Angehörige der Kommunistischen Partei Deutschlands – KPD, zum öffentlichen Dienst verhandelt.[14] Anknüpfungspunkt war das Erfordernis der Eignung, zu der auch die **Verfassungstreue** gehört. Nach der Methode der systematischen Auslegung ist der Begriff der Eignung einerseits im Lichte

---

7 BVerfGE 5, 17 (22) – *Volljährigkeit*; 23, 258 (262) – *Kindergeld*; BVerfGE 102, 41 (53 f.) – *Beschädigtengrundrente*; BVerfGE 107, 257 (269) – *Beamtenbesoldung Ost II*.
8 S. auch BVerfGE 102, 41 (64 f.).
9 AA. BVerfGE 102, 41 (63 ff.) – *Sondervotum*.
10 S. dazu *von Münch/Mager*, Staatsrecht I, Rn. 3 mwN. insbes. zur Dreielementenlehre von Georg Jellinek.
11 S. oben Rn. 81, 93 sowie unten Rn. 573.
12 BVerfGE 9, 124 (129) – *Armenrechtsgesuch*.
13 BVerfGE 138, 296 Ls. 4 und Rn. 124 ff. – *Kopftuchverbot*.
14 BVerfGE 39, 334 ff. – *Extremistenbeschluss*.

des Art. 3 Abs. 3 S. 1 GG zu interpretieren; andererseits ist die Verfassungstreue von Beamten ein in der Funktion dieses Status angelegtes Erfordernis. Im Zusammenhang mit dem Zugang zum öffentlichen Dienst stellt die Anforderung der Verfassungstreue deshalb gegenüber Personen mit politischen Anschauungen, die auf eine gänzlich andere Staatsordnung zielen, keine unzulässige Diskriminierung wegen der politischen Anschauung dar.

4.2 Diskriminierung

315 Bereits die Ausführungen zur näheren Bestimmung und Abgrenzung der einzelnen Merkmale haben gezeigt, dass nicht jede Anknüpfung an eines der genannten Merkmale notwendig eine Diskriminierung darstellt, auch wenn in jedem Fall erhöhte Aufmerksamkeit geboten ist. Wie schon im Zusammenhang mit dem Merkmal „Geschlecht" ausgeführt, ist zwar keine absichtsvoll diskriminierende, aber doch eine eindeutig **kausale Verknüpfung** zwischen einem der Merkmale und der Ungleichbehandlung Voraussetzung für die Anwendung des Diskriminierungsverbots. Ein Verstoß gegen Art. 3 Abs. 3 S. 1 GG liegt also nur vor, „wenn die Sonderbehandlung gerade wegen und nur wegen eines der dort genannten Gründe erfolgt"[15]. Gibt es andere, rechtlich zulässige Gründe oder ist das Merkmal im konkreten Fall ausnahmsweise zwingend und allein sachgerecht, so wird das verpönte Merkmal nicht ursächlich, oder es handelt sich mangels Alternative nicht um eine Bevorzugung oder Benachteiligung. Beispielsweise dürfen von der Besetzung einer weiblichen Rolle in einem Theaterstück oder einem Film Männer ausgeschlossen werden; für die Tätigkeit einer Dolmetscherin oder eines Sprachlehrers sind Sprachkenntnisse einer bestimmten Sprache notwendige Voraussetzung; im kirchlichen Bereich kommt es jedenfalls für die Personen, die den Glauben verkünden sollen, auf deren Glaubensüberzeugungen an. Entsprechendes gilt für die Zugehörigkeit zu politischen Parteien. Stets ist eine strikte Rechtfertigungsprüfung vorzunehmen, wonach die Ungleichbehandlung im Blick auf das verfolgte legitime Ziel geeignet, zwingend erforderlich und angemessen sein muss.

4.3 Wirkungsweise

316 Die Diskriminierungsverbote des Art. 3 Abs. 3 GG sind **Individualgrundrechte**, keine Gruppen(grund)rechte. Anders als die Weimarer Reichsverfassung in Art. 113 WRV enthält das GG **keine Minderheitenschutzklausel**.[16] Ein Gruppenschutz ergibt sich allenfalls vermittelt und faktisch über den Schutz der einzelnen Angehörigen einer Gruppe, die anhand der Merkmale des Art. 3 Abs. 3 S. 1 GG abgrenzbar ist oder ggf. auch nur abgegrenzt wird. Dagegen finden sich in mehreren Landesverfassungen Minderheitenschutzklauseln zwar nicht als Grundrecht, aber als Staatszielbestimmung.[17] Eine solche Bestimmung kann zB. für die Förderung im kulturellen Bereich oder für Maßnahmen im Schulwesen von Bedeutung sein. Eine Ungleichbehandlung im Wahlrecht stellen Regelungen dar, welche Minderheiten, etwa durch Nichtanwendung einer im Übrigen geltenden Sperrklausel, wahlrechtlich bevorzugen. Das Bundesverfassungsgericht hat eine solche Ausnahme im Interesse der Integration der Minderheit für gerechtfertigt gehalten.[18]

---

15 BAGE 1, 185 (196) – *Kündigung eines Betriebsratsmitglieds*; BAGE 24, 438 (441 f.) – *Kündigung eines Bankangestellten, der seine Bank in Flugblättern angegriffen hatte.* S. auch BVerfGE 85, 191 (206); BVerfGE 107, 257 (269).

16 S. zum Minderheitenschutz *W. Mädler,* Sprache und Recht – Minderheitenschutzrecht in Deutschland, JuS 2000, 1150; *M. Kutscha,* Grundrechte als Minderheitenschutz, JuS 1998, 673; *H. Rösler,* Grundrechte als Minderheitenschutz, JuS 1999, 309.

17 Art. 25 LV BB; Art. 18 LV MV; Art. 5 LV SH; Art. 5 LV SN.

18 BVerfGE 4, 31 (32) – *Südschleswigscher Wählerverband – SSW.*

Auch den Diskriminierungsverboten kommt Wirkung (**Horizontalgeltung**) in den **317** Rechtsbeziehungen zwischen Privaten zu, soweit auslegungs- und wertungsbedürftige Rechtsbegriffe dies ermöglichen oder sogar fordern.[19] Während die Diskriminierungsverbote den Staat aber uneingeschränkt binden, ist in Privatrechtsbeziehungen als ggf. entgegenstehender Wert die **Privatautonomie** zu berücksichtigen. Der verfassungsrechtlich gesicherten Vertrags(abschluss- und inhalts-)freiheit kommt umso größeres Gewicht zu, je intensiver die Privatsphäre betroffen ist.[20] Einigkeit besteht dahin, dass die Privatautonomie nicht zu Diskriminierungen mit persönlichkeitsrechtsverletzendem Charakter berechtigt. Die umstrittene Frage nach der Notwendigkeit eines allgemeinen Diskriminierungsgesetzes hat der europäische Gesetzgeber auf der Grundlage von Art. 19 AEUV entschieden. Zur Umsetzung der Richtlinien 2000/43/EG, 2000/78/EG, 2002/73/EG und 2004/113/EG wurde das Allgemeine Gleichbehandlungsgesetz vom 14.8.2006 erlassen. Dieses enthält Vorschriften zum Schutz vor Benachteiligung in Beschäftigung und Beruf sowie im allgemeinen Zivilrechtsverkehr. Neben den auch in Art. 3 Abs. 3 S. 1 GG enthaltenen Merkmalen umfasst es zudem das Alter sowie die sexuelle Orientierung.

4.4 Exkurs: Altersdiskriminierung[21]

Das Merkmal Alter ist nicht in Art. 3 Abs. 3 S. 1 GG erwähnt. Wie für die meisten **318** der in Art. 3 Abs. 3 S. 1 GG genannten Merkmale ist auch für das Kriterium Alter charakteristisch, dass es für jeden einzelnen Menschen unverfügbar und in einem gegebenen Zeitpunkt nicht veränderlich ist. Im Unterschied zu den bisher genannten Merkmalen weist es allerdings die Besonderheit auf, dass es sich in der Zeit kontinuierlich verändert. Hinzukommt, dass die Relevanz des Alters häufig erst durch den Sachzusammenhang begründet wird: Während eine Hochleistungssportlerin mit 39 Jahren alt ist, ist sie nach Art. 54 GG zu jung, um Bundespräsidentin zu werden. Dies verweist darauf, dass das sich individuell verändernde Lebensalter in Beziehung zu einer Vielzahl von individuell in unterschiedlichem Maße verwirklichten und in unterschiedlichen Zusammenhängen unterschiedlich bewerteten Eigenschaften steht, so dass das Konzept der Altersdiskriminierung eine sehr viel **komplexere Form** irrationaler Verknüpfung von Eigenschaften erfassen soll und muss **als die herkömmlichen Differenzierungsverbote**. Ihr ist das in Bezug auf die klassischen Merkmale kaum auftretende Problem wesenseigen, dass neben den verpönten irrationalen auch eine Vielzahl von rationalen Typisierungen nach dem Alter möglich erscheinen. Damit ist die Altersdiskriminierung **alles andere als ein klares Konzept.**[22]

Für das deutsche Recht ist die Altersdiskriminierung erst im Jahre 1999 mit dem **319** Inkrafttreten des Vertrags von Amsterdam zum Thema geworden. Art. 13 EG, nunmehr Art. 19 AEUV, ermächtigt den Rat, Vorkehrungen zu treffen, um Diskriminierungen ua. wegen des Alters zu bekämpfen. Hierauf beruht die Richtlinie 78/2000 über die Gleichbehandlung in Beschäftigung und Beruf[23], die dem Allgemeinen Gleichbehandlungsgesetz (AGG) zugrunde liegt. Richtlinie und AGG haben zu einer Fülle von Entscheidungen der Arbeitsgerichtsbarkeit aber auch der Verwaltungsgerichtsbar-

---

19 S. zur Drittwirkung oben Rn. 112.
20 S. dazu *U. Mager*, Möglichkeiten und Grenzen rechtlicher Maßnahmen gegen die Diskriminierung von Ausländern, ZAR 1992, 170.
21 S. dazu *U. Mager*, Altersdiskriminierung – Eine Untersuchung zu Konzept und Funktionen eines ungewöhnlichen Diskriminierungsverbots, in: FS Säcker, 2011, S. 1075 ff.
22 Siehe auch *U. Wenzel*, Zur Kritik der Altersdiskriminierung. Exklusion und biographische Krise in der Moderne, ZSR 52 (2006), 373: „Der Begriff der Altersdiskriminierung ist alles andere als klar, er steht im Widerstreit sozialwissenschaftlicher Theoriebildung."
23 ABl. EG Nr. L 303 vom 2.12.2000, S. 16 ff.

keit[24] und nicht zuletzt des Europäischen Gerichtshofs[25] geführt, ohne dass bisher in jeder Hinsicht Klarheit herrschen würde.[26] Für das deutsche Rechtsverständnis beginnt die Verwirrung bereits beim Begriff der Altersdiskriminierung. Während der Begriff der Diskriminierung nach deutschem Rechtsverständnis die Rechtswidrigkeit impliziert, liegt der Richtlinie 78/2000 kein Diskriminierungsbegriff mit implizitem Rechtswidrigkeitsvorwurf zugrunde.[27]

320   Die deutsche Rechtsprechung hat bis zum Inkrafttreten des Allgemeinen Gleichbehandlungsgesetzes vielfach und sehr großzügig **Höchstaltersgrenzen** für die Berufsausübung akzeptiert. Prüfungsmaßstab war in der Regel nicht der allgemeine Gleichheitsgrundsatz, sondern die Berufsausübungsfreiheit.[28] Der EuGH überprüft Altersgrenzen nach den Vorgaben der Richtlinie am Maßstab der Verhältnismäßigkeit, wobei dem Gesetzgeber wie auch den Sozialpartnern bei der Verfolgung der in Art. 6 der RL genannten Rechtfertigungsgründe[29] ein großer Einschätzungsspielraum zugestanden

---

24 S. zB. BVerwGE 133, 143; OVG NRW, ZBR 2009, 275; VG Frankfurt, ZBR 2009, 422; VGH Kassel, NVwZ 2010, 140; BVerwG, NVwZ 2010, 251; BGHZ 174, 273; BAGE 128, 134; BAG, NZA 2009, 1355.

25 EuGH, Slg. 2005, I-9981 = NJW 2005, 3695 – *Mangold*; EuGH, NJW 2007, 3339; EuGH, EuZW 2009, 340; EuGH, NJW 2010, 427; EuGH, NJW 2010, 3767; EuGH, NJW 2011, 42.

26 Aus der umfangreichen Literatur seien hier nur einige Monographien genannt: *M. Lüderitz*, Altersdiskriminierung durch Altersgrenzen, 2005; *T. Polloczek*, Altersdiskriminierung im Licht des Europarechts, 2008; *F. Temming*, Altersdiskriminierung im Arbeitsleben, 2008; *K. von Hoff*, Das Verbot der Altersdiskriminierung aus Sicht der Rechtsvergleichung und der ökonomischen Analyse des Rechts, 2009; *D. Groß*, Die Rechtfertigung einer Altersdiskriminierung auf der Grundlage der Richtlinie 2000/78/EG, 2010.

27 Art. 2 Abs. 2 lit. a) der RL lautet: Es „liegt eine unmittelbare Diskriminierung vor, wenn eine Person wegen eines der in Art. 1 genannten Gründe [ua. Alter] in einer vergleichbaren Situation eine weniger günstige Behandlung erfährt, als eine andere Person erfährt, erfahren hat oder erfahren würde". Dieser Definition stehen in Bezug auf das Merkmal „Alter" eine Vielzahl von Ausnahmen (Art. 4 Abs. 1 RL) und Rechtfertigungsgründen (Art. 6 RL) gegenüber. Damit indiziert der Begriff der Diskriminierung schon nach der Systematik der RL nicht mehr die Rechtswidrigkeit der Differenzierung, sondern allenfalls die Notwendigkeit der rechtlichen Überprüfung. S. dazu auch *J. A. Kämmerer*, Deutsches Beamtenrecht und Verbot der Altersdiskriminierung, ZBR 2008, 325 (328); tendenziell aA. *S. Baer*, Demografischer Wandel und Generationengerechtigkeit, VVDStRL 68 (2009), 290 (343): „Grund- und menschenrechtlich stehen alle Regeln unter Diskriminierungsverdacht."

28 BVerfGE 9, 338 (345 ff.) – *Altersgrenze für Hebammen*; BVerfGE 64, 72 (82 ff.) – *Prüfingenieure*.

29 § 10 AGG; Artikel 6 RL 2000/78 – Gerechtfertigte Ungleichbehandlung wegen des Alters: (1) Ungeachtet des Artikels 2 Absatz 2 können die Mitgliedstaaten vorsehen, dass Ungleichbehandlungen wegen des Alters keine Diskriminierung darstellen, sofern sie objektiv und angemessen sind und im Rahmen des nationalen Rechts durch ein legitimes Ziel, worunter insbesondere rechtmäßige Ziele aus den Bereichen Beschäftigungspolitik, Arbeitsmarkt und berufliche Bildung zu verstehen sind, gerechtfertigt sind und die Mittel zur Erreichung dieses Ziels angemessen und erforderlich sind. Derartige Ungleichbehandlungen können insbesondere Folgendes einschließen: a) die Festlegung besonderer Bedingungen für den Zugang zur Beschäftigung und zur beruflichen Bildung sowie besonderer Beschäftigungs- und Arbeitsbedingungen, einschließlich der Bedingungen für Entlassung und Entlohnung, um die berufliche Eingliederung von Jugendlichen, älteren Arbeitnehmern und Personen mit Fürsorgepflichten zu fördern oder ihren Schutz sicherzustellen; b) die Festlegung von Mindestanforderungen an das Alter, die Berufserfahrung oder das Dienstalter für den Zugang zur Beschäftigung oder für bestimmte mit der Beschäftigung verbundene Vorteile; c) die Festsetzung eines Höchstalters für die Einstellung aufgrund der spezifischen Ausbildungsanforderungen eines bestimmten Arbeitsplatzes oder aufgrund der Notwendigkeit einer angemessenen Beschäftigungszeit vor dem Eintritt in den Ruhestand. (2) Ungeachtet des Artikels 2 Absatz 2 können die Mitgliedstaaten vorsehen, dass bei den betrieblichen Systemen der sozialen Sicherheit die Festsetzung von Altersgrenzen als Voraussetzung für die Mitgliedschaft oder den Bezug von Altersrente oder von Leistungen bei Invalidität einschließlich der Festsetzung unterschiedlicher Altersgrenzen im Rahmen dieser Systeme für bestimmte Beschäftigte oder Gruppen bzw. Kategorien von Beschäftigten und die Verwendung im Rahmen dieser Systeme von Alterskriterien für versicherungsmathematische Berechnungen keine Diskriminierung wegen des Alters darstellt, solange dies nicht zu Diskriminierungen wegen des Geschlechts führt.

wird.[30] Nach der deutschen Dogmatik ist die Differenzierung nach dem **Kriterium Alter am Maßstab des allgemeinen Gleichbehandlungsgrundsatzes** zu überprüfen, wobei angesichts des Personenbezugs und der Unverfügbarkeit die Anwendung der „neuen Formel" als Rechtfertigungsmaßstab naheliegt. Allerdings steht nicht jede Verwendung des Kriteriums Alter in Bezug zu individueller Leistungsfähigkeit, eine Konstellation, in der es am ehesten zu einer Diskriminierung aufgrund ungerechtfertigter **Typisierung** kommen kann. Insbesondere Höchstaltersregelungen für den Zugang zum Beamtenstatus dienen vielmehr der Optimierung des Verhältnisses zwischen Arbeitsleistung und Versorgungsansprüchen.[31] Es handelt sich folglich um einen Aspekt der **Austauschgerechtigkeit im Zeitverlauf.** Das Alter findet hier nicht als individuell-personenbezogenes Merkmal Anwendung, sondern als ein auf die vorgenannte Relation bezogenes statistisches Merkmal. Damit ändern sich die Anforderungen an die Rechtfertigung. Sie ist nicht mehr personenbezogen, vielmehr muss die Relation stimmen.

Schließlich findet das Alter in den Fällen der automatischen Versetzung in den Ruhestand als **Kriterium der verteilenden Gerechtigkeit** Anwendung. Es geht um die Verteilung von Arbeitsplätzen zwischen den Generationen. Entscheidender Rechtfertigungsgesichtspunkt ist, dass der automatische Verlust des Arbeitsplatzes durch Renten- oder andere Versorgungsansprüche kompensiert wird. Darüber hinaus lässt sich die Konstellation der Verteilungsgerechtigkeit zwischen den Generationen bei Berücksichtigung des diachronen Faktors, also des Zeitverlaufs, von einem intergenerationellen Problem in ein intrapersonelles Problem umformulieren[32], nämlich in die Frage, wie ein Mensch in seinem eigenen Leben Vermögenserwerb durch Arbeit und Genuss des durch Arbeit erworbenen Vermögens vernünftigerweise verteilen würde. Die gewachsenen Alterssicherungssysteme erweisen sich unter diesem Blickwinkel als die demokratisch legitimierte kollektive Entscheidung dieser Frage. Sie liegen außerhalb des Diskriminierungstatbestands, weil bei der gebotenen diachronen Betrachtung eine Ungleichbehandlung überhaupt nicht besteht.[33] **321**

Im deutschen Recht finden sich neben den schon genannten Altersgrenzen im Beamtenrecht eine Vielzahl von altersbezogenen Bestimmungen in allen Rechtsgebieten. Insbesondere im Zivil- und Strafrecht, aber auch im **Jugendschutzrecht** betreffen sie in typisierender Weise die zunehmende Reife und Selbstbestimmung von Minderjährigen und jungen Erwachsenen. Das **Sozialrecht** lässt sich geradezu als Rechtsgebiet der typisierten Lebensläufe charakterisieren und auch kritisieren.[34] Eine zum Teil unnötige Überregulierung findet sich vor allem im Bereich der **Wahlämter** nach Landesrecht.[35] **322**

Literatur: *M. Dombert*, Zur Vereinbarkeit von Altersgrenzen mit Europa und Verfassungsrecht, Jura 2015, 985; *U. Mager*, Altersdiskriminierung – Eine Untersuchung zu Konzept und Funktio-

---

30 EuGH, C-411/05, NJW 2007, 3339; EuGH, C-388/07, EuZW 2009, 340; EuGH, C-45/09, NJW 2010, 3767.

31 Eingehende Erörterung dieses Arguments bei *J. Kühling/K. Bertelsmann*, Höchstaltersgrenzen bei der Einstellung von Beamten, NVwZ 2010, 87 (90 f.).

32 Siehe dazu im Zusammenhang mit der Verteilungsgerechtigkeit im Gesundheitssystem *S. Huster*, in: *R. Alexy*, Juristische Grundlagenforschung, ARSP Beiheft Nr. 104, 2005, 202 (insb. 211 f.). In diese Richtung für Senioritätsregelungen auch schon *R. Waltermann*, Verbot der Altersdiskriminierung – Richtlinie und Umsetzung, NZA 2005, 1265 (1268): Eine „punktuelle" Betrachtung ergibt ein schiefes Bild; vgl. auch *J. A. Kämmerer*, ZBR 2008, 325 (326).

33 *S. Huster*, ARSP Beiheft Nr. 104, 2005, 202.

34 Siehe dazu *K.-J. Bieback*, Altersdiskriminierung – Grundsätzliche Strukturen und sozialrechtliche Probleme, ZSR 2006, 75 (80 ff.); aus sozialwissenschaftlicher Perspektive zu standardisierten Lebensverläufen *U. Wenzel*, ZSR 52 (2006), 373 (386 f., 390, 391 f.); kritisch zu institutionalisierten Lebensläufen auch *S. Baer*, VVDStRL 68 (2009), 290 (341 und 347 f.).

35 Kritisch auch *J. A. Kämmerer*, ZBR 2008, 325 (334 f.); *R. Gutmann*, Beamtenrecht und Altersdiskriminierung, VBlBW 2006, 339.

nen eines ungewöhnlichen Diskriminierungsverbots, in: FS für Säcker, 2011, S. 1075; *C. Rolfs/ S. Witschen*, Arbeits- und sozialrechtliche Maßnahmen zur Verbesserung der Beschäftigungs- chancen älterer Arbeitnehmer, Jura 2008, 641.

Fallbearbeitungen: *K. Herzmann/S. Eßlinger*, „Landeskleinkinder, Jura 2014, 842; *T. Kelm*, Zu alt als Bürgermeister? Jura 2001, 611–618 (Examensklausur); *H.M. Sagmeister*, Diskriminierung auf Grund des Alters, JuS 2007, 841 (Examensklausur).

5. Kapitel: Art. 3 Abs. 3 S. 2 GG: Verbot der Benachteiligung von Behinderten

Im Zuge der Verfassungsreform 1994 wurde Art. 3 Abs. 3 GG um Satz 2 ergänzt, der **323** die Benachteiligung von Menschen mit Behinderung verbietet. Bereits zuvor enthielten einige Landesverfassungen Staatszielbestimmungen zum Schutz und zur Förderung dieser Personengruppe. Wörtliche und systematische Auslegung des Art. 3 Abs. 3 S. 2 GG lassen jedoch keinen Zweifel daran, dass es sich um ein Grundrecht handelt[1], das in enger Beziehung zum Sozialstaatsprinzip steht[2].

5.1   Der Begriff der Behinderung

Zum Zweck der Definition ist, unbeschadet des Vorrangs der Verfassung, eine Orien- **324** tierung an der Legaldefinition des Schwerbehindertengesetzes, heute SGB IX – Rehabilitation und Teilhabe behinderter Menschen – erlaubt. § 3 Abs. 1 S. 1 Schwerbehindertengesetz lautete: „Behinderung im Sinne dieses Gesetzes ist die Auswirkung einer nicht nur vorübergehenden Funktionsbeeinträchtigung, die auf einem regelwidrigen körperlichen, geistigen oder seelischen Zustand beruht."[3] Seit 1.7.2001[4] heißt es in § 2 Abs. 1 S. 1 SGB IX: „Menschen sind behindert, wenn ihre körperliche Funktion, geistige Fähigkeit oder seelische Gesundheit mit hoher Wahrscheinlichkeit länger als sechs Monate von dem für das Lebensalter typischen Zustand abweichen und daher ihre Teilhabe am Leben in der Gesellschaft beeinträchtigt ist." Es handelt sich um einen **medizinisch zu konkretisierenden Begriff**. Der Grad der Behinderung ist im Rahmen der Rechtfertigung für die Verhältnismäßigkeitsprüfung von Bedeutung.

5.2   Inhalt des Benachteiligungsverbots

Da Art. 3 Abs. 3 S. 2 GG, anders als dessen S. 1, ausdrücklich nur die Benachteiligung **325** verbietet, ist eine Bevorzugung von Menschen mit Behinderung nicht durch diese Vorschrift verboten. Dies ist schon deshalb gerechtfertigt, weil im Falle der Behinderung ein großer Teil der Benachteiligungen nicht auf Zuschreibung durch andere beruht, sondern objektiv besteht und des Ausgleichs bedarf, zB. die Bereitstellung von Behindertenparkplätzen. Kompensations-, Ausgleich- und Fördermaßnahmen unterliegen dem allgemeinen Gleichheitsgrundsatz, wobei Art. 3 Abs. 3 S. 2 GG das legitime Ziel vorgibt und im Übrigen die Bevorzugung verhältnismäßig sein muss. Originäre Leistungsansprüche folgen aus Art. 3 Abs. 3 S. 2 GG allerdings nicht. Den Anspruch eines körperbehinderten Schülers auf Aufnahme in die Regelschule lehnte das Bundesverfassungsgericht im konkreten Fall ab. Zwar könne eine Benachteiligung auch bei einem Ausschluss von Entfaltungs- und Betätigungsmöglichkeiten durch die öffentliche Gewalt gegeben sein. Dies hänge jedoch einerseits davon ab, ob eine Unterrichtung an der allgemeinen Schule mit sonderpädagogischer Förderung möglich ist, der dafür benötigte personelle und sächliche Aufwand mit vorhandenen Personal- und Sachmitteln bestritten werden kann und auch organisatorische Schwierigkeiten und schutzwürdige Belange Dritter der integrativen Beschulung nicht entgegenstehen[5], zum anderen, ob der Ausschluss durch spezifische, auf die Behinderung bezogene Fördermaßnahmen kompensiert werde[6].

---

1   *Dürig/Scholz*, in: Maunz/Dürig, Art. 3 Abs. 3 Rn. 174.
2   Ebd.
3   S. dazu auch BVerfGE 96, 288 (301) – *Überweisung eines behinderten Schülers in die Sonderschule*.
4   BGBl. I, S. 1046.
5   So BVerfGE 96, 288 Ls. 2.
6   BVerfGE 96, 288 (303).

5.3 Drittwirkung

326 Auch das Benachteiligungsverbot entfaltet als Teil der grundrechtlichen Wertordnung Drittwirkung. Rechtsprechung hierzu gibt es insbesondere zum Reisevertragsrecht, Mietrecht und Nachbarrecht.[7] Die reine Anwesenheit von Menschen mit Behinderung stellt danach keinesfalls einen rechtlich relevanten Mangel dar. Vielmehr haben „nicht behinderte Menschen behinderten Menschen eine besondere Toleranz entgegen zu bringen"[8].

Rechtsprechung: BVerfGE 96, 288 – *Integrative Beschulung.*

Literatur: *G. Beaucamp,* Das Behindertengrundrecht (Art. 3 III 2 GG) im System der Grundrechtsdogmatik, DVBl. 2002, 997; *V. Neumann,* Der verfassungsrechtliche Begriff der Behinderung, NVwZ 2003, 897; *P. Reichenbach,* Art. 3 III 2 GG als Grundrechte auf Chancengleichheit, RdJB 2001, 53; *J. Rux,* Schulische Inklusion, DÖV 2017, 309.

Fallbearbeitungen: *G. Beaucamp,* Das Verbot der Diskriminierung Behinderter, JA 2001, 36.

---

7   Reisevertragsrecht: Siehe zB. AG München, Urt. v. 1.12.2011, 223 C 17592/11; Mietrecht: s. zB. BVerfG, NJW 2000, 2658; BayOLG, NJW-RR 2002, 226; Arbeitsrecht: BAGE 108, 333; LAG Düsseldorf, Urt. v. 14.5.2008, 12 Sa 256/08; LAG Nürnberg, Urt. v. 24.2.2010, 3 Sa 273/09.

8   AG Kleve, NJW 2000, 84 – *Urlaubshotel.*

Fünfter Teil: Ehe und Familie, Elternverantwortung und Schulaufsicht

Das Besondere der Garantie von Ehe und Familie einschließlich der Elternverantwortung in Art. 6 GG besteht darin, dass mit diesen Begriffen **Beziehungen zwischen Personen** als Schutzgut bezeichnet werden. Im Wege der Auslegung hat sich allerdings zunehmend eine individualrechtliche Lesart durchgesetzt. Wohl kein anderes Grundrecht hat im Zuge geänderter sozialer Anschauungen einen vergleichbaren Auslegungswandel erfahren.

Im Bereich der Schule finden sich Eltern und Schüler als Grundrechtsträger den Einwirkungen des staatlichen Erziehungsauftrags ausgesetzt.

327

1. Kapitel: Art. 6 Abs. 1 GG: Schutz der Ehe

Der Schutz von Ehe und Familie ist **erst seit** der Weimarer Reichsverfassung von 1918 Gegenstand des deutschen Verfassungsrechts. Dieses reagierte damit teils bewahrend, teils reformierend[1] auf die Verunsicherungen, die von der Industrialisierung, dem Kommunismus und der Frauenbewegung auf das zuvor unhinterfragte patriarchalische Ehe- und Familienbild ausgingen.

328

1.1 Schutzbereich

Nach Art. 6 Abs. 1 GG steht die Ehe unter dem besonderen Schutz der staatlichen Ordnung. Anders als noch in Art. 119 der Weimarer Reichsverfassung ist sie nicht mehr funktional „als Grundlage des Familienlebens und der Erhaltung und Vermehrung der Nation" bestimmt, sondern steht nur durch ein „und" verbunden vor und neben der Familie.

Der sachliche Schutzbereich ist durch den **Begriff der Ehe** bestimmt. Dieser ist als Bezeichnung eines Rechtsverhältnisses vom Gesetzgeber auszugestalten, steht aber nicht völlig zu seiner Disposition. Vielmehr muss er „die wesentlichen Strukturprinzipien beachten, die sich aus der Anknüpfung des Art. 6 Abs. 1 an die vorgefundene Lebensform in Verbindung in Verbindung mit dem Freiheitscharakter des verbürgten Grundrechts und anderen Grundrechten ergeben. Zum Gehalt der Ehe, wie er sich ungeachtet des gesellschaftlichen Wandels und der damit einhergehenden Änderungen ihrer rechtlichen Gestaltung bewahrt […] hat, gehört, dass sie die Vereinigung eines Mannes mit einer Frau zu einer auf Dauer angelegten Lebensgemeinschaft ist, begründet auf freiem Entschluss unter Mitwirkung des Staates, in der Mann und Frau in gleichberechtigter Partnerschaft zueinander stehen […]".[2] Mit dem Gesetz zur Einführung des Rechts auf Eheschließung für Personen gleichen Geschlechts[3] hat der Gesetzgeber die Institutsgarantie verletzt[4], es sei denn, man unterstellt hinsichtlich des Strukturmerkmals der Verschiedengeschlechtlichkeit einen Verfassungswandel oder man postuliert, dass der Ehebegriff auf verfassungsrechtlicher Ebene ein anderer sei als auf einfachgesetzlicher Ebene, was dem Sinn einer Rechtsinstitutsgarantie allerdings

329

---

1 Bereits Art. 119 S. 2 WRV bestimmte: „Sie (die Ehe) beruht auf der Gleichberechtigung der beiden Geschlechter."

2 BVerfGE 105, 313 (345) – *Lebenspartnerschaftsgesetz.*

3 BGBl. I 2017, S. 2787.

4 BVerfGE 105, 313 (348): „Die Ehe kann nicht ohne Verfassungsänderung […] in ihren wesentlichen Strukturprinzipien verändert werden."

widerspricht. Die Annahme eines Verfassungswandels öffnet das Tor zur „unbegrenzten Auslegung" und verschiebt die Entscheidung in grundlegenden Fragen von dem verfassungsändernden Gesetzgeber auf das Verfassungsgericht. Fest steht, dass allein die Verfassungsänderung die „Ehe für alle" auf eine unanfechtbare Basis gestellt hätte.

330   **Grundrechtsträger** sind alle **Menschen**. Die Grundrechtsträgerschaft juristischer Personen ist ausgeschlossen. Gesetzliche Altersgrenzen als Voraussetzung für die Ehefähigkeit gestalten die Rechtsform der Ehe aus und sind an der Rechtsinstitutsgarantie zu messen. **Altersgrenzen**, die sich an der Reife orientieren, sind sachgerecht und daher verfassungsgemäß.

1.2   Gewährleistungsgehalt

331   Da die **Ehe ein rechtliches Gebilde** ist, bedarf sie gesetzlicher Regelungen, etwa über das Zustandekommen, die Vermögenszuordnung, die Auflösung. Damit wirft die grundrechtliche Garantie in besonderer Weise das Problem der Verfassungsbindung des Gesetzgebers auf, der das Schutzgut nicht nur beschränkt, sondern eben auch schafft. Art. 6 Abs. 1 GG enthält hinsichtlich der Ehe folglich eine **Rechtsinstitutsgarantie**. Darüber hinaus folgen aus dem Grundrecht aber auch ein klassisches **Abwehrrecht** und eine objektive **Wertentscheidung**.[5]

1.2.1   Abwehrrecht

332   Als Abwehrrecht schützt Art. 6 Abs. 1 GG vor staatlichen Eingriffen in die **eheliche Privatsphäre**. Darüber hinaus hat das Bundesverfassungsgericht in ausdrücklicher Anlehnung an Art. 12 EMRK[6] festgestellt, dass Art. 6 Abs. 1 GG jedermann die Freiheit gewährleistet, die Ehe mit einem selbstgewählten Partner einzugehen. Verbürgt sind damit die **Eheschließungsfreiheit** wie auch die **Ehescheidungsfreiheit** als Wiedererlangung der Eheschließungsfreiheit[7]. Zölibatsklauseln als Voraussetzung für die Wahrnehmung staatlicher Aufgaben[8] oder die Errichtung von Ehehindernissen[9] stellen folglich Grundrechtseingriffe dar.

1.2.2   Rechtsinstitutsgarantie

333   Die Eheschließungsfreiheit als Individualgrundrecht bedarf zu ihrer Realisierung wiederum gesetzlicher Regelungen. Sie ist untrennbar mit der Rechtsinstitutsgarantie verbunden, durch die der Gesetzgeber zur **Bereitstellung der Rechtsform Ehe** sowie zu ihrer **sachgerechten Ausgestaltung** verpflichtet ist. Dabei ist er durch die Rechtsinstitutsgarantie nicht nur an die „wesentlichen das Institut der Ehe bestimmenden Strukturprinzipien"[10] gebunden, sondern auch an die prinzipielle Freiheit der Eheschließung, an weitere sich aus der Verfassung ergebende Grundrechtspositionen der Ehepartner sowie insbesondere den Grundsatz der Gleichberechtigung von Männern und Frauen[11]. Der Gesetzgeber ist zur Schaffung einer sachgerechten Regelung unter Berücksichtigung der genannten Verfassungsrechtspositionen verpflichtet. Die das Institut der Ehe bestimmenden Strukturprinzipien entsprechen den Begriffsmerkmalen des verfassungsrechtlichen Ehebegriffs, namentlich Einehe zwischen Mann und Frau[12] und grundsätzlich lebenslange Bindung. Sachgerechte ausgestaltende Regelungen

---

5 So schon BVerfGE 6, 55 (71 f.) – *Steuersplitting.*
6 Art. 12 EMRK: „Männer und Frauen im heiratsfähigen Alter haben das Recht, nach den innerstaatlichen Gesetzen, welche die Ausübung dieses Rechts regeln, eine Ehe einzugehen und eine Familie zu gründen."
7 BVerfGE 31, 58 (83) – *Eheschließungsfreiheit.*
8 BAGE 4, 274 – *Zölibatsklausel.*
9 BVerfGE 31, 58 – *Eheschließungsfreiheit*; BVerfGE 36, 146 – *Ehehindernis Geschlechtsgemeinschaft.*
10 BVerfGE 31, 58 (69).
11 S. schon BVerfGE 3, 225 (242) – *Gleichberechtigung.*
12 S. dazu schon oben Rn. 329.

(Formanforderungen – § 1310 ff. BGB, Altersgrenze – § 1303 f. BGB, Scheidungsvoraussetzungen – §§ 1564 ff. BGB) rechtfertigen mit ihnen verbundene Eingriffe in das individuelle Recht der Eheschließungsfreiheit. In diesem Sinne kann die Rechtsinstitutsgarantie als Schranke für die individuellen Freiheitsgehalte angesehen werden.

Zu den ausgestaltenden Regelungen gehört auch das **Scheidungsrecht**. Es ist Ausgestaltung der widerstreitenden Interessen an der Wiedererlangung der Eheschließungsfreiheit einerseits und der Aufrechterhaltung der Ehe andererseits. Dem Gesetzgeber kommt auch insoweit ein weiter Gestaltungsspielraum zu; er muss aber sicherstellen, dass die Scheidung von Ehen, die nicht gescheitert sind, vermieden wird.[13] **334**

1.2.3 Wertentscheidung

Nicht zuletzt enthält Art. 6 Abs. 1 GG eine objektive Wertentscheidung für die Ehe. Diese umfasst die Verpflichtung des Staates, die Ehe zu schützen und zu fördern. Letzeres folgt aus dem verfassungsrechtlichen Versprechen eines „besonderen Schutzes“. Verboten sind damit jedenfalls gesetzlichen Regelungen, die an den Tatbestand der Ehe Benachteiligungen knüpfen (**Benachteiligungsverbot**). Dies ist von erheblicher Bedeutung für das Sozial- und Steuerrecht.[14] Eine gesetzliche Vergünstigung, die an den Tatbestand der Ehe anknüpft, kann als sachgerechte Förderung erlaubt sein, ist jedoch verfassungsrechtlich nicht gefordert. Das auf die „Hausfrauenehe“ zugeschnittene steuerrechtliche Ehegattensplitting erscheint unter heutigen Verhältnissen nicht mehr sachlich gerechtfertigt.[15] **335**

Das Schutzgebot der Wertentscheidung rechtfertigt nicht, rechtsförmliche **Lebenspartnerschaften** gegenüber der Ehe schlechter zu stellen, sofern die gesetzlichen Regelungen nach Lebenssachverhalt und Ziel mit der Ehe vergleichbar sind.[16] Ein „Abstandsgebot“ lässt sich aus der Wertentscheidung nicht ableiten.[17]

Von erheblicher Bedeutung ist die Wertentscheidung des Art. 6 Abs. 1 GG auch für das **Ausländerrecht**. Zwar folgt aus dem Schutz kein Anspruch für ausländische Ehegatten auf Einreise und Aufenthalt zwecks Nachzugs zu ihrem in Deutschland lebenden Partner. Als wertentscheidende Grundsatznorm ist Art. 6 Abs. 1 GG jedoch im Rahmen des Ermessens zu berücksichtigen. Entsprechendes gilt – erst recht – für Ausweisungen. Die gesetzlichen Regelungen über den Familiennachzug finden sich in den §§ 27 ff. AufenthG.

Auch zwischen Privaten kann Art. 6 Abs. 1 GG im Wege der **mittelbaren Drittwirkung** seinen Schutz entfalten. Eine Vertragsklausel in einer Scheidungsvereinbarung, welche die Wiederverheiratung verbietet oder unverhältnismäßig erschwert, ist aus diesem Grunde gemäß § 138 BGB nichtig.[18] **336**

1.3 Schranken

Der besondere Schutz der Ehe unterliegt allein **verfassungsimmanenten Schranken**. Einer Rechtfertigung auf ihrer Grundlage und nach Maßgabe des Verhältnismäßigkeitsgrundsatzes bedarf es nur, sofern es sich um einen echten Grundrechtseingriff handelt. Demgegenüber müssen **ausgestaltende Regelungen** nur sachgerecht sein, was der Fall ist, wenn sie dem Zweck der Ehe oder der Ehefreiheiten dienen.[19] **337**

---

13 BVerfGE 53, 224 (248) – *Ehescheidung.*
14 S. dazu BVerfGE 82, 60 (81) – *steuerfreies Existenzminimum*; BVerfGE 87, 1 (35) – *Familienlastenausgleich*; BVerfGE 99, 216; 99, 246; 99, 268; 99, 273 – *Familienlastenausgleich.*
15 Anders BVerfGE 61, 319 (345 ff.) – *Ehegattensplitting.*
16 BVerfGE 124, 199 (219 ff.) – *Hinterbliebenenversorgung*; BVerfGE 133, 377 Rn. 84 – *Ehegattensplitting für Lebenspartnerschaft.*
17 In diese Richtung gehen die Sondervoten zu BVerfGE 105, 313 (357 ff.) – *Lebenspartnerschaftsgesetz.*
18 BVerfG, NJW 2004, 2008 – *Ebenbürtigkeitsklausel.*
19 S. oben Rn. 333.

Rechtsprechung: BVerfGE 6, 55 – *Steuersplitting*; 31, 58 – *Eheschließungsfreiheit*; 53, 224 – *Ehescheidung*; 105, 313 – *Lebenspartnerschaftsgesetz*; 133, 377 – *Ehegattensplitting für Lebenspartnerschaft*.

Literatur: *D. Coester-Waltjen*, Art. 6 I und der Schutz der Ehe, Jura 2008, 108; *E.B. Franz/ T. Günther*, Grundfälle zu Art. 6 GG, JuS 2007, 626; *H.J. Papier*, Ehe und Familie in der Rechtsprechung des Bundesverfassungsgerichts, NJW 2002, 2129.

2. Kapitel: Art. 6 Abs. 1 GG: Schutz der Familie

Zur Zeit der Weimarer Reichsverfassung galt als Familie die Ehe, zu der das Eltern- **338**
Kind-Verhältnis hinzutrat. Ermöglicht durch den Wortlaut des Art. 6 Abs. 1 GG und
befördert durch den sozialen Wandel wird der **Begriff der Familie** unter dem Grundgesetz seit langem unabhängig von dem Bestehen einer Ehe definiert und genießt die
Familie eigenständigen Schutz. Der Schutz der Familie wird dennoch vielfach dogmatisch in Parallele zum Schutz der Ehe konstruiert, also als Abwehrrecht, als wertentscheidende Grundsatznorm und als „Institutsgarantie".[1] Die Familie ist jedoch – anders als die Ehe –**keine Rechtsform**, sondern primär eine auf Abstammung beruhende
Gemeinschaft von Eltern und Kindern. Dabei sind die Regelungen über das Eltern-
Kind-Verhältnis in Art. 6 Abs. 2 und 3 GG gegenüber dem allgemeinen Familienschutz
in Absatz 1 spezieller.

2.1 Schutzbereich

Familie ist die umfassende **Gemeinschaft von Eltern und Kindern**, unabhängig von **339**
deren Minderjährigkeit oder Volljährigkeit. Es genügt bereits die Gemeinschaft zwischen einem Kind und einem Elternteil. Erfasst sind auch Stief- und Adoptivkinder
sowie unter Umständen Pflegekinder, sofern infolge eines längerdauernden Pflegever-
hältnisses eine gewachsene Bindung entstanden ist.[2] Auch die Gemeinschaft aus einge-
tragenen Lebenspartnern mit leiblichem oder adoptiertem Kind bildet eine Familie.[3]
Über das unmittelbare Eltern-Kind-Verhältnis hinausreichende Verwandtschaftsbezie-
hungen sind von dem Begriff der Familie in Art. 6 Abs. 1 GG nach herrschender Auffassung, für welche die Rechtsklarheit spricht, nicht erfasst.[4]

Grundrechtsträger sind ausschließlich natürliche Personen, namentlich **Mütter, Väter** **340**
und **Kinder.**

2.2 Gewährleistungsgehalt

Dem entwicklungsbedingten Wandel der familiären Beziehungen folgend, unterliegt **341**
die Intensität des Schutzes aus Art. 6 Abs. 1 GG der Abstufung. Das Bundesverfassungsgericht unterscheidet zwischen der **Lebens- und Erziehungsgemeinschaft,** der
Haus- bzw. **Beistandsgemeinschaft** und der **Begegnungsgemeinschaft.**[5] Rechtliche Regelungen, die diesen tatsächlichen Gegebenheiten Rechnung tragen, sind sachgerecht.

2.2.1 Abwehr von Eingriffen in die Familie

Als Abwehrrecht schützt Art. 6 Abs. 1 GG insbesondere die Freiheit der Familiengrün- **342**
dung sowie die Ungestörtheit des Familienlebens, also die **Privatsphäre der Familie.**[6]

2.2.2 Wertentscheidung

Eine erheblich größere Bedeutung entfaltet Art. 6 Abs. 1 GG aber als wertentschei- **343**
dende Norm, die insbesondere im Steuer- und Sozialrecht Benachteiligungen verbietet
und **Familienförderung** rechtfertigt, ohne allerdings Leistungsansprüche zu begründen.[7] Auch für die Ermessensausübung im **Ausländerrecht** ist der Schutz der Familie

---

1 BVerfGE 6, 55 (72); BVerfGE 10, 59 (66) – *Elterliche Gewalt.*
2 BVerfG 18, 97 (105 f.) – *Zusammenveranlagung;* BVerfGE 79, 51 (60) – *Sorgerechtsprozess.*
3 BVerfG, NJW 2013, 847 Rn. 61.
4 BVerfGE 59, 52 (63) – *Großeltern – Enkelkinder.*
5 BVerfGE 80, 81 (90 f.) – *Volljährigenadoption I.*
6 BVerfGE 35, 35 (40); BVerfGE 42, 234 (236); BVerfGE 57, 170 (178) – jeweils: *Briefkontrolle in der
   Untersuchungshaft;* BVerfGE 109, 279 (321 f.) – *Großer Lauschangriff.*
7 BVerfGE 39, 316 (326) – *Kinderzuschuss;* BVerfGE 87, 1 (35) – *Trümmerfrauen;* BVerfGE 117, 316 (329)
   – *Künstliche Befruchtung für Verheiratete.*

ein wichtiger Gesichtspunkt, der in der Abwägung zwischen dem öffentlichen Interesse und den privaten Interessen in angemessenem Umfang zu berücksichtigen ist.[8]

2.2.3 (Rechts-)Institut?

344 In einem Atemzug mit der Ehegarantie wird auch in Bezug auf die Familie in Rechtsprechung und Literatur häufig von einer Institutsgarantie gesprochen.[9] Daneben ist aber auch die Rede von einem **Leitbild**.[10] Richtigerweise enthält Art. 6 Abs. 1 GG in Bezug auf die Familie keine Rechtsinstitutsgarantie, da es sich nicht bzw. nur ausnahmsweise (Adoption) um eine rechtlich begründete Gemeinschaft handelt, eine Familie also für ihre Gründung nicht rechtlicher Regelungen bedarf. Die rechtlichen Beziehungen sind umfassend innerhalb der Rechtsform Ehe sowie in Bezug auf das Eltern(teil)-Kind-Verhältnis geregelt, das vorrangig Gegenstand von Art. 6 Abs. 2 und 3 GG ist. Gemeint ist mit der Institutsgarantie in der Regel die Pflicht des Gesetzgebers, einen Kernbestand an familienrechtlichen Rechtsnormen bereitzustellen, der sich an dem Leitbild der Familie als Erziehungs-, Lebens- und Begegnungsgemeinschaft orientiert. Ob es einer solchen Garantie neben der Rechtsinstitutsgarantie der Ehe, den sogleich darzulegenden Garantien des Eltern-Kind-Verhältnisses, der Wertentscheidung für die Familie und der mittelbaren Drittwirkung weiterer Grundrechte, insbesondere des allgemeinen Persönlichkeitsrechts, noch bedarf, ist äußerst zweifelhaft.[11]

2.3 Schranken

345 Auch der Schutz der Familie unterliegt zur Rechtfertigung von Eingriffen allein verfassungsimmanenten Schranken.

Rechtsprechung: BVerfGE 76, 1 – *Familiennachzug*; 80, 81 – *Volljährigenadoption I*; 133, 59 – *Sukzessivadoption*.

Literatur: *D. Birk/R. Wernsmann,* Der Schutz von Ehe und Familie im Einkommensteuerrecht, JZ 2001, 218; *D. Coester-Waltjen,* Art. 6 I GG und der Schutz der Familie, Jura 2008, 105; *K. Herzmann,* Der Schutz von Ehe und Familie nach Art. 6 I GG, Jura 2015, 248; *N. Koschmieder,* aktuelle verfassungsrechtliche Probleme von Ehe und Familie, JA 2014, 566; *H.-J. Papier,* Ehe und Familie in der Rechtsprechung des BVerfG, NJW 2002, 2129.

---

8 BVerfGE 76, 1 (41 ff.) – *Familiennachzug*; BVerfG, NVwZ 2004, 606 – *Versagung einer Aufenthaltserlaubnis für nicht sorgeberechtigten ausländischen Elternteil*; BVerfG, NVwZ 2006, 682 – *Bedeutung des Art. 6 GG im Ausländerrecht*.
9 BVerfGE 6, 55 (72) – *Steuersplitting*; BVerfGE 31, 58 (67) – *Eheschließungsfreiheit*; BVerfGE 105, 313 (342) – *Lebenspartnerschaftsgesetz*.
10 BVerfGE 53, 224 (250) – *Scheidungsrecht*; BVerfGE 76, 1 (45) – *Familiennachzug*.
11 S. *U. Mager,* Einrichtungsgarantien, 2003, S. 457 und die Analyse der Rechtsprechung S. 206 ff.

3. Kapitel: Art. 6 Abs. 2–5 GG: Elternverantwortung, Mutterschutz, Gleichstellung unehelicher Kinder

Fall 8: Heimunterricht

A und B, wohnhaft in Heidelberg, wollen ihr Kind K zu Hause unterrichten. Ihr Anliegen ist es, K dem Christentum gemäß zu erziehen. Dieses Erziehungsziel ist ihrer Auffassung nach mit dem Besuch der öffentlichen Schule unvereinbar, da diese sich seit Ende der 1960er Jahre vom Christentum abgewendet habe. Die heutige anarchische Pädagogik entfremde Kinder ihren Eltern und entwurzele sie. Neben dem Unterricht sehen sie auch im Verhalten der Mitschüler eine Gefahr für K, da dieses von physischer und psychischer Gewalt, Mobbing, Prügeleien, Fäkaliensprache, Alkohol und Rauschgift geprägt sei. Eine christliche Privatschule sei keine Alternative, denn dort werde ebenfalls jeder Schüler aufgenommen und die Verhältnisse seien kaum anders. Demgegenüber sei das „Homeschooling" in anderen Ländern anerkannt und bewährt; seine Erfolge seien dem öffentlichen Schulwesen mindestens ebenbürtig. A und B unterrichten K nach Maßgabe der baden-württembergischen Lehrpläne und im Rahmen der „Philadelphia-Schule", einer privaten Organisation, welche die Erziehung und Unterrichtung durch die Eltern in Heimschulen nach biblischen Grundsätzen konzipiert, anleitet und betreut. A und B beantragen, K von der Pflicht zur Teilnahme am öffentlichen Schulunterricht zu befreien. Das staatliche Schulamt lehnt den Antrag ab. Verletzt die Entscheidung A und B in Grundrechten?

3.1 Elternverantwortung

Die in Art. 6 Abs. 2 und 3 GG verbürgte Elternverantwortung ist unter den Grund- **346** rechten einzigartig, insoweit es sich um eine **Rechtsstellung gegenüber dem Staat**, gleichzeitig aber um eine **Pflichtenstellung gegenüber den eigenen Kindern** handelt, über deren Einhaltung der Staat wacht. Zusätzliche Komplikationen ergeben sich daraus, dass die „Eltern" in der Regel aus Vater und Mutter bestehen, die sich nicht notwendig einig sind. Auch hier besteht also das grundrechtsdogmatische Problem, dass die Elternverantwortung zwischen Eltern(teil) und Kind wie auch zwischen den Eltern der rechtlichen Regelung bedarf, sie andererseits von staatlicher Einflussnahme grundsätzlich frei sein soll.

3.1.1 Schutzbereich

Gemäß Art. 6 Abs. 2 S. 1 GG sind Pflege und Erziehung der Kinder das natürliche **347** Recht der Eltern und die zuvörderst ihnen obliegende Pflicht. Der Begriff des Kindes ist im Anwendungsbereich der Vorschrift auf Minderjährige beschränkt. Wie die Formulierung „das natürliche Recht" nahelegt, sind Eltern in erster Linie die leibliche Mutter und/oder der leibliche Vater. Die rechtliche Herstellung des Eltern-Kind-Verhältnisses steht bereits unter der verfassungsrechtlichen Vorgabe der Rücksichtnahme auf die **natürliche Abstammung**. Ist ein Eltern-Kind-Verhältnis in rechtmäßiger Weise rechtlich begründet, genießt es aber auch den Schutz des Art. 6 Abs. 2 S. 1 GG.

Pflege und Erziehung umfasst das gesamte elterliche Verhalten gegenüber dem Kind, **348** sofern es an dessen Wohl ausgerichtet ist. Dabei schützt Art. 6 Abs. 2 S. 1 GG gerade die Freiheit der Eltern zu bestimmen, was dem Wohl des Kindes nützt. Allerdings: „Dieser Grundrechtsschutz darf [...] nur für ein Handeln in Anspruch genommen werden, das bei weitester Anerkennung der Selbstverantwortlichkeit der Eltern noch als Pflege und Erziehung gewertet werden kann, nicht aber für das Gegenteil: die Vernachlässigung des Kindes. [...] In Art. 6 Abs. 2 S. 1 GG sind Recht und Pflicht von vornherein unlöslich miteinander verbunden; die Pflicht ist nicht eine das Recht begrenzende Schranke, sondern ein wesensbestimmender Bestandteil dieses „Elternrechts", das insoweit treffender als „Elternverantwortung" bezeichnet werden kann."[1] Die **Elternverantwortung** lässt sich danach als **dienende Freiheit** bezeichnen.[2] Sie **dient der Persönlichkeitsentfaltung** des jeweiligen Kindes.

349 **Grundrechtsträger** sind nach heutiger Auffassung **Mütter** und **Väter** sowohl gemeinsam als auch unabhängig voneinander. In der Rechtsprechung des Bundesverfassungsgerichts lassen sich die tatsächlichen Änderungen der Familienverhältnisse, insbesondere der Bedeutungsverlust der Ehe für das Bestehen von Familien, in einem Wandel des Verständnisses des Elternrechts nachzeichnen: Verstand das Gericht das Elternrecht zunächst als ein den verheirateten Eltern gemeinsam zustehendes Recht, wird es heute als ein eheunabhängiges, ggf. koordinierungsbedürftiges Individualrecht von Müttern und Vätern angesehen. Die letzten Schritte in dieser Entwicklung bestanden in der Anerkennung der uneingeschränkten Grundrechtsträgerschaft des nichtehelichen Vaters[3] und in der Anwendung des verfassungsrechtlichen Elternbegriffs auf eingetragene Lebenspartnerschaften.[4]

3.1.2 Gewährleistungsgehalt

Auch das Pflichtrecht der Elternverantwortung ist Abwehrrecht, Wertentscheidung und Rechtsinstitutsgarantie.

350 Als **Abwehrrecht** schützt Art. 6 Abs. 2 S. 1 GG vor Einmischungen des Staates in die Wahrnehmung des Elternrechts. Sie sind nur in Ausübung des **Wächteramt**es gemäß Art. 6 Abs. 2 S. 2 GG gerechtfertigt. Für den schwersten Eingriff, die Trennung eines Kindes von seinen Eltern, enthält Art. 6 Abs. 3 GG eine qualifizierte Schranke. Sie ist konkretisiert in den §§ 1666 f. und § 1748 BGB.

351 Da die Ausübung des Elternrechts keine rein tatsächliche Angelegenheit ist, sondern rechtlicher Befugnisse bedarf, sowohl gegenüber dem Kind als auch gegenüber Dritten, stellt sich – ähnlich wie bei der Ehe – die Frage nach der **Abgrenzung von Eingriff und Ausgestaltung**. Die Abgrenzung lässt sich mit Hilfe der **Schülerberater-Entscheidung** veranschaulichen. In dieser Entscheidung ging es zum einen um die Frage, ob es verfassungsgemäß ist, dass Schüler ab einem bestimmten Alter über die Aufhebung der Schweigepflicht des Schülerberaters gegenüber Dritten selbst entscheiden, zum anderen um die Frage einer Schweigepflicht des Schülerberaters gegenüber den Eltern. Da das Elternrecht im Dienste der freien Persönlichkeitsentfaltung des Kindes steht, sind Regelungen über die Verteilung von Kompetenzen zwischen Eltern und Kind, die sich an der zunehmenden Selbstbestimmungs- und Verantwortungsfähigkeit des Kindes orientieren, keine eingreifenden, sondern das Elternrecht ausgestaltende Regelungen. Demgegenüber stellt eine Regelung, die ein den Eltern an sich zustehendes Recht, hier auf Informationen über Probleme des Kindes, unter Berufung auf das Kindeswohl verkürzt, einen Eingriff dar. Da das Kindeswohl in erster Linie in die Verantwortung der Eltern fällt, kann nur in Ausnahmefällen, wenn eine konkrete unmittelbare Gefährdung des Kindeswohls besteht, dieses Elternrecht beschränkt werden.[5]
Gesetzliche Regelungen, welche die Verantwortung zwischen Eltern und Kind aufteilen, sind demzufolge Ausgestaltungen des Rechtsinstituts Elternrecht. Bestimmungen,

---

1 BVerfGE 24, 119 (143 f.). – *Adoption I.*
2 Allerdings in einem anderen Sinne als im Rahmen der Rundfunkfreiheit, s. dazu Rn. 483.
3 S. zur Entwicklung der Rechtsprechung BVerfGE 31, 194 – *Sorgerechtsregelung;* BVerfGE 61, 358 – *gemeinsames Sorgerecht;* BVerfGE 84, 168 – *Sorgerecht für nichteheliche Kinder;* BVerfGE 92, 158 – *Adoption II;* BVerfGE 108, 82 – *biologischer Vater;* BVerfGE 127, 132 – *gemeinsames Sorgerecht.*
4 BVerfGE 133, 59 – *Sukzessivadoption.*
5 BVerfGE 59, 360 – *Schülerberater,* s. auch BVerfGE 107, 104 – *Ausschluss der Eltern im Jugendgerichtsverfahren.*

welche eine missbräuchliche oder für das Kind eindeutig schädliche Ausübung der den Eltern zugewiesenen Kompetenzen verhindern sollen, stellen demgegenüber Eingriffe in das Elternrecht dar, die der Rechtfertigung auf der Grundlage des staatlichen Wächteramts bedürfen.[6]

Die Frage nach der Abgrenzung von Ausgestaltung und Eingriff stellt sich auch bei der **Aufteilung der elterlichen Verantwortung zwischen Vätern und Müttern.** Insoweit folgt aus der Elternverantwortung ein Vorrang der Selbstkoordination der Eltern. Gesetzliche Regelungen, welche die Fähigkeit zur Selbstkoordination übergehen, stellen Grundrechtseingriffe dar. Sind die Eltern zur Selbstkoordination nicht in der Lage, ist der Gesetzgeber in Wahrnehmung des staatlichen Wächteramtes zur Regelung befugt. Hierbei sind die Regelungen insoweit ausgestaltender Natur, als die Rechte und Kompetenzen zweier grundsätzlich gleichberechtigter Grundrechtsträger zueinander ins Verhältnis gesetzt werden. Maßstab für die Überprüfung des gesetzgeberischen Gestaltungsspielraums bilden daher die tatsächlich und/oder rechtlich bestehenden Eltern-Kind-Beziehungen im Lichte des Kindeswohls.[7] **352**

Ob die gesetzliche **Verpflichtung zum Umgang mit dem eigenen Kind** einen Eingriff in das Elternrecht darstellt, erscheint zweifelhaft, da die Verweigerung bei dem Wunsch des Kindes nach Umgang kaum als Ausdruck der Elternverantwortung angesehen werden kann. Die Verpflichtung, wie sie § 1684 Abs. 1 BGB enthält, ist jedenfalls durch das staatliche Wächteramt für das Kindeswohl gerechtfertigt, allerdings nicht die zwangsweise Durchsetzung, da diese in der Regel dem Kindeswohl nicht entspricht.[8] **353**

3.1.3 Schranken, insbes. Wächteramt des Staates zur Wahrung des Kindeswohls

Wie dargelegt, bildet das Wächteramt des Staates die Rechtfertigung für Eingriffe in das Elternrecht. Die Besonderheit besteht darin, dass nicht eigentlich der Schutzbereich eingeschränkt wird, sondern der Staat die Pflichtseite der Elternverantwortung bei elterlichem Versagen aktualisiert. Die in Ausübung des Wächteramts vorgenommenen Eingriffe müssen verhältnismäßig sein.[9] Dem entspricht es, dass die speziellen Anforderungen für die **Trennung eines Kindes von seinen Eltern** nicht nur im Zeitpunkt der Trennung, sondern dauerhaft, also auch im Zeitpunkt der Entscheidung über die Aufrechterhaltung der Trennung vorliegen müssen.[10] Die Vorschrift betrifft nur die Begründung eines staatlichen Erziehungseinflusses anstelle der Eltern. Auf Maßnahmen der Ausländerbehörden, die den Nachzug von Familienangehörigen betreffen, ist sie nicht anwendbar.[11] Daneben kommen **verfassungsimmanente Schranken** in Betracht, als deren Wichtigste **der staatliche Erziehungsauftrag in der Schule** gemäß Art. 7 Abs. 1 GG zu nennen ist. **354**

Rechtsprechung: BVerfGE 10, 59 – *Elterliche Gewalt*; 24, 119 – *Adoption I*; 25, 167 – *Nichtehelichkeit*; 76,1 – *Familiennachzug*; 80, 81 – *Volljährigenadoption I*; 82, 60 – *Steuerfreies Existenzminimum*; 92, 158 – *Adoption II*; 99, 216 – *Familienlastenausgleich*; 103, 242 – *Pflegeversicherung III*; 104, 373 – *Familiendoppelnamen*; 117, 316 – *künstliche Befruchtung*; 121, 69 – *Elterliche Erziehungspflicht*; 127, 132 – *gemeinsames Sorgerecht*; 133, 59 – *Sukzessivadoption*.

Literatur: *M. Burgi/P. Hölbling*, Die Struktur des elterlichen Erziehungsrechts nach Art. 6 II und III GG, Jura 2008, 901; *D. Coester-Waltjen*, Art. 6 GG und die Familienautonomie, Jura 2009, 105; *E.B. Franz/T. Günther*, Grundfälle zu Art. 6 GG, JuS 2007, 626 und 716; *J. Mohr/A. Wall-*

---

6 S. auch BVerfGE 72, 155 – *Vertretungsbefugnis in Vermögensfragen.*
7 BVerfGE 108, 82 – *biologischer Vater*; BVerfG, FamRZ 2016, 1917 – *Umgangsausschluss*; BVerfG, FamRZ 2015, 755 – *Umgangsausschluss.*
8 BVerfGE 121, 69 – *Elterliche Erziehungspflicht.*
9 BVerfGE 24, 119 (144 f.) – *Adoption.*
10 BVerfGE 68, 176 (187) – *Pflegefamilie.*
11 BVerfGE 76, 1 (48 ff.) – *Familiennachzug.*

rabenstein, Elterliche Sorge als ein Sorgenkind des BVerfG, Jura 2004, 194; *R. Müller-Terpitz*, Vätermonate und Kindergartenpflicht – wie viel Staat verträgt die Familie?, JZ 2006, 991; *H.-J. Papier*, Ehe und Familie in der Rechtsprechung des BVerfG, NJW 2002, 2129; *M. Winkler*, Art. 6 GG: Schutz des leiblichen Vaters (Anmerkung), JA 2004, 111.

Fallbearbeitungen: *A. von Arnauld/J. Platter*, Übungsfall – Die eingetragene Lebenspartnerschaft, Jura 2002, 411; *G. Beaucamp*, Konflikte um die Kindergartenpflicht, JA 2014, 682.

3.2 Art. 6 Abs. 4 GG: Mutterschutz

355   Art. 6 Abs. 4 GG gibt jeder Mutter Anspruch auf den Schutz und die Fürsorge der Gemeinschaft.

3.2.1 Schutzbereich

356   Der Schutzbereich ist sachlich wie persönlich durch den Begriff der Mutter bestimmt, seine Reichweite durch dessen Auslegung im Lichte des Art. 3 Abs. 2 und 3 GG. Aus dem Gleichberechtigungsgebot und Diskriminierungsverbot wegen des Geschlechts folgt, dass der besondere Schutzanspruch auf die besonderen **biologischen Belastungen der Mutterschaft**, also Schwangerschaft und Stillzeit, begrenzt sind. Sie erfassen dagegen nicht die Erziehung und Betreuung von Kindern, die auch von Vätern oder dritten Personen geleistet werden kann. Mit Gemeinschaft ist nicht allein der Staat angesprochen. Der Gesetzgeber darf auch Dritte belasten, wie Krankenkassen oder Arbeitgeber.[12]

3.2.2 Gewährleistungsgehalt

357   Dem Wortlaut nach gewährt Art. 6 Abs. 4 GG einen Anspruch. Dennoch ist streitig, ob es sich um ein subjektives Recht handelt. Dies liegt daran, dass der Inhalt des Anspruchs höchst unbestimmt ist. Tatsächlich handelt es sich daher um einen Verfassungs-, insbes. **Gesetzgebungsauftrag**, der dem Gesetzgeber einen weiten Gestaltungsspielraum einräumt. Untätigkeit oder Versagen kann von Müttern geltend gemacht werden, ein konkreter Anspruchsinhalt dagegen nicht. Das Bundesverfassungsgericht hat den Schutzanspruch für die Inhaltskontrolle von Eheverträgen zur Anwendung gebracht (**mittelbare Drittwirkung**).[13]

3.2.3 Schranken

358   Wie alle Leistungsansprüche steht auch dieser unter dem **Vorbehalt des Möglichen** angesichts begrenzter Mittel.

3.3 Gleichstellung unehelicher Kinder

359   Art. 6 Abs. 5 GG enthält einen besonderen Gleichheitsgrundsatz, der sich mit dem Auftrag an den Gesetzgeber richtet, für eheliche und uneheliche Kinder die gleichen (rechtlichen) Bedingungen zu schaffen.[14] Durch Gesetz zur Neuregelung der elterlichen Sorge vom 18. Juli 1979 (BGBl. I, S. 1061) ist in allen Bundesgesetzen, nicht aber im Verfassungswortlaut selbst, das Wort „unehelich" durch „nicht ehelich" ersetzt worden. Durch diese Änderung sollte offenbar ein soziales Stigma beseitigt werden, das zum damaligen Zeitpunkt dem Wort „unehelich" anhaftete. Der Gesetzgeber ist dem **Gleichstellungsauftrag** allerdings durch weitaus substanziellere Regelungen im Familien- und Erbrecht nachgekommen.[15] Das Bundesverfassungsgericht hat ihn sogar auf die Mutter des unehelichen Kindes erstreckt, indem es feststellte, dass die aufgetragene

---

12 BVerfGE 109, 64 (87) – *Mutterschaftsgeld II*.
13 BVerfGE 103, 89 – *Unterhaltsverzichtsvertrag*.
14 S. dazu BVerfGE 8, 210 – *Vaterschaft*; BVerfGE 25, 167 – *Nichtehelichkeit*.
15 Beispiele aus der Rechtsprechung des BVerfG: BVerfGE 58, 377 – *vorzeitiger Erbausgleich*; BVerfGE 74, 33 – *Erbersatzanspruch*.

Gleichstellung verlange, die Dauer des Unterhaltsanspruchs der Mutter eines unehelichen Kindes der Dauer des Unterhaltsanspruch der Mutter eines ehelichen Kindes im Falle der Scheidung anzupassen.[16]

---

16 BVerfGE 118, 45 – *Betreuungsunterhalt*.

4. Kapitel: Art. 7 GG: Das Schulwesen

Fall 9: Beanstandung gegenüber einer Privatschule

Der M-Verein ist Mitglied des Montessori-Landesverbandes Bayern und freier Träger einer Grundschule, deren Konzept eine „nicht-direktive Begleitung" der Kinder vorsieht. In der Schule soll eine „Umkehrung des Lernprozesses" stattfinden, bei dem die Kinder die Möglichkeit haben, ihre Lern- und Entwicklungsschritte inhaltlich und zeitlich selbst zu gestalten.

Im September 2015 erteilte die zuständige Behörde M die vorläufige Genehmigung, eine einzügige private Volksschule als Ersatzschule zu errichten und zu betreiben. Diese Volksschule fasst die Klassen 1–9, also die Grund- und die Mittelschule (Hauptschule), zusammen. In dem Genehmigungsbescheid ist – insoweit dem Genehmigungsantrag entsprechend – vorgegeben, dass die Schule nach dem jeweiligen amtlichen Grundschullehrplan zu unterrichten hat und nicht hinter den für öffentliche Schulen geltenden Lehrzielen zurückstehen darf.

Bei einer an drei Tagen im Juni 2017 durchgeführten Leistungsüberprüfung aller Schüler/innen der Schule, die sich im 4. Schuljahr befanden, stellte das staatliche Schulamt fest, dass das Wissen und Können der Kinder gemessen am Maßstab der Regelgrundschule in den Fächern Deutsch und Mathematik nicht den Anforderungen des Lehrplans der Grundschule entspreche. Als Folge dieser Überprüfung beanstandete die Schulaufsichtsbehörde an der Schule des M die Nichteinhaltung der Genehmigungsvoraussetzung, nicht hinter den für öffentliche Schulen geltenden Lehrzielen zurück zu stehen, sowie die fehlende Beachtung der Ziele des amtlichen Grundschullehrplans. Im mathematischen Leistungsbereich seien vier der fünf überprüften Kinder nicht auf dem Stand eines Kindes der vierten Jahrgangsstufe der Regelschule. Im Fach Deutsch zeigten die Beobachtungen, dass drei von den fünf überprüften Kindern im Schreiben ungeübt seien und auch keine altersgemäße Lesekompetenz aufwiesen.

Die nach erfolglosem Widerspruch gegen den Beanstandungsbescheid erhobene Klage wies das Verwaltungsgericht ab. Der Antrag des M auf Zulassung der Berufung blieb ebenfalls ohne Erfolg.

M erhebt Verfassungsbeschwerde. Er hält es für verfassungswidrig, dass die Leistungsüberprüfungen schon bei Schülern der 4. Jahrgangsstufe vorgenommen wurden und dass allein die Leistungsüberprüfungen in den Fächern Deutsch und Mathematik Grundlage der Feststellung waren, die Bildungsziele seien nicht erreicht worden.

Prüfen Sie die Erfolgsaussichten der Verfassungsbeschwerde.

Bayerisches Gesetz über das Erziehungs- und Unterrichtswesen (BayEUG)

Art. 7 – Die Grundschule

(1) Die Grundschule schafft durch die Vermittlung einer grundlegenden Bildung die Voraussetzungen für jede weitere schulische Bildung. Sie gibt in Jahren der kindlichen Entwicklung Hilfen für die persönliche Entfaltung. Um den Kindern den Übergang zu erleichtern, arbeitet die Grundschule mit den Kindertageseinrichtungen zusammen.

(2) Die Grundschule umfasst die Jahrgangsstufen 1 bis 4. Sie vereinigt alle Schulpflichtigen dieser Jahrgangsstufen, soweit sie nicht eine Förderschule besuchen.

Art. 7a – Die Mittelschule

(1) Die Mittelschule vermittelt eine grundlegende Allgemeinbildung, bietet Hilfen zur Berufsfindung und schafft Voraussetzungen für eine qualifizierte berufliche Bildung, sie eröffnet in Verbindung mit dem beruflichen Schulwesen Bildungswege, die zu einer abge-

schlossenen Berufsausbildung und zu weiteren beruflichen Qualifikationen führen können, sie schafft die schulischen Voraussetzungen für den Übertritt in weitere schulische Bildungsgänge bis zur Hochschulreife. Das breite Feld von unterschiedlichen Anlagen, Interessen und Neigungen wird durch ein differenziertes Auswahlangebot neben den für alle Schülerinnen und Schüler verbindlichen Fächern berücksichtigt; hierfür ist die Bildung eigener Klassen und Kurse möglich, zB. Praxisklassen und Klassen oder Kurse für Schülerinnen und Schüler mit nicht deutscher Muttersprache. Mittelschulen vermitteln allein oder gemeinsam in einem Schulverbund nach Art. 32a Abs. 1 und 2 den Schülerinnen und Schülern ein Bildungsangebot, das regelmäßig die drei Zweige der Berufsorientierung (Technik, Wirtschaft, Soziales) und ein schulisches Ganztagsangebot umfasst sowie zum mittleren Schulabschluss führt. Mittelschulen sollen mit einer beruflichen Schule, der regionalen Wirtschaft und der Arbeitsverwaltung zusammenarbeiten.

(2) Die Mittelschule baut auf der Grundschule auf und umfasst die Jahrgangsstufen 5 bis 9 [...].

Art. 7 GG enthält Bestimmungen über das Schulwesen, welche den bundesverfassungsrechtlichen Rahmen für die Landesgesetzgeber bilden, denen in diesem Bereich die Gesetzgebungskompetenz zusteht. Drei Regelungskomplexe lassen sich unterscheiden: die Zuweisung von Kompetenz und **Verantwortung für das Schulwesen** an den Staat – und nicht an die Eltern, die Kirchen oder den Markt –, schulischer **Religionsunterricht als Pflichtfach** sowie das Grundrecht zur Errichtung von **Privatschulen**. **360**

4.1 Art. 7 Abs. 1 GG: Die staatliche Schulhoheit

Nach Art. 7 Abs. 1 GG steht das gesamte Schulwesen unter der Aufsicht des Staates. Mit dieser Kompetenz- und Verantwortungszuweisung wird dem Staat der Auftrag und die Befugnis zur Planung und Organisation des Schulwesens zugewiesen[1] und zugleich eine verfassungsimmanente Schranke für das Erziehungsrecht der Eltern wie auch für Grundrechte der Schülerinnen und Schüler gezogen[2]. In der Eigenschaft als Grundrechtsschranke wird von dem „**Bildungs- und Erziehungsauftrag des Staates**" gesprochen.[3] Gestützt auf diese Schranke werden etwa die **Schulpflicht**[4] und das Verbot der häuslichen Beschulung[5] gerechtfertigt. Dem Erziehungs- und Bildungsauftrag im Bereich der Schule kommt grundsätzlich **gleicher Rang** zu wie dem **Erziehungsrecht der Eltern**.[6] Der Gesetzgeber hat bei der Schulgesetzgebung aber nicht nur die Grundrechte der Eltern, sondern auch die der Schülerinnen und Schüler zu beachten. Dies gilt nicht nur für klassische Grundrechtseingriffe, sondern auch für organisatorische Regelungen[7] oder Vorgaben für den Unterrichtsinhalt, sofern sie mehr als nur unerhebliche Grundrechtsrelevanz haben.[8] **361**

---

1 Zum Begriff der Schulaufsicht BVerfGE 26, 228 (238 f.) – *Schulzweckverband*; BVerfGE 34, 165 (182) – Förderstufe; BVerwGE 47, 201 (204) – *Fünf-Tage-Woche*; BVerwGE 94, 82 (84) – *Befreiung vom Sportunterricht*.

2 Zum elterlichen Erziehungsrecht: BVerfGE 52, 223 (235 f.) – *Schulgebet*; BVerfGE 93, 1 (21) – *Kruzifix*; Grundrechte der Schüler: BVerfGE 53, 185 (203) – *gymnasiale Oberstufe Hessen*; BVerfGE 58, 257 (272 ff.) – *Schulausschluss*.

3 BVerfGE 47, 46 (69) – *Sexualkundeunterricht*.

4 BVerfGE 34, 165 (187); BVerfGE 98, 218 (252) – *Rechtschreibreform*.

5 BVerfG, NJW 2009, 3151 (3152) – *Nichtteilnahme an Schulveranstaltungen*.

6 BVerfG, NVwZ 2003, 1113 – *Heimunterricht grundschulpflichtiger Kinder*; BVerwG, NVwZ 2010, 525 – *kein Anspruch auf staatlich beaufsichtigten Heimunterricht*.

7 BVerfGE 34, 165 (182); BVerfGE 45, 400 (415) – *Oberstufenreform*; BVerfG, NVwZ-RR 2016, 281 – *G 8*.

8 BVerfGE 47, 46 (80, 83) – *Sexualkundeunterricht*; s. aber auch BVerfGE 98, 218 – *Rechtschreibreform*, der Grundrechtsrelevanz abgesprochen wurde.

4.2 Art. 7 Abs. 2 und 3 GG: Religionsunterricht in der Schule

362   Organisationsauftrag und -befugnis umfassen nach Art. 7 Abs. 3 GG die Pflicht, in staatlichen Schulen **Religionsunterricht als ordentliches Lehrfach** anzubieten. Diese aus der historischen Entwicklung des Schulwesens in Deutschland heraus zu erklärende Regelung[9] verlangt angesichts des Grundrechts auf Religionsfreiheit nach flankierenden Regelungen zugunsten der Religionsgemeinschaften, der Schülerinnen und Schüler, der Eltern sowie des Lehrpersonals. Gemäß **Art. 141 GG** findet Art. 7 Abs. 3 S. 1 GG keine Anwendung in einem Lande, in dem am 1. Januar 1949 eine andere landesrechtliche Regelung bestand. Dies betrifft insbesondere Berlin, Hamburg und Bremen. Die schwierige Frage, ob Art. 141 GG auf die neuen Bundesländer Anwendung findet oder nicht, hat das Bundesverfassungsgericht nicht in der Sache, sondern im Wege eines Vergleichsvorschlags gelöst.[10] Im Anwendungsbereich des Art. 7 Abs. 3 S. 1 GG besteht eine Geltungsausnahme für bekenntnisfreie Schulen, die jedoch nicht den Regelschultyp eines Landes ausmachen dürfen.

363   Für das **Verhältnis von Staat und Religionsgemeinschaften** folgt aus Art. 7 Abs. 3 S. 1 und 2 GG, dass ersteren die Pflicht trifft, die organisatorischen, finanziellen und personellen Rahmenbedingungen für die **Durchführung von Religionsunterricht** bereitzustellen, während die inhaltliche Ausgestaltung in der Verantwortung der jeweiligen Religionsgemeinschaft liegt.[11] Grenzen ergeben sich allein aus den Schranken der Religionsfreiheit sowie aus der Tatsache, dass es sich um Religionsunterricht handeln muss, also einen Unterricht in „konfessioneller Positivität und Gebundenheit"[12]. Dies wird in der Praxis dadurch erreicht, dass Religionslehrerinnen und -lehrer in der Regel an theologischen Fakultäten ausgebildet werden und Examina ablegen, an denen die jeweiligen Kirchen bzw. Religionsgemeinschaften beteiligt sind, dass die Religionsgemeinschaften die Lehrpläne gestalten und dass sie mitbestimmen, ob ein Lehrer oder eine Lehrerin Religionsunterricht erteilen darf.[13] Einzelheiten sind in den Schulgesetzen der Länder sowie ergänzend in Verträgen zwischen Staat und Kirchen bzw. Religionsgemeinschaften geregelt.

364   Während die Kooperation zwischen den großen christlichen Kirchen und dem Staat auch in Bezug auf den Religionsunterricht historisch gewachsen ist, stellen sich neue Fragen mit der **Einführung von islamischem Religionsunterricht** an den Schulen. Die erste Frage ist, ob Art. 7 Abs. 3 S. 1 GG nur eine staatliche Verpflichtung statuiert oder dieser auch ein **Anspruch von Religionsgemeinschaften** korrespondiert und ggf. welches seine Voraussetzungen sind. Dem Wortlaut nach legt Art. 7 Abs. 3 S. 1 GG auch in seiner Funktion als Konkretisierung der staatlichen Schulhoheit gemäß Art. 7 Abs. 1 GG die Auslegung als Anspruch nicht nahe. Dennoch folgert das Bundesverwaltungsgericht aus Sinn und Zweck der Vorschrift als **Kooperationsangebot** an die Religionsgemeinschaften und *im Lichte* der Religionsfreiheit wie staatskirchenrechtlicher Regelungen (Art. 140 GG: insbes. Anspruch auf Verleihung des Körperschaftsstatus, Recht auf Anstaltsseelsorge), dass der staatlichen Pflicht, schulischen Religionsunterricht anzubieten, ein Anspruch von Religionsgemeinschaften korrespondiert.[14] **Voraussetzung** dieses Anspruchs ist dem Wortlaut nach, dass es sich tatsächlich um eine Religionsgemeinschaft handelt.[15] Darüber hinaus folgt aus dem Anspruchsinhalt

---

9   Vgl. dazu *M. Frisch*, Grundsätzliche und aktuelle Aspekte der grundgesetzlichen Garantie des Religionsunterrichts, DÖV 2004, 462.
10   BVerfGE 104, 305 – *Schulfach Lebensgestaltung-Ethik-Religionskunde*; nachgehend BVerfGE 106, 210.
11   BVerfGE 74, 244 (251) – *Religionsunterricht*.
12   BVerfGE 74, 244 (252).
13   Vgl. §§ 96 ff. SchulG BW.
14   BVerwGE 123, 49 (52 f.) – *Anspruch der Religionsgemeinschaften auf Einführung von Religionsunterricht*.
15   S. zu diesem Begriff Rn. 386 ff. und insbes. 388.

„Religionsunterricht als ordentliches Lehrfach", dass die Religionsgemeinschaft zwar nicht notwendig Körperschaft des öffentlichen Rechts gemäß Art. 140 GG iVm. Art. 137 Abs. 5 WRV sein muss, es aber angesichts des von staatlicher Seite zu leistenden Aufwands unabdingbar ist, dass sie nach Organisation und Mitgliederzahl die **Gewähr der Dauer** bietet und in der Lage ist, die den Religionsgemeinschaften zufallenden Aufgaben in Bezug auf das Angebot von Religionsunterricht zu erfüllen. Nach Auffassung des Bundesverwaltungsgerichts muss die Religionsgemeinschaft darüberhinaus – wie beim Erwerb des Körperschaftsstatus[16] – **rechtstreu** sein und „die Gewähr dafür bieten, dass ihr künftiges Verhalten die in Art. 79 Abs. 3 GG umschriebenen fundamentalen Verfassungsprinzipien, die dem staatlichen Schutz anvertrauten Grundrechte Dritter sowie die Grundprinzipien des freiheitlichen Religions- und Staatskirchenrechts des Grundgesetzes nicht gefährdet."[17] Diese Parallelisierung des Begriffs der Religionsgemeinschaft mit dem Körperschaftsstatus schießt über das hinaus, was im Rahmen des Art. 7 Abs. 3 S. 2 GG erforderlich ist. In diesem Rahmen kommt es entscheidend darauf an, für den jeweiligen schulischen Einzugsbereich einen verlässlichen und mit der nötigen Autorität ausgestatteten Ansprechpartner zu haben. Im Übrigen kommt das ausdrücklich vorbehaltene staatliche Aufsichtsrecht zum Tragen.[18]

In zwingender Konkretisierung der **Religions- und Gewissensfreiheit** bestimmt Art. 7 **365** Abs. 3 S. 3 GG, dass kein **Lehrer** gegen seinen Willen verpflichtet werden darf, Religionsunterricht zu erteilen. Eine Konkretisierung des elterlichen Erziehungsrechts, das sich auf die religiöse Erziehung erstreckt und insoweit mit der Religionsfreiheit verbunden ist, stellt Art. 7 Abs. 2 GG dar, wonach die **Erziehungsberechtigten** das Recht haben, über die Teilnahme ihres Kindes am Religionsunterricht zu bestimmen. Aus dieser Bestimmung lässt sich folgern, dass im Bereich der religiösen Erziehung das Elternrecht nicht wie sonst dem staatlichen Erziehungsauftrag gleichgeordnet ist,[19] sondern Vorrang genießt.[20] Mit der vollen Religionsmündigkeit geht das Recht auf die **Kinder** über. Es stellt keine Beeinträchtigung dieses Rechts dar, wenn der Staat im Falle der Abmeldung vom Religionsunterricht den Besuch von Ethikunterricht zur Verpflichtung macht.[21] Zweck des Art. 7 Abs. 2 GG ist nicht Unterrichtsbefreiung, sondern der Schutz der Religionsfreiheit.

Insgesamt folgt aus Art. 7 Abs. 3 GG, dass die **staatliche Schule nicht laizistisch** ist, **366** sondern religiösen Einflüssen Raum geben darf. Entscheidend ist, dass die Rolle des Staates dabei eine neutrale bleibt und dass die Grundrechte der Schülerinnen und Schüler, Eltern und ggf. des Lehrpersonals gewahrt bleiben bzw. in praktische Konkordanz zueinander gebracht werden. So ist unter Berücksichtigung des Schultyps ein **Schulgebet** erlaubt, wenn ein Bedürfnis danach besteht und ein Fernbleiben ohne weiteres möglich ist.[22] Ein **Kreuz im Schulzimmer** ist hinnehmbar, wenn es dem Wunsch

---

16 S. dazu Rn. 410.

17 BVerwGE 123, 49 (Ls. 5); dies entspricht der Rechtsprechung des Bundesverfassungsgerichts in Bezug auf die Anerkennungsvoraussetzungen als Körperschaft des öffentlichen Rechts, s. BVerfGE 102, 370 (Ls. 1. b.) – *Zeugen Jehovas*.

18 So F. *Wittreck*, Voraussetzungen der Religionsgemeinschaft im deutschen Verfassungsrecht, in: 53. Essener Gespräche (erscheint demnächst).

19 S. dazu Rn. 361.

20 So U. *Mager*, Der Kopftuchstreit vor dem Bundesverfassungsgericht, in: Religion, Staat, Gesellschaft 2004, 275 (282).

21 BVerwGE 107, 75– *Ethikunterricht Baden-Württemberg*; BVerfG, NVwZ 2008, 72 – *Ethikunterricht Berlin*.

22 BVerfGE 52, 223; s. auch BVerwGE 141, 223 – *Wahrung des Schulfriedens als Grenze der grundsätzlich bestehenden Berechtigung zum Beten in der Schule*.

der Mehrheit entspricht und eine Widerspruchsmöglichkeit besteht.[23] Sichtbare **Zeichen der Religionszugehörigkeit** von Lehrerinnen oder Lehrern sind jedenfalls gegenüber religionsmündigen Schülern ebenfalls hinnehmbar, sofern der Schulfrieden nicht beeinträchtigt wird.[24]

4.3 Art. 7 Abs. 4–6 GG: Privatschulgewährleistung

367 Art. 7 Abs. 4 GG gewährleistet das Recht zur Errichtung von Privatschulen. Art. 7 Abs. 5 GG enthält zusätzlich zu den schon in Absatz 4 enthaltenen Voraussetzungen für „Ersatzschulen" besondere Anforderungen an die Errichtung von privaten „Volksschulen". Art. 7 Abs. 6 GG verbietet zudem die Errichtung von „Vorschulen". Aus diesen Bestimmungen ergibt sich zum einen eine **Absage an ein staatliches Schulmonopol** und die verfassungsrechtliche Wertentscheidung für ein offenes und vielfältiges Schulangebot.[25] Andererseits wird deutlich, dass das Recht zur Errichtung von Privatschulen an der Grundaussage des Art. 7 Abs. 1 GG, wonach das gesamte Schulwesen unter staatlicher Aufsicht steht, nichts ändert. Private Schulen sind folglich Bestandteil eines insgesamt staatlich organisierten Schulwesens; **private Schulen** sind also **nicht systemprägend**, sondern systemabhängig.[26] Die staatlichen Organisationsentscheidungen etwa für die Gliederung des Schulsystems bilden den Rahmen für die private Initiative und stellen keine Eingriffe in die Privatschulgewährleistung dar. Von der **Privatschulautonomie** umfasst sind die Selbstbestimmung in Bezug auf die Unterrichtsgestaltung, Lehrmittel und Lehrziele, die Personal- und Schülerauswahl.[27]

4.3.1 Errichtung von Ersatzschulen

368 Besondere Anforderungen stellt Art. 7 Abs. 4 GG an solche privaten Schulen, welche Zeugnisse und Berechtigungen erteilen, die denen an staatlichen Schulen gleichwertig sind (**Ersatzschulen**). Sie bedürfen der staatlichen Genehmigung (**verfassungsunmittelbarer Genehmigungsvorbehalt**). Der Landesgesetzgeber ist unter Wahrung der Privatschulautonomie zur näheren Regelung befugt. Satz 3 statuiert aber einen **bundesverfassungsrechtlichen Genehmigungsanspruch**,[28] den die Landesgesetzgeber in ihre Privatschulgesetze zu übernehmen haben. Voraussetzung für die Genehmigung als Ersatzschule ist danach, dass die private Schule nach der Qualität ihrer Lehrziele, Einrichtungen und Lehrer staatlichen Schulen entspricht. Gemäß Satz 4 muss die wirtschaftliche und rechtliche Stellung der Lehrer genügend gesichert sein. Es liegt auf der Hand, dass die Erfüllung dieser Qualitätsanforderungen einen erheblichen finanziellen Einsatz verlangt. Da eine „Sonderung der Schüler nach den Besitzverhältnissen der Eltern nicht gefördert" werden darf, sind einer Finanzierung durch die Erhebung von Schulgeld allerdings enge Grenzen gezogen. Die verfassungsrechtlichen Anforderungen scheinen in das Dilemma zu führen, dass die Errichtung von Privatschulen zwar rechtlich gewährleistet, aber zumindest für Ersatzschulen faktisch undurchführbar ist.

369 Erkennt man allerdings in Art. 7 Abs. 4 GG eine verfassungsrechtliche **Organisationsentscheidung für die Existenz von Privatschulen**, so erstreckt sich die staatliche Verantwortung für das gesamte Schulwesen auf die Realisierbarkeit dieser Organisationsentscheidung unter den Bedingungen des vom Staat verantworteten und gestalteten

---

23 BVerfGE 93, 1 und dazu *U. Mager*, in: von Münch/Kunig, Art. 4 Rn. 30 ff.

24 S. zur Rechtsprechung im Einzelnen BVerfGE 108, 282 ff. – *Kopftuchverbot für Beamtinnen*; BVerfGE 138, 296 – *Kopftuchverbot im öffentlichen Dienst*, s. auch *U. Mager*, in: von Münch/Kunig, Art. 4 Rn. 50; *dies.*, Der Kopftuchstreit vor dem Bundesverfassungsgericht, in: Religion, Staat, Gesellschaft 2004, 275 ff.

25 BVerfGE 27, 195 (201) – *anerkannte Privatschulen*.

26 *U. Mager*, Einrichtungsgarantien, 2003, S. 302.

27 BVerfGE 27, 195 (200 f.); BVerfGE 88, 40 (46) – *Freie Schule Kreuzberg*; BVerfGE 90, 107 (114) – *Waldorfschule/Bayern*.

28 Adressat ist der Landesgesetzgeber, s. BVerfGE 75, 40 (67); BVerfGE 90, 107 (116 f.).

Schulsystems einschließlich der Qualität der Einrichtungen und des Lehrpersonals. Hieraus folgt eine **Pflicht zur** auch **finanziellen Förderung von Privatschulen**, die der gesetzlichen Ausgestaltung bedarf und sich darauf bezieht, die Errichtung von Privatschulen überhaupt zu ermöglichen, ohne die Existenz jeder einzelnen Privatschule zu garantieren.[29] Art. 7 Abs. 4 GG lässt sich daher **als institutionelle Garantie des Privatschulwesens** auffassen, dh. als Garantie der Institution Privatschule, der als subjektives Recht die Inhalte der Privatschulautonomie sowie die staatliche Pflicht zur finanziellen Förderung zugeordnet sind. Letztere lässt sich nur aufgrund eines Gesetzes oder gegenüber dem Gesetzgeber einfordern.

4.3.2 Private Volksschulen

Volksschulen im Sinne des Art. 7 Abs. 5 GG sind jedenfalls Grundschulen, nach verbreiteter Auffassung aber auch Hauptschulen. Der Grund für die zusätzlichen Anforderungen liegt darin, dass in den ersten Schuljahren die Kinder aus möglichst allen Bevölkerungsgruppen und -schichten zusammengefasst werden und einander begegnen sollen. Ausnahmen von diesem Ziel werden zugelassen im Interesse der pädagogischen Bereicherung und Entwicklung des Schulsystems[30] oder im Interesse des religiösen Erziehungsrechts der Eltern, nämlich dann, wenn eine öffentliche Volksschule mit der von den Eltern gewünschten religiösen oder weltanschaulichen Ausrichtung in der Gemeinde nicht besteht. Auch eine Bekenntnisschule darf als Ersatzschule in ihren Lehrzielen nicht hinter den entsprechenden öffentlichen Schulen zurückstehen.[31]

370

4.3.3 Verbot von Vorschulen

Vorschulen im Sinne des Art. 7 Abs. 6 GG sind Elementarschulen, die von vornherein auf eine bestimmte weiterführende Schule vorbereiten sollen, mit der Folge, dass eine Sonderung nach Schultypen von Anfang an besteht. Eine derartige Sonderung soll aus demselben Grund, wie für den Regelfall der staatlichen Volksschule vorgebracht,[32] unterbunden werden.

371

Rechtsprechung: BVerfGE 34, 165 – *Förderstufe*; 41, 29 – *Simultanschule*; 45, 400 – *Oberstufenreform*; 47, 46 – *Sexualkundeunterricht*; 52, 223 – *Schulgebet*; 58, 257 – *Schulentlassung*; 74, 244 – *Religionsunterrichtsteilnahme Konfessionsfremder*; 75, 40 – *Privatschulfinanzierung I*; 88, 40 – *Freie Schule Kreuzberg*; 90, 107 – *Waldorfschule/Bayern*; 93, 1 – *Kruzifix*; 98, 218 – *Rechtschreibreform*; 104, 305 – *Schulfach Lebensgestaltung-Ethik-Religionskunde*; 108, 282 und 138, 296 – *Kopftuch der Lehrerin*.

Literatur: *J. Bader*, Verfassungsrechtliche Probleme der Kindergartenbesuchspflicht und vorschulischen Sprachförderung, NVwZ 2007, 537; *G. Beaucamp*, Neues zum Rechtsschutz gegen die verbindliche Schulwahlempfehlung, NVwZ 2009, 280; *T. Büscher/S. Glasmacher*, Schule und Religion, JuS 2015, 513; *C. Bumke*, Die Ganztagsschule, NVwZ 2005, 519; *M. Frisch*, Grundsätzliche und aktuelle Aspekte der grundgesetzlichen Garantie des Religionsunterrichts, DÖV 2004, 462; *T. Harks*, Islamischer Religionsunterricht und Art. 7 Abs. 3 GG, JA 2002, 875; *T. Hebeler/J. Schmidt*, Schulpflicht und elterliches Erziehungsrecht – Neue Aspekte eines alten

---

29 BVerfGE 75, 40 – *Privatschulfinanzierung I*; BVerfGE 90, 107 und dazu *U. Mager*, Einrichtungsgarantien, 2003, S. 294 ff. und S. 469 f.; s. auch BVerfGE 112, 74 – *Privatschulfinanzierung II* sowie BVerwG, Beschl. v. 18.12.2000, 6 B 15/00 – *Privatschulförderung*; BVerwG, Beschl. v. 26.7.2005, 6 B 24/05 – *Eingreifen des Gesetzgebers bei sinkenden Zuschüssen für Privatschulen*; BVerwG, Beschl. v. 21.7.2011, 6 B 29/11 – *Akzessorietät der Ersatzschulen zu den öffentlichen Schulen*; BVerwG, Beschl. v. 25.8.2011, 6 B 16/11 – *Förderung des Ersatzschulwesens*; BVerwG, Urt. v. 21.12.2011, 6 C 18/11 – *staatliche Förderung für freie Waldorfschulen in Baden-Württemberg*.
30 BVerfGE 88, 40 – *Freie Schule Kreuzberg*.
31 BVerwGE 90, 1 (5 f.) – *Genehmigungsfähigkeit einer privaten Grundschule als christliche Bekenntnisschule*.
32 S. oben Rn. 370.

Themas?, NVwZ 2005, 1368; *U. Kramer*, Grundfälle zu Art. 7 GG, JuS 2009, 1090; *J.P. Thurn/ F. Reimer*, Homeschooling als Option?,NVwZ 2008, 718.

Fallbearbeitungen: *A.-P. Heinze/H. Heinze*, Religionsfreiheit und Erziehungsrecht des Staates im Schulrecht, JA 2017, 210; *R. Herterich*, Majonäse und Nugat, Jura 2011, 628; *S. Rademacher/ N. Janz*, Schulpflicht auch im Glauben?, Jura 2008, 223; *F. Reimer/J.P. Thurn*, Homeschooling, JuS 2008, 424.

Lösung zu Fall 8:   Heimunterricht[33]

Fallfrage: Verletzt die Ablehnung des Antrags auf Befreiung vom staatlichen Schulbesuch und zur Erteilung von Heimunterricht die Eltern A und B in ihren Grundrechten?

Die Ablehnung des Antrags könnte A und B in ihren Grundrechten aus Art. 6 Abs. 2 iVm. Art. 4 Abs. 1 GG verletzen.

I.   Schutzbereich

Art. 6 Abs. 2 GG garantiert den Eltern das Recht zur Pflege und Erziehung ihrer Kinder. Die Glaubensfreiheit aus Art. 4 Abs. 1 GG umfasst das Recht, nach eigenen Glaubensüberzeugungen leben und handeln zu dürfen. Zusammengenommen folgt daraus das Recht der Eltern, ihre Kinder auch und gerade in religiös-weltanschaulicher Hinsicht nach ihren Vorstellungen zu erziehen. Die Erteilung von Heimunterricht anstelle staatlichen Schulunterrichts aus religiösen Gründen wird demnach von Art. 6 Abs. 2 GG iVm. Art. 4 Abs. 1 GG geschützt.

II.   Eingriff

Indem staatliche Stellen A und B untersagen, ihren Kindern anstelle von staatlichem Schulunterricht Heimunterricht zu erteilen, greifen sie in deren erzieherisches und religiöses Bestimmungsrecht ein.

III.   Verfassungsrechtliche Rechtfertigung

Der Eingriff in die Grundrechte von A und B könnte gerechtfertigt sein.

1.   Schranke

Über die Betätigung des Erziehungsrechts der Eltern wacht gemäß Art. 6 Abs. 2 S. 2 GG der Staat. Dieses Wächteramt zielt allerdings darauf, Missbrauch des elterlichen Erziehungsrechts und daraus folgende Kindeswohlbeeinträchtigungen zu verhindern. Darum geht es bei der Frage des Heimunterrichts nicht. In Frage steht vielmehr die konkurrierende staatliche Vorstellung einer gemeinsamen Erziehung in der öffentlichen Schule. Diese Entscheidung hat in Art. 7 Abs. 1 GG Verfassungsrang erhalten. Im Wege systematischer Verfassungsauslegung findet das Erziehungsrecht der Eltern seine Schranke in der Verfassungsentscheidung für eine staatliche Schulverantwortung gemäß Art. 7 Abs. 1 GG, wonach das gesamte Schulwesen unter der Aufsicht des Staates steht. Für das Grundrecht aus Art. 4 Abs. 1 GG bildet Art. 7 Abs. 1 GG ebenfalls eine Schranke.

2.   Verfassungsrechtliche Konkretisierung der Schranke

Auch verfassungsimmanente Schranken bedürfen der einfachgesetzlichen Konkretisierung. Dies sind die Schulgesetze der Länder, im konkreten Fall das Schulgesetz von Baden-Württemberg, das in den §§ 72 ff. die Schulpflicht regelt.

---

33 Siehe dazu BVerfG, NVwZ 2003, 1113 f.; s. auch BVerfG, FamRZ 2006, 1094 ff.; BVerfG, NJW 2009, 3151 ff.

a) Verfassungsmäßigkeit der gesetzlichen Grundlage

aa) formelle Verfassungsmäßigkeit

Den Ländern kommt gemäß Art. 70 Abs. 1 GG die Gesetzgebungskompetenz für die Schulgesetzgebung zu.

bb) materielle Verfassungsmäßigkeit

Die Regelung der Schulpflicht müsste verhältnismäßig sein.

Die Schulpflicht dient dem legitimen Ziel, den staatlichen Erziehungsauftrag durchzusetzen und ist zur Erreichung dieses Ziels geeignet.

Die Schulpflicht müsste auch erforderlich sein. Konkret dürften die vom Staat verfolgten Erziehungsziele nicht ebenso gut durch Heimunterricht erreicht werden können. Der Erziehungsauftrag richtet sich sowohl auf die Vermittlung von Wissen als auch auf die Heranbildung verantwortlicher Staatsbürger mit der Fähigkeit zur demokratischen Teilhabe. Durch die bloße staatliche Kontrolle von Heimunterricht kann dieses Ziel nicht in gleicher Weise erreicht werden, weil Kontakte mit Menschen aus allen Teilen der Gesellschaft und mit deren unterschiedlichen Auffassungen die Entwicklung sozialer Kompetenzen eindeutig besser fördern.

Die Verpflichtung, am öffentlichen Schulunterricht teilzunehmen, müsste im Blick auf die betroffenen Grundrechte der Schüler und Schülerinnen und ihrer Eltern auch angemessen sein. Erstere werden in ihrer allgemeinen Handlungsfreiheit beschränkt, während ihr allgemeines Persönlichkeitsrecht zwar berührt wird, aber insoweit nicht von einem Eingriff im Sinne einer Beschränkung oder Beeinträchtigung gesprochen werden kann. Vielmehr ist es das Ziel des Schulunterrichts, die Schülerinnen und Schüler in ihrer Persönlichkeitsentwicklung zu unterstützen. Die Eltern werden zwar nicht unerheblich in ihrem Erziehungsrecht beschränkt. Jedoch wird auch auf das elterliche Recht in erheblichem Umfang Rücksicht genommen. So muss der Staat bei der Verfolgung seiner Erziehungsziele inhaltlich Toleranz gegenüber den erzieherischen Vorstellungen der Eltern aufbringen. Er darf keine Indoktrination zugunsten bestimmter politischer, ideologischer oder weltanschaulicher Anschauungen betreiben und sich auch nicht ausdrücklich oder konkludent mit einem bestimmten Glauben oder einer bestimmten Weltanschauung identifizieren. Der Schulunterricht muss deshalb meinungs- und wertepluralistisch ausgerichtet sein. Die Pflicht zu weltanschaulich-religiöser Neutralität untersagt die Privilegierung bestimmter Bekenntnisse ebenso wie die Ausgrenzung Andersgläubiger. Neben der Wissensvermittlung dient die Schulpflicht auch und gerade der Integration aller gesellschaftlichen Gruppen, der Einübung von Toleranz und der Verhinderung der Entstehung von religiös oder weltanschaulich motivierten „Parallelgesellschaften". Angesichts der Tatsache, dass die schulischen Erziehungsziele durch häusliche Beschulung nicht vollständig zu erreichen und die Beeinträchtigungen begrenzt sind, ist die ausnahmslose staatliche Schulpflicht auch angemessen und damit insgesamt verhältnismäßig.

b) Verfassungsmäßigkeit im Einzelfall

Da die Schulpflicht in verhältnismäßiger Weise ausnahmslos gilt, stellt sich die Frage nach der Verhältnismäßigkeit im Einzelfall nicht.

III. Ergebnis

Die Ablehnung der Genehmigung zum Heimunterricht verletzt A und B nicht in ihren Grundrechten aus Art. 6 Abs. 2 iVm. Art. 4 Abs. 1 GG. Der Eingriff ist gemäß Art. 7 Abs. 1 GG iVm. dem Landesschulgesetz gerechtfertigt.

Lösung zu Fall 9:   Beanstandung gegenüber einer Privatschule[34]

M erhebt Verfassungsbeschwerde gegen die Beanstandung und die bestätigenden Urteile. Die Verfassungsbeschwerde hat Erfolg, wenn sie zulässig und begründet ist.

I.   Zulässigkeit

Die Zulässigkeit der Verfassungsbeschwerde des M-Vereins richtet sich nach Art. 93 Abs. 1 Nr. 4a GG, §§ 13 Nr. 8a, 90 ff. BVerfGG.

1.   Beschwerdefähigkeit

Nach § 90 Abs. 1 BVerfGG ist „jedermann" beschwerdefähig, dh. jeder Grundrechtsträger. Gemäß Art. 19 Abs. 3 GG gelten Grundrechte auch für juristische Personen, soweit sie ihrem Wesen nach auf diese anwendbar sind. M ist als Verein und damit juristische Person des Privatrechts nicht der staatlichen, sondern der gesellschaftlichen Sphäre zugeordnet und kann daher grundsätzlich Träger von Grundrechten sein. Speziell als Träger einer Privatschule bedarf M des gleichen Schutzes wie eine natürliche Person, die eine Schule betreibt, und ist somit Träger des Grundrechts aus Art. 7 Abs. 4 GG. M ist beschwerdefähig.

2.   Beschwerdegegenstand

Beschwerdegegenstand iSd. § 90 Abs. 1 BVerfGG sind in Entsprechung zur Grundrechtsbindung gemäß Art. 1 Abs. 3 GG die Akte aller drei Staatsgewalten. Sowohl die Beanstandung der staatlichen Schulaufsichtsbehörde als Akt der vollziehenden Gewalt als auch die bestätigenden Gerichtsentscheidungen als Akte der Rechtsprechung sind daher tauglicher Beschwerdegegenstand.

3.   Beschwerdebefugnis

M muss geltend machen, in eigenen Grundrechten gegenwärtig und unmittelbar verletzt zu sein. M hält die Beanstandungen für einen unberechtigten Eingriff in sein Recht, das Lehrprogramm in seiner Schule selbstbestimmt zu gestalten. Danach erscheint eine Verletzung in Art. 7 Abs. 4 GG, der gemäß Art. 19 Abs. 3 GG auch für Schulträger in der Gestalt juristischer Personen gilt, nicht ausgeschlossen. Die Verwaltungs- und Gerichtsentscheidungen richten sich an M und betreffen ihn folglich selbst, gegenwärtig und unmittelbar. M ist beschwerdebefugt.

4.   Rechtswegerschöpfung

Nach Ablehnung des Antrags auf Zulassung der Berufung standen M keine Rechtsmittel mehr offen, so dass er, wie von § 90 Abs. 2 S. 1 BVerfGG gefordert, den Rechtsweg erschöpft hat.

5.   Form und Frist

Form und Frist richten sich nach §§ 23, 92, 93 Abs. 1 BVerfGG und sind zu wahren.

6.   Ergebnis

Die Verfassungsbeschwerde des M ist zulässig.

II.   Begründetheit

Die Verfassungsbeschwerde ist begründet, wenn M in seinem Grundrecht aus Art. 7 Abs. 4 GG verletzt ist.

---

34 Fall nach BVerfG, NVwZ 2011, 1384 ff.

1. Schutzbereich

Art. 7 Abs. 4 GG gewährleistet die Freiheit, Privatschulen zu errichten und begründet einen Anspruch auf Genehmigung einer privaten Schule. Kennzeichnend für Privatschulen ist ein Unterricht eigener Prägung. Die von Art. 7 Abs. 4 GG gewährleistete Privatschulautonomie umfasst Selbstbestimmung in Bezug auf die Unterrichtsgestaltung, insbesondere Lehrmittel, Lehrziele, Lehrmethode sowie die Personal- und Schülerauswahl.

2. Eingriff

Die Beanstandungen der Verwaltung und die bestätigenden Gerichtsentscheidungen greifen in das gemäß Art. 7 Abs. 4 GG gewährleistete Recht des M ein, den Unterricht nach eigenen Vorstellungen zu gestalten.

3. Verfassungsrechtliche Rechtfertigung

Der Eingriff in das Grundrecht des M könnte gerechtfertigt sein.

a) Schranke

Privatschulen unterliegen gemäß Art. 7 Abs. 4 S. 2 GG dem Vorbehalt staatlicher Genehmigung. Sinn des Genehmigungsvorbehalts ist der Schutz der Allgemeinheit vor unzureichenden Bildungseinrichtungen und der Schutz der Schüler/innen von Ersatzschulen vor ungleichwertigen Schulabschlüssen. Die Genehmigung ist gemäß Art. 7 Abs. 4 S. 3 GG zu erteilen, wenn die Privatschulen in ihren Lehrzielen und Einrichtungen sowie in der wissenschaftlichen Ausbildung ihrer Lehrkräfte nicht hinter öffentlichen Schulen zurückstehen und eine Sonderung der Schüler nach den Besitzverhältnissen der Eltern nicht gefördert wird. Sie ist zu versagen, wenn die wirtschaftliche und rechtliche Stellung der Lehrkräfte nicht genügend gesichert ist. Die Gleichwertigkeit in den Lehrzielen verlangt keine Gleichartigkeit. Entscheidend ist, ob am Ende des jeweiligen Bildungsgangs das Niveau des Bildungsprogramms der öffentlichen Schulen erreicht wird, wobei die Ersatzschulen hinsichtlich der Wege und Mittel weitgehende Freiheit haben. Dies kann zur Folge haben, dass Ersatzschulen nach ihrer Struktur so grundsätzlich verschieden von öffentlichen Schulen sind, dass etwa für ihre Schüler vor Abschluss des Bildungsgangs ein Wechsel in das öffentliche Schulsystem ausscheidet. Zur Beurteilung der Gleichwertigkeit ist also auf die zu vermittelnde Qualifikation abzustellen, die erst bei Abschluss des schulischen Bildungsgangs im Sinne eines Gesamtergebnisses erreicht sein muss.

b) Verfassungsmäßige Konkretisierung der Schranke

aa) formelle Verfassungsmäßigkeit des Gesetzes

Der Genehmigungsanspruch gilt bereits verfassungsunmittelbar. Er findet sich in der Regel auch in dem jeweiligen Privatschulgesetz des Landes.

bb) Verfassungsmäßigkeit der Anwendung im Einzelfall

Die Beanstandung ist nur dann verfassungsgemäß, wenn es sachgerecht ist, die Gleichwertigkeit der Leistungen gerade bei Schülerinnen und Schülern der 4. Jahrgangsstufe und allein unter Berücksichtigung der Leistungen in den Fächern Deutsch und Mathematik zu beurteilen.

(1) Vornahme der Leistungsüberprüfungen bei Schülern der 4. Jahrgangsstufe

Leistungsüberprüfungen schon bei Schülern der 4. Jahrgangsstufe könnten deswegen sachwidrig sein, weil die Schule des M Grund- und Mittelschule, dh. die Klassen 1–9 verbindet. Dabei ist zu berücksichtigen, dass die für das Schulsystem prägenden Organisationsentscheidungen vom Staat getroffen werden, der gemäß Art. 7 Abs. 1 GG für das gesamte Schulwesen verantwortlich ist. Die gesetzlich vorgegenen Bildungsziele von Grund- und Mittelschule unterscheiden sich deutlich. Die alle schulpflichtigen Kinder erfassende Grundschule soll nach Art. 7 Abs. 1 BayEUG die Voraussetzungen für „jede weitere schulische Bildung" an den jeweiligen weiterführenden Schulen, also auch an Realschulen und Gymnasien schaffen. Das Bildungsziel der Grundschule verlangt, dass ein Wechsel zu allen übrigen weiterführenden Schulen eröffnet ist. Die Bildungsziele der Mittelschule stehen in engem Zusammenhang mit der späteren Berufswahl und einer berufsqualifizierenden Ausbildung. Sie soll nach dem Willen des Gesetzgebers nur einen begrenzten Kreis von Schülerinnen und Schülern ansprechen (Art. 7a BayEUG). Vor diesem Hintergrund ist die Verbindung der Schularten Grund- und Mittelschule zur „Volksschule" bloß nomineller Natur und lässt keinen einheitlichen Bildungsgang entstehen. Es ist daher verfassungsrechtlich nicht zu beanstanden, wenn am Ende des 4. Schuljahres geprüft wird, ob die im bayerischen Landesschulrecht für die Grundschule getroffenen Aussagen über die zu vermittelnde Qualifikation von einer als Ersatz für eine öffentliche Schule genehmigten Privatschule im Gesamtergebnis erreicht worden sind oder nicht.

(2) Berücksichtigung allein der Leistungsüberprüfungen in den Fächern Deutsch und Mathematik

Es könnte aber sachwidrig, sein, dass sich die Beanstandung auf nur zwei Fächer, Deutsch und Mathematik, stützt, denn Art. 7 Abs. 4 GG verlangt, dass eine Ersatzschule hinter der *Gesamtheit* der Lehrziele einer öffentlichen Schule nicht zurücksteht.

Verfehlt eine als Ersatz für eine Grundschule genehmigte private Schule aber die für diese Schulart maßgeblichen Bildungsstandards in den beiden Kernfächern Deutsch und Mathematik, steht fest, dass sie nicht im Kern gleiche Kenntnisse und Fertigkeiten vermittelt wie eine öffentliche Grundschule.

Mithin war die Beschränkung der Bewertung auf die Fächer Deutsch und Mathematik gerechtfertigt.

c)   **Zwischenergebnis**

Die Beanstandungen in Bezug auf die Genehmigungsvoraussetzung der gleichwertigen Lehrziele waren berechtigt.

III.   Ergebnis

Die Verfassungsbeschwerde des M ist zulässig aber unbegründet.

Sechster Teil: Glaubens- und Gewissensfreiheit, Kriegsdienstverweigerung

Fall 10: Gebet auf dem Schulflur

Der vierzehnjährige K ist Schüler eines staatlichen Gymnasiums in Berlin. Er ist muslimischen Glaubens. Zwischen zwei Unterrichtsstunden verrichtete K zusammen mit Mitschülern auf einem Flur des Schulgebäudes das Gebet nach islamischem Ritus. Das Gebet dauerte ca. zehn Minuten. Andere Schüler sahen dabei zu. Die Schulleiterin wies die an dem Gebet beteiligten Schüler darauf hin, dass nach der Hausordnung des Gymnasiums religiöse Riten allein im Religionsunterricht ausgeübt werden dürfen, so dass die Verrichtung eines Gebets im Schulgebäude wie auf dem Schulgelände insgesamt nicht geduldet werden könne. Dies teilte sie auch den Eltern mit.

Die Schülerschaft des Gymnasiums setzt sich aus den Angehörigen zahlreicher verschiedener Nationalitäten und Religionsgemeinschaften zusammen, zwischen denen immer wieder Konflikte entstehen. Ein von der Schule eingerichteter Gebetsraum wurde wieder geschlossen, weil es zu Auseinandersetzungen darüber kam, ob er von Jungen und Mädchen gleichzeitig besucht werden darf und ob Mädchen im Gebetsraum ein Kopftuch tragen müssen. Der Schulleitung liegen fünf verschiedene Anträge auf Einrichtung von Gebeträumen vor.

K ist der Auffassung, dass die verfassungsrechtlich garantierte Glaubensfreiheit ihn dazu berechtigt, wenigstens einmal am Tag in der Schule außerhalb der Unterrichtszeiten ein Gebet nach islamischem Ritus zu verrichten.

§ 46 SchulG Berlin

(1) Mit der Aufnahme einer Schülerin oder eines Schülers in eine öffentliche Schule wird ein öffentlich-rechtliches Rechtsverhältnis begründet.

(2) (…) Die Schülerinnen und Schüler sind an die Vorgaben gebunden, die dazu bestimmt sind, das Bildungs- und Erziehungsziel der Schule zu erreichen sowie das Zusammenleben und die Ordnung in der Schule aufrechtzuerhalten.

§ 76 SchulG Berlin

(2) Die Schulkonferenz entscheidet ferner mit einfacher Mehrheit über …
8. Verhaltensregeln für den geordneten Ablauf des äußeren Schulbetriebs (Hausordnung)…

§ 5 des Gesetzes über die religiöse Kinderziehung (RelKG)

Nach der Vollendung des vierzehnten Lebensjahrs steht dem Kind die Entscheidung darüber zu, zu welchem religiösen Bekenntnis es sich halten will. Hat das Kind das zwölfte Lebensjahr vollendet, so kann es nicht gegen seinen Willen in einem anderen Bekenntnis als bisher erzogen werden.

Art. 4 GG enthält Grundaussagen für das Verhältnis des Einzelnen zum Staat: Die **372** **sinngebenden** und lebensleitenden **Wertentscheidungen** werden vorbehaltlos der Selbstbestimmung des Individuums zugeordnet. Mit dem Recht der **Kriegsdienstverweigerung**, das eine spezielle Ausprägung der **Gewissensfreiheit** darstellt, wird in besonders augenfälliger Weise mit dem Postulat ernst gemacht, dass der Staat um des Menschen willen da ist und nicht umgekehrt.

373 Art. 4 Abs. 1 und 2 GG enthalten mit der **Religions- und Weltanschauungsfreiheit** einerseits und der **Gewissensfreiheit** andererseits **zwei Grundrechte,** denn die dem Wortlaut nach unterschiedenen Freiheiten des Glaubens, des Bekenntnisses und der Religionsausübung lassen sich als Aspekte der einen Religions- und Weltanschauungsfreiheit zusammenfassen, wohingegen die Gewissensfreiheit einen von Religion und Weltanschauung unabhängigen Schutz garantiert.[1]

1. Kapitel: Religions- und Weltanschauungsfreiheit

1.1 Rechtsgrundlagen

374 Es gibt wohl kein anderes Thema, dem das Grundgesetz eine solche Vielzahl von Normen widmet wie der Freiheit des Glaubens. Zu nennen sind in numerischer Reihenfolge:
- das Verbot der Diskriminierung wegen religiöser Anschauungen gemäß Art. 3 Abs. 3 S. 1 GG;
- die Religions- und Weltanschauungsfreiheit des Art. 4 Abs. 1 und 2 GG, die das Zentrum für das Verständnis auch der anderen Normen bildet;
- das Erziehungsrecht der Eltern gemäß Art. 6 Abs. 2 GG, welches iVm. Art. 4 Abs. 1 und 2 GG auch die religiöse Erziehung der Kinder umfasst;
- der Religionsunterricht in der Schule als ordentliches Lehrfach bei garantierter Freiheit der Teilnahme sowie der Übernahme dieses Unterrichts durch die einzelne Lehrkraft gemäß Art. 7 Abs. 2 und 3 GG;
- das Recht zur Gründung privater Bekenntnisschulen gemäß Art. 7 Abs. 5 GG;
- den Zugang zu öffentlichen Ämtern unabhängig vom religiösen Bekenntnis gemäß Art. 33 Abs. 3 GG;
- die Eidesleistung mit oder ohne religiöse Beteuerung gemäß Art. 56 S. 2 GG sowie
- gemäß Art. 140 GG die Inkorporation fast des gesamten Abschnitts „Religion und Religionsgesellschaften" aus dem Grundrechtsteil der Weimarer Reichsverfassung. Nicht übernommen wurden nur Art. 135 WRV[2], weil an dessen Stelle Art. 4 Abs. 1 und 2 GG getreten ist, sowie Art. 140 WRV, der die Religionsausübung von Wehrmachtsangehörigen betraf. Von den inkorporierten Vorschriften befassen sich Art. 137 und 138 WRV mit dem Verhältnis von Staat und „Religionsgesellschaften" bzw. Kirchen, wobei Art. 137 Abs. 1 WRV verbindlich feststellt, dass es keine Staatskirche gibt. Art. 139 WRV betrifft den Sonn- und Feiertagsschutz, Art. 141 WRV Gottesdienst und Seelsorge in öffentlichen Anstalten.

Den genannten Garantien der Religions- und Weltanschauungsfreiheit korrespondiert die Verpflichtung des Staates zur **Neutralität** gegenüber den verschiedenen Glaubensüberzeugungen. Für die Gesellschaft ergeben sich als Folge und Gegenstück der Freiheiten die Notwendigkeit und das Gebot gegenseitiger **Toleranz.**

1.2 Sachlicher Schutzbereich der Glaubensfreiheit (iwS.), Art. 4 Abs. 1 und 2 GG

Zur Abgrenzung des Schutzbereichs ist es nötig, sich Klarheit über die Begriffe Religion und Weltanschauung zu verschaffen, denn auf sie beziehen sich die geschützten Handlungsformen „glauben", „bekennen" und „ausüben".

---

1 Dieser Teil nimmt im Folgenden vielfach Bezug auf *U. Mager,* in: Münch/Kunig, Art. 4 und Art. 140 GG.
2 Art. 135 WRV: Alle Bewohner des Reichs genießen volle Glaubens- und Gewissensfreiheit. Die ungestörte Religionsausübung wird durch die Verfassung gewährleistet und steht unter staatlichem Schutz. Die allgemeinen Staatsgesetze bleiben hiervon unberührt.

1.2.1 Religion und Weltanschauung

Welche Phänomene als Religion oder Weltanschauung zu schützen sind, muss in einer **375** Verfassungsordnung, welche Religions- und Weltanschauungsfreiheit gewährleistet, nach neutralen Kriterien entschieden werden. Auszugehen ist vom **Selbstverständnis** der jeweiligen Gemeinschaft[3], was bereits impliziert, dass zu einer Religion stets eine Anhängerschaft, also eine Religionsgemeinschaft gehört. Andererseits genügt nicht die bloße Behauptung, spezifische Überzeugungen seien Inhalt einer Religion.[4] Das tatsächliche **Erscheinungsbild** muss dem Typus einer Religion entsprechen.[5] Anhaltspunkte hierfür geben die Kulturtradition, das allgemeine und das religionswissenschaftliche Verständnis sowie die aktuelle Lebenswirklichkeit.[6] Das Selbstverständnis wird damit einer formalen Plausibilitätskontrolle unterzogen. Im Wege einer solcherart formalen Definition lässt sich Religion fassen als ein alle Aspekte des Daseins **umfassendes Sinnsystem**, das Antworten gibt auf die Fragen nach dem Sinn der Welt, insbesondere nach dem Sinn menschlichen Lebens und Sterbens und in dieser Perspektive nach dem richtigen Leben.[7] Diese Definition gilt entsprechend auch für Weltanschauungen, die durch das Grundgesetz erstmals in der deutschen Verfassungsgeschichte erwähnt und den Religionen gleichgestellt werden.

Die **Abgrenzung** zwischen **Religion** und **Weltanschauung** wird **typisierend** vorgenommen **376** an den Merkmalen der **Transzendenz** und **Immanenz**.[8] Transzendenz als Merkmal einer Religion bedeutet, dass ihr Kern etwas „Heiliges", dem Menschen Unverfügbares ist. Demgegenüber bleibt eine Weltanschauung in ihrer Welterklärung innerweltlich: Immanenz. Ob diese Abgrenzung tatsächlich tragfähig ist, ist umstritten,[9] kann jedoch dahingestellt bleiben bzw. nach dem Selbstverständnis entschieden werden, da die Reichweite des Schutzes sich letztlich nicht unterscheidet. Wesentlich ist, dass von einer Weltanschauung nur die Rede sein kann, wenn es sich um ein Sinnsystem handelt, welches in vergleichbarer Weise wie eine Religion das gesamte Leben erfasst. Einzelne Techniken der persönlichen Entfaltung und Vervollkommnung oder auch Einzelfragen betreffende Überzeugungen, die nicht im Zusammenhang eines welterklärenden Gesamtsystems stehen, wie etwa die Ablehnung von Fleischverzehr aus reiner Tierliebe, reichen nicht aus.[10] Solche Überzeugungen können ggf. Schutz durch die Gewissensfreiheit genießen.[11]

1.2.2 Geschütztes Verhalten

Art. 4 Abs. 1 und 2 GG nennt drei Betätigungen: glauben, bekennen und ausüben. **377** Nach Auffassung des Bundesverfassungsgerichts ist zwischen diesen drei Facetten der Religions- und Weltanschauungsfreiheit nicht zu trennen. Seit der Entscheidung zur Aktion Rumpelkammer aus dem Jahre 1968, in der es feststellte, dass Art. 4 Abs. 2 GG auch das Recht gewährleiste, Sammlungen für kirchliche oder religiöse Zwecke zu veranstalten sowie dafür von der Kanzel zu werben, geht es davon aus, dass die religiös-weltanschaulichen Inhalte von Abs. 1 und 2 ein einheitliches Grundrecht bilden. Dieses schütze die individuelle und kollektive Selbstbestimmung in religiös-welt-

---

3 BVerfGE 24, 236 (247) – *Rumpelkammer*.
4 BVerfGE 83, 341 (1. Leitsatz) – *Bahá'í*.
5 *M. Morlok*, in: Dreier, Art. 4 Rn. 72.
6 BVerfGE 83, 341 (353) – *Bahá'í*.
7 BVerwGE 61, 152 (154 f.) – *Scientology*.
8 Siehe zur Unterscheidung BVerfGE 32, 98 (107) – *Gesundbeter*; BVerwGE 61, 152 (156) – *Rückstellung Geistlicher vom Wehrdienst*; 90, 112 (115) – *Information über religiöse Bewegungen*.
9 Vgl. zum Meinungsstand *U. Mager*, in: von Münch/Kunig, Art. 4 Rn. 14.
10 BVerwGE 82, 76 (78) – *Warnungen der Bundesregierung*.
11 So *R. Zippelius*, in: BK-Drittb. 1989, Art. 4 Rn. 94.

anschaulicher Hinsicht im Denken, Reden und Handeln.[12] Insbesondere sei die in Abs. 2 verbürgte Religionsausübungsfreiheit bereits in der Bekenntnisfreiheit gemäß Abs. 1 enthalten und diene vor allem der Klarstellung, dass auch Gemeinschaften Grundrechtsträger sein könnten.[13] Auch in der Literatur wird überwiegend die Auffassung vertreten, dass die religiös-weltanschaulichen Gewährleistungen des **Art. 4 Abs. 1 und 2 GG ein einheitliches Grundrecht** darstellen. Dennoch bedarf die genaue Bestimmung der Reichweite dieses einen Schutzbereichs der wortlautorientierten Auslegung.

378 1.2.2.1 **Glauben (ieS.).** Der Begriff des Glaubens in Art. 4 Abs. 1 GG umfasst die **subjektive Überzeugung** in Bezug auf eine Religion oder eine Weltanschauung. Als Überzeugungsschutz erstreckt sich die Glaubensfreiheit im Sinne des Art. 4 Abs. 1 GG auf das Bilden und Haben eines religiösen oder weltanschaulichen Glaubens (**forum internum**).

Unter dem Aspekt der **Glaubensbildungsfreiheit** erstreckt sich der Schutz auch auf diejenigen, die gegenüber Glaubensdingen gleichgültig sind; auch sie genießen Schutz vor staatlicher Beeinflussung hinsichtlich Annahme oder Ablehnung religiös-weltanschaulicher Gewissheiten.[14] Dies wird gemeinhin mit dem Begriff der **negativen Glaubensfreiheit** bezeichnet.[15] Dieser Begriff ist allerdings nicht nur wegen der mit dem Begriff „negativ" verbundenen Wertigkeit bedenklich[16], er verwischt auch die Unterschiede zwischen dem Schutz des Bildens und dem Schutz des Habens eines Glaubens. Glaubenslose oder Gleichgültige brauchen zwar keinen Schutz vor Sanktionen, die an das Haben eines bestimmten Glaubens anknüpfen – vor Diskriminierungen wegen Unglaubens sind sie durch Art. 3 Abs. 3 GG geschützt, – sie bedürfen aber ebenso wie Gläubige des Schutzes vor staatlicher Beeinflussung in Glaubensfragen. Mit der Freiheit, einen Glauben zu bilden, enthält Art. 4 Abs. 1 GG die Zuweisung der Pflege religiös-weltanschaulicher Überzeugungen in die gesellschaftliche Sphäre.[17] Dem Verbot staatlicher Einflussnahme in Glaubensdingen korrespondiert bei eigener Betroffenheit ein **subjektives Recht auf staatliche Neutralität**.[18] Einhellig anerkannt ist bisher allerdings nur der objektiv-rechtliche Grundsatz staatlicher Neutralität.[19] In Richtung eines auch subjektiv-rechtlichen Verständnisses weist die Entscheidung, mit der das staatlich angeordnete Kreuz im Klassenzimmer für verfassungswidrig erklärt wurde.[20]

379 1.2.2.2 **Bekennen.** Der Begriff des Bekenntnisses ist mehrdeutig. Aus dem systematischen Zusammenhang[21] unter Einbeziehung von Art. 140 GG iVm. Art. 136 Abs. 3 WRV, der im Zusammenhang mit dem Recht, nicht bekennen zu müssen, vom **Offenbaren der religiösen Überzeugung** spricht, ist „Bekenntnis" als Äußern der religiösen

---

12 BVerfGE 12, 1 (3 f.) – *Abwerbung*; 24, 236 (245) – *Rumpelkammer*; 32, 98 (106) – *Gesundbeter*; 33, 23 (28) – *Eid*; 41, 29 (49) – *christliche Gemeinschaftsschule*; 44, 37 (49) – *Nachbesteuerung bei Kirchenaustritt*; 83, 341 (354) – *Bahá'í*; 93, 1 (15) – *Kruzifix*; 108, 282 (297) – *Kopftuch*.

13 BVerfGE 24, 236 (245) – *Rumpelkammer*.

14 *U. K. Preuß*, in: AK, Art. 4 Rn. 21 ff.; *S. Muckel*, in: Friauf/Höfling, Art. 4 Rn. 19.

15 Zum Meinungsstand s. den Überblick bei *J. Hellermann*, Die sogenannte negative Seite der Grundrechte, 1993, 21 ff.

16 Krit. *M. Morlok*, in: Dreier, Art. 4 Rn. 70.

17 *L. Renck*, Zur grundrechtlichen Bedeutung von Art. 7 III GG, NVwZ 1992, 1171 (1172); *G. Czermak*, Der Kruzifix-Beschluss des BVerfG, NJW 1995, 3348 (3349).

18 So auch *J. Kokott*, in: Sachs, Art. 4 Rn. 27; *J. Rux*, Positive und negative Bekenntnisfreiheit in der Schule, Der Staat 35 (1996), 523 (531); *S. Huster*, Die ethische Neutralität des Staates, 2. Aufl. 2017, 134 ff.; zur Frage der Glaubensfreiheit als Beeinflussungsfreiheit auch *J. Ipsen*, Glaubensfreiheit als Beeinflussungsfreiheit? Anmerkungen zum Kruzifix-Beschluss des Bundesverfassungsgerichts, FS Kriele, 1997, 301 (311 ff.), der dieses Problem auf der Eingriffsebene ansiedelt (a. a. O., 314); gegen einen subjektiv-rechtlichen Gehalt des Neutralitätsgrundsatzes *D. Zacharias*, Schutz vor religiösen Symbolen, FS Rüfner, 2003, 987 (999).

19 *R. Herzog*, in: Maunz/Dürig, Art. 4 Rn. 19; *C. Starck*, in: von Mangoldt/Klein/Starck, Art. 4 Rn. 22.

20 BVerfGE 93, 1 ff.; s. auch schon BVerfGE 35, 366 ff. – *Kreuz im Gerichtssaal*. Dazu noch unten Rn. 393.

21 S. dazu *U. Mager*, in: von Münch/Kunig, Art. 4 Rn. 22.

oder weltanschaulichen Überzeugung zu verstehen. Dies darf auch zum Zweck des **Werbens**, Abwerbens und Missionierens erfolgen.[22] Damit schützt die Bekenntnisfreiheit auch den **mit den Mitteln der geistigen Auseinandersetzung** geführten Kampf zwischen den Religionen und Weltanschauungen um die Wahrheit und um Anhänger. Insoweit handelt es sich um einen Spezialfall der Meinungsfreiheit, wobei die Spezialität der Bekenntnisfreiheit nicht nur inhaltliche, sondern vor allem qualitative Voraussetzungen hat: Es muss sich nicht nur um religiöse oder weltanschauliche Inhalte handeln, entscheidend ist, dass der Äußernde seine eigene Überzeugung kundtut.[23] Ebenso wie bei der Meinungsfreiheit fallen nur Mittel der geistigen Kommunikation in den Schutzbereich, nicht dagegen List, Drohung oder Gewalt. Eine Bekenntnishandlung stellt auch das Tragen religionsspezifischer Kleidungsstücke dar.[24]

Ein besonderes Problem wirft das **Tragen religionsspezifischer Kleidungsstücke** oÄ. **durch Amtspersonen**, insbesondere Lehrpersonal an staatlichen Pflichtschulen auf. Es lässt sich nicht schon durch Verneinung der Schutzbereichsbetroffenheit lösen, denn auch verbeamteten Lehrern steht das Grundrecht der Glaubens- und Bekenntnisfreiheit zu.[25] Es ist jedoch durch den Beamtenstatus in Gestalt der staatlichen Neutralitätsverpflichtung beschränkt. Weitere Beschränkungsgründe ergeben sich aus dem Erziehungsrecht der Eltern, der Glaubensbildungsfreiheit der Schülerinnen und Schüler sowie der staatlichen Verantwortung für die Schule gemäß Art. 7 Abs. 1 GG, welche die Sicherung des Schulfriedens umfasst.[26] Im Rahmen dieser Schranken ist zu berücksichtigen, dass es um eine erkennbar private und damit dem Staat nicht zurechenbare Bekenntnishandlung geht. Auch dann muss der Staat aber zur Gewährleistung der staatlichen Neutralität sicherstellen, dass von der Bekenntnishandlung keine Indoktrination ausgeht. Für die Prüfung der Frage, ob durch Bekenntnishandlungen andere Personen in ihren Grundrechten betroffen sind, kommt es darauf an, wie solche Handlungen aus der Empfängerperspektive nachvollziehbar verstanden werden können und dürfen.[27] Während das Bundesverfassungsgericht (2. Senat) in seiner ersten Kopftuchentscheidung es mit dem Verhältnismäßigkeitsgrundsatz für vereinbar hielt, auch nur abstrakte Gefahren der Indoktrination oder für den Schulfrieden abzuwehren, sofern nur ein hinreichend spezifisches Gesetz besteht,[28] entschied das Gericht (1. Senat) in seiner zweiten Entscheidung zum Kopftuchverbot, dass Verbote religiöser Bekundungen eine konkrete Gefahr für den Schulfrieden oder die staatliche Neutralität voraussetzen.[29] Fest steht, dass alle Glaubens- und Weltanschauungsgemeinschaften unterschiedslos behandelt werden müssen.[30]

Als **Äußern** der religiösen Überzeugung durch Tat gehört der **Eintritt** in, **Austritt** aus oder **Wechsel** zwischen, konsequenterweise damit auch der (öffentliche) **Zusammenschluss** zu religiösen Vereinigungen zum Schutzbereich der Bekenntnisfreiheit.[31] Die

380

381

---

22 S. nur BVerfGE 12, 1 (4) – *Tabak für Kirchenaustritt*; 24, 236 (245) – *Rumpelkammer*.
23 BVerfGE 32, 98 (107) – *Gesundbeter*.
24 S. zu dem Problem eines allgemeinen Burkaverbots EMRK, NJW 2014, 2925 ff. – *Burkaverbot in Frankreich*; s. auch VGH München, NVwZ 2014, 1109 f. – *Burkaverbot für Schülerin*; *G. Beaucamp/J. Beaucamp*, In dubio pro libertate. Überlegungen zur Kopftuch- und Burkaverbotsdebatte, DÖV 2015, 174 ff.
25 BVerfGE 108, 282 (297) – *Kopftuch*; relativierend, aber nicht verneinend BVerfGE 108, 282, 314 (317 ff.) – *Sondervotum*. Die Lehre vom „Sonderrechtsverhältnis", in dem Grundrechte nicht gelten sollen, ist seit Langem überholt.
26 Zum islamischen Kopftuch s. BVerwGE 116, 359 (363); 121, 140 (145); BVerfGE 108, 282 (299).
27 S. noch unten zum Kreuz im Klassenzimmer Rn. 393. S. auch BVerfGE 108, 282 (305) – *Kopftuch*.
28 BVerfGE 108, 282 (309 ff.).
29 BVerfGE 138, 296, Rn. 82 ff.; s. auch BVerfG, NJW 2017, 381 ff. – *Kopftuchverbot in Kindertagesstätten*.
30 BVerfGE 138, 296 Rn. 128 ff.
31 BVerfGE 30, 415 (423 f.) – *Austritt*; 42, 312 (323) – *BremKG*; 44, 37 (49) – *Austritt*; 83, 341 (354) – *Bahá'í*.

Bekenntnisfreiheit umfasst damit die religiös-weltanschauliche Vereinigungsfreiheit[32], die im Übrigen ausdrücklich in Art. 140 iVm. 137 Abs. 2 WRV geregelt ist. Besondere Bedeutung hat die durch die Bekenntnisfreiheit geschützte Selbstbestimmung hinsichtlich der Zugehörigkeit zu einer Religions- oder Weltanschauungsgemeinschaft für das **Kirchensteuerrecht** erlangt: Sie umfasst das Recht, nicht zu öffentlichen Abgaben herangezogen zu werden, die nur von Kirchenmitgliedern erhoben werden dürfen.[33]

382   Wie bereits angeklungen, gewährt die Bekenntnisfreiheit nicht nur die Ungestörtheit des aktiven Bekennens. Sie gewährt auch Selbstbestimmung hinsichtlich der Entscheidung, ob man sich bekennt (**negative Bekenntnisfreiheit**).[34] Das Recht, seine religiöse Überzeugung nicht offenbaren zu müssen, verbürgt ausdrücklich Art. 140 GG iVm. **Art. 136 Abs. 3 S. 1 WRV**, der neben der Bekenntnisfreiheit in Art. 4 Abs. 1 GG allerdings nur deklaratorischen Charakter hat und auch in seinem Anwendungsbereich insoweit zurückbleibt, als er die negative Bekenntnisfreiheit nur für die religiöse, nicht aber für die weltanschauliche Überzeugung umfasst. Eine ausdrückliche Regelung der negativen Bekenntnisfreiheit enthält auch der inkorporierte **Art. 136 Abs. 4 WRV**, wonach niemand zur Benutzung einer religiösen Eidesform gezwungen werden darf.[35] Besondere Regelungen zum flankierenden Schutz der Bekenntnisfreiheit finden sich zudem in **Art. 7 Abs. 2 GG** (Recht der Erziehungsberechtigten, über die Teilnahme ihrer Kinder am Religionsunterricht zu bestimmen) und in **Art. 7 Abs. 3 S. 3 GG** (Recht der Lehrer, Religionsunterricht zu verweigern).

383   1.2.2.3 **Religionsausübung.** Nach Auffassung des Bundesverfassungsgerichts enthält Art. 4 Abs. 2 GG die deklaratorische Feststellung, dass die Religion und Weltanschauung betreffenden Freiheiten des Abs. 1 auch Gemeinschaften zustehen. Nach anderer Auffassung schützt die Religionsausübungsfreiheit alle religiös oder weltanschaulich motivierten individuellen und kollektiven Verhaltensweisen, die über das Glauben und Reden hinausgehen.[36] Eine restriktive Auslegung sieht nur die kultischen Handlungen und Gebräuche geschützt, versteht die Religionsausübungsfreiheit folglich als Kultusfreiheit im engeren Sinne.[37] **Historisch** gewährte die **Kultusfreiheit** als der letzte Schritt zu umfassender Religionsfreiheit allen Religionsgemeinschaften das Recht des öffentlichen und gemeinschaftlichen Gottesdienstes (exercitium religionis publicum „mit Turm und Glocken") und hob damit zuvor bestehende Differenzierungen zwischen Hausandacht, Privatgottesdienst und öffentlichem Gottesdienst auf.[38] Der Begriff der Religionsübung (so die WRV) bzw. der Religionsausübung ist die deutsche Übersetzung des lateinischen exercitium religionis, der den gemeinschaftlichen Gottesdienst bezeichnete. Die historische Auslegung legt somit nahe, dass es um den **Schutz spezifisch religiöser Handlungen** geht. Im Rahmen einer vom Wortlaut gesteuerten, differenzierten Schutzbereichsinterpretation müssen diese eine Besonderheit aufweisen, die sie typologisch sowohl vom Bekenntnis als auch von religiös motivierter Lebensführung unterscheidet. Folgt man diesem Gedanken, ist ein Verhalten nur dann unter den Begriff der Religionsausübung zu subsumieren, wenn es nach Form und Inhalt, als Mittel und Zweck religiöse Bedeutung hat, wenn das Tun an und für sich religiös,

---

32 S. auch *C. Starck*, in: von Mangoldt/Klein/Starck, Art. 4 Rn. 36; *S. Mückl*, in: BK-Viertb., Art. 4 Rn. 93.
33 BVerfGE 19, 206 (216); 19, 226 (235); 19, 242 (247); 30, 415 (421 f.); 44, 37 (49); 44, 59 (67); BVerwGE 52, 104 (113); 79, 62 (63).
34 S. zur Problematik der Bezeichnung „negativ" oben Rn. 379.
35 S. dazu auch BVerfGE 33, 23; 79, 69.
36 BVerwGE 94, 82 (87) – *Befreiung vom Sport*.
37 S. auch BVerfGE 83, 341 (354), wo der Begriff der Religionsausübung in Klammern mit Kultusfreiheit erläutert wird; dies kann jedoch nicht als Änderung der ständigen Rspr. angesehen werden, sondern nur als eine Feststellung des Unstreitigen.
38 S. dazu *G. Anschütz*, Die Verfassungsurkunde für den Preußischen Staat, 1912, 212 ff.

das Religiöse der Handlung Selbstzweck ist. Typologisch ließe sich dann zwischen Bekenntnis und Religionsausübung derart unterscheiden, dass das Bekenntnis sich an andere Menschen richtet, die Religionsausübung dagegen, auch wenn sie regelmäßig gemeinschaftlich stattfindet und öffentlich wahrnehmbar sein kann, an das Heilige der jeweiligen Religion. Eine solche Auslegung ist mit dem historischen Sinn vereinbar, löst ihn aber aus christlicher Tradition und öffnet ihn für religiöse Vielfalt. Die fehlende Erwähnung von Weltanschauungen in Art. 4 Abs. 2 GG ist nach dieser Auslegung konsequent, denn deren innerweltliche Ausrichtung kennt nichts „Heiliges". Weltanschaulich begründete Riten erhalten gleichartigen Schutz über Art. 4 Abs. 1 GG in der Variante des (gemeinsamen) Bekennens.[39]

1.2.2.4 Einheitlicher Schutzbereich? Das Bundesverfassungsgericht differenziert nicht **384** in der dargelegten Weise zwischen den verschiedenen Facetten der Religions- und Weltanschauungsfreiheit. Seiner Auffassung nach gewährt die Religions- und Weltanschauungsfreiheit dem Einzelnen das Recht, sein gesamtes Verhalten an den Lehren seines Glaubens auszurichten und seiner inneren Glaubensüberzeugung gemäß zu leben.[40] Der Schutzbereich soll danach sämtliches Verhalten umfassen, sofern es religiös oder weltanschaulich motiviert ist.[41] Das BVerfG begründet seine weite Auslegung damit, dass sich das Grundrecht anderenfalls nicht voll entfalten könne.[42] Folge dieser Auslegung ist, dass die einzeln aufgeführten Betätigungsformen entgegen den Vorstellungen im Parlamentarischen Rat[43] ihre eigenständige Bedeutung verlieren.[44] Eine weitere Konsequenz liegt darin, dass sich der Schutzbereich des Art. 4 Abs. 1 und 2 GG zu einer **allgemeinen Handlungsfreiheit für religiös oder weltanschaulich motiviertes Verhalten** entwickelt, was die unterschiedlichen Schranken der Freiheitsrechte unterläuft.[45]

1.3 Persönlicher Schutzbereich

Die Religions- und Weltanschauungsfreiheit ist zunächst in allen ihren Facetten ein **385** **Menschenrecht**. Geschützt sind auch **Kinder**, gleichgültig, ob sie bereits einen Glauben haben oder nicht.[46] Ihre Abwehrrechte, insbesondere gegenüber staatlicher Einflussnahme, können die gesetzlichen Vertreter, in der Regel also die Eltern, geltend machen. Daneben und aus eigenem Recht können diese sich auch auf ihr in Art. 6 Abs. 2 GG verbürgtes Erziehungsrecht berufen. Im Verhältnis zwischen der Glaubensfreiheit des Kindes und dem Erziehungsrecht der Eltern hat der Gesetzgeber eine verfassungskonforme Regelung im Gesetz über die religiöse Kindererziehung getroffen.[47] Danach dürfen Kinder mit vollendetem 12. Lebensjahr gegen ihren Willen nicht in einem anderen als dem bisherigen Glauben erzogen werden.[48] Mit der Vollendung des 14. Lebensjahres ist ein Kind in vollem Umfang **religionsmündig** und hat daher auch das Recht, selbst über seine Zugehörigkeit zu einer Religionsgemeinschaft zu bestimmen.[49] Ent-

---

39 *U. Mager*, in: von Münch/Kunig, Art. 4 Rn. 41.
40 S. nur BVerfGE 24, 236 (247 f.); 32, 98 (106).
41 *M. Morlok*, in: Dreier, Art. 4 Rn. 91. Eine mit dieser Interpretation nicht in Übereinstimmung zu bringende Einschränkung findet sich allerdings in BVerfGE 104, 337 (345 f.) – *Schächten*.
42 BVerfGE 32, 98 (107).
43 JöR nF. 1 (1951), 73.
44 *R. Zippelius*, in: BK-Drittb. 1989, Art. 4 Rn. 44.
45 Kritisch auch *W. Brohm*, Glaubensfreiheit und Gesetzesgehorsam, FS Stein, 2002, 3 ff. (13); zu Einzelheiten s. *U. Mager*, in: von Münch/Kunig, Art. 4 Rn. 17.
46 *M. Morlok*, in: Dreier, Art. 4 Rn. 106.
47 G. v. 15.7.1921, RGBl., 939; s. BVerfGE 30, 415 (425 f.).
48 Zum Verhältnis von Erziehungsrecht und freier Wahl der Religionszugehörigkeit s. *U. Mager*, in: von Münch/Kunig, Art. 4 Rn. 44; zur Grundrechtsmündigkeit s. oben Rn. 68.
49 Für Verfassungswidrigkeit *C. Starck*, in: von Mangoldt/Klein/Starck, Art. 4 Rn. 72; wie hier *S. Mückl*, in: BK-Viertb., Art. 4 Rn. 60.

sprechendes gilt gemäß § 6 RelKG für die Zugehörigkeit zu einer Weltanschauungsgemeinschaft. Die Religionsmündigkeit ist allerdings nicht dahin misszuverstehen, dass nunmehr das Erziehungsrecht der Eltern hinsichtlich sämtlicher Lebensführungsanforderungen, die aus einer Religions- bzw. Weltanschauungszugehörigkeit folgen, zurückträte.[50] Im Konfliktfall kommt es auf das Kindeswohl unter Berücksichtigung der Religionsmündigkeit an.

386   Die Ausdehnung der Religions- und Weltanschauungsfreiheit auf juristische Personen bestimmt sich nach Art. 19 Abs. 3 GG. Von Glaubensbildung kann auch im Hinblick auf **Gemeinschaften** gesprochen werden[51], insoweit diese die Inhalte einer Religion oder Weltanschauung in der Gemeinschaft pflegen und fortentwickeln. Dieser Vorgang bedarf ebenso sehr des Schutzes vor staatlicher Einflussnahme wie der Glaubensbildungsprozess in einem Menschen. Des Weiteren lässt sich bezogen auf Religions- bzw. Weltanschauungsgemeinschaften auch vom Haben eines Glaubens sprechen, dies zwar nicht im Sinne einer persönlichen Überzeugung, aber doch im Sinne des Besitzes und der Pflege einer religiösen oder weltanschaulichen Wahrheit. Folglich sind durch die Glaubensfreiheit des Art. 4 Abs. 1 GG iVm. Art. 19 Abs. 3 GG die den Glaubensinhalt bzw. die Glaubenswahrheit betreffenden Gehalte der **Autonomieverbürgung** des Art. 140 GG iVm. Art. 137 Abs. 3 S. 1 WRV umfasst. Der den Kirchen und sonstigen Religions- und Weltanschauungsgemeinschaft eröffnete Status einer Körperschaft des öffentlichen Rechts gemäß Art. 140 GG iVm. Art. 137 Abs. 5 und 7 WRV steht der Grundrechtsträgerschaft nach einhelliger Auffassung nicht entgegen.[52] Es handelt sich um eine in staatskirchenrechtlicher Tradition wurzelnde besondere Form der Anerkennung der Bedeutung von Religionsgemeinschaften für Staat und Gesellschaft, die nichts mit einer Eingliederung in die Staatsverwaltung zu tun hat.[53]

387   Die Bekenntnisfreiheit ist ihrem Wesen nach ebenfalls auf Religions- und Weltanschauungsgemeinschaften anwendbar. Sowohl die religiös-weltanschauliche Selbstdarstellung der Gemeinschaft in der Öffentlichkeit wie auch die Verkündung ihrer Wahrheiten und das Missionieren unterfallen dem Schutz der Bekenntnisfreiheit iVm. Art. 19 Abs. 3 GG.[54] **Staatliche Warnungen** und Empfehlungen stellen daher einen Eingriff in die Bekenntnisfreiheit dar.[55] Der Schutz ist im Übrigen nicht auf Religions- und Weltanschauungsgemeinschaften beschränkt, sondern erstreckt sich auf alle Vereinigungen gleichgültig welcher Rechtsform, die in den Schutzbereich des Art. 4 Abs. 1 und 2 GG fallende Zwecke verfolgen.[56] Die negative Bekenntnisfreiheit hat dagegen keinen kollektiven Anwendungsbereich, da bereits die jeweilige Vereinigung zu einem religiösen oder weltanschaulichen Zweck bekennenden Charakter hat.[57] Schließlich sind Religionsgemeinschaften und sonstige Vereinigungen, deren Zweck die Religionsausübung ist, Träger des Grundrechts auf ungestörte Religionsausübung.

---

50 BVerwGE 15, 134 (138 f.); s. auch BGHZ 21, 351 sowie den Fall von *V. Lohse*, VR 1997, 349.
51 AA. S. *Muckel*, in: Friauf/Höfling, Art. 4 Rn. 23.
52 BVerfGE 18, 385 (386 f.); 21, 362 (374); 42, 312 (321); 53, 366 (387); 61, 82 (102).
53 Vgl. auch Art. 137 Abs. 1 WRV – Verbot der Staatskirche und Art. 137 Abs. 3 S. 1 WRV – Autonomiegewährleistung; zur Bedeutung des Körperschaftsstatus s. auch BVerfGE 102, 370 ff.
54 BVerfGE 42, 312 (323) – *BremKG*; zur Notwendigkeit des Rückgriffs auf Art. 19 Abs. 3 s. BVerfGE 105, 279 (293) – *Osho*.
55 BVerwGE 82, 76 (79); 90, 112 (118 ff.); BVerwG, Beschl. v. 8.11.2004, 7 B 19/04 (juris); unklar: BVerfGE 105, 279 (294 f.).
56 Vgl. BVerfGE 24, 236 (246 f.) – *Aktion Rumpelkammer/kath. Jugendorganisation*; 46, 73 (84 ff.) – *Stiftung*; 53, 366 (386 ff.) – *KrankenhausG NRW/konfessionelles Krankenhaus*; s. auch BVerfGE 19, 129 (132) – *Missionsgesellschaft*; 70, 138 (160) – *kirchliche Stiftung*.
57 Tendenziell wie hier BVerfGE 19, 206 (215) – *Kirchenbausteuerpflicht*; 44, 103 (104) – *Kirchenlohnsteuer*; s. auch *H. D. Jarass, in: JP*, Art. 4 Rn. 21 mit Hinweis auf BVerwGE 64, 196 (199): Berufung auf negative Glaubensfreiheit möglich bei Belastung mit religiösen Pflichten.

Die zunehmende „Vermarktung" der religiösen bzw. weltanschaulichen Bedürfnisse **388** hat in neuerer Zeit die Frage aufgeworfen, inwieweit **wirtschaftliche Betätigung** der Annahme entgegenstehe, dass eine Organisation, die nach ihrem bekundeten Selbstverständnis eine Religion oder Weltanschauung pflegt, vom Schutzbereich des Art. 4 Abs. 1 und 2 GG erfasst wird.[58] Stets vorausgesetzt, dass es sich jedenfalls bei der Lehre gemäß den oben genannten weiten Kriterien um eine Religion oder Weltanschauung handelt, sind verschiedene Konstellationen zu unterscheiden: Zunächst handelt es sich um zwei verschiedene Fragestellungen, ob eine wirtschaftliche Betätigung dem Schutzbereich des Art. 4 Abs. 1 bzw. 2 GG unterfällt oder ob die wirtschaftliche Betätigung der Einordnung einer Gemeinschaft als Religions- oder Weltanschauungsgemeinschaft entgegensteht. Hinsichtlich der hier allein interessierenden zweiten Frage ist zu unterscheiden zwischen wirtschaftlicher Betätigung in Zusammenhang mit der Verbreitung und Anwendung der Lehre und wirtschaftlicher Betätigung, die in keinem Zusammenhang mit der Lehre steht, also entweder nur gelegentlich der Verfolgung religiöser oder weltanschaulicher Zwecke stattfindet[59] oder allein der Finanzierung der Organisation dient.[60] Liegt bei einer Organisation der Schwerpunkt der wirtschaftlichen Betätigung im rein geschäftlichen Bereich, so handelt es sich nicht um eine Religions- oder Weltanschauungsgemeinschaft, da für die Grundrechtsträgerschaft von Organisationen **entscheidend** ist, dass **der verfolgte Zweck** in den Schutzbereich des Art. 4 Abs. 1 und 2 GG fällt. Finanziert sich die Organisation dagegen überwiegend aus der „Vermarktung" ihrer Lehre, so steht dies der Einordnung als Religions- oder Weltanschauungsgemeinschaft nicht entgegen.[61] Eine Organisation, die sich zum Zwecke der Gewinnerzielung als Religions- oder Weltanschauungsgemeinschaft tarnt, unterfällt selbstverständlich nicht dem Schutz des Art. 4 Abs. 1 und 2 GG.[62] So eindeutig dieser Satz in der Theorie ist, so schwierig ist allerdings seine Anwendung im Einzelfall.[63] In nicht eindeutigen Fällen versucht die Rechtsprechung daher häufig, die Frage dahinstehen zu lassen.[64] Dies ist deshalb möglich, weil die Tatsache, dass eine Organisation als Religions- oder Weltanschauungsgemeinschaft einzuordnen ist, nicht bedeutet, dass die wirtschaftliche Seite der Verbreitung und Ausübung einer Lehre von den Regelungen des öffentlichen und privaten Wirtschaftsrechts ausgenommen wäre. Die gesetzlichen Regelungen müssen vielmehr in einer Weise Anwendung finden, die die Betroffenen weder diskriminiert noch privilegiert.

1.4 Gewährleistungsgehalt

1.4.1 Abwehrrecht

Die Glaubensfreiheit gewährt **Abwehrrechte** gegen staatliche Sanktionen und Diskri- **389** minierungen, die an einen bestimmten Glauben anknüpfen, sowie gegen staatliche Einflussnahme auf Glaubensangelegenheiten. Die Bekenntnisfreiheit ebenso wie die Religionsausübungsfreiheit in ihrer **Abwehrfunktion** umfassen das Recht, staatliche Beeinträchtigungen von oder aufgrund von Bekenntnishandlungen abzuwehren. Abgewehrt werden können auf der Grundlage der Bekenntnisfreiheit außerdem die Ver-

---

58 S. zur Diskussion *U. Mager*, in: von Münch/Kunig, Art. 4 Rn. 17 und 43 mwN.
59 Verkauf von Speisen und Getränken beim Kirchenfest, s. dazu BVerfGE 19, 129 (133).
60 Geldanlage; Betreiben eines Weinguts; s. auch VG Hamburg, NVwZ 1991, 806 (810).
61 BVerwGE 90, 112 (116); BVerwG, NVwZ 1995, 473 (474); BVerwG, NJW 1997, 406 (407); s. auch VG Hamburg, NVwZ 1991, 806 (809); OVG Hamburg, NVwZ 1994, 192.
62 BVerwGE 90, 112 (118).
63 S. dazu BAGE 79, 319 einerseits; BVerwG, NVwZ 1995, 473; OVG Hamburg, NVwZ 1995, 498 andererseits, jeweils zur Scientology.
64 Vgl. BVerwGE 61, 152 (162); 82, 76 (79); BVerwG, NJW 1998, 1166; OVG Münster, NVwZ 1997, 302; OVG Hamburg, NVwZ 1994, 192.

pflichtung zur Offenbarung der religiös-weltanschaulichen Überzeugung sowie der Zwang zu Bekenntnishandlungen eigenen wie fremden Glaubens.[65]

1.4.2 Schutzpflicht

390 Eine **Schutzpflicht** des Staates gegen Versuche religiös-weltanschaulicher Beeinflussung durch Dritte besteht grundsätzlich nicht; vielmehr können diese sich hierfür ihrerseits auf die Bekenntnisfreiheit berufen. Der Staat ist jedoch verpflichtet, dafür zu sorgen, dass innerhalb der gesellschaftlichen Sphäre **Toleranz** herrscht, maW. dass die Auseinandersetzung um die richtige Wahrheit in friedlichen Formen verläuft. Hinsichtlich der Religionsausübung hat dies im Wortlaut des Art. 4 Abs. 2 GG durch die Verwendung der Begriffe „ungestört" und „gewährleistet" deutlichen Ausdruck gefunden.[66] Die Schutzpflicht verwirklicht sich regelmäßig durch Abwägung der widerstreitenden Grundrechte bei Anwendung des einfachen Rechts.[67] Im Verhältnis der Religions- oder Weltanschauungsgemeinschaften zu ihren Mitgliedern (Innenverhältnis) ist die Bekenntnisfreiheit der Mitglieder allerdings auf die Möglichkeit des Austritts reduziert.

391 Seiner Schutzverpflichtung ist der Gesetzgeber ua. durch § 166 StGB nachgekommen, durch den die „Beschimpfung von Bekenntnissen, Religionsgesellschaften und Weltanschauungsvereinigungen" unter Strafe gestellt wird. § 167 StGB verbietet die Störung der Religionsausübung. Die Schutzpflicht kann sich auch im Wege der polizeilichen Gefahrenabwehr aktualisieren.[68] Inwieweit der Staat dazu verpflichtet ist, Gläubige davor zu schützen, dass andere Privatpersonen an deren Glaubensüberzeugung negative Folgen knüpfen, bedarf der Klärung im Einzelfall durch die Berücksichtigung der entgegenstehenden Grundrechte (insbesondere die von der Erbrechtsgarantie des Art. 14 Abs. S. 1 Alt. 2 GG umfasste Testierfreiheit sowie die von der allgemeinen Handlungsfreiheit gemäß Art. 2 Abs. 1 GG geschützte Vertragsfreiheit[69]) im Rahmen der Anwendung des einfachen Rechts (**Drittwirkung**).
Schließlich hat die Glaubensfreiheit auch **Ausstrahlungswirkung** auf wertungsoffene Rechtsbegriffe des öffentlichen Rechts.[70]

392 Weder für Art. 4 Abs. 1 GG noch für Art. 4 Abs. 2 GG **lässt sich eine Leistungsfunktion** feststellen. Weder besteht ein Anspruch auf die Bewahrung staatlich anerkannter Feiertage[71] noch auf finanzielle Mittel zB. zum Erhalt von Kirchengebäuden[72]. In den Schutzbereich von Art. 4 Abs. 2 GG wird allerdings dann eingegriffen, wenn staatliche

---

65 Keinen Bekenntniszwang stellt es dar, der Ausländerbehörde zur Vorbereitung der Ausreise in den Iran ein Passbild mit Kopftuch vorlegen zu müssen, VGH München, NVwZ 2000, 952.

66 Zur Schutzpflicht s. *C. Starck*, in: von Mangoldt/Klein/Starck, Art. 4 Rn. 12, der darin den eigenständigen Gehalt des Art. 4 Abs. 2 GG sieht.

67 Vgl. BGH, NJW 1994, 245; BVerfG, NJW 1994, 2346 – *Namensschutz der kath. Kirche*; BVerfG, NJW 1997, 2669; OLG München, NVwZ 1994, 203 – *neg. Bekenntnisfreiheit gegen Meinungsfreiheit*. S. auch BVerfGE 17, 302 (305) – *Konfessionswechsel keine Eheverfehlung*.

68 S. OVG Koblenz, NJW 1997, 1174 – *Verbot einer Theateraufführung zur Abwehr drohender strafbarer Handlung nach § 166 Abs. 1 StGB*; OVG Münster, NJW 1997, 1176 – *Klage gegen Fernsehsender wegen Berichterstattung über Theaterstück*; s. auch VG Magdeburg, LKV 1996, 341; OVG Hamburg, NVwZ 1992, 1212 – *Baumaßnahmen auf früherem jüdischen Friedhof*.

69 BVerfG, NJW 2003, 2815 – *Kopftuch im Arbeitsverhältnis*; s. auch EuGH, NJW 2017, 1087 – *Kopftuch im Arbeitsverhältnis*.

70 S. VGH München, NJW 1993, 346 – *Übertritt zum Islam als wichtiger Grund für Vornamensänderung*; BVerwG, ZevKR 50 (2005), 125 ff. – *Vornamensänderung aus religiösen Gründen*; BVerwG, NJW 1992, 2170 – *Betsaal im Wohngebiet*.

71 BVerfG, NJW 1995, 3378; BerlVerfGH, NJW 1995, 3379; siehe aber auch BVerfGE 125, 39 ff. – *Adventssonntage*, kritisch dazu *U. Mager*, in: von Münch/Kunig, Art. 4 Rn. 65 Stichwort Feiertagsschutz und noch unten Rn. 419 ff.

72 Vgl. BVerwGE 87, 115 (133).

Gewalt dem Grundrechtsträger vorhandene und notwendige materielle Voraussetzungen für die Ausübung des Grundrechts entzieht. Insoweit wird Art. 4 Abs. 2 GG durch Art. 140 GG iVm. Art. 138 Abs. 2 WRV konkretisiert.[73]

1.4.3 Funktion im staatlich organisierten Bereich

Im staatlich organisierten Bereich, insbesondere in der **Schule**, können **Konflikte** zwischen denjenigen entstehen, die „positiv" bekennen wollen und denjenigen, die „negativ" von Bekenntnissen verschont bleiben möchten. Bei der Lösung derartiger Konflikte zwischen „positiver" und „negativer" Grundrechtsausübung muss die staatliche Entscheidung hinsichtlich beider Seiten des Freiheitsrechts den status negativus beachten, also einen unverhältnismäßigen Eingriff sowohl in die Freiheit des Bekenntnisses wie des Nichtbekenntnisses vermeiden.[74] Die staatliche Pflicht, Bekenntnishandlungen in seinem organisatorischen Rahmen „Raum zu geben" umfasst keine Leistungsfunktion, sondern meint nur die Nichtbeschränkung privater Initiative. Auch der inkorporierte Art. 141 WRV verlangt in Bezug auf die Anstaltsseelsorge, dass ein Bedürfnis besteht und verbietet jeden Zwang. Demgemäß ist ein **Schulgebet** bei entsprechendem Bedürfnis als Angebot zulässig, sofern die Freiwilligkeit der Teilnahme in jeder Hinsicht sichergestellt ist.[75] Entsprechendes gilt für Tischgebete in kommunalen Kindergärten.[76]

393

Betrachtet man vor diesem Hintergrund die umstrittene Entscheidung zur Zulässigkeit eines **Kreuzes im Klassenzimmer**[77], wird deutlich, dass das Problem nicht in der Herstellung praktischer Konkordanz zwischen „negativer" und „positiver" Glaubens- bzw. Bekenntnisfreiheit bestand: Der Konflikt hatte seinen Grund nicht darin, dass Grundrechtsträger ihren Glauben durch ein Kreuz im Klassenzimmer bekennen wollten und der Staat hierfür Raum zur Verfügung stellte. Der Konflikt entstand vielmehr daraus, dass staatlicherseits das Aufhängen eines Kreuzes ausnahmslos angeordnet wurde. Angesichts des Fehlens jeglicher Widerspruchs- oder Ausnahmemöglichkeit kam es nicht in Betracht, das Schweigen von Schülern und Eltern als Bejahung des Kreuzes und damit als Ausdruck positiven Bekennens zu werten. Nicht das Raum Geben für private Glaubensäußerungen, sondern das staatliche Fördern war somit Grund der Rechtsstreitigkeiten.[78] Derartiges einseitiges Fördern lässt sich auf Art. 4 Abs. 1 GG jedoch nicht stützen. Die Rechtfertigung für das staatlich angeordnete Aufhängen eines Kreuzes ist daher in den Verfassungsrechtsnormen zu suchen, die den staatlich organisierten Bereich reglementieren, in den entschiedenen Fällen also in Art. 7 GG. Diesem lässt sich mit seiner Regelung des Religionsunterrichts als ordentlichem Lehrfach und der Möglichkeit nicht nur privater, sondern auch staatlicher Bekenntnisschulen entnehmen, dass **religiöse** und weltanschauliche **Einflüsse im Bereich der Schule** zulässig sind. Die geforderte Auslegung im Lichte des Art. 4 Abs. 1 GG wie des Art. 6 Abs. 2 GG macht jedoch deutlich, dass der **Staat darauf beschränkt** ist, **Angebote** in Unterstützung des Religion und Weltanschauung umfassenden Erziehungsrechts der Eltern bzw. der religiösen Bedürfnisse der Schüler **zu machen**. Religiöse Symbole sind in der staatlichen Schule, sofern es sich nicht um eine Bekenntnisschule handelt, also nur zulässig, wenn sie Ausdruck des Mehrheitswillens von Eltern

394

---

73 BVerfG, NVwZ 1997, 782 (783) zu BVerwGE 87, 115 (133); s. auch BVerfG, NJW 1992, 2812; BVerfGE 99, 100 (119 ff.) – *Kirchengutsgarantie*; s. dazu noch unten Rn. 415 ff.

74 Vgl. *J. Dietlein*, FS Stern, 1997, 443 (448 f.).

75 S. dazu BVerfGE 52, 223 (241); aA. HessStGH, NJW 1966, 31; s. *U. Mager*, in: von Münch/Kunig, Art. 4 Rn. 65 Stichwort Schulwesen/Schulgebet mwN.

76 HessVGH, NJW 2003, 2846 f. mit Anm. *M. Ogorek*, JA 2004, 199 sowie zuvor VG Gießen, NJW 2003, 1265.

77 BVerfGE 93, 1 ff.

78 Vgl. *L. Renck*, ZRP 1996, 16 (18); *ders.*, NVwZ 1994, 544 (545).

und Schülern sind. Dies kann etwa durch eine Widerspruchsmöglichkeit sichergestellt werden.[79]

1.5 Schranken und ihre verfassungsmäßige Konkretisierung

395 Die Aussage, die durch Art. 4 Abs. 1 GG geschützten Freiheiten sind unverletzlich, enthält ein besonders striktes Verbot ihrer Beeinträchtigung. Im Parlamentarischen Rat war die Aufnahme einer Schranke umstritten. Unter dem nachwirkenden Einfluss der herrschenden Weimarer Verfassungsrechtslehre, die eine Grundrechtsbindung des Gesetzgebers nicht oder allenfalls sehr eingeschränkt kannte, bestand die Befürchtung, dass durch einen Schrankenvorbehalt der Grundrechtsschutz völlig ausgehöhlt werden könnte. Andererseits war streitig, ob nicht ohnehin die Schranken des Art. 2 Abs. 1 GG (wörtlich genommen!) Anwendung finden. Im Ergebnis wurde auf einen Schrankenvorbehalt verzichtet, wobei Einigkeit bestand, dass die Anwendung zB. von bau- oder seuchenpolizeilichen Vorschriften nicht ausgeschlossen sein sollte.[80] Heute ist ganz hM., dass die **Schranken anderer Grundrechte**, insbesondere von Art. 2 Abs. 1 GG und 5 Abs. 2 GG **keine Anwendung** auf Art. 4 Abs. 1 GG finden. Dies ist notwendige Folge der Entwicklung des Art. 2 Abs. 1 GG zu einem gegenüber den anderen Grundrechten subsidiären Auffangtatbestand mit der einhergehenden Interpretation seiner Schranken zu einem allgemeinen Gesetzesvorbehalt[81] und ergibt sich im Übrigen aus dem Grundsatz der Spezialität[82].

396 Regelungen mit Vorbehaltscharakter enthält jedoch der gemäß Art. 140 GG inkorporierte Art. 136 WRV. Laut Art. 136 Abs. 1 WRV werden die bürgerlichen und staatsbürgerlichen Rechte und Pflichten durch die Ausübung der Religionsfreiheit weder bedingt noch beschränkt. Gemäß **Art. 136 Abs. 3 S. 2 WRV** haben die Behörden das Recht, nach der Zugehörigkeit zu einer Religionsgesellschaft zu fragen, soweit davon Rechte und Pflichten abhängen oder eine gesetzlich angeordnete statistische Erhebung dies erfordert. Die letztgenannte Vorschrift wird als Schranke des Art. 4 Abs. 1 GG einhellig anerkannt.[83] Demgegenüber ist sowohl Anwendbarkeit als auch Inhalt des **Art. 136 Abs. 1 WRV** umstritten. Das BVerfG lehnt die Anwendung des Art. 136 Abs. 1 WRV ab. Art 136 WRV sei im Lichte der gegenüber früher erheblich verstärkten Tragweite des Grundrechts der Glaubens- und Gewissensfreiheit auszulegen; er werde nach Bedeutung und innerem Gewicht im Zusammenhang der grundgesetzlichen Ordnung von Art. 4 Abs. 1 GG überlagert.[84] In der weiteren Rechtsprechung wird Art. 136 Abs. 1 WRV als Schranke nicht mehr erwähnt. Vielmehr steht nach ständiger Rechtsprechung Art. 4 Abs. 1 GG allein unter dem Vorbehalt **verfassungsimmanenter Schranken**.[85]
Die Argumentation des BVerfG kann nicht in jeder Hinsicht überzeugen. So ist nicht einzusehen, weshalb die nicht ohne Weiteres auf den Schutz von Verfassungsgütern rückführbare Schranke des Art. 136 Abs. 3 S. 2 WRV gilt, Art. 136 Abs. 1 WRV jedoch keine Anwendung finden soll. Dies widerspricht auch der in anderem Zusam-

---

79 S. dazu BayVerfGH, NJW 1997, 3157.

80 JöR nF. 1 (1951), 74 f.

81 Dazu *Ph. Kunig*, in: von Münch/Kunig, Art. 2 Rn. 19 ff. mit Nachw.

82 BVerfGE 32, 98 (107); in BVerfG, NJW 1989, 3269 (3270) werden allerdings „Belange des Jugendschutzes" als Schranke angeführt.

83 BVerfGE 30, 415 (426) – *Kirchensteuer*; BVerfGE 49, 375 (376) sowie BVerfG, NVwZ 2001, 909 – *Eintragung in Lohnsteuerkarte*; BVerfGE 46, 266 (267) – *Aufnahme in ein Krankenhaus*; s. auch BVerwG, NJW 1976, 383; BVerfGE 65, 1 (39) – *Volkszählung*.

84 BVerfGE 33, 23 (30) – *Eid*.

85 BVerfGE 32, 98 (107 f.) – *Gesundbeter*; 33, 23 (29) – *Eidesverweigerung aus Glaubensgründen*; 44, 37 (49 f.) – *Nachbesteuerung bei Kirchenaustritt*.

menhang betonten Charakterisierung der inkorporierten Artikel der WRV als vollgültigem Verfassungsrecht.[86]
Tatsächlich ist **Art. 136 Abs. 1 WRV** nach heutiger Grundrechtsdogmatik schon seinem Wortlaut nach nicht als allgemeiner Gesetzesvorbehalt zu lesen.[87] Er enthält vielmehr den an den Gesetzgeber gerichteten **Grundsatz staatlicher Neutralität**: Dass die bürgerlichen und staatsbürgerlichen Rechte durch die Ausübung der Religionsfreiheit nicht bedingt sind, besagt, dass diese Rechte und Pflichten sowohl in ihrer Formulierung wie auch in ihrem Zweck und in ihrer Wirkung religions- (und weltanschauungs-)neutral sein müssen.[88] Derartige neutrale Rechte und Pflichten beanspruchen dann allerdings auch Geltung gegenüber jedermann.[89] Verbindet man diese Lesart des Art. 136 Abs. 1 WRV mit dem **Grundsatz verfassungskonformer Auslegung**, insbesondere **verhältnismäßiger Anwendung** einfacher Gesetze, so ist ein unzureichender Schutz von Glaubensüberzeugungen und Bekenntnis nicht zu befürchten und selbst dem hohen Maßstab der „Unverletzlichkeit" genüge getan. Art. 136 Abs. 1 WRV ist daher taugliche Schranke der Glaubens- und Bekenntnisfreiheit.[90] Sofern es sich nach Inhalt oder Wirkung um **nicht religionsneutrale Regelungen** handelt, wie etwa die gesetzlichen Regelungen des Schächtens[91] oder der Beschneidung[92], ist eine Rechtfertigung dagegen allein auf der Grundlage von **verfassungsimmanenten Schranken** möglich. Die Probleme in diesen Fällen liegen in der konkreten Anwendung des Grundsatzes der Verhältnismäßigkeit. Die Gewährleistung der ungestörten Religionsausübung nach Art. 4 Abs. 2 GG unterliegt ebenfalls den dargelegten Schranken.

Rechtsprechung: BVerfGE 24, 236 –*Rumpelkammer*; 32, 98 – *Gesundbeter*; 83, 341 – *Baháí*; 93, 1 – *Kruzifix*; 108, 282 – *Kopftuch der Lehrerin*; 138, 296 – *Kopftuchverbot*. EMRK, NJW 2014, 2925 – *Burkaverbot*.

Literatur: *T. Barczak*, Die Glaubens- und Gewissensfreiheit des Grundgesetzes, Jura 2015, 463; *W. Frenz*, Die Religionsfreiheit, JA 2009, 493; *W. Hassemer/D. Hömig*, Die Rechtsprechung des Bundesverfassungsgerichts im Bereich der Bekenntnisfreiheit, EuGRZ 1999, 525 (Umfassender Überblick über die Rechtsprechung des BVerfG zu glaubensrelevanten Vorschriften); *T.P. Holterhus/N. Aghazadeh*, Die Grundzüge des Religionsverfassungsrechts, JuS 2016, 19 und 117; *G. Neureither*, Grundfälle zu Art. 4 I, II GG, JuS 2006, 1067; 2007, 20; *R. Tillmanns*, Die Religionsfreiheit (Art. 4 I, II GG), Jura 2004, 619; *U. Volkmann*, Dimensionen des Kopftuchstreits, Jura 2015, 1083.

Fallbearbeitungen: *A. Bellardita/G. Neureither*, Zwischenprüfungsklausur – Öffentliches Recht: Turban statt Helm?, JuS 2005, 1000; *K. Groh*, Eine Muslima als Schöffin? JuS 2007, 538 (Anfängerklausur); *M. Demel/T. Lochen*, Das religiöse Passbild, JA 2002, 878 (Anfängerklausur); *B. Jeand'Heur/W. Cremer*, Warnungen vor Sekten, JuS 2000, 991 (Examensklausur); *H. Jochum*, Grabmalgestaltung zwischen Religion und gutem Geschmack, JuS 2009, 733 (Examensklausur); *H. Kahl/R. Zimmermann*, Hanseatische Sektenjagd, JA 2007, 783 (Examensklausur); *Ph. Kunig/ U. Mager*, Schulsport und Islam, Jura 1992, 364 (Anfängerklausur); *S. R. Laskowski/J.-H. Diet-*

---

86 BVerfGE 19, 206 (219); 53, 366 (400); 70, 138 (167); BVerfG, NVwZ 1999, 753 (754).
87 Für allg. Gesetzesvorbehalt aber *T. Kingreen/R. Poscher*, Grundrechte, § 12 Rn. 635.
88 So auch *H. Maurer*, ZevKR 49 (2004), 311 (324).
89 So auch BVerwGE 112, 227 (231 f.) – *Schächten*.
90 Für Heranziehung des Art. 136 Abs. 1 als Schranke auch *C. Starck*, in: von Mangoldt/Klein/Starck, Art. 4 Rn. 87 ff.; s. auch BVerwGE 112, 227 (231 f.) – *Schächten*; *R. Herzog*, in: Maunz/Dürig, Art. 4 Rn. 89 ff., Rn. 114 ff. zieht für „Reden" die Schranken des Art. 5 Abs. 2 GG und für „Handeln" die Schranken des Art. 2 Abs. 1 GG in Betracht. *M. Borowski*, Die Glaubens- und Gewissensfreiheit des Grundgesetzes, 2006, S. 526 ff. plädiert für einen ungeschriebenen allgemeinen Gesetzesvorbehalt. Weitere Nachweise zum Streitstand bei *U. Mager*, in: von Münch/Kunig, Art. 4 Rn. 36 ff.
91 S. dazu BVerfGE 104, 337 ff.
92 S. LG Köln, NJW 2012, 2128 f. und dazu *P. Wiater*, Rechtspluralismus und Grundrechtsschutz – Das Kölner Beschneidungsurteil, NVwZ 2012, 1379 ff.; s. auch RegE vom 10.10.2012 und dazu *T. Walter*, Der Gesetzesentwurf zur Beschneidung – Kritik und strafrechtliche Alternative, JZ 2012, 1110 ff.

rich, Eine Richterin mit Kopftuch?, Jura 2002, 271 (Fortgeschrittenenhausarbeit); *S. Radema-cher/N. Janz*, Der Muezzin ruft, JuS 2002, 58 (Fortgeschrittenenklausur in verwaltungsrechtlicher Einkleidung); *S. Rademacher/N. Janz*, Schulpflicht auch im Glauben?, Jura 2008, 223 (Examensklausur); *P.D. Scherer*, Pauschales Kopftuchverbot, JuS 2015, 914; *G. H. Stumpf*, Ora et cena: Das (ge-)wichtige Recht der Religionsfreiheit, JuS 2014, 1110; *F. Wittrek*, Referendarexamensklausur – Öffentliches Recht: Eingriff durch Entschuldigung? Der Bundespräsident und das Bild des Propheten, JuS 2006, 729.

1.6 Die inkorporierten Artikel der Weimarer Reichsverfassung

397 Die Religions- und Weltanschauungsfreiheit des Art. 4 Abs. 1 und 2 GG wird gemäß Art. 140 GG durch Vorschriften der Weimarer Reichsverfassung aus deren Abschnitt „Religion und Religionsgesellschaften" konkretisiert und ergänzt. Art. 136 WRV mit seinen Schutzbereich und Schranken konkretisierenden Gehalten ist bereits im Zusammenhang mit Art. 4 Abs. 1 und 2 GG erörtert worden. Vorgestellt werden im Folgenden die wesentlichen Inhalte der staatskirchenrechtlichen Zentralnorm Art. 137 WRV, der speziellen Vermögens- und Kirchengutsgarantie des Art. 138 WRV, des Sonn- und Feiertagsschutzes nach Art. 139 WRV sowie der Anstaltsseelsorge gemäß Art. 141 WRV. Hierbei handelt es sich um Konkretisierungen, vor allem aber um **Ergänzungen der kollektiven und korporativen Gehalte der Religions- und Weltanschauungsfreiheit.**

1.6.1 Allgemeine Bedeutung

398 Mit der Inkorporation sind die in Art. 140 GG genannten Vorschriften der WRV **vollgültiges Verfassungsrecht** geworden.[93] Die unveränderte Übernahme des Wortlauts bedeutet dennoch keine unveränderte Übernahme des Rechtszustands zur Zeit der WRV. Dies ist notwendige Folge der systematischen Auslegung. Die inkorporierten Artikel sind nunmehr im Zusammenhang mit den übrigen Verfassungsbestimmungen des GG zu sehen.[94] Insoweit wirkt sich die erhöhte Bindungskraft von Grundrechten gegenüber der Legislative (Art. 1 Abs. 3 GG) aus und nimmt der Glaubensfreiheit gemäß Art. 4 Abs. 1 und 2 GG[95], flankiert durch das Diskriminierungsverbot gemäß Art. 3 Abs. 3 GG, grundlegende Bedeutung für die Auslegung der inkorporierten Artikel zu. Diese Neujustierung hat in jüngerer Zeit ihren Niederschlag in der Kontroverse gefunden, ob der überkommene Begriff des **Staatskirchenrechts** durch den Begriff des **Religionsverfassungsrechts** abgelöst werden sollte.

399 Die inkorporierten Artikel enthalten **teils subjektive Rechte, teils objektiv-rechtliche Garantien.** Soweit die Vorschriften subjektive Rechte gewähren, ist streitig, ob es sich um Grundrechte im Sinne der Zulässigkeitsvoraussetzung für eine Verfassungsbeschwerde nach Art. 93 Abs. 1 Nr. 4a GG handelt. Das Bundesverfassungsgericht verneint dies und begründet die Beschwerdebefugnis in der Regel unter Rückgriff auf Art. 4 Abs. 1 und 2 GG[96], um dann in der materiellen Überprüfung nur noch auf die inkorporierte Norm einzugehen.[97] Dieses Vorgehen überzeugt nicht. Zumindest soweit die inkorporierten Normen der WRV freiheitssichernde subjektive Rechte enthalten,

---

93 BVerfGE 19, 206 (219) – *Kirchenbausteuer*; 19, 226 (236) – *Kirchenlohnsteuer I*; 53, 366 (400) – *Konfessionelle Krankenhäuser*; 111, 10 (50) – *Ladenschluss.*

94 BVerfGE 19, 206 (219); 33, 23 (30 f.) – *Eidesverweigerung aus Glaubensgründen.*

95 BVerfGE 33, 23 (30 f.); 42, 312 (322) – *Inkompatibilität/Kirchliches Amt*; 102, 370 (387) – *Körperschaftsstatus der Zeugen Jehovas.*

96 BVerfGE 70, 138 (162) zu Art. 137 Abs. 3 WRV; 99, 100, 119 – für Art. 138 Abs. 2 WRV; 102, 370 (384) zu Art. 137 Abs. 5 S. 2 WRV.

97 Der angegriffene Rechtsakt kann unter jedem in Betracht kommenden Gesichtspunkt auf seine verfassungsrechtliche Unbedenklichkeit geprüft werden: BVerfGE 19, 129 (132); 24, 236 (246 f.); 42, 312 (323); 53, 366 (386 ff.); 70, 138 (161); 83, 341 (351 ff.); 99, 100 (118 f.); 102, 370 (383 f.).

besteht kein Grund, sie nicht auch als Grundrechte iSd. Art. 93 Abs. 1 Nr. 4a GG zu behandeln.[98]

1.6.2 Art. 140 GG iVm. Art. 137 WRV: Selbstbestimmung der Religions- und Weltanschauungsgemeinschaften

Art. 137 WRV ist die wohl wichtigste Bestimmung für das Verhältnis von Staat und Religionsgemeinschaften.

1.6.2.1 Keine Staatskirche. Art. 137 Abs. 1 WRV verfügt mit dem Satz: „Es besteht   **400** keine Staatskirche." die **organisatorische und institutionelle Trennung** zwischen Staat und Religionsgemeinschaften. Sie ist Ausdruck und Folge der staatlichen **Neutralität** in Glaubensfragen[99], jedoch **nicht** zu verwechseln mit **Laizismus** im Sinne einer Ordnung, die das Religiöse ganz dem Bereich des Privaten zuweist.[100] Es handelt sich um ein Verbot, das alle staatliche Gewalt und damit auch den Gesetzgeber bindet. Subjektive Rechte ergeben sich aus ihm nicht. Eine dennoch gewollte oder bestehende institutionelle Verschränkung bedarf einer verfassungsrechtlichen Grundlage, wie sie etwa Art. 7 Abs. 3 S. 1 GG für den schulischen Religionsunterricht enthält, und muss Ausnahme bleiben.

1.6.2.2 Spezielle Vereinigungsfreiheit. Die in Art. 137 Abs. 2 WRV garantierte Vereini-   **401** gungsfreiheit zu Religionsgemeinschaften ist bereits von der Bekenntnisfreiheit geschützt und insoweit nur klarstellend. Hinsichtlich der Freiheit der Vereinigung von Religionsgemeinschaften handelt es sich um eine Spezialregelung zur Vereinigungsfreiheit[101], die – anders als diese – keinen ausdrücklichen, sondern nur verfassungsimmanenten Schranken unterliegt. Die Freistellung des Zusammenschlusses von Religionsgesellschaften „innerhalb des Reichsgebiets" wird verständlich vor dem Hintergrund, dass mit Art. 137 Abs. 1 WRV das landesherrliche Kirchenregiment sein Ende fand. Die Bedeutung der Formulierung liegt nicht in der Beschränkung auf das „Reichsgebiet", sondern sie stellt klar, dass die **Landesgrenzen keine Grenze** mehr **für den Zusammenschluss religiöser Vereinigungen** bilden.[102]

1.6.2.3 Selbstbestimmungsgarantie. Die gemäß Art. 137 Abs. 3 WRV geschützte **Frei-**   **402** **heit der inneren Organisation** und **Selbstbestimmung** in eigenen Angelegenheiten ist zum Teil unmittelbar Element der Religionsfreiheit, zum Teil notwendige Ergänzung zum Schutz der Voraussetzungen für die Existenz von Religion ohne Staat. Bereits durch die Glaubensfreiheit des Art. 4 Abs. 1 GG iVm. Art. 19 Abs. 3 GG sind die unmittelbar auf die Pflege, Entwicklung und Weitergabe der Glaubensinhalte und Glaubenswahrheiten bezogenen Vorgänge innerhalb einer Religionsgemeinschaft geschützt. Da Gemeinschaften in ihrem selbst gesetzten Auftrag auch durch staatliche Maßnahmen beeinträchtigt werden können, welche keine inhaltlichen Bezüge haben, erstreckt sich die Autonomiegewährleistung des Art. 137 Abs. 3 S. 1 WRV aber auch und gerade hierauf.[103] Art. 137 Abs. 3 S. 1 WRV verbürgt damit ausdrücklich, was im Rahmen der allgemeinen Vereinigungsfreiheit des Art. 9 Abs. 1 GG deren kollekti-

---

98   So *D. Ehlers*, in: Sachs, Art. 140 Rn. 3; aA. *H. D. Jarass*, in: JP, Art. 140 Rn. 2.

99   BVerfGE 19, 206 (216); 93, 1 (16 f.); siehe aus der Literatur *K. Schlaich*, Neutralität als verfassungsrechtliches Prinzip, 1972; *S. Huster*, Die ethische Neutralität des Staates, 2002; zur Bedeutung des Art. 137 Abs. 1 WRV für den Grundsatz der Neutralität s. *H. M. Heinig*, JZ 2009, 1136 (1140).

100 *M. Morlok*, in: Dreier, Art. 137 WRV Rn. 22.

101 *D. Ehlers*, in: Sachs, Art. 140/137 WRV Rn. 3; *H. D. Jarass*, in: JP, Art. 140/137 WRV Rn. 5.

102 *U. Mager*, in: von Münch/Kunig, Art. 140 Rn. 29.

103 *S. Muckel*, Religiöse Freiheit und staatliche Letztentscheidung, 1997, S. 183; *A. von Campenhausen*, HdbStR VI, § 136 Rn. 91; ausf. *K. Hesse*, HdbStKirchR I, § 17.

ver Seite zugezählt wird.[104] Sie schützt die Religionsgemeinschaften als Institutionen und ist damit die „lex regia"[105] des Staatskirchenrechts.

403 Das Bundesverfassungsgericht definiert das Selbstbestimmungsrecht in ständiger Rechtsprechung als eine „rechtlich selbständige Gewährleistung, die der Freiheit des religiösen Lebens und Wirkens der Kirchen und Religionsgemeinschaften (Art. 4 Abs. 2 GG) die zur Wahrnehmung dieser Aufgaben unerlässliche Freiheit der **Bestimmung über Organisation, Normsetzung und Verwaltung** hinzufügt"[106]. Art. 137 Abs. 3 WRV ist nach dieser höchstrichterlichen Definition wie heutiger Grundrechtsdogmatik ein **Freiheitsrecht**[107] und sollte folglich im Wege einer Verfassungsbeschwerde durchsetzbar sein.[108] Demgegenüber verneint das Bundesverwassungsgericht prozessual die Grundrechtseigenschaft der Autonomiegewährleistung, lässt eine Verfassungsbeschwerde aber mit der Behauptung einer Verletzung in Art. 4 Abs. 1 und 2 GG zu und geht dann in der Begründetheitsprüfung auf die besonderen und zusätzlichen Gehalte des Art. 137 Abs. 3 WRV ein.[109]

404 Die **Selbstbestimmung in eigenen Angelegenheiten umfasst auch eine eigene Rechtsprechung.** Eine unbeschränkte staatliche Rechtskontrolle in Bezug auf Organisation, Normsetzung und Verwaltung würde die Selbstbestimmung der Religionsgemeinschaften spürbar beeinträchtigen.[110] Nach Sinn und Zweck ist daher auch die Einrichtung und Ausübung einer eigenen Rechtsprechung dem Selbstbestimmungsrecht zuzurechnen.[111] Die Reichweite staatlichen Rechtsschutzes in Angelegenheiten von Religionsgemeinschaften bestimmt sich nach den Schranken des Selbstbestimmungsrechts.[112] Der Inhalt der „eigenen Angelegenheiten" im Einzelnen muss – ähnlich wie bei der Konkretisierung der Begriffe „Religion" und „Weltanschauung"– unter **Berücksichtigung des Selbstverständnisses** der Religionsgemeinschaften bestimmt werden.[113] Dementsprechend lässt sich vor staatlichen Gerichten kein Anspruch auf die Durchführung einer Taufe einklagen, wohingegen die gewaltsame Durchführung einer Taufe gegen den Willen der betroffenen Person den Schranken des allgemeinen Gesetzes in Gestalt des strafrechtlichen Nötigungstatbestands gemäß § 240 Abs. 1 StGB unterliegt. Ausdrücklich als eigene Angelegenheit bestimmt Art. 137 Abs. 3 S. 2 WRV die **Verleihung von Ämtern.**

405 **Träger** der Gewährleistung sind dem Wortlaut nach nur Religionsgemeinschaften als solche. Teile oder Untergliederungen von Religionsgemeinschaften, die in spezifischer Weise einen religiösen Auftrag verwirklichen[114], haben aber an der Autonomiege-

---

104   Vgl. dazu *W. Löwer*, in: von Münch/Kunig, Art. 9 Rn. 15 f.; s. auch *R. Herzog*, in: Maunz/Dürig, Art. 4 Rn. 30; vgl. zur Vereinigungsfreiheit unten Rn. 546 ff.

105   *J. Heckel*, Melanchthon und das heutige deutsche Staatskirchenrecht, FS Kaufmann, 1950, 83 (85).

106   S. nur BVerfGE 42, 312 (322) – *Abgeordnetenmandat (Inkompatibilität)*; 53, 366 (401) – *konfessionelles Krankenhaus (Verfmäßigkeit v. KHG NW)*; 72, 278 (289) – *kirchliche Berufsbildung* mwN.

107   Siehe *K. Stern*, Staatsrecht III/1, 1988, § 68 (S. 820); *M. Morlok*, in: Dreier Art. 137 WRV Rn. 44.

108   So *D. Ehlers*, in: Sachs, Art. 140/137 WRV Rn. 4.

109   S. zum Verhältnis von Art. 4 Abs. 1 und 2 GG und Art. 140 GG iVm. Art. 137 Abs. 3 WRV BVerfGE 137, 273 ff. – *kirchliches Arbeitsverhältnis.*

110   *J. Isensee*, Rechtsschutz gegen Kirchenglocken – Rechtsweg und Rechtsqualifikation bei Nachbarklagen auf Unterlassung kirchlicher Immissionen, FS Constantinesco, 1983, 301 (315); siehe auch BVerfGE 18, 385 (387 f.) – *innerkirchliche Maßnahmen, Teilung der Kirchengemeinde.*

111   *A. von Campenhausen*, in: von Mangoldt/Klein/Starck, Art. 137 WRV Rn. 113 ff.

112   S. dazu *U. Mager*, in: von Münch/Kunig, Art. 140 Rn. 33.

113   S. auch BVerfGE 24, 236 (248) – *Rumpelkammer*; 70, 138 (164) – *kirchliches Kündigungsrecht, Loyalitätspflicht.*

114   Zur Einordnung von Einrichtungen als „kirchlich" und damit eigene Angelegenheit iSv. Art. 137 Abs. 3 WRV s. BVerfGE 46, 73 (85 f.) – *Betriebsratsarbeit im katholischen Krankenhaus*; 53, 366 (391); VGH Mannheim, ESVGH 59, 26 – *Entzug des Körperschaftsstatus (Israeliten).*

währleistung der tragenden Religionsgemeinschaft teil und können diese bei eigener Rechtsfähigkeit auch selbst geltend machen.[115]

Richtet man sich bei der Bestimmung der eigenen Angelegenheiten grundsätzlich nach **406** dem Selbstverständnis der jeweiligen Religionsgemeinschaft, stellt sich umso schärfer die Frage nach der Bedeutung der **Schranke** des für alle geltenden Gesetzes iSd. Art. 137 Abs. 3 Satz 1 WRV. Für alle geltende Gesetze sind **neutrale Gesetze**, dh. solche, die weder die Glaubenswahrheit, deren Verkündung noch Kultusangelegenheiten zum Inhalt haben oder betreffen. Im Übrigen sind es solche Gesetze, bei denen der Gesetzgeber nicht gerade wegen der Besonderheiten der Religions- bzw. Weltanschauungsgemeinschaften eine Ausnahmeregelung hätte treffen müssen oder der Einzelfall eine Ausnahme fordert.[116] Um dies zu ermitteln, nimmt das Bundesverfassungsgericht eine **Abwägung** zwischen dem Selbstbestimmungsrecht und dem Zweck des Schranken ziehenden Gesetzes vor,[117] womit die Auslegung des Art. 137 Abs. 3 S. 1 WRV der Auslegung des Art. 5 Abs. 2 GG im Sinne der Abwägungstheorie ähnelt.[118]

1.6.2.4 Allgemeine Rechtsformbestimmung. Art. 137 Abs. 4 WRV stellt den religiösen **407** Vereinigungen die Vorschriften des bürgerlichen Rechts zur Verfügung, um Rechtsfähigkeit, also den Status einer juristischen Person, zu erwerben. Geeignete Rechtsform ist im Regelfall der **Idealverein** gemäß § 21 BGB.[119] Art. 137 Abs. 4 WRV gewährt keinen unmittelbaren Anspruch auf die Verleihung einer bürgerlich-rechtlichen Rechtsform unabhängig von deren einfachgesetzlichen Voraussetzungen. Bei der Anwendung und Auslegung dieser Voraussetzungen ist jedoch Art. 4 Abs. 1 und 2 GG, das heißt konkret das jeweilige religiöse **Selbstverständnis,** zu berücksichtigen.[120]

1.6.2.5 Körperschaftsstatus. Eine **nur historisch verständliche Besonderheit** des deut- **408** schen Staatskirchenrechts stellt es dar, dass Religionsgemeinschaften die Rechtsform einer Körperschaft des öffentlichen Rechts haben können. Die Fortführung von historisch Überkommenem ist Inhalt von Art. 137 Abs. 5 S. 1 WRV. Ein wesentlicher Grund für die Bewahrung dieser Rechtsform war es, den Kirchen das Recht der Steuererhebung zu erhalten.[121] Unter den Bedingungen eines religiös-neutralen Staates ist die Anordnung des Satzes 2 zwingend, wonach dieser Status auch von Religionsgemeinschaften erlangt werden kann, die ihn nicht schon bisher innehatten.[122] Die Bewahrung der überkommenen Rechtsform der Körperschaft des öffentlichen Rechts für Religionsgemeinschaften ist als eine in staatskirchenrechtlicher Tradition wurzelnde Anerkennung der Bedeutung der Kirchen für Staat und Gesellschaft zu verstehen. Sie

---

115 *D. Ehlers*, in: Sachs, Art. 140/137 WRV Rn. 5; s. dazu *S. Magen*, in: Umbach/Clemens, Art. 140 Rn. 66 mit Fn. 216.

116 In diese Richtung BVerfGE 46, 73 (95) zum BetrVerfG.

117 BVerfGE 53, 366 (404) – *konfessionelles Krankenhaus*; 72, 278 (289) – *kirchliche Berufsbildung*; 137, 273 Rn. 120 ff. – *kirchliches Arbeitsverhältnis*.

118 Vgl. BVerfGE 53, 366 (404); 72, 278 (289); ablehnend zur Anlehnung an die Abwägungstheorie *B. Grzeszick*, AöR 129 (2004), 168 (206 f.); zustimmend *H. D. Jarass, in: JP,* Art. 140/137 WRV Rn. 14. Gegen Verständnis iSd. Art. 5 Abs. 2 GG BVerfGE 42, 312 (333) – *Abgeordnetenmandat, Inkompatibilität*; Anlehnung an die für Art. 5 Abs. 2 GG entwickelte Wechselwirkungslehre in BVerfGE 53, 366 (404); 72, 278 (289). Siehe zur Abwägungstheorie im Rahmen des Art. 5 Abs. 2 GG unten Rn. 453 f.

119 S. zur Entziehung des Status als Idealverein wegen wirtschaftlicher Betätigung VG München, GewArch. 2000, 334; aufgehoben durch VGH München, NVwZ-RR 2006, 297.

120 BVerfGE 83, 341 (356) – *Bahá'í.*

121 *H. Weber*, NVwZ 2002, 1443 (1444).

122 Zu Rechtstatsachen s. die Zusammenstellung von *G. Robbers*, http://www.uni-trier.de/index.php?id= 26713 [zuletzt aufgerufen am 9.1.2018].

hat nichts mit einer Eingliederung in die Staatsverwaltung zu tun.[123] Der Körperschaftsbegriff in Art. 137 Abs. 5 WRV ist insbesondere nicht vergleichbar mit dem herkömmlichen verwaltungsrechtlichen Begriff.[124] Folgerichtig wird mit dem Körperschaftsstatus **keine spezifische Organisationsstruktur** garantiert. Dem steht Art. 137 Abs. 3 WRV vielmehr entschieden entgegen.[125] Ebenso wenig hat der Status Auswirkungen auf die **Grundrechtsträgerschaft** von Religionsgemeinschaften.[126] Er begründet **keine** besondere **Kirchenhoheit des Staates** und keine gesteigerte Staatsaufsicht (so die frühere Korrelattheorie), sondern soll vielmehr die Eigenständigkeit, Unabhängigkeit und originäre Kirchengewalt bekräftigen.[127]

409 Mit dem Körperschaftsstatus erlangt eine Religionsgemeinschaft das Recht, ihre Rechtsverhältnisse mit den **Handlungsformen des öffentlichen Rechts** zu regeln. Dies betrifft insbesondere das Organisations-, Dienst-, Disziplinar-, Vereidigungs- und sakrale Sachenrecht sowie die an den Wohnsitz anknüpfende Regelung der Mitgliedschaft, das Parochialrecht. Soweit der Körperschaftsstatus der Funktion nach einer Beleihung mit Hoheitsgewalt entspricht, unterliegt die Religionsgemeinschaft der unmittelbaren Grundrechtsbindung.[128]

410 Art. 137 Abs. 5 WRV unterscheidet zwischen den zum Zeitpunkt des Erlasses der WRV bereits vorhandenen körperschaftlich organisierten Religionsgemeinschaften und dem Recht aller anderen Religionsgemeinschaften, unter bestimmten Voraussetzungen diesen Status zu erlangen. Der **verfassungsunmittelbare Anspruch auf Verleihung** des Körperschaftsstatus setzt die **Gewähr der Dauer** voraus, für deren verlässliche Prognose die Verfassung der Gemeinschaft und ihre Mitgliederzahl die Grundlage bilden. Streitig ist, ob über die ausdrücklichen Anforderungen hinaus für die Verleihung des Körperschaftsstatus als ungeschriebene, quasi verfassungsimmanente Voraussetzung eine besondere Staatsloyalität, Rechts- oder Verfassungstreue zu fordern ist. Historische Argumente lassen sich für eine besondere Staatsloyalität zwar vorbringen; allerdings können sie nicht gegen die systematischen Argumente durchdringen, die aus der Neuakzentuierung des Staatskirchenrechts durch die WRV und das GG folgen. Der Körperschaftsstatus dient unter der Geltung des GG wohl reflexhaft, nicht aber final staatlichen Interessen. Seine Funktion ist vielmehr die Förderung der Religionsfreiheit in ihren kollektiven und korporativen Ausprägungen.[129] Verfassungstreue im beamtenrechtlichen Sinne, also als Gesinnungselement, kann nicht gefordert werden. Dagegen ist die auf das Verhalten bezogene Forderung der **Rechtstreue** eine Selbstverständlichkeit, soweit es sich um die „für alle geltenden Gesetze" im Sinne des Art. 137 Abs. 3 S. 1 WRV handelt, die von jeder Religionsgemeinschaft zu beachten sind. Voraussetzung für die Verleihung des Körperschaftstatus ist neben der Gewähr der Dauer somit grundsätzliche Rechtstreue im Verhalten. Das Bundesverfassungsgericht verlangt zudem, dass die Religionsgemeinschaft „die Gewähr dafür bieten [muss], dass ihr künftiges Verhalten die in Art. 79 Abs. 3 GG umschriebenen funda-

---

123   Vgl. auch Art. 137 Abs. 1 WRV – Verbot der Staatskirche und Art. 137 Abs. 3 S. 1 WRV – Autonomiegewährleistung; zur Bedeutung des Körperschaftsstatus s. auch BVerfGE 102, 370 ff. – *Körperschaftsstatus der Zeugen Jehovas.*

124   BVerfGE 102, 370 (387 f.).

125   Siehe BVerfGE 102, 370 (394 f.).

126   BVerfGE 18, 385 (386 f.) – *innerkirchliche Maßnahmen*; Teilung der Kirchengemeinde; 21, 362 (374) – *Sozialversicherungsträger*; 42, 312 (321) – *Abgeordnetenmandat, Inkompatibilität*; 53, 366 (387) – *konfessionelles Krankenhaus*; 70, 138 (160) – *kirchliches Kündigungsrecht; Loyalitätspflicht*; 102, 370 (387).

127   BVerfGE 18, 385 (386 f.); 30, 415 (427 f.) – *Kirchensteuerpflicht*; 42, 312 (332) – *Abgeordnetenmandat, Inkompatibilität*; 66, 1 (19 f.) – *Befreiung vom Konkursausfallgeld*; 102, 370 (388).

128   BVerfGE 102, 370 (390).

129   S. dazu *M. Germann*, in: Epping/Hillgruber, Art. 140 Rn. 68 mwN.

mentalen Verfassungsprinzipien, die dem staatlichen Schutz anvertrauten Grundrechte Dritter sowie die Grundprinzipien des freiheitlichen Religions- und Staatskirchenrechts des Grundgesetzes nicht gefährdet."[130] Damit wird eine sehr allgemeine unmittelbare Verfassungsbindung postuliert, die es gegenüber Privatpersonen sonst nicht gibt und die unter rechtsstaatlichen Gesichtspunkten, insbesondere dem Bestimmtheitsgebot, nicht unbedenklich erscheint. Letztlich müssen sich die Anforderungen an den Körperschaftsstatus aus den mit diesem Status verbundenen Sonderrechten rechtfertigen lassen.

Zuständig für die Verleihung sind die Länder. Eine Verleihung durch Gesetz verstößt nach Auffassung des Bundesverfassungsgerichts gegen das Gewaltenteilungsprinzip.[131] Streitig ist, welche Anforderungen an die sog. Zweitverleihung durch ein weiteres Bundesland nach bereits erfolgter Anerkennung in einem Bundesland zu stellen sind.[132]

1.6.2.6 Kirchensteuer. Mit dem in Art. 137 Abs. 6 WRV verbürgten Steuererhebungs- **411**
recht nach Maßgabe der landesrechtlichen Bestimmungen ist ein spezifisches, an den Körperschaftsstatus anknüpfendes Vorrecht[133] verfassungsrechtlich garantiert. Diese Form des kooperativen Zusammenwirkens zwischen Kirchen und Staat in Bezug auf die Finanzierung der kirchlichen Arbeit ist Folge der Vermögensverluste der Kirchen im Zuge der Reformation und des Reichsdeputationshauptschlusses von 1803 sowie der Auflösung des Staatskirchentums im Laufe des 19. Jahrhunderts[134], durch welche die Finanzierung aus dem Staatshaushalt ihre Grundlagen verlor. War die Initiative zu dieser Form der Kirchenfinanzierung ursprünglich von staatlicher Seite ausgegangen, wollten 1919 die Kirchen selbst die Steuererhebung gegen kirchenfeindliche Bestrebungen verfassungsrechtlich gesichert sehen.[135] Heute stellt diese traditionelle Kooperation zwischen Staat und Kirche – wie der Körperschaftsstatus – einen **Bestandteil staatlicher Religionsförderung** dar. Ihre Zukunftsfähigkeit ist inzwischen allerdings angesichts der Abhängigkeit von der staatlichen Steuer- und damit Verteilungspolitik auch in den Kirchen nicht mehr unumstritten.[136]

1.6.2.7 Gleichstellung von Weltanschauungsgemeinschaften. Art. 137 Abs. 7 WRV **412**
ordnet die Gleichstellung der Weltanschauungsgemeinschaften mit den Religionsgemeinschaften an. Dies ist notwendige Folge der staatlichen Neutralität in Glaubensdingen und stellt das korporative Pendant zur Gleichstellung von „religiösem und weltanschaulichem Bekenntnis" in Art. 4 Abs. 1 GG dar.

1.6.3   Art. 140 GG iVm. Art. 138 WRV: Staatsleistungen und Kirchengutsgarantie

Art. 138 WRV enthält zwei sehr unterschiedliche Bestimmungen, deren Verbindung **413**
darin besteht, dass es jeweils um die materiellen Grundlagen der Betätigung von Religionsgemeinschaften geht. Dabei zielt Absatz 1 auf die Verwirklichung des **Trennungsgebots in finanziellen Angelegenheiten**[137], während Absatz 2 dem allgemeinen Eigentumsschutz ein **Säkularisationsverbot**[138] hinzufügt.

---

130   BVerfGE 102, 370 Ls. 1 b).
131   S. dazu BVerfGE 139, 321 ff. – Verleihung des Körperschaftstatus; s. dazu die kritische Anmerkung von *C. Möllers*, JZ 2015, 1103 ff.
132   BVerfGE 139, 321 ff., 371 ff. – *Sondervotum.*
133   Es handelt sich um ein verliehenes Hoheitsrecht, siehe BVerfGE 19, 206 (217 f.) – *Kirchenbausteuer.*
134   S. zur geschichtlichen Entwicklung *H. Weber*, Kirchenfinanzierung im religionsneutralen Staat – Staatskirchenrechtliche und rechtspolitische Probleme der Kirchensteuer, NVwZ 2002, 1443 (1444).
135   BVerfGE 19, 253 (257 f.).
136   S. dazu *H. Weber*, NVwZ 2002, 1443 (1449 ff.).
137   Dies betont *H. A. Wolff*, Ablösung der Staatsleistungen an die Kirche, ZRP 2003, 12 (13).
138   *D. Ehlers*, in: Sachs, Art. 140/138 WRV Rn. 6.

414   **1.6.3.1 Ablösung von Staatsleistungen.** Bei den von Art. 138 Abs. 1 WRV gemeinten Staatsleistungen handelt es sich um Geld- oder Naturalleistungen sowie Befreiungen von Leistungen an den Staat (Abgaben), die vor 1919 durch spezifische Rechtstitel mit dem Zweck, die Kirchen finanziell zu unterstützen, begründet worden waren.[139] Dies sind vielfach Leistungen, welche die jeweiligen Länder als Ausgleich für die Säkularisation durch den Reichsdeputationshauptschluss von 1803 oder vergleichbare Rechtsakte gewährten. Zum Teil haben die Staatsleistungen aber auch sehr viel ältere Rechtsgrundlagen aus der Zeit des Staatskirchentums in den Ländern. Mit dem Begriff der „Ablösung" ist die **einseitige Aufhebung gegen Entschädigung** gemeint. Weder das Reich noch (bisher) der Bund haben das nötige Gesetz verabschiedet. Damit sind auch die **Länder an** der **Ablösung** im Sinne einseitigen gesetzlichen Handelns **gehindert.** In Ermangelung der erforderlichen Gesetzgebung wirkt Art. 138 Abs. 1 WRV, entgegen seiner ursprünglichen Zielsetzung, als **Bestandsgarantie** für die im Jahr 1919 existierenden Staatsleistungen an Religionsgemeinschaften. Die Höhe der Leistungen und damit auch die tatsächliche Umsetzbarkeit ihrer Ablösung angesichts angespannter Staatshaushalte ist streitig.[140]

415   **1.6.3.2 Säkularisationsverbot.** Zweck des Art. 138 Abs. 2 WRV ist es, die in den Schutzbereich des Art. 4 Abs. 1 und 2 GG fallende Betätigung von Religionsgemeinschaften, religiösen Vereinen und – in entsprechender Anwendung – Weltanschauungsgemeinschaften[141] in ihren materiellen Grundlagen zu sichern.[142] Damit handelt es sich um eine in engem Zusammenhang zu Art. 4 Abs. 1 und 2 GG stehende, sich teils mit diesem überschneidende, teils ergänzende Garantie mit Grundrechtscharakter.[143] Ihr Kern ist ein Säkularisationsverbot.[144]

416   Der Schutzbereich des Art. 138 Abs. 2 WRV erstreckt sich auf alle vermögenswerten Rechte, die für Kultus-, Unterrichts- und Wohltätigkeitszwecke bestimmt sind.[145] Die ausdrückliche Erwähnung von Eigentum sowie von Rechten an Anstalten oder Stiftungen ist nur beispielhaft, wie sich aus der Formulierung „und andere Rechte [...] an sonstigen Vermögen" ergibt. Die öffentlich-rechtliche oder privatrechtliche Rechtsnatur ist für die Anwendbarkeit des Art. 138 Abs. 2 WRV irrelevant.[146] Entscheidend für die Eröffnung des Schutzbereichs ist allein die **Zweckbestimmung** und zweckentsprechende Nutzung. Insoweit ist streitig, ob nur Vermögen, das unmittelbar religiösen Zwecken dient, geschützt ist, oder ob ein mittelbares Dienen ausreicht. Die Antwort ergibt sich aus Art. 4 Abs. 1 und 2 GG: Vermögenswerte Rechte, die zur Verwirklichung solcher Betätigungen Verwendung finden, die in den Schutzbereich der Religions- und Weltanschauungsfreiheit fallen, sind durch Art. 138 Abs. 2 WRV geschützt.[147] Unterricht im Sinne der Vorschrift kann daher nicht als allgemeiner

---

139   S. BVerfGE 19, 1 (13, 15 f.) – *verneinend für Gerichtsgebührenbefreiung;* BVerwG, NVwZ 1996, 786.

140   S. dazu einerseits *S. Mückl,* HStR VII, § 160 Rn. 52; *C. D. Classen,* Religionsrecht, 2006, Rn. 607 (nicht möglich); andererseits *G. Czermak,* Religions- und Weltanschauungsrecht, 2008, Rn. 355 f.

141   *D. Ehlers,* in: Sachs, Art. 140/138 WRV Rn. 8.

142   BVerfGE 99, 100 (Ls. 1, 120, 127) – *St. Salvator Kirche.*

143   Krit. und stärker differenzierend *D. Pirson,* Kirchengut – Religionsfreiheit – Selbstbestimmung, in: Gesammelte Beiträge Hbd. 2, 2008, 1048 ff.

144   *M. Morlok,* in: Dreier, Art. 138 WRV Rn. 27; *J. Winter,* Staatskirchenrecht, 2008, S. 255; zum Erlöschen kommunaler Kirchenbaulasten mit dem Beitritt der DDR zur Bundesrepublik s. BVerwGE 132, 358 ff.

145   S. BVerfGE 99, 100 (120 f.); s. auch BVerwG, NVwZ-RR 2009, 590 (591) – *kommunale Kirchenbaulast.*

146   BVerfGE 99, 100 (121).

147   *D. Ehlers,* in: Sachs, Art. 140/138 WRV Rn. 8; BVerfGE 18, 392 (398): vermögenswerte Rechte im Dienst einer religiösen Zwecksetzung.

Schulunterricht[148], sondern nur als Unterweisung in der Religion etwa im Rahmen der Priesterausbildung oder des Konfirmandenunterrichts verstanden werden. Damit sind etwa Kirchen, kirchliche Krankenhäuser und Priesterseminare vom Schutzbereich erfasst, aber auch Geldvermögen, sofern es zB. caritativer Betätigung gewidmet ist. Vermögenswerte Rechte ohne die erforderliche Zweckbestimmung sind damit nicht schutzlos gestellt; sie sind vielmehr Gegenstand der allgemeinen Eigentumsgewährleistung.[149] Hinzu tritt der Schutz aus Art. 137 Abs. 3 WRV.

417   **Träger des Grundrechts** aus Art. 138 Abs. 2 WRV sind nicht nur Religions- und Weltanschauungsgemeinschaften als solche und unabhängig von ihrer Organisationsform[150], sondern auch selbstständige religiöse Vereine.

418   Art. 138 Abs. 2 WRV unterliegt keinen ausdrücklichen Schranken. Fraglich ist, ob damit allein verfassungsimmanente Schranken zur Anwendung kommen, oder ob die Schranke des für alle geltenden Gesetzes gemäß Art. 137 Abs. 3 WRV heranzuziehen ist.[151] Art. 138 Abs. 2 WRV schützt die vermögenswerten Rechte im Hinblick auf ihren zweckbestimmten Gebrauch, jedoch nicht herausgelöst aus der Rechtsordnung.[152] Daraus folgt, dass die **Schranke** des für alle geltenden Gesetzes als **Bestandteil der Rechtsbegriffe Eigentum und Rechte an sonstigem Vermögen** angesehen werden kann.[153] Als historisches Argument lässt sich anführen, dass die Garantie des Art. 138 Abs. 2 WRV ursprünglich als Bestandteil der Selbstverwaltungsgarantie aufgefasst wurde. Zweck der Vorschrift ist schließlich keine Privilegierung des Kirchenguts, sondern der Schutz dieser Vermögensrechte vor Säkularisationsmaßnahmen. Danach kommen Gefahrenabwehrrecht, Denkmalschutz-, Immissionsschutz- und Planungsrecht auch auf „Kirchengut" zur Anwendung.

1.6.4   Art. 140 GG iVm. Art. 139 WRV: Sonn- und Feiertagsschutz

419   Art. 139 WRV schützt den Sonntag und die staatlich anerkannten Feiertage. Der Sonntag bestimmt sich nach dem geltenden, dh. dem gregorianischen Kalender. Staatlich anerkannte Feiertage können weltlich oder religiös sein. Die staatliche Anerkennung erfolgt in der Regel durch die Landesgesetzgeber in den Feiertagsgesetzen. Ausnahmsweise ist der Bund zuständig. Dies gilt für den 1. Mai als Tag der Arbeit auf der Grundlage von Art. 74 Abs. 1 Nr. 11 GG sowie für den 3. Oktober als Tag der Deutschen Einheit aufgrund Bundeskompetenz kraft Natur der Sache.[154] Der Begriff der „Anerkennung" impliziert, dass es nicht um staatlich vorgegebene, sondern um im gesellschaftlichen und kulturellen Leben wurzelnde Feiertage geht, auf die der Staat mit Anerkennung reagiert.[155] Damit besteht eine Bindung an diese tatsächlichen Vorgaben.[156] Bei der Festlegung kommt dem Gesetzgeber zwar ein erheblicher **Gestal-**

---

148   AA. *M. Morlok*, in: Dreier, Art. 138 WRV Rn. 31.

149   So auch *U. K. Preuß*, in: AK, Art. 140 Rn. 67; für eine fließende Abstufung *A. von Campenhausen*, in: von Mangoldt/Klein/Starck, Art. 138 WRV Rn. 31–33.

150   BVerfGE 99, 100 (Ls. 2, 120) – *St. Salvator Kirche*.

151   Ausdrücklich für die Anwendung dieser Schranke BVerwGE 87, 115 (124 ff., 126).

152   Vgl. BVerfGE 99, 100 Ls. 3 (121 f.).

153   *U. Mager*, in: von Münch/Kunig, Art. 140 Rn. 79.

154   *D. Ehlers*, in: Sachs, Art. 140/139 WRV Rn. 6; s. auch *J. Dietlein*, Das Feiertagsrecht in Zeiten des religiösen Wandels, FS Rüfner 2003, 131 (137 ff.), der auch in Bezug auf den 1. Mai eine Gesetzgebungskompetenz der Länder annimmt.

155   Vgl. BVerfGE 143, 161 Rn. 63 ff., 66 – *Karfreitag*; *K.-H. Kästner*, NVwZ 1993, 148 (151); *J. Dietlein*, FS Rüfner, 2003, 131 (139).

156   *J. Dietlein*, FS Rüfner, 2003, 131 (140); zu einer darüberhinausgehenden Berücksichtigung tatsächlicher Verhältnisse in Bezug auf den Umfang des Schutzes siehe *Ph. Kunig*, Der Schutz des Sonntags im verfassungsrechtlichen Wandel, 1989, S. 29 ff.

tungsspielraum zu, er darf sich jedoch nicht über die Religion bzw. Kultur der Mehrheit hinwegsetzen, sondern hat sich an ihr zu orientieren.

420 Neben den staatlich anerkannten Feiertagen enthalten die Feiertagsgesetze Regelungen über (nicht staatlich anerkannte) religiöse Feiertage und sogenannte geschützte Tage. Sie genießen einen einfachgesetzlichen Schutz und gehören nicht in den Anwendungsbereich von Art. 139 WRV. Minderheitenschutz gewährt in Bezug auf religiöse Feiertage, die weder staatlich anerkannt noch geregelt sind, das Grundrecht der Religionsfreiheit.[157]

421 Der gesetzliche Schutz der Sonn- und anerkannten Feiertage muss so ausgestaltet sein, dass **Arbeitsruhe** und **seelische Erhebung** ermöglicht werden. Arbeitsruhe verlangt die allgemeine Befreiung von werktäglichen Bindungen und Zwängen.[158] Dieses Ziel wird neben den Regelungen in den Feiertagsgesetzen durch Ladenschluss- bzw. Ladenöffnungsgesetze und das Arbeitszeitgesetz umgesetzt. Öffentlich **wahrnehmbare Arbeiten** müssen die **Ausnahme** bleiben. Allein wirtschaftliche Interessen können die Gewährung einer Ausnahme nicht rechtfertigen.[159] Im Begriff der seelischen Erhebung kommt der religionsschützende und -fördernde Zweck zum Ausdruck.[160] Insoweit ist der Schutz **komplementär** zum Grundrecht der ungestörten Religionsausübung. Das Bundesverfassungsgericht hat darüber hinaus in Überdehnung der Schutzpflichtdogmatik den Sonntagsschutz durch Art. 139 WRV insgesamt als verfassungsrechtliche Konkretisierung der staatlichen Schutzpflicht aus Art. 4 Abs. 1 und 2 GG qualifiziert.[161]

422 Der **Gewährleistungsgehalt** der Sonn- und Feiertagsgarantie wird vom BVerfG und der überwiegenden Auffassung in der Literatur als Institutsgarantie[162] bzw. institutionelle Garantie[163] bezeichnet. Mit diesen eher verwirrenden als klärenden Etikettierungen soll zum Ausdruck gebracht werden, dass Art. 139 WRV kein Grundrecht ist, sondern objektiv-rechtlich schützt und hierzu auf Konkretisierung durch Gesetzgebung angewiesen ist. Garantiert ist ein Mindestmaß (Kernbereich) an Gesetzgebung zum Schutz des Sonntags sowie zur Anerkennung und zum Schutz von Feiertagen, wobei der Gesetzgeber sich am verfassungsrechtlichen Zweck zu orientieren hat, dabei aber einen weiten Gestaltungsspielraum genießt.[164] Tatsächlich handelt es sich beim Sonn- und Feiertagsschutz um eine objektiv-rechtliche Verfassungsgarantie, die den Gesetzgeber verpflichtet, neben dem Sonntag eine angemessene Zahl auch religiöser Feiertage staatlich anzuerkennen und durch gesetzliche Regelung zu gewährleisten, dass sie den in Art. 139 WRV genannten Zwecken dienen können.[165] Es handelt sich also um einen **Regelungsauftrag.**[166] Die Verfassungsvorgabe gewährleistet dagegen grundsätzlich **keine Bestandsgarantie** für einen konkreten Feiertag oder eine bestimmte Anzahl von Feiertagen. Der Gestaltungsspielraum endet allerdings dort, wo der Gesetzgeber den

157 *D. Ehlers*, in: Sachs, Art. 140/139 WRV Rn. 7.

158 BVerwGE 79, 118 (124) – *Gebrauchtwagenmarkt*; 79, 236 (239) – *Videotheken*.

159 *D. Pirson*, Sonn- und Feiertage, in: Gesammelte Beiträge 2. Hbd., 2008, 887 (891); s. aber quasi qualifizierte wirtschaftliche Erwägungen in § 13 Abs. 5 ArbZG.

160 *A. von Campenhausen*, in: von Mangoldt/Klein/Starck, Art. 139 WRV Rn. 19.

161 BVerfGE 125, 39 – *Adventssonntage*; s. dazu noch unten Rn. 423.

162 *H. D. Jarass*, in: JP, Art. 140/139 WRV Rn. 1.

163 BVerfG, NJW 1995, 3378 (3379) – *Buß- und Bettag*; BVerwGE 79, 118 (122 ff.); 79, 236 (238); 90, 337 (341) – *Bräunungsstudio*; sowie zahlreiche Stimmen aus der Literatur, s. die Nachweise bei *U. Mager*, in: von Münch/Kunig, Art. 140 Rn. 85.

164 BVerfGE 111, 10 (50) – *Ladenschlussgesetz*.

165 BVerfG, NJW 1995, 3378 (3379); BVerwGE 79, 118 (122); s. auch BayVGHE 35, 10 (19) zu Art. 147 BayVerf.

166 *U. Mager*, Einrichtungsgarantien, 2003, S. 311.

Regelungsauftrag im Lichte der vorgegebenen Zwecke ignoriert, aushöhlt oder unterläuft.[167] Das BVerfG urteilte zurecht, dass die Zulassung der Ladenöffnung an allen vier Adventssonntagen ab 13.00 Uhr einen Verstoß gegen das von Art. 139 WRV vorgegebene Regel-Ausnahme-Prinzip[168] darstellt.[169]

Lange Zeit war es nahezu einhellige Meinung, dass Art. 139 WRV **kein subjektives Recht** einräumt.[170] Das Bundesverfassungsgericht wies in einer Kammerentscheidung die Verfassungsbeschwerde eines Arbeitnehmers gegen die Abschaffung des Buß- und Bettages als gesetzlichen Feiertag mangels Möglichkeit einer Verletzung in subjektiven Rechten ab.[171] Dagegen hat es die Verfassungsbeschwerde von christlichen Kirchen gegen das Ladenöffnungsgesetz des Landes Berlin, das in erheblichem Umfang Ladenöffnung an Sonntagnachmittagen und insbesondere voraussetzungslos an allen vier Adventssonntagen zuließ, für zulässig und begründet gehalten.[172] Dem liegt allerdings nicht die Annahme zugrunde, Art. 139 WRV gewähre selbst ein subjektives Recht auf hinreichenden Sonntagsschutz.[173] Vielmehr wird argumentiert, dass die aus Art. 4 Abs. 1 und 2 GG folgende Schutzverpflichtung des Staates durch den objektiv-rechtlichen Gesetzgebungsauftrag aus Art. 139 WRV konkretisiert werde. Diese **Subjektivierung** des Art. 139 WRV **durch Art. 4 Abs. 1 und 2 GG** erscheint auf den ersten Blick bestechend, auf den zweiten stellen sich jedoch Zweifel ein. Diese Zweifel beziehen sich auf die uneingeschränkte Gleichsetzung von objektiv-rechtlichem Sonn- und Feiertagsschutz und grundrechtlicher Schutzpflicht. Zwar ist die Heiligung des Sonntags Inhalt des christlichen Glaubens. Die Frage ist jedoch, in welchem Ausmaß die Glaubensfreiheit die Regulierung des Verhaltens Dritter umfasst. Die Schutzpflicht geht dahin, unverhältnismäßige Eingriffe Dritter in die Glaubensfreiheit zu unterbinden.[174] Damit ist zu prüfen, inwieweit die geschäftliche Betätigung Dritter gläubige Christen an der Ausübung ihres Glaubens, der darin besteht, den Sonntag zu heiligen, tatsächlich hindert oder unzumutbar beeinträchtigt. Zur Begründung einer Schutzpflichtverletzung müsste konkret dargelegt werden, dass die Beteiligung an Gottesdiensten und sonstigen kirchlichen Veranstaltungen signifikant zurückgeht bzw. dass den Gläubigen „seelische Erhebung" im kirchlichen Rahmen erschwert oder unmöglich gemacht wird. „Seelische Erhebung" außerhalb der Kirchen ist demgegenüber zwar ein Anliegen des Art. 139 WRV, liegt aber außerhalb eines Schutzanspruchs der Kirchen. Gleiches gilt für die wohltuenden Wirkungen des Sonntagsschutzes auf Familien und Arbeitnehmer. Keinesfalls ergibt sich aus der Glaubensfreiheit ein Anspruch darauf, dass der Staat dafür Sorge trägt, dass auch Nichtchristen sich am Sonntag so verhalten, als würden sie ihn heiligen. Eine Subjektivierung des Art. 139 WRV mithilfe der Schutzpflicht aus Art. 4 Abs. 1 und 2 GG ist daher letztlich nicht überzeugend zu begründen.[175]

---

167 BVerfG, NJW 1995, 3378 (3379); BayVGHE 35, 10 (19) zu Art. 147 BayVerf; zu dem verfassungsrechtlichen Spannungsfeld, in dem Art. 139 WRV liegt, siehe *Ph. Kunig*, Der Schutz des Sonntags im verfassungsrechtlichen Wandel, 1989, S. 22 ff.
168 S. schon BVerfGE 111, 10 (53) – *Ladenschlussgesetz*.
169 S. BVerfGE 125, 39 ff. – *Adventssonntage*.
170 BVerfG, NJW 1995, 3378 – *Buß- und Bettag*; s. auch BerlVerfGH, NJW 1995, 3379; zu einem subjektiven Recht auf staatskirchenvertraglicher Grundlage s. OVG Greifswald, NVwZ 2000, 948 f. und dazu *H. de Wall*, Zum subjektiven Recht der Kirchen auf den Sonntagsschutz, NVwZ 2000, 857 ff.; *P. Unruh*, Die Kirchen und der Sonntagsschutz, ZevKR 52 (2007), 1 (17 ff.).
171 BVerfG, NJW 1995, 3378.
172 BVerfGE 125, 39 ff. – *Adventssonntage*.
173 Zu einer solchen Konstruktion s. *M. Morlok/H. M. Heinig*, Feiertag! Freier Tag? Die Garantie des Sonn- und Feiertagsschutzes als subjektives Recht im Lichte des Art. 139 WRV, NVwZ 2001, 846 (848 ff.).
174 S. *Korioth*, in: Maunz/Dürig, Art. 140/139 WRV Rn. 5 mwN.
175 *U. Mager*, in: von Münch/Kunig, Art. 140 Rn. 88.

424 Die mit den Schutzvorschriften an Sonn- und Feiertagen einhergehenden Beschränkungen von Grundrechten finden in Art. 139 WRV einen rechtfertigenden Grund mit Verfassungsrang.[176] Beschränkt wird in erster Linie die Berufsfreiheit. Zu den notwendigen Abwägungen findet sich inzwischen eine Fülle von Rechtsprechung.[177] Differenziert wird zwischen **Arbeit trotz Sonntag** und **Arbeit für den Sonntag**. Arbeit trotz Sonntag ist insbesondere zulässig im Bereich der medizinischen Versorgung sowie der Gefahrenabwehr. Produktionsspezifische Anforderungen können im Einzelfall eine Ausnahme rechtfertigen, nicht aber rein wirtschaftliche Erwägungen. Die Arbeit für den Sonntag betrifft die Freizeit- und Tourismusbranche, zu deren Gunsten das Erholungsbedürfnis der Allgemeinheit in die Abwägung eingestellt wird.[178] Die **steuerrechtliche Förderung** von Sonntagsarbeit (vgl. § 3b Abs. 1 EStG) steht allerdings **im Widerspruch zu Art. 139 WRV**.[179] Einschränkungen der Meinungsfreiheit, der Kunstfreiheit der Versammlungsfreiheit sowie der allgemeinen Handlungsfreiheit können ebenfalls aufgrund von Art. 139 WRV gerechtfertigt werden.[180]

1.6.5 Art. 140 iVm. Art. 141 WRV: Anstaltsseelsorge

425 Im Zusammenhang des Grundgesetzes dient die Anstaltsseelsorge gemäß Art. 141 WRV der **Grundrechtsermöglichung in Sonderrechtsverhältnissen**. Ziel ist es, die mit der Verfolgung des Anstaltszwecks notwendig einhergehende, aber nicht bezweckte Beeinträchtigung der Religionsausübungsfreiheit soweit wie möglich auszugleichen.[181] Die Ermöglichung ist verfassungsrechtliche Pflicht des Staates, die inhaltliche Ausfüllung ist Aufgabe der Religionsgemeinschaften. Insofern lässt sich daher hinsichtlich der äußeren Organisation von einer gemeinsamen Angelegenheit von Staat und Religionsgemeinschaften sprechen.[182] In historischer Perspektive wird Art. 141 WRV als Spezialregelung zum Trennungsgebot des Art. 137 Abs. 1 WRV mit doppelter Stoßrichtung verständlich: Anstaltsseelsorge sollte in Übereinstimmung mit der endgültigen Absage an das landesherrliche Kirchenregiment nicht mehr als staatliche Aufgabe aufgefasst werden können, andererseits sollte das Trennungsgebot auch nicht als Verbot jeglicher Religionsausübung und Seelsorge in staatlichen Anstalten missverstanden werden.

426 Der **Anwendungsbereich** des Art. 141 WRV erstreckt sich auf „öffentliche Anstalten", von denen beispielhaft das Heer, Krankenhäuser und Strafanstalten genannt sind. Die Aufzählung ist nicht abschließend, gibt aber einen Hinweis für die Bestimmung der sonstigen „Anstalten", wobei der Anstaltsbegriff nicht rechtstechnisch im Sinne einer spezifischen Rechtsform gemeint ist. Es muss sich um **Einrichtungen in staatlicher Trägerschaft**– nicht notwendig in öffentlicher Rechtsform –**und in Verfolgung einer staatlichen Aufgabe** handeln, deren Zweck Beschränkungen für die freie Religionsausübung der Anstaltsunterworfenen verursacht.[183]

---

176 BVerfGE 111, 10 (50) – *Ladenschlussgesetz*.

177 BVerfGE 87, 363 (393) – *Sonntagsbackverbot*; BVerwGE 79, 118 – *Gebrauchtwagenmarkt für private Anbieter*; BVerwGE 79, 236 – *Videotheken*; BVerwGE 90, 238 – *Ausnahme vom Sonntagsbeschäftigungsverbot zur Abwendung eines Schadens*; BVerwGE 90, 337 – *Bräunungsstudio*.

178 BVerfGE 111, 10 (52) – *Ladenschlussgesetz*; s. auch BVerwGE 90, 337 (345 ff.) – *Bräunungsstudio*.

179 Vgl. auch *D. Ehlers*, in: Sachs, Art. 140/139 WRV Rn. 9.

180 S. dazu BVerfG, NVwZ 2002, 601 – *Versammlung am Volkstrauertag*; BVerfGE 143, 161 Rn. 88 ff. zur Notwendigkeit der Abwägung im Einzelfall, wenn andere als reine Erwerbsinteressen betroffen sind.

181 *A. von Campenhausen*, in: von Mangoldt/Klein/Starck, Art. 141 WRV Rn. 1; *S. Korioth*, in: Maunz/Dürig, Art. 140/141 WRV Rn. 1: „Kompensation für eingetretene Freiheitseinbuße".

182 *S. Korioth*, in: Maunz/Dürig, Art. 140/141 WRV Rn. 3.

183 S. *M. Morlok*, in: Dreier, Art. 141 WRV Rn. 7.

Voraussetzung für die Pflicht zur Grundrechtsermöglichung ist, dass ein Bedürfnis **427** nach Gottesdienst oder Seelsorge besteht. Die Begriffe Gottesdienst und Seelsorge sind rechtliche **Rahmenbegriffe**, die inhaltlich durch die jeweilige Glaubensgemeinschaft zu füllen sind.[184] Ein Bedürfnis ist indiziert, wenn sich Religionsangehörige in der Anstalt befinden. Bei ausdrücklicher Ablehnung besteht kein Bedürfnis.[185] Besteht ein Bedürfnis, dann sind die Religionsgesellschaften zur Vornahme religiöser Handlungen zuzulassen. Die Rechtsfolge umfasst also die Pflicht, **Zutritt** zur Anstalt und Freiraum für religiöse Betätigung zu schaffen. Verpflichtet ist die Anstaltsleitung. Dem korrespondiert ein **subjektives Recht** der Religionsgesellschaft(en), für deren Angebote ein Bedürfnis besteht.[186] Für die Anstaltsunterworfenen folgt das Recht auf Religionsausübung dem Grunde nach bereits aus Art. 4 Abs. 1 und 2 GG.[187] Es findet hinsichtlich der Art und Weise eine Konkretisierung in Art. 141 WRV. Für Religionsgemeinschaften ergibt sich dagegen nicht bereits aus der Glaubensfreiheit selbst ein Recht auf Zugang in staatliche Räume. Das Zugangsrecht steht vielmehr im Dienst der individuellen Glaubensfreiheit der Anstaltsunterworfenen und ist durch sie vermittelt.[188] Deshalb geht Art. 141 WRV für die Religionsgemeinschaften über Ansprüche, die sich unmittelbar aus der Glaubensfreiheit ableiten lassen, hinaus.[189] Die religiösen Handlungen selbst fallen sowohl für die Anstaltsunterworfenen wie auch für die Religionsgemeinschaften in den Schutzbereich der Glaubensfreiheit. Der Nachsatz, dass jeder Zwang zur Teilnahme an religiösen Handlungen fernzuhalten ist, ist angesichts der Bekenntnisfreiheit nach Art. 4 Abs. 1 und 2 GG sowie Art. 136 Abs. 3 WRV **deklaratorischer** Natur. Zwang im Sinne dieser Vorschrift ist bereits „jeder nur tatsächliche oder mittelbare Druck", etwa ein besonders lästiger Dienst anstelle der Teilnahme an einer Veranstaltung der Militärseelsorge.[190]

Rechtsprechung: BVerfGE 99, 100 – *San Salvator Kirche*; 102, 370 – *Anerkennung einer Religionsgesellschaft als Körperschaft des öffentlichen Rechts (Zeugen Jehovas)*; 125, 39 – *Adventssonntage*; 137, 273 – *kirchliches Arbeitsverhältnis*; 139, 321 – *Körperschaftsstatus Zweitanerkennung*; 143, 161 – *Karfreitagsschutz*.

Literatur: *H. Wißmann/D. Heuer*, »Hirten der Verfassung«? – Das BVerfG, die Kirchen und der Sonntagsschutz, Jura 2011, 214.

Fallbearbeitungen: *P.F. Bultmann*, Anerkennung der Privjetisten als Körperschaft des öffentlichen Rechts, JA 2001, 860 (Examensklausur); *H. Jochum*, Der praktische Fall – Öffentliches Recht: Die Verleihung des Status einer Körperschaft des öffentlichen Rechts an Religionsgemeinschaften, JuS 2003, 370 (Examensklausur).

Lösung zu Fall 10:   Gebet auf dem Schulflur[191]

Fallfrage: Hat K das Recht in der Schule während der unterrichtsfreien Zeit ein Gebet zu verrichten?
K ist berechtigt während der unterrichtsfreien Zeit in der Schule zu beten, wenn das Verhalten von dem Grundrecht auf Glaubensfreiheit gemäß Art. 4 Abs. 1 und 2 GG umfasst ist und das Verbot der Schulleiterin ihn in seinem Grundrecht verletzt.

---

184   *M. Morlok*, in: Dreier, Art. 141 WRV Rn. 14.
185   *M. Morlok*, in: Dreier, Art. 141 WRV Rn. 10.
186   *S. Korioth*, in: Maunz/Dürig, Art. 140/141 WRV Rn. 2.
187   *U. K. Preuß*, in: AK, Art. 140 Rn. 70.
188   *H. D. Jarass, in: JP*, Art. 140/141 WRV Rn. 1; aA. *A. von Campenhausen*, in: von Mangoldt/Klein/Starck, Art. 141 WRV Rn. 8.
189   *A. von Campenhausen*, in: von Mangoldt/Klein/Starck, Art. 141 WRV Rn. 4.
190   BVerwGE 73, 447 ff. – Verpflichtung zur zweiwöchigen ABC-Selbstschutzausbildung mit Abschlussprüfung anstelle der Teilnahme an einer einwöchigen Veranstaltung der Militärseelsorge stellt „Zwang" iSd. Art. 141 WRV dar.
191   Fall nach BVerwGE 141, 223 ff.

I. Schutzbereich der Glaubensfreiheit

Die Glaubensfreiheit gemäß Art. 4 Abs. 1 und 2 GG schützt die Freiheit des Glaubens, des religiösen und weltanschaulichen Bekenntnisses sowie die freie Religionsausübung. Geschützt sind damit, einen Glauben zu bilden und zu haben (forum internum) sowie ihn öffentlich zu bekunden, religiöse Riten zu vollziehen und die gesamte Lebensführung an den Geboten des Glaubens auszurichten (forum externum).

Das rituelle Pflichtgebet nach den Regeln des islamischen Glaubens, welches fünfmal täglich zu bestimmten Zeiten zu verrichten ist, stellt einen Akt der Religionsausübung dar; öffentlich vollzogen ist es zudem eine religiöse Bekenntnishandlung. Allerdings stellt die Schule weder einen privaten noch einen allgemein öffentlichen Raum dar, sondern begründet ein besonderes Schulverhältnis, welches das Bestimmungsrecht der Schule an der Nutzung des Schulgebäudes und Schulgeländes umfasst. Diese Befugnisse haben jedoch nicht zur Folge, dass bereits die Grundrechtsbindung des Art. 1 Abs. 3 GG als solche aufgehoben wird; sie sind vielmehr ihrerseits an den Grundrechten zu messen.

K ist als natürliche Person Träger des allen Menschen zustehenden Grundrechts der Glaubensfreiheit. Die Regelungen des Gesetzes über die religiöse Kindererziehung spielen für die Grundrechtsträgerschaft keine Rolle, können sich aber im Falle eines Konflikts mit den Eltern dahin auswirken, dass es hinsichtlich Glaubensfragen allein auf die Haltung des K ankommt.

Das Gebet des K im Schulgebäude unterfällt demnach dem Schutzbereich des Art. 4 Abs. 1 und 2 GG.

II. Eingriff

Das Verbot der Schulleiterin, in der Pause im Schulgebäude zu beten, beschränkt K in seinen Möglichkeiten, seinen Glauben auszuüben und zu bekennen. Im Rahmen einer staatlichen Schule und folglich eines öffentlich-rechtlichen Schulverhältnisses stellt dieses Verbot auch eine dem Staat zurechenbare Beeinträchtigung dar. Ein Eingriff liegt vor.

III. Verfassungsrechtliche Rechtfertigung.

Der Eingriff könnte gerechtfertigt sein.

1. Schranken

Art. 4 Abs. 1 und 2 GG unterliegen keinem ausdrücklichen Gesetzesvorbehalt. Streitig ist, ob Art. 140 GG iVm. Art. 136 Abs. 1 WRV als Schranke zur Anwendung kommt oder ob die Glaubensfreiheit allein verfassungsimmanenten Schranken unterliegt. Nach der inkorporierten Vorschrift der Weimarer Reichsverfassung, die dadurch vollgültiges Verfassungsrecht geworden ist, werden die bürgerlichen und staatsbürgerlichen Rechte und Pflichten durch die Ausübung der Religionsfreiheit weder bedingt noch beschränkt. Geboten ist damit, glaubensneutrales Recht zu schaffen und dieses dann in gleicher Weise auf alle anzuwenden. Besteht die „bürgerliche Pflicht" allerdings in einem direkten Eingriff in die Glaubensfreiheit, gibt der Neutralitätsvorbehalt, abgesehen davon, dass die Einschränkung für alle Religionen und Weltanschauungen gleichermaßen geltend müsste, keinen Maßstab vor. Insoweit bedarf es im Wege der systematischen Auslegung des Rückgriffs auf verfassungsimmanente Schranken. Damit sind nach allen Auffassungen allein verfassungsimmanente Schranken zur Rechtfertigung des Verbots der Religionsausübung heranzuziehen. Als verfassungsimmanente Schranke kommen die Glaubensfreiheit der Mitschüler, flankiert durch das elterliche Erziehungsrecht, das Gebot der staatlichen Neutralität sowie die Wahrung des Schulfriedens auf der Grundlage des staatlichen Erziehungsauftrags in Betracht.

a) Die Glaubensfreiheit der Mitschülerinnen und Mitschüler

Die Glaubensfreiheit stellt ein Abwehrrecht gegen den Staat dar, nicht gegen andere Grundrechtsträger, gleich welchen Glaubens. Die Glaubensfreiheit umfasst also nicht das Recht, unter keinen Umständen mit Äußerungen anderer Glaubensrichtungen konfrontiert zu werden. In Bereichen staatlicher Organisation darf der Staat allerdings keine Lage schaffen, in welcher der Einzelne ohne Ausweichmöglichkeit dem Einfluss eines bestimmten Glaubens ausgesetzt wird. Da die Mitschüler K bei der Verrichtung des Gebets zwar zusehen können, dies aber keineswegs müssen, sondern ohne Weiteres Ausweichmöglichkeiten haben, ist die Glaubensfreiheit der Mitschülerinnen und Mitschüler nicht betroffen.

b) Das elterliche Erziehungsrecht

Da das Recht der Eltern im Hinblick auf die religiöse Erziehung ihrer Kinder nicht weiterreicht als deren Recht auf Glaubensfreiheit, kommt auch den Eltern nicht das Recht zu, ihre Kinder vor jedweder religiöser Bekundung Dritter zu schützen. Mithin ist auch das elterliche Erziehungsrecht nicht betroffen.

c) Neutralitätspflicht des Staates

Fraglich ist, ob die Pflicht des Staates zu religiöser und weltanschaulicher Neutralität, wie sie sich aus Art. 4 Abs. 1 und 2, Art. 33 Abs. 2, Art. 140 GG iVm. Art. 136 Abs. 1, 4 sowie Art. 137 Abs. 1 WRV ergibt, verlangt, dass der Staat in den Bereichen seiner Organisation jegliches religiöse Verhalten privater Dritter unterbindet. Dem steht entgegen, dass religiöses Verhalten privater Dritter dem Staat auch im Rahmen staatlicher Organisationen nicht per se zuzurechnen ist. Grundrechtsvorschriften wie Art. 7 Abs. 3 Satz 1 GG, der den Religionsunterricht in der Schule regelt, oder die Anstaltsseelsorge gemäß Art. 140 GG iVm. Art. 141 WRV, zeigen, dass der Staat des Grundgesetzes religiöse Bekundungen Privater aus seinen Organisationen nicht völlig verbannen muss. Darin läge vielmehr eine oftmals unverhältnismäßige Beeinträchtigung der Glaubensfreiheit. Das Neutralitätsgebot fordert daher nur, dass religiöses Verhalten in staatlichen Organisationen in gleicher Weise geduldet oder beschränkt wird und dass im Blick auf die Glaubensfreiheit aller betroffenen Grundrechtsträger keine Situationen der Unausweichlichkeit geschaffen werden. Auch die Neutralitätspflicht des Staates steht religiösen Bekundungen des K somit nicht entgegen.

d) Wahrung des Schulfriedens

Jedoch könnte die Ausübung des islamischen Gebets in den Räumlichkeiten des Gymnasiums im Hinblick auf die Wahrung des Schulfriedens beschränkt werden. Das Gebot der Wahrung des Schulfriedens ergibt sich aus Art. 7 Abs. 1 GG. Der staatliche Bildungs- und Erziehungsauftrag umfasst auch die Vermeidung religiöser Konflikte in öffentlichen Schulen, wenn diese die Schule in der Wahrnehmung ihres Auftrags behindern.

2. Verfassungsmäßige Konkretisierung der Grundrechtsschranke

Auch verfassungsimmanente Schranken bedürfen der Konkretisierung durch einfaches Gesetz. Nach dem Schulgesetz des Landes Berlin wird gemäß § 46 ein öffentlich-rechtliches Schulverhältnis begründet, aus dem sich die Pflicht der Schülerinnen und Schüler ergibt, sich an die Vorgaben der Hausordnung zu halten. Zum Erlass von Verhaltensanforderungen in einer schulischen Hausordnung wird gemäß § 78 Abs. 1 Nr. 8 Schulgesetz die Schulkonferenz ermächtigt.

a) Formelle Verfassungsmäßigkeit des Gesetzes

Zum Erlass dieser gesetzlichen Regeln kommt dem Landesgesetzgeber gemäß Art. 70 Abs. 1 GG die Gesetzgebungskompetenz zu.

b) Materielle Verfassungsmäßigkeit des Gesetzes

Die Bestimmungen des Gesetzes müssen verhältnismäßig und hinreichend bestimmt sein.

aa) Verhältnismäßigkeit

Die Bindung der Schülerinnen und Schüler an Vorgaben zur Aufrechterhaltung der Ordnung und zur Erreichung des Erziehungszwecks sind geeignet und erforderlich, den schulischen Erziehungsauftrag zu erreichen. Geeignet und gleichzeitig mildestes Mittel ist auch die Ermächtigung der Schulkonferenz zur Konkretisierung der Vorgaben in einer Hausordnung für die jeweilige Schule. Maßnahmen, welche in die Glaubensfreiheit eingreifen, sind nicht von vornherein und in jedem Fall unangemessen, wenn die Aufrechterhaltung des Schulfriedens diese konkret fordert.

bb) Bestimmtheit

Fraglich ist, ob für eine Beschränkung der Glaubensfreiheit dennoch eine ausdrückliche Regelung des Gesetzgebers oder zumindest eine ausdrückliche gesetzliche Ermächtigung an die Schulkonferenz notwendig ist. Einer ausdrücklichen gesetzlichen Regelung bedürfte es, wenn eine grundsätzliche Bestimmung über die Zulässigkeit religiöser Äußerungen im Schulverhältnis getroffen würde, die unabhängig von einer konkreten Gefahr für den Schulfrieden Geltung beanspruchte. Soweit es jedoch um die Abwehr konkreter Gefahren für den Schulfrieden zur Sicherung des staatlichen Erziehungsauftrags geht, kommt der Glaubensfreiheit keine andere Stellung zu als allen anderen Grundrechten. Die Maßnahmen zur Abwehr der konkreten Gefahr müssen jeweils verhältnismäßig sein. Die Bestimmungen des Schulgesetzes reichen als Grundlage für eine Einschränkung der Glaubensfreiheit somit aus, soweit es nicht um nur abstrakt mögliche Gefährdungen des Schulfriedens, sondern um die Abwehr konkreter Gefahren für dieses Schutzgut geht.[192]

3. Verfassungsmäßigkeit im Einzelfall

Zu prüfen bleibt die Verfassungsmäßigkeit im konkreten Fall. In Frage steht die Verhältnismäßigkeit der Regelung in der Schulordnung, wonach die Ausübung religiöser Riten allein im Religionsunterricht stattfinden darf und deren Anwendung auf K.

a) Legitimer Zweck

Der Zweck der Regelung in der Schulordnung ist die Vermeidung religiös motivierter Konflikte zwischen den Mitschülern unterschiedlicher Glaubensüberzeugungen. Damit soll der Schulfrieden gewahrt werden als Voraussetzung für die Erfüllung des staatlichen Erziehungsauftrags gemäß Art. 7 Abs. 1 GG. Dieser Schranken konkretisierende Zweck ist legitim.

---

192 BVerwGE 141, 223 (242 f.). S. zur Bedeutung der Unterscheidung zwischen abstrakten Gefahren und konkreten Gefahren im Blick auf den Gesetzesvorbehalt und das Bestimmtheitsgebot BVerfGE 108, 282 (307 ff.) – *Kopftuch der Lehrerin*.

b) Geeignetheit

Mit dem Verbot werden religiöse Bekenntnishandlungen und damit sichtbare Anlässe für religiöse Auseinandersetzungen unterbunden. Die Untersagung ist zur Erreichung des legitimen Zweckes förderlich und somit geeignet.

c) Erforderlichkeit

Erforderlich ist eine Maßnahme, wenn der Zweck nicht ebenso gut durch ein weniger belastendes Mittel erreicht werden kann.

Grundsätzlich ist es zunächst Aufgabe einer Schule, religiös motivierten Konflikten mit erzieherischen Mitteln entgegenzuwirken. Da es in der Schule wiederholt und immer wieder zu Konflikten kam und kommt, waren erzieherische und schlichtende Maßnahmen nicht ausreichend.

Ein milderes gleich geeignetes Mittel könnte auch in organisatorischen Maßnahmen liegen, etwa in der Einrichtung von Gebeträumen. Auch dieses Mittel war im konkreten Fall jedoch nicht erfolgreich, sondern hat neue Konflikte ausgelöst. Wie die Anzahl der Anträge auf die Einrichtung verschiedener Gebeträume zeigt, kann der Anspruch auf Gleichbehandlung zudem an organisatorische und kapazitäre Grenzen führen. Die Einrichtung eines Gebetsraums stellt daher kein gleich geeignetes Mittel dar. Die Untersagung zur Vermeidung weiterer Konflikte ist nunmehr mangels anderer Erfolg versprechender Mittel erforderlich.

d) Angemessenheit

Schließlich müsste die Untersagung angemessen sein. Die Einschränkung der Glaubensfreiheit des K darf nicht außer Verhältnis zu dem angestrebten Erfolg stehen, den Schulfrieden zu wahren. Zu berücksichtigen ist insoweit, dass in der konfliktreichen Situation der Schule das Gebet auf dem Schulflur unabhängig vom Willen des K sehr leicht einen provokativen Charakter annehmen kann. Es liegt eine konkrete Gefahr für den Schulfrieden vor, deren Realisierung eine Vielzahl von Schülerinnen und Schüler betrifft. Auf der anderen Seite ist K die Ausübung seiner Religion außerhalb der Schule, ggf. auch im Religionsunterricht möglich. Nach alledem ist die Untersagung der Ausübung religiöser Handlungen auf dem Schulgelände und damit auch des islamischen Gebets innerhalb der Räumlichkeiten des Gymnasiums im Falle von K angemessen und damit verhältnismäßig.

IV. Ergebnis:

Die Schulleiterin durfte die Schulordnung gegenüber K durchsetzen und ihm das bekenntnishafte Beten im Schulgebäude und auf dem Schulgelände verbieten.

2. Kapitel: Art. 4 Abs. 1 GG: Gewissensfreiheit

Fall 11: Tierversuche im Studium

S studiert in Baden-Württemberg Biologie. Sie hält es für ein nicht zu verantwortendes Unrecht, Tieren Schmerzen zuzufügen oder diese zu töten. Sie würde eher das Studium abbrechen, als Tierversuche durchzuführen. Sie bittet ihre Universität deshalb, die nach der gemäß § 32 LHG BW erlassenen Prüfungsordnung notwendigen zoologischen Praktika ohne Tierversuche durchführen zu dürfen. Sie beruft sich darauf, dass der gleiche Lernerfolg auch mit anderen Methoden wie Computersimulationen oder Filmvorführungen zu erreichen sei. Die Universität lehnt den Antrag der S ab. Die Hochschullehrer sind überzeugt, dass Biologie ohne Tierexperiment nicht lehrbar und nicht erlernbar sei. S ist der Auffassung, dass die Entscheidung sie in ihrer Gewissensfreiheit verletzt.

428 Die Gewissensfreiheit hat sprachlich und historisch ihren Ursprung in der Rechtsgarantie des religiösen Existenzminimums, der conscientia libera als Recht zur Hausandacht nach eigener Glaubensüberzeugung, wie es der Westfälische Friede 1648 nach dem Dreißigjährigen Krieg und zu dessen Beendigung garantierte. Die darin anerkannte Tatsache, dass religiöse Überzeugungen sich nicht erzwingen lassen, findet sich im heutigen Schutz der Gewissensfreiheit auf alle Gewissensüberzeugungen ausgedehnt. Dem liegt die staatsphilosophische Annahme zugrunde, dass in einem freiheitlichen und demokratischen Staat **Rechtsbindung letztlich** auf **Selbstbindung** beruht und diese gegen das Gewissen nicht möglich ist. In der staatlichen Verpflichtung zur Achtung des Gewissens mit der im Einzelfall bestehenden Möglichkeit, dass die staatliche **Legalität** der individuellen **Moralität** weichen muss, konkretisiert sich in besonderer Weise die **Menschenwürde** als oberster Verfassungswert. Die Gewissensfreiheit setzt dabei die individuelle menschliche Fähigkeit zur Wertorientierung und Wertbindung und damit zur Verantwortlichkeit für das eigene Tun als Gegenstück jeglicher Freiheit voraus.

2.1 Schutzbereich

Grundlegend für das Verständnis der Gewissensfreiheit ist die Bestimmung des Gewissensbegriffs.

2.1.1 Sachlicher Schutzbereich: der Gewissensbegriff

429 Das Bundesverfassungsgericht definiert eine **Gewissensentscheidung** in ständiger Rechtsprechung als „jede ernste, sittliche, dh. **an den Kriterien von Gut und Böse** orientierte Entscheidung, die der einzelne in einer bestimmten Lage für sich als bindend und unbedingt verpflichtend erfährt, so dass er gegen sie nicht ohne ernste Gewissensnot handeln kann".[1] Es muss sich also um eine Entscheidung handeln, die nach moralischen Kriterien gefasst wurde, und diese Entscheidung muss einen solchen Grad subjektiver Verbindlichkeit aufweisen, dass ihr der Rang einer Gewissensentscheidung zukommt. Welches Maß an Verbindlichkeit eine Entscheidung in den Rang einer Gewissensentscheidung hebt, ist streitig und wird auch vom Bundesverfassungsgericht mit seinem Verweis auf die Gewissensnot nicht beantwortet. Weder genügt Unlust[2] noch ist das Zerbrechen der Persönlichkeit oder eine Zwangsneurose gefordert[3]. Im Lichte des Zwecks der Gewissensfreiheit und ihrer Geschichte kommt vielmehr solchen Werten und Normen Gewissensrang zu, die – wie einstmals die religiöse Überzeu-

---

1 BVerfGE 12, 45 (55) – *Kriegsdienstverweigerung*; 48, 127 (173) – *Wehrpflichtnovelle*.
2 BVerwGE 7, 245 (248) – *Kriegsdienstverweigerung*.
3 BVerwGE 81, 239 (240 f.) – *Kriegsdienstverweigerung*.

gung – für die Person von identitätstragender Bedeutung sind. **Schutzgut** der Gewissensfreiheit ist daher die **moralische Identität und Integrität**.[4] Im Falle eines Verstoßes würde die Person sich nicht mehr als dieselbe wie zuvor empfinden können. Sie hätte sich selbst verraten.

Die besondere **Schwierigkeit** des Grundrechts besteht darin, dass der **Nachweis** der **430** individuellen Betroffenheit in der beschriebenen Qualität einerseits unabdingbar, andererseits schwer zu führen ist, weil das persönliche Empfinden unbedingter Verpflichtung als seelisches Phänomen einer objektiven Beweisführung nicht zugänglich ist.[5] Inhalt und Verbindlichkeit des Gewissensgebots als Grundlage der Gewissensentscheidung können nur mitgeteilt und glaubhaft gemacht werden. Indizien ergeben sich in der Regel aus der bisherigen Lebensführung. So kann der Inhalt der Gewissensnorm dargelegt und ihre Entstehung und Bedeutung für die Person anhand der Lebensführung oder Ereignissen aus dem Leben dargetan werden. Rechnung zu tragen ist insoweit allerdings auch dem allgemeinen Persönlichkeitsrecht: Die Erforschung des Gewissens darf sich im Blick auf die geforderte Rechtspflicht nicht als unverhältnismäßiger Eingriff darstellen.

Geschützt ist nicht nur das forum internum, also das Haben eines Gewissens, sondern **431** auch und vor allem die Freiheit, von der öffentlichen Gewalt nicht verpflichtet zu werden, gegen Gebote und Verbote des Gewissens zu handeln.[6] Die freie Gewissensbildung ist dagegen nicht Gegenstand der Gewissensfreiheit, sondern erfährt ua. Schutz durch das Erziehungsrecht der Eltern, die Meinungsfreiheit, die Glaubensfreiheit oder das allgemeine Persönlichkeitsrecht.[7]

2.1.2 Persönlicher Schutzbereich

Aus dem Schutzgut der individuellen moralischen Identität und Integrität folgt notwendig, dass die Gewissensfreiheit **ausschließlich natürlichen Personen** zustehen **432** kann.[8]

2.2 Gewährleistungsgehalt

Die Gewissensfreiheit soll als Abwehrrecht in erster Linie davor schützen, staatlicherseits zu einer Handlung genötigt zu werden, die mit der persönlichen Identität, soweit **433** sie auf moralischen Grundsätzen basiert, nicht vereinbar ist. In einem freiheitlichen und demokratischen Rechtsstaat sind solche Zumutungen die Ausnahme. Die diversen Handlungsfreiheiten sowie der Schutz der religiösen Überzeugung geben dem Einzelnen in der Regel genügend Raum, um sich in Übereinstimmung mit seinen Gewissensge- und -verboten zu verhalten. Die besondere Funktion der Gewissensfreiheit liegt denn auch darin, im Einzelfall Schutz vor solchem staatlichen Zwang zu gewähren, der, gemessen an den anderen Grundrechten, verfassungsgemäß ist. Während diese die objektive Verhältnismäßigkeit von Grundrechtsbeschränkungen sichern, zielt die Gewissensfreiheit auf den **Schutz der individuellen moralischen Zumutbarkeit**.[9] Daraus folgt für die Prüfung der Verfassungsmäßigkeit staatlichen Handelns, dass die Gewissensfreiheit erst am Schluss zu erörtern ist.

---

4 *H. M. Bäumlin*, VVDStRL 28 (1970), 3 (9); *E.-W. Böckenförde*, ebenda, 33 (66 ff.).
5 Zu den Anforderungen an die Darlegung s. BVerwGE 41, 261 (267 ff.); OVG Schleswig, NVwZ 1993, 702; BVerwGE 127, 302 (Ls. 5) – *Befehlsverweigerung aus Gewissensgründen*.
6 BVerfGE 78, 391 (395) – *Totalverweigerung*; BVerfG, NJW 1993, 455 – *Steuerzahlungspflicht*.
7 S. dazu *U. Mager*, in: von Münch/Kunig, Art. 4 Rn. 55.
8 BVerfG, NJW 1990, 241; BVerwGE 64, 196 (199).
9 *U. Mager*, in: von Münch/Kunig, Art. 4 Rn. 53.

2.2.1 Abwehrrecht

434   Ein Eingriff in die Gewissensfreiheit setzt eine Verpflichtung durch die öffentliche Gewalt voraus, die sich als dem Staat zurechenbarer **Gewissenszwang** darstellt. Im Regelfall handelt es sich um ein staatliches Handlungsgebot. ZB. kann die Pflicht, als Voraussetzung für einen Leistungsnachweis Tierversuche durchzuführen, für eine Person, die das moralische Gebot verinnerlicht hat, Tieren keinesfalls Leid zuzufügen, einen Gewissenszwang auslösen. Mangels Zwang liegt **kein Eingriff** vor, **wenn** dem Grundrechtsträger eine **zumutbare Alternative** offensteht. Für die Frage der Zumutbarkeit können grundrechtliche Gesichtspunkte von Bedeutung sein. Angesichts der Berufswahlfreiheit ist es zB. nicht zumutbar, zur Vermeidung von Tierversuchen auf ein anderes Studium verwiesen zu werden.[10] Dagegen ist es sehr wohl zumutbar, anstelle der Tierversuche eine andere Art von Versuchen durchzuführen, die geeignet sind, die geforderten Kenntnisse oder Fähigkeiten nachzuweisen und dafür ggf. an eine andere Universität zu fahren.

Keine Frage zumutbaren Alternativverhaltens, sondern ein Fall des venire contra factum proprium liegt vor, wenn ein Grundrechtsträger sich selbst sehenden Auges und ohne staatlichen Zwang einer Situation aussetzt, die ihn notwendig in Gewissensnot bringt, wie dies etwa der Fall wäre, wenn ein erklärter Abtreibungsgegner sich auf eine Stelle im Krankenhaus bewirbt, die ausdrücklich die Durchführung von Schwangerschaftsabbrüchen verlangt. Die Berufsfreiheit gibt keinen Anspruch darauf, eine ganz bestimmte Stelle zu erhalten oder gar deren Anforderungsprofil zu bestimmen. Im Falle staatlicher Verbote hat der Grundrechtsträger in der Regel eine große Auswahl an möglichem Alternativverhalten.[11] Ein Eingriff im Sinne eines echten Gewissenszwangs besteht daher nur dann, wenn das Gewissensgebot allein durch genau die Handlung befolgt werden kann, die staatlicherseits verboten wird.

Abgesehen von Ge- oder Verboten können auch Leistungsverweigerungen oder -entziehungen im Fall der Verweigerung eines bestimmten Verhaltens einen Eingriff in die Gewissensfreiheit auslösen.

2.2.2 Schutz und Ausstrahlungswirkung

435   Gewissensnot kann auch durch Rechtspflichten aus **Rechtsbeziehungen mit Privaten** entstehen. Die Gewissensfreiheit entfaltet insoweit Schutzwirkung. Sie ist allerdings nur dann betroffen, wenn der Gewissenskonflikt für den Vertragspartner unvermeidbar war, denn die gewissensgetragene Lebensführung liegt zunächst einmal in der Verantwortung jedes Einzelnen. Zudem gilt im Privatrechtsverhältnis, dass grundsätzlich derjenige, der sich auf das Gewissen beruft, die Folgen seines Handelns zu tragen hat. Andererseits gebietet die Schutzwirkung der Gewissensfreiheit, dass die Vertragspartner eine für beide Seiten zumutbare Anpassung ihres Vertrages zumindest prüfen. Anknüpfungspunkt für die Abwägung zwischen **Privatautonomie** und **Vertragstreue** einerseits, **Gewissensfreiheit** andererseits sind die zivilrechtlichen Generalklauseln, insbesondere § 242 (Treu und Glauben), § 313 (Wegfall der Geschäftsgrundlage) und § 315 (Leistungsbestimmung durch eine Partei) BGB.[12]

---

10 So aber VGH Mannheim, NJW 1984, 1832. Für Vorrang der Wissenschaftsfreiheit auch BVerwGE 105, 73 (77 ff.); BVerfG, NVwZ 2000, 909; für Vorrang der Gewissensfreiheit VG Frankfurt, NJW 1991, 768 (769 f.); VGH Kassel, NJW 1992, 2373.

11 VGH Mannheim, NVwZ-RR 2006, 398 (400 f.) – *Taubenfüttern*; AG Öhringen, NVwZ 1992, 101 – *Sonntagsarbeit als Gewissensgebot*.

12 S. *U. Mager*, in: von Münch/Kunig, Art. 4 Rn. 62, 64 mwN.

2.3 Schranken und ihre verfassungsmäßige Konkretisierung

Die Gewissensfreiheit unterliegt keinen ausdrücklichen Vorbehalten, aber doch **verfassungsimmanenten Schranken**.[13] Sie wird zuallererst durch die Gewissensfreiheit der anderen Menschen begrenzt. Hieraus folgt, dass das Gewissen jedes Einzelnen nur in Bezug auf Anforderungen an das eigene Handeln Schutz genießt.[14] Die gewissensgeforderte Ablehnung des Schwangerschaftsabbruchs oder der Nutzung von Atomenergie berechtigt daher nicht zum Boykott der Zahlung von Krankenkassenbeiträgen[15] oder Stromrechnungen[16]. Diese **Begrenzung auf den jeweils eigenen Verantwortungsbereich** lässt sich auch als tatbestandsimmanente Beschränkung auffassen. Dies gilt entsprechend für andere verfassungsrechtliche Regelungen von Verantwortungssphären. So kommt dem Parlament die Budgethoheit zu. Eine pazifistische Überzeugung berechtigt daher zwar zur Kriegsdienstverweigerung als besonderer Ausprägung der Gewissensfreiheit, nicht jedoch zur Kürzung der Steuerleistung in Entsprechung des Verhältnisses Wehretat zum Gesamtbudget.[17]

436

Echte Schranken bilden etwa die Grundrechte auf **Leben** und **körperliche Unversehrtheit**. Während auf der Stufe des Eingriffs zu prüfen ist, ob dem Grundrechtsträger eine zumutbare Alternative offensteht, stellt sich auf der Schrankenebene im Rahmen der Verhältnismäßigkeitsprüfung die Frage, ob und inwieweit der Staat eine Alternative hat, die dem Rechtsgut mit Verfassungsrang gerecht wird, ohne die Gewissensfreiheit zu beeinträchtigen. So kann anstelle eines Eides mit der Formel „ich schwöre" eine „Erklärung" genügen. Dagegen lässt sich etwa ein „Ehrenmord" durch Berufung auf Gewissensnot weder in seiner Schuld mildern geschweige denn rechtfertigen. Eine unterlassene Hilfeleistung, selbst wenn sie in den – in keiner Weise gewollten – Tod eines anderen Menschen mündet, kann dagegen durch das Gewissensgebot, (bestimmte) ärztliche Hilfe nicht in Anspruch zu nehmen, zumindest entschuldigt sein.[18] Ein Strafverfahren wird dadurch aber nicht entbehrlich. Die Gewissensfreiheit kann Einfluss auf die Strafzumessung haben.[19]

437

Im Falle von Gewissenskonflikten in Privatrechtsverhältnissen sichert § 888 ZPO, dass jedenfalls kein direkter Zwang ausgeübt wird, gegen Gewissensgebote zu handeln. Dies hindert nicht, dass die Person, die sich zur Befreiung von ihrer Leistungspflicht auf ihr Gewissen beruft, ggf. Schadensersatz zu leisten hat.

Rechtsprechung: BVerfGE 32, 98 – *Gesundbeter;* BVerfG, NJW 1993, 455 – *Abgabenverweigerung;* BVerwGE 105, 73 – *Tierversuche;* 127, 302 – *Befehlsverweigerung aus Gewissensgründen.*

Literatur: *G. Beaucamp/H. Maihold*, Steuerverweigerung aus Gewissensgründen, JA 1997, 213; *K. Brandhuber*, Kein Gewissen an deutschen Hochschulen?, NJW 1991, 725; *G. Neureither*, Grundfälle zu Art. 4 I, II GG, JuS 2006, 1067 und JuS 2007, 20.

Fallbearbeitungen: *C. Enders*, Der gewissenhafte Schlosser, Jura 2000, 198 (Anfängerklausur).

---

13 Zuerst für die besondere Gewissensfreiheit des Art. 4 Abs. 3 GG entwickelt in BVerfGE 28, 243 (261).
14 BVerwGE 127, 302 Ls. 8c – *Befehlsverweigerung.*
15 BVerfGE 67, 26 (37).
16 AG Stuttgart, NJW 1980, 1108.
17 BVerfG, NJW 1993, 455 (455 f.); BVerfG, NJW 2003, 2600.
18 BVerfGE 32, 98 (109 f.) – *Gesundbeter*, gestützt auf die Glaubensfreiheit; zum Verhältnis Glaubensfreiheit – Gewissensfreiheit s. *U. Mager*, in: von Münch/Kunig, Art. 4 Rn. 59. Zur Frage der strafrechtlichen Verarbeitung von Gewissenskonflikten s. ebenda Rn. 63 mwN.
19 BVerfGE 23, 127 (133 f.).

Lösung zu Fall 11:   Tierversuche im Studium[20]

Fallfrage: Verletzt die Entscheidung der Universität, keine Alternativen zu den Tierversuchen zu ermöglichen, S in ihrer Gewissensfreiheit?

I.   Schutzbereich

Die Gewissensfreiheit gem. Art. 4 Abs. 1 GG umfasst die Freiheit, von der öffentlichen Gewalt nicht verpflichtet zu werden, gegen Gebote und Verbote des Gewissens zu handeln. Als Gewissensentscheidung ist jede ernstliche, sittliche, also an den Kategorien von „Gut" und „Böse" orientierte Entscheidung zu verstehen, die vom Einzelnen als für sich unbedingt bindend empfunden wird.

S hat die Entscheidung getroffen, Tieren kein Leid zuzufügen. Es handelt sich für sie um eine ethisch begründete, unbedingte innere Verpflichtung, gegen die sie nicht ohne Gewissensnot handeln kann. Der Schutzbereich von Art. 4 Abs. 1 GG ist damit eröffnet.

II.   Eingriff

Ein Eingriff liegt vor, wenn S in einer dem Staat zurechenbaren Weise genötigt wird, gegen Ge- oder Verbote ihres Gewissens zu handeln. S wird nicht im Wege einer vollstreckbaren Anordnung gezwungen, Tierversuche durchzuführen. Für den Fall, dass sie die Versuche nicht durchführt, wird ihr jedoch der Studienabschluss in dem von ihr gewählten Studium der Biologie verweigert. Damit knüpft die staatliche Universität bewusst einen schweren Nachteil an die Gewissensentscheidung der S, der diese faktisch unter Druck setzt, gegen ihre Gewissensentscheidung zu handeln. Dies stellt einen faktischen Eingriff in die Gewissensfreiheit dar. Dieser Eingriff wäre dem Staat allerdings dann nicht zurechenbar, wenn S sich wissend und ohne Not in eine Situation gebracht hätte, die sie in einen Gewissenskonflikt führt. Dabei ist jedoch zu berücksichtigen, dass S gemäß Art. 12 Abs. 1 GG das Recht der freien Berufs- und damit auch Studienwahl hat. Mit der Studienwahl „Biologie" setzt sie sich auch nicht von vornherein in Widerspruch zu ihren ethischen Überzeugungen. Vielmehr ist ein besonderes Mitgefühl für und Interesse an Tieren eine plausible Motivation für eine solche Studienwahl. Die Ablehnung des Antrags durch die Organe der staatlichen Universität, ein alternatives Praktikum zu ermöglichen, stellt damit einen Eingriff in die Gewissensfreiheit der S dar.

III.   Verfassungsrechtliche Rechtfertigung

Der Eingriff in die Gewissensfreiheit der S könnte gerechtfertigt sein.

1.   Schranke

Die Gewissensfreiheit gemäß Art. 4 Abs. 1 GG ist ein Grundrecht ohne ausdrücklichen Gesetzesvorbehalt. Vorbehaltlos gewährleistete Grundrechte können nur insoweit eingeschränkt werden, wie es nötig ist, um kollidierendem Verfassungsrecht zur Geltung zu verhelfen. Als kollidierendes Verfassungsrecht kommt die Lehrfreiheit der Professoren nach Art. 5 Abs. 3 GG in Frage. Die Lehrfreiheit gesteht den Professoren das Recht zu, die Lehrveranstaltungen in eigener Verantwortung zu gestalten. Dort, wo ihre Lehrfreiheit nicht zulässigerweise durch staatliche Ausbildungsvorschriften eingeschränkt ist, können sie selbst über Inhalt und Ablauf der Lehrveranstaltungen bestimmen. Die Lehrfreiheit ist aber auch nicht schrankenlos gewährleistet. Auch sie muss bei einem Zusammentreffen mit anderen Verfassungspositionen mit diesen in einen Ausgleich gebracht werden.

---

20 Fall nach BVerwGE 105, 73 ff.; BVerfG, NVwZ 2000, 909.

2. Schrankenkonkretisierendes Gesetz

Der Wesentlichkeitstheorie entsprechend, wonach sowohl das Rechtsstaats- als auch das Demokratieprinzip verlangen, dass die wesentlichen, dh. insbesondere die grundrechtsrelevanten Entscheidungen vom Gesetzgeber selbst zu treffen sind, ist eine einfachgesetzliche Konkretisierung des kollidierenden Verfassungsrechts erforderlich. Diese Konkretisierung hat der Landesgesetzgeber in § 32 LHG vorgenommen. An der formellen Verfassungsmäßigkeit dieser Norm bestehen keine Zweifel. Materiell schließt sie einen verhältnismäßigen Ausgleich zwischen den entgegenstehenden Verfassungspositionen nicht aus und ist auch sonst verfassungsgemäß.

3. Verhältnismäßigkeit der Prüfungsordnung und ihrer Anwendung im konkreten Fall

Nach dem Grundsatz der praktischen Konkordanz sind die kollidierenden Verfassungspositionen entsprechend dem Verhältnismäßigkeitsgrundsatz so in Einklang zu bringen, dass sie jeweils größtmögliche Geltung entfalten können.

a) Legitimer Zweck

Zweck der Einschränkung der Gewissensfreiheit durch die Verpflichtung zu Tierversuchen im Biologiestudium ist die bestmögliche Vermittlung der Inhalte der Biologie. Welche Inhalte dies sind und wie dies zu geschehen hat, unterfällt aufgrund der Lehrfreiheit gemäß Art. 5 Abs. 3 GG dem Bestimmungsrecht der Hochschullehrer, soweit keine einschränkenden Bestimmungen durch oder aufgrund eines Gesetzes existieren.

b) Geeignetheit

Tierversuche sind für die Wissensvermittlung im Biologiestudium geeignet.

c) Erforderlichkeit

Der Eingriff müsste erforderlich sein, dh. es dürfte kein milderes, gleich wirksames Mittel zur Erreichung des legitimen Zwecks geben. Nach Auffassung der Hochschullehrer ist dies nicht der Fall. Für die Maßgeblichkeit von deren Auffassung spricht die Lehrfreiheit. Dies setzt allerdings voraus, dass es sich um eine wissenschaftlich fundierte Stellungnahme handelt. Die zwingende Notwendigkeit und Unersetzbarkeit der konkreten Versuche muss von den Fachvertretern der Hochschule plausibel dargelegt werden. Hierfür spricht auch Art. 20a GG, der dem Tierschutz verfassungsrechtlichen Rang verleiht. Demgegenüber ist es nicht Aufgabe des Grundrechtsträgers im Einzelnen darzulegen, dass es Alternativen zu dem Gewissenseingriff, konkret, dass es tierschonende gleichwertige Lehrmethoden gibt.[21] Dies würde das rechtsstaatliche Verteilungsprinzip, wonach der Staat sich für Grundrechtseingriffe zu rechtfertigen hat, wohingegen die Privaten ihre Freiheit ohne weiteres in Anspruch nehmen dürfen, auf den Kopf stellen. Nur wenn die Hochschule bestehende Alternativen ernsthaft geprüft und plausibel verneint hat, ist die Erforderlichkeit des Eingriffs zu bejahen.

d) Angemessenheit

Auch dann könnte der Eingriff noch unangemessen sein. Insoweit kommt es entscheidend darauf an, welches Gewicht die Fähigkeiten und Kompetenzen haben, die S durch ihre Verweigerung von Tierversuchen nicht erlangt. Handelt es sich nur um einen kleinen Ausschnitt von Fähigkeiten, der im Blick auf den Abschluss insgesamt nicht ins Gewicht fällt, wäre die Verweigerung des Abschlusses eindeutig

---

21 So aber das BVerwG in BVerwGE 105, 73 (87).

unangemessen. Eine entsprechende Klarstellung in der Beschreibung des Abschlusses würde dann ausreichen. Allein wenn die Lücke in den Kenntnissen und Fähigkeiten so gravierend ist, dass nicht mehr von einem vollwertigen Biologieabschluss gesprochen werden kann, ist es ausgeschlossen, ihn dennoch zu erteilen. Unter diesen Umständen muss S die Konsequenzen ihrer Gewissensfreiheit uneingeschränkt tragen.

IV. Ergebnis:

Sofern die Hochschule nicht geprüft hat, ob S durch die Teilnahme an – ggf. auch nur an anderen Hochschulen – vorhandenen alternativen Veranstaltungen die fehlenden Kenntnisse und Fähigkeiten insoweit kompensieren kann, dass ein Biologieabschluss mit entsprechender Klarstellung möglich ist, stellt die Versagung der Befreiung einen nicht zu rechtfertigenden Gewissenseingriff dar.

3. Kapitel: Art. 4 Abs. 3 GG: Kriegsdienstverweigerung

Als **Spezialfall der Gewissensfreiheit** ist im Grundgesetz das Recht der Kriegsdienst- **438**
weigerung verbürgt. International stellt dies eine Seltenheit dar. Zwar kennen viele
Rechtsordnungen das Recht der Kriegsdienstverweigerung; sie gewähren dieses Recht
jedoch nur einfachgesetzlich, nicht auf der Verfassungsebene. Angesichts der deutschen
Geschichte im 20. Jahrhundert ist die Aufnahme in das GG nicht nur verständlich, sie
trifft auch eine nicht zu unterschätzende **verfassungstheoretische Aussage:** Im Recht
der Kriegsdienstverweigerung wird die Unterordnung der staatlichen Existenz unter
die menschliche Würde konkret, gibt sich der Staat im Interesse der Voraussetzungen
seiner freiheitlichen und demokratischen Verfassung in die individuelle moralische
Verantwortung seiner Bürger. So wichtig diese Aussagen in der Verfassungsurkunde
gerade der Bundesrepublik Deutschland sind, so schwierig ist die Anwendung des
Kriegsdienstverweigerungsrechts in der Rechtspraxis, in der das **Ausnahmerecht für**
eine **Ausnahmesituation** angesichts der verfassungsrechtlich verankerten Wehrpflicht
bis zu ihrer Einstellung zum massenhaft genutzten Recht auf Wehrdienstverweigerung
mutierte. Mit der Abschaffung der Wehrpflicht durch Gesetz vom 28. April 2011[1] hat
das Recht der Kriegsdienstverweigerung aktuell nur geringe Bedeutung.

3.1 Schutzbereich und Gewährleistungsgehalt

Gemäß Art. 4 Abs. 3 GG darf niemand gegen sein Gewissen zum Kriegsdienst mit der **439**
Waffe gezwungen werden. Der Begriff „Kriegsdienst mit der Waffe" wirft die Frage
nach der Abgrenzung zwischen Waffendienst und waffenlosem Dienst auf. Infolge
der modernen und sich stetig ändernden Waffentechnik ist die **Abgrenzung** zwischen
Waffendienst und **waffenlosem Dienst** definitorisch nicht leicht zu treffen. Neben dem
Waffenführen sind solche Tätigkeiten erfasst, die „in einem nach dem Stande der jeweiligen Waffentechnik unmittelbaren Zusammenhang zum Einsatz von Kriegswaffen
stehen"[2], zB. Munitionsnachschub, Funkpeilung oder Befehlsübermittlung. Im Übrigen lässt sich die „Unmittelbarkeit„ nur nach wertender Zuordnung ermitteln. Abgrenzungsschwierigkeiten würden vermieden, wenn man alle Tätigkeiten innerhalb
der Streitkräfte erfasst sähe.[3] Aus Formulierungen in Art. 12a Abs. 2, 3 und 4 GG
wird jedoch deutlich, dass dies nicht die Sichtweise des Verfassungsgesetzgebers war.
Letztlich muss die Abgrenzung im Lichte des Zwecks des Rechts auf Kriegsdienstverweigerung vorgenommen werden. Dieser besteht darin, dass der Staat niemanden in
die Situation zwingen darf, gegen die Gebote des Gewissens andere Menschen zu töten.[4] Der Grundrechtsträger muss daher plausibel geltend machen, dass sein Gewissen
die Vornahme der Handlung als Tötung von Menschen verbietet.[5]

Die **Erstreckung** des Grundrechts **auf Wehrpflichtige** ist vom Wortlaut des Art. 4 **440**
Abs. 3 GG nicht nahegelegt, folgt aber notwendig aus Art. 12a GG.[6] Gerade diese
Erstreckung hatte Einschränkungen in der Interpretation des Art. 4 Abs. 3 GG zur
Folge, die für den Ernstfall nicht angebracht sind. So lässt sich eine Interpretation, die
die **situationsbezogene Kriegsdienstverweigerung** vom Schutzbereich ausnimmt[7], mit
dem Wortlaut nicht vereinbaren. Dieser fordert allein eine Gewissensentscheidung mit
Bezug zur Tötung von Menschen, nicht aber die moralische Überzeugung von einem
absoluten und uneingeschränkten Tötungsverbot. Allerdings kann die Wehrdienstver-

---

1 Gesetz zur Änderung wehrrechtlicher Vorschriften 2011, BGBl. I, S. 678.
2 BVerfGE 69, 1 (56).
3 So *M. Morlok*, in: Dreier, Art. 4 Rn. 178.
4 BVerfGE 28, 243 (262); 32, 40 (45); 69, 1 (54).
5 BVerfGE 69, 1 (34).
6 BVerfGE 48, 127 (164).
7 So BVerfGE 12, 45 (65); 48, 127 (163); 69, 1 (23).

weigerung als Bestandteil des Rechts auf Kriegsdienstverweigerung tatsächlich nur auf eine sehr grundsätzlich pazifistische Gewissensüberzeugung gestützt werden, da zum Zeitpunkt der Einziehung zum Wehrdienst eine situationsbezogene Kriegsdienstentscheidung gar nicht getroffen werden kann.[8] Eine Wehrdienstverweigerung liegt aber nur dann im Schutzbereich des Rechts auf Kriegsdienstverweigerung, wenn abzusehen ist, dass in jedem denkbaren kriegerischen Konflikt von diesem Recht Gebrauch gemacht werden wird, denn dann ist eine Wehrdienstverpflichtung sinnlos.[9]

441 Die nicht nur gegen den Wehrdienst, sondern auch gegen den Ersatzdienst gerichtete **Totalverweigerung**, die vereinzelt aus religiösen Gründen praktiziert wird, ist dagegen nicht mehr Gegenstand des Rechts auf Kriegsdienstverweigerung, sondern der Glaubens- oder allgemeinen Gewissensfreiheit.[10]

3.2 Verfahrensvorbehalt

442 Das Recht der Kriegsdienstverweigerung unterliegt keinem Gesetzesvorbehalt und auch keinen verfassungsimmanenten Schranken. Nur angesichts des Massenphänomens der Wehrdienstverweigerung ist es erklärlich, dass das BVerfG die Einsatz- und Funktionsfähigkeit der Bundeswehr als verfassungsimmanente Schranke herangezogen hat, mit dem Ziel, Verfahrensvorschriften zu rechtfertigen.[11] Tatsächlich ist das Recht der Kriegsdienstverweigerung verfassungsimmanenten Schranken von vornherein nicht zugänglich, wird doch die Existenz des Staates der Moralität seiner Bürger untergeordnet. Es kann nur darum gehen, die **Voraussetzung seiner Inanspruchnahme festzustellen**. Diese Notwendigkeit ergibt sich aus der im Gleichheitsgrundsatz angelegten Forderung nach Belastungsgleichheit. In diesem Sinne steht das Recht der Kriegsdienstverweigerung unter einem Verfahrensvorbehalt.[12] Es bedarf eines Verfahrens, in dem die Gewissensentscheidung, die die Verweigerung trägt, plausibel gemacht wird. Im Zusammenhang mit der Wehrpflicht hatte der Gesetzgeber hierfür zunächst ein mündliches Prüfverfahren eingeführt[13], das jedoch erhebliche Missstände und Ungerechtigkeiten zur Folge hatte. Das an seine Stelle getretene sog. Postkartenverfahren[14] stellte demgegenüber so geringe Anforderungen an den Nachweis eines Gewissenskonflikts, dass es aus diesem Grunde mit der Verfassung nicht vereinbar war.[15] Die im Kriegsdienstverweigerungsneuordnungsgesetz[16] geregelte Ausgestaltung des Ersatzdienstes nicht nur als Belastungsausgleich, sondern als tragendes Indiz für das Vorliegen einer Gewissensentscheidung ist schließlich vom BVerfG gebilligt worden.[17] Bei allen verfassungsrechtlichen Bedenken, die man auch gegen diese Regelung vorbringen konnte, führte sie doch zu einer praktikablen Lösung im Umgang mit einem am Rande des Justitiablen angesiedelten Grundrecht. Mit der Aussetzung der Wehrpflicht hat das Recht der Kriegsdienstverweigerung vorläufig seinen bis dahin größten Anwendungsbereich verloren.

Rechtsprechung: BVerfGE 12, 45 – *Kriegsdienstverweigerung I*; 48, 127 – *Wehrpflichtnovelle*; 69, 1 – *Kriegsdienstverweigerung II*; 78, 391 – *Totalverweigerung I*; 80, 354 – *Totalverweigerung II*; BVerwGE 127, 302 – *Befehlsverweigerung aus Gewissensgründen*.

---

8 *U. Mager*, in: von Münch/Kunig, Art. 4 Rn. 69–72.
9 BVerfGE 12, 45 (56); 32, 40 (47); 48, 127 (164).
10 S. dazu *U. Mager*, in: von Münch/Kunig, Art. 4 Rn. 80 mwN.; anders BVerfGE 19, 135 (138); 23, 127 (132).
11 BVerfGE 28, 243 (261).
12 BVerfGE 69, 1 (25).
13 § 26 WPflG aF., BGBl. I 1972, S. 2277.
14 BGBl. I 1977, S. 1229.
15 BVerfGE 48, 127 (158 ff.).
16 BGBl. I 1983, S. 203.
17 BVerfGE 69, 1 (20 ff.).

Literatur: *U. Eisenberg/C. Wolke*, Zur strafrechtlichen Beurteilung der Totalverweigerung, JuS 1993, 285 (weiterführend, ob Art. 4 III GG ein tauglicher Rechtfertigungsgrund iSd. Strafrechts ist); *S. Magen*, Grundfälle zu Art. 4 III GG, JuS 2009, 995.

Siebter Teil

Die Freiheit der Kommunikation

Fall 12: Junge Wilde

Der noch nicht volljährige O ist Schauspieler und Sänger. Er wurde durch verschiedene Jugendfilme bekannt und erfreut sich insbesondere unter Jugendlichen großer Beliebtheit.

In der Nacht vom 30. April auf den 1. Mai, der in Bayern sogenannten „Freinacht", war O mit Freunden in der Innenstadt von München unterwegs. Die Gruppe wurde dabei beobachtet, wie sie Fahrräder traktierte, Blumen aus einem Blumenbeet herausriss sowie den Telefonhörer in einer Telefonzelle abriss. O soll für den abgerissenen Telefonhörer sowie für das Herausreißen einiger Tulpen aus einem Beet verantwortlich sein. Er wurde von der Polizei aufgegriffen, auf die Wache mitgenommen und nach Feststellung der Personalien wieder entlassen. Ein Ermittlungsverfahren gegen ihn wurde nicht eingeleitet.

Die D-GmbH verlegt die Tageszeitung „Z". Deren redaktioneller Inhalt, sowie weitere Beiträge werden auch über die Internetseite www.z-online.de verbreitet. Sie berichtete in ihrem Internetangebot „z-online.de" über diesen Vorfall unter der Überschrift „München: Polizei schnappt O." Unter Berufung auf die BILD-Zeitung wird in dem Beitrag darüber berichtet, dass „der Nachwuchsschauspieler und -sänger nach wüster Randale in der Münchener Innenstadt von der Polizei verhört" worden sei. Der Beitrag wurde insgesamt 2014 mal aufgerufen. Auch andere Print- und elektronische Medien berichteten über den Vorfall. O verklagte die D-GmbH auf Unterlassung folgender Äußerungen:

„Polizei schnappt O. Er hat Blumenbeete zerstört und eine Telefonzelle auseinandergenommen."

Darüber hinaus begehrte er das Verbot, im Zusammenhang mit ihm über die Tatsache einer Sachbeschädigung in der Nacht zum 1. Mai in der Innenstadt von München zu berichten.

Das Landgericht gab der Klage statt. Es bejahte einen Unterlassungsanspruch analog §§ 823 Abs. 1, 1004 Abs. 1 BGB in Verbindung mit Art. 2 Abs. 1, Art. 1 Abs. 1 GG, weil das allgemeine Persönlichkeitsrecht des Klägers verletzt sei. Die Pressefreiheit der D-GmbH habe zurückzutreten. Das Landgericht stützt sich zum einen darauf, dass für den Bereich der strafrechtlichen Ermittlungsverfahren anerkannt sei, dass eine den Verdächtigen identifizierende Berichterstattung nur zulässig sei, wenn an der Preisgabe der Identität des in Verdacht Geratenen ein besonderes öffentliches Interesse bestehe, es sich um eine Straftat von erheblicher öffentlicher Bedeutung handle und ein nicht unerheblicher Tatverdacht vorliege. Diese Grundsätze seien erst recht anzuwenden, wenn es lediglich zur Aufnahme der Personalien komme und die Einleitung eines Ermittlungsverfahrens unterbleibe. Zum anderen stützt sich das Landgericht auf das junge Alter des damals 16-jährigen O, der seinen Platz im Leben in sozialer wie beruflicher Hinsicht noch nicht gefunden habe und dessen weiterer Werdegang in näherer Zukunft in vielfacher Hinsicht von der Einschätzung seiner Person durch Dritte abhängen werde. O habe deswegen ein gesteigertes Interesse daran, dass Verfehlungen, die er sich habe zuschulden kommen lassen, nicht in die Öffentlichkeit getragen würden. Zur Untermauerung dieser Argumentation zieht das Landgericht die „grundsätzlichen Entscheidungen des Gesetzgebers im Jugendgerichtsgesetz" heran, wonach die Verhandlung vor dem Jugendgericht nicht öffentlich sei. Daran ändere auch der Umstand nichts, dass der Kläger aufgrund eigener künstlerischer Tätigkeit in der Öffentlichkeit bekannt sei.

> Das OLG bestätigt das landgerichtliche Urteil und lässt die Revision nicht zu.
> Die D-GmbH hält die Urteile für falsch und erhebt Verfassungsbeschwerde.

443 Das Grundgesetz sichert durch verschiedene Grundrechte die Freiheit der Kommunikation im Sinne des geistigen Austausches und der geistigen Auseinandersetzung. Besonders wichtig ist **Art. 5 GG**, der seinerseits mehrere selbständige Kommunikationsgrundrechte umfasst: Meinungsfreiheit, Informationsfreiheit, Pressefreiheit, Rundfunkfreiheit, Filmfreiheit, Freiheit der Kunst und die Wissenschaftsfreiheit. Hinzu kommen die in **Art. 8 GG** verbürgte Versammlungsfreiheit und die in **Art. 9 Abs. 1 GG** garantierte Vereinigungsfreiheit.

1. Kapitel: Art. 5 Abs. 1 S. 1 GG: Meinungsfreiheit

444 Die **grundlegende Kommunikationsfreiheit** ist die Meinungsfreiheit. Gemäß Art. 5 Abs. 1 S. 1 Alt. 1 GG hat jeder „das Recht, seine Meinung in Wort, Schrift und Bild frei zu äußern und zu verbreiten". Neben dem Schutz der individuellen **Persönlichkeitsentfaltung** durch Meinungsäußerung hat das Grundrecht eine bedeutende wertsetzende (objektive) Funktion, denn der geistige Kampf der Meinungen ist „schlechthin **konstituierend für die freiheitliche demokratische Ordnung"**[1].

1.1 Schutzbereich

1.1.1 Sachlicher Schutzbereich: die Meinungsäußerung

445 Sachlich erstreckt sich der Schutzbereich auf das Äußern und Verbreiten von Meinungen. Eine Meinung ist eine **eigene wertende Stellungnahme** gleichgültig welchen Inhalts. Der Schutzbereich der Meinungsfreiheit ist weit zu verstehen. Während Meinungen **Ausdruck einer subjektiven Überzeugung** sind, sind **Tatsachen** dem (objektiven) **Beweis zugänglich**. Trotz dieser definitorisch klaren Unterscheidung ist die **Abgrenzung** zwischen Meinungen und Tatsachen im Prozess der Kommunikation **schwer** möglich, da die Meinungsbildung auf das Engste mit Tatsachen verknüpft ist. Sofern Tatsachen(-behauptungen) als Grundlage der Meinungsbildung von Bedeutung sind – und das sind sie praktisch immer – sind auch sie von der Meinungsfreiheit umfasst. Allein die bewusst unwahre Tatsachenbehauptung, also der bewusste **Lüge**, oder die Behauptung einer erwiesen unwahren Tatsache sind nicht mehr von der Meinungsfreiheit geschützt.[2] Die Fassung in Frageform steht der Einordnung als Meinung nicht entgegen.[3]

446 Inwieweit kommerzielle **Werbung** den Schutz der Meinungsfreiheit – insbesondere neben oder anstelle der Berufsfreiheit – genießt, ist differenziert zu beurteilen. Handelt es sich ausschließlich um eine produktbezogene Meinungsäußerung, so steht die Vermarktung als Teil der Berufsausübung im Vordergrund und lässt auch keine Schutzlücke.[4] Handelt es sich dagegen um Werbeäußerungen, die im Einzelfall „wirtschaftliche, politische, soziale und kulturelle Probleme zum Gegenstand (haben), denen innerhalb der öffentlichen Auseinandersetzung ein nicht unerheblicher Stellenwert zu-

---

1 Ständige Rechtsprechung: BVerfGE 59, 231 (266) – *freier Rundfunkmitarbeiter*; BVerfGE 77, 65 (74) – *Beschlagnahme von Filmmaterial*; BVerfGE 93, 266 (292 f.) – *„Soldaten sind Mörder"*.
2 S. dazu einerseits BVerfGE 90, 241 – *Auschwitzlüge*; andererseits BVerfGE 90, 1 – *Kriegsschuld*.
3 BVerfGE 85, 23 (31) – *rhetorische Frage*; BVerfG, NJW 2003, 660 (661) – *Meinungsschutz von Fragen*.
4 Vgl. BVerfGE 71, 162 (175) – *Werbeverbot für Ärzte*; BVerfGE 94, 372 (389) – *Werbeverbot für Apotheker*.

gemessen wird"[5], so kann der darin liegende Beitrag zur Meinungsbildung eigenständigen Schutz benötigen und unterfällt dann auch der Meinungsfreiheit.[6]

Zwischen den Betätigungsformen „äußern" und „verbreiten" bedarf es keiner exakten **447** begrifflichen Differenzierung. Geschützt sind alle Beiträge zur geistigen Auseinandersetzung, wobei der **gesamte Kommunikationsvorgang** erfasst ist, also nicht nur das Äußern, sondern auch das Empfangen der Meinung.[7] Auch die Aufzählung in „Wort, Schrift oder Bild" ist nicht abschließend gemeint, sondern nur beispielhaft. Entscheidend ist, dass jegliche Anwendung von Zwang oder Gewalt vom Anwendungsbereich der Meinungsfreiheit ausgeschlossen ist. „Der Grundrechtsschutz aus Art. 5 Abs. 1 GG endet ... dort, wo der Bereich geistiger Einwirkung auf die Adressaten der Meinungsäußerung oder die Öffentlichkeit verlassen und physischer, wirtschaftlicher oder vergleichbarer Druck zur Verstärkung der geäußerten Meinung eingesetzt wird."[8] Ein schlichter **Boykottaufruf** ist damit von der Meinungsfreiheit umfasst, wohingegen die Verknüpfung mit der Ausnutzung einer wirtschaftlichen Machtstellung kein von Art. 5 Abs. 1 S. 1 GG geschütztes Verhalten mehr darstellt.[9]

Die Meinungsfreiheit schützt schließlich auch davor, dass eine Person verpflichtet **448** wird, eine **fremde Meinung** als eigene zu äußern oder aber dass ihr eine nicht von ihr geäußerte Meinung gegen ihren Willen als eigene zugerechnet wird. Die gesetzliche Verpflichtung an Tabakwarenhersteller, den Produkthinweis „Rauchen gefährdet Ihre Gesundheit" auf der Verpackung abzudrucken, stellte deshalb keinen Eingriff in die Meinungsfreiheit, sondern allein in die Berufsausübungsfreiheit dar, weil als Urheber dieses Hinweises eindeutig „die EG-Gesundheitsminister" erkennbar waren.[10] Die Pflicht zur Mitwirkung an der Verbreitung fremder Meinungen stellt auch keinen Eingriff in eine etwaige negative Meinungsfreiheit dar, da auch diese sich nur auf eigene Meinungen und damit nur darauf beziehen könnte, nicht genötigt zu werden, eine eigene Meinung zu äußern.

1.1.2 Persönlicher Schutzbereich

Die Meinungsäußerungsfreiheit steht jedem **Menschen** zu. Träger des Grundrechts **449** können aber gemäß Art. 19 Abs. 3 GG auch **juristische Personen** sein, denn Meinungsäußerungen können für eine juristische Person und ihr zurechenbar abgegeben werden. Im Zusammenhang mit Meinungsäußerungen von **Amts- oder Mandatsträgern** ist zu beachten, dass Äußerungen in Ausübung des Amts oder Mandats nicht dem Grundrechtsschutz unterfallen, sondern die Reichweite des Schutzes sich nach den jeweiligen amtsbezogenen Kompetenzvorschriften und Wahrnehmungsbefugnissen richtet, etwa im Falle eines Abgeordneten nach Maßgabe des freien Mandats gemäß Art. 38 Abs. 1 S. 2 GG.

1.2 Gewährleistungsgehalt

Die Meinungsfreiheit ist ihrer Entstehung und historischen Bedeutung nach in erster **450** Linie ein **Abwehrrecht** gegen staatliche Beeinträchtigungen der freien Meinungsäußerung.

---

5 BGHZ 130, 196 (203 f.) – *ölverschmutzte Ente.*

6 BVerfGE 102, 347 (359); 105, 275 (280) – *Schockwerbung.*

7 BVerfGE 35, 35 (39) – *Untersuchungsgefangene*; BVerfG, NJW 2005, 1341 (1342) – *Weiterleiten von Gefangenenpost.*

8 BVerfG, NJW 1989, 381 (382) – *Mietboykott*; s. auch zuvor BGH, NJW 1985, 1620 – *Aufforderung zum Mietboykott.*

9 S. BVerfGE 7, 198 (210) – *Lüth* einerseits und BVerfGE 25, 256 (264 f.) – *Blinkfüer* andererseits.

10 S. BVerfGE 95, 173 (182) – *Warnhinweise für Tabakerzeugnisse* mit Kritik von *U. Di Fabio*, NJW 1997, 2863.

451 In der offenen Mediengesellschaft hat aber das Bedürfnis nach staatlichem **Schutz** vor unwahren, schmähenden oder sonst verletzenden Äußerungen erheblich zugenommen. Im **Konflikt zwischen Privatpersonen** kollidiert die **Meinungsfreiheit** häufig mit dem allgemeinen **Persönlichkeitsrecht**. Derartige Konflikte werden einfachrechtlich über den strafrechtlichen Schutz der persönlichen Ehre gemäß §§ 185 ff. StGB sowie über Vorschriften des zivilrechtlichen Rechtsgüterschutzes, insbesondere §§ 823, 1004 BGB oder §§ 22, 23 Kunsturhebergesetz bewältigt. Bei der Anwendung und Auslegung dieser Normen sind die Meinungsfreiheit und das allgemeine Persönlichkeitsrecht zu berücksichtigen, in Bezug auf die zivilrechtlichen Normen im Wege der **mittelbaren Drittwirkung.**

1.3 Schranken und ihre verfassungsmäßige Konkretisierung

452 Gemäß Art. 5 Abs. 2 GG findet die Meinungsfreiheit ihre Schranken in den Vorschriften der allgemeinen Gesetze, den gesetzlichen Bestimmungen zum Schutz der Jugend und in dem Recht der persönlichen Ehre. Es handelt sich – auch in der Variante der allgemeinen Gesetze – um einen **qualifizierten Gesetzesvorbehalt.**

1.3.1 Die Schranke der allgemeinen Gesetze

453 Der Begriff der „allgemeinen Gesetze" war schon in der Zeit der Weimarer Reichsverfassung unter der Geltung des insoweit gleich lautenden Art. 118 Abs. 1 S. 1 WRV streitig. Fest steht, dass nicht bereits die Allgemeinheit im Sinne einer abstrakt generellen Regelung im Gegensatz zur konkret-individuellen Einzelfallregelung, wie sie für das Gesetz als Handlungsform typisch ist, ausreicht. Einzelfallgesetze verbietet schon Art. 19 Abs. 1 S. 1 GG. Der Begriff der **Allgemeinheit** wird vielmehr zutreffend durch den **Gegenbegriff Sonderrecht** konturiert. Allgemein sind danach nur Gesetze, die sich nicht gegen eine bestimmte Meinung als solche richten, also nicht an den Meinungsinhalt anknüpfen, sondern an die Form, die Art und Weise oder die Umstände einer Meinungsäußerung. Allgemeinheit im Sinne des Art. 5 Abs. 2 GG verlangt **Meinungsneutralität.**[11] Demgegenüber wurde schon in der Weimarer Staatsrechtslehre alternativ der Begriff des „allgemeinen Gesetzes" danach bestimmt, ob dieses auf den Schutz eines Rechtsguts zielt, das gegenüber der Meinungsfreiheit einen höheren Rang einnimmt. Diese als **Abwägungslehre** bezeichnete Auffassung leidet an einiger Unbestimmtheit und lässt dementsprechend Gesetzgeber und Rechtsanwender größeren Spielraum. Das Bundesverfassungsgericht hat bereits in seinem Lüth-Urteil beide Auffassungen miteinander kombiniert. Danach sind „allgemeine Gesetze" im Sinne des Art. 5 Abs. 2 GG solche Gesetze, „die nicht eine Meinung als solche verbieten, die sich nicht gegen die Äußerung der Meinung als solche richten, die vielmehr dem Schutz eines schlechthin, ohne Rücksicht auf eine bestimmte Meinung zu schützenden Rechtsguts dienen, dem Schutz eines Gemeinschaftswertes, der gegenüber der Betätigung der Meinungsfreiheit den Vorrang hat."[12] Während die Abwägungslehre zur Weimarer Zeit eine Bindung des Gesetzgebers begründete, geht sie nach heutiger Grundrechtsdogmatik, der die Bindung aller Staatsgewalten an die Grundrechte und deren Vorrang selbstverständlich geworden ist, im **Verhältnismäßigkeitsgrundsatz** auf. Gleiches gilt für die sog. **Wechselwirkungslehre**[13], die seit der Lüth-Entscheidung des Bundesverfassungsgerichts Bestandteil der Schrankendogmatik des Art. 5 Abs. 2 GG ist. Auch inso-

---

11 BVerfGE 124, 300 (323 f.) – *Wunsiedel.*

12 BVerfGE 7, 198 (209) – *Lüth.*

13 BVerfGE 7, 198 (210): „Die gegenseitige Beziehung zwischen Grundrecht und ‚allgemeinem Gesetz' ist also nicht als einseitige Beschränkung der Geltungskraft des Grundrechts durch die ‚allgemeinen Gesetze' aufzufassen; es findet vielmehr eine Wechselwirkung in dem Sinne statt, daß die ‚allgemeinen Gesetze' zwar dem Wortlaut nach dem Grundrecht Schranken setzen, ihrerseits aber aus der Erkenntnis der wertsetzenden Bedeutung dieses Grundrechts im freiheitlichen demokratischen Staat ausgelegt und so in ihrer das Grundrecht begrenzenden Wirkung selbst wieder eingeschränkt werden müssen."

weit handelt es sich um nichts Anderes als um grundrechtskonforme Auslegung des Schranken konkretisierenden Gesetzes und dessen Anwendung nach Maßgabe des Verhältnismäßigkeitsgrundsatzes, wie sie zu Beginn der Rechtsprechung des Bundesverfassungsgerichts noch neu war, heute jedoch im Rahmen sämtlicher Grundrechte selbstverständlich geworden ist.

Beispiele für allgemeine Gesetze nach dem Kriterium der Sonderrechtstheorie sind **454** etwa der zivilrechtliche Schadensersatzanspruch gemäß § 823 BGB sowie der Unterlassungsanspruch gemäß § 1004 BGB. Sonderrecht stellen demgegenüber die Vorschriften des Strafgesetzbuches dar, die sich spezifisch gegen nationalsozialistische Propaganda oder die Leugnung bzw. Verherrlichung nationalsozialistischer Gewalttaten richten (§§ 86 Abs. 1 Nr. 4, 86a, 130 Abs. 3 u. 4 StGB). Zwar ließe sich die Einordnung als Sonderrecht mit dem Argument in Frage stellen, dass nur eine spezifische Art und Weise derartiger Äußerungen unter Strafe gestellt wird.[14] Ehrlicher ist jedoch der Weg, den das Bundesverfassungsgericht in seiner Entscheidung zur Verfassungsmäßigkeit von § 130 Abs. 4 StGB in der Fassung vom 24.3.2005 gegangen ist.[15] Gemäß § 130 Abs. 4 StGB wird bestraft, wer öffentlich oder in einer Versammlung den öffentlichen Frieden in einer die Würde der Opfer verletzenden Weise dadurch stört, dass er die nationalsozialistische Gewalt- oder Willkürherrschaft billigt, verherrlicht oder rechtfertigt. Der Gesetzgeber reagierte mit dieser Vorschrift auf die Rechtsprechung des Bundesverfassungsgerichts, wonach ein Versammlungsverbot allein wegen des geäußerten Meinungsinhalts nur zulässig ist, wenn die Meinungsäußerung als solche strafbar ist. In Bezug auf den Inhalt von Meinungsäußerungen finden also auch dann, wenn sie auf Versammlungen geäußert werden, ausschließlich die Schranken des Art. 5 Abs. 2 GG Anwendung.[16]

Zum neuen **Straftatbestand des § 130 Abs. 4 StGB** stellte das Bundesverfassungsgericht zutreffend fest, dass es sich um Sonderrecht handelt und daher nicht auf die Schranke der allgemeinen Gesetze gestützt werden kann. In den Leitsätzen fasst es zusammen:

„1. § 130 Abs. 4 StGB ist auch als nichtallgemeines Gesetz mit Art. 5 Abs. 1 und 2 GG vereinbar. Angesichts des sich allgemeinen Kategorien entziehenden Unrechts und des Schreckens, die die nationalsozialistische Herrschaft über Europa und weite Teile der Welt gebracht hat, und der als Gegenentwurf hierzu verstandenen Entstehung der Bundesrepublik Deutschland ist Art. 5 Abs. 1 und 2 GG für Bestimmungen, die der propagandistischen Gutheißung der nationalsozialistischen Gewalt- und Willkürherrschaft Grenzen setzen, eine Ausnahme vom Verbot des Sonderrechts für meinungsbezogene Gesetze immanent.

2. Die Offenheit des Art. 5 Abs. 1 und 2 GG für derartige Sonderbestimmungen nimmt den materiellen Gehalt der Meinungsfreiheit nicht zurück. Das Grundgesetz rechtfertigt kein allgemeines Verbot der Verbreitung rechtsradikalen oder auch nationalsozialistischen Gedankenguts schon in Bezug auf die geistige Wirkung seines Inhalts."[17]

In dieser Entscheidung gibt das Bundesverfassungsgericht der Entstehungsgeschichte **455** und gesamten Zielrichtung des Grundgesetzes den Ausschlag für die Auslegung der

---

14 Vgl. die Argumentation in BVerwGE 131, 216 (220 ff.) – *Heß-Gedenkveranstaltung*.
15 BVerfGE 124, 300 – *Wunsiedel*.
16 BVerfGE 111, 147 – *inhaltsbezogenes Versammlungsverbot*, Ls. 1: „Beschränkungen des Inhalts und der Form einer Meinungsäußerung finden ihre Rechtfertigung ausschließlich in den in Art. 5 Abs. 2 GG aufgeführten Schranken auch dann, wenn die Äußerung in einer oder durch eine Versammlung erfolgt." S. dazu noch Rn. 544.
17 BVerfGE 124, 300 (300) – *Wunsiedel*; s. aus der Vielzahl krit. Anmerkungen O. *Lepsius*, Jura 2010, 527 ff.; B. *Rusteberg*, StudZR 2010, 159 ff.; U. *Volkmann*, NJW 2010, 417 ff.

Meinungsfreiheit. Es legt offen, dass es die herkömmliche Dogmatik in diesem Ausnahmefall für unanwendbar hält und bewahrt sie damit für zukünftige „Normalfälle".

1.3.2 Der Schutz der Jugend

456 Eine gesetzliche Bestimmung zum Schutz der Jugend liegt nur vor, wenn die jeweilige Vorschrift bestimmt und geeignet ist, die Jugend zu schützen. Die Bestimmungen müssen im Lichte der Meinungsfreiheit verhältnismäßig sein. **Auch das Ziel des Jugendschutzes rechtfertigt** zudem **kein Sonderrecht.** Es handelt sich damit um eine Untergruppe der allgemeinen Gesetze, deren ausdrückliche Erwähnung eine klarstellende Funktion hat.[18]

1.3.3 Der Schutz der persönlichen Ehre

457 Die Meinungsfreiheit findet schließlich noch eine Schranke „im Recht der persönlichen Ehre". Das Schutzgut „Ehre" ist heute **Bestandteil des allgemeinen Persönlichkeitsrechts.** Die Kollision von Meinungsfreiheit und allgemeinem Persönlichkeitsrecht bildet den Hintergrund der strafrechtlichen Beleidigungstatbestände gemäß §§ 185 ff. StGB sowie zivil- und auch öffentlich-rechtlicher Unterlassungs-, Widerrufs-, Beseitigungs-, Gegendarstellungs- und Schadensersatzansprüche. Hervorzuheben ist, dass die Schranke sich auf die *persönliche* Ehre, also die Ehre bzw. das Persönlichkeitsrecht eines spezifischen Individuums bezieht. Hiervon zu unterscheiden sind Schmähungen oder herabsetzende Äußerungen in Bezug auf Berufsstände, Gruppen oder Rollen. Die heftig umstrittene Äußerung „Soldaten sind Mörder" betrifft nicht die persönliche Ehre eines einzelnen Soldaten, sondern stellt eine provozierende Polemik in Bezug auf diesen Status bzw. diese Rolle dar[19] und richtet sich eigentlich gegen den Krieg.

458 Für die **Abwägung** der beiden kollidierenden Grundrechte Meinungsfreiheit und allgemeines Persönlichkeitsrecht hat sich eine reiche Kasuistik ausgebildet.[20] Folgende **Kriterien** sind entscheidungsleitend:
Schon nicht vom Schutzbereich der Meinungsfreiheit umfasst sind bewusst unwahre Tatsachenbehauptungen (**Verleumdung**, § 187 StGB). Im Falle von Fahrlässigkeit ist der Schutz der Meinungsfreiheit eröffnet, wobei in die Abwägung die jeweils gebotene Sorgfalt hinsichtlich der Ermittlung der meinungsbildenden Tatsachen einzustellen ist.[21]
Im Fall einer Formalbeleidigung bzw. **Schmähung** geht das allgemeine Persönlichkeitsrecht der Meinungsfreiheit vor. Eine Schmähung liegt vor, wenn in der Äußerung „nicht mehr die Auseinandersetzung in der Sache, sondern die Diffamierung der Person im Vordergrund steht"[22] oder diese gar in ihrer Menschenwürde angetastet wird.[23]
Für die Abwägung ist des Weiteren von Bedeutung, ob und wie der von der Persönlichkeitsbeeinträchtigung Betroffene seinerseits von der Meinungsfreiheit Gebrauch gemacht hat („**Gegenschlag**"). Außerdem spielt der jeweilige **Öffentlichkeitsbezug** der Meinung eine Rolle.[24]

459 Insgesamt ist die Rechtsprechung des Bundesverfassungsgerichts sehr meinungsfreiheitsfreundlich. Meinungen sollen sich grundsätzlich im Kampf der Meinungen be-

---

18 BVerfGE 124, 300 (326 f.).
19 S. BVerfGE 93, 266 sowie dazu *U. Mager*, Jura 1996, 405.
20 Lesenswert die Systematik von *D. Grimm*, NJW 1995, 1697; s. auch *U. Mager*, Jura 1996, 405 (406 f.).
21 BVerfGE 54, 208 (219) – *Böll*; BVerfGE 61, 1 (8) – *NPD Europas*; BVerfGE 90, 241 (247). – *Auschwitzlüge*.
22 BVerfGE 82, 272 (284) – *„Zwangsdemokrat Strauß"* (verneint).
23 BVerfGE 75, 369 (380) – *Strauß Karikatur*; s. auch LG Hamburg, NJW-RR 2017, 36 f. – *Fall Böhmermann*; zur strafrechtlichen Beurteilung s. GStA OLG Koblenz, AfP 2016, 566 f.
24 S. zum Verhältnis Pressefreiheit und allgemeines Persönlichkeitsrecht noch unten Rn. 476.

haupten oder untergehen und nicht mit staatlichen Zwangsmitteln reglementiert werden. Ein offener Meinungsbildungsprozess soll bestehen und erhalten bleiben. Diese meinungsfreundliche Grundhaltung, die ihr rechtliches Fundament in der „schlechthin konstituierenden Bedeutung der Meinungsfreiheit für die freiheitliche Demokratie" hat, kommt auch darin zum Ausdruck, dass das Bundesverfassungsgericht in Bezug auf die Bewertung jeder einzelnen Äußerung von den Gerichten verlangt, den Sinn meinungs- und grundrechtsfreundlich zu ermitteln und dies auch überprüft.

1.3.4 Sonstige Schranken: Art. 17a und Art. 18 GG

Eine spezifische, neben Art. 5 Abs. 2 GG tretende Grundrechtsschranke enthält **Art. 17a GG** für Wehr- und Zivildienstleistende. Die Vorschrift ermächtigt ausdrücklich zu Grundrechtseinschränkungen. Auch dies rechtfertigt jedoch keine Ausnahme von dem Gebot der Meinungsneutralität. Mit Wegfall der Wehrdienstpflicht durch Gesetz vom 28. April 2011 hat die Vorschrift zur Zeit nur geringe Bedeutung und betrifft in erster Linie Personen, die freiwillig Wehrdienst leisten.

460

Die Meinungsfreiheit gehört zu den Grundrechten, deren Missbrauch zum Kampf gegen die freiheitliche demokratische Grundordnung gemäß **Art. 18 GG** zur Rechtsfolge der Verwirkung führen kann, die allein vom Bundesverfassungsgericht auszusprechen ist (§§ 13 Nr. 1, 36 ff. BVerfGG).

461

1.4 Zensurverbot

Art. 5 Abs. 1 S. 3 GG bestimmt: „Eine Zensur findet nicht statt." Der Begriff der „Zensur" meint die **inhaltliche Überprüfung** einer Meinung **vor** ihrer **Veröffentlichung** in einem behördlichen Verfahren mit der Rechtsfolge der Freigabe oder des Verbots der Veröffentlichung.[25] Demgegenüber stellt die Strafbarkeit als Folge einer Veröffentlichung keine Zensur dar. Das Zensurverbot des Art. 5 Abs. 1 S. 3 GG schützt somit die **freie Entscheidung über das Verbreiten einer Meinung**.[26] Grundrechtsdogmatisch handelt es sich um eine „Schranken-Schranke", dh. um eine Anforderung an die Konkretisierung der Schrankenbestimmung, hier in Gestalt eines ausdrücklichen Verbots.

462

Rechtsprechung: BVerfGE 7, 198 ff. – *Lüth*; 25, 256 – *Blinkfüer*; 30, 336 – *Jugendschutz*; 33, 1 – *Strafgefangene*; 61, 1 – *NPD Europas*; 90, 1 – *Kriegsschuld-Buch*; 90, 241 – *Auschwitz-Lüge*; 93, 266 – „*Soldaten sind Mörder*"; 101, 361 – *Caroline von Monaco II*; 124, 300 – *Wunsiedel*.

Literatur: W. *Brugger*, Hassrede, Beleidigung, Volksverhetzung, JA 2006, 687; V. *Epping/S. Lenz*, Das Grundrecht der Meinungsfreiheit (Art. 5 I 1 GG), Jura 2007, 881; W. *Frenz*, Die Meinungs- und Medienfreiheit, Jura 2012, 198.; D. *Grimm*, Die Meinungsfreiheit in der Rechtsprechung des Bundesverfassungsgerichts, NJW 1995, 1697; O. *Lepsius*, Einschränkung der Meinungsfreiheit durch Sonderrecht, Jura 2010, 527; U. *Mager*, „Soldaten sind Mörder", Jura 1996, 405; M. *Nolte/C.J. Tams*, Der Schutzbereich der Meinungsfreiheit, JA 2002, 259; M. *Nolte/C.J. Tams*, Grundfälle zu Art. 5 I 1 GG, JuS 2004, 111 (Teil 1), 199 (Teil 2), 294 (Teil 3); R. *Poscher*, Neue Rechtsgrundlagen gegen rechtsextremistische Versammlungen – Zu den verfassungsrechtlichen Grenzen der Entpolitisierung der Versammlungsfreiheit, NJW 2005, 1316; K. *Schmalenbach*, Wahrheit und Lüge unter der Herrschaft der Grundrechte, JA 2005, 749; H. *Schulze-Fielitz*, Das Lüth-Urteil – nach 50 Jahren, Jura 2008, 52; K.-A. *Schwarz*, Meinungsfreiheit und Persönlichkeitsschutz, JA 2017, 241.

Fallbearbeitungen: R. *Doerner/U. Mager*, Übungsfall: „Aktion Klimaschutz", StudZR 2005, 455; T. *Linke*, Der Streit in der Schule, Anfängerklausur, JuS 2015, 520; M. *Payandeh*, Meinungsfreiheit und Beleidigung, Anfängerklausur, JuS 2016, 909; S. *Pötters/T. Stiebert*, Holocaustleugnung im Rahmen eines Kneipengesprächs, BRJ 2012, 198; M. *Schwarz*, Alkohol in der Schwangerschaft? – Warnhinweispflichten zum Schutz der Leibesfrucht, Jura 2011, 379.

---

25 BVerfGE 33, 52 (71 f.) – *Zensur*; BVerfG, 1 BvR 3362/14, juris Rn. 32.
26 BVerfGE 87, 209 (232 f.) – *Tanz der Teufel*.

2. Kapitel: Art. 5 Abs. 1 S. 1 GG: Informationsfreiheit

Gemäß Art. 5 Abs. 1, 2. Halbsatz GG hat jeder das Recht, sich aus allgemein zugänglichen Quellen ungehindert zu unterrichten.

2.1 Schutzbereich

463   Allgemein zugänglich sind **Informationsquellen**, die „technisch geeignet und dazu bestimmt sind, der Allgemeinheit, dh. einem individuell nicht bestimmbaren Personenkreis, Informationen zu verschaffen"[1]. Beispiele für solche Informationsquellen sind Presse, Hörfunk, Fernsehen, Film, Flugblätter und nicht zuletzt die frei zugänglichen Seiten des Internets. Eine Informationsquelle ist auch ein Ereignis selbst, sofern es öffentlich zugänglich ist.[2] Vom Schutz umfasst sind gleichermaßen inländische und ausländische Informationsquellen[3] sowie die Vorrichtungen, die notwendig sind, um die Informationen erlangen zu können.[4] **Nicht allgemein zugängliche Quellen** sind demgegenüber zum Beispiel private Mitteilungen oder Behördenvorgänge, die dem Amtsgeheimnis oder dem Datenschutz unterliegen. Traditionell sind nach deutschem Verwaltungsrecht die Akten über behördliche Verfahren nur den Beteiligten zugänglich (vgl. § 29 VwVfG). Beteiligte sind insbesondere Antragsteller und Antragsgegner sowie von der Behörde zum Verfahren hinzugezogene Personen (vgl. § 13 VwVfG).

464   Unter dem Einfluss der europäischen Umweltinformationsrichtlinien[5], sodann der Transparenzrichtlinie[6], hat der Bundesgesetzgeber zunächst die allgemeine Zugänglichkeit zu Umweltinformationen und sodann zu amtlichen Informationen aus dem Bereich von Bundesbehörden eröffnet.[7] Für den Bereich der Länderbehörden sind die Landesgesetzgeber zuständig. Da die Eröffnung des Schutzbereichs der Informationsfreiheit davon abhängt, dass Informationen für die Öffentlichkeit *bestimmt* sind, entsteht in den Fällen, in denen es sich um Informationen staatlicher Stellen handelt, die grundrechtsdogmatisch schwierige Situation, dass der einfache Gesetzgeber über die Reichweite des Grundrechts der Informationsfreiheit entscheidet (**partiell normgeprägter Schutzbereich**). Die Frage ist, ob der Gesetzgeber bei der ihm damit ermöglichten Ausgestaltung des Schutzbereichs bereits an das Grundrecht der Informationsfreiheit gebunden ist oder nicht. Da die allgemeine Zugänglichkeit einer Informationsquelle Voraussetzung für die Anwendung der Informationsfreiheit ist, ginge ein Anspruch (also ein subjektives Recht) auf Herstellung freier Zugänglichkeit über den Anwendungsbereich hinaus. Aus der Informationsfreiheit folgt also **kein Recht auf Eröffnung einer Informationsquelle**.[8] Auf der Grundlage der Auslegungsfigur der objektiven Werteordnung ist es allerdings naheliegend, den Gesetzgeber bei der Frage der Eröffnung von Informationsquellen im staatlichen Herrschaftsbereich als verpflichtet anzusehen, den objektiven Wert transparenten staatlichen Handelns in Rechnung zu stellen. Das Bundesverfassungsgericht ist allerdings bisher noch nicht so weit gegangen. Im Unterschied zum deutschen Verfassungsrecht gewähren Art. 15 AEUV sowie Art. 42 EU-

---

1   BVerfGE 33, 52 (65) – *DEFA-Film*.
2   Zu Gerichtsverhandlungen s. BVerfGE 103, 44 ff.; 119, 321 ff.
3   S. demgegenüber § 1 Verordnung über außerordentliche Rundfunkmaßnahmen vom 1.9.1939 (RGBl. 1939 I, S. 1683) wonach „das absichtliche Hören ausländischer Sender" verboten war und mit Zuchthaus bestraft werden konnte.
4   BVerfGE 90, 27 (38) – *Parabolantenne I*.
5   Richtlinie 90/313/EWG vom 7. Juni 1990; Richtlinie 2003/4/EG vom 28. Januar 2003.
6   Richtlinie 2004/109/EG vom 15. Dezember 2004.
7   Umweltinformationsgesetz (UIG) vom 27. Oktober 2014 (BGBl. I, S. 1643); Informationsfreiheitsgesetz vom 3. Juni 2005 (BGBl. I, S. 2722); Verbraucherinformationsgesetz vom 5. November 2007 (BGBl. I, S. 2558).
8   So auch BVerfGE 103, 44 (59); 119, 309 (319 ff.) – *Fernsehaufnahmen im Gerichtssaal*.

Grundrechtecharta den Unionsbürgern ausdrücklich ein subjektives Recht auf Zugang zu den Dokumenten der Organe, Einrichtungen und sonstigen Stellen der Union.

Die Informationsfreiheit steht allen natürlichen Personen zu sowie juristischen Perso-   **465**
nen nach Maßgabe von Art. 19 Abs. 3 GG.

2.2 Gewährleistungsgehalt

2.2.1 Abwehrrecht

Das Recht, sich aus den genannten Quellen ungehindert zu unterrichten, verbietet als   **466**
Abwehrrecht jede Behinderung, Erschwerung, Lenkung, Registrierung oder unverhältnismäßige Verzögerung der Informationsbeschaffung. Eine **kostenlose Unterrichtung**
ist damit **nicht garantiert**. Staatlich festgesetzte Entgelte müssen aber sachlich gerechtfertigt sein und dürfen keine abschreckende oder hindernde Wirkung entfalten.[9]

Grundrechtsdogmatische Schwierigkeiten bereiten die Ausnahmen von einfachgesetz-   **467**
lich geschaffenen Informationsansprüchen gegenüber staatlichen Stellen. Handelt es
sich um Ausgestaltungen im Vorfeld des Anwendungsbereichs der Informationsfreiheit
oder um Eingriffe in die Informationsfreiheit? Stellt jede fehlerhafte Anwendung des
einfachen Rechts eine spezifische und damit im Wege der Verfassungsbeschwerde rüge-
fähige Grundrechtsverletzung dar? Folgt man dem Bundesverfassungsgericht, so handelt es sich bei den einfachgesetzlichen Regelungen um **Ausgestaltungen** der Informationsfreiheit, die nicht im Wege der Verfassungsbeschwerde angegriffen werden können.
Eine rechtmäßige Versagung des Informationszugangs stellt danach keinen Eingriff in
die Informationsfreiheit dar. Jede materiell rechtswidrige Versagung des eröffneten
Informationszugangs ist demgegenüber eine „Hinderung" und damit eine Verletzung
der Informationsfreiheit.

Nach anderer Auffassung lassen sich die gesetzlichen Ausschlüsse von Informationsan-   **468**
sprüchen, wie sie insbesondere zum Schutz von personenbezogenen Daten, Betriebs-
und Geschäftsgeheimnissen sowie besonderen öffentlichen Belangen bestehen (vgl.
§§ 3 ff. IFG), als Rechtfertigungen für Eingriffe jedenfalls in den objektivrechtlichen
Gehalt der Informationsfreiheit im Sinne eines Transparenzprinzips lesen.

2.2.2 Schutz und mittelbare Drittwirkung

Im Rahmen der Abwägung zwischen dem Interesse eines Mieters, ausländische Rund-   **469**
funk- und Fernsehprogramme aus seinem Heimatland zu empfangen, und dem Interesse des Vermieters an der unveränderten Erhaltung seines Hauses, ist die Informationsfreiheit zugunsten des Mieters in Rechnung zu stellen. Sie verlangt, dass bei der
Abwägung nach Treu und Glauben (§ 242 BGB) Berücksichtigung findet, ob und in
welchem Umfang der Mieter Programme aus dem Heimatland nur mittels einer Parabolantenne oder auch auf andere Weise erlangen kann. Ein pauschaler Verweis auf
einen Kabelanschluss ohne Auswertung der damit verfügbaren Programme genügt den
Anforderungen der Informationsfreiheit dagegen nicht.[10]

2.3 Schranken und ihre verfassungsmäßige Konkretisierung

Auch die Informationsfreiheit unterliegt den Schranken des Art. 5 Abs. 2 GG. Inhalts-   **470**
neutrale und verhältnismäßige Beschränkungen der Informationsfreiheit sind danach
möglich.[11]

---

9 Vgl. § 10 Abs. 2 IFG: Die Gebühren sind auch unter Berücksichtigung des Verwaltungsaufwandes so zu
   bemessen, dass der Informationszugang nach § 1 wirksam in Anspruch genommen werden kann.
10 BVerfGE 90, 27 (38) – *Parabolantenne*.
11 ZB. Beschränkung des Bezugs von Zeitungen und Zeitschriften in der Untersuchungshaft: BVerfGE 34,
   384; BVerfG, NStZ 1982, 132.

Rechtsprechung: BVerfGE 27, 71 – *Einfuhrverbot von DDR-Zeitung*; 90, 27 – *Parabolantenne*; 103, 44 und 119, 309 – *Fernsehaufnahmen im Gericht*.

Literatur: *M. Albers*, Grundlagen und Ausgestaltung der Informationsfreiheitsgesetze, ZJS 2009, 614; *D. Dörr*, Informationsfreiheit, JuS 2016, 1045; *F. Schoch*, Das Grundrecht der Informationsfreiheit, Jura 2008, 25; *U. Sittard/M. Ulbrich*, Informationsfreiheitsgesetze, JA 2008, 205.

Fallbearbeitungen: *A. Schmehl/E. Richter*, Referendarexamensklausur – Öffentliches Recht: Virtuelles Hausverbot und Informationsfreiheit, JuS 2005, 817; *M. Stock/D. Achelpöhler*, Der praktische Fall – Öffentliches Recht– Informationsfreiheit für ausländische Mieter – Kabelanschluß und Parabolantenne, JuS 1998, 245; *B. Straßburger*, Anfängerhausarbeit Grundrechte – Syria TV, JuS 2015, 136.

3. Kapitel: Art. 5 Abs. 1 S. 2 GG: Pressefreiheit

3.1 Schutzbereich

Art. 5 Abs. 1 S. 2 GG gewährleistet die Pressefreiheit. In Abgrenzung zur Meinungsfreiheit geht es im Rahmen der Pressefreiheit nicht primär um den Inhalt einer Meinung, sondern um die **Beschaffung,** das **Aufbereiten** und **Verbreiten von Informationen.**[1] **471**

3.1.1 Sachlicher Schutzbereich: der Pressebegriff

Der **Pressebegriff** ist **weit** zu verstehen. Er erfasst nicht nur Druckerzeugnisse, sondern alle audiovisuellen Speichermedien, die Informationen körperlich zur weiteren Verbreitung festhalten und nicht Film oder Rundfunk sind.[2] Entscheidend ist allein das Kommunikationsmedium, nicht der Vertriebsweg oder die Größe bzw. Allgemeinheit des Empfängerkreises, weshalb auch Werkszeitungen[3] oder Schülerzeitungen[4] Presse im Sinne des Grundrechts sind. Neben periodisch erscheinenden Druckwerken wie Zeitungen und Zeitschriften sind auch Druckwerke, die nur einmalig hergestellt werden wie Bücher, Plakate, Flugblätter, Handzettel oder Aufkleber erfasst.[5] **472**

Der Schutzbereich erstreckt sich auf alle wesensmäßig mit der Pressearbeit zusammenhängenden Tätigkeiten „von der Beschaffung der Information bis zur Verbreitung der Nachricht oder Meinung"[6]. Geschützt ist die **Selbstbestimmung über Art, Ausrichtung, Inhalt und Form eines Presseerzeugnisses** einschließlich der Bebilderung. Als notwendige Voraussetzung einer freien Presse sind auch die **Vertraulichkeit der Redaktionsarbeit**[7], die Geheimhaltung der Informationsquellen und das Vertrauensverhältnis zu Informanten grundrechtlich geschützt. **473**

3.1.2 Persönlicher Schutzbereich

Auf die Pressefreiheit können sich **alle im Pressewesen tätigen Personen und Unternehmen,** letztere gemäß Art. 19 Abs. 3 GG, berufen. Geschützt sind nicht nur professionell im Pressewesen Tätige, sondern auch Amateure, nicht aber die Konsumenten.[8] **474**

3.2 Gewährleistungsgehalt

Die Pressefreiheit gewährt in erster Linie ein **Abwehrrecht** gegen Eingriffe wie zB. gegen die Durchsuchung von Redaktionsräumen[9], gegen die Pflicht zur Herausgabe von Informationen[10] oder gegen die Erwähnung im Verfassungsschutzbericht[11]. **475**
Im Zusammenhang mit Pressesubventionen hat das Bundesverfassungsgericht betont, dass „Art. 5 Abs. 1 S. 2 GG nicht nur ein subjektives Abwehrrecht gegen staatliche

---

1 S. zur Abgrenzung von Meinungsfreiheit und Pressefreiheit BVerfGE 85, 1 (12) – *Kritische Bayer-Aktionäre*; 86, 122 (128) – *Schülerzeitung*; BVerfGE 102, 347 (359) – *Werbung; F. Hufen,* Staatsrecht II, § 27 Rn 10; s. auch Lösung zu Fall 12.
2 Vgl. BVerfGE 34, 269 (283) – *Soraya*; 66, 116 (134) – *Springer/Wallraff.* Die Verwendung und Nutzung neuer Medien wirft die Frage auf, inwieweit noch sinnvoll zwischen Presse und Rundfunk unterschieden werden kann, etwa in Bezug auf Internetauftritte. Diese Frage kann hier nicht vertieft werden. S. dazu *C. Franzius,* Das Internet und die Grundrechte, JZ 2016, 650 ff.
3 BVerfGE 95, 28 ff. – *Werkszeitungen.*
4 BVerfGE 86, 122 ff. – *Berufsschüler.*
5 *R. Wendt,* in: von Münch/Kunig, Art. 5 Rn. 30.
6 BVerfGE 10, 118 (121) – *Berufsverbot Redakteur.*
7 BVerfGE 66, 116 (133) – *Springer/Wallraff.*
8 S. *H. D. Jarass,* in: JP, Art. 5 Rn. 38; *H. Bethge,* in: Sachs, Art. 5 Rn. 74 ff.
9 BVerfGE 117, 244 ff. – *Cicero;* BVerfGE 20, 162 ff. – *SPIEGEL;* BVerfG, NJW 2011, 1859 ff. – *Durchsuchung einer Radioredaktion.*
10 BVerfGE 77, 65 ff. – *Beschlagnahme von Filmmaterial ZDF;* BVerfGE 117, 244 (259) – *Cicero.*
11 BVerfGE 113, 63 ff. – *Verfassungsschutzbericht „Junge Freiheit".*

Eingriffe in die Pressefreiheit enthält, sondern auch als **objektive Grundsatznorm** die Freiheitlichkeit des Pressewesens insgesamt garantiert"[12]. Entschließt sich der Staat zu Fördermaßnahmen für die Presse, so müssen „jede Einflussnahme auf Inhalt und Gestaltung einzelner Presseerzeugnisse sowie Verzerrungen des publizistischen Wettbewerbs insgesamt vermieden werden"[13].

In Zusammenhang mit dem Gleichbehandlungsgrundsatz vermittelt die Pressefreiheit einen **Anspruch auf gleichen Zugang** zu behördlichen Informationen oder zu Gerichtsverhandlungen.[14]

Ähnlich wie für die Meinungsfreiheit bereits dargelegt, kommt es häufig zur Kollision zwischen Pressefreiheit und allgemeinem Persönlichkeitsrecht. Insoweit spielt die Pressefreiheit bei der Anwendung und Auslegung des einfachen Rechts, etwa im Rahmen von Unterlassungsansprüchen nach §§ 823, 1004 BGB oder §§ 22, 23 Kunsturhebergesetz im Wege der **mittelbaren Drittwirkung** eine große Rolle.

3.3 Schranken und ihre verfassungsmäßige Konkretisierung

476   Die Pressefreiheit unterliegt denselben Schranken **wie die Meinungsfreiheit**. Besonderer Erwähnung bedarf in diesem Zusammenhang nur die Rechtsprechung zur **Abwägung** zwischen **Pressefreiheit** und allgemeinem **Persönlichkeitsrecht** hinsichtlich der Berichterstattung über Prominente. Als allgemeines Gesetz im Sinne des Art. 5 Abs. 2 GG kommen in diesen Fällen häufig die §§ 22, 23 Kunsturhebergesetz zur Anwendung. § 22 KunstUrhG macht die Veröffentlichung von Bildnissen von der Einwilligung des Abgebildeten abhängig. Nach § 23 KunstUrhG besteht hiervon eine Ausnahme für Bildnisse aus dem Bereich der Zeitgeschichte, sofern dem nicht ein berechtigtes Interesse des Abgebildeten entgegensteht. Das Bundesverfassungsgericht hatte im Rahmen der verfassungskonformen Auslegung dieser Vorschriften zunächst der Pressefreiheit weiten Raum gegeben und den Schutz der Privatsphäre von Prominenten auf Orte und Situationen erkennbarer Zurückgezogenheit beschränkt sowie einen stärkeren Schutz nur zugunsten von Kindern Prominenter anerkannt. Unter dem Einfluss der Rechtsprechung des Europäischen Gerichtshofs für Menschenrechte[15] hat das Gericht seine Rechtsprechung geringfügig zu Lasten der Pressefreiheit modifiziert und stellt nunmehr stärker darauf ab, von welcher Art und welchem Gewicht das öffentliche Informationsinteresse ist.[16] Grundrechtsdogmatisch ist dabei hervorzuheben, dass neben dem Kunsturhebergesetz Art. 8 EMRK (Recht auf Achtung des Privatlebens) als allgemeines Gesetz[17] im Sinne des Art. 5 Abs. 2 GG zur Anwendung gelangt.

Rechtsprechung: BVerfGE 20, 162 – *Spiegel (Durchsuchung von Presseräumen)*; 64, 108 – *Zeugnisverweigerung von Presseangehörigen*; 66, 116 – *Springer/Wallraff (Vertraulichkeit der Redaktionsarbeit)*; 80, 124 – *Presseförderung*; 97, 125, 144 – *Gegendarstellung*; 107, 299 – *Vertraulichkeit der Informationsbeschaffung*; 113, 63 ff. – *Verfassungsschutzbericht*; 117, 244 ff. – *Durchsuchung von Redaktionsräumen zur Ermittlung eines Informanten*; 120, 180 – *Caroline II*; s. auch 101, 361 – *Caroline I sowie dazu EGMR, NJW 2004, 2647; BVerfG, NJW 2013, 1293 – NSU-Prozess.*

Literatur: *G. Beaucamp*, Pressefreiheit im Gefängnis, JA 1998, 209; *D. Bölke/T. Gostomzyk*, Die Auswirkungen der Caroline-Entscheidung des EGMR auf die Bildberichterstattung nach deutschem Recht, Jura 2005, 336; *A. Bruns*, Persönlichkeitsschutz und Pressefreiheit auf dem Marktplatz der Ideen, JZ 2005, 428; *K. Bünnigmann*, Polizeifestigkeit im Presserecht, JuS 2016,

---

12 BVerfGE 80, 124 (133) – *Postzeitungsdienst.*
13 BVerfGE 80, 124 (133 f.) – *Postzeitungsdienst.*
14 BVerfGE 91, 125 (134) – *Honecker-Prozess*; s. auch BVerfG, NJW 2013, 1293 – *NSU-Prozess.*
15 EGMR, NJW 2004, 2647 – *Caroline von Hannover.*
16 BVerfGE 120, 180 – *Caroline II*; s. zuvor BVerfGE 101, 361 – *Caroline I.*
17 Zu Bedeutung und Rang des EMRK s. oben Rn. 37, 42, 111.

894; *C. Franzius*, Das Internet und die Grundrechte, JZ 2016, 650; *S. Heselhaus*, „Schockwerbung", JA 1995, 863; *P. Kunig*, Die Pressefreiheit, Jura 1995, 589; *G. Manssen*, Verfassungswidriges Verbot der Benetton-Schockwerbung – BVerfG, NJW 2001, 591, JuS 2001, 1169; *M.-J. Pils*, Ein neues Kapitel bei der Abwägung zwischen Pressefreiheit und Persönlichkeitsrecht?, JA 2008, 852–854; *C.J. Tams/M. Nolte*, Grundfälle zu Art. 5 I 1 GG, JuS 2004, 111; *P.J. Tettinger*, Steine aus dem Glashaus (Caroline-Urteil EGMR), JZ 2004, 1144.

Fallbearbeitungen: *P. Amthor/A. Prehn*, Der verschlossene Bundesnachrichtendienst, Jura 2015, 624; *H. Bethge/J. Rozek*, Berufsverbot für einen rechtsextremen Zeitungsredakteur (Klausur), JuS 1994, 774–781; *C. Ernst*, Das allzu kritische Schulbuch, Jura 2012, 145; *M. Fehling*, Plakataktion (Klausur), JuS 1996, 431–435; *P. Helbig*, Lauschangriff auf die Presse, Jura 2000, 255–261 (Hausarbeit); *U. Kramer/W. Frotscher*, Zur Übung – Öffentliches Recht: Die Prinzessin als Objekt journalistisch-fotografischer Begierde, JuS 2002, 861; *M. Schenkewitz*, Wie frei ist die Presse?, JA 1995, 674.

Lösung zu Fall 12:   Junge Wilde[18]

Fallfrage: Wird die Verfassungsbeschwerde der D-GmbH gegen die zivilgerichtlichen Urteile, mit denen ihr untersagt wird, über die nächtlichen Aktivitäten des O zu berichten, Erfolg haben?"

Die Verfassungsbeschwerde wird Erfolg haben, wenn sie zulässig und begründet ist.

I.   Zulässigkeit

Die Zulässigkeit der Verfassungsbeschwerde bestimmt sich nach Art. 93 Abs. 1 Nr. 4a GG, §§ 13 Nr. 8a und §§ 90 ff. BVerfGG.

1.   Beschwerdegegenstand

Gegenstand einer Verfassungsbeschwerde kann jeder Akt der öffentlichen Gewalt sein. In Entsprechung zur Grundrechtsbindung gemäß Art. 1 Abs. 3 GG sind Akte der öffentlichen Gewalt solche der Gesetzgebung, vollziehenden Gewalt und Rechtsprechung. Die D-GmbH sieht sich durch die zivilgerichtlichen Urteile in Grundrechten verletzt. Urteile der Zivilgerichtsbarkeit sind Akte der Judikative und somit tauglicher Beschwerdegegenstand.

2.   Beschwerdefähigkeit

Die Fähigkeit Verfassungsbeschwerde zu erheben kommt nach dem Gesetzeswortlaut „jedermann" zu. Da die Verfassungsbeschwerde der Durchsetzung von Grundrechten und grundrechtsgleichen Rechten dient, sind grds. Träger dieser Rechte „jedermann" im Sinne der Vorschrift. Grundrechte sind nach Geschichte und Wortlaut Menschenrechte. Gemäß Art. 19 Abs. 3 GG können jedoch auch juristische Personen Grundrechtsträger sein, soweit diese ihrem Wesen nach auf sie anwendbar sind. Die D-GmbH als juristische Person des Privatrechts und Presseunternehmen gehört in den gesellschaftlichen Bereich und ist nicht in die staatliche Organisation eingegliedert. Damit kann sie in gleicher Weise des Grundrechtsschutzes bedürfen wie natürliche Personen. Dies gilt jedenfalls für die allgemeine Handlungsfreiheit. Aber auch und gerade die Verbreitung von Meinungen durch die Presse, um die es hier geht, findet vielfach in einem organisatorischen Zusammenhang statt, der ebenso schutzwürdig und -bedürftig ist wie natürliche Personen. Die D-GmbH ist Grundrechtsträger und damit beschwerdefähig.

3.   Prozessfähigkeit

Das BVerfGG enthält selbst keine Vorschriften, die die Prozessfähigkeit regeln. Sie richtet sich deshalb nach denen der Fachgerichtsbarkeit, dem der Streit zuzuordnen

---

18 BVerfG, NJW 2012, 1500 ff.

ist, hier also der Zivilprozessordnung. § 51 ZPO verweist auf die Vorschriften des bürgerlichen Rechts. Die gerichtliche Vertretung einer GmbH obliegt gemäß § 35 Abs. 1 S. 1 GmbHG dem Geschäftsführer.

4. Beschwerdebefugnis

Die D-GmbH muss geltend machen, durch die zivilgerichtlichen Urteile gegenwärtig und unmittelbar in eigenen Grundrechten verletzt zu sein. Durch die zivilgerichtlichen Urteile wird die D-GmbH gehindert, den Artikel über O weiterhin im Internet zu verbreiten. Eine Verletzung in der Meinungs- und/oder Pressefreiheit erscheint danach möglich, sofern Grundrechte in zivilgerichtlichen Streitigkeiten überhaupt zur Anwendung gelangen. Der Kläger O selbst ist nicht grundrechtsverpflichtet, sondern seinerseits Grundrechtsträger. Grundrechtsgebunden sind die Gerichte gemäß Art. 1 Abs. 3 GG jedenfalls soweit sie selbst Adressaten von Rechtsnormen sind, etwa bei Anwendung der zivilprozessrechtlichen Normen. Darüber hinaus sind sie aber auch grundrechtsgebunden, soweit bei der Anwendung und Auslegung des Zivilrechts selbst Grundrechte zu beachten sind. Da die Grundrechte neben ihrer abwehrrechtlichen Funktion auch eine objektive Wertordnung aufstellen und der grundrechtsgebundene Gesetzgeber seinerseits nur grundrechtskonforme Gesetze erlassen darf, haben die Gerichte bei der Auslegung wertungsbedürftiger unbestimmter Rechtsbegriffe die Grundrechte zu berücksichtigen. Einer grundrechtskonformen Auslegung zugängliche und bedürftige unbestimmte Rechtsbegriffe enthalten die §§ 823, 1004 BGB, namentlich die Bestimmung der widerrechtlichen Beeinträchtigung eines sonstigen Rechts. Die D-GmbH macht geltend, und es ist nicht ausgeschlossen, dass die Zivilgerichte bei der Anwendung und Auslegung des Unterlassungsanspruchs Grundrechte verkannt haben. Als beklagte und unterlegene Partei ist die D-GmbH auch gegenwärtig und unmittelbar durch das Urteil betroffen.

5. Rechtswegerschöpfung

Mit der Nichtzulassung der Revision durch das OLG ist mangels Nichtzulassungsbeschwerde der Rechtsweg, wie von § 90 Abs. 2 S. 1 BVerfGG verlangt, erschöpft.

6. Form und Frist

Die Formanforderungen der §§ 23 und 92 BVerfGG sowie die Monatsfrist des § 93 Abs. 1 BVerfGG sind zu wahren.

II. Begründetheit

Die Verfassungsbeschwerde der D-GmbH ist begründet, wenn sie durch die zivilgerichtlichen Urteile in ihren Grundrechten der Presse- und/oder Meinungsfreiheit verletzt wird.

1. Eröffnung und Abgrenzung der Schutzbereiche der Meinungs- und Pressefreiheit

Durch die Unterlassungsverpflichtung könnte die D-GmbH in ihrem Grundrecht der Meinungsfreiheit und/oder in ihrem Grundrecht der Pressefreiheit verletzt sein. Als Presseunternehmen ist die D-GmbH gemäß Art. 19 Abs. 3 GG Trägerin beider Grundrechte.

a) Sachlicher Schutzbereich der Meinungsfreiheit

Die Meinungsfreiheit schützt das Äußern eigener Meinungen in jeglicher Form. Eine Meinung ist eine wertende Stellungnahme. Sie hat im Gegensatz zu einer reinen Tatsachenbehauptung ein subjektives Element. Zumeist lassen sich Tatsachen und Meinungen jedoch nicht voneinander trennen. Tatsachen bilden die Grundlage von Wertungen, und bereits die Auswahl und Darstellung von Tatsachen gibt diesen ein subjektives Element. Allein bewusst unwahre Tatsachenbehauptungen stellen keine Meinungen im Sinne der Meinungsfreiheit des Art. 5 Abs. 1 GG dar. Der Bericht in der online-Zeitung der D-GmbH beruht auf wahren Tatsachen. In seiner Aufbereitung stellt der Tatsachenbericht eine Meinung dar und ist Grundlage der weiteren Meinungsbildung. Der Bericht ist damit von der Meinungsfreiheit erfasst.

b) Sachlicher Schutzbereich der Pressefreiheit

Die Pressefreit schützt alle wesensmäßig mit der Pressearbeit zusammenhängenden Tätigkeiten von der Recherche über die redaktionelle Arbeit bis zur Veröffentlichung. Vom Pressebegriff erfasst sind alle zur Verbreitung geeigneten und bestimmten Druckerzeugnisse und Informationsträger, die nicht unter den Film- und Rundfunkbegriff fallen. Die Zuordnung von online-Zeitungen zu Presse oder Rundfunk kann anhand technischer Kriterien streitig sein. Als zusätzliche und neuartige Verbreitungsform einer existierenden Zeitung besteht jedoch ein unmittelbarer Zusammenhang mit der herkömmlichen Pressetätigkeit, so dass es sich ebenfalls um Presse handelt. Damit fällt die Verbreitung des Artikels auch in den Schutzbereich der Pressefreiheit.

c) Abgrenzung der Schutzbereiche

Während die Meinungsfreiheit die Meinung, dh. den Inhalt einer Äußerung in jeglicher Form und Verbreitung, schützt, betrifft die zusätzliche Garantie der freien Presse nicht den Meinungsinhalt, sondern die Freiheit des gesamten Organisations- und Produktionszusammenhangs, der für die Herstellung eines Presseerzeugnisses erforderlich ist. Welches Grundrecht im konkreten Fall betroffen ist, hängt von der Richtung des Eingriffs ab.

2. Eingriff

Der O klagt gegen die Veröffentlichung des Artikels wegen des spezifischen Inhalts. Weder richtet er sich gegen die Art und Weise, wie Mitarbeiter der D-GmbH die Informationen erlangt haben, noch dagegen, dass in der Zeitung überhaupt über ihn berichtet wird. Die diesem Klageantrag folgende Verurteilung, den Artikel nicht weiter zu verbreiten, stellt daher einen Eingriff in die Meinungsfreiheit der D-GmbH dar.

3. Rechtfertigung

Eine Grundrechtsverletzung infolge dieses Eingriffs liegt vor, wenn die Zivilgerichte bei Auslegung und Anwendung verfassungsmäßiger Vorschriften des Privatrechts Grundrechte verkannt haben und die Entscheidung auf diesem Fehler beruht.

a) Verfassungsmäßigkeit der anzuwendenden zivilrechtlichen Normen

Die streitentscheidenden Normen des Zivilrechts müssten verfassungsmäßig sein, insbesondere eine verfassungsmäßige Konkretisierung der Schranken der Meinungsfreiheit darstellen.

Zu prüfen ist die Verfassungsmäßigkeit der §§ 823, 1004 BGB. Da es sich um Recht handelt, das vor dem Inkrafttreten des GG erlassen wurde, besteht in formeller Hinsicht kein Prüfungsbedarf.

Materiell müssten die §§ 823, 1004 BGB allgemeine Gesetze im Sinne des Art. 5 Abs. 2 GG sein. Allgemeine Gesetze sind solche, die sich nicht gezielt gegen eine Meinung richten, sondern in Verfolgung eines anderen legitimen Zwecks die Meinungsfreiheit nachteilig betreffen können. Der zivilrechtliche Unterlassungsanspruch dient dem Schutz von Individualrechtsgütern. Die Rechtsfolge zielt weder auf Meinungen überhaupt noch gar auf spezifische Meinungen. Der Unterlassungsanspruch knüpft allein an die Wirkungen für die zu schützenden Individualrechtsgüter an. Damit handelt es sich um ein allgemeines Gesetz im Sinne des Art. 5 Abs. 2 GG. An der Verfassungsmäßigkeit im Übrigen besteht kein Zweifel.

b)   Verfassungsmäßigkeit der Gesetzesanwendung

Zu prüfen bleibt, ob die Gerichte bei der Anwendung und Auslegung dieser Normen die Relevanz von Grundrechten verkannt, den Schutzbereich unrichtig bestimmt oder Grundrechte in der Abwägung unrichtig gewichtet haben.

aa)   Beachtung von Grundrechten

Die Zivilgerichte haben erkannt, dass Grundrechte für die Anwendung der §§ 823, 1004 BGB von Bedeutung sind, indem sie einerseits die Pressefreiheit der D-GmbH, andererseits das allgemeine Persönlichkeitsrecht des O für die Auslegung herangezogen haben.

bb)   Unvollkommene oder unrichtige Bestimmung des Schutzbereichs

Zwar haben die Gerichte verkannt, dass zugunsten der D-GmbH die Meinungsfreiheit und nicht die Pressefreiheit von Bedeutung ist. Dieser Irrtum wirkt sich angesichts gleicher Schranken allerdings nicht aus.

In Bezug auf O wurde das allgemeine Persönlichkeitsrecht berücksichtigt. Dieses umfasst das Recht, in der Öffentlichkeit nicht in ehrenrühriger Weise dargestellt zu werden. Allerdings geht das allgemeine Persönlichkeitsrecht nicht so weit, über jegliche Berichterstattung in der Öffentlichkeit verfügen zu dürfen. Vielmehr kommt es darauf an, wie stark der Persönlichkeitsbezug ist, insbesondere welcher Sphäre das Verhalten zuzuordnen ist, der Intimsphäre, Privatsphäre oder Sozialsphäre. Die Gerichte haben nicht verkannt, dass das Verhalten der Sozialsphäre zuzuordnen war.

cc)   Gewichtung

Zu prüfen bleibt, ob die Gerichte die als Pressefreiheit bezeichnete Meinungsfreiheit der D-GmbH und das allgemeine Persönlichkeitsrecht zutreffend gewichtet haben. Die Presse hat das Recht über wahre Vorgänge, die bekannte Persönlichkeiten betreffen, zu berichten. Tut sie dies im Wege der Wortberichterstattung, unterliegt sie nicht den Beschränkungen, die sich aus dem Kunsturheberrechtsgesetz hinsichtlich der Verwendung von Fotos ergeben. Zwar ist das allgemeine Persönlichkeitsrecht junger Menschen zu berücksichtigen und auch besonders schutzwürdig. Der Schutz relativiert sich jedoch, wenn es sich um Personen handelt, die durch ihr eigenes Verhalten – und nicht nur als Kinder von Prominenten – in der Öffentlichkeit bekannt sind und davon auch profitieren. Insoweit besteht ein besonderes öffentliches Interesse an der Person selbst, das eine Berichterstattung rechtfertigt. Die von den Gerichten herangezogenen Wertungen des Jugendgerichtsgesetzes dienen zwar auch dem Persönlichkeitsschutz, jedoch nicht nur auf das äußere Verhalten bezogen, sondern auch und gerade in Bezug auf Einblicke in die enge Privat- oder sogar Intimsphäre, wenn es etwa um die Frage der Reife geht. Die Wertungen des JGG sind daher auf die Berichterstattung über ein Verhalten in der Öffentlichkeit nicht übertragbar. Die Gerichte haben somit die Bedeutung der Meinungsfreiheit der Presse zu gering gewichtet, dem allgemeinen Persönlichkeitsrecht des O dagegen ein zu großes Gewicht beigemessen.

c) Entscheidungsrelevanz

Die Fehlgewichtung der Grundrechtspositionen wirkt sich auch aus. Bei zutreffender Gewichtung hätten die Zivilgerichte die Widerrechtlichkeit der Beeinträchtigung des O in seinem allgemeinen Persönlichkeitsrecht als sonstigem Recht iSd. § 823 Abs. 1 BGB anders beurteilt.

III. Ergebnis

Die Verfassungsbeschwerde der D-GmbH ist zulässig und begründet. Das Bundesverfassungsgericht wird die angegriffenen Gerichtsentscheidungen aufheben und die Sache gemäß § 95 Abs. 2 BVerfGG an das zuständige Gericht zurückverweisen.

4. Kapitel: Art. 5 Abs. 1 S. 2 GG: Rundfunkfreiheit

477 Mehr noch als die Presse ist der Rundfunk ein Medium der **Massenkommunikation** und findet als „Freiheit der Berichterstattung durch Rundfunk" in Art. 5 Abs. 1 Satz 2 GG grundrechtlichen Schutz. Trotz des engeren Wortlauts („Berichterstattung") erstreckt sich der Schutzbereich wie bei der Pressefreiheit auf den gesamten Funktionszusammenhang von der Beschaffung der Information über die Aufbereitung bis zur Verbreitung.[1] Dennoch hat die Interpretation der Rundfunkfreiheit in Bezug auf ihre Gewährleistungsgehalte eine völlig andere Richtung genommen als die der Pressefreiheit. Dies hatte ursprünglich seinen Grund in einem Mangel an Frequenzen, der zusammen mit dem außergewöhnlichen finanziellen und organisatorischen Aufwand nicht erlaubte, auf die Herstellung eines pluralistischen Rundfunkangebots infolge freier Initiative und Wettbewerbs zu vertrauen, sondern die rechtliche Herstellung und Sicherung einer freiheitlichen Ordnung erforderte.[2] Dabei hat sich das Bundesverfassungsgericht mit seiner detaillierten Rechtsprechung zu einer Art Ersatzgesetzgeber gemacht. Die Leitgedanken dieser komplexen Rechtsprechung lassen sich mit den Schlagworten **„dienende Freiheit"** (für den Prozess der Meinungsbildung), **„positive Ordnung"** (dieser dienenden Freiheit) und **„gesetzliche Ausgestaltung"** zusammenfassen.

4.1 Schutzbereich

4.1.1 „Berichterstattung durch Rundfunk"

478 Der Rundfunk umfasst herkömmlicherweise Hörfunk und Fernsehen. Für die Zuordnung der vielfältigen Dienste, die sich im Zuge der digitalen Kommunikationstechnik entwickelt haben, ist die Abgrenzung „Massenkommunikation versus Individualkommunikation" entscheidend. Um Rundfunk handelt es sich stets dann, wenn die **Verbreitung von Informationen mittels elektrischer Schwingungen** sich an **einen unbestimmten Empfängerkreis** richtet bzw. von einem unbestimmten Empfängerkreis abgerufen werden kann. Für die Abgrenzung zur Presse ist entscheidend, ob es um die Verbreitung in verkörperter Form oder um eine unkörperliche Verbreitung geht. Nur im letzten Fall handelt es sich um Rundfunk. Die Abgrenzung zwischen Presse und Rundfunk wird angesichts der Vermischung der Formate im Medium des Internets immer schwieriger.[3]

479 Geschützt ist das Veranstalten von Rundfunk und insoweit eine umfassende **Programmfreiheit**. Sie erstreckt sich nicht nur auf Nachrichten, wie der Begriff der Berichterstattung nahelegt, sondern schließt Unterhaltungssendungen und Werbung ein. Wie für die Presse ausgeführt, sind sämtliche Tätigkeiten, die für das Veranstalten von Rundfunk erforderlich sind, vom Schutzbereich umfasst, einschließlich der Redaktions- und Senderäume. Ab- und auszugrenzen von bzw. aus dem Bereich der als „Veranstalten von Rundfunk" geschützten Tätigkeiten ist allerdings die reine Fernmeldetechnik. Die Eröffnung des Schutzbereichs der Rundfunkfreiheit setzt einen inhaltlichen Bezug voraus.

480 Streitig ist dagegen, ob auch die **Freiheit, ein Rundfunkunternehmen zu gründen**, Gegenstand der Rundfunkfreiheit ist. Nach dem bundesverfassungsgerichtlichen Konzept der „freiheitlichen Ordnung" besteht ein solcher Anspruch nur nach Maßgabe des einfachen Rechts, das die Rundfunkfreiheit im Lichte von deren objektiven Vorgaben

---

1 BVerfG, NJW 2011, 1859 – *Durchsuchung einer Radioredaktion.*
2 BVerfGE 12, 205 (261) – *Deutschland-Fernsehen.*
3 S. dazu C. *Franzius*, Das Internet und die Grundrechte, JZ 2016, 650.

ausgestaltet.[4] Die gegenteilige Auffassung ergibt sich, wenn man die Rundfunkfreiheit als gewöhnliches Freiheitsrecht in Entsprechung zur Pressefreiheit versteht.

4.1.2 Persönlicher Schutzbereich

Wie bei der Pressefreiheit sind Träger der Rundfunkfreiheit alle Personen, die im und   **481** für den Rundfunk tätig sind. Gemäß Art. 19 Abs. 3 GG sind zudem nicht nur Rundfunkveranstalter in den Rechtsformen juristischer Personen des Privatrechts, sondern auch die öffentlich-rechtlichen **Rundfunkanstalten** Grundrechtsträger, soweit sie im Anwendungsbereich der Rundfunkfreiheit handeln.[5] Demgegenüber sind die Landesmedienanstalten, denen insbesondere die Aufgabe der Zulassung und Kontrolle privater Rundfunkanbieter zukommt, keine Rundfunkveranstalter und damit auch keine Grundrechtsträger, sondern Hoheitsträger.[6]

4.2 Gewährleistungsgehalt

Die Besonderheiten der Rundfunkfreiheit zeigen sich in ihrem Gewährleistungsgehalt.

4.2.1 Abwehrrecht

Zunächst einmal kommt auch der Rundfunkfreiheit die Funktion zu, staatliche Ein-   **482** griffe abzuwehren. So können sich auch Rundfunkveranstalter gegen die Durchsuchung von Redaktions- und Senderäumen[7], gegen staatliche Eingriffe in das Programm oder unverhältnismäßige Beschränkungen bei der Herstellung von Rundfunkbeiträgen[8] zur Wehr setzen. Die staatliche Beherrschung oder Einflussnahme ist in öffentlich-rechtlichen Rundfunkanstalten ebenso unzulässig wie bei privaten Rundfunkveranstaltern (Grundsatz der **Staatsfreiheit**).[9] In dieser klassischen **abwehrrechtlichen Funktion** liegt aber **nicht der Schwerpunkt** der Gewährleistungen der Rundfunkfreiheit.

4.2.2 Ausgestaltung einer freiheitlichen Rundfunkordnung

Trotz der erheblichen Verbesserungen der Rundfunktechnik, die eine Vervielfachung   **483** von Sendekanälen ermöglichte, blieben Gesetzgeber und auch das Bundesverfassungsgericht bei der Auffassung, der Rundfunk bedürfe der Herstellung von Freiheit, denn es sei ungewiss, „ob […] ein „Meinungsmarkt" entstehe" und es müsse „der Gefahr begegnet werden, dass […] Meinungen von der öffentlichen Meinungsbildung ausgeschlossen werden und Meinungsträger, die sich im Besitz von Sendefrequenzen und Finanzmitteln befinden, an der öffentlichen Meinungsbildung vorherrschend mitwirken."[10]

Das Bundesverfassungsgericht betont seit seiner ersten Entscheidung zum Privatrundfunk im Jahre 1981 als grundlegendes **Schutzgut** des Art. 5 Abs. 1 GG den **Prozess der freien** individuellen und öffentlichen **Meinungsbildung**. Der **Rundfunk** ist „**Medium und Faktor**" dieses verfassungsrechtlich geschützten Prozesses. Der Rundfunkfreiheit kommt daher primär eine der freien Meinungsbildung **dienende Funktion** zu. Dies lässt sich nicht nur durch die Abwehr staatlicher Einflussnahme erreichen. Vielmehr bedarf es dazu einer „positiven Ordnung, welche sicherstellt, dass die Vielfalt

---

4 Vgl. BVerfGE 97, 298 (314) – *Rundfunkfreiheit für private Rundfunkanbieter.*
5 S. oben Rn. 97 f.
6 S. zum etwas abweichenden bayerischen Konzept BayVerfG, NVwZ 2006, 82 (83) – *Rundfunkfreiheit der Landeszentrale für neue Medien.*
7 BVerfG, NJW 2011, 1859 – *Durchsuchung einer Radioredaktion.*
8 S. dazu BVerfGE 119, 309 ff. – *Ausschluss von Fernsehaufnahmen im Gerichtssaal.*
9 S. dazu BVerfGE 12, 205 (261); BVerfG, NVwZ 2007, 1304 (1305) – *Rundfunksender einer staatlichen Hochschule*; BVerfGE 121, 30 (53 ff.) – *zur Bedeutung des Grundsatzes der Staatsfreiheit auf die Beteiligung von politischen Parteien an Rundfunkveranstaltern.*
10 Std. Rspr. seit BVerfGE 57, 295 (323) – *saarl. Rundfunkgesetz*; s. etwa BVerfGE 121, 30 (50) – *Beteiligung von Parteien an privaten Rundfunkunternehmen.*

der bestehenden Meinungen im Rundfunk in möglichster Breite und Vollständigkeit Ausdruck findet. Um dies zu erreichen, sind materielle, organisatorische und Verfahrensregelungen erforderlich, die an der Aufgabe der Rundfunkfreiheit orientiert [...] sind. [...] Die damit erforderliche **Ausgestaltung** unterliegt dem Vorbehalt des Gesetzes."[11]

484   Zur Herstellung und Bewahrung von Meinungspluralismus im und durch den Rundfunk gibt es verschiedene **Modelle**, von denen keines verfassungsrechtlich zwingend vorgeschrieben ist. Es ist vielmehr Sache des Gesetzgebers, eine Grundentscheidung für ein Rundfunkmodell zu treffen und die gesetzlichen Bestimmungen zu schaffen, die sicherstellen, dass der Rundfunk weder dem Staat noch einzelnen gesellschaftlichen Kräften ausgeliefert wird und dass die in Betracht kommenden Kräfte im Gesamtprogrammangebot zu Wort kommen können. Bei den vom Gesetzgeber realisierten Modellen lässt sich zwischen **zwei Grundformen** unterscheiden, dem binnenpluralistischen Modell und dem außenpluralistischen Modell.

485   Der **Binnenpluralismus** gliedert sich wiederum in **organisatorische Binnenpluralität** und **programmliche Binnenpluralität**. Organisatorische Binnenpluralität ist bei den öffentlichen Rundfunkanstalten durch das Organ des gruppenpluralistisch besetzten Rundfunkrats verwirklicht.[12] Die programmliche Binnenpluralität betrifft den Inhalt des Programms: Es muss die vorhandene Meinungsvielfalt widerspiegeln und der Pflicht zur Ausgewogenheit genügen. Dies gilt grundsätzlich auch für Privatrundfunk. Allerdings sind nach der Rechtsprechung des Bundesverfassungsgerichts „an die Breite des Programmangebots und die Sicherung gleichgewichtiger Vielfalt [...] nicht gleich hohe Anforderungen zu stellen wie im öffentlich-rechtlichen Rundfunk."[13] Voraussetzung für die geringeren Anforderungen an den Privatrundfunk sei allerdings, dass die „unerlässliche **Grundversorgung**" der Bevölkerung vom öffentlichen Rundfunk ohne Abstriche erfüllt werde, denn nur der öffentliche Rundfunk sei in der Lage, nahezu die gesamte Bevölkerung zu erreichen und ein inhaltlich umfassendes Programm zu machen.[14] Der Begriff der Grundversorgung ist dabei im Lichte der dienenden Funktion des Rundfunks auszulegen. Es handelt sich um ein Angebot von Programmen „welche umfassend und in der vollen Breite des klassischen Rundfunkauftrags"[15] unter Wahrung bzw. Herstellung der gebotenen Meinungsvielfalt informieren.[16]

486   Das **außenpluralistische Modell** geht davon aus, dass die Meinungsvielfalt durch das Gesamtangebot aller inländischen Programme sichergestellt wird, sofern diese in hinreichender Vielzahl vorhanden sind. Grundmodell ist der Markt der Meinungen. Nicht bedacht wird dabei allerdings das Problem einseitiger Nachfrage bzw. einseitiger Angebote trotz einer Vielzahl von Programmen, etwa infolge der Notwendigkeit der Finanzierung durch Werbung.

487   In der deutschen Rundfunkordnung, die ihre Grundlage in Rundfunkstaatsverträgen zwischen den Ländern sowie Landesgesetzen hat, finden sich beide Modelle nebeneinander. Dies wird als „**duale Rundfunkordnung**" bezeichnet. „Für die Dauer der medienpolitischen Grundentscheidung des Gesetzgebers zugunsten einer dualen Rundfunkordnung" hat das Bundesverfassungsgericht zur Sicherung des Grundversorgungsauf-

---

11 BVerfGE 57, 295 (320).
12 S. dazu BVerfGE 60, 53 (65 f.) – *Rundfunkrat*; BVerfGE 83, 238 (334) – *nordrhein-westfälisches RundfunkG*; BVerfGE 136, 9 Rn. 33 ff. – *ZDF-Staatsvertrag*.
13 BVerfGE 83, 238 (297).
14 BVerfGE 73, 118 (157) – *nds. RundfunkG*.
15 BVerfGE 74, 297 (325) – *bw. MedienG*.
16 Zur Grundversorgung BVerfGE 73, 118 (157 f.).

trags der öffentlich-rechtlichen Rundfunkanstalten eine „**Bestands- und Entwicklungsgarantie**" aus der Rundfunkfreiheit abgeleitet. Aus ihr ergibt sich, dass die öffentlich-rechtlichen Rundfunkanstalten auch neue Dienste mittels neuer Technik anbieten dürfen, sofern diese sich funktional im Bereich des Rundfunkauftrags bewegen.[17] Gestritten wurde insoweit insbesondere um die Frage, ob und in welchem Umfang öffentlich-rechtliche Rundfunkanstalten Internetangebote bereitstellen dürfen. Im Zusammenhang mit diesen Fragen geht es stets auch um die Erhebung und Verwendung von Rundfunkgebühren, die seit dem 1.1.2013 nunmehr als Beitrag ausgestaltet sind[18].

Die **Rundfunkfinanzierung** bedarf ihrerseits der gesetzlichen Ausgestaltung. Während **488** private Rundfunkanbieter sich vorwiegend aus Werbeeinnahmen finanzieren, darf der Gesetzgeber für öffentlich-rechtliche Rundfunkanstalten **Werbeeinnahmen** weitgehend beschränken und sogar ausschließen.[19] Hauptfinanzierungsquelle der öffentlich-rechtlichen Rundfunkanstalten war früher die **Rundfunkgebühr und ist seit dem 1.1.2013 der Rundfunkbeitrag**. Deren Dilemma ergibt sich daraus, dass der allein festsetzungsbefugte Staat keinen Einfluss auf den Rundfunk nehmen darf, der Gebühren- bzw. Beitragszahler keinen Einfluss nehmen kann und die Rundfunkanstalten, die allein den Bedarf der Sache nach veranschlagen können, ein Eigeninteresse haben, welches die konkrete Gefahr überhöhter Ansätze begründet. Materiell muss die Gebührenfinanzierung den Grundsätzen der Programmautonomie und Programmneutralität genügen.[20] Der geltend gemachte Finanzbedarf muss sich im Rahmen des Rundfunkauftrags halten und kann insbesondere im Interesse der Beitragszahler bei der Festsetzung der Höhe unterschritten werden.[21] Zur Objektivierung des Finanzbedarfs ist die mit 16 Sachverständigen besetzte **Kommission zur Ermittlung des Finanzbedarfs** der Rundfunkanstalten eingerichtet worden. Näheres regelt der Rundfunkfinanzierungsstaatsvertrag.

4.3 Schranken und ihre verfassungsmäßige Konkretisierung

Auch die Rundfunkfreiheit unterliegt den Schranken des **Art. 5 Abs. 2 GG**. Wie bereits **489** ausgeführt, stellen die meisten Regelungen des Rundfunkwesens jedoch keine auf dieser Grundlage rechtfertigungsbedürftigen Eingriffe, sondern Ausgestaltung dar. Um ausgestaltende Regelungen handelt es sich, wenn sie die Sicherung einer funktionsfähigen Rundfunkordnung im Dienst der freien, individuellen und öffentlichen Meinungsbildung bezwecken.[22] Prüfungsmaßstab ist die auf diesen Zweck bezogene Eignung und Angemessenheit der Regelung. Beispiele sind Regelungen über die Organisation zur Sicherung von Pluralität oder die Ausgewogenheit[23] des Programmangebots, über die Vergabe von Übertragungskapazitäten oder über Finanzierungsmodalitäten. Beschränkungen subjektiver Rechte stehen der Einordnung als ausgestaltende Regelung nicht entgegen, sofern der Nutzen für die funktionsfähige Rundfunkordnung überwiegt. Der subjektivrechtliche Gehalt der Rundfunkfreiheit wird der objektiven, dem Meinungsbildungsprozess dienenden Funktion untergeordnet.

---

17 BVerfGE 83, 238 (302).
18 Während eine Gebühr für eine tatsächlich in Anspruch genommene Leistung zu entrichten ist, knüpft ein Beitrag an die Möglichkeit der Inanspruchnahme an. S. dazu *von Münch/Mager*, Staatsrecht I, Rn. 613. Zur Neugestaltung des Rundfunkentgelts s. *A. Schneider*, Warum der Rundfunkbeitrag keine Haushaltsabgabe ist – und andere Fragen zum Rundfunkbeitragsstaatsvertrag, NVwZ 2013, 19; *W. Bosman*, Paradigmenwechsel in der Rundfunkfinanzierung: Von der Rundfunkgebühr zum Rundfunkbeitrag, K&R 2012, 5. Zur Verfassungsmäßigkeit der Ausgestaltung als Beitrag s. BayVerfGH, NJW 2014, 3215; RhPfVerfGH, NVwZ 2015, 64.
19 BVerfGE 74, 297 (341 ff.) – *bw. MedienG*; BVerfGE 87, 181 (199) – *Hessen 3*.
20 Entsprechend zum bayerischen Teilnehmerentgelt s. BVerfGE 114, 371 (393 f.).
21 BVerfGE 90, 60 (Ls. 5) – *Rundfunkgebühren*.
22 BVerfGE 57, 295 (321); BVerfGE 73, 118 (166); BVerfGE 74, 297 (334).
23 S. dazu zuletzt BVerfGE 121, 30 – *Beteiligung von Parteien an privaten Rundfunkunternehmen*.

490 Eingriffsgesetze sind dagegen solche, die gerade nicht der Sicherung der Rundfunkfreiheit, sondern dem Schutz eines anderen Rechtsguts dienen, etwa dem Schutz des allgemeinen Persönlichkeitsrechts[24] oder dem Jugendschutz. Insoweit gilt dasselbe wie für die Meinungs- und Pressefreiheit ausgeführt. Derartige Eingriffe bedürfen der Rechtfertigung auf der Grundlage von Art. 5 Abs. 2 GG nach Maßgabe des Verhältnismäßigkeitsgrundsatzes.

Rechtsprechung: BVerfGE 12, 205 – *Deutschland-Fernsehen (1. Rundfunkentscheidung)*; 31, 314 – *Umsatzsteuer (2. Rundfunkentscheidung)*; 57, 295 – *saarl. RundfunkG (3. Rundfunkentscheidung)*; 73, 118 – *nds. LRundfunkG (4. Rundfunkentscheidung)*; 74, 297 – *baden-württembergisches LandesmedienG (5. Rundfunkentscheidung)*; 83, 238 – *nordrhein-westfälisches LRundfunkG (6. Rundfunkentscheidung)*; 87, 181 – *Hessen 3 (7. Rundfunkentscheidung)*; 90, 60 – *Rundfunkgebühren I (8. Rundfunkentscheidung)*; 103, 44 – *Gerichtsfernsehen*; 114, 371 – *bayerisches Landesmediengesetz*; 119, 181 – *Rundfunkgebühren II (12. Rundfunkentscheidung)*; 119, 309 – *Fernsehaufnahmen im Gerichtssaal*; 121, 30 – *Beteiligung von Parteien an Rundfunkunternehmen (13. Rundfunkentscheidung)*; 136, 9 – *ZDF-Staatsvertrag*. BayVerfG, NVwZ 2006, 82 – *Landesmedienanstalten*.

Literatur: *M. Eifert*, Die Rundfunktfreiheit, Jura 2015, 356; *B. Geier*, Grundlagen rechtsstaatlicher Demokratie im Bereich der Medien, Jura 2004, 182; *K.-E. Hain/H.-C. Poth*, Ausgestaltung und Beschränkung der „dienenden" Rundfunkfreiheit, JA 2010, 572; *K.-H. Ladeur/T. Gostomzyk*, Rundfunkfreiheit und Rechtsdogmatik – Zum Doppelcharakter des Art. 5 I 2 GG in der Rechtsprechung des BVerfG, JuS 2002, 1145; *K. Odendahl*, Das Erste Rundfunkurteil, JA 2002, 286; *H.-C. Poth/F. Ferrau*, Rundfunkorganisation in Deutschland, Jura 2011, 605.

---

24 S. dazu BVerfGE 119, 309 (319 ff.) – *Fernsehaufnahmen im Gerichtssaal*.

5. Kapitel: Art. 5 Abs. 1 S. 2 GG: Filmfreiheit

5.1 Schutzbereich

Der Regelungsgegenstand, der den Verfassern des Grundgesetzes bei der Filmfreiheit   **491**
vor Augen stand, waren die Wochenschauen, die im Kino dem Hauptfilm vorangingen
und die Zuschauer über aktuelles Geschehen informierten. Ausgehend von diesem
ursprünglichen Schutzgegenstand erfasst die Filmfreiheit die **ortsgebundene öffentliche
Vorführung belichteter Bewegtbilder.**[1] Mit der Verbreitung des Fernsehens verloren
die Wochenschauen und damit auch die Filmfreiheit ihre ursprüngliche Funktion, denn
filmische Berichterstattung im Fernsehen wird von der Rundfunkfreiheit erfasst.

Für das Merkmal der „**Berichterstattung**" soll – trotz der Entstehungsgeschichte – in   **492**
Entsprechung zur Auslegung der Rundfunkfreiheit[2] – eine **weite Auslegung** gelten.
Geschützt sind danach nicht nur die klassische Berichterstattung durch Film in Form
der „Wochenschau", sondern auch Dokumentar- und Kulturfilme sowie Spielfilme
und Werbefilme.[3] Sofern ein Film – wie dies bei Spielfilmen in der Regel der Fall sein
wird – ein Kunstwerk darstellt und um dessen Verbreitung im Blick auf den Inhalt
gestritten wird, ist Art. 5 Abs. 3 Satz 1 GG lex specialis.[4] Daneben kann die Filmfreiheit hinsichtlich der besonderen Form der Verbreitung noch herangezogen werden,
bleibt für die Abwägung aber ohne eigenständige Bedeutung.[5]

Die **Grundrechtsträger** sind entsprechend der Presse- und Rundfunkfreiheit **funktional**   **493**
zu bestimmen und umfassen alle Personen, die von der Herstellung bis zur Ausstrah-
lung an dem Film beteiligt sind.

5.2 Gewährleistungsgehalt und Schranken

Auch die Filmfreiheit ist zunächst **Abwehrrecht** im Rahmen der Schranken des Art. 5   **494**
Abs. 2 GG.
In ihrem objektiven Wertgehalt schließt sie **Filmförderung** nicht aus, **gebietet sie** aber
auch **nicht**.[6] Ansatz eines eventuellen Rechtsanspruches auf Filmförderung kann deshalb allenfalls eine Verletzung des Art. 3 Abs. 1, 3 GG in Verbindung mit dem objektiven Gehalt der Filmfreiheit sein, regelmäßig wird aber auch hier die Kunstfreiheit
vorrangig von Bedeutung sein.[7]

5.3 Zensurverbot

Das Zensurverbot des Art. 5 Abs. 1 S. 3 GG gilt auch für Filme.[8] Eine Einrichtung   **495**
wie die **freiwillige Selbstkontrolle der Filmwirtschaft (FSK)** verstößt aufgrund ihrer
Freiwilligkeit nicht gegen das Zensurverbot.[9]

Rechtsprechung: BVerfGE 87, 209 – *Horrorfilm I (Tanz der Teufel)*; BGH, NJW 2009, 3576 –
Horrorfilm II (Kannibale von Rothenburg); BVerwGE 1, 303 – *Spielfilm „Die Sünderin"*.

Literatur: *H. von Hartlieb/M. Schwarz (Hrsg.)*, Handbuch des Film-, Fernseh- und Videorechts,
5. Aufl., 2011; *Ch. Reupert*, Die Filmfreiheit, NVwZ 1994, 1155.

---

1 Vgl. *R. Wendt*, in: von Münch/Kunig, Art. 5 Rn. 61.
2 Vgl. BVerfGE 35, 202 (221 ff.) – *Lebach*.
3 S. dazu OLG FaM, ZUM 2008, 793 – *Verfilmung „Kannibale von Rothenburg"*; krit. *Ch. Reupert*, Die
   Filmfreiheit, NVwZ 1994, 1155 f.
4 Grundlegend BVerwGE 1, 303 (305) – *„Die Sünderin"*.
5 Vgl. BGH, NJW 2009, 3576 (3577 f.) – *Verfilmung „Kannibale von Rothenburg"*.
6 S. dazu *Ch. Reupert*, Die Filmfreiheit, NVwZ 1994, 1155 (1160 f.) unter Heranziehung der Kunstfreiheit.
   Die Verwendung des Begriffs Institutsgarantie ist in diesem Zusammenhang allerdings irreführend.
7 Vgl. *Ch. Reupert*, NVwZ 1994, 1155 (1160 f.).
8 S. BVerfGE 87, 209 ff. – *„Tanz der Teufel"*.
9 Offen gelassen BVerfGE 87, 209 (232 f.) – *„Tanz der Teufel"*.

6. Kapitel: Art. 5 Abs. 3 GG: Kunstfreiheit

496 Art. 5 Abs. 3 GG schützt die Freiheit der Kunst und der Wissenschaft. Gemeinsam ist Kunst und Wissenschaft ein schöpferisches Moment. Es lässt sich daher sagen, dass Art. 5 Abs. 3 GG die menschliche **Kreativität** schützen soll. Während es sich in Bezug auf die Wissenschaft um eine Kreativität des Verstandes handelt, die an die Eigengesetzlichkeiten ihres Gegenstands und methodische Standards gebunden ist, schützt die Kunstfreiheit das freie schöpferische Gestalten in seinem individuellen und persönlichen Ausdruck. Gerade daraus folgt das Hauptproblem dieses Grundrechts, nämlich die Definition von „Kunst".

6.1 Schutzbereich

6.1.1 Der Begriff „Kunst"

497 Was ist Kunst? Es gibt verschiedene Definitionsansätze, die sich nicht gegenseitig ausschließen, sondern jeweils als Indiz und Probe für die Anwendbarkeit der Kunstfreiheit herangezogen werden können. Nach dem **formalen Kunstbegriff** ist zu prüfen, ob das Werk einer der anerkannten Kunstgattungen zugeordnet werden kann, etwa Dichtung, Schauspiel, Tanz, Malerei, Bildhauerei, Pantomime usw. Diese Definition markiert den nicht zweifelhaften Bereich, ist jedoch in allen schwierigen Fällen nicht weiterführend, weil schöpferisches Handeln sich gerade auch im Sprengen überkommener Formen zeigen kann und schon vielfach gezeigt hat. Das Bundesverfassungsgericht vertritt daher einen **materiellen Kunstbegriff**. Danach ist „das Wesentliche der künstlerischen Betätigung [...] die freie schöpferische Gestaltung, in der Eindrücke, Erfahrungen, Erlebnisse des Künstlers durch das Medium einer bestimmten Formensprache zu unmittelbarer Anschauung gebracht werden."[1] Weiter heißt es: „Alle künstlerische Tätigkeit ist ein Ineinander von bewussten und unbewussten Vorgängen, die rational nicht aufzulösen sind." Als **Werk freier schöpferischer Gestaltung** zeichnet sich ein Kunstwerk auch dadurch aus, dass es seinerseits das schöpferische Potential der Empfänger anspricht, indem es sich in vielfältiger Weise und immer wieder neu interpretierbar zeigt.[2] Ein dritter Ansatz folgert aus der systematischen Stellung der Kunstfreiheit im Zusammenhang mit den Kommunikationsgrundrechten einen „**kommunikativen Kunstbegriff**"[3]. Kunst ist danach alles, was vom Künstler als Kunst gedacht und von einem künstlerisch aufgeschlossenen Publikum als Kunst anerkannt wird. Hierbei ist die Qualifizierung „künstlerisch aufgeschlossen" nicht als Kunstrichtertum misszuverstehen, sondern soll vielmehr zu traditionalistische und enge Kunstauffassungen ausschließen. Zulässig und notwendig ist allein die Unterscheidung zwischen Kunst und Nichtkunst, nicht die zwischen guter und schlechter Kunst oder zwischen gutem und schlechtem Geschmack. Die Tatsache, dass ein Roman möglicherweise zugleich als Pornographie anzusehen ist, nimmt ihm daher nicht notwendig die Kunsteigenschaft.[4]

498 Auch **engagierte Kunst**, der es darum geht, einen Beitrag zur politischen Meinungsbildung zu leisten, bleibt von der Kunstfreiheit erfasst, sofern es sich nicht ausschließlich um eine Meinungsäußerung handelt.[5] Das Problem ist, dass diese Auffassung wegen der unterschiedlichen Schrankenbestimmungen zu einer Privilegierung von solchen Meinungsäußerungen führt, die sich in das Gewand der Kunst kleiden. Deshalb wird vertreten, dass die Meinungsfreiheit vorrangig zur Anwendung kommen solle, wenn

---

1 BVerfGE 30, 173 (188 f.) – *Mephisto*; BVerfGE 67, 213 (226) – *Anachronistischer Zug*; BVerfGE 119, 1 (20 f.) – *Esra*.
2 BVerfGE 67, 213 (227) – *Anachronistischer Zug*.
3 Zu Kunst als Kommunikation s. *A. von Arnauld*, HdbStR VII, 3. Aufl. 2009, § 167 Rn. 20 ff.
4 S. BVerfGE 83, 130 (138) – *Josephine Mutzenbacher*.
5 BVerfGE 75, 369 (377) – *Strauß-Karikaturen*; BVerfGE 81, 278 (291) – *Bundesflagge*.

der künstlerische Ausdruck für die Zwecke der Meinungsäußerung instrumentalisiert werde.[6] Dies setzt voraus, dass zwischen Form und Inhalt klar getrennt werden könnte, was wiederum zweifelhaft ist.[7] Letztlich dürften sich die unterschiedlichen Schranken von Meinungsfreiheit und Kunstfreiheit im Ergebnis kaum auswirken, da die meisten allgemeinen Gesetze wie auch der Jugendschutz und das Recht der persönlichen Ehre gleichzeitig dem Schutz von verfassungsrechtlich anerkannten Rechtsgütern dienen und damit auch als Konkretisierung verfassungsimmanenter Schranken zur Geltung gebracht werden können.[8]

6.1.2 Werk- und Wirkbereich

Die Kunstfreiheit schützt sowohl die künstlerische Betätigung selbst – den **Werkbereich** – als auch, sofern beides zu trennen ist, die Darbietung und Verbreitung des Kunstwerks – den **Wirkbereich**. Nicht mehr Gegenstand der Kunstfreiheit ist dagegen der Kunstkonsum, also die Aufnahme von Seiten des Publikums. Insoweit kommt die allgemeine Handlungsfreiheit zum Tragen.[9]   **499**

In Bezug auf den Werkbereich ist fraglich, ob eine künstlerische Betätigung, welche absolute Rechte Dritter in Anspruch nimmt, also Eigentum, Leib, Leben, Freiheit, noch vom Schutzbereich umfasst ist oder von vornherein außerhalb des Schutzbereichs liegt. In seiner Entscheidung über die Frage der Auslieferung des „Sprayers von Zürich" an die Schweiz führte das Bundesverfassungsgericht aus: „Diese Gewährleistung [die Kunstfreiheit] hat das Grundgesetz mit keinem Vorbehalt versehen; ihre Reichweite erstreckt sich aber von vornherein nicht auf die eigenmächtige Inanspruchnahme oder Beeinträchtigung fremden Eigentums zum Zwecke der künstlerischen Entfaltung (sei es im Werk- oder Wirkbereich der Kunst). Überdies enthält das Eigentumsgrundrecht gleichfalls eine Verbürgung von Freiheit; nach den vom Grundgesetz getroffenen Wertungen steht es nicht prinzipiell hinter der Freiheit der Kunst zurück. Gesetze, die eine Eigentumsbeschädigung mit Strafe bedrohen, verstoßen nicht gegen den Sinn dieser Freiheit."[10] Während der erste Satz einen Schutzbereichsausschluss andeutet, scheint der zweite Satz eine Schrankenziehung vorzunehmen. Lässt sich in Bezug auf das Eigentum noch vertreten, dass Fälle denkbar sein können, in denen Kunstfreiheit und Eigentumsfreiheit der Abwägung bedürfen, ist dies jedenfalls in Bezug auf die Schutzgüter des Art. 2 Abs. 2 GG (Leben, körperliche Unversehrtheit und Freiheit) nicht der Fall. Handlungen, die unmittelbar auf diese Schutzgüter zugreifen, mögen Kunst sein; sie sind jedoch keinesfalls von der Kunstfreiheit geschützt.   **500**

6.1.3 Persönlicher Schutzbereich

Entsprechend dem sachlichen Schutzbereich sind nicht nur alle **Künstler** geschützt, sondern auch diejenigen Grundrechtsträger, die als **Vermittler** zwischen Künstler und Publikum tätig sind, etwa Verleger oder Theaterbetreiber. Während nur natürliche Personen Künstler sein können, kommt im Wirkbereich nach Maßgabe von Art. 19 Abs. 3 GG auch die Grundrechtsträgerschaft von juristischen Personen in Betracht.   **501**

---

6 *J. Ipsen*, Staatsrecht II, Rn. 523.
7 *T. Kingreen/R. Poscher*, Grundrechte, § 14 Rn. 726.
8 S. noch unten Rn. 506 ff.
9 Zu Werk- und Wirkbereich BVerfGE 30, 173 (189); BVerfG, NJW 2006, 596 (597) – *Xavier Naidoo*.
10 BVerfG, NJW 1984, 1293 (1294).

6.2 Gewährleistungsgehalt

Auch die Kunstfreiheit ist individuelles Abwehrrecht und objektive Wertentscheidung.

6.2.1 Abwehrrecht

502   Als Abwehrrecht schützt die Kunstfreiheit gegen staatliche Eingriffe in das künstlerische Schaffen sowie die Verbreitung von Kunstwerken etwa durch Auftritts- oder Veröffentlichungsverbote oder durch strafrechtliche Verfolgung.

6.2.2 Mittelbare Drittwirkung

503   Im Rahmen zivilrechtlicher Auseinandersetzungen, etwa um Unterlassungs- oder Schadensersatzansprüche[11], kommt die objektiv-wertsetzende Dimension der Kunstfreiheit im Wege der mittelbaren Drittwirkung zur Anwendung. Ähnlich wie für die Meinungsfreiheit dargelegt, zeigt sich der Wert- und Schutzgehalt der Kunstfreiheit auch in dieser Konstellation darin, dass aus dem Spektrum der vielfältigen Interpretationen eines Kunstwerks für die Rechtsanwendung die „erlaubte" bzw. am ehesten rechtskonforme Interpretation zugrunde zu legen ist. So verlangt die Kunstfreiheit „für ein literarisches Werk, das sich als Roman ausweist, eine kunstspezifische Betrachtung", woraus „insbesondere eine Vermutung für die Fiktionalität eines literarischen Textes" folgt.[12] Dieses Gebot der wohlwollenden Interpretation gilt im Übrigen auch im Rahmen der Abwehrfunktion.[13]

6.2.3 Leistung?

504   Aus der objektiven Wertentscheidung folgt auch die staatliche Aufgabe, ein freiheitliches Kunstleben zu erhalten und zu fördern. Dem entspricht allerdings kein subjektives Recht, also **kein Anspruch auf Kunstförderung**. Aus der Kunstfreiheit folgt für die Kunst- und Kulturförderung in erster Linie eine kunstadäquate Ausgestaltung der Verteilungsverfahren, etwa durch die Einrichtung einer sachverständigen Jury. Daneben ist der allgemeine Gleichheitsgrundsatz zu beachten.

6.3 Schranken und ihre verfassungsmäßige Konkretisierung

505   Die Grundrechte des Art. 5 Abs. 3 GG sind vorbehaltlos garantiert. Aus der Systematik des Art. 5 GG folgt insbesondere, dass die Schranken des Art. 5 Abs. 2 GG keine Anwendung auf die Kunstfreiheit finden.[14] Entsprechendes gilt nach dem aus der Systematik des Grundrechtsteils abgeleiteten Grundsatz der Schrankenspezialität für die Schranken des Art. 2 Abs. 1 GG.[15] Damit findet die Kunstfreiheit ihre Schranken allein in den Grundrechten Dritter oder anderen Werten von Verfassungsrang (**verfassungsimmanente Schranken**).[16] Der Unterschied zur Anwendbarkeit der Schranken des Art. 5 Abs. 2 GG ist – wie bereits angedeutet – gerade in Bezug auf den Jugendschutz und das „Recht der persönlichen Ehre" nicht so groß, da diese beiden Schranken aus Art. 5 Abs. 2 GG auf den Schutz von Grundrechten Dritter, insbesondere das allgemeine Persönlichkeitsrecht, zurückgeführt werden können.

506   In der Praxis spielen der **Jugendschutz** oder richtiger das allgemeine **Persönlichkeitsrecht** auf eine „ungestörte" Entwicklung sowie das allgemeine Persönlichkeitsrecht in der Facette des Achtungsanspruchs eine große Rolle. Im Verhältnis zum Jugendschutz geht es insbesondere um die Einordnung von Pornographie[17] und Gewaltdarstellun-

---

11 S. dazu BVerfGE 30, 173 – *Mephisto*; BVerfGE 119, 1 – *Esra*.
12 BVerfGE 119, 1 (Ls. 2); s. dazu noch unten Rn. 508.
13 BVerfGE 81, 298 – *Deutschlandlied*.
14 BVerfGE 30, 173 (191 f.) – *Mephisto*.
15 BVerfGE 30, 173 (192 f.).
16 BVerfGE 30, 173 (193).
17 BVerfGE 83, 130 – *Josephine Mutzenbacher*.

gen[18] als Kunst und sodann um die Verhältnismäßigkeit bei Anwendung der §§ 11–25 Jugendschutzgesetz, die darauf zielen, junge Menschen vor sittlicher Gefährdung zu bewahren (zB. durch Einschränkung der Anwesenheit bei Filmvorführungen, Altersfreigabe-Kennzeichnungen von Medien, Indizierung durch die Bundesprüfstelle für jugendgefährdende Medien).

Im Zusammenhang mit dem persönlichkeitsrechtlichen Achtungsanspruch stellen sich **507** die Fragen, ob **Satire** stets Kunst ist und ob Satire „alles" darf. Die erste Frage ist nicht pauschal, sondern nur im Einzelfall zu lösen: „Satire kann Kunst sein; nicht jede Satire ist jedoch Kunst."[19] Der Rechtsanwender kommt nicht umhin, den Einzelfall am Maßstab der Kunstdefinitionen zu prüfen. Im Rahmen der Abwägung auf der Schrankenebene ist zu berücksichtigen, dass es zum Wesen der Satire gehört, „mit Verfremdungen, Verzerrungen und Übertreibungen zu arbeiten"[20]; schwere Persönlichkeitsverletzungen, also Äußerungen, bei denen die Herabsetzung und Erniedrigung der betroffenen Person ganz im Vordergrund steht, lassen sich aber auch durch die Einordnung von Satire als Kunst nicht rechtfertigen.[21]

Hinsichtlich der **Verwendung von Vorbildern aus der Lebenswirklichkeit** bei der Schaf-**508** fung literarischer Werke hat das Bundesverfassungsgericht für die Abwägung zwischen Kunstfreiheit und allgemeinem Persönlichkeitsrecht die Leitlinie entwickelt, dass „zwischen dem Maß, in dem der Autor eine von der Wirklichkeit abgelöste ästhetische Realität schafft, und der Intensität der Verletzung des Persönlichkeitsrechts [...] eine Wechselbeziehung" besteht. „Je stärker Abbild und Urbild übereinstimmen, desto schwerer wiegt die Beeinträchtigung des Persönlichkeitsrechts. Je mehr die künstlerische Darstellung besonders geschützte Dimensionen des Persönlichkeitsrechts berührt, desto stärker muss die Fiktionalisierung sein, um eine Persönlichkeitsrechtsverletzung auszuschließen."[22] Diesem Maßstab wird in zwei Sondervoten entgegengehalten, dass bei kunstspezifischer Betrachtung Fiktionalität und reales Vorbild untrennbar miteinander verwoben seien. Handele es sich um einen Roman – und eben nicht um einen Tatsachenbericht oder die Veröffentlichung eines Tagebuchs –, dann löse sich Reales in Kunst auf.[23] Folgt man dieser Auffassung, dann wird der von der Mehrheit entwickelte Maßstab unbrauchbar. Ihr ist allerdings entgegenzuhalten, dass sie die Wirkung des Fiktiven in der realen Welt völlig ausblendet und damit verkennt.

Als Schranken ziehende Rechtsgüter von Verfassungsrang lassen sich des Weiteren **509** etwa nennen der Eigentumsschutz in Gestalt des Urheberrechtsschutzes[24], **Feiertagsschutz** gemäß Art. 140 GG in Verbindung mit Art. 139 WRV[25], der **Umweltschutz**[26] oder der **Tierschutz**[27] gemäß Art. 20a GG. Gegenüber der sog. Straßenkunst bilden

---

18 S. dazu BVerwG, NJW 1999, 75.

19 BVerfGE 86, 1 (9) – *Titanic*.

20 BVerfGE 86, 1 (9); BVerfG, NJW 1998, 1386 (1387) – *„Münzen-Erna"*.

21 Beispiele aus der Rechtsprechung: BVerfGE 75, 369 – *Strauß-Karikaturen*; BVerfGE 86, 1 (13 f.) – *Titanic*; OLG Frankfurt, NJW-RR 1993, 852 – *Unzulässige Schmähkritik in Zeitschriftensatire*; BVerfG, NJW 2005, 3271 – *Verwendung von Fotomontagen in satirischen Kontexten*; LG Hamburg, NJW-RR 2017, 36 und Generalstaatsanwaltschaft beim OLG Koblenz, AfP 2016, 556 – *Fall Böhmermann*; s. dazu auch *S. Christoph*, Die Strafbarkeit satirisch überzeichneter Schmähkritik, JuS 2016, 599.

22 BVerfGE 119, 1 (Ls. 4).

23 BVerfGE 119, 1, (37 (47)) – abweichende Meinung der Richterin Hohmann-Dennhardt und des Richters Gaier.

24 S. dazu BVerfGE 142, 74 ff. – *Sampling*.

25 BVerwGE 79, 236 (243) – *Videothekenöffnung an Sonn- und Feiertagen*; BVerwG, NJW 1994, 1975 (1976) – *Beschränkung öffentlicher Veranstaltungen an „stillen Feiertagen"*; BVerwG, NVwZ-RR 1995, 516 (517) – *Keine Öffnung von Videotheken an Sonn- und Feiertagen*.

26 BVerwG, NJW 1995, 2648 – *Arno Breker*.

27 KG Berlin, NStZ 2010, 175 – *Tötung zweier Kaninchen als künstlerische Veranstaltung*.

die Sicherheit des Verkehrs und die Sicherung des widmungsgemäßen Gebrauchs einer Straße (**Gemeingebrauch**) durch die Grundrechte der Art. 2 Abs. 1 (allgemeine Handlungsfreiheit), Art. 2 Abs. 2 (Leben und körperliche Unversehrtheit), Art. 3 Abs. 1 (Gleichheit) und Art. 14 Abs. 1 GG (Eigentum, insbes. Anliegergebrauch) verfassungsimmanente Schranken. Da die Straßen dem Verkehr gewidmet sind, Kunstausübung aber im Regelfall auch bei Einbeziehung des kommunikativen Gehalts der Fortbewegung und Begegnung auf der Straße über den Widmungszweck hinausgeht, handelt es sich grundsätzlich nicht um erlaubnisfreien Gemeingebrauch.[28] Der Einordnung als erlaubnispflichtige Sondernutzung[29] steht Art. 5 Abs. 3 GG nicht entgegen. Bei der behördlichen Ermessensausübung ist allerdings der Wertgehalt der Kunstfreiheit in Rechnung zu stellen. Ergibt die Prüfung, dass die straßenkünstlerische Darbietung weder Rechte der Verkehrsteilnehmer noch das Recht auf Anliegergebrauch noch andere Grundrechte ernstlich beeinträchtigt, ist eine Ermessensreduzierung in Richtung auf einen Rechtsanspruch auf Erlaubniserteilung anzunehmen.[30]

Rechtsprechung: BVerfGE 30, 173 – *Mephisto*; 67, 213 – *Anachronistischer Zug*; 75, 369 – *Strauß-Karikaturen*; 81, 278 – *Bundesflagge*; 81, 298 – *Deutschlandlied*; 83, 130 – *Josephine Mutzenbacher*; 119, 1 – *Esra*; 142, 74 – *Sampling*.

Literatur: *G. Gounalakis*, Freiräume und Grenzen politischer Karikatur und Satire, NJW 1995, 809; *J. Hager*, Die Mephisto-Entscheidung des Bundesverfassungsgerichts, Jura 2000, 186; *H. Kobor*, Grundfälle zu Art. 5 III GG, JuS 2006, 593 und 695; *C. Koenig/C. Zeiss*, Baukunst und Kunst am Bau im Spannungsfeld zwischen Bauplanungsrecht und Kunstfreiheit, Jura 1997, 225; *S. Korte*, Die Kunst – ein unbekanntes Wesen?, JA 2003, 225; *S. Lenski*, Die Kunstfreiheit des Grundgesetzes, Jura 2016, 35; *V. Schlette*, Kunstfreiheit contra Feiertagsschutz – ein Anwendungsfall der Lehre von den verfassungsimmanenten Grundrechtsschranken, JA 1996, 955; *F. Wittreck*, Esra, Mephisto und Salomo, Konflikte zwischen Persönlichkeitsschutz und Kunstfreiheit nach der Esra-Entscheidung des BVerfG (BVerfGE 119, 1), Jura 2009, 128.

Fallbearbeitungen: *S. Ahlers/W. Schroeder*, Stille Tage in Bayern – Kunstfreiheit oder Feiertagsschutz?, Übungsklausur Öffentliches Recht, Jura 2000, 641; *M. Betzinger*, Grenzen der Kunstfreiheit (Übungsklausur), JA 2009, 125; *W. Brohm*, Der praktische Fall – Öffentliches Recht – Die Venus-Statue hoch über dem Bodensee, JuS 1999, 1097; *E.M. Frenzel*, Mamor, Stein und Eisen bricht …, JuS 2013, 37; *T. Handschell*, Das Verbot von Killerspielen, Jura 2010, 461; *N. Kronenberger*, Ronald McDonald und die Ernährungswende, Jura 2017, 333; *K. Merhof/C. Giogios*, Die nackte Oberbürgermeisterin, JA 2015, 519; *A. Schäfer/J.O. Merten*, Der Skandalroman (Übungsklausur), JA 2004, 548; *B. Schmidt am Busch/C. Gregor*, Jeder Mensch ein Künstler? JuS 2015, 37; *M. Will*, Referendarexamensklausur – Öffentliches Recht: Die städtische Kunstfreiheit, JuS 2004, 701.

---

28 BVerwGE 84, 71 (78) – *Silhouettenschneiderin*.
29 Vgl. § 16 Abs. 1 StrG BW: „Die Benutzung einer Straße über den Gemeingebrauch hinaus (Sondernutzung) bedarf der Erlaubnis."
30 BVerwG, NJW 1987, 1836 (1837) – *Straßenmusik*; BVerwGE 84, 71 (78) – *Silhouettenschneiden*.

7. Kapitel: Art. 5 Abs. 3 GG: Wissenschaftsfreiheit

Die **eigenständige Garantie** der Wissenschaftsfreiheit stellt eine **Besonderheit** dar. Im **510** Rahmen der EMRK sowie zahlreicher Verfassungen europäischer Staaten wie auch der USA gilt sie als Bestandteil der Meinungsfreiheit.[1] Die eigenständige Verbürgung fördert die Präzision bei der Bestimmung von Inhalt, Sinn und Zweck der Wissenschaftsfreiheit. Ihren historischen Grund hat sie in der engen Verzahnung zwischen Wissenschaftssystem und Staat in Deutschland. Ähnlich wie bei der Rundfunkfreiheit hatte das Bundesverfassungsgericht bei der Wissenschaftsfreiheit in besonderer Weise Gelegenheit, die Gehalte zu entwickeln, die aus der **objektiven Wertentscheidung für eine freie Wissenschaft** fließen. Anders als bei der Rundfunkfreiheit liegt der Grund allerdings nicht in der Befürchtung, dass durch die freie, individuelle Grundrechtsausübung das Schutzgut des Grundrechts verfehlt würde.[2] Der Grund besteht vielmehr darin, dass die freie wissenschaftliche Betätigung auf sachliche und finanzielle Voraussetzungen angewiesen ist, die – jedenfalls in dem kultur- und sozialstaatlich geprägten und gewachsenen Wissenschaftssystem der Bundesrepublik Deutschland – in erheblichem Umfang **auf staatliche Unterstützung angewiesen** ist. Soweit Wissenschaft in staatlichen Einrichtungen, insbesondere in den Universitäten, betrieben wird, entfaltet sie sich in einem besonderen Rechtsverhältnis, in dem die Wissenschaftsfreiheit zwar auch als Abwehrrecht gilt, das aber vor allem im Lichte der Wissenschaftsfreiheit auszugestalten ist.

7.1 Schutzbereich

Gemäß Art. 5 Abs. 3 S. 1 GG sind Wissenschaft, Forschung und Lehre frei.

7.1.1 Sachlicher Schutzbereich

Diese Formulierung wirft die Frage auf, in welchem Verhältnis die drei Begriffe im Blick auf die sachliche Abgrenzung des Schutzbereichs zueinanderstehen.[3]

7.1.1.1 Der Begriff der Wissenschaft.
Der Begriff der Wissenschaft hat einen **Systembe-** **511** **zug** und einen **inhaltlichen Bezug:** Er erfasst zum einen die Wissenschaft als einen spezifischen **Kommunikationszusammenhang** und ein gesellschaftliches Teilsystem, in dem neue Erkenntnisse gefunden, erörtert und verbreitet werden; er bezieht sich zudem in allen Formen der wissenschaftlichen Betätigung auf die von dem jeweiligen Erkenntnisgegenstand geforderte **Eigengesetzlichkeit** seiner Erforschung, Behandlung und Vermittlung.[4] Der Begriff der Wissenschaft bezeichnet damit das Schutzgut der Freiheit und bildet gleichzeitig den **Oberbegriff für „Forschung" und „Lehre",**[5] welche die zwei wichtigsten Formen wissenschaftlicher Betätigung darstellen. Ob die **Publikation** von Forschungsergebnissen Forschung oder Lehre zuzuordnen sind, bedarf hinsichtlich des Schutzbereichs[6] keiner Entscheidung, da es sich jedenfalls um eine dem Begriff der Wissenschaft zuzuordnende Tätigkeit handelt.[7]

7.1.1.2 Forschung und Lehre.
Wissenschaftliche Forschung ist durch das ernsthafte **512** und planmäßige Streben nach Wahrheit im Sinne von Erkenntnis über einen Gegen-

---

1 S. zur EMRK *I. Pernice*, in: Dreier, Art. 5 III (Wissenschaft) Rn. 8.
2 S. oben Rn. 478, 484.
3 S. ausführlich dazu *U. Mager*, HdbStR VII, 3. Aufl. 2009, § 166 Rn. 7.
4 Vgl. etwa BVerfGE 111, 333 (354) – *Brandenburgisches Hochschulgesetz*: Der Wissenschaftsfreiheit liegt „der Gedanke zu Grunde, dass eine von gesellschaftlichen Nützlichkeits- und politischen Zweckmäßigkeitsvorstellungen freie Wissenschaft Staat und Gesellschaft im Ergebnis am besten dient."
5 BVerfGE 35, 79 (112) – *Gruppenuniversität*.
6 S. zu den Schranken unten Rn. 526 ff.
7 Näher zu dieser Frage *U. Mager*, HdbStR VII, 3. Aufl. 2009, § 166 Rn. 10.

stand gekennzeichnet.[8] Die **Ernsthaftigkeit** setzt voraus, dass der Versuch der Wahrheitsfindung grundsätzlich an den erreichten Wissensstand anknüpft. Die **Planmäßigkeit** verweist auf methodisches, dh. wiederholbares und intersubjektiv nachvollziehbares Vorgehen. Das **Streben nach neuen Erkenntnissen** setzt schließlich die Bereitschaft voraus, die bisher gewonnenen Ergebnisse in Frage zu stellen.[9] Für die Qualifizierung eines Beitrags als wissenschaftliche Forschung kommt es nicht darauf an, dass die Suche oder Vermittlung auf höchstem oder auch nur auf hohem Niveau betrieben wird. Mängel in Bezug auf Wissensstand oder Methodik lassen den Schutz der Wissenschaftsfreiheit nicht entfallen. Von Wissenschaft kann erst dann nicht mehr gesprochen werden, wenn andere Auffassungen und methodische Ansätze systematisch ausgeblendet werden.[10]

513 Die **Forschungsfreiheit** schützt die Selbstbestimmung hinsichtlich der Auswahl des Forschungsgegenstands, hinsichtlich der Fragestellung in Bezug auf den Forschungsgegenstand sowie die freie Wahl der Methoden bei seiner Behandlung.[11] Vorbereitungshandlungen, wie der Erwerb von Laborausstattung, werden miterfasst, soweit sie für die Durchführung der Forschung unerlässlich sind.[12] Entscheidend ist, ob und wieweit die Eigengesetzlichkeit der Wissenschaft sich auch auf Vorbereitungshandlungen auswirkt. Der eigenmächtige Zugriff auf Schutzgüter anderer Personen, namentlich deren Körper, liegt dagegen außerhalb der garantierten Freiheit, weil die Verfügung hierüber vollständig der Selbstbestimmung der anderen Personen unterliegt.[13]

514 Lehre im Sinne des Art. 5 Abs. 3 GG ist die Vermittlung von wissenschaftlichen Erkenntnissen und Methoden. Die **Lehrfreiheit** umfasst die Freiheit der Aufbereitung und Darbietung wissenschaftlicher, dh. durch Forschung erlangter Erkenntnisse einschließlich der Wahl der Vermittlungsmethoden und Vermittlungsmedien.[14] Die Freiheit der Bestimmung von Zeit und Ort sind dagegen nicht Bestandteil der Lehrfreiheit, soweit sie nicht ausnahmsweise von entscheidender Bedeutung für den Vermittlungserfolg sind.[15] Wissenschaftliche Lehre kann auch an Schulen stattfinden, unterfällt aber den Regelungen des Art. 7 Abs. 1 GG als lex specialis.[16]

515 Die Lehrfreiheit des Art. 5 Abs. 3 GG umfasst dagegen **nicht** die **Lernfreiheit** der Studierenden. Historisch wurde die Freiheit der Lehre zwar durchaus als Kürzel für die Lehr- und Lernfreiheit an den Universitäten verstanden,[17] wobei die Lernfreiheit die freie Wahl der Veranstaltungen umfasste. Nach dem GG findet die Lernfreiheit ihre grundrechtliche Verankerung jedoch in der Ausbildungsfreiheit des Art. 12 Abs. 1 GG, daneben ggf. in der allgemeinen Handlungsfreiheit.[18]

516 **7.1.1.3 Abgrenzung zu Meinungsäußerung und Kunst.** Wissenschaftliche Handlungen und Äußerungen zeichnen sich gegenüber der Kunst wie gegenüber der Meinungsäußerung durch spezifische Qualitäten aus. Im Gegensatz zu der für künstlerische Werke charakteristischen Interpretationsvielfalt, strebt Wissenschaft nach **Eindeutigkeit, Ra-**

---

8 S. etwa BVerfGE 35, 79 (112, 113).
9 S. etwa *C. D. Classen*, Wissenschaftsfreiheit außerhalb der Hochschule, 1994, S. 79 mwN.
10 BVerfGE 90, 1 (12 f.) – *Kriegsschuld*; BVerwGE 102, 304 (311) – *Missbrauch der Forschungsfreiheit*.
11 BVerfGE 35, 79 (113).
12 *M. Fehling*, in: BK zu Art. 5 Abs. 3 Rn. 72 f.
13 S. schon oben zur Kunstfreiheit, Rn. 500.
14 BVerfGE 35, 79 (113 f.).
15 *A.-K. Kaufhold*, Die Lehrfreiheit – ein verlorenes Grundrecht?, 2006, S. 199; aA. *M. Fehling*, in: BK zu Art. 5 Abs. 3 Rn. 88 mwN.
16 *U. Mager*, HdbStR VII, 3. Aufl. 2009, § 166 Rn. 20.
17 S. etwa *W. A. E. Schmidt*, Die Freiheit der Wissenschaft, 1928, S. 65.
18 *W. K. Geck*, Die Stellung des Studenten in der Universität, VVDStRL 27 (1969), S. 143 ff., 156 f.

tionalität und Objektivität. Das Besondere der Wissenschaft gegenüber der Meinungsäußerung liegt ebenfalls in ihrem Anspruch auf Objektivität auf der Grundlage von methodischem Vorgehen – mindestens im Sinne von intersubjektiver Nachvollziehbarkeit – sowie Rationalität, während die Meinung sich gerade durch ihr subjektives Dafürhalten[19] auszeichnet.

7.1.2 Persönlicher Schutzbereich

Träger der Wissenschaftsfreiheit sind **alle Personen, die wissenschaftlich tätig sind.** **517** Jede natürliche Person, die forscht und/oder lehrt, kann sich auf das Grundrecht berufen, gleichgültig, ob sie dies als Privatgelehrte, an einer privaten oder an einer staatlichen Einrichtung tut.[20] Die Qualifikationsanforderungen für die Ausübung von Wissenschaft als Beruf an einer staatlichen Hochschule stellen weder Voraussetzungen für die Eröffnung des Schutzbereichs in persönlicher Hinsicht dar, noch sind sie als Schranken zu qualifizieren. Es handelt sich vielmehr um Ausgestaltungsregelungen zur Sicherung der sachgerechten Ausübung eines öffentlichen Amtes.[21] Da kein Jedermann-Anspruch darauf besteht, auf Staatskosten Wissenschaft zu betreiben, handelt es sich um Anforderungen, die der Anwendung des Schutzbereichs als Individualrecht vorausliegen.[22]

Gemäß Art. 19 Abs. 3 GG können sich auch **juristische Personen** auf die Wissen- **518** schaftsfreiheit berufen. Dies gilt nicht nur für die in Deutschland nach wie vor seltenen privaten Hochschulen, sondern auch für die **Universitäten** und Hochschulen in staatlicher Trägerschaft und in der Rechtsform der Körperschaft des öffentlichen Rechts sowie sonstige staatlich finanzierte oder organisierte Forschungseinrichtungen, weil und soweit sie zu dem Zweck bestehen, in Freiheit Forschung und Lehre zu betreiben.[23] Auch Untergliederungen solcher Einrichtungen, zB. **Fakultäten**, können Grundrechtsträger sein, soweit ihnen wissenschaftsrelevante Befugnisse zur eigenverantwortlichen Ausübung zugewiesen sind, etwa die Lehrplanung oder die Erstellung von Studien- und Prüfungsordnungen.[24] Ressortforschung genießt dagegen nicht den Schutz der Forschungsfreiheit: dies nicht deshalb, weil es sich nicht um Forschung handelt, sondern deshalb, weil es um unmittelbar staatliches Handeln geht, dh. weder organisatorisch noch vom Zweck her verselbständigt, womit es an der grundrechtsgleichen Gefährdungslage und folglich an der Anwendbarkeit des Art. 19 Abs. 3 GG fehlt.

Da auch Forschung von Art. 5 Abs. 3 geschützt ist, die darauf zielt, ökonomisch ver- **519** wertbare Ergebnisse zu erlangen, können sich auch in der Forschung tätige Angestellte in forschenden **Unternehmen** sowie diese Unternehmen selbst gegenüber dem Staat auf die Forschungsfreiheit berufen, sofern der sachliche Schutzbereich betroffen ist. Problematisch ist die Geltung der Forschungsfreiheit zwischen Arbeitnehmer und Arbeitgeber; dies ist jedoch keine Frage der Grundrechtsträgerschaft, sondern der mittelbaren Drittwirkung in diesem Arbeitsverhältnis.[25]

---

19 S. oben Rn. 445.
20 S. *E. Schmidt-Aßmann*, Wissenschaftsrecht im Ordnungsrahmen des öffentlichen Rechts, JZ 1989, 205 (208): „Die Wissenschaftsfreiheit entfaltet … in drei Bereichen Wirkung: dem Hochschulwesen, den außeruniversitären Forschungseinrichtungen und in Bereichen des privaten Forschens."
21 Vgl. BVerfGE 85, 360 (382) – Akademie der Wissenschaften; aA. *C. D. Classen*, Wissenschaftsfreiheit außerhalb der Hochschule, 1994, S. 104 f. mwN.
22 *U. Mager*, HdbStR VII, 3. Aufl. 2009, § 166 Rn. 17; vgl. auch BVerfGE 126, 1 (19) – *Lehrfreiheit von Fachhochschullehrern* unter C. I. 2.
23 BVerfGE 15, 256 (262) – *Universitäre Selbstverwaltung.*
24 BVerfGE 15, 256 (262); BVerfGE 122, 89 (118) – *Wissenschaftsfreiheit in der Theologie*; BVerfGE 141, 143 Rn. 52 – *Akkreditierung*; weitere Nachweise bei *U. Mager*, HdbStR VII, 3. Aufl. 2009, § 166 Rn. 18.
25 S. dazu noch unten Rn. 523.

7.2 Gewährleistungsgehalt

520 Wie alle Freiheitsrechte ist auch die Freiheit von Forschung und Lehre zuallererst
ein **Abwehrrecht** gegenüber staatlichen Eingriffen. Daneben kommt Art. 5 Abs.
3 GG jedoch ein **objektivrechtlicher Gehalt** zu, der den Staat verpflichtet, die Eigengesetzlichkeit der Wissenschaft und des wissenschaftlichen Tuns zu schützen, durch **Organisation** und **Verfahren auszugestalten** sowie durch finanzielle Leistungen zu **fördern**.

7.2.1 Abwehrrecht

521 Als Abwehrrecht schützt die Wissenschaftsfreiheit vor dem Staat zurechenbaren Eingriffen in die selbstbestimmte Forschung und Lehre. Derartige **Eingriffe** sind etwa
Genehmigungserfordernisse für die Durchführung von wissenschaftlichen Versuchen,
Publikationsbeschränkungen[26] oder auch die verpflichtende Anordnung von **Fremd-
evaluationen**. Dagegen stellen nachlaufende wissenschaftseigene Verfahren der Bewertung wissenschaftlicher Leistungen keine Eingriffe dar, sondern sind entweder durch
Einwilligung gerechtfertigt oder ausgestaltende Regelungen zur Sicherung der wissenschaftlichen Qualität, ggf. zusätzlich Berufszugangsregelungen (Habilitation). Sie müssen in jedem Fall wissenschaftsadäquat sein. Dies folgt aus dem objektiven Gehalt
der Wissenschaftsfreiheit.[27] Die Auflösung einer staatlichen Wissenschaftseinrichtung
berührt die Wissenschaftsfreiheit dagegen nicht, denn diese verlangt weder die staatliche Gründung, noch umfasst sie den Bestand spezifischer Institutionen.[28]

522 Im Bereich der staatlich organisierten und finanzierten Wissenschaft stellt sich häufig
die Frage nach der **Abgrenzung zwischen Eingriff und Ausgestaltung**. Hierfür ist nach
dem Adressaten wie nach dem Zweck der Regelung zu unterscheiden. Für die einzelnen Wissenschaftler sind alle dem Staat zurechenbaren Einschränkungen ihrer Selbstbestimmung in Bezug auf Forschung und Lehre – auch wenn sie im Interesse der
Forschungs- und Lehrfreiheit anderer Wissenschaftler oder der Institution selbst erfolgen – Eingriffe, die allerdings im Interesse von deren Wissenschaftsfreiheit bzw. der
Funktionsfähigkeit der Organisation gerechtfertigt sein können.[29] Regelungen oder
andere Maßnahmen in Bezug auf die staatliche Einrichtung und Organisation freier
Wissenschaft sind dagegen nur dann Eingriffe, wenn sie anderen Zwecken als der
Realisierung der Wissenschaftsfreiheit dienen. Ansonsten handelt es sich um ausgestaltende Regelungen, die im Lichte der Wissenschaftsfreiheit sachgerecht zu sein haben.

7.2.2 Objektive Wertentscheidung

523 Aus der Wissenschaftsfreiheit als objektiver Wertentscheidung folgt das Einstehen des
Staates für die Idee einer freien Wissenschaft. Dies verpflichtet ihn, schützend und
fördernd einer Aushöhlung dieser Freiheitsgarantie vorzubeugen. Hieraus ergeben sich
Postulate in zweifacher Richtung: a) Der Staat hat die Pflege der freien **Wissenschaft**
und ihre Vermittlung an die nachfolgende Generation **durch Bereitstellung von** perso-

---

26 Vgl. BVerfG, NJW 2011, 511 – *Einstampfen einer Publikation durch Bundeszentrale für politische Bil-
    dung*; vom BVerfG allerdings am Maßstab des allgemeinen Persönlichkeitsrechts und der Meinungsfreiheit
    behandelt.
27 S. im Einzelnen *U. Mager*, HdbStR VII, 3. Aufl. 2009, § 166 Rn. 24. S. auch BVerfGE 96, 205 (214) –
    Hochschullehrer II; BVerfG, NJW 2000, 3635 – *Forschungstätigkeit eines Hochschullehrers*; BVerwGE
    102, 304 (311) – *Missbrauchskontrolle*.
28 Dazu BVerfGE 85, 360 (382) – *Akademieauflösung*.
29 Für ein Beispiel s. etwa *H. Schulze-Fielitz*, Rechtliche Rahmenbedingungen von Ombuds- und Untersu-
    chungsverfahren zur Aufklärung wissenschaftlichen Fehlverhaltens, WissR 37 (2004), 100; *E. Deutsch*,
    Ombudsgremien und Wissenschaftsfreiheit, ZRP 2003, 159; s. auch die Beispiele bei *B. Schlink*, Evaluierte
    Freiheit? Zu den Bemühungen um eine Verbesserung der wissenschaftlichen Lehre, 1999, der zu Recht
    auf die Notwendigkeit und Berechtigung wissenschaftsinterner Bewertungs- und Qualifikationsverfahren
    hinweist.

nellen, finanziellen und organisatorischen **Mitteln zu ermöglichen und zu fördern.** Das bedeutet, dass er funktionsfähige Institutionen für einen freien Wissenschaftsbetrieb zur Verfügung zu stellen hat, so dass eine Ausübung der Grundrechte aus Art. 5 Abs. 3 GG hier notwendig mit einer Teilhabe an staatlichen Leistungen verbunden ist. b) Im Bereich des mit öffentlichen Mitteln eingerichteten und unterhaltenen Wissenschaftsbetriebs, dh. in einem Bereich der Leistungsverwaltung, hat der Staat zudem durch **geeignete organisatorische Maßnahmen** dafür zu sorgen, dass das Grundrecht der freien wissenschaftlichen Betätigung soweit unangetastet bleibt, wie das unter Berücksichtigung der anderen legitimen Aufgaben der Wissenschaftseinrichtungen und der Grundrechte der verschiedenen Beteiligten möglich ist.[30] Bei der Umsetzung und Ausgestaltung hat der Gesetzgeber einen **weiten Gestaltungsspielraum.** In seiner neueren Rechtsprechung zu Fragen der Hochschulorganisation hat das BVerfG die organisationsrechtlichen Anforderungen allerdings auf das wenig griffige Verbot einer „strukturellen Beeinträchtigung von Forschung und Lehre" zurückgenommen.[31] Eine solche Beeinträchtigung ist anzunehmen, wenn die Träger der Wissenschaftsfreiheit in einer Hochschulorganisation keine bzw. kaum noch Möglichkeiten haben, ihre fachliche Kompetenz im Wege von Mitwirkungs- und Kontrollrechten geltend zu machen.[32] In einer neueren Entscheidung zur Hochschulorganisation heißt es: „Je mehr, grundlegender und substantieller wissenschaftsrelevante personelle und sachliche Entscheidungsbefugnisse dem Vertretungsorgan der akademischen Selbstverwaltung entzogen und einem Leitungsorgan zugewiesen werden, desto stärker muss die Mitwirkung des Vertretungsorgans an der Bestellung und Abberufung und an den Entscheidungen des Leitungsorgans ausgestaltet sein."[33] Diesen objektiven Anforderungen an die Ausgestaltung der Hochschulorganisation korrespondiert ein subjektives Recht der betroffenen Wissenschaftler, so dass sie die Einhaltung dieser Pflichten gerichtlich prüfen lassen können.[34]

7.2.3 Leistung

Art. 5 Abs. 3 GG enthält keinen originären Leistungsanspruch. Aus der Entscheidung **524** für die Einrichtung einer staatlichen Universität folgt aber im Zusammenhang mit dem rechtsstaatlichen **Gebot konsequenten Verhaltens,** dass der Staat auch finanziell dafür Sorge zu tragen hat, dass an dieser Einrichtung in Freiheit geforscht und gelehrt werden kann.[35] Art. 5 Abs. 3 GG entfaltet seine Wirkung also in Bezug auf das „wie" der Finanzierung. Sie muss freie Wissenschaft ermöglichen, denn es wäre inkonsequent, wenn der Staat Institutionen einrichtet, die der Eigengesetzlichkeit der Wissenschaft verpflichtet sind, um sie dann in Abhängigkeit von staatlicher oder privater Finanzierung zu bringen, die anderen Gesetzlichkeiten folgt.[36] Dies zieht sowohl der Steuerung von Forschung und Lehre durch staatliche Finanzierung wie auch der Verpflichtung der Universitäten, sich von Dritten Mittel zu beschaffen, Grenzen. Der Staat muss die

---

30 So BVerfGE 35, 79 (114 f.) – *Gruppenuniversität.*
31 BVerfGE 111, 333 (353) – *Brandenburgisches Hochschulgesetz.*
32 BVerfGE 127, 87 (117) – *Hamburgisches Hochschulgesetz.*
33 BVerfGE 136, 338 Ls. 2 – *medizinische Hochschule Hannover.*
34 St. Rspr. seit BVerfGE 35, 79 (116), s. auch BVerfGE 136, 338 Rn. 43 ff.
35 Zum Konsequenzgebot als Inhalt der Forschungsfreiheit s. *H.-H. Trute,* Die Forschung zwischen grundrechtlicher Freiheit und staatlicher Institutionalisierung, 1994, S. 289–295; s auch *U. Mager,* Die Universität im Zeichen von Ökonomisierung und Internationalisierung, VVDStRL 65 (2006), 274 (285 f.) mwN.
36 S. *U. Mager,* Die Universität im Zeichen von Ökonomisierung und Internationalisierung, VVDStRL 65 (2006), 274 (286) mwN.

für freie Forschung und Lehre notwendige **Mindestausstattung** gewähren.[37] Hierauf haben sowohl die einzelnen Wissenschaftler wie auch die Universität als Ganze einen Anspruch.[38] Die Schwierigkeit liegt allerdings darin, die Höhe einer solchen Mindestausstattung zu beziffern.

Privaten Universitäten kommt aus Art. 5 Abs. 3 GG kein Anspruch auf Finanzierung zu[39], da dieses Grundrecht keinen originären Leistungsanspruch, sondern nur einen an die staatliche Einrichtungsentscheidung anknüpfenden Finanzierungsanspruch enthält. Auch ein Recht auf nicht allgemein zugängliche Informationen lässt sich aus Art. 5 Abs. 3 GG nicht ableiten. Es besteht allenfalls ein Anspruch auf ermessensfehlerfreie Entscheidung unter Berücksichtigung der Wissenschaftsfreiheit.[40]

7.2.4 Institutionelle Garantie?

525 Art. 5 Abs. 3 GG enthält keine „institutionelle Garantie"[41] der deutschen Universität. **Im Text** des Art. 5 Abs. 3 GG ist eine Verbürgung spezifischer Universitätsstrukturen schlechterdings **nicht zu finden** und war im Blick auf die Kulturhoheit der Länder auch **nicht gewollt.**[42]

Versteht man die dogmatische Figur der institutionellen Garantie als Gewährleistung von Autonomie bei der Wahrnehmung einer von Verfassung wegen dem Staat zugewiesenen Aufgabe,[43] so steht der Verankerung einer institutionellen Garantie in Art. 5 Abs. 3 GG entgegen, dass Wissenschaft, Forschung und Lehre gemäß Art. 5 Abs. 3 GG gerade frei und damit primär nicht staatliche Aufgabe sind. Selbst wenn der Staat als Kulturstaat ein Interesse an der Wissenschaft hat und sie schützt und fördert, nach Auffassung des Bundesverfassungsgerichts sogar dazu verpflichtet ist, so steht diese staatliche Pflicht doch im Dienst einer freien, dh. von Individuen in Selbstbestimmung gestalteten Wissenschaft. Auch das Bundesverfassungsgericht hat sich gegen die Annahme einer institutionellen Garantie ausgesprochen. „Die Garantie der Wissenschaftsfreiheit hat weder das überlieferte Strukturmodell der deutschen Universität zur Grundlage, noch schreibt sie überhaupt eine bestimmte Organisationsform des Wissenschaftsbetriebs an den Hochschulen vor."[44] Die Gestaltungsfreiheit des Gesetzgebers „wird jedoch bestimmt und begrenzt durch das Freiheitsrecht des Art. 5 Abs. 3 GG und durch die in dieser Norm enthaltene Wertentscheidung. Unter diesem verfassungsrechtlichen Gesichtspunkt sind Organisationsnormen von Hochschulgesetzen danach zu beurteilen, ob und in welchem Grade sie das Grundrecht der einzelnen Wissenschaftler auf Freiheit der Forschung und Lehre oder die Funktionsfähigkeit der Institution „freie Wissenschaft" als solche begünstigen oder behindern."[45]

37 S. zur Mindestausstattung BVerfGE 43, 242 (285) – *Berufungsvereinbarung*; s. auch *F. Kirchhof*, Rechtliche Grundsätze der Universitätsfinanzierung, JZ 1998, 275 (278 f.); Versuch einer Neubestimmung bei *M. Nettesheim*, Grund und Grenzen der Wissenschaftsfreiheit, DVBl. 2005, 1072 (1080): Den Staat trifft die Pflicht „den in staatlichen Forschungseinrichtungen forschenden Wissenschaftler so auszustatten, dass er – je nach wissenschaftlichem Anspruch der Forschungseinrichtung – im jeweiligen wissenschaftlichen Wettbewerb konkurrenzfähig bleibt."
38 *U. Mager*, Die Universität im Zeichen von Ökonomisierung und Internationalisierung, VVDStRL 65 (2006), 274 (287); s. auch *R. Hendler*, Die Universität im Zeichen von Ökonomisierung und Internationalisierung, in: VVDStRL 65 (2006), S. 255.
39 *M. Fehling*, in: BK zu Art. 5 Abs. 3 Rn. 42 und 252.
40 BVerfG, NJW 1986, 1243 – *Akteneinsicht für Forschungsvorhaben.*
41 S. zur institutionellen Garantie oben Rn. 53 ff.
42 *H.-H. Trute*, Die Forschung zwischen grundrechtlicher Freiheit und staatlicher Institutionalisierung, 1994, S. 41; s. dazu auch *J.-D. Kühne*, Der personelle Schutzbereich verfassungsrechtlicher Garantien hochschulischer Selbstverwaltung, in: FS Friauf, 1996, S. 360 mit Nachweisen in Fn. 6; zu Garantien im Landesverfassungsrecht s. *U. Mager*, HdbStR VII, 3. Aufl. 2009, § 166 Rn. 41.
43 S. oben Rn. 55 mwN.
44 BVerfGE 35, 79 (116).
45 BVerfGE 35, 79 (120).

7.3 Schranken und ihre verfassungsmäßige Konkretisierung

7.3.1 Art. 5 Abs. 3 S. 2 GG: Verfassungstreue

Eine ausdrückliche Schranke findet sich in Art. 5 Abs. 3 GG allein für die Lehrfreiheit. **526**
Sie entbindet nicht von der Treue zu Verfassung. Von einer Pflicht „entbunden" werden, können nur diejenigen, die einer Pflicht unterliegen. Das bedeutet, dass Art. 5
Abs. 3 GG keine Pflicht auferlegt, sondern feststellt, dass die Lehrfreiheit keine Ausnahme von einer bestehenden Pflicht rechtfertigt. Die Pflicht zur Verfassungstreue **wird
aber nur von Beamten verlangt** und erwartet. „Jedermann" ist es allein verboten, sich
kämpferisch gegen die freiheitlich-demokratische Grundordnung zu wenden.[46] Der
Verfassungstreuevorbehalt gilt daher allein für solche Wissenschaftler, für die freie
Lehre zugleich Amtsaufgabe und Staatsdienst ist.[47] Der Verfassungstreuevorbehalt ist
daher Deklaration der ohnehin bestehenden verfassungsimmanenten Schranke, die
sich aus dem Beamtenstatus ergibt.

7.3.2 Verfassungsimmanente Schranken der Wissenschaftsfreiheit

Im Übrigen ist die Wissenschaftsfreiheit wie die Kunstfreiheit vorbehaltlos gewährt, **527**
unterliegt aber ebenso wie diese den verfassungsimmanenten Schranken. Zu nennen
sind in Bezug auf die Forschung etwa **Menschenwürde, Leben, körperliche Unversehrtheit** und **Eigentum,** zudem der **Tier- und Umweltschutz** gemäß Art. 20a GG.[48] In
Bezug auf die theologischen Fakultäten ist noch die **Autonomie der Religionsgemeinschaften** gemäß Art. 140 GG iVm. Art. 137 Abs. 3 WRV als Schranke für die Wissenschaftsfreiheit zu erwähnen.[49] Für die Lehrfreiheit bildet die **Ausbildungsfreiheit** der
Studierenden gemäß Art. 12 Abs. 1 GG eine Schranke.[50]

Rechtsprechung: BVerfGE 15, 256 – *Universitäre Selbstverwaltung*; 35, 79 – *Gruppenuniversi-
tät*; 54, 363 – *akademische Selbstverwaltung*; 85, 360 – *Abwicklung der Akademie der Wissen-
schaften DDR*; 90, 1 – *Kriegsschuld*; 111, 333 – *Brandenburgisches Hochschulgesetz*; 122, 89
– *Wissenschaftsfreiheit in der Theologie*; 126, 1 – *Lehrfreiheit für Fachhochschullehrer*; 127, 87
– *Hamburgisches Hochschulgesetz*; 136, 338 – *medizinische Hochschule Hannover;*141, 143 –
Akkreditierung von Studiengängen.

Literatur: *H. Kobor,* Grundfälle zu Art. 5 III GG (Wissenschaftsfreiheit), JuS 2006, 695; *E. Stein,*
Die Wissenschaftsfreiheit der Studierenden, JA 2002, 253.

Fallbearbeitungen: *J. Lege/U. Mager/J.Begemann,* Akkreditierungs(un)wesen, StudZR 2006,
549.

---

46 S. auch Art. 18 S. 1 GG.
47 S. *L. Determann*, Müssen Professoren von Verfassung wegen Beamte sein?, NVwZ 2000, 1346 (1349).
48 S. näher *U. Mager*, HdbStR VII, 3. Aufl. 2009, § 166 Rn. 31 ff.
49 BVerfGE 122, 89 (107) – *kirchliches Selbstbestimmungsrecht, Fall G. Lüdemann.*
50 S. BVerfGE 141, 143 Rn. 46 ff. – *Akkreditierung von Studiengängen* und dazu *U. Mager*, Verfassungsrechtliche Rahmenbedingungen der Akkreditierung von Studiengängen – Zugleich eine kritische Auseinandersetzung mit der Akkreditierungs-Entscheidung des Bundesverfassungsgerichts und eine verfassungsrechtliche
   Bewertung des Akkreditierungs-Staatsvertrags, OdW 2017/4, 237 ff.

8. Kapitel: Art. 8 GG: Versammlungsfreiheit

Fall 13: Sitzblockade

B demonstrierte mit ca. 40 anderen Personen gegen die sich abzeichnende militärische Intervention der USA im Irak. Dazu ließ er sich auf der zu der Rhein Main Military Air Base, dem Luftwaffenstützpunkt der US-amerikanischen Streitkräfte bei Frankfurt a. M., führenden Ellis Road nieder. Nach den tatsächlichen Feststellungen der Fachgerichte stauten sich deshalb Fahrzeuge in mehreren Reihen hintereinander, und es kam zu nicht unerheblichen Wartezeiten. Der Aufforderung der Polizei, die Demonstration zu beenden und die Straße zu verlassen, wurde nicht nachgekommen. Danach trugen die Polizeikräfte die Demonstranten von der Straße.

B wurde vom AG wegen gemeinschaftlicher Nötigung zu einer geringen Geldstrafe verurteilt. Das LG verwarf die Berufung des B wegen offensichtlicher Unbegründetheit als unzulässig. Die Demonstranten hätten durch die Sitzblockade gegenüber denjenigen Fahrzeugführern Gewalt ausgeübt, die durch vor ihnen anhaltende Fahrzeuge an der Weiterfahrt gehindert worden seien. Auch wenn die durch die Sitzblockaden ausgelöste Verkehrsbehinderung sich möglicherweise nur über einen kurzen Zeitraum erstreckt habe, beseitige dies nicht die Tatbestandsmäßigkeit der Nötigung. Die Anzahl der durch die Blockade an der Weiterfahrt gehinderten Fahrzeuge sei im Rahmen der Tatbestandsmäßigkeit ebenfalls unerheblich. Dass der Polizeieinsatz unter Umständen zur Verkehrsbehinderung beigetragen habe, sei ebenfalls nicht maßgeblich, weil dieser durch die Sitzblockade ausgelöst worden sei. Ferner hätten die Demonstranten rechtswidrig iSd. § 240 Abs. 2 StGB gehandelt. Die Ausübung der Gewalt habe sich nicht im schlichten Blockieren des Straßenverkehrs erschöpft, sondern sei Mittel zum Zweck der Erregung von Aufmerksamkeit für bestimmte politische Zwecke gewesen. Das Grundrecht der Versammlungsfreiheit erlaube Behinderungen Dritter nur als sozialadäquate Nebenwirkungen rechtmäßiger Demonstrationen. Zwangseinwirkungen, die darüber hinausgingen und allein darauf abzielten, durch gewaltsamen Eingriff in Rechte Dritter gesteigertes Aufsehen in der Öffentlichkeit zu erregen, seien durch Art. 8 GG nicht gedeckt. Demonstrative Blockaden seien daher in der Regel iSv. § 240 Abs. 2 StGB verwerflich. Die Beeinträchtigung fremder Freiheit sei zudem kein geeignetes Mittel zur Beeinflussung der Irakpolitik der US-amerikanischen Regierung. Gesellschaftspolitische Motive seien nur in der Strafzumessung zu berücksichtigen. Dies habe das AG mit der Verhängung einer am untersten Rand liegenden Geldstrafe getan.

B ist der Auffassung, dass die Verurteilung ihn in seinem Grundrecht auf Versammlungsfreiheit verletzt und die Auslegung des Gewaltbegriffs in § 240 StGB zudem gegen das Analogieverbot des Art. 103 Abs. 2 GG verstößt. Liegen die gerügten Grundrechtsverletzungen vor?

§ 240 StGB:

(1) Wer einen Menschen rechtswidrig mit Gewalt oder durch Drohung mit einem empfindlichen Übel zu einer Handlung, Duldung oder Unterlassung nötigt, wird mit Freiheitsstrafe bis zu drei Jahren oder mit Geldstrafe bestraft.

(2) Rechtswidrig ist die Tat, wenn die Anwendung der Gewalt oder die Androhung des Übels zu dem angestrebten Zweck als verwerflich anzusehen ist.

528   Die Versammlungsfreiheit als **Freiheit zur gemeinsamen Meinungskundgabe** gehört – wie das Grundrecht der freien Meinungsäußerung –„zu den unentbehrlichen und grundlegenden Funktionselementen eines demokratischen Gemeinwesens"[1]. Die Erscheinungsformen und die Bedeutung reichen von dem menschlichen Bedürfnis nach Persönlichkeitsentfaltung in Gemeinschaft mit anderen Menschen über die kollektive Meinungskundgabe und politische Demonstration bis hin zur Entfaltung der Macht der Straße mit erheblichem Einschüchterungs- und Drohpotential. Im Extremfall kann sie Ausgangspunkt einer Revolution sein. In der Geschichte Deutschlands nach 1945 unter Einschluss der DDR findet sich diese ganze Bandbreite: Studentenunruhen, Anti-Atomkraft-Bewegung, Globalisierungsgegner, Love-Parade und leider auch Neonazi-Aufmärsche. Als besonders eindrucksvoll sind die Leipziger Montagsdemonstrationen: „Wir sind das Volk!" und ihr Beitrag zum Untergang der DDR in Erinnerung zu behalten.

8.1 Schutzbereich

Nach Art. 8 Abs. 1 GG haben alle Deutschen das Recht, sich ohne Anmeldung oder Erlaubnis friedlich und ohne Waffen zu versammeln.

8.1.1 Sachlicher Schutzbereich

Die sachliche Reichweite des Art. 8 Abs. 1 GG ist in mehreren Punkten umstritten.

8.1.1.1 Der Begriff der Versammlung. So besteht Uneinigkeit, ob bereits **zwei Personen** **529** oder erst drei Personen den Versammlungsbegriff erfüllen. Da es keinen sachlichen Grund gibt, oberhalb von eins angesichts des Erfordernisses einer „kollektiven Meinungskundgabe"[2] zu differenzieren, genügen bereits zwei Personen für die Eröffnung des sachlichen Schutzbereichs.[3] Sowohl aus normhierarchischen wie auch aus sachlichen Gründen ist es dagegen fernliegend, in Anlehnung an die zivilrechtlichen Voraussetzungen einer Vereinsgründung die Zahl von sieben Personen zu fordern.

Des Weiteren ist streitig, ob Zusammenkünfte zu jedem gemeinsamen Zweck (**weiter** **530** **Versammlungsbegriff**), nur kollektive Meinungsäußerungen oder sogar nur Meinungsäußerungen zu Fragen, welche die Öffentlichkeit interessieren (**enger Versammlungsbegriff**), den Versammlungsbegriff des Art. 8 GG erfüllen. Dies ist bedeutsam geworden für die Frage, wie die öffentlichen Massenveranstaltungen der Event-Kultur, beispielsweise die Love-Parade, zuzuordnen sind. Die Zuordnung entscheidet hier über die Anwendung von Versammlungsrecht oder Straßennutzungsrecht und damit auch darüber, wer die Kosten der Inanspruchnahme des Straßenlandes und insbesondere der im Anschluss an Großveranstaltungen notwendigen Straßenreinigung zu tragen hat. Während in der rechtswissenschaftlichen Literatur unter Warnung vor einer einseitig **demokratisch-funktionalen Interpretation** der Versammlungsfreiheit und unter Betonung des Bezugs zur Persönlichkeitsentfaltung ein weiter Versammlungsbegriff im Vordringen begriffen ist,[4] versteht das BVerfG die Versammlungsfreiheit eng. Danach ist eine **Versammlung** im Sinne des Art. 8 GG **eine örtliche Zusammenkunft mehrerer Personen zur gemeinschaftlichen Erörterung oder Kundgebung, die auf die Teilhabe an der öffentlichen Meinungsbildung gerichtet ist**.[5] Folgerichtig hat die Rechtsprechung bestätigt, dass es sich bei der Love-Parade nicht um eine Versammlung handelt. Ihr

1 BVerfGE 69, 315 (344 f.) – *Brokdorf.*
2 BVerfGE 104, 92 (105) – *Blockadeaktion.*
3 So jetzt ausdrücklich zB. Art. 2 Abs. 1 BayVersG.
4 *O. Depenheuer*, in: Maunz/Dürig, Stand: Dezember 2016, Art. 8 Rn. 49 ff.; *P. Kunig*, in: von Münch/Kunig, Art. 8 Rn. 17; *A. Tschentscher*, Versammlungsfreiheit und Eventkultur – Unterhaltungsveranstaltungen im Schutzbereich des Art. 8 I GG, NVwZ 2001, 1243 (1245 f.).
5 S. dazu BVerfG, NJW 2001, 2459 (2460 f.) – *Love Parade*; OVG Münster, NVwZ 2001, 1316 – *Inline-Skater*; BVerfGE 104, 92 (104) – *Blockadeaktion*; dem folgen die Landesgesetzgeber, vgl. dazu *Chr. Gusy*, Länderversammlungsrecht als konkretisierte Versammlungsfreiheit, JZ 2011, 563 (564 f.).

Zweck liege nicht in einer gemeinsamen Meinungskundgabe, sondern in erster Linie darin, gemeinsam einem Lebensgefühl Ausdruck zu geben. Die Kundgabe einer Meinung muss andererseits nicht zwingend verbal stattfinden.[6] Auch Schweigemärsche, Sitzdemonstrationen, eine Mahnwache[7] oder sogar ein Zeltlager[8] können eine Versammlung darstellen. Auch nach dem weitesten Versammlungsbegriff ist zwingende **Voraussetzung, dass zwischen den Menschen eine innere Verbindung besteht** und ein oder mehrere **Zwecke gemeinsam verfolgt werden.** Anhand dieser Merkmale unterscheidet sich die Versammlung von einer bloßen **Ansammlung.** Beispiele für eine Ansammlung sind reine Unterhaltungsveranstaltungen wie Sportereignisse, kommerzielle Veranstaltungen wie Messen oder Märkte oder ein von Neugier oder Sensationslust getriebener Menschenauflauf. Ebenfalls keine Versammlung stellt ein einseitiges Informationsangebot dar.[9] Politische Auftritte ausländischer Staatsoberhäupter sind nicht vom Schutzbereich der Versammlungsfreiheit erfasst. Die Versammlungsfreiheit dient nicht der Meinungsfreiheit von Amtsträgern.[10]

531 Zum „sich versammeln" im Sinne des Art. 8 Abs. 1 GG gehören die Einladung zu einer Versammlung, ihre Durchführung, die Teilnahme ebenso wie das Fernbleiben. Erfasst ist die **freie Gestaltung hinsichtlich Ort, Zeit, Inhalt und Zweck der Veranstaltung**[11], wobei der Inhalt auch den Schutz der Meinungsfreiheit genießt, was Folgen für die Schrankenziehung der Versammlungsfreiheit hat.[12] Zum Schutzbereich gehört des Weiteren der **Zugang** zu einer bevorstehenden oder sich bildenden Versammlung, weil anderenfalls die Versammlungsfreiheit Gefahr liefe, „durch staatliche Maßnahmen im Vorfeld der Grundrechtsausübung ausgehöhlt zu werden"[13]. Vom Zugang ist die **Anreise** zu unterscheiden. Sie ist dann von Art. 8 Abs. 1 GG geschützt, wenn sie nicht einzeln, sondern in Gruppen geschieht, zB. als Sternfahrt, in Sonderzügen oder Bussen, in denen sich die Teilnehmer bereits auf die Kundgebung einstimmen. Im Übrigen fällt die Anreise nicht per se in den Schutzbereich der Versammlungsfreiheit. Wird sie aber – selbst in einem Einzelfall – gezielt beeinträchtigt, um die Teilnahme an der Versammlung zu verhindern, ist der Schutzbereich in Form des Rechts auf Teilnahme an einer Versammlung betroffen. Von der Betroffenheit des Schutzbereichs der Versammlungsfreiheit ist der Anwendungsbereich des Versammlungsgesetzes zu unterscheiden. Dieses ist beschränkt auf sich formierende und bestehende Versammlungen bis zum Zeitpunkt der Auflösung, erfasst also nicht die individuelle Anreise.

532 8.1.1.2 **Friedlich und ohne Waffen.** Den Schutz des Art. 8 Abs. 1 GG genießen nur solche Versammlungen, die friedlich und ohne Waffen durchgeführt werden. Bei diesen Merkmalen handelt es sich nicht um Schranken, sondern um tatbestandliche Voraussetzungen. Friedlich bedeutet: nicht gewalttätig. Gewalttätig im Anwendungsbereich des Art. 8 Abs. 1 GG meint ein aggressives Einwirken auf Personen oder Sachen. **Unfriedlich** ist eine Versammlung erst dann, wenn sie einen **insgesamt gewalttätigen Ver-**

---

6 BVerfGE 69, 315 (343) – *Brokdorf.*
7 BVerwGE 64, 55 (56, 65) – *Sicherstellung von Spruchbändern.*
8 S. einerseits von Art. 8 GG erfasst: ein Zeltlager im Rahmen einer Versammlung zum Asylrecht, OVG Münster, NVwZ-RR 1992, 360, andererseits außerhalb des Schutzbereichs das Zelt für Erfrischungen für Versammlungsteilnehmer, VGH Mannheim, VBlBW 2005, 431 (432).
9 S. BVerwGE 56, 63 (69) – *Informationsstand einer Partei*; BVerfG, NJW 1977, 671 (Vorprüfungsbeschluss); s. auch VGH Mannheim, NJW 2011, 2532 – *Gehsteigberatung*; s. aber auch BVerwG, NVwZ 2007, 1434 (1435) – *Aktion gegen Irakkrieg mit Sammeln von Zetteln und Stellungnahmen.*
10 S. BVerfG, Ablehnung einstweilige Anordnung v. 30.7.2016, 1 BvQ 29/16; s. auch OVG Münster, NVwZ 2017, 648.
11 BVerfGE 69, 315 (343); 104, 92 (108).
12 S. schon oben Rn. 454 zur Meinungsfreiheit sowie unten Rn. 544 zu den Schranken der Versammlungsfreiheit.
13 BVerfGE 84, 203 (209) – *Republikaner.*

lauf nimmt.[14] Einzelne Gewalttäter dürfen und sollen dagegen einer Versammlung nicht den Schutz der Versammlungsfreiheit entziehen können.

Personen, die zu einer Versammlung erscheinen, nur um diese zu verhindern oder zu sprengen, handeln nicht „friedlich". Allein die Kundgabe einer abweichenden Meinung bei einer Versammlung führt dagegen weder zur Unfriedlichkeit noch zur Annahme einer eigenen Versammlung.[15] **Sitzblockaden**, die bis zur Entscheidung des Bundesverfassungsgerichts aus dem Jahre 1995 strafrechtlich unter den Gewaltbegriff des Nötigungstatbestandes subsumiert wurden, waren schon zuvor nicht unfriedlich im Sinne des grundrechtlichen Verständnisses. Das Problem stellte und stellt sich vielmehr auf der Schrankenseite der Versammlungsfreiheit. Es geht um die nach wie vor nicht abschließend geklärte Frage, unter welchen Umständen Sitzblockaden eine strafrechtliche Nötigung darstellen und deshalb wegen Störung der öffentlichen Sicherheit aufgelöst werden dürfen.[16]

Auch der **Waffenbegriff** ist eng zu verstehen und **umfasst Waffen im technischen Sinne**   **533** (vgl. § 1 WaffG) sowie **Werkzeuge**, die zur Verwendung als Waffe geeignet sind, zB. Eisenketten, Baseballschläger, Pflastersteine. Die einfachgesetzlichen Verbote von Vermummungen und Uniformen lassen sich weder auf das Friedlichkeitsgebot noch das Waffenverbot im Sine einer „passiven Bewaffnung" stützen. Sie müssen ihre Grundlage in den Schranken der Versammlungsfreiheit finden.

8.1.2 Persönlicher Schutzbereich

Die Versammlungsfreiheit des Grundgesetzes ist ein **Deutschengrundrecht**. Dies ist dem   **534** demokratisch-politischen Gehalt dieses Grundrechts geschuldet. Ausländer genießen Versammlungsfreiheit nach Maßgabe der allgemeinen Handlungsfreiheit, woraus ggf. erhöhte Einschränkungsmöglichkeiten resultieren. Infolge des europarechtlichen Verbots der Diskriminierung nach der Staatsangehörigkeit gemäß Art. 18 AEUV genießen Ausländer aus den EU-Mitgliedstaaten in gleichem Umfang wie Deutsche Versammlungsfreiheit, allerdings auf der Grundlage von Art. 2 Abs. 1 GG, wobei schrankenseitig, also bei der Anwendung des Verhältnismäßigkeitsgrundsatzes, die europarechtlich geforderte Gleichbehandlung zwischen EU-Ausländern und Deutschen herzustellen ist. Das Versammlungsgesetz des Bundes, das in zahlreichen Bundesländern gemäß Art. 125a Abs. 1 GG fortgilt, unterscheidet nicht zwischen Deutschen und Ausländern, ebenso wenig die bisher erlassenen Landesgesetze[17].

Die Versammlung kann mangels organisatorischer Verfestigung nicht selbst Grund-   **535** rechtsträgerin sein. **Organisationen** mit der nötigen Verfestigung können sich dagegen nach Maßgabe des Art. 19 Abs. 3 GG auf die Versammlungsfreiheit berufen, also soweit diese „ihrem Wesen nach" auf sie anwendbar ist. Dies gilt insbesondere für Planungs- und Vorbereitungshandlungen. Nach hier vertretener Auffassung können juristische Personen in einer Rechtsform des deutschen Rechts sich auch dann, wenn ihr mehrheitlich Ausländer angehören oder sie von Ausländern beherrscht wird, auf die Versammlungsfreiheit berufen.[18]

8.2 Gewährleistungsgehalt

Die Versammlungsfreiheit ist in erster Linie Abwehrrecht gegen staatliche Eingriffe. Darüber hinaus vermittelt das Grundrecht Schutz gegen Störungen durch Dritte.

---

14 BVerfGE 69, 315 (359 ff.) – *Brokdorf*.
15 BVerfGE 92, 191 (202 f.) – *Geldbuße*.
16 Dazu BVerfGE 73, 206 (247 ff.); 87, 399 (406); 92, 1 (14 ff.); 104, 92 (108 ff.).
17 Vgl. die VersG von Bayern, Niedersachsen, Sachsen, Sachsen-Anhalt und Schleswig-Holstein.
18 S. dazu ausführlich oben Rn. 93.

8.2.1 Abwehrrecht

536 Bereits Art. 8 Abs. 1 GG nennt ausdrücklich zwei **Eingriffe** in die Versammlungsfreiheit, nämlich **Anmelde- oder Erlaubnispflicht**. Die schärfsten Eingriffe stellen **Verbot** und **Auflösung** dar[19]; mildere Eingriffsformen können **Vorgaben bzgl. Zeit, Ort** oder sonstiger Umstände sein.[20] Auch die Verhängung eines Bußgelds wegen Verstoßes gegen das im Zusammenhang mit der Versammlungsauflösung ausgesprochene Gebot, sich zu entfernen, stellt einen Eingriff in die Versammlungsfreiheit dar, der unverhältnismäßig ist, wenn sich die Auflösung als rechtswidrig erweist.[21] Ein Eingriff infolge unmittelbarer Grundrechtsbindung liegt auch vor, wenn ein gemischtwirtschaftliches Unternehmen, das staatlich beherrscht ist, zur Verhinderung einer Versammlung ein Hausverbot ausspricht, obwohl es die Räume dem allgemeinen kommunikativen Verkehr geöffnet hat.[22]

8.2.2 Keine Leistung

537 Demgegenüber besteht in der Sache Einigkeit, dass die Versammlungsfreiheit keinen Anspruch gewährt, Flächen für die Durchführung von Versammlungen zur Verfügung zu stellen, die in ihrer Nutzung nicht dem öffentlichen Straßenland gleichstehen. Mit dem Argument, dass es sich nicht um **öffentliches Straßenland** handele, hatte das Bundesverwaltungsgericht einen Anspruch auf Überlassung der Hofgartenwiese der Bonner Universität zur Durchführung einer Versammlung abgelehnt, die Universität allerdings dazu verpflichtet gesehen, über einen an sie gerichteten Antrag ermessensfehlerfrei und das heißt unter Berücksichtigung der Bedeutung der Versammlungsfreiheit zu entscheiden.[23] Vergleicht man diese Entscheidung mit der gerade (Rn. 536) erwähnten neueren Fraport-Entscheidung, so ist zu folgern, dass es für die Frage eines Abwehr- oder Leistungsanspruchs auf die Zweckbestimmung des jeweiligen Raumes ankommt. Entscheidend ist, ob „ein allgemeiner öffentlicher Verkehr eröffnet ist".[24] Ist dies der Fall, können auch Private im Wege der mittelbaren Drittwirkung der Grundrechtsbindung unterliegen, unbeschadet ihrer eigenen Grundrechte.[25]

8.2.3 Schutz

538 Der Schutzgehalt der Versammlungsfreiheit wird im Fall von **Gegendemonstrationen** bedeutsam.[26] Grundsätzlich sind allerdings auch Gegendemonstrationen von der Versammlungsfreiheit geschützt. Das Versammlungsgesetz bietet die Rechtsgrundlagen, um konkurrierende Veranstaltungen friedlich zu koordinieren. Zielt die Gegendemonstration dagegen auf massive Störung, so ist sie unfriedlich und von den zuständigen Behörden zum Schutz der Versammlung zu unterbinden.[27] Für die Unterscheidung von Versammlung und Gegendemonstration gilt das **Prioritätsprinzip**: die zuerst angekündigte Versammlung ist die zulässige, die spätere hingegen die störende.[28] Gegen letztere kann also – ggf. muss sogar – eingeschritten werden. Demgegenüber stellt es einen im Ergebnis unzulässigen Eingriff dar, eine Versammlung wegen angekündigter Gegendemonstrationen zu verbieten. Allenfalls ganz ausnahmsweise im Falle eines po-

---

19 BVerfGE 69, 315 (353); 87, 399 (409).
20 Vgl. die Eingriffsgrundlagen in §§ 14 Abs. 1 VersG (Anmeldepflicht), 5, 13 Abs. 1, 15 VersG (Verbot, Auflösung, Auflagen); s. auch zu §§ 12a, 19a VersG OVG NRW, DVBl. 2011, 175 – *unzulässige Videobeobachtung einer Versammlung von 40–70 Teilnehmern.*
21 BVerfGE 87, 399 (407 ff.).
22 BVerfGE 128, 226 – *Fraport*; s. oben Fall 2.
23 BVerwGE 91, 135 (138 f.) – *Bonner Hofgartenwiesen.*
24 BVerfG, NJW 2015, 2485 Ls. 1b, mit Hinweis auf BVerfGE 128, 226 (251 f.) – *Fraport.*
25 BVerfG, NJW 2015, 2485 Ls. 1c.
26 S. dazu BVerfGE 84, 203 (209 f.); 92, 191 (202 f.).
27 Vgl. BVerfGE 84, 203 (209).
28 Vgl. BVerfGE 69, 315 (360 f.); BVerfG, NVwZ 2000, 1406 (1407).

lizeilichen Notstands, dh. wenn die Polizei – auch bei Hinzuziehung auswärtiger Kräfte – die unfriedliche Gegendemonstration weder mit Verboten noch mit anderen Mitteln bewältigen kann, kommen Beschränkungen oder ein Verbot der ersten Versammlung in Betracht.[29]

8.3 Schranken und ihre verfassungsmäßige Konkretisierung

Art. 8 Abs. 2 GG enthält einen **einfachen Gesetzesvorbehalt für Versammlungen unter** **539** **freiem Himmel**. In Bezug auf **andere Versammlungen** kann in die Versammlungsfreiheit allein auf der Grundlage **verfassungsimmanenter Schranken** eingegriffen werden. Das Versammlungsgesetz als wichtigstes Schranken konkretisierendes Gesetz enthält sowohl Regelungen für öffentliche Versammlungen in geschlossenen Räumen (§§ 5–13 VersG) als auch für solche unter freiem Himmel (§§ 14–20 VersG). Das ursprünglich auf der Grundlage von Art. 74 Abs. 1 Nr. 3 GG aF. vor der Föderalismusreform 2006 erlassene Versammlungsgesetz gilt gemäß Art. 125a Abs. 1 GG fort, sofern es nicht durch Landesgesetz abgelöst wird.[30] Daneben sind als Schranken konkretisierende Gesetze insbesondere das Bundesgesetz über befriedete Bezirke bzw. die Bannmeilengesetze der Länder zu nennen. Einschränkende Regelungen finden sich zudem in den Sonn- und Feiertagsgesetzen der Länder.

8.3.1   Art. 8 Abs. 2 GG

Der Anwendungsbereich des einfachen Gesetzesvorbehalts ist auf **Versammlungen un-** **540** **ter freiem Himmel** beschränkt. Nur insoweit gilt auch das **Zitiergebot** des Art. 19 Abs. 1 S. 2 GG.[31] Die verfassungsrechtliche Unterscheidung zwischen Versammlungen unter freiem Himmel und sonstigen Versammlungen findet ihren Grund darin, dass erstere einen größeren Koordinierungsbedarf mit konkurrierenden Nutzungen des öffentlichen Raumes aufwerfen[32], leichter zu Beeinträchtigungen Unbeteiligter führen und ihrerseits störanfälliger als Versammlungen in geschlossenen Räumen sind oder gar nichtöffentliche Versammlungen, die sich nur an einen fest stehenden Personenkreis wenden. Angesichts dieses Regelungszwecks kommt es für Versammlungen unter freiem Himmel nicht darauf an, ob sie unter einem Dach stattfinden, sondern allein darauf, ob sie durch feste Außenwände von der Umgebung abgegrenzt sind.[33] Eine Versammlung in einem Sportstadion ist also auch dann keine Versammlung unter freiem Himmel, wenn dieses nicht überdacht ist.

Auf der Grundlage des Art. 8 Abs. 2 GG regelt § 14 Abs. 1 VersG für Versammlungen **541** unter freiem Himmel die Pflicht, eine solche Versammlung 48 Stunden vor Beginn bei der zuständigen Behörde anzumelden. Es handelt sich um eine reine **Anmeldepflicht**, nicht um eine Genehmigungspflicht. Sie hat den Sinn, den zuständigen Behörden die Möglichkeit zu geben, rechtzeitig Vorkehrungen dafür zu treffen, dass Behinderungen Dritter so gering wie möglich bleiben, aber auch die Versammlungen selbst gegen Gefährdungen von außen zu schützen. Gerade in Bezug auf Großdemonstrationen ist die Anmeldepflicht zwingend notwendig und dient der versammlungsfreundlichen Abstimmung zwischen den Organisatoren und den Behörden.[34] Demgegenüber wirkt sich die Anmeldepflicht unverhältnismäßig aus, wenn durch sie Versammlungen, die sich aus aktuellem Anlass spontan bilden (**Spontanversammlung**) kategorisch unterbunden würden. Dies gilt umso mehr, wenn man bedenkt, dass bereits zwei Personen für eine Versammlung ausreichen. In seiner Brokdorf-Entscheidung hat das Bundesver-

---

29 St. Rspr., s. nur BVerfGK 8, 79; 17, 303 Rn. 18.
30 S. zur teilweisen Außerkraftsetzung des bayerischen Versammlungsgesetzes, BVerfGE 122, 342 ff.
31 S. § 20 VersG. Zur Reichweite des Zitiergebots s. oben Rn. 126 f.
32 Vgl. BVerfGE 69, 315 (348) – *Brokdorf.*
33 *Chr. Gusy,* JuS 1993, 555 (556).
34 BVerfGE 69, 315 ff. – *Brokdorf.*

fassungsgericht daher zutreffend ausgeführt, dass versammlungsrechtliche Vorschriften auf Spontanversammlungen nicht anwendbar sind, soweit ansonsten der Zweck
der Spontanversammlung nicht erreicht werden könnte.[35] Insbesondere rechtfertigt
die Verletzung der Anmeldepflicht nicht schon automatisch die Auflösung der Versammlung (§ 15 Abs. 3 VersG). Der vom Bundesgesetz geforderte Leiter einer Versammlung (§ 7 VersG) ist im Falle einer Spontanversammlung die Person, welche die
Funktion der Leitung erkennbar übernimmt und von der Versammlung anerkannt
wird.[36]

542 Zwischen normalen Versammlungen und Spontanversammlungen gibt es den Typus
der **Eilversammlung**. Der Unterschied der Eilversammlung zur Spontanversammlung
besteht darin, dass „Eilversammlungen zwar geplant sind und einen Veranstalter haben, aber ohne Gefährdung des Demonstrationszwecks nicht unter Einhaltung der
Frist des § 14 Abs. 1 VersG angemeldet werden können."[37] Das Bundesverfassungsgericht hat § 14 Abs. 1 GG „verfassungskonform" dahingehend ausgelegt, dass Eilversammlungen anzumelden sind, „sobald die Möglichkeit dazu besteht".[38] Der Eigenart
der Eilversammlung ist also durch Verkürzung der Anmeldefrist Rechnung zu tragen.
Die Entscheidung hat aus methodischen Gründen zu Recht Kritik erfahren: Der strikte
und eindeutige Wortlaut des § 14 Abs. 1 VersG ist einer verfassungskonformen Auslegung nicht zugänglich.[39] Die Vorschrift hätte wegen Unverhältnismäßigkeit für nichtig
erklärt werden müssen.

543 Verbots- und Auflösungsgründe für öffentliche Versammlungen sind im Versammlungsgesetz abschließend geregelt. Das **Versammlungsgesetz** ist im Verhältnis zu den
allgemeinen Polizeigesetzen und dem Straßenverkehrsrecht **lex specialis**. Eine Fahrraddemonstration auf einer Autobahn bedarf daher, obwohl es sich um eine nach Straßenrecht erlaubnispflichtige Sondernutzung handelt, keiner Erlaubnis.[40] Das Versammlungsrecht verdrängt in seinem Anwendungsbereich insbesondere auch die polizeiliche
Generalklausel; Versammlungen sind insoweit „polizeifest". Außerhalb des Anwendungsbereichs des Versammlungsgesetzes, also insbesondere in Bezug auf Vorfeldmaßnahmen,[41] auf nicht versammlungsspezifische Gefahren[42] sowie auf nicht-öffentliche
Versammlungen[43] ist das allgemeine Polizeirecht dagegen durchaus anwendbar. Stets
gilt der Grundsatz der Verhältnismäßigkeit.

Der Eingriffstatbestand des § 15 VersG verlangt als Voraussetzung für Verbote oder
Auflagen eine „unmittelbare Gefahr für die öffentliche Sicherheit oder Ordnung".
Dieser Tatbestand ist – wie das Versammlungsgesetz insgesamt – im Lichte der Versammlungsfreiheit auszulegen. Angesichts des hohen Gutes der Versammlungsfreiheit
für die Demokratie genügen für die Annahme einer unmittelbaren Gefahr keine pauschalen Annahmen. Es bedarf vielmehr konkreter Tatsachen und Anhaltspunkte für
eine unmittelbar bevorstehende Beeinträchtigung polizeilicher Schutzgüter. Häufig
kommen als mildere Mittel gegenüber einem Verbot Auflagen in Betracht, die sich auf
Zeit, Ort oder Umstände beziehen können. Derartige Anforderungen stellen allerdings
dann ein Verbot dar, wenn sie den eigentlichen Inhalt und Zweck der Versammlung

---

35 BVerfGE 69, 315 (350).
36 OVG Sachsen-Anhalt, NVwZ-RR 1999, 169; nach Art. 3 Abs. 3 iVm. Art. 13 Abs. 4 BayVersG benötigt
   eine Spontanversammlung keinen Leiter.
37 BVerfGE 85, 69 (75).
38 BVerfGE 85, 69 (75).
39 *G. Manssen*, Staatsrecht II, Rn. 510; *M.-E. Geis*, NVwZ 1992, 1025 (1027 ff.); s. auch oben Rn. 11.
40 HessVGH, DVBl. 2008, 1322 – *Demonstration auf Autobahn*.
41 *Ph. Kunig*, in: von Münch/Kunig, Art. 8 Rn. 18. Vgl. auch VGH Mannheim, NVwZ 1998, 761 (763);
   VBlBW 2005, 431 (432).
42 VGH Mannheim, VBlBW 2010, 468 – *Versammlung in Kellerräumen*.
43 *Chr. Gusy*, JuS 1993, 555 (556 f.).

vereiteln. Eine unmittelbare Gefahr für die öffentliche Ordnung, die sich auf grundlegende Sozialnormen bezieht, ist nur ganz ausnahmsweise für ein Einschreiten ausreichend.[44]

Bildet der **Inhalt der geäußerten Meinung** den Anknüpfungspunkt für die Annahme **544** einer Gefahr, so ist zu beachten, dass Meinungsäußerungen, die nicht in Übereinstimmung mit Art. 5 Abs. 1 und 2 GG verboten werden können, auch nicht über Art. 8 GG zu verhindern sind. Dies bedeutet, dass eine Versammlung wegen der geäußerten Meinungen nur dann aufgelöst werden darf, wenn diese gegen Strafgesetze verstoßen.[45]

8.3.2 Verfassungsimmanente Schranken für Versammlungen in geschlossenen Räumen

Die Vorschriften des Versammlungsgesetzes, die sich auf Versammlungen in geschlos- **545** senen Räumen beziehen, finden ihre verfassungsrechtliche Grundlage in verfassungsimmanenten Schranken. Dies gilt auch für die Anwendung des allgemeinen Polizeirechts oder anderer Gesetze auf Veranstaltungen in geschlossenen Räumen, soweit das Versammlungsgesetz nicht anwendbar ist, sowie für nicht öffentliche Versammlungen. Die Anwendung der einfachen Gesetze muss also im konkreten Fall dem Schutz von Grundrechten Dritter oder anderer Werte von Verfassungsrang dienen. Auf die Konkretisierung verfassungsimmanenter Schranken findet das Zitiergebot keine Anwendung.[46]

Rechtsprechung: BVerfGE 69, 315 – *Brokdorf*; 73, 206, 248 – *Sitzblockade I*; 84, 203 – *Republikaner*; 85, 69 – *Eilversammlung*; 87, 399 – *Versammlungsauflösung*; 104, 92 – *Blockadeaktion*; 111, 147 – *Synagogenbau*; 124, 300 – *Heß-Gedenkveranstaltung*; 128, 226 – *Fraport*.

Literatur: *U. Battis/K.-J. Grigoleit*, Neue Herausforderungen für das Versammlungsrecht?, NVwZ 2001, 121; *H. Beyerbach*, Rechtsextreme Versammlungen – (auch) eine dogmatische Herausforderung, JA 2015, 881; *S. Bredt*, „Gemietete" Demonstranten und „Fuckparade"– Der Versammlungsbegriff bleibt in Bewegung, NVwZ 2007, 1358; *C. Enders*, Der Schutz der Versammlungsfreiheit, Jura 2003, 34; 103; *C. Enders/R. Lange*, Symbolische Gesetzgebung im Versammlungsrecht?, JZ 2006, 105; *J. Froese*, Das Zusammenspiel von Versammlungsfreiheit und Versammlungsgesetz, JA 2015, 679; *C. Gröpl*, Grundstrukturen der Versammlungsrechts, Jura 2002, 18; *Chr. Gusy*, Länderversammlungsrecht als konkretisierte Versammlungsfreiheit, JZ 2011, 563; *W. Hoffmann-Riem*, Neuere Rechtsprechung des BVerfG zur Versammlungsfreiheit, NVwZ 2002, 257; *W. Hoffmann-Riem*, Demonstrationsfreiheit auch für Rechtsextremisten?, NJW 2004, 2777; *W. Kanther*, Zur „Infrastruktur" von Versammlungen: vom Imbissstand bis zum Toilettenwagen, NVwZ 2001, 1239; *J. Koranyi/T. Singelstein*, Rechtliche Grenzen für polizeiliche Bildaufnahmen von Versammlungen, NJW 2011, 124; *W. Leist*, Zur Rechtmäßigkeit typischer Auflagen bei rechtsextremistischen Demonstrationen, NVwZ 2003, 1300; *U. Lembke*, Grundfälle zu Art. 8 GG, JuS 2005, 984 (1. Teil), 1081 (2. Teil); *C. Neumann*, Flashmobs, Smartmobs, Massenpartys, NVwZ 2011, 1171; *S. Pötters/C. Werkmeister*, Neue Problemkreise des Versammlungsrechts: Konturierung des Schutzbereichs des Art. 8 Abs. 1 GG, ZJS 2011, 222; *U. Rühl*, „Öffentliche Ordnung" als sonderrechtlicher Verbotstatbestand gegen Neonazis im

---

44 S. dazu schon BVerfGE 69, 315 (353 f.) – *Brokdorf* und die Kontroverse zwischen OVG Münster einerseits und BVerfG (Kammern) andererseits: BVerfG, NJW 2001, 2076; s. auch BVerfG, NJW 2001, 1409 – *Versammlung einer rechtsextremen Gruppe am 27.1. (Tag des Gedenkens der Opfer des Nationalsozialismus)*; BVerfG, NJW 2001, 2069; BVerfG, NJW 2001, 2075 – *„Herren im eigenen Land"*; BVerfG, NVwZ 2004, 90; OVG Frankfurt/Oder, NVwZ 2003, 623 – *Versammlung am Totensonntag*; grds. aA. OVG Münster, NJW 2001, 2111 f.; 2113 f.; 2114 f.; 2986 (2987). S. aber jetzt die Gesetzesänderungen in § 130 Abs. 4 StGB und § 15 Abs. 2 VersG (neu) und dazu BVerfGE 124, 300 ff.

45 BVerfGE 111, 147 (155 ff.) – *Synagogenbau*. Zur Gesetzesänderungen in § 130 Abs. 4 StGB und § 15 VersG s. BVerfGE 124, 300 ff.; s. auch *C. Enders/R. Lange*, Symbolische Gesetzgebung im Versammlungsrecht, JZ 2006, 105 ff.; oben Rn. 455 zur Meinungsfreiheit.

46 S. oben Rn. 126 f.

Versammlungsrecht?, NVwZ 2003, 531; *B. Rusteberg*, Die Verhinderungsblockade, NJW 2011, 2999; *M. Soine*, Rechtsextremistische Musik unter Grundrechtsschutz, JuS 2004, 382; *C. Trurnit*, Grundfälle zum Versammlungsrecht, Jura 2014, 486; *U. Volkmann*, Die Geistesfreiheit und der Ungeist – Der Wunsiedel-Beschluss des BVerfG, NJW 2010, 417.

Fallbearbeitungen: *M. Droege*, Anfängerhausarbeit – Öffentliches Recht: Militärische Beobachtung freier Versammlungen – „Tornados im Tiefflug", JuS 2008, 135 (Anfängerhausarbeit); *S. Jötten/C.J. Tams*, Referendarexamensklausur – Öffentliches Recht: Die Gefährderansprache, JuS 2008, 436; *W. Kahl*, (Original-)Referendarexamensklausur – Öffentliches Recht: Versammlungsrecht, JuS 2004, 894 ; *J.J. Märten*, „Riskantes Versammlungsrecht", JA 2011, 762 (Anfängerhausarbeit); *M.R. Otto*, Anfängerklausur – Öffentliches Recht: Grundrechte – Versammlungsfreiheit, JuS 2011, 143; *K. Schmitz*, Anfängerklausur Öffentliches Recht: Versammlungsfreiheit und Gegendemonstration, JuS 2017, 753; *B. Siemen*, Referendarexamensklausur – Öffentliches Recht: Blockade eines Schlachthofs, JuS 2005, 251; *O. van der Schoot*, Der Wanderkessel, Jura 2009, 382 (Fortgeschrittenenhausarbeit).

Lösung zu Fall 13: Sitzblockade[47]

Fallfrage: Wird S durch die strafgerichtliche Verurteilung wegen Nötigung in seinem Grundrecht auf Versammlungsfreiheit sowie in dem grundrechtsgleichen Recht des Art. 103 Abs. 2 GG, wonach eine Bestrafung ohne gesetzliche Grundlage unzulässig ist, verletzt?

Da ein Verstoß gegen Art. 103 Abs. 2 GG in jedem Fall auch eine Verletzung der Versammlungsfreiheit zur Folge hat, nicht aber umgekehrt, ist mit der Prüfung am Maßstab von Art. 103 Abs. 2 GG zu beginnen.

I. Verletzung von Art. 103 Abs. 2 GG

Gemäß Art. 103 Abs. 2 GG kann eine Tat nur bestraft werden, wenn die Strafbarkeit gesetzlich bestimmt war, bevor die Tat begangen wurde.

1. Inhalt des Art. 103 Abs. 2 GG

Art. 103 Abs. 2 GG normiert für Strafgesetze einen strikten Gesetzesvorbehalt und erhöhte Bestimmtheitsanforderungen. Für den Gesetzgeber folgt hieraus das Gebot, die Strafgesetze so zu fassen, dass Tragweite und Anwendungsbereich der Straftatbestände für die Normadressaten erkennbar sind. Dies schließt die Verwendung unbestimmter Rechtsbegriffe nicht aus, die Wortlautgrenze muss aus der Sicht der Rechtsunterworfenen aber hinreichend deutlich sein. Für den Rechtsanwender, also die Strafrichter, verbietet Art. 103 Abs. 2 GG eine analoge oder gewohnheitsrechtliche Strafbarkeitsbegründung.

2. Verstoß

a) Prüfung der Verfassungsmäßigkeit des § 240 StGB

Bereits der Nötigungstatbestand des § 240 StGB könnte wegen zu großer Unbestimmtheit gegen Art. 103 Abs. 2 GG verstoßen. Der Fall gibt nur Anlass die hinreichende Bestimmtheit der Gewaltalternative zu prüfen. Der Begriff der Gewalt kommt nicht nur im Nötigungstatbestand, sondern in einer Vielzahl von Strafnormen vor. Das aus der Zusammenschau dieser Normen sich ergebende Anschauungsmaterial zeigt dem Normadressaten mit hinreichender Bestimmtheit das strafwürdige Verhalten. Zweifel am Nötigungstatbestand können sich jedoch daraus ergeben, dass die Strafbarkeit der Gewaltanwendung von einer Verwerflichkeitsprüfung abhängig gemacht wird. Der Begriff der Verwerflichkeit ist in hohem Maße der Wertung bedürftig. Damit wird die Entscheidung über die Strafbarkeit nicht nur auf der tatsächlichen, sondern auch auf der normativen Seite der Wertung, vom

---

47 Fall nach BVerfG, NJW 2011, 3020 ff.

Gesetzgeber auf die Strafgerichte verlagert. Allerdings geht es bei der Verwerflichkeitsprüfung nicht um eine Ausdehnung, sondern um eine Einschränkung des an sich verwirklichten Tatbestands der Nötigung. Ähnlich wie bei der Frage des Notstands handelt es sich um eine Güterabwägung im Einzelfall, die der Gesetzgeber nicht bestimmter abstrakt umschreiben kann. Da diese Unbestimmtheit sich nur zugunsten der Normadressaten auswirken kann, ist sie mit Art. 103 Abs. 2 GG zu vereinbaren.[48]

b) Prüfung der Verfassungsmäßigkeit der Auslegung und Anwendung

Die Auslegung des Gewaltbegriffs durch die Strafgerichte könnte die Wortlautgrenze überschreiten und damit gegen das Analogieverbot des Art. 103 Abs. 2 GG verstoßen.

Die Frage ist, inwieweit der Gewaltbegriff im Nötigungstatbestand vom Wortlaut her einer Vergeistigung zu nur noch psychischem Zwang Grenzen setzt. Da bereits der Begriff der Nötigung das Element des Zwangs enthält und zudem der Gewaltbegriff dazu dient, grundsätzlich Strafwürdiges von allfälligen und alltäglichen Zwängen abzugrenzen, würde seine Erstreckung auf nur psychischen Zwang in unlösbare, jedenfalls nicht mehr vorhersehbare Abgrenzungsschwierigkeiten zwischen dem grundsätzlich Strafbaren und dem grundsätzlich Straflosen führen. Daraus folgt, dass eine allein psychische Zwangswirkung nicht genügt, um von Gewalt iSd. § 240 StGB zu sprechen. Vielmehr ist eine physische Zwangswirkung zu fordern.

Die von B auf den ersten seinetwegen anhaltenden Autofahrer ausgehende Zwangswirkung stellt daher keine Gewalt im Sinne des Nötigungstatbestands dar. Dies hat das Strafgericht jedoch auch nicht angenommen. Es vertritt vielmehr, dass B eine Nötigung in mittelbarer Täterschaft dadurch begangen hat, dass der erste Autofahrer die nachfolgenden Autofahrer durch sein im Weg stehendes Fahrzeug daran hindert, weiterzufahren. Die Blockade mit einem Fahrzeug ist kein rein psychischer Zwang, sondern ein reales körperliches Hindernis und unterfällt dem Gewaltbegriff. Die mittelbare Täterschaft ist gemäß § 25 Abs. 1 StGB strafbar. Das Strafgericht hat den Nötigungstatbestand also dadurch verwirklicht gesehen, dass B zwar nicht selbst, aber „durch einen anderen" (§ 25 Abs. 1 Alt. 2 StGB) Gewalt ausgeübt hat. Auch nach der Parallelwertung in der Laiensphäre ist es nachvollziehbar, dass ein Verhalten, welches dazu führt, dass sich Fahrzeuginsassen zwischen Fahrzeugen eingekeilt wiederfinden, strafbare Gewaltanwendung darstellt. Die Auslegung und Anwendung des Nötigungstatbestands hinsichtlich des Gewaltbegriffs verstößt daher nicht gegen das Analogieverbot des Art. 103 Abs. 2 GG. Die Auslegung und Anwendung des Verwerflichkeitsbegriffs ist keine Frage der Bestimmtheit, sondern der Vereinbarkeit der vorgenommenen Abwägung und Wertung mit der Versammlungsfreiheit.

II. Verletzung von Art. 8 Abs. 1 GG

Durch die Auslegung des Verwerflichkeitserfordernisses könnten die Strafgerichte B in seinem Grundrecht aus Art. 8 Abs. 1 GG verletzt haben.

1. Schutzbereich

Eine Versammlung iSd. Art. 8 Abs. 1 GG ist eine örtliche Zusammenkunft von mindestens zwei Personen zur gemeinschaftlichen, auf die Teilhabe an der öffentlichen Meinungsbildung gerichteten Erörterung oder Kundgebung. „Der Schutz ist nicht auf verbale Äußerungen beschränkt, sondern erfasst die unterschiedlichsten Formen gemeinsamen Verhaltens bis hin zu Sitzblockaden. Entscheidend ist, dass

---

48 BVerfGE 73, 206 (236 ff.).

die Teilnehmer durch die Art ihres Auftretens Stellung nehmen. Der Schutz des Art. 8 Abs. 1 GG besteht dem ausdrücklichen Wortlaut nach unabhängig davon, ob eine Versammlung angemeldet ist. Er endet mit der rechtmäßigen Auflösung der Versammlung.

Die Versammlungsfreiheit erfasst ausdrücklich nur friedliche Versammlungen. Eine Versammlung ist erst dann nicht mehr friedlich im Sinne des Grundrechts, wenn sie einen insgesamt unfriedlichen Verlauf nimmt, insbesondere wenn „Handlungen von einiger Gefährlichkeit wie etwa aggressive Ausschreitungen gegen Personen oder Sachen oder sonstige Gewalttätigkeiten stattfinden, nicht aber schon, wenn es zu Behinderungen Dritter kommt, seien diese auch gewollt und nicht nur in Kauf genommen."[49]

Die Ausübung von Gewalt im Sinne des Nötigungstatbestands hat damit nicht zur Folge, dass die Versammlung unfriedlich verlief und daher nicht mehr von der Versammlungsfreiheit geschützt war. Die Erregung von Aufmerksamkeit ist gerade der von der Versammlungsfreiheit geschützte Zweck und kann für sich genommen den Schutz keinesfalls entfallen lassen.

2. Eingriff

Indem B wegen Ausübung der Versammlungsfreiheit bestraft wird, greift der Staat in Gestalt der Rechtsprechung in dessen Grundrecht ein.

3. Verfassungsrechtliche Rechtfertigung

Der Eingriff in Art. 8 Abs. 1 GG könnte gerechtfertigt sein.

a) Schranke

Gemäß Art. 8 Abs. 2 GG können Versammlungen unter freiem Himmel durch Gesetz oder aufgrund eines Gesetzes beschränkt werden.

b) Verfassungsmäßige Konkretisierung der Schranke
aa) Gesetzliche Grundlage

Gesetzliche Grundlage des Eingriffs ist § 240 StGB, für dessen Erlass der Bundesgesetzgeber gemäß Art. 72 Abs. 1, 74 Abs. 1 Nr. 1 GG zuständig ist. Mit dem Schutz der Willensfreiheit verfolgt das Gesetz ein legitimes Ziel. Es ist gerade aufgrund der Verwerflichkeitsklausel auch im Übrigen verhältnismäßig und – wie oben ausgeführt – hinreichend bestimmt. Da es sich nicht um ein Gesetz handelt, dessen Regelungszweck die Beschränkung der Versammlungsfreiheit ist, kommt das Zitiergebot nicht zur Anwendung.

bb) Anwendung im Einzelfall

Die Strafgerichte müssten § 240 StGB als grundrechtsbeschränkendes Gesetz im Lichte von Art. 8 Abs. 1 GG angewendet haben. Insbesondere bei der Abwägung im Rahmen der Verwerflichkeitsklausel ist die Reichweite und Bedeutung des Grundrechts zu beachten. Es geht um die Frage, ob die Bestrafung zum Schutz der Willensbetätigungsfreiheit der Genötigten – Eignung und Erforderlichkeit unterstellt – auch angemessen war. Abzuwägen ist die Beeinträchtigung der Genötigten mit der Bedeutung der Versammlungsfreiheit.

Wichtige Kriterien sind insoweit Art und Maß der Auswirkungen auf von der Versammlung betroffene Dritte und deren Grundrechte. Hierfür sind die Dauer und die Intensität der Aktion, deren vorherige Bekanntgabe, Ausweichmöglichkeiten über andere Zufahrten sowie die Dringlichkeit des blockierten Transports von Be-

---

49 BVerfG, a. a. O., Rn. 33.

deutung aber auch der Sachbezug zwischen den in ihrer Fortbewegungsfreiheit beeinträchtigten Personen und dem Protestgegenstand.[50]

Das Landgericht hat bei der Abwägung den Zweck der Sitzblockade, Aufmerksamkeit zu erregen und so einen Beitrag zur öffentlichen Meinungsbildung zu leisten, als einen für die Verwerflichkeit der Tat sprechenden Gesichtspunkt zu Lasten des B gewertet, obwohl dadurch gerade der Schutzbereich des Art. 8 Abs. 1 GG eröffnet wird und damit eine Abwägung zwischen der Versammlungsfreiheit und den hierdurch betroffenen Rechtsgütern Dritter überhaupt erst erforderlich wird.[51] Bei der Abwägung hat das LG die Dauer der Aktion, deren vorherige Bekanntgabe, die Ausweichmöglichkeiten über andere Zufahrten, die Dringlichkeit des blockierten Transports sowie die Anzahl der von ihr betroffenen Fahrzeugführer unberücksichtigt gelassen.[52] Es hat zudem den Sachbezug zwischen dem Protestgegenstand und den in ihrer Fortbewegungsfreiheit beeinträchtigten Personen verneint, weil die unter Umständen betroffenen US-amerikanischen Staatsbürger und Soldaten die Irakpolitik der US-amerikanischen Regierung nicht beeinflussen könnten, so dass die Aktion von ihrem Kommunikationszweck her betrachtet ungeeignet gewesen sei. Art. 8 Abs. 1 umfasst das Recht, grundsätzlich selbst über die als symbolträchtig geeignet erscheinenden Versammlungsorte zu bestimmen. Ein Sachbezug besteht nicht nur dann, wenn die Versammlung an Orten abgehalten wird, an denen sich die Verantwortlichen für die den Protest auslösenden Zustände oder Ereignisse aktuell aufhalten oder ihren Sitz haben. Der Sachbezug ergibt sich nachvollziehbar daraus, dass unter den von der Versammlung Betroffenen Angehörige der US-Streitkräfte waren.[53]

Die Strafgerichte haben mithin Bedeutung und Tragweite der Versammlungsfreiheit bei der Auslegung des Merkmals der Verwerflichkeit in § 240 Abs. 2 StGB verkannt.

4. Ergebnis:

Die Verurteilung des B gemäß § 240 StGB verletzt diesen in seinem Grundrecht der Versammlungsfreiheit. (Im Falle einer Verfassungsbeschwerde würde das Bundesverfassungsgericht gemäß § 95 Abs. 2 BVerfGG das letztinstanzliche Urteil aufheben und die Sache an das zuständige Gericht zurückverweisen.)

---

50 BVerfG, a.a.O., Rn. 39.
51 BVerfG, a.a.O., Rn. 41.
52 BVerfG, a.a.O., Rn. 42.
53 BVerfG, a.a.O., Rn. 43.

9. Kapitel: Art. 9 Abs. 1 GG: Vereinigungsfreiheit

546   Art. 9 Abs. 1 GG gewährleistet allen Deutschen das Recht, Vereine und Gesellschaften zu bilden. Geschützt ist damit die **freie soziale Gruppenbildung**, die gegenüber der Versammlung das Merkmal der **Dauer** aufweist.

9.1   Schutzbereich

9.1.1   Der Begriff der Vereinigung

547   Art. 9 Abs. 1 GG wird als Vereinigungsfreiheit bezeichnet. Der Begriff der Vereinigung findet sich in der Schrankenregelung des Abs. 2. Er bildet den Oberbegriff zu den in Abs. 1 genannten Vereinen und Gesellschaften. Diese wiederum sind nicht als Gegensatz oder strikt unterschieden zu verstehen. Vielmehr soll verdeutlicht werden, dass es auf eine spezifische Rechtsform nach einfachem Recht nicht ankommt.[1] In Übereinstimmung mit den verfassungsrechtlichen Vorgaben findet sich in § 2 Abs. 1 des Gesetzes zur Regelung des öffentlichen Vereinsrechts (Vereinsgesetz) – nicht zu verwechseln mit den Regelungen über den bürgerlich-rechtlichen Verein in §§ 21 ff. BGB – die folgende **Legaldefinition:** „Verein im Sinne dieses Gesetzes ist ohne Rücksicht auf die Rechtsform jede Vereinigung, zu der sich eine Mehrheit natürlicher oder juristischer Personen für längere Zeit zu einem gemeinsamen Zweck freiwillig zusammengeschlossen und einer organisierten Willensbildung unterworfen hat." Für eine Mehrheit von Personen genügen zwei. Die nach Gesellschaftsrecht mögliche Ein-Personen-GmbH (§ 1 GmbHG) stellt dagegen keine Vereinigung im Sinne des Art. 9 Abs. 1 GG dar.[2]

548   Wegen der verdrängenden **Sonderregelung in Art. 21 GG** ist die Vereinigungsfreiheit nicht auf Parteien anwendbar.[3] Die Vereinigungsfreiheit zu und für Religions- und Weltanschauungsgemeinschaften ist in **Art. 140 GG iVm. Art. 137 Abs. 2 bis 7 WRV** spezialgesetzlich geregelt. **Art. 9 Abs. 3 GG** verbürgt für Vereinigungen, deren Zweck es ist, die Arbeits- und Wirtschaftsbedingungen zu fördern, zusätzlich die Koalitionsfreiheit.[4] Auch Fraktionen gehören nicht zu den Vereinigungen im Sinne des Art. 9 Abs. 1 GG, da sie staatsorganisationsrechtliche Gebilde sind und in der Verfassung, dem Abgeordnetengesetz und der Geschäftsordnung des Bundestages bzw. entsprechenden Vorschriften der Länder Regelungen erfahren haben.[5]

9.1.2   Geschützte Tätigkeiten

549   Das Recht, Vereinigungen zu bilden, umfasst dem Wortlaut nach die freie **Gründung**. Geschützt sind aber auch die freie Entscheidung über den **Beitritt**, den **Verbleib**, den **Austritt**, den **Zusammenschluss** mit anderen Vereinigungen sowie die **Auflösung**. Vom Wortlaut her nicht zu beantworten ist die Frage, inwieweit auch die **Betätigung** des Vereins selbst Gegenstand der Vereinigungsfreiheit ist. Da die Bildung aber nicht um ihrer selbst willen, sondern im Hinblick auf die Existenz von Vereinigungen geschützt ist, gehört die innere Vereinsbetätigung, dh. die **Ordnung der inneren Angelegenheiten**, insbes. „die Selbstbestimmung über die eigene Organisation, das Verfahren ihrer Willensbildung und die Führung ihrer Geschäfte"[6], aber auch die Selbstdarstellung und Mitgliederwerbung[7] zum Schutzbereich der Vereinigungsfreiheit. Geschützt sind „der

---

1   *W. Löwer*, in: von Münch/Kunig, Art. 9 Rn. 35; *R. Scholz*, in: Maunz/Dürig, Art. 9 Rn. 57.
2   Ebenfalls wegen fehlendem personalem Zusammenschluss keine Vereinigung ist die Stiftung, BVerwGE 106, 177 (181) – *„Republikaner"-Stiftung*.
3   Dies stellt § 2 Abs. 2 Nr. 1 Vereinsgesetz klar.
4   Vgl. § 16 VereinsG.
5   Dies stellt § 2 Abs. 2 Nr. 2 Vereinsgesetz klar.
6   BVerfGE 50, 290 (354) – *Mitbestimmung*.
7   BVerfGE 84, 372 (379) – *Lohnsteuerhilfeverein*; BVerwGE 88, 9 (11) – *Straßen- und Haussammlung*.

Kernbereich des Vereinsbestandes und der Vereinstätigkeit"[8]. Die Betätigung der Vereinigung nach außen ist demgegenüber deshalb nicht Gegenstand der Vereinigungsfreiheit, weil insoweit aus Gründen der Gleichbehandlung die Grundrechte zur Anwendung kommen, die sich speziell auf derartiges Verhalten beziehen. „Wird eine Vereinigung wie jedermann im Rechtsverkehr tätig, so ist für den Grundrechtsschutz dieser Betätigung nicht Art. 9 Abs. 1 GG maßgebend; die Vereinigung und ihre Tätigkeit bedürfen insoweit nicht als solche des Grundrechtsschutzes. Dieser richtet sich vielmehr nach den materiellen (Individual-)Grundrechten."[9]

Ebenso wie der Austritt ist auch das Recht, einer Vereinigung von vornherein fernzubleiben (**negative Vereinigungsfreiheit**), vom Schutzbereich umfasst. Diese Freiheit soll sich allerdings nach ständiger Rechtsprechung **nicht** auf **öffentlich-rechtliche Zwangsverbände** beziehen. Als Grund wird darauf verwiesen, dass Gegenstand der Vereinigungsfreiheit im positiven wie im negativen Sinne die *freie* soziale Gruppenbildung sei. Die gesetzlich angeordnete Verbandsbildung zur Erfüllung öffentlich-rechtlicher Zwecke liege daher außerhalb des Schutzbereichs. Als verfassungsrechtlicher Maßstab für diesen Eingriff bleibt dann nur die allgemeine Handlungsfreiheit gemäß Art. 2 Abs. 1 GG.[10] **550**

9.1.3 Persönlicher Schutzbereich

Die Vereinigungsfreiheit ist als **Deutschengrundrecht** gewährleistet. Die einfachgesetzliche Vereinsfreiheit gemäß § 1 Abs. 1 VereinsG gilt allerdings auch für Ausländer, die sich insoweit verfassungsrechtlich auf die allgemeine Handlungsfreiheit berufen können.[11] Hieraus erklären und rechtfertigen sich die weitergehenden Schrankenregelungen für Ausländervereine und ausländische Vereine gemäß §§ 14 und 15 Vereinsgesetz. **551**

Da Vereinigungen fusionieren können, ist die Vereinigungsfreiheit gemäß Art. 19 Abs. 3 GG auch auf **juristische Personen** im Sinne der Vorschrift anwendbar.[12] Ob es für den Schutz einer Vereinigung in Bezug auf ihre innere Vereinsbetätigung des Rückgriffs auf Art. 19 Abs. 3 GG bedarf oder ob sich die Grundrechtsträgerschaft der Vereinigung insoweit bereits unmittelbar aus der Reichweite des sachlichen Schutzbereichs ergibt (These vom „**Doppelgrundrecht**") ist im Ergebnis ohne Bedeutung. Fest steht, dass eine Vereinigung das Recht hat, Eingriffe in die Freiheit ihrer inneren Organisation und sonstiger innerer Angelegenheiten abzuwehren.[13] **552**

9.2 Gewährleistungsgehalt

Die Vereinigungsfreiheit ist ein Abwehrrecht gegen staatliche Eingriffe. Aus der objektiven Wertentscheidung für eine freie soziale Gruppenbildung folgen zudem Schutzpflichten gegen Beeinträchtigungen Dritter sowie Vorgaben für Rechtsformen, die der Gesetzgeber zur Verwirklichung der Vereinigungsfreiheit zur Verfügung stellt. **553**

---

8 BVerfGE 80, 244 (253) – *Vereinsverbot*.

9 BVerfGE 70, 1 (25) – *Verbände der Heil- und Hilfsmittelberufe*; s. auch BVerfG, NJW 2015, 612 f. – *Rauchverbot*.

10 BVerfGE 10, 89 (102) – *Erftverband*; BVerfGE 10, 354 (361 f.) – *Bayerische Ärzteversorgung*; BVerfGE 15, 235 (239) – *Handwerkskammer*; BVerfGE 38, 281 (297 f.) – *Arbeitnehmerkammern*; BVerfG, NVwZ 2002, 335 – *Pflichtmitgliedschaft in der IHK*; BVerfG, NVwZ 2007, 808 – *Zwangsmitgliedschaft in einer Jagdgenossenschaft*; BVerwGE 27, 228 (230) – *Versorgungsverein Deutscher Schornsteinfegermeister*; BVerwGE 32, 308 (311 f.) – *studentische Krankenversorgung*; BVerwGE 107, 169 (173) – *IHK*; BVerwGE 154, 296 Rn. 12 ff. – *Dachverband IHK*; aA. W. Höfling, in: Sachs, Art. 9 Rn. 22 ff.; F. Hufen, Staatsrecht II, § 31 Rn. 7; T. Kingreen/R. Poscher, Grundrechte, § 18 Rn. 850.

11 S. oben Rn. 80.

12 BVerfGE 84, 372 (378) – *Lohnsteuerhilfeverein*.

13 BVerfGE 50, 290 (354) – *Mitbestimmung*; BVerfGE 80, 244 (253) – *Vereinsverbot*.

9.2.1 Abwehr von staatlichen Eingriffen

554   Der schärfste Eingriff in die Vereinigungsfreiheit ist das **Vereinsverbot**, dessen Zulässigkeit und Voraussetzungen Art. 9 Abs. 2 GG als qualifizierte Grundrechtsschranke regelt. Weitere Eingriffe sind etwa Genehmigungsvorbehalte[14] oder ein Aufnahmezwang.

9.2.2 Leitlinie für die Ausgestaltung durch den Gesetzgeber

555   Demgegenüber stellen rechtliche Regelungen über die Gründung, Verfassung und Auflösung von Vereinigungen keine Eingriffe in die Vereinigungsfreiheit dar, sofern es sich um **Rechtsformangebote** handelt. Sie gestalten vielmehr die Vereinigungsfreiheit aus.[15]

9.3 Schranken und ihre verfassungsmäßige Konkretisierung

556   Eine ausdrückliche Schranke findet die Vereinigungsfreiheit allein in **Art. 9 Abs. 2 GG** für das Verbot solcher Vereinigungen, die eine Gefahr für die Grundlagen der Rechtsordnung und des Rechtsfriedens darstellen. Sofern Eingriffe mildere Mittel als Verbote darstellen, etwa Auflagen, lässt sich argumentieren, dass diese als mildere Mittel ebenfalls auf Art. 9 Abs. 2 GG gestützt werde können. Das Beispiel der Arbeitnehmer-Mitbestimmung in Kapitalgesellschaften[16] zeigt allerdings, dass es auch Eingriffe gibt, die nicht darauf zielen, die unabdingbaren Grundlagen der Rechtsordnung und des Rechtsfriedens zu wahren. Für derartige Eingriffe enthält Art. 9 GG keinen ausdrücklichen Gesetzesvorbehalt, so dass insoweit auf **verfassungsimmanente Schranken** zurückzugreifen ist.

9.3.1 Art. 9 Abs. 2 GG

557   Gemäß Art. 9 Abs. 2 GG sind Vereinigungen verboten, „deren Zweck oder deren Tätigkeit den Strafgesetzen zuwiderlaufen oder die sich gegen die verfassungsmäßige Ordnung oder gegen den Gedanken der Völkerverständigung richten". Der Wortlaut dieses Verbots legt zwar eine unmittelbare Geltung nahe. Dies hätte jedoch eine unerträgliche Rechtsunsicherheit zur Folge. Art. 9 Abs. 2 GG ist vielmehr als **qualifizierter Gesetzesvorbehalt** zu lesen. Der Gesetzgeber hat von dieser Schranke mit dem **Vereinsgesetz** Gebrauch gemacht. Eine Vereinigung ist danach erst dann verboten, wenn die zuständige Verbotsbehörde eine Verbotsverfügung erlassen hat, welche die verbotsbegründenden Merkmale und die Anordnung der Auflösung enthält. Das Vereinsgesetz ist lex specialis gegenüber den allgemeinen Polizeigesetzen, soweit es sich um Verbotsmaßnahmen handelt, die gegen die Vereinstätigkeit als solche gerichtet sind. Den allgemeinen sicherheitsrechtlichen Vorschriften – bauordnungsrechtlich, feuerpolizeilich, verkehrspolizeilich – sind Vereinigungen dagegen ebenso unterworfen wie alle anderen auch. **Strafgesetze** im Sinne des Art. 9 Abs. 2 GG sind nur Normen, deren Tatbestandsverwirklichung als strafbare Verbrechen oder Vergehen zu ahnden sind (§ 12 StGB), nicht dagegen bloße Ordnungswidrigkeiten.

558   Als Ergebnis systematischer Auslegung erweist sich, dass der **Begriff der verfassungsmäßigen Ordnung** nicht identisch sein kann mit der gleichlautenden Schranke der allgemeinen Handlungsfreiheit, die ihrerseits mit Blick auf den umfassenden Schutzbereich eine sehr weite Auslegung erfahren hat.[17] Vielmehr folgt aus der sachlichen Nähe zum Parteienverbot, dass die verfassungsmäßige Ordnung wie dort als **freiheitliche demokratische Grundordnung** verstanden werden muss.[18] Angesichts der Schwere des

---

14 BVerfG, NVwZ 2003, 855 (856) – *Genehmigungspflicht für Anerkennung als Schießsportverein.*
15 BVerfGE 50, 290 (354 f.); BVerfGE 84, 372 (378 f.); BVerfG, NJW 2001, 2617 (2617 f.) – *Pflichtmitgliedschaft in genossenschaftlichen Prüfungsverbänden.*
16 S. dazu BVerfGE 50, 290 (354 f.).
17 S. oben Rn. 220 f.
18 Vgl. *von Münch/Mager,* Staatsrecht I, Rn. 146; s. auch § 85 StGB.

Eingriffs richten sich Zwecke und Tätigkeiten einer Vereinigung erst dann gegen die verfassungsmäßige Ordnung, wenn diese ihre verfassungsfeindlichen Ziele kämpferisch-aggressiv verwirklichen will.[19] Bloße Ablehnung der freiheitlichen und demokratischen Ordnung genügt nicht. Andererseits muss es nicht erst zu Gewaltanwendung oder anderen Rechtsverletzungen kommen. Die Subsumtion im Einzelfall ist alles andere als einfach[20] und muss im Blick behalten, dass die wehrhafte Demokratie die freiheitliche Demokratie mit Mitteln schützt, die das Schutzgut bei exzessivem Gebrauch ihrerseits gefährden.

Gegen den Gedanken der **Völkerverständigung** richtet sich eine Vereinigung, wenn sie auf eine Störung des Friedens unter den Völkern und Staaten zielt. Vereinigungen, die das Verhältnis inländischer Bevölkerungsteile zueinander stören, verstoßen dagegen nicht gegen den Gedanken der Völkerverständigung, verwirklichen aber ggf. den strafrechtlichen Tatbestand der Volksverhetzung (§ 130 StGB) und unterliegen damit der ersten Alternative des Art. 9 Abs. 2 GG. **559**

Entscheidend für die Subsumtion im Einzelfall ist jeweils das tatsächliche, der Vereinigung zurechenbare Verhalten. Das Verhalten einzelner Mitglieder ist dem Verein nur dann zuzurechnen, wenn die Leitungsorgane keine Maßnahmen der Distanzierung ergreifen oder wenn die Mehrheit der Mitglieder das Verhalten billigt. Es kommt also darauf an, ob und inwieweit das Verhalten durch die Vereinigung Unterstützung erfährt. **560**

Streitig ist, ob **Art. 9 Abs. 2 GG** auch auf **Religionsgemeinschaften** Anwendung findet.[21] Wie dargelegt, ergibt sich deren Schutz aus Art. 140 GG iVm. Art. 137 Abs. 2 WRV.[22] Eine ausdrückliche Schrankenregelung findet sich dort nicht. Für die Heranziehung der Schrankenregelung des Art. 9 Abs. 2 GG lässt sich anführen, dass es sich bei Art. 140 GG iVm. Art. 137 Abs. 2 WRV ebenfalls um eine Regelung der Vereinigungsfreiheit handelt, nur speziell für Religionsgemeinschaften. Dagegen lässt sich auf den Grundsatz der Schrankenspezialität verweisen, der noch dadurch an Stärke gewinnt, dass ursprünglich die Vereinigungsfreiheit der Religionsgemeinschaften ausdrücklich in Art. 4 GG verankert werden sollte.[23] Eine Übertragung der Schranken von Art. 9 Abs. 1 und 2 GG auf Art. 4 Abs. 1 und 2 GG würde wohl kaum begründet werden können. Die Bedeutung des Streits sollte allerdings nicht überbewertet werden. Verneint man die Anwendung von Art. 9 Abs. 2 GG auf Art. 140 GG iVm. Art. 137 Abs. 2 WRV, so würde die spezielle Vereinigungsfreiheit der Religionsgemeinschaften doch zumindest durch verfassungsimmanente Schranken begrenzt werden. Dies dürfte in vielen Fällen zu identischen Ergebnissen führen.[24] Nach anderer Auffassung ist die Schrankenregelung des Art. 137 Abs. 3 WRV anwendbar. Der Schrankenvorbehalt der „für alle geltenden Gesetze" bezieht sich jedoch auf die Selbstbestimmung in eigenen Angelegenheiten und damit auf das „Wie" der Betätigung existierender Religionsgemeinschaften. Die Erstreckung dieser Schranke auf einen Existenz vernichtenden Ein- **561**

19 BVerfGE 5, 85 (141) – *KPD-Verbot.*
20 S. aus der Rechtsprechung BVerwGE 153, 211 Rn. 41 ff. zum Merkmal: sich gegen den Gedanken der Völkerverständigung richten; BVerwGE 154, 22 Rn. 37 ff. zum gesetzlichen Merkmal der Strafgesetzwidrigkeit.
21 S. dazu BVerwG, NVwZ 2006, 694 – *Verbot einer Religions- oder Weltanschauungsgemeinschaft;* zuvor BVerwGE 37, 344.
22 S. oben Rn. 401 ff.
23 S. *U. Mager,* in: von Münch/Kunig, Art. 140 Rn. 27 mwN.
24 S. *U. Mager,* in: von Münch/Kunig, Art. 140 Rn. 28 mwN.

griff überzeugt nicht. In jedem Fall ist ein konkretisierendes Gesetz erforderlich. Dieses ist nach der Streichung des Religionsprivilegs im Jahre 2001[25] das Vereinsgesetz.

9.3.2 Verfassungsimmanente Schranken

562 Beschränkungen der Vereinigungsfreiheit, die weder ein Verbot, noch ein gegenüber dem Verbot milderes Mittel darstellen, sind zulässig, sofern sie sich als verhältnismäßige Konkretisierung verfassungsimmanenter Schranken rechtfertigen lassen. So ist eine präventive Genehmigungspflicht für Sportschützenvereine zur Abwehr von Gefahren, die sich aus der Überlassung und Verwendung von Waffen ergeben, zum Schutz der Grundrechte Dritter aus Art. 2 Abs. 2 GG verfassungsgemäß.[26]

9.3.3 Anforderungen an ausgestaltende Regelungen

563 Ausgestaltende Regelungen müssen im Lichte des Zwecks der Vereinigungsfreiheit, die freie soziale Gruppenbildung zu ermöglichen, sachgerecht sein.

Rechtsprechung: BVerfGE 10, 89 – *Erftverband*; 15, 235 – *Handwerkskammer*; 38, 281 – *Arbeitnehmerkammern*; 50, 290 – *Mitbestimmung*; 80, 244 – *Vereinsverbot*; 84, 372 – *Lohnsteuerhilfeverein*; BVerfG, NVwZ 2000, 1281 – *Grundrechtsschutz für Ausländervereine*; BVerfG, NVwZ 2002, 335 – *IHK-Pflichtmitgliedschaft*; BVerfG, NVwZ 2003, 855 – *Schießsportverband*; BVerfG, NJW 2004, 47 – *Vereinsverbot „Kalifatsstaat"*; BVerfG, NVwZ 2007, 808 – *Zwangsmitgliedschaft in Jagdgenossenschaft*; BVerfG, NJW 2015, 612 – *Rauchverbot*. BVerwGE 37, 344 – *Begriff, Verbot und Auflösung einer verfassungsfeindlichen Vereinigung*; 88, 9 – *Straßen- und Haussammlung*; 107, 169 – *IHK*; BVerwG, NVwZ 2003, 986 – *Vereinsverbot „Kalifatsstaat"*; BVerwG, NVwZ 2006, 694 – *Verbot einer Religions- oder Weltanschauungsgemeinschaft*, BVerwGE 153, 211 – *Vereinsverbot wegen Völkerverständigungswidrigkeit*; 154, 22 – *Verbot eines Motorradclubs.*

Literatur: *H.-U. Erichsen*, Die Freiheit vom öffentlich-rechtlichen Zwangsverband, Jura 1987, 390; *T. Günther/E.B. Franz*, Grundfälle zu Art. 9 GG, JuS 2006, 788 und 873; *N. Nolte/M. Planker*, Vereinigungsfreiheit und Vereinsbetätigung, Jura 1993, 635; *B. Pieroth/T. Kingreen*, Das Verbot von Religions- und Weltanschauungsgemeinschaften, NVwZ 2001, 841.

---

25 S. dazu *S. Schmieder*, Der Schutz religiös-weltanschaulicher Vereinigungen – die Abschaffung des Religionsprivilegs, VBlBW 2002, 146; BGBl. I v. 4.12.2001, S. 3319.

26 S. BVerfG, NVwZ 2003, 855 (855) wo allerdings – mE. grundrechtsdogmatisch unzutreffend – der Begriff der Ausgestaltung verwendet wird. Um Ausgestaltung handelt es sich nur, wenn die Voraussetzungen freier sozialer Gruppenbildung geschaffen werden, nicht, wenn damit Ziele verfolgt werden, die außerhalb dieses Zwecks liegen.

Achter Teil: **Die Grundrechte mit besonderer Bedeutung für das Erwerbs- und Wirtschaftsleben**

Von besonderer Bedeutung für das Erwerbs- und Wirtschaftsleben sind die Ausbil- **564** dungs- und Berufsfreiheit (Art. 12 GG), die Gewährleistung des Eigentums- und Erbrechts (Art. 14 GG) sowie die Koalitionsfreiheit (Art. 9 Abs. 3 GG). Daneben sind auch zahlreiche andere Grundrechte relevant wie etwa die Freizügigkeit gemäß Art. 11 GG, die Kommunikationsgrundrechte oder auch die allgemeine Handlungsfreiheit. Die hier zu behandelnden Grundrechte beziehen ihre besondere Nähe zur Wirtschaft aber daraus, dass sie den Erwerb und das Erworbene unter besonderen Schutz stellen. Eine **spezifische Wirtschaftsverfassung lässt sich** aus diesen Grundrechten sowie weiteren wirtschaftsrelevanten Verfassungsbestimmungen **nicht ableiten**. Vielmehr steht dem Gesetzgeber bei der Gestaltung des Wirtschaftslebens ein weiter Spielraum zu. Die Grundrechte bewahren Freiräume der Selbstbestimmung, ohne damit zugleich eine Verfassungsentscheidung für die freie Marktwirtschaft zu begründen.[1] Zum Beleg genügt der Hinweis auf das Sozialstaatsprinzip.

Im Vertrag über die Schaffung einer Währungs-, Wirtschafts- und Sozialunion zwi- **565** schen der Bundesrepublik Deutschland und der Deutschen Demokratischen Republik vom 18. Mai 1990 (**Staatsvertrag**) finden sich dagegen spezifischere Vorgaben: „Grundlage der Wirtschaftsunion ist die **soziale Marktwirtschaft** als gemeinsame Wirtschaftsordnung beider Vertragsparteien. Sie wird insbesondere bestimmt durch Privateigentum, Leistungswettbewerb, freie Preisbildung und grundsätzlich volle Freizügigkeit von Arbeit, Kapital, Gütern und Dienstleistungen…"[2] Mit der Verankerung der sozialen Marktwirtschaft im Staatsvertrag hat diese zwar keinen Verfassungsrang erhalten, ist jedoch deutlich aufgewertet worden.

Die rechtliche Ordnung des Wirtschaftslebens wird des Weiteren in erheblichem Um- **566** fang vom Recht der Europäischen Union geprägt. Hieß es bis zum Vertrag von Lissabon im Jahre 2009 in Art. 4 EGV, dass die Mitgliedstaaten eine Wirtschaftspolitik betreiben, die den Grundsätzen einer offenen Marktwirtschaft mit freiem Wettbewerb verpflichtet ist, lautet **Art. 3 Abs. 3 EUV** zu den Zielen der Europäischen Union nun, dass diese auf eine in hohem Maße **wettbewerbsfähige soziale Marktwirtschaft** hinwirkt.

1. Kapitel: Art. 12 GG: Berufsfreiheit, Verbot von Arbeitszwang und Zwangsarbeit

Fall 14: Wettmonopol

B betreibt in Bayern aufgrund einer Erlaubnis nach dem Rennwett- und Lotteriegesetz ein Wettbüro, das auf die Veranstaltung und Vermittlung von Pferdewetten bei öffentlichen Leistungsprüfungen ausgerichtet ist. Er möchte sein Gewerbe erweitern und auch Sportwetten in anderen Sportarten von Wettunternehmen im EU-Ausland vermitteln. Dafür beantragt er eine Erlaubnis, die ihm von der zuständigen Behörde mit Hinweis auf das Bayerische Lotteriegesetz und § 284 StGB, der das unerlaubte

---

1 Allg. Meinung. S. nur BVerfGE 50, 290 (336 ff.) – *Mitbestimmung der Arbeitnehmer.*
2 BGBl. 1990 II S. 537 ff.

Veranstalten von Glücksspielen unter Strafe stellt, verweigert wird. Die Klage auf Feststellung der Erlaubnisfreiheit von Festquotenwetten mit Ausnahme von Pferdewetten, hilfsweise auf Verpflichtung der Behörde zur Erteilung der Erlaubnis, wird in allen Instanzen abgewiesen. Die Veranstaltung und Vermittlung von Sportwetten mit festen Gewinnquoten sei in Bayern mit Ausnahme von Pferdewetten Privatpersonen verboten. Derartige Angebote seien beim Staat monopolisiert, um den Gefahren der Spielsucht entgegenzuwirken. Das Bayerische Lotteriegesetz enthält im Wesentlichen Regeln zur Zuständigkeit und Organisation. Inhaltliche Vorgaben für die staatlichen Lotterie- und Wettangebote gibt es nicht. Das tatsächliche Angebot ist umfangreich und lässt irgendwelche Beschränkungen nicht erkennen. B legt Verfassungsbeschwerde ein, in der er die Verletzung von Grundrechten und von Unionsrecht geltend macht. Wird eine Verfassungsbeschwerde Erfolg haben?

567 Der abkürzend mit Berufsfreiheit bezeichnete Art. 12 GG umfasst mehrere Grundrechte: Als Bestandteil der Berufswahl- und Berufsausübungsfreiheit sind die freie Wahl des Arbeitsplatzes und der Ausbildungsstätte ausdrücklich genannt. Daneben verbürgt Abs. 2 das Verbot des Arbeitszwanges und Abs. 3 das Verbot der Zwangsarbeit. Die größte tatsächliche Bedeutung kommt der Berufswahl- und -ausübungsfreiheit zu.

1.1 Berufsfreiheit einschließlich Ausbildungsstätten- und Arbeitsplatzwahl

1.1.1 Sachlicher Schutzbereich

568 Der sachliche Schutzbereich der Berufsfreiheit wird entscheidend von dem Begriffsverständnis des Berufes geprägt. **Beruf** im Sinne dieser Vorschrift ist jede auf Dauer angelegte sowie auf Erwerb gerichtete erlaubte Tätigkeit, die der Schaffung und Erhaltung einer Lebensgrundlage dient.[1] Es genügt, dass eine Tätigkeit zum Unterhalt des Lebens beiträgt, so dass auch Teilzeitbeschäftigungen, Nebentätigkeiten und Ferienjobs geschützt sind.[2] Überhaupt ist der Begriff **weit zu verstehen**. Er erfasst selbstständige und unselbständige Tätigkeiten ebenso wie freie Berufe oder staatlich gebundene Berufe wie den Notar.[3] Für Beamtinnen und Beamten kommt Art. 33 GG als speziellere Regelung zur Anwendung.

569 Die Anforderung, dass es sich um eine **erlaubte Tätigkeit** handeln muss, ist eng zu verstehen. Nicht jedes gesetzliche Verbot kann eine Tätigkeit aus dem Schutzbereich der Berufsfreiheit aussondern. Der Vorrang der Verfassung nach Art. 1 Abs. 3 GG würde unterlaufen, wenn der einfache Gesetzgeber durch ein Verbot einer Betätigung diese bereits aus dem Schutzbereich des Grundrechts der Berufsfreiheit ausnehmen und damit das Grundrecht des Art. 12 Abs. 1 GG aushöhlen könnte. Nicht vom Schutzbereich umfasst ist daher nur solches Verhalten, das aufgrund seiner Gemeinschädlichkeit schlechthin und gemessen an allen Grundrechten zulässigerweise verboten ist, insbesondere strafrechtlich relevantes Handeln.[4] Ein berufsmäßiger Dieb, Hehler, Betrüger oder gar Mörder genießt nicht den Schutz der Berufsfreiheit. Demgegenüber ist hinsichtlich der Gewerbsunzucht (Prostitution) spätestens mit Inkrafttreten des Prostitutionsgesetzes am 1. Januar 2002 nicht mehr zweifelhaft, dass es sich um

---

1 BVerfGE 7, 377 (397) – *Apotheken-Urteil*.
2 BVerfGE 110, 141 (156 f.) – *Verfassungsmäßigkeit des Bundesgesetzes zur Bekämpfung gefährlicher Hunde*.
3 BVerfGE 7, 377 (397 f.).
4 Zum Problem des nach damaligem Recht nur straffreien, aber rechtswidrigen Schwangerschaftsabbruchs durch einen Arzt als Berufsausübung vgl. BVerfGE 98, 265 ff. – *Bayerisches Schwangerenhilfeergänzungsgesetz* und krit. dazu *B. Büchner*, Abtreibung und Berufsfreiheit, NJW 1999, 833 ff.

einen Beruf im Sinne des Art. 12 Abs. 1 GG handelt. Schon zuvor wäre ein Ausschluss jedoch fragwürdig gewesen, da Moralvorstellungen allein für eine immanente Schutzbereichsbeschränkung kaum ausreichen.[5]

Der Begriff der **Ausbildungsstätte** umfasst jede Einrichtung, die über die allgemeine Schulbildung hinaus der Ausbildung für einen oder mehrere Berufe dient.[6] Zu Ausbildungsstätten gehören daher auch und gerade Berufsschulen, Hochschulen und Universitäten. Die Einordnung von Gymnasien ist demgegenüber umstritten.[7] Mit dem Argument, dass mit dem Schulbesuch nach Beendigung der allgemeinen Schulpflicht eben nicht mehr nur der Schulpflicht genügt, sondern bereits die Voraussetzungen für eine beschränkte Gruppe von Berufen geschaffen werden, lässt sich zumindest die gymnasiale Oberstufe auch noch als Ausbildungsstätte im Sinne des Art. 12 Abs. 1 GG einordnen. Die Ausrichtung auf den Erwerb einer Qualifikation für eine spätere Berufswahl unterscheidet die Ausbildungsstätte auch von Einrichtungen, die nur bestimmte einzelne Fertigkeiten beibringen wie Fahrschulen oder Tanzschulen, sofern es sich nicht um eine berufsbezogene Ausbildung handelt.[8]   **570**

Der **Arbeitsplatz** im Sinne des Art. 12 Abs. 1 GG ist die Stelle, an welcher eine Person dem gewählten Beruf konkret nachgehen möchte. Geschützt ist damit der freie Zutritt zum Arbeitsmarkt sowie die Wahl der Vertragspartner, mit denen ein Beschäftigungsverhältnis eingegangen werden soll.[9] Ein Grundrecht auf Arbeit im Sinne der Verschaffung eines Arbeitsplatzes ist dagegen nicht garantiert. Staatliche Maßnahmen zur Bekämpfung der Arbeitslosigkeit finden ihre verfassungsrechtliche Grundlage vielmehr im Sozialstaatsprinzip.[10]   **571**

Der Schutzbereich des Art. 12 Abs. 1 GG umfasst also die Berufswahl von der Wahl der Ausbildung einschließlich der Ausbildungsstätte über die Wahl des konkreten Arbeitsplatzes bis hin zur Art und Weise der Berufsausübung. Unter dem Aspekt der Ausbildungs- und Berufswahl ist sowohl die Entscheidung für einen Beruf als auch gegen einen bestimmten Beruf geschützt. Die Freiheit der Berufsausübung umfasst die Selbstbestimmung über Art und Weise, Form und Inhalt sowie den Umfang der Berufstätigkeit. Streitig ist, ob auch die **Unternehmerfreiheit** Bestandteil der Berufsfreiheit ist. Da auf der Hand liegt, dass Unternehmer selbständig ein Gewerbe und damit einen Beruf ausüben, verbirgt sich hinter dieser Frage das Problem der **Konkurrenz zu anderen Grundrechten**, insbesondere der Eigentumsgewährleistung oder der Vertragsfreiheit, die grundsätzlich als Bestandteil der allgemeinen Handlungsfreiheit geschützt wird. Soweit der Abschluss von Verträgen zur unternehmerischen und damit beruflichen Betätigung gehört, besteht kein Anlass den Grundsatz der Spezialität nicht anzuwenden, weshalb der Schutzbereich des Art. 12 Abs. 1 GG betroffen ist.[11] In Bezug auf die Abgrenzung zu Art. 14 GG gilt der Grundsatz, dass die Berufsfreiheit den Erwerb, die Eigentumsfreiheit dagegen das Erworbene schützt. Insoweit lässt sich die Frage des jeweils anwendbaren Grundrechts nur mit Blick auf den konkreten Eingriff beantworten. Grundsätzlich ist die unternehmerische Tätigkeit somit von der Berufs-   **572**

---

5 Anders noch BVerwGE 22, 286 – *Ausübung gewerbsmäßiger Astronomie.*
6 vgl. *J. A. Kämmerer*, in: von Münch/Kunig, Art. 12 Rn. 35; engere Auslegung: BVerwGE 6, 13 (15).
7 Bejahend BVerfGE 58, 257 (273) – *Schulausschluss;* dagegen *J. A. Kämmerer,* in: von Münch/Kunig, Art. 12 Rn. 35 mwN.
8 Hierfür kommt lediglich Art. 2 I GG zum Tragen, *H. D. Jarass* in: JP, Art. 12 Rn. 93.
9 BVerfGE 84, 133 (146) – *Mutterschutz – Warteschleifenregelung.*
10 BVerfGE 84,133 (147) – *Mutterschutz – Warteschleifenregelung,* BVerfGE 103, 293 (306) – *Urlaubsanrechnung.*
11 S. BVerfGE 134, 204 Rn. 66 ff. – *urheberrechtliche Vergütungsvereinbarung;* BVerfG, Beschl. v. 29.6.2016, 1 BvR 1015/15, juris Rn. 94 – *Wohnungsvermittlung Bestellerprinzip.*

freiheit umfasst.[12] Als Bestandteil der Berufsausübungsfreiheit ist auch die Werbung für die berufliche Betätigung geschützt, was den Schutz durch die Meinungsfreiheit nicht ausschließt.[13]

1.1.2 Persönlicher Schutzbereich

573 Die Berufsfreiheit ist ein **Deutschengrundrecht**. Der Verfassungsgeber wollte auf diese Weise eine Verhandlungsposition beim Abschluss von internationalen Handelsverträgen sichern, um durch ein Gegenseitigkeitsversprechen eine Gleichbehandlung von Deutschen im Ausland zu erwirken.[14] Ausländer können sich daher grundsätzlich nur auf die allgemeine Handlungsfreiheit berufen und müssen ggf. größere Einschränkungen hinsichtlich ihrer Berufstätigkeit hinnehmen als deutsche Staatsangehörige. **Unionsbürger**n ist gemäß Art. 18 Abs. 1 AEUV und formal über Art. 2 Abs. 1 GG ein gleichwertiger Schutz zu gewähren. Dies gilt auch für **juristische Personen** mit Sitz in EU-Mitgliedstaaten. Zusätzlich zur Anwendung des Art. 2 Abs. 1 GG ist dann auch noch Art. 19 Abs. 3 GG, der dem Wesen der Berufsfreiheit nach zur Anwendung kommt ("inländische juristische Personen"), europarechtskonform analog anzuwenden.[15]

574 **Gemischtwirtschaftliche Unternehmen** können gemäß Art. 19 Abs. 3 GG nur Grundrechtsträger sein, wenn sie insgesamt der gesellschaftlichen und nicht der staatlichen Sphäre zuzurechnen sind. Dies richtet sich danach, ob Träger hoheitlicher Gewalt in der Lage sind, die Gesellschaft zu beherrschen, was regelmäßig dann der Fall ist, wenn sie die Mehrheit der Anteile halten. Noch weitergehend wirft das Grundrecht der Berufsfreiheit ganz allgemein die Frage auf, ob eine wirtschaftliche Betätigung des Staates überhaupt verfassungsrechtlich zulässig ist, zumindest der Rechtfertigung bedarf.[16]

575 Soweit **Minderjährige** und beschränkt Geschäftsfähige am Arbeits- und Wirtschaftsleben teilnehmen, sind auch sie selbstverständlich Grundrechtsträger. Von ihrem Grundrechtsschutz gegenüber dem Staat ist die Frage zu unterscheiden, wie im Eltern-Kind-Verhältnis die Entscheidungs- und Vertretungsbefugnisse verteilt sind.[17]

1.1.3 Gewährleistungsgehalt

576 Die Berufsfreiheit ist in erster Linie ein **Abwehrrecht** gegen staatliche Eingriffe und Beschränkungen (dazu 1.2.1). Darüber hinaus ergeben sich aus diesem Grundrecht aber auch **Schutzgehalte** (dazu 1.2.2). In Bezug auf den Zugang zu staatlichen Hochschulen folgt aus der Berufsfreiheit in Verbindung mit dem Gleichheitsgrundsatz zudem ein abgeleitetes (derivatives) **Teilhaberecht** auf Ausbildung an diesen Einrichtungen (dazu 1.2.3).

577 **1.1.3.1 Abwehrrecht.** Als Abwehrrecht schützt Art. 12 Abs. 1 GG sowohl vor Eingriffen in die Berufswahl als auch vor Eingriffen in die Berufsausübung. Der Gesetzgeber kann zwar durch Zugangsanforderungen und Ausübungsregelungen Berufsbilder schaffen. Die jeweiligen Anforderungen müssen sich aber stets nach Maßgabe des Verhältnismäßigkeitsgrundsatzes rechtfertigen lassen (dazu 1.3). Die Berufsfreiheit bietet grundsätzlich **keinen Schutz vor Wettbewerb** und Wettbewerbern. Sie gewähr-

---

12 BVerfGE 50, 290 – *Mitbestimmungsurteil*.
13 S. dazu oben Rn. 446.
14 vgl. *I. von Münch*, Staatsrecht II, 5. Aufl., Rn. 10.
15 S. dazu BVerfGE 129,78 – *Cassina* und oben Rn. 92.
16 S. dazu *R. Stober*, Allgemeines Wirtschaftsverwaltungsrecht, 18. Aufl. 2015, S. 169 ff. und noch Rn. 577.
17 S. dazu oben Rn. 72 ff. und zum Elternrecht Rn. 346 ff.

leistet Freiheit zum Wettbewerb, nicht Freiheit vom Wettbewerb.[18] Gegen die Zulassung von Konkurrenten oder die Vergabe von Subventionen unterhalb der Schwelle der Wettbewerbsverzerrung lässt sich der abwehrrechtliche Gehalt der Berufsfreiheit daher nicht in Stellung bringen.[19] Gleiches wird überwiegend auch in Bezug auf die wirtschaftliche Betätigung von Staat und Kommunen vertreten. Geht man allerdings davon aus, dass wirtschaftliche Betätigung grundrechtlich der gesellschaftlichen Sphäre zugeordnet ist, dann ist wirtschaftliche Betätigung des Staates an und für sich rechtfertigungsbedürftig und muss sich auf überwiegende Gemeinwohlzwecke stützen lassen.[20]

Nachteilige staatliche Äußerungen über Produkte oder Leistungen eines Unternehmens **578** sollen nach Auffassung des Bundesverfassungsgerichts ebenfalls keinen Eingriff darstellen, sofern solche Informationen sachlich und zutreffend sind. Begründet wird dies damit, dass **Markttransparenz** Teil der Wettbewerbsordnung sei und die Berufsfreiheit nicht das Recht umfasse, von Dritten nur so dargestellt zu werden, wie man es selbst möchte.[21] Das Problem dieser Auffassung besteht allerdings darin, dass auf diese Weise Eingriff und Verletzung in eins fallen, da nicht mehr zwischen nachteiliger Äußerung (als Eingriff) und unberechtigter Äußerung wegen Unsachlichkeit oder Fehlerhaftigkeit (als Verletzung) unterschieden wird. Der eigentliche Grund besteht darin, dass das Bundesverfassungsgericht für staatliches Informationshandeln dem Gesetzesvorbehalt entgehen wollte, der mit der Annahme eines Eingriffs zur Anwendung kommt.

Da ein Großteil der beruflichen Betätigungen in die allgemeinen Wirtschafts- und **579** Marktbedingungen eingebettet ist, die ua. durch das Steuer- und Sozialrecht geprägt werden, droht – auch infolge eines weiten Eingriffsbegriffs, der faktische und mittelbare Beeinträchtigungen erfasst – der Schutzbereich der Berufsfreiheit seine Konturen gegenüber der allgemeinen Handlungsfreiheit zu verlieren. Die Abgrenzung leistet das Merkmal der **objektiv berufsregelnden Tendenz**.[22] Eine solche Tendenz hat das BVerfG etwa für die Schankerlaubnissteuer bejaht, denn: „Jedenfalls besteht eine innere und äußere Verbindung mit der beruflichen Betätigung dann, wenn ein Steuergesetz gerade die Erlangung der Erlaubnis zur Ausübung eines bestimmten Berufes als steuerbegründenden Tatbestand enthält, also die Berufszulassung ... mit wirtschaftlichen Nachteilen verbindet.“[23] Demgegenüber hat das Gericht eine objektiv berufsregelnde Tendenz der Künstlersozialversicherung verneint, da diese Abgabe angesichts ihrer geringen Höhe weder die Aufnahme eines künstlerischen Berufs beeinflusse noch irgendeine steuernde Wirkung auf dessen Ausübung habe.[24] Die alle Verbraucher treffende Strom- und Mineralölsteuer veränderte ebenfalls nur allgemeine Wirtschafts- und Produktionsbedingungen, so dass Transportunternehmen keinen Eingriff in die Berufsfreiheit rügen konnten.[25] Für die Belastung des Arbeitgebers mit der Zahlung von Mutterschaftsgeld hatte das Bundesverfassungsgerichts die Berufsfreiheit als Maßstab zunächst mangels objektiv berufsregelnder Tendenz verneint[26], in einer späteren Entscheidung dagegen genügen lassen, dass Anknüpfungspunkt der Belastung die Eigenschaft als Arbeitgeber ist.[27] Die objektiv berufsregelnde Tendenz der Schwerbe-

---

18 BVerfGE 32, 311 (317) – *Steinmetz*.
19 Vgl. *J. A. Kämmerer*, in: von Münch/Kunig, Art. 12 Rn. 44.
20 Vgl. § 65 BHO, § 65 LHO BW, § 102 GO BW.
21 BVerfGE 105, 252 – *Glykol*.
22 St. Rspr. seit BVerfGE 13, 181 (186) – *Schankerlaubnissteuer*.
23 BVerfGE 13, 181 (186); s. auch BVerfGE 38, 61 (79) – *Straßengüterverkehrssteuer*.
24 BVerfGE 75, 108 (153 f.) – *Künstlersozialversicherung*; s. auch BVerfGE 70, 191 (214) – *Fischereigenossenschaft*.
25 BVerfGE 110, 274 – *Ökosteuer*.
26 BVerfGE 37, 121 – *Mutterschutzgesetz*.
27 BVerfGE 109, 64 (85) – *Mutterschaftsgeld*.

hindertenabgabe lässt sich überzeugend damit begründen, dass es sich um eine Lenkungsabgabe handelt, die darauf zielt, die Einstellungspolitik von Arbeitgebern zugunsten von Schwerbehinderten zu beeinflussen.[28] Zusammenfassend lässt sich feststellen, dass belastenden Regelungen die objektiv berufsregelnde Tendenz fehlt, wenn sie allein das wirtschaftliche oder wettbewerbliche Umfeld betreffen oder nur in unspezifischer Weise Auswirkungen auf die berufliche Betätigung haben. Die objektiv berufsregelnde Tendenz ist dagegen **zu bejahen, wenn nur ein spezifischer Beruf betroffen ist, direkt an die Berufsausübung angeknüpft wird oder gezielt auf die Berufsausübung Einfluss genommen werden soll.**

580 **1.1.3.2 Schutz.** Als objektive Wertentscheidung für die freie Berufswahl und Berufsausübung kann Art. 12 Abs. 1 GG den Gesetzgeber auch verpflichten, Schutzvorschriften für den Abschluss oder Inhalt von dienst- oder arbeitsvertraglichen Rechtsbeziehungen zu erlassen, insbesondere für den Fall, dass zwischen den Vertragsparteien ein derartiges **Machtungleichgewicht** herrscht, dass der Vertrag die ihm zugedachte Funktion des privatautonomen Ausgleichs nicht gewährleisten kann.[29] Auch gesetzliche **Mindestlohnbestimmungen** stellen die gesetzliche Konkretisierung staatlicher Schutzpflichten dar.[30]

581 **1.1.3.3 Teilhabe.** Als Folge des weitreichenden staatlichen Monopols hinsichtlich der Hochschulausbildung sowie der Endlichkeit der Kapazitäten wandeln sich die Berufswahlfreiheit und die freie Wahl der Ausbildungsstätte in Verbindung mit dem Gleichbehandlungsgrundsatz zu einem Anspruch auf Teilhabe im Sinne einer **gleichen Chance auf Zugang zu diesen Ausbildungsstätten.**[31] Dieser Anspruch ist begrenzt auf die vorhandenen Kapazitäten, umfasst also nicht die Verpflichtung zum Kapazitätsausbau und knüpft daran an, dass die subjektiven Voraussetzungen der Zulassung zum Hochschulstudium erfüllt sind. Eine Zulassungsbeschränkung stellt sodann einen Eingriff in diesen Teilhabeanspruch dar, welcher der Rechtfertigung bedarf. Unter Berücksichtigung auch des Gleichbehandlungsgrundsatzes ergibt sich die staatliche Verpflichtung zur **Schaffung eines sachgerechten Auswahlverfahrens.**[32]

1.1.4 Schranken und ihre verfassungsmäßige Konkretisierung

582 Nach Art. 12 Abs. 1 S. 2 GG kann die Berufsausübung durch Gesetz oder auf Grund eines Gesetzes geregelt werden. Dieser Regelungsvorbehalt stellt keine Einschränkung im Sinne des Art. 19 Abs. 1 GG dar, so dass das Zitiergebot nicht zur Anwendung kommt.[33]

583 **1.1.4.1 Vom Regelungsvorbehalt zum allgemeinen Gesetzesvorbehalt.** Auch wenn die Berufswahl keinem ausdrücklichen Gesetzesvorbehalt unterliegt, ist auch sie nicht schrankenlos gewährleistet. Insbesondere die Notwendigkeit, fachliche Voraussetzungen für die Berufsausübung durch Ausbildungsanforderungen zu sichern, liegt auf der Hand. Hierfür ließen sich nach heute üblicher Grundrechtsdogmatik die verfassungsimmanenten Schranken heranziehen. Allerdings hat das Bundesverfassungsgericht in seinem vielzitierten Apotheker-Urteil aus dem Jahr 1958[34] einen anderen argumentativen Weg eingeschlagen. Danach erstreckt sich die Regelungsbefugnis nach Art. 12 Abs. 1 S. 2 GG auf die Berufsausübung und auf die Berufswahl. „Denn die Begriffe

---

28 BVerfGE 57, 139 (158) – *Schwerbehindertenabgabe.*
29 BVerfGE 81, 242 – *Handelsvertreter.*
30 S. dazu G. *Nassibi*, Sicherung des Existenzminimums durch Entlohnung im Arbeitsverhältnis?, ArbuR 2012, 305 ff.
31 BVerfGE 33, 303 (332) – *numerus clausus.*
32 S. noch unten Rn. 586.
33 BVerfGE 64, 72 (80 f.) – *Altersgrenze Prüfingenieure für Baustatik.*
34 BVerfGE 7, 377 ff.

„Wahl" und „Ausübung" des Berufes **lassen sich nicht** so trennen, dass jeder von ihnen nur eine bestimmte zeitliche Phase des Berufslebens bezeichnete, die sich mit der andern nicht überschnitte; namentlich stellt die Aufnahme der Berufstätigkeit sowohl den Anfang der Berufsausübung dar wie die gerade hierin – und häufig nur hierin – sich äußernde Betätigung der Berufswahl; ebenso sind der in der laufenden Berufsausübung sich ausdrückende Wille zur Beibehaltung des Berufs und schließlich die freiwillige Beendigung der Berufsausübung im Grunde zugleich Akte der Berufswahl. Die beiden Begriffe erfassen den einheitlichen Komplex ‚berufliche Betätigung' von verschiedenen Blickpunkten her".[35] Der Regelungsvorbehalt sei allerdings „um der Berufsausübung willen gegeben und darf nur unter diesem Blickpunkt allenfalls auch in die Freiheit der Berufswahl eingreifen. Inhaltlich ist sie umso freier, je mehr sie reine Ausübungsregelung ist, umso enger begrenzt, je mehr sie auch die Berufswahl berührt."[36] Mit dieser Argumentation ist die Grundlage für die **Dreistufentheorie** gelegt, die das Gericht im Weiteren entwickelt und wonach zwischen Berufsausübungsregelungen, subjektiven Berufswahlregelungen und objektiven Berufswahlregelungen mit ansteigend strengen Rechtfertigungsanforderungen zu unterscheiden ist.

1.1.4.2 Die Dreistufentheorie – Ausprägung des Verhältnismäßigkeitsgrundsatzes. **584**
Letztlich handelt es sich bei der Dreistufentheorie um eine strukturierte Verhältnismäßigkeitsprüfung speziell für die Berufsfreiheit. Sie hat in Anlehnung an Leitsatz 6 der grundlegenden Apotheken-Entscheidung des Bundesverfassungsgerichts den folgenden Inhalt:
Die Freiheit der **Berufsausübung** kann beschränkt werden, soweit vernünftige Erwägungen des Gemeinwohls es zweckmäßig erscheinen lassen; der Grundrechtsschutz beschränkt sich auf die Abwehr in sich verfassungswidriger, weil etwa übermäßig belastender und nicht zumutbarer Auflagen. Die Freiheit der **Berufswahl** darf nur eingeschränkt werden, soweit der Schutz besonders wichtiger Gemeinschaftsgüter es zwingend erfordert. Ist ein solcher Eingriff unumgänglich, so muss der Gesetzgeber stets diejenige Form des Eingriffs wählen, die das Grundrecht am wenigsten beschränkt.
Wird in die Freiheit der Berufswahl durch Aufstellung bestimmter Voraussetzungen für die Aufnahme des Berufs eingegriffen, so ist zwischen **subjektiven** und **objektiven Voraussetzungen** zu unterscheiden: Subjektive Voraussetzungen sind solche, die an persönliche Eigenschaften des Grundrechtsträgers anknüpfen, insbesondere Vor- und Ausbildung. Für sie gilt das Prinzip der Verhältnismäßigkeit in dem Sinn, dass sie zu dem angestrebten Zweck der ordnungsgemäßen Erfüllung der Berufstätigkeit nicht außer Verhältnis stehen dürfen. Objektive Voraussetzungen sind solche, auf die der Grundrechtsträger keinen Einfluss hat und die nicht seine Person betreffen, zB. Kontingentierungen. An den Nachweis der Notwendigkeit objektiver Zulassungsvoraussetzungen sind besonders strenge Anforderungen zu stellen; im Allgemeinen wird nur die Abwehr nachweisbarer oder höchstwahrscheinlicher schwerer Gefahren für ein überagend wichtiges Gemeinschaftsgut diese Maßnahme rechtfertigen können.
Regelungen nach Art. 12 Abs. 1 Satz 2 GG müssen stets auf der „Stufe" vorgenommen werden, die den geringsten Eingriff in die Freiheit der Berufswahl mit sich bringt; die nächste „Stufe" darf der Gesetzgeber erst dann betreten, wenn mit hoher Wahrscheinlichkeit dargetan werden kann, dass die befürchteten Gefahren mit verfassungsmäßigen Mitteln der vorausgehenden „Stufe" nicht wirksam bekämpft werden können.

Allerdings hat sich in der weiteren Rechtsprechung gezeigt, dass dieses Stufenmodell **585**
der Vielfalt der Lebenswirklichkeit und verschiedenen Fallkonstellationen nicht gerecht wird. So ist die Abgrenzung zwischen Berufswahl und Berufsausübung nicht

---

35 BVerfGE 7, 377 (401).
36 BVerfGE 7, 377 (403).

stets eindeutig und hängt von dem jeweiligen **Berufsbild** ab, das sich wiederum sowohl nach rechtlichen Regelungen als auch nach der allgemeinen Anschauung richtet. Die selbständige und unselbständige Ausübung ein- und derselben Tätigkeit, zB. Apotheker, kann einen unterschiedlichen Beruf darstellen, muss es aber nicht.[37] Spezialisierungen in einer Branche können zu einem eigenen Berufsbild führen oder auch nicht. Je nachdem, ob es sich um einen eigenständigen Beruf oder nur eine Berufsvariante handelt (Arbeitnehmervermittlung im Baugewerbe oder Arbeitnehmervermittlung allgemein[38]; Kassenarzt, Arzt allgemein[39]), würde es sich bei einem Verbot oder spezifischen Zugangsregelungen um eine Berufswahl- oder eine Berufsausübungsregelung handeln. Faktisch sind die Auswirkungen aber gleich. Die **Dreistufentheorie** hat daher nur eine **Orientierungsfunktion**. Sie ersetzt nicht das Verhältnismäßigkeitsprinzip[40], dem jeder Eingriff letztlich genügen muss, sondern stellt dessen Konkretisierung dar, weshalb in untypischen Fällen eine flexible Handhabung der Stufen nach der tatsächlichen Schwere des Eingriffs nicht nur möglich, sondern geboten ist.

586 **1.1.4.3 Einzelfälle.** Zulässige **Regelungen der Berufsausübung** sind etwa Schließungszeiten für Verkaufsstellen, das Nachtbackverbot, ein Fahrverbot für Lastkraftwagen an fünf Wochenenden zur Erleichterung des Ferienreiseverkehrs, das Verbot politischer und religiöser Werbung an Taxen, die Warnhinweispflicht auf Tabakerzeugnissen. Unzulässig waren dagegen die außerordentlich strengen und zum Teil nur auf Standesrecht beruhenden Werbeverbote für Rechtsanwälte, Steuerberater, Ärzte und Apotheker.

Als zulässige **subjektive Berufswahlregelungen** sind zB. zu nennen: das Erfordernis der Zuverlässigkeit für den Einzelhandel mit Lebensmitteln oder der Entzug der Kassenzulassung bei gröblicher Pflichtverletzung.

Um **objektive Berufswahlregelungen** ging es bei der Kontingentierung von Genehmigungen für Kraftfahrzeuge im Güterverkehr[41], beim Verbot der Errichtung und Erweiterung von Mühlenbetrieben[42], bei der Bedürfnisprüfung für die Erlaubnis zum Betrieb einer Gaststätte[43] sowie beim Spielbanken- und Sportwettenmonopol[44].

Einer objektiven Berufswahlregelung kommt auch ein **absoluter numerus clausus** gleich.[45] An seine Rechtfertigung sind daher hohe Anforderungen zu richten. Seine Anwendung muss sich „in den Grenzen des unbedingt Erforderlichen unter erschöpfender Nutzung der vorhandenen, mit öffentlichen Mitteln geschaffenen Ausbildungskapazitäten"[46] halten, wobei der Maßstab für die Erforderlichkeit die Funktionsfähigkeit der Universität als Voraussetzung für die Aufrechterhaltung eines ordnungsgemäßen Studienbetriebs ist. Zudem muss die Auswahl und Verteilung nach sachgerechten Kriterien erfolgen, die jedem hochschulreifen Bewerber unter möglichster Berücksichtigung der individuellen Wahl des Ausbildungsortes eine Chance eröffnet. Sachgerecht ist das Kriterium der Eignung, wobei die herangezogenen Eignungskriterien die Vielfalt der

---

37 BVerfGE 7, 377; s. auch BVerfGE 107, 186 – *Impfstoffversand.*
38 BVerfGE 77, 84 (105) – *Arbeitnehmerüberlassung.*
39 BVerfGE 11, 30 (41) – *Kassenarzt-Urteil.*
40 S. dazu Rn. 130 ff.
41 BVerfGE 40, 196 – *Güterkraftverkehrsgesetz* – zulässig zum Schutz der Funktionsfähigkeit und der Wirtschaftlichkeit der Deutschen Bundesbahn.
42 BVerfGE 25, 1 – *Mühlengesetz* – zulässig zum Schutz der Sicherung der Volksernährung.
43 BVerwGE 1, 48 – *Bedürfnisprüfung im Gaststättenrecht* – unzulässig, da diese kein durchgreifendes Mittel darstellt, um die Volksgesundheit vor der Gefährdung des Alkoholmissbrauchs zu schützen.
44 BVerfGE 102, 197 – *Spielbanken*; BVerfGE 115, 276 – *Oddset-Wetten* – jeweils unzulässig, weil die Regelungen nicht konsequent das Ziel der Suchtbekämpfung verfolgten, sondern vielmehr fiskalischen Zielen dienten.
45 BVerfGE 33, 303 (338).
46 BVerfGE 33, 303 (338).

möglichen Anknüpfungspunkte zur Erfassung der Eignung abbilden müssen.[47] Die Auswahlkriterien hat der Gesetzgeber selbst festzulegen.[48] Sowohl im Hinblick auf die Abiturnote als Eignungsindiz als auch in Bezug auf hochschuleigenen Eignungsprüfungen muss die Vergleichbarkeit sichergestellt werden.[49]

Prüfungsregelungen und **Prüfungsentscheidungen** betreffen die Stufe der subjektiven Berufswahlvoraussetzungen. Dementsprechend muss der Prüfungsstoff „sich an den Anforderungen des Berufs ausrichten, dessen Befähigungsmerkmale festgestellt" werden sollen.[50] Die Bewertung der Prüfungsleistung muss hinreichend begründet und nachvollziehbar sein.[51] Aus Art. 3 Abs. 1 GG folgt zudem der Anspruch auf Chancengleichheit, aus Art. 19 Abs. 4 GG der Anspruch auf effektiven Rechtsschutz.[52]

Art. 12 Abs. 1 GG gewährleistet die freie Wahl der Ausbildungsstätte, jedoch keine kostenfreie Ausbildung. Die Erhebung von **Studiengebühren** ist zulässig, solange diese „nicht prohibitiv wirken und sozial verträglich ausgestaltet sind"[53].

Rechtsprechung: BVerfGE 7, 377 – *Apotheke I*; 11, 168 – *Bedürfnisprüfung Taxikonzessionen*; 13, 97 – *Handwerk*; s. dazu auch BVerfG, 1 BvR 1730/02 – vom 5.12.2005, GewArch 2006, 71; BVerfGE 19, 330 – *Sachkundenachweis Einzelhandel*; 33, 125 – *Facharzt*; 33, 303 – *numerus clausus*; 77, 84 – *Arbeitnehmerüberlassung*; 84, 34 – *Gerichtliche Prüfungskontrolle*; 102, 197 – *Spielbank*; 105, 252 – *Glykol*; 115, 276 – *Sportwettenmonopol*; 121, 317 – *Nichtraucherschutzgesetz*; 122, 316 – *CMA-Pflichtabgabe*; 125, 260 – *Vorratsdatenspeicherung*; 126, 112 – *privater Rettungsdienst*; BVerfG, Beschl. v. 1.6.2011 – 1 BvR 233/10, NJW 2011, 2636 – *Arztwerbung*; BVerfGE 129,78 – *Cassina (Grundrechtsfähigkeit juristischer Personen aus EU-Mitgliedstaaten)*; 130, 131 – *Hamburger Passivraucherschutzgesetz*; 134, 1 – *Studiengebühren*; 134, 204 – *Vergütungsvereinbarung*.

Literatur: *C. Brüning*, Nichts geht mehr? Zum grundrechtlichen Schutz der Berufsfreiheit vor staatlicher Wirtschaftstätigkeit, JZ 2009, 29; *W. Frenz*, Die Berufsfreiheit – Nichtraucherschutz, Sportwetten, Studiengebühren, JA 2009, 252; *A.-B. Kaiser*, Die klassische Entscheidung: Das Apotheken-Urteil des BVerfG nach 50 Jahren – Anfang oder Anfang vom Ende der Berufsfreiheit? (Anmerkung zu BVerfG, Urteil v. 11.6.1958 – 1 BvR 596/56 –), Jura 2008, 844; *F. Klims*, Das Grundrecht der Berufsfreiheit in der Fallbearbeitung, JuS 2001, 664; *W. Kluth*, Das Grundrecht der Berufsfreiheit – Art. 12 Abs. 1 GG, Jura 2001, 371; *M. Kment*, Ein Monopol gerät unter Druck – Das „Sportwetten-Urteil" des BVerfG, NVwZ 2006, 617; *M. Kment/J. Fechter*, Art. 12 I GG und die Beschränkung des beruflichen Zusammenschlusses von Freiberuflern im Lichte des Grundgesetzes, JA 2016, 881; *T. Mann/E.-M. Worthmann*, Berufsfreiheit (Art. 12 GG) – Strukturen und Problemkonstellationen, JuS 2013, 385; *C.J. Tams/M. Nolte*, Grundfälle zu Art. 12 Abs. 1 GG, JuS 2006, 31, 130, 218; *J.P. Terhechte*, Der Ladenschluss und die Berufsfreiheit der Apotheker – BVerfG, NJW 2002, 666, JuS 2002, 551; *M. Zimmermann*, Landesrechtliche Rauchverbote in Gaststätten und die Grundrechte der Betreiber von (Klein-)Gaststätten, NVwZ 2008, 705.

Fallbearbeitungen: *G. Beaucamp*, „Streit um die Studiengebühren", JA 2012, 765; *G. Beaucamp*, Streit um das Spielhallengesetz, JA 2016, 834; *C. von Coelln*, Übungsklausur – Öffentliches Recht: Die Verfassungsmäßigkeit der Ausbildungsplatzabgabe – Der aufgedrängte Azubi, JuS 2009, 335; *T. Gas*, Unheimliche Warnhinweise der heimlichen EG-Gesundheitsminister: grundrechtsfest? Jura 2010, 700; *M. Keller*, Übungshausarbeit ÖR Prüfungen ohne Ende – Qualitätskontrollen bei der Anwaltschaft?, Jura 2002, 775; *C. Langenfeld/O. von Bargen/T. Müller*,

---

47 BVerfG, Urt. v. 19.12.2017, 1 BvL 3/14, Rn. 108, 111.
48 BVerfGE 33, 303 (339 f.); BVerfG, Urt. v. 19.12.2017, 1 BvL 3/14, Rn. 117.
49 BVerfG, Urt. v. 19.12.2017, 1 BvL 3/14, Rn. 120, 152, 173.
50 BVerwGE 78, 55 (57) – *Zulässiger Prüfungsumfang*.
51 BVerwGE 91, 262 (267) – *Prüfung zum Wirtschaftsprüfer*.
52 S. aus der Rechtsprechung: BVerwG, Urt. v. 16.1.1984, 7 B 169/83 – *Chancengleichheit im Prüfungsrecht*; BVerfGE 84, 34 (49) zu Art. 19 Abs. 4 GG.
53 BVerfGE 112, 226; 134, 1 – *Studiengebühren*; s. auch BVerwGE 102, 142 (146) – *Instrumentenkoffer für Zahnmedizinstudenten*. S. aber auch Art. 13 II c des Internationalen Paktes für wirtschaftliche, kulturelle und soziale Rechte v. 19.12.1966 – *freies Hochschulstudium*.

Anfängerhausarbeit – Öffentliches Recht: Nichtraucherschutz in Gaststätten, JuS 2008, 795; *J. Lüdemann/Y. Hermstrüwer*, Referendarexamensklausur – Öffentliches Recht: Staatsrecht – Das Verkaufsverbot für Schokoladenzigaretten; JuS 2012, 57; *U. Pollin*, Arbeitsfreie Samstage, JA 2016, 272; *A. Prehn*, „Alles Gute kommt von oben", JA 2010, 438; *F. Rast*, Anfängerklausur – Anwaltliche Schockwerbung, JuS 2017, 229; *B. Reese*, Damit der Landarzt nicht nur im Fernsehen kommt, Jura 2014, 740; *T. Reuter/M. Wiedmann*, Blauer Dunst ade, Jura 2009, 221; *R. Streinz/C. Herrmann/T. Kruis*, (Original-)Referendarexamensklausur – Öffentliches Recht: Europarecht – Kein Pillenvertrieb durch Kapitalisten!, JuS 2011, 1106; *T. Traub*, Maler – ein gefährliches Handwerk, JA 2015, 42.

1.2 Verbot des Arbeitszwangs und der Zwangsarbeit

587 Art. 12 Abs. 2 GG bestimmt, dass niemand „zu einer bestimmten Arbeit gezwungen werden" darf, außer im Rahmen einer herkömmlichen allgemeinen, für alle gleichen öffentlichen Dienstleistungspflicht. Art. 12 Abs. 3 erlaubt Zwangsarbeit allein im Rahmen einer gerichtlich angeordneten Freiheitsentziehung.

Zu klären sind die Begriffe Arbeitszwang, Dienstleistungspflicht und Zwangsarbeit. Dabei macht die Ausnahme der herkömmlichen, allgemeinen und gleichen Dienstleistungspflicht vom Verbot des Arbeitszwangs deutlich, dass es bei diesem Verbot um den **Schutz der freien Entscheidung über den Einsatz der eigenen Arbeitskraft** geht. Unzulässig ist danach die – vollstreckbare – Verpflichtung zu einer bestimmten Arbeit zugunsten des Staates. Die Privatpersonen beteiligen sich an der Erledigung staatlicher Aufgaben durch die Zahlung von Steuern, nicht dadurch, dass sie Dienste zu erbringen haben. Als Ausnahme ist nur das „Herkömmliche", also traditionell Überkommene und Akzeptierte gerechtfertigt. Hierzu zählen etwa die Feuerwehrpflicht in Gemeinden ohne Berufsfeuerwehr[54], die Deichwehrpflicht[55] oder die Nothilfepflicht bei Unglücks- und Katastrophenfällen[56], dagegen nicht die Räumpflicht nach den Landesstraßengesetzen[57], da das Gesetz offen lässt, auf welche Weise der Verpflichtete das gewünschte Ergebnis herbeiführt.[58] Nicht um Arbeitszwang handelt es sich, wenn die Gewährung sozialer Leistungen von der Übernahme zumutbarer Tätigkeiten abhängig gemacht wird, wofür es allerdings im Blick auf die allgemeine Handlungsfreiheit einer gesetzlichen Grundlage bedarf.[59]

588 In Abgrenzung zum Arbeitszwang ist die **Zwangsarbeit** weder auf bestimmte Tätigkeiten noch nur auf einen Teil der Arbeitskraft begrenzt. Sie umfasst den Zwang, die gesamte Arbeitskraft für irgendeine fremdbestimmte Arbeit einzusetzen. Sie ist nach Art. 12 Abs. 3 GG ausschließlich im Rahmen einer gerichtlich angeordneten Freiheitsentziehung zulässig. Darüber hinaus muss ihre Ausgestaltung selbstverständlich auch sonstigen Grundrechten genügen, insbesondere Art. 1 Abs. 1 (Menschenwürde) und Art. 2 Abs. 2 GG (körperliche Unversehrtheit). Aus dem Gedanken der Resozialisierung hat das Bundesverfassungsgericht die Maßgabe entwickelt, dass die Erledigung einer dem Gefangenen zugewiesenen Arbeit eine „angemessene Anerkennung" finden müsse, da sie nur dann der Resozialisierungsfunktion erfüllen könne.[60] Die richterliche Weisung nach Maßgabe des Jugendgerichtsgesetzes eine bestimmte Stundenzahl soziale Arbeitsleistungen zu erbringen, stellt weder Arbeitszwang noch Zwangsarbeit dar.[61] Letzteres entfällt schon deshalb, weil nicht die gesamte Arbeitskraft in Anspruch

---

54 Vgl. § 11 Abs. 2 FwGBW; §§ 13, 23 BayFwG; § 13 Abs. 2 ThürBKG. Zur Verfassungswidrigkeit wegen des Ausschlusses von Frauen s. BVerfGE 92, 91 – *Feuerwehrabgabe*.
55 Vgl. § 6 NDG; §§ 95 ff. BremWG; § 63 HWaG.
56 Vgl. § 25 LKatSG (BW); Art. 22 RhPfVerf; Art. 9 BayKSG.
57 Vgl. § 41 Abs. 2 StrG BW; § 4 I StrReinG NRW; § 4 Abs. 3 StrReinG Berlin.
58 So BVerwGE 22, 26 ff.
59 *J. A. Kämmerer*, in: von Münch/Kunig, Art. 12 Rn. 86.
60 BVerfGE 98, 169 (201) – *Gefangenenentlohnung*; s. auch BVerfG, NJW 2002, 2023.
61 BVerfGE 74, 102 (122) – *jugendrichterliche Weisung*.

genommen wird. Ersteres kommt nicht zur Anwendung, weil nicht die Inanspruchnahme für einen Dienst im öffentlichen Interesse im Vordergrund steht, sondern die Erziehung des jugendlichen Straftäters.

1.3 Wehr- und Ersatzdienstpflicht gemäß Art. 12a GG

Art. 12a GG enthält besondere Dienstverpflichtungen im Zusammenhang mit der Verteidigung. Die 1968 mit der Notstandsverfassung gemäß Art. 12a Abs. 1 GG eingefügte Möglichkeit der Wehrpflicht wurde durch Gesetz vom 28.4.2011[62] vorerst ausgesetzt. Damit ist auch die Ersatzdienstpflicht gemäß Art. 12a Abs. 2 GG zur Zeit für den Friedensfall obsolet. **589**

Spezielle Regelungen über Dienstpflichten für den Verteidigungsfall gemäß Art. 115a GG enthalten Art. 12a Absätze 3, 4 und 6 GG. Dabei betrifft Abs. 3 Wehrpflichtige, die weder Dienst in den Streitkräften noch einen Ersatzdienst leisten, Abs. 4 Dienstpflichten von Frauen unter ausdrücklichem Ausschluss einer Verpflichtung zum Waffendienst[63]; Abs. 6 erlaubt die Einschränkung der Freiheit, einen Beruf oder einen Arbeitsplatz aufzugeben. Art. 12a Abs. 5 GG regelt Dienstleistungspflichten im Spannungsfall gemäß Art. 80a GG.

Rechtsprechung: BVerfGE 74, 102 – *jugendrichterliche Weisung*; 92, 91 – *Feuerwehrabgabe*; 98, 169 – *Gefangenenentlohnung*.
EuGH, Slg. 2000, I-69 – *Tanja Kreil*.

Lösung zu Fall 14: Wettmonopol[64]

Die Verfassungsbeschwerde des B gegen das letztinstanzliche Gerichtsurteil, das die Versagung der Erlaubnis für die Veranstaltung und Vermittlung von Pferdewetten bestätigt, hat Erfolg, wenn sie zulässig und begründet ist.

I. Zulässigkeit

Die Zulässigkeit der Verfassungsbeschwerde richtet sich nach Art. 93 Abs. 1 Nr. 4a GG, §§ 13 Nr. 8a, 90 ff. BVerfGG.

1. Beschwerdefähigkeit

Nach Art. 93 Abs. 1 Nr. 4a GG, § 90 Abs. 1 BVerfGG ist „jedermann" beschwerdefähig. „Jedermann" meint im Hinblick auf die Funktion der Verfassungsbeschwerde jeden Grundrechtsträger, also insbesondere natürliche Personen. B ist beschwerdefähig.

2. Beschwerdegegenstand

Beschwerdegegenstand sind Akte der öffentlichen Gewalt, also in Entsprechung zur Grundrechtsbindung gemäß Art. 1 Abs. 3 GG Akte der Gesetzgebung, vollziehenden Gewalt und Rechtsprechung. Die behördliche Versagung der Erlaubnis wie auch die bestätigenden Gerichtsentscheidungen sind somit taugliche Beschwerdegegenstände. Angesichts des Instanzenzuges genügt es, wenn B sich mit seiner Verfassungsbeschwerde gegen das letztinstanzliche Urteil wendet.

3. Beschwerdebefugnis

Des Weiteren muss B geltend machen, in eigenen Grundrechten verletzt zu sein. B macht geltend, durch die Versagung der Erlaubnis an der Erweiterung seines Geschäfts gehindert zu werden. Er sieht darin eine Verletzung in Grundrechten wie

---

62 BGBl. I, S. 678 (Nr. 19).
63 S. dazu EuGH, Urt. v. 11.1.2000 – Rs. C – 285/98, Slg. 2000, I-69 – *Tanja Kreil*.
64 Fall nach BVerfGE 115, 276 ff.

auch von Unionsrecht. Da es sich um eine Beschränkung der beruflichen Tätigkeit handelt und B offenbar – da Gegenteiliges nicht mitgeteilt wird – Deutscher ist, erscheint eine Verletzung des B in seiner Berufsfreiheit nicht ausgeschlossen. Demgegenüber stellt Unionsrecht keinen vom Bundesverfassungsgericht angewendeten Prüfungsmaßstab dar. Da die Unionsrechtswidrigkeit nationalen Rechts auch nicht zur Nichtigkeit führt, sondern nur zur Unanwendbarkeit in grenzüberschreitenden Sachverhalten, nicht aber in rein nationalen Sachverhalten, stellt die Frage der Unionsrechtswidrigkeit auch keine Vorfrage dar, deren Beantwortung die Grundrechtsprüfung obsolet machen könnte. B ist durch die behördliche Versagung seines Antrags und die Urteile selbst, gegenwärtig und unmittelbar betroffen. Er ist beschwerdebefugt.

4. Rechtswegerschöpfung

B hat den Rechtsweg, wie von § 90 Abs. 2 S. 1 BVerfGG gefordert, erschöpft.

5. Form und Frist

Form und Frist richten sich nach §§ 23 Abs. 1, 92, 93 Abs. 1 BVerfGG.

6. Ergebnis: Die Verfassungsbeschwerde des B ist zulässig.

II. Begründetheit

Die Verfassungsbeschwerde ist begründet, wenn die Versagung der Erlaubnis B in seinen Grundrechten verletzt.
Die Urteile könnten B in seiner Berufsfreiheit verletzen.

1. Schutzbereich

Der Schutzbereich der Berufsfreiheit umfasst die Berufswahl und die Berufsausübung. Beruf ist jede auf Dauer angelegte Tätigkeit, die der Schaffung und Erhaltung einer Lebensgrundlage dient. Die Veranstaltung und die Vermittlung von Sportwetten mit festen Gewinnquoten sind in Bayern für Private verboten. Fraglich ist, ob eine Tätigkeit erlaubt sein muss, damit sie grundrechtlich geschützt ist. Wenn bereits ein einfachgesetzliches Verbot der Qualifikation als Beruf entgegenstehen würde, könnte der Gesetzgeber über den Schutzbereich von Art. 12 Abs. 1 GG disponieren. Dies widerspricht der Grundrechtsbindung der Gesetzgebung gemäß Art. 1 Abs. 3 GG. Ein Verbot allein genügt also nicht. Erst eine Tätigkeit, die schlechthin gemeinschaftsschädlich ist, wird nicht mehr von der Berufsfreiheit geschützt. Da die Rechtsordnung das Angebot von Sportwetten als erlaubte Tätigkeit iRd. Rennwett- und Lotteriegesetzes kennt und der Staat diese Tätigkeit ausführt, kann nicht von einer den Schutzbereich ausschließenden Sozialschädlichkeit ausgegangen werden. Die Vermittlung von Sportwetten, wie B sie zu Erwerbszwecken beabsichtigt, unterfällt damit der Berufsfreiheit. Der Schutzbereich von Art. 12 Abs. 1 GG ist eröffnet.

2. Eingriff

Die staatliche Versagung der Erlaubnis beeinträchtigt B in seiner beruflichen Tätigkeit. Es handelt sich um einen klassischen Grundrechtseingriff mit objektiv berufsregelnder Tendenz.

3. Verfassungsrechtliche Rechtfertigung

Der Eingriff in Art. 12 Abs. 1 S. 1 GG könnte gerechtfertigt sein.

a) Schranke

Gemäß Art. 12 Abs. 1 S. 2 GG unterliegt die Berufsausübung einem Regelungsvorbehalt. Demnach scheint die Berufswahl vorbehaltlos gewährt zu sein. Dagegen spricht jedoch, dass Berufswahl und Berufsausübung letztlich eine untrennbare Einheit bilden. Die Berufswahl ist der Beginn der Berufsausübung und die Berufsausübung die tägliche Bestätigung der Berufswahl. Qualifikationsanforderungen für die Aufnahme eines Berufs stellen dementsprechend gleichzeitig Berufsausübungsbindungen dar. Auch zur Konkretisierung allfälliger verfassungsimmanenter Schranken durch andere Rechtsgüter von Verfassungsrang bedarf es der Erstreckung des Regelungsvorbehalts auf den gesamten Schutzbereich der Berufsfreiheit.

b)   Verfassungsmäßigkeit der Schrankenkonkretisierung

Zu prüfen ist, ob das BayStaatslotterieG als schrankenkonkretisierendes Gesetz verfassungsmäßig ist.

aa)   Formelle Verfassungsmäßigkeit

Die Länder besitzen die Gesetzgebungskompetenz gem. Art. 72 Abs. 1, 74 Abs. 1 Nr. 11 GG, da der Bundesgesetzgeber insoweit von seiner konkurrierenden Gesetzgebungskompetenz keinen Gebrauch gemacht hat und im Lichte des Art. 72 Abs. 2 GG auch zweifelhaft ist, ob er davon Gebrauch machen könnte. Für die Prüfung weiterer formeller Voraussetzungen besteht kein Anlass.

bb)   Materielle Verfassungsmäßigkeit

Das Gesetz müsste auch materiell verfassungsgemäß, dh. vor allem verhältnismäßig sein.

(1) Der Inhalt der Dreistufentheorie

In Entsprechung zu den Gründen für die oben dargelegte Erstreckung des Gesetzesvorbehalts lassen sich die Verhältnismäßigkeitsanforderungen danach strukturieren, ob sie allein Details der Berufsausübung oder grundsätzliche Voraussetzungen der Tätigkeit und damit die Berufswahl betreffen. Hinsichtlich der Berufswahl ist zu unterscheiden zwischen Anforderungen, welche die Person der Berufstätigen betreffen und objektiven Berufswahlregelungen.

Einzelheiten der Berufsausübung kann der Gesetzgeber im Blick auf jeden sachgerechten Zweck regeln. Subjektive Berufswahlregelungen sind dagegen nur zur Sicherung der ordnungsgemäßen Berufsausübung zulässig. Objektive Berufswahlregelungen wie etwa Kontingente oder Monopole sind nur verfassungsgemäß, wenn sie zum Erreichen eines überragend wichtigen Gemeinwohlzwecks unabdingbar sind, dh. insbesondere wenn nicht bereits Regelungen auf einer der beiden anderen Stufen ausreichen. Auf allen Stufen müssen die Regelungen zudem geeignet, erforderlich und angemessen sein.

(2) Stufenzuordnung

Für die Rechtfertigungsprüfung ist festzustellen, ob es sich bei dem Verbot von Sportwetten außer Pferdewetten um eine Berufsausübungs- oder um eine Berufswahlregelung handelt. Dies hängt davon ab, ob die Veranstaltung und Vermittlung von Sportwetten insgesamt einen Beruf darstellt oder ob zwischen verschiedenen Wett- oder Sportarten zu unterscheiden ist, es also den Beruf des Pferdesportwettenveranstalters, des Autosportwettveranstalters usw. gibt. Die Abgrenzung der Berufe kann durch rechtliche Regelungen beeinflusst sein sowie durch die allgemeine Anschauung. Auch wenn man von einem einheitlichen Beruf des Sportwettenveranstalters ausgeht, hat das Verbot ganzer Ausübungssparten jedoch ein Gewicht, das gewöhnliche Berufsausübungsregelungen übersteigt und in die Nähe einer Berufswahlregelung gerät, die zudem von der Person des Veranstalters losgelöst ist und daher objektiven Charakter hat. Dies legt es nahe, das Verbot nach den Vorgaben der höchsten Stufe zu prüfen. Genügt es diesen Anforderungen, kommt es auf die genaue Einordnung nicht an, zumal der Eingriff letztlich verhältnismäßig sein muss, da der Dreistufenansatz eine Strukturierung des Verhältnismäßigkeitsgrundsatzes darstellt, nicht eine Prüfung mit einem alternativen materiellen Inhalt.

Das Verbot der privaten Veranstaltung von Sportwetten soll die Spiel- und Wettsucht bekämpfen und dadurch der Volksgesundheit, dem Jugendschutz, dem Schutz vor betrügerischen Machenschaften und der Abwehr von Begleitkriminalität dienen. Hierbei handelt es sich um überragend wichtige Gemeinwohlziele. Rein fiskalische Interessen des Staates können demgegenüber keinen legitimen Zweck von ausreichendem Gewicht darstellen, auch wenn die Einnahmen für Gemeinwohlzwecke verwendet werden.

(3) Geeignetheit

Das Gesetz müsste geeignet, dh. dem gewünschten Erfolg förderlich sein. Die Geeignetheit entfällt nicht deshalb, weil ein staatliches Wettmonopol nur beschränkt durchsetzbar ist und es stets illegale Formen des Glücksspiels geben wird, die man nicht unterbinden kann. Es genügt, wenn durch die Monopolisierung beim Staat der Zugang zu Wettgelegenheiten erschwert, zumindest kanalisiert wird. Es liegt auch nicht außerhalb des dem Gesetzgeber zustehenden Einschätzungsspielraums aufgrund des derzeitigen Erkenntnisstandes mit einem nicht unerheblichen Suchtpotenzial zu rechnen und dies zum Anlass der Prävention zu nehmen.

(4) Erforderlichkeit

Das Verbot müsste erforderlich sein, dh. es dürfte kein gleich wirksames, milderes Mittel geben. Es besteht zwar die Möglichkeit, den Jugendschutz und die Vermeidung von Begleitkriminalität durch die Normierung von rechtlichen Anforderungen an das gewerbliche Wettangebot privater Wettunternehmen zu realisieren. Der Gesetzgeber hat aber auch hier einen Beurteilungsspielraum, und die Einschätzung, dass mit einem staatlichen Monopol die Gefahren effektiver beherrscht werden können, ist keine unvertretbare Einschätzung.

(5) Angemessenheit

Das Verbot müsste auch angemessen sein. Der Ausschluss von gewerblichen Wettangeboten durch private Anbieter ist nur dann zumutbar, wenn das staatliche Wettmonopol in seiner konkreten Ausgestaltung tatsächlich der Vermeidung und Abwehr von Spielsucht und Folgeproblemen dient. Die Vermarktung von Wetten seitens des Staates lässt keine Ausrichtung erkennen, nach der aktiv Wettsucht bekämpft werden soll. Das Bayerische StaatslotterieG enthält hauptsächlich Regeln zur Zuständigkeit und Organisation. Auch § 284 StGB beseitigt das Defizit mangels inhaltlicher Vorgaben für die Ausgestaltung des Wettangebots nicht. Staatliche Sportwetten werden vielmehr breit vermarktet. Eine aktive Suchtprävention findet nicht statt. Das Verbot der Vermittlung von Sportwetten ist damit nicht angemessen.

c)   Verfassungsmäßigkeit der Anwendung im Einzelfall

Da das der behördlichen Versagung und den Gerichtsentscheidungen zugrundeliegende Gesetz verfassungswidrig ist, sind auch die angegriffenen Entscheidungen im Einzelfall verfassungswidrig.

4.   Ergebnis

B wird durch die Versagung der beantragten Erlaubnis und die bestätigenden Urteile in seiner Berufsfreiheit verletzt. Nach § 95 Abs. 3 S. 1 BVerfGG hat das Bundesverfassungsgericht verfassungswidrige Gesetze für nichtig zu erklären und nach § 95 Abs. 2 BVerfGG verfassungswidrige Entscheidungen aufzuheben.

Von der Nichtigerklärung macht das Gericht Ausnahmen, sofern die Sach- und Rechtslage dies erfordert. Da die Reglementierung des Wettangebots zur Bekämpfung der Spielsucht im Wege einer Monopolisierung beim Staat nicht per se unzulässig ist, stehen dem Gesetzgeber verschiedene Wege offen, einen verfassungsmäßigen Zustand herzustellen. Dem trägt das Bundesverfassungsgericht in der Weise Rechnung, dass es die Norm entgegen § 95 Abs. 3 S. 1 BVerfGG nicht für nichtig, sondern nur für unvereinbar mit dem GG erklärt. Während einer Übergangszeit bleibt es bei der bisherigen Rechtslage. In der Übergangszeit muss der Staat das Wettmonopol konsequent an der Bekämpfung von Wettsucht ausrichten. Auch die angegriffenen Urteile sind nicht nach § 95 Abs. 2 BVerfGG aufzuheben, sondern haben Bestand, da das Gesetz bis zu einer Neuregelung mit den genannten Maßgaben anwendbar bleibt.

III. Gesamtergebnis

Die Verfassungsbeschwerde des B ist begründet. Er wird dennoch vorerst sein Spielangebot nicht erweitern dürfen.

2. Kapitel: Art. 14 GG: Die Gewährleistung von Eigentum und Erbrecht

Fall 15: Denkmalschutz

Die K-AG, ein Industrieunternehmen, ist Eigentümerin einer gegen Ende des 19. Jahrhunderts als Direktorenwohnhaus errichteten Villa, die in unmittelbarer Nähe des Industriebetriebs der K-AG liegt. Bis 1955 wurde das Gebäude als Wohnhaus genutzt; anschließend diente es betrieblichen Zwecken. Wegen mangelnder Eignung für diese Zwecke und vergeblicher Bemühungen um eine andere sinnvolle Nutzung oder Verpachtung steht das Gebäude seit 2001 leer. Die jährlichen Unterhaltungskosten betragen ca. 150000 Euro. Zur Verhinderung des von der K-AG geplanten Abbruchs der Villa stellte die zuständige Denkmalschutzbehörde diese 2008 unter Denkmalschutz. Rechtsmittel der K-AG gegen diese Entscheidung blieben ohne Erfolg. Auch der Antrag der K-AG auf eine denkmalschutzrechtliche Abbruchgenehmigung wurde abgewiesen. Hiergegen erhob die K-AG wiederum Klage. Das zur Entscheidung berufene Verwaltungsgericht hegt Zweifel an der Verfassungsmäßigkeit der anzuwendenden Normen des Landes-Denkmalschutzgesetzes (DSchG). Diese lauten:

§ 13 (Genehmigung von Veränderungen)

(1) Ein geschütztes Kulturdenkmal darf nur mit Genehmigung
1. zerstört, abgebrochen, zerlegt oder beseitigt,
2. umgestaltet oder in seinem Bestand verändert, werden.
Im Falle der Nummer 1 darf die Genehmigung nur erteilt werden, wenn andere Erfordernisse des Gemeinwohls die Belange des Denkmalschutzes und der Denkmalpflege überwiegen; hierbei ist zu prüfen, ob den überwiegenden Erfordernissen des Gemeinwohls nicht auf andere Weise Rechnung getragen werden kann.

§ 31 (Sonstige entschädigungspflichtige Maßnahmen)

(1) Kann auf Grund einer auf diesem Gesetz beruhenden Maßnahme die bisher rechtmäßig ausgeübte Nutzung eines Gegenstandes nicht mehr fortgesetzt werden und wird hierdurch die wirtschaftliche Nutzbarkeit insgesamt erheblich eingeschränkt, so hat das Land eine angemessene Entschädigung zu leisten. Das gleiche gilt, wenn die Maßnahme in sonstiger Weise enteignend wirkt.

(2) Bei unbeweglichen Gegenständen finden die Bestimmungen des Landesenteignungsgesetzes über die Entschädigung entsprechende Anwendung.

Mit eingehender Begründung der Entscheidungserheblichkeit und Verfassungswidrigkeit insbesondere des § 13 Abs. 1 S. 2 DSchG setzt das Verwaltungsgericht das Verfahren aus und stellt beim Bundesverfassungsgericht einen Antrag auf Normenkontrolle gemäß Art. 100 Abs. 1 GG.
Ist § 13 Abs. 1 S. 2 DSchG mit dem Grundgesetz vereinbar?

590 Art. 14 Abs. 1 S. 1 GG enthält die Gewährleistung von Eigentum und Erbrecht, deren Inhalt und Schranken nach S. 2 vom Gesetzgeber bestimmt werden. Diese Formulierung macht deutlich, dass es sich beim Eigentum wie beim Erbrecht nicht um natürliche Freiheiten handelt, sondern um den verfassungsrechtlichen **Schutz von Rechtsgütern, die vom** Recht, also dem **Gesetzgeber,** überhaupt **erst geschaffen werden.** Daraus ergibt sich ein besonderes Problem hinsichtlich der Grundrechtsbindung des Gesetzgebers. Die Lösung liegt in der Unterscheidung von zwei Gewährleistungsschichten: dem Eigentum bzw. Erbrecht als Rechtsinstitut und den Eigentums- und Erbrechtspositionen in der Hand einzelner Personen.

2.1 Die Eigentumsgewährleistung

2.1.1 Der Eigentumsbegriff

Noch zur Zeit der Weimarer Reichsverfassung herrschte die Auffassung, dass die ver- **591** fassungsrechtliche Eigentumsgewährleistung das Sacheigentum im Sinne des bürgerlichen Rechts zum Gegenstand habe.[1] Diesem Verständnis, das unter der Geltung des Grundgesetzes zunächst weiterwirkte, erteilte das Bundesverfassungsgericht in der für die Eigentumsdogmatik grundlegenden Nassauskiesungsentscheidung[2] eine klare Absage. Es unterstrich, dass der Begriff des verfassungsrechtlich gewährleisteten Eigentums im Sinne des Art. 14 GG aus der Verfassung selbst gewonnen werden müsse. Das Grundgesetz habe dem **Gesetzgeber** den **Auftrag** zugewiesen, eine **Eigentumsordnung zu schaffen**, die sowohl den privaten Interessen des Einzelnen als auch denen der Allgemeinheit gerecht werden müsse. Ihm obliege dabei eine doppelte Aufgabe. Er müsse im Privatrecht die für den Rechtsverkehr und die Rechtsbeziehungen der Bürger untereinander maßgeblichen Vorschriften schaffen, andererseits habe er den Belangen der Allgemeinheit in den meist öffentlich-rechtlichen Regelungen Rechnung zu tragen. Bei der Bestimmung der verfassungsrechtlichen Rechtsstellung des Eigentümers wirkten bürgerliches Recht und öffentlich-rechtliche Gesetze zusammen. Die bürgerlichrechtliche Eigentumsordnung sei weder abschließende Regelung von Inhalt und Schranken des Eigentums, noch komme den privatrechtlichen Vorschriften im Rahmen des Art. 14 GG Vorrang vor den öffentlich-rechtlichen Vorschriften zu.[3]

Was genau Inhalt des Eigentums ist, bestimmt also der Gesetzgeber. Dabei ist er allerdings nicht völlig frei. Seine **Bindungen** hinsichtlich der Gewährleistung von Eigentum als Bestandteil der Rechtsordnung ergeben sich aus der **Rechtsinstitutsgarantie** (dazu sogleich Rn. 598). Auch wenn der verfassungsrechtliche Eigentumsbegriff nicht mit dem bürgerlich-rechtlichen Eigentum identisch ist, orientiert er sich doch an dessen Strukturmerkmalen: Zum verfassungsrechtlich geschützten Eigentum zählen **alle vermögenswerten Rechtspositionen, die einer Privatperson zum privaten Nutzen und zu grundsätzlich freier Verfügung zugeordnet sind.**[4] Art. 14 GG schützt also nicht das Privateigentum als solches, sondern das Eigentum Privater.[5] Dazu gehören zunächst die privatrechtlichen vermögenswerten Rechte in der Hand von Privatpersonen: neben Grund- und Sacheigentum also auch Hypotheken, Grundschulden, Kaufpreisansprüche, Vorkaufsrechte, Wertpapiere, Patente und Urheberrechte.

Das Bundesverfassungsgericht hat sogar das **Besitzrecht des Mieters** dem verfassungs- **592** rechtlichen Eigentumsbegriff des Art. 14 GG zugeordnet.[6] Dies hat erhebliche Kritik hervorgerufen. In der Tat stellt sich die Frage, ob diese Klassifizierung den verfassungsrechtlichen Eigentumsbegriff nicht doch überdehnt, denn bei der Miete handelt es sich um ein nur schuldrechtlich abgeleitetes Besitzrecht, das zwar umfassend zur Nutzung, aber nicht zur Verfügung berechtigt. Die Feststellung des Bundesverfassungsgerichts, das Besitzrecht des Mieters sei diesem „wie Sacheigentum zugeordnet"[7] bleibt Behauptung.

Keinen verfassungsrechtlichen Eigentumsschutz genießen dagegen bloße Erwerbschan- **593** cen, die etwa auf bestehenden Geschäftsverbindungen, dem Kundenstamm oder der

---

1 *U. Mager*, Einrichtungsgarantien, 2003, S. 177.
2 BVerfGE 58, 300 – *Nassauskiesung*.
3 BVerfGE 58, 300 (335 f.).
4 BVerfGE 70, 191 (199) – *Fischereirecht*; BVerfGE 126, 369 (390) – *Fremdrentengesetz*.
5 BVerfGE 61, 82 (108) – *Gemeinde Sasbach*.
6 BVerfGE 89, 1 – *Besitzrecht des Mieters*.
7 BVerfGE 89, 1 (6).

Stellung am Markt beruhen.[8] Der vom BGH als Schutzgut im Rahmen des deliktischen Schadensersatzanspruchs anerkannte „**eingerichtete und ausgeübte Gewerbebetrieb**"[9] genießt verfassungsrechtlichen Eigentumsschutz nur hinsichtlich der ihm zugrundeliegenden Eigentumspositionen[10] wie Patentrechte, Urheberrechte oder Betriebsanlagen.

594 Streitig ist, inwieweit das **Vermögen als solches** von der Eigentumsgarantie geschützt wird. Diese Frage wird insbesondere in Bezug auf Steuerbelastungen erörtert. Insoweit ist zu differenzieren: Sofern eine Steuerbelastung an die Verfügung oder die Nutzung von Eigentum anknüpft, ist auch das Eigentum betroffen.[11] Anderes gilt etwa für die Lohnsteuer, die tatbestandlich die Nutzung der Arbeitskraft zum Gegenstand hat. Dass unabhängig von der tatbestandlichen Anknüpfung eine Steuerlast mit erdrosselnder Wirkung stets die Eigentumsgarantie betrifft und dann auch sogleich verfassungswidrig ist, wird vertreten[12], ist aber nicht stringent begründet. Für die Betroffenheit der Eigentumsgarantie muss es entscheidend darauf ankommen, ob die Privatnützigkeit und/oder grundsätzliche Verfügungsbefugnis vermögenswerter Rechte unmittelbar oder zumindest mittelbar faktisch betroffen sind. Lässt sich auf diese Weise kein Eingriff in Art. 14 GG darlegen, so bleibt immer noch der in der Sache kaum geringere Schutz am Maßstab von Art. 2 Abs. 1 GG. Keinesfalls gewährt Art. 14 GG Schutz vor Geldentwertung.

595 Da der Gesetzgeber Inhalt und Schranken des Eigentums durch Normen des privaten wie des öffentlichen Rechts bestimmen kann, umfasst der verfassungsrechtliche Eigentumsbegriff auch **öffentlich-rechtliche Rechtspositionen mit Vermögenswert**. Neben den grundlegenden Prinzipien der Privatnützigkeit und der grundsätzlichen Verfügungsbefugnis kommt es entscheidend darauf an, dass es sich um Rechtspositionen handelt, die im Wesentlichen **durch eigene Leistung erworben** wurden und die **Funktion des Eigentums** erfüllen, „einen Freiheitsraum im vermögensrechtlichen Bereich zu sichern und dem Einzelnen damit die eigenverantwortliche Gestaltung des Lebens zu ermöglichen"[13]. Diese Anforderungen – Privatnützigkeit, Eigenleistung, Existenzsicherung – erfüllen etwa Rentenansprüche[14] sowie der Anspruch auf Arbeitslosenunterstützung[15]. Demgegenüber stellen öffentlich-rechtliche Erlaubnisse (zB. Gaststättenerlaubnis) und Konzessionen[16] (zB. Taxikonzession), deren Funktion etwa in der Gefahrenabwehr oder der Aufrechterhaltung einer angemessenen Versorgung mit Dienstleistungen liegt, kein Eigentum im Sinne des Art. 14 GG dar.

Wie sich bereits aus der Definition des verfassungsrechtlichen Eigentumsbegriffs ergibt, sind in Bezug auf die geschützten vermögenswerten Rechtspositionen die selbstbestimmte Nutzung und die freie Verfügung im Sinne von Übertragung der Eigentumsposition gewährleistet.

2.1.2　Persönlicher Schutzbereich

596 Grundrechtsträger kann jedermann sein; gemäß Art. 19 Abs. 3 GG zählen hierzu auch juristische Personen. Wie schon zum sachlichen Schutzbereich ausgeführt, ist aber nur das **Eigentum in der Hand von Privaten zu privatem Nutzen** geschützt. Juristische

---

8 BVerfGE 95, 173 (187 f.) – *Warnhinweis für Tabakerzeugnisse.*
9 BGHZ 3, 270 (278) – *Constanze I*; BGH, NJW 2012, 2034 (2036 f.) – *gewinn.de.*
10 S. BVerfG, NJW 1992, 36 (37) – *KakaoVO.*
11 BVerfGE 115, 97 (110 ff.) – *Halbteilungsgrundsatz*; krit. und differenzierend *R. Wernsmann*, Die Steuer als Eigentumsbeeinträchtigung, NJW 2006, 1169 ff.
12 BVerfGE 95, 267 (300) – *Altschulden.*
13 BVerfGE 50, 290 (339) – *Mitbestimmung*; 95, 64 (84) – *Mietpreisbindung.*
14 BVerfGE 53, 257 (290 ff.) – *Versorgungsausgleich I.*
15 BVerfGE 74, 9 (25) – *Arbeitsförderungsgesetz 1979.*
16 BVerfGE 17, 232 (247 f.) – *Apotheken-Mehrbetrieb* lässt diese Frage offen. Ebenfalls ablehnend zB. *B.-O. Bryde*, in: v. Münch/Kunig, Art. 14 Rn. 28.

Personen des öffentlichen Rechts, denen Privateigentum stets nur im Interesse und zur Verfolgung des Gemeinwohls zugeordnet ist, können sich daher nicht auf die Eigentumsgarantie berufen.[17]

2.1.3 Gewährleistungsgehalt

Auch Art. 14 GG verbürgt vor allem ein Abwehrrecht gegen staatliche Eingriffe, und zwar in erster Linie in Form einer **Bestandsgarantie** und in zweiter Linie in Form einer **Wertgarantie**. Diesen Garantien voraus liegt die **Rechtsinstitutsgarantie**, die sich allein an den Inhalt und Schranken bestimmenden Gesetzgeber richtet. **597**

2.1.3.1 Rechtsinstitutsgarantie. Bereits die Eigentumsgarantie der Weimarer Reichsverfassung wurde dahingehend verstanden, dass sie nicht nur ein Abwehrrecht gegen Eingriffe in das Privateigentum durch die Verwaltung gewährte, sondern auch eine Rechtsinstitutsgarantie. Diese Rechtsinstitutsgarantie sollte das Privateigentum im Sinne des BGB vor Abschaffung und Denaturierung durch einfaches Gesetz schützen. Hintergrund war damals das Fehlen einer ausdrücklichen Verfassungsbindung des Gesetzgebers und die Furcht vor Sozialisierungsbestrebungen.[18] Dagegen bestimmt das Bundesverfassungsgericht den verfassungsrechtlichen Eigentumsbegriff heute nicht mehr historisch und damit privatrechtlich, sondern funktional. Die **Garantie des Eigentums steht im Dienst der freien Entfaltung der Persönlichkeit**, indem sie die vermögensrechtliche Grundlage für die eigenverantwortliche Lebensgestaltung schützt.[19] Dementsprechend genießen Eigentumspositionen umso intensiveren Schutz, je mehr sie für die freie Entfaltung der Persönlichkeit von Bedeutung sind.[20] Für die Rechtsinstitutsgarantie folgt daraus: „Die Institutsgarantie verbietet, dass solche Sachbereiche der Privatrechtsordnung entzogen werden, die zum elementaren Bestand grundrechtlich geschützter Betätigung im vermögensrechtlichen Bereich gehören, und damit der durch das Grundrecht geschützte Freiheitsbereich aufgehoben oder wesentlich geschmälert wird."[21] Die Privatrechtsordnung hinsichtlich vermögenswerter Rechte ist wiederum geprägt durch die Strukturmerkmale der Privatnützigkeit und grundsätzlichen Verfügungsbefugnis. Gegenstand der Rechtsinstitutsgarantie ist danach eine **verfassungsrechtliche Präferenzentscheidung** für die rechtliche Ausgestaltung von vermögenswerten Rechtspositionen gemäß den genannten Grundsätzen im Dienste der freien Entfaltung der Persönlichkeit als **Auftrag an den Gesetzgeber**. Dieser Auftrag umfasst sowohl die Schaffung einer Eigentumsrechtsordnung zwischen den Privaten als auch die Konkretisierung der Sozialbindung des Eigentums für das Gemeinwohl. Verstöße gegen die Rechtsinstitutsgarantie können bei individueller Betroffenheit als Verletzung im subjektiven Recht auf Eigentum geltend gemacht werden. **598**

2.1.3.2 Bestandsgarantie. Die Bestandsgarantie des Eigentums bindet nicht nur den Gesetzgeber, sondern auch Verwaltung und Gerichtsbarkeit. Sie **schützt die** vom Gesetzgeber geschaffenen und **bestehenden Eigentumsrechte** in der Hand jeder einzelnen Privatperson vor Veränderung und vor Entzug, was allerdings nicht bedeutet, dass der Gesetzgeber nicht verändern oder entziehen dürfte. Dies ist vielmehr nach Maßgabe der Anforderungen an die verfassungsrechtliche Rechtfertigung von Inhalts- und Schrankenbestimmungen einerseits, Enteignungen andererseits zu messen.[22] **599**

---

17 BVerfGE 61, 82 (100 ff.); zu einer unionsrechtlich geforderten Ausnahme s. BVerfGE 143, 246 Rn. 196 ff. – *Atomausstieg*.

18 *U. Mager*, Einrichtungsgarantien, 2003, S. 177.

19 BVerfGE 24, 367 (389) – *Hamburger Deich*; s. auch BVerfGE 50, 290 (340 f.); BVerfGE 95, 64 (84).

20 BVerfGE 14, 288 (293 f.) – *Selbstversicherung*; BVerfGE 50, 290 (340) – *Mitbestimmung*.

21 BVerfGE 24, 367 (389); s. auch BVerfGE 42, 263 (294 f.) – *Contergan*.

22 Dazu sogleich unter 2.1.4.

600 2.1.3.3 **Wertgarantie.** An die Stelle des Bestandsschutzes kann der Wertersatz treten, sofern Veränderung oder Entzug eigentumsrechtlicher Positionen an und für sich verfassungsrechtlich gerechtfertigt, aber nicht entschädigungslos zu dulden sind. Die entschädigungslose Duldung einer Veränderung eigentumsrechtlicher Positionen ist im Falle einer Inhalts- und Schrankenbestimmung der Regelfall, zu dem es Ausnahmen gibt.[23] Demgegenüber ist der Entzug von eigentumsrechtlichen Positionen in Form der Enteignung ausnahmslos zu entschädigen.[24]

2.1.4 Schranken und ihre verfassungsmäßige Konkretisierung

601 Eine Besonderheit der Eigentumsgarantie besteht darin, dass strikt zwischen den eben schon genannten **zwei Arten von Eingriffen** zu unterscheiden ist: Inhalts- und Schrankenbestimmungen einerseits und Enteignungen andererseits. Diese Unterscheidung wirkt sich bei der Prüfung der verfassungsrechtlichen Rechtfertigung aus. Während Inhalts- und Schrankenbestimmungen am Maßstab von Art. 14 Abs. 1 und 2 GG zu prüfen sind, gilt für Enteignungen Art. 14 Abs. 3 GG.

602 2.1.4.1 **Unterscheidung zwischen Inhalts- und Schrankenbestimmung einerseits, Enteignung andererseits.** Die Schwierigkeiten hinsichtlich der Unterscheidung zwischen Inhalts- und Schrankenbestimmung einerseits, Enteignung andererseits haben ihren Ursprung in der Auslegung und Anwendung der Eigentumsgarantie der Weimarer Reichsverfassung, Art. 153 WRV. Der wesentliche Unterschied zu Art. 14 GG bestand darin, dass der Entschädigungsanspruch im Falle einer Enteignung verfassungsunmittelbar garantiert war, wohingegen Art. 14 Abs. 3 GG ausdrücklich ein Gesetz verlangt, welches nicht nur den Enteignungstatbestand, sondern auch Art und Ausmaß der Entschädigung regelt („**Junktimklausel**"). Zusammen mit dem bürgerlich-rechtlichen Verständnis des verfassungsrechtlichen Eigentumsbegriffs führte der verfassungsunmittelbare Entschädigungsanspruch nach Art. 153 WRV dazu, dass die Zivilgerichte für jede Beschränkung des zivilrechtlichen Eigentums durch öffentlich-rechtliche Vorschriften – etwa Nutzungsbeschränkungen für Zwecke des Naturschutzes oder des Denkmalschutzes –, die eine Privatperson besonders schwer oder schwerer als andere (Sonderopfer) traf, Entschädigung zusprachen, unabhängig davon, ob die betroffene Person zuvor Rechtsschutz gegen die belastende Maßnahme gesucht hatte oder nicht. Jede besonders schwere oder auch einen einzelnen besonders schwer treffende Eigentumsbeeinträchtigung wurde auf diese Weise zur Enteignung.[25] Dieser Ansatz wurde von den Fachgerichten zunächst auch unter dem Grundgesetz weiterverfolgt. Um der Junktimklausel gerecht zu werden, schuf der Gesetzgeber daher sog. salvatorische Entschädigungsklauseln, die für den Fall, dass Maßnahmen enteignende Wirkung entfalten, Entschädigung zusprachen. Obwohl das Bundesverfassungsgericht bereits früh die Verantwortung des Gesetzgebers für die Regelung nicht nur der Eigentumsbeschränkungen und Enteignungen, sondern vor allem auch für die Enteignungsentschädigungen betont hatte, löste erst die Nassauskiesungsentscheidung aus dem Jahre 1981 bei den Fachgerichten ein Umdenken aus. **Nicht mehr materielle Kriterien wie Schwere oder Sonderopfer, sondern allein die formale Unterscheidung** zwischen Inhalts- und Schrankenbestimmungen als **abstrakt-generelle Normierungen von Eigentumspositionen**[26] und der Enteignung als **konkret-individueller Entzug eines konkreten Eigentumsgegenstands**[27] sind für die Abgrenzung **entscheidend**. Hierbei kann die verwaltungsmäßige Vollziehung einer Inhalts- und Schrankenbestimmung (zB. Anwendung

---

23 S. dazu Rn. 607.

24 S. dazu Rn. 608.

25 BVerwGE 5, 143 (144 f.) – *Entziehung der Baulandqualität*; BGHZ 6, 270 (273 ff.) – *Enteignung*.

26 BVerfGE 52, 1 (27) – *Kleingarten*; BVerfGE 58, 300 (330); BVerfGE 110, 1 (24 f.) – *Erweiterter Verfall*.

27 BVerfGE 52, 1 (27); BVerfGE 58, 300 (330 f.); BVerfGE 112, 93 (109) – Stiftung „Erinnerung".

einer denkmalschutzrechtlichen Nutzungseinschränkung im Einzelfall) niemals eine Enteignung sein. Auf der anderen Seite sind Enteignungen durch Gesetz (Legislativenteignung) zwar möglich, wenn auch wegen der Verkürzung des Rechtswegs bedenklich und deshalb nur ausnahmsweise zulässig[28], stellen aber niemals Inhalts- und Schrankenbestimmungen dar, denn ein solches Gesetz entzieht zwar konkrete Eigentumsgegenstände, lässt aber die gesetzlichen Regelungen, welche diese Eigentumsgegenstände abstrakt-generell umschreiben, unangetastet. In der Entscheidung zum Atomausstieg hat das Bundesverfassungsgericht noch einmal bestätigt, dass eine Enteignung stets einen Güterbeschaffungsvorgang voraussetzt.[29]

2.1.4.2 Anforderungen an Inhalts- und Schrankenbestimmungen. Die Anforderungen   **603**
an Inhalts- und Schrankenbestimmungen ergeben sich aus Art. 14 Abs. 1 S. 2 sowie Abs. 2 GG. Der Auftrag an den Gesetzgeber und die Sozialpflichtigkeit verbinden sich zu einem einfachen **Gesetzesvorbehalt.** Streitig ist, ob zwischen Inhaltsbestimmungen und Schrankenbestimmungen unterschieden werden muss oder kann. Naheliegend wäre es, unter Inhaltsbestimmungen solche Regelungen zu verstehen, die den Ausgleich von Interessen zwischen Privaten betreffen, zB. zwischen Wohnungseigentümern, Aktionären oder zwischen Urheber und Werknutzer, während Schrankenbestimmungen die Sozialbindung im Gemeinwohlinteresse konkretisieren.[30] Eine solche Differenzierung tritt jedoch hinter der funktionalen Gewichtung der Eigentumspositionen gemäß ihrer Bedeutung für die Persönlichkeitsentfaltung zurück, die in der Rechtsprechung des Bundesverfassungsgerichts ausschlaggebend ist.[31]

Sofern Inhalts- und Schrankenbestimmungen eine vermögenswerte Rechtsposition abs-   **604**
trakt-generell der privatnützigen Verwendung und Verfügung entziehen, müssen sie sich an der Rechtsinstitutsgarantie messen lassen. Das bedeutet, dass die **verfassungsrechtliche Präferenzentscheidung für eine freiheitliche Ordnung vermögenswerter Rechtspositionen** durch einen legitimen Zweck überwunden werden muss, dessen Gewicht in einem angemessenen Verhältnis zur Bedeutung der Rechtsposition für die freie Entfaltung der Persönlichkeit steht. So hat das Bundesverfassungsgericht in der Nassauskiesungsentscheidung ausgeführt, dass die Gewährleistung des Rechtsinstituts nicht angetastet wird, wenn für die Allgemeinheit lebensnotwendige Güter – wie im zu entscheidenden Fall das Grundwasser – zur Abwehr von Gefahren einer öffentlich-rechtlichen Ordnung unterstellt werden. Entscheidendes Argument war, dass die Mittel der Privatrechtsordnung nicht ausreichen, um eine gemeinwohlverträgliche Grundwassernutzung zu sichern. Zudem habe die Berechtigung, auf den Erdkörper zuzugreifen, stets Einschränkungen unterlegen und die Privatnützigkeit und Verfügungsbefugnis am Grundstück im Übrigen bleibe unangetastet.[32]

Soweit eine Inhalts- und Schrankenregelung in bestehende Rechtspositionen eingreift,   **605**
also die Bestandsgarantie betrifft, sind diese Eingriffe am Maßstab der **Verhältnismäßigkeit** zu überprüfen. Beispiele sind die Kürzung von Rentenanwartschaften[33], die Belastung von Buchverlegern mit der Verpflichtung zur Abgabe eines Belegexemplars pro Auflage eines Druckwerks[34], Verpflichtung zur Duldung der unentgeltlichen Nut-

---

28 BVerfGE 95, 1 (22) – *Südumfahrung Stendal.*

29 BVerfGE 143, 246 Ls. 4 und Rn. 242; zuvor schon in BVerfGE 104, 1 Ls. 3 und S. 19 – *Umlegung.*

30 Vgl. BVerfGE 37, 132 (140) – *Wohnraumkündigung*; BVerfGE 50, 290 (340 f.) – *Mitbestimmung*; BVerfGE 95, 64 (84) – *Mietpreisbindung.*

31 S. *U. Mager*, Einrichtungsgarantien, 2003, S. 182 mwN.

32 BVerfGE 58, 300 (339 ff.); vgl. auch BVerfGE 42, 263 (293 ff.): gesetzliche Umwandlung von zivilrechtlichen Schadensersatzansprüchen in öffentlich-rechtliche Ansprüche gegen eine Stiftung.

33 BVerfGE 53, 257 (293); BVerfGE 117, 272 (294) – *Rentenanwartschaft.*

34 BVerfGE 58, 137 – *Pflichtexemplar.*

zung eines urheberrechtlich geschützten Werkes[35], die Einführung einer Sanierungspflicht für kontaminierte Grundstücke[36], einer Pflicht zur Ausstattung von Kraftfahrzeugen mit Katalysatoren oder zur Dämmung von Gebäuden, die Einführung der Genehmigungspflicht für Nassauskiesungen[37] oder der Atomausstieg[38]. Die Tötung gefährlicher oder kranker Tiere stellt ebenfalls keine Enteignung, sondern die verwaltungsmäßige Vollziehung der polizeirechtlichen Inhalts- und Schrankenbestimmung dar, wonach von Eigentum keine – allgemeine oder spezifische – Gefahr für Dritte ausgehen darf.[39]

606   Wie schon für die Rechtsinstitutsgarantie ausgeführt, ist auch im Rahmen der Bestandsgarantie der Schutz umso stärker, je bedeutsamer das vermögenswerte Recht für die Persönlichkeitsentfaltung ist. Wesentlicher Gesichtspunkt in der Verhältnismäßigkeitsprüfung ist zudem die **Sozialbindung** des Eigentums, woraus folgt, dass verhältnismäßige Inhalts- und Schrankenbestimmungen entschädigungslos hinzunehmen sind.[40] Eine Beschränkung ist dann verhältnismäßig im engeren Sinne, also angemessen, wenn sie der **Situationsgebundenheit** des Eigentums Rechnung trägt, also im Rahmen dessen verbleibt, was der hypothetische „vernünftige Eigentümer" ohnehin täte oder unterließe.[41] Zu achten ist des Weiteren auf **Lastengleichheit** zwischen den Eigentümern.[42] **Vertrauensschutz** kann es gebieten, dass Übergangsregelungen geschaffen werden, dass etwa eine ausgeübte Nassauskiesung für eine bestimmte Frist ohne Genehmigung fortgeführt[43] oder Kraftfahrzeuge, die nicht nachgerüstet werden können, eine Zeitlang ohne Katalysatoren weitergefahren werden dürfen.

607   Ganz ausnahmsweise kann es notwendig sein, zur Herstellung der Angemessenheit im Einzelfall einen finanziellen Ausgleich für die Eigentumsbeschränkung zu gewähren. Auch eine solche **Ausgleichszahlung** bedarf der gesetzlichen Grundlage. Sie kommt nur in Betracht, wenn die Bestandsgarantie im Rahmen der Verhältnismäßigkeitsprüfung wegen gewichtigerer Gemeinwohlbelange überwunden wird. So hat das Bundesverfassungsgericht in der wichtigen Entscheidung zum Denkmalschutz ausgeführt, dass Ausgleichsregelungen, die den Grundsatz der Verhältnismäßigkeit in besonderen Härtefällen wahren sollen, unzulänglich sind, wenn sie sich darauf beschränken, dem Betroffenen einen Entschädigungsanspruch in Geld zuzubilligen. Die Bestandsgarantie des Art. 14 Abs. 1 Satz 1 GG verlange vielmehr, dass in erster Linie Vorkehrungen getroffen werden, die eine unverhältnismäßige Belastung des Eigentümers real vermeiden und die Privatnützigkeit des Eigentums so weit wie möglich erhalten (**Vorrang des Bestandsschutzes vor dem Wertschutz**).[44] Des Weiteren müsse die Verwaltung bei der Aktualisierung der Eigentumsbeschränkung zugleich über den gegebenenfalls erforderlichen Ausgleich zumindest dem Grunde nach entscheiden. Die Voraussetzungen dafür müsse der Gesetzgeber schaffen.[45] Tut er dies nicht, so ist die Inhalts- und Schrankenbestimmung unverhältnismäßig und deshalb verfassungswidrig. Dementsprechend sind auch die auf ein derartiges Gesetz gestützten Maßnahmen rechtswidrig. Der Betroffene muss gegen die Maßnahme selbst vorgehen und darf nicht „dulden und liqui-

---

35 BVerfGE 49, 382 – *Kirchenmusik.*
36 BVerfGE 102, 1 – *Altlasten.*
37 BVerfGE 58, 300 ff.
38 BVerfGE 143, 246 ff.
39 BVerfGE 20, 351 (359 ff.) – *Tollwut;* BVerwGE 7, 257 (262 f.) – *Viehseuchengesetz.*
40 BVerfGE 100, 226 (241) – *Denkmalschutz.*
41 BGHZ 105, 15 (18) – *Denkmalschutzgesetz Baden-Württemberg.*
42 *H.-J. Papier,* in: Maunz/Dürig, Art. 14 Rn. 378j.
43 BVerfGE 58, 300 (351 f.); s. auch BVerfGE 143, 246 Rn. 310 ff. und 372 ff.
44 BVerfGE 100, 226 (243 ff.).
45 BVerfGE 100, 226 Ls. 2 und 3.

dieren" (**Vorrang des Primärrechtsschutzes**).[46] Ein besonders anschauliches Beispiel für eine ausgleichspflichtige Inhalts- und Schrankenbestimmung bietet die Pflichtexemplarentscheidung.[47] Das Hessische Landespressegesetz enthielt die Pflicht zur kostenlosen Abgabe eines Belegexemplars von jedem in Hessen erscheinenden Druckwerk zur Sammlung in der dafür bestimmten öffentlichen Bibliothek. Hiergegen wandte sich ein Verleger mit Erfolg, der sich auf bibliophile Kostbarkeiten in geringer Auflage spezialisiert hatte. Zwar handelt es sich um eine Inhalts- und Schrankenbestimmung in Bezug auf das gesetzlich so bestimmte Eigentum an einer Auflage von Druckstücken und ist die Abgabepflicht zur Verfolgung kulturpolitischer Gemeinwohlziele auch legitim und grundsätzlich sogar kostenlos zulässig. Die kostenlose Abgabepflicht erweist sich aber in dem Ausnahmefall von Auflagen mit geringer Stückzahl und besonders hohen Herstellungskosten als unverhältnismäßig.

2.1.4.3 Anforderungen an Enteignungen. Eine Enteignung im Sinne des Art. 14 Abs. 3 **608** GG ist der **konkrete und gezielte Entzug von bestehenden Eigentumspositionen zur Erfüllung einer öffentlichen Aufgabe.** Es handelt sich um „Fälle, in denen Güter hoheitlich beschafft werden"[48]. Die verfassungsrechtlichen Anforderungen für diesen scharfen Grundrechtseingriff sind ausführlich geregelt. Eine Enteignung darf nur zum Wohl der Allgemeinheit erfolgen, dh. sie muss im Blick auf einen legitimen Zweck verhältnismäßig sein.[49] Möglich ist auch eine Enteignung zugunsten einer Privatperson; jedoch muss auch damit ein Gemeinwohlzweck verfolgt werden (zB. Schaffung von Arbeitsplätzen), und bedarf es eines ausdrücklichen Gesetzes.[50] In jedem Fall muss das Gesetz, welches die Enteignung erlaubt, zugleich Art und Ausmaß der Entschädigung regeln (**Junktimklausel**), die unter gerechter Abwägung der Interessen der Beteiligten und der Allgemeinheit zu bestimmen ist. Orientierungsgröße für die Entschädigung ist in der Regel der Verkehrswert.[51]

2.1.4.4 Exkurs: Eigentumsbezogene Staatshaftungsansprüche. Eigentumsbeeinträchti- **609** gungen, die Folge rechtswidrigen Verwaltungshandelns sind, sind mit dem eigentumsgrundrechtlichen Abwehr- oder Folgenbeseitigungsanspruch abzuwehren (Vorgehen gegen eine Abrissverfügung, gegen die Einweisung von Obdachlosen). Es handelt sich um die rechtswidrige Vollziehung von Inhalts- und Schrankenbestimmungen. Nur wenn Rechtsschutz nicht zu erlangen ist, kommt ein Amtshaftungs- oder ein Entschädigungsanspruch wegen **enteignungsgleichen Eingriffs** in Betracht. Auch letzterer ist ein Staatshaftungsanspruch, dessen irreführende Bezeichnung auf die inzwischen veraltete Eigentumsdogmatik der Weimarer Reichsverfassung zurückgeht.

Des Weiteren ist der sog. **enteignende Eingriff** zu erwähnen. Auch diese Bezeichnung **610** ist der veralteten Dogmatik geschuldet. Gemeint sind atypische, zumeist ungewollte oder unvorhergesehene Eigentumseingriffe rechtmäßigen staatlichen Handelns, die einem Einzelnen ein Sonderopfer abverlangen. Der Anspruch wird heute auf den aus dem Preußischen Allgemeinen Landrecht (§§ 74, 75 EALR) überkommenen gewohnheitsrechtlichen Aufopferungsanspruch gestützt. Ausdrücklich geregelt ist insoweit der Entschädigungsanspruch des polizeirechtlich in Anspruch genommenen Nichtstörers (zB. § 55 PolG BW). Ein weiteres Beispiel sind die Schäden, die ein Landwirt dadurch erleidet, dass neben seinen Feldern rechtmäßig eine Mülldeponie errichtet wird, die Vögel anlockt, die das Saatgut fressen.[52]

---

46 BVerfGE 58, 300 (324).
47 BVerfGE 58, 137.
48 BVerfGE 104, 1 (10) – *Umlegung*; 143, 246 Rn. 242 – *Atomausstieg*.
49 S. dazu BVerfGE 134, 242 Rn. 169 ff. – *Garzweiler Braunkohletagebau*.
50 BVerfGE 74, 264 (286) – *Boxberg*; BVerfG, Beschl. v. 21.12.2016, 1 BvL 10/14, juris Rn. 24 f.
51 BVerfGE 100, 289 (305 f.) – *Aktiengesellschaft*; BVerfG, NJW 2007, 828 (828) – *Minderheitenaktionäre*.
52 BGH, NJW 1980, 770 – *Mülldeponie*.

611 **2.1.4.5 Art. 15 GG: Sozialisierung.** Nicht einen besonderen Enteignungstatbestand[53], sondern eine ausgleichspflichtige Inhalts- und Schrankenbestimmung eigener Art[54] enthält Art. 15 GG, wonach Grund und Boden, Naturschätze und Produktionsmittel zum Zweck der Vergesellschaftung durch ein Gesetz, das Art und Ausmaß der Entschädigung regelt, in Gemeineigentum oder in andere Formen der Gemeinschaftswirtschaft überführt werden können. Die Vorschrift war historisch ein Kompromiss zwischen den Sozialdemokraten und den bürgerlichen Parteien bei der Schaffung des Grundgesetzes, belegt systematisch die wirtschaftsverfassungsrechtliche Flexibilität dieser Verfassung, ist jedoch bis heute nicht praktisch geworden.[55]

Rechtsprechung: BVerfGE 24, 367 – *Hamburger Deich*; 58, 300 – *Nassauskiesung: zum verfassungsrechtlichen Eigentumsbegriff, zur Abgrenzung von ISB und Enteignung*; 58, 137 – *Pflichtexemplar – zur ausgleichspflichtigen ISB*; 100, 226 – *Denkmalschutz – zur ausgleichspflichtigen ISB*; 102, 1 – *Altlasten*; 104, 1 – *Umlegung – zur Abgrenzung von ISB und Enteignung (Stichwort: Güterbeschaffungsvorgang)*; 114, 1 – *Lebensversicherung*; 134, 242 – *Garzweiler Braunkohletagebau*; 143, 246 – *Atomausstieg*.

Literatur: *W. Berg*, Entwicklung und Grundstrukturen der Eigentumsgarantie, JuS 2005, 961; *M. Fehling/F. Faust/T. Rönnau*, Durchblick: Grund und Grenzen des Eigentums- und Vermögensschutzes, JuS 2006, 18; *H. Jochum/W. Durner*, Grundfälle zu Art. 14 GG, JuS 2005, 220, 320, 412; *T. Kingreen*, Die Eigentumsgarantie (Art. 14 GG), Jura 2016, 390; *J. Lege*, Das Eigentumsgrundrecht aus Art. 14 GG, Jura 2011, 507, 826; *J. Lege*, Art. 14 GG für Fortgeschrittene, ZJS 2012, 44; *J. Stangl*, Die Enteignung, JA 2000, 574.

Fallbearbeitungen: *M. Droege/N. Schulz*, Finanzmarktstabilisierung um jeden Preis?, Jura 2014, 230; *A. Glaser*, Grundrechtsschutz gegen Steuern, JuS 2008, 341; *J. Gundel/D. Schubert*, Anfängerhausarbeit Öffentliches Recht – Der Atomkonsens auf dem Prüfstand – Verfassungsrechtliche Anforderungen an den „vereinbarten" Ausstieg aus der Kernenergie, Jura 2001, 847; *R. Hendler/J. Duikers*, Eigentum und Naturschutz, Jura 2005, 409; *W. Kluth/S. Bauer/C. Hörich*, Wasser und Brot nach der Finanzkrise, Jura 2011, 223; *M. Schladebach/L. Beutler*, Die dritte Startbahn, JA 2015, 834.

Lösung zu Fall 15: Denkmalschutz[56]

Fallfrage: Ist § 13 Abs. 1 S. 2 DSchG mit dem Grundgesetz vereinbar?
§ 13 Abs. 1 S. 2 DSchG könnte gegen die verfassungsrechtliche Eigentumsgarantie gemäß Art. 14 GG verstoßen.

I. Schutzbereich

Gemäß Art. 14 Abs. 1 GG ist das Eigentum verfassungsrechtlich gewährleistet. Der verfassungsrechtliche Eigentumsbegriff ist weiter als der bürgerlich-rechtliche: Eigentum im verfassungsrechtlichen Sinne ist jede vermögenswerte Rechtsposition des Privatrechts wie auch des öffentlichen Rechts, soweit sie auf eigener Leistung beruht. Grundrechtlich geschützt ist neben dem Bestand des Eigentums auch dessen privatnützige Verwendung, Verfügung und Veräußerung. Das private Grundeigen-

---

53 Gegen Enteignung auch *B.-O. Bryde*, in: von Münch/Kunig, Art. 15 Rn. 6; aA. *J. Wieland*, in: Dreier, Art. 15 Rn. 7.

54 Eigenes Rechtsinstitut neben der Enteignung: *P. Axer*, in: Epping/Hillgruber, Art. 15 Rn. 4; *O. Depenheuer*, in: von Mangoldt/Klein/Starck, Art. 15 Rn. 14. *B.-O. Bryde*, in: von Münch/Kunig, Art. 15 Rn. 6: „Die Sozialisierungsermächtigung gehört mit Art. 14 Abs. 1 S. 2, Art. 14 Abs. 2 und 3 zu den grundgesetzlichen Konkretisierungen des Sozialstaatsprinzips hinsichtlich der Eigentumsordnung."

55 S. dazu *A. Funke*, Sozialisierung – verdrängte Alternative. Zur Wirtschaftsverfassung des Grundgesetzes, in: Forum Recht 1999, 120 ff. Auf die fehlende praktische Relevanz weisen zB. hin: *P. Axer*, in: Epping/Hillgruber, Art. 15 Rn. 1; *W. Durner*, in: Maunz/Dürig, Art. 15 Rn. 1.

56 Fall nach BVerfGE 100, 226 ff.

tum, seine Nutzung und Veräußerung stellen folglich grundrechtlich geschützte Eigentumspositionen dar.

II. Eingriff
1. Vorliegen eines Eingriffs

Ein Eingriff in Art. 14 GG ist jede dem Staat zurechenbare Verkürzung der Eigentümerbefugnisse. § 13 Abs. 1 S. 2 DSchG sieht vor, dass eine Abrissgenehmigung nur erteilt werden darf, wenn andere Erfordernisse des Gemeinwohls die Belange des Denkmalschutzes und der Denkmalpflege überwiegen. Diese Vorschrift steht somit einer freien Nutzung des Eigentums entgegen, indem sie an die Genehmigungsvoraussetzungen für einen Abriss eines denkmalgeschützten Gebäudes strenge Anforderungen stellt. Ein Eingriff liegt vor.

2. Qualifizierung des Eingriffs

Bei Eingriffen in Art. 14 GG ist zu unterscheiden zwischen solchen durch oder aufgrund Inhalts- und Schrankenbestimmungen gemäß Art. 14 Abs. 1 S. 2 GG und Enteignungen gemäß Art. 14 Abs. 3 GG. Eine Inhalts- und Schrankenbestimmung ist die generelle und abstrakte Festlegung von Rechten und Pflichten in Bezug auf eine als Eigentum geschützte vermögenswerte Rechtsposition. Die Enteignung ist dagegen darauf gerichtet, konkrete Eigentumspositionen zur Erfüllung bestimmter öffentlicher Aufgaben zu entziehen.[57] Das Denkmalschutzgesetz umschreibt mit der Genehmigungspflicht für Veränderungen generell und abstrakt die Schranken der Nutzung denkmalgeschützter Bauwerke. Die Versagung der Genehmigung beruht auf dieser Inhalts- und Schrankenbestimmung. § 13 Abs. 1 S. 2 DSchG ist mithin nach Art. 14 Abs. 1 S. 2 GG zu beurteilen.

III. Verfassungsrechtliche Rechtfertigung
1. Schranke

Es ist gemäß Art. 14 Abs. 1 S. 2 GG Aufgabe des Gesetzgebers, Inhalt und Schranken des Eigentums zu bestimmen. Hierbei handelt es sich um einen Gesetzgebungsauftrag und einen einfachen Gesetzesvorbehalt.

2. Verfassungsmäßigkeit des Schranken konkretisierenden Gesetzes

Die Bestimmungen des DSchG müssen als Inhalts- und Schrankenbestimmungen ihrerseits formell und materiell verfassungsgemäß sein.

a) Formelle Verfassungsmäßigkeit

Der Landesgesetzgeber ist gemäß Art. 70 Abs. 1 GG zuständig, den Denkmalschutz gesetzlich zu regeln.

b) Materielle Verfassungsmäßigkeit, insbesondere Verhältnismäßigkeit

Materiell muss das Gesetz dem Verhältnismäßigkeitsgrundsatz genügen. Insoweit ist zwischen der Rechtsinstitutsgarantie und der Bestandsgarantie zu unterscheiden. Die Rechtsinstitutsgarantie verlangt Verhältnismäßigkeit für den Fall, dass eine vermögenswerte Rechtsposition generell der privaten Verfügung und Nutzung, also dem Privateigentum, entzogen wird; die Bestandsgarantie fordert dagegen Verhältnismäßigkeit in Bezug auf die Beschränkung und Veränderung vermögenswerter Rechtspositionen, ohne deren Charakter als Privateigentum zu beseitigen. Beim Denkmalschutz geht es allein um Beschränkungen des privaten Grundeigentums.

---

57 BVerfGE 56, 249 (270 ff.) – *Gondelbahn.*

Diese Beschränkungen müssten verhältnismäßig, dh. zur Verfolgung eines legitimen Zwecks geeignet, erforderlich und angemessen sein.

aa) Legitimer Zweck

Der Genehmigungsvorbehalt dient dem Denkmalschutz. Denkmalpflege ist eine Gemeinwohlaufgabe von hohem Rang und gehört zu den kulturstaatlichen Aufgaben.

bb) Geeignetheit

Geeignet ist eine Regelung bereits dann, wenn sie die Erreichung des legitimen Zwecks fördert. Da nach § 13 Abs. 1 S. 2 DSchG die Beseitigung eines Kulturdenkmals nur genehmigt werden darf, wenn andere Erfordernisse des Gemeinwohls die Belange des Denkmalschutzes überwiegen, und zu prüfen ist, ob den überwiegenden Erfordernissen des Gemeinwohls nicht auf andere Weise Rechnung getragen werden kann, ist die Bewahrung geschützter Kulturdenkmäler in allen Fällen, in denen der Denkmalschutz von Gewicht ist, gesichert.[58] Der Genehmigungstatbestand des § 13 Abs. 1 S. 2 DSchG ist geeignet, den Denkmalschutz zu fördern.

cc) Erforderlichkeit

Eine Regelung ist zur Erreichung des legitimen Zwecks erforderlich, soweit ein milderes, gleich effektives Mittel nicht ersichtlich ist. Dabei kommt dem Gesetzgeber ein Einschätzungsspielraum zu. Da Ausnahmen und Befreiungen den Denkmalschutz nicht in gleichem Ausmaß fördern würden und auch sonst gleich wirksame, aber das Eigentum weniger beeinträchtigendes Mittel nicht erkennbar sind, ist die Regelung erforderlich.

dd) Angemessenheit

Der Eingriff in das Eigentum müsste in Abwägung mit dem verfolgten Zweck, hier dem Denkmalschutz, auch angemessen sein. Grundsätzlich sind Beschränkungen des Eigentums im Gemeinwohlinteresse aufgrund ihrer Sozialpflichtigkeit gemäß Art. 14 Abs. 2 GG hinzunehmen. Maßstab ist der gedachte „vernünftige Eigentümer", der die jeweilige Situation seines Eigentums in Rechnung stellen und dementsprechend etwa ein Gebäude von hohem Erhaltungswert schon von sich aus nicht abreißen oder verändern würde. Der Gesetzgeber zeichnet gewissermaßen nur die ohnehin vorhandene Situationsgebundenheit der Eigentumsposition nach. Demgemäß muss der Eigentümer eines denkmalgeschützten Gebäudes es in der Regel hinnehmen, dass eine möglicherweise rentablere Nutzung des Eigentums verwehrt bleibt. Allerdings findet die Sozialpflichtigkeit des Eigentums wiederum eine Grenze in dessen Privatnützigkeit. Sie reicht nicht so weit, dass sie den Ausschluss jeder sinnvollen Nutzungsmöglichkeit zu rechtfertigen vermag. Kann ein Eigentümer von einem unter Denkmalschutz stehenden Gebäude keinen vernünftigen Gebrauch mehr machen und ist praktisch auch keine Veräußerung möglich, wird die Privatnützigkeit nahezu vollständig beseitigt, so dass sich eine Versagung der Genehmigung nach § 13 Abs. 1 S. 2 DSchG als unzumutbar darstellt.[59]

Die Unangemessenheit des § 13 Abs. 1 S. 2 DSchG könnte aufgrund der Entschädigungsregelung des § 31 Abs. 1 S. 2 DSchG entfallen. Es ist dem Gesetzgeber nicht verwehrt, eigentumsbeschränkende Maßnahmen, die er im öffentlichen Interesse für geboten hält, auch in Härtefällen durchzusetzen, wenn er durch kompensatorische Vorkehrungen unangemessene oder gleichheitswidrige Belastungen des Eigentümers vermeidet (sog. ausgleichspflichtige Inhalts- und Schrankenbestimmung).

---

58 BVerfGE 100, 226 (242).
59 BVerfGE 100, 226 (243).

Derartige Entschädigungen für Härtefälle bedürfen zwingend einer gesetzlichen Grundlage, denn es ist Sache des Gesetzgebers, Inhalt und Schranken zu bestimmen. Er ist gehalten, die verfassungsrechtlichen Grenzen inhaltsbestimmender Gesetze zu wahren, und darf, wenn er ein zwingendes Verbot ausspricht, nicht darauf vertrauen, dass die Verwaltung oder die Gerichte Verletzungen der Eigentumsgarantie durch ausgleichende Vorkehrungen oder Geldleistungen vermeiden.

Das Gesetz muss zudem dem Vorrang der Bestandsgarantie vor der Wertgarantie Rechnung tragen. Die Bestandsgarantie des Art. 14 Abs. 1 S. 1 GG verlangt, dass in erster Linie Vorkehrungen getroffen werden, die eine unverhältnismäßige Belastung des Eigentümers real vermeiden und die Privatnützigkeit des Eigentums so weit wie möglich erhalten. Nur soweit dem Gemeinwohlzweck nach Abwägung mit dem Eigentümerinteresse Vorrang gebührt, ist dem Betroffenen ein Entschädigungsanspruch in Geld zuzubilligen.

Der Gesetzgeber muss des Weiteren sicherstellen, dass die Verwaltung bei der Aktualisierung der Eigentumsbeschränkung zugleich über den gegebenenfalls erforderlichen Ausgleich zumindest dem Grunde nach entscheidet. Der Betroffene muss aus Gründen der Rechtssicherheit von vornherein wissen, ob ihm bei Nichtanfechtung des Verwaltungsaktes eine Entschädigung zusteht. Der Gesetzgeber hat seine Entschädigungsregelungen deshalb durch verwaltungsverfahrensrechtliche Vorschriften zu ergänzen, die sicherstellen, dass mit einem die Eigentumsbeschränkung aktualisierenden Verwaltungsakt zugleich über einen dem belasteten Eigentümer gegebenenfalls zu gewährenden Ausgleich entschieden wird. Der Betroffene muss einen ihn in Art. 14 GG beeinträchtigenden Verwaltungsakt über den Verwaltungsrechtsweg anfechten können. Lässt er ihn bestandskräftig werden, so kann er eine Entschädigung nicht mehr einfordern.

Weder § 13 Abs. 1 S. 2 noch § 31 Abs. 1 S. 2 DSchG werden diesen Anforderungen gerecht. § 13 Abs. 1 S. 2 DSchG enthält keinen Ausschluss einer unverhältnismäßigen Belastung des Eigentümers und keinerlei Vorkehrungen zur Vermeidung derartiger Eingriffe. Insbesondere eröffnet die Vorschrift nur die Möglichkeit, den Denkmalschutz hinter anderen Gemeinwohlbelangen zurücktreten zu lassen, erlaubt jedoch nicht überwiegende Eigentümerinteressen in Rechnung zu stellen. Damit missachtet sie den in der Eigentumsgarantie verbürgten Vorrang des Bestandsschutzes vor dem Wertschutz.

Die Regelung des § 31 Abs. 1 S. 2 DSchG soll im Zweifel die Unverhältnismäßigkeit vermeiden, ohne aber den der Rechtssicherheit dienenden verfahrensrechtlichen Anforderungen gerecht zu werden. Sie stellt damit eine unzulässige salvatorische Klausel dar.

IV. Ergebnis

Die Regelung des § 13 Abs. 1 S. 2 DSchG ist nicht verhältnismäßig. Hieran vermag auch § 31 DSchG nichts zu ändern. Die Vorschriften verstoßen gegen Art. 14 Abs. 1 GG.

2.2 Die Erbrechtsgewährleistung

Die Erbrechtsgarantie schützt im Interesse einer freiheitlichen Vermögensordnung das Recht zu vererben und das Recht zu erben.[60] Dies **bedarf der gesetzlichen Ausgestaltung**, so dass auch das Erbrecht als Rechtsinstitut gewährleistet ist.[61]   **612**

---

60 BVerfGE 93, 165 (174) – *Erbschaftsteuer I.*
61 BVerfGE 91, 346 (358) – *Abfindungsanspruch;* BVerfGE 112, 332 (348) – *Pflichtteilsentziehung.*

2.2.1 Rechtsinstitutsgarantie

613 Das Erbrecht als über den Tod verlängerte Eigentumsfreiheit im Dienst einer freiheitlichen Vermögensordnung ist vom Gesetzgeber nach den Grundsätzen der **Privaterbfolge** und der **Testierfreiheit** auszugestalten.[62] Weitere verfassungsrechtliche Vorgaben für das Erbrecht ergeben sich aus dem Schutz von Ehe und Familie, woraus für die gesetzliche Erbfolge und das Pflichtteilsrecht das Prinzip des **Verwandtenerbrechts** folgt.[63] Zu beachten ist auch der allgemeine **Gleichheitsgrundsatz**[64] sowie der besondere Gleichbehandlungsanspruch nichtehelicher Kinder gemäß Art. 6 Abs. 5 GG[65] und das Verbot der Diskriminierung Behinderter gemäß Art. 3 Abs. 3 S. 2 GG[66]. Die Rechtsinstitutsgarantie des Erbrechts umfasst folglich die Privaterbfolge, aus der sich die Verpflichtung des Gesetzgebers ergibt, einfachgesetzliche Regelungen zur Ausübung der Testierfreiheit sowie eine an dem mutmaßlichen Willen eines verobjektivierten Erblassers[67], dem Prinzip des Verwandtenerbrechts und dem Gleichbehandlungsgrundsatz orientierte gesetzliche Erbfolgeregelung vorzusehen.[68] Bei der Ausgestaltung der Testierfähigkeit ist es sachgerecht, wenn der Gesetzgeber als Voraussetzung die Fähigkeit zur Selbstbestimmung verlangt. Der generelle Ausschluss schreibunfähiger und stummer Menschen ungeachtet ihrer Fähigkeit zur Selbstbestimmung und Verständigung ist dagegen im Blick auf die notwendigen Voraussetzungen der Testierfähigkeit nicht zu rechtfertigen.[69] Wie schon für das Eigentum dargelegt, sind Verstöße des Gesetzgebers gegen die Rechtsinstitutsgarantie bei individueller Betroffenheit als subjektive Rechtsverletzung rügefähig.

2.2.2 Abwehrrecht

614 Als Abwehrrecht umfasst die **Testierfreiheit** das Recht, „die Erbfolge weitgehend nach seinen persönlichen Wünschen und Vorstellungen zu regeln"[70]. Der Erblasser ist weder zur Gleichbehandlung seiner Abkömmlinge gezwungen[71], noch muss er die Vermögensnachfolge nach den allgemeinen gesellschaftlichen Anschauungen ausrichten.[72] Die **Erbschaftsteuer** stellt unbestritten einen staatlichen Eingriff in das Erbrecht dar. Der Gesetzgeber hat insoweit einen weiten Gestaltungsspielraum, darf aber nicht das Erbrecht in seiner Schutzfunktion für eine freiheitliche Vermögensordnung aushöhlen und muss auch sonst die von der Rechtsinstitutsgarantie umfassten Prinzipien – Schutz von Ehe und Familie, Gleichheitsgrundsatz – wahren.[73]

2.2.3 Drittwirkung

615 Fraglich ist, inwieweit die Testierfreiheit des Erblassers im Wege der mittelbaren Drittwirkung von Grundrechten einschränkbar ist. Als betroffene Grundrechte kommen insbesondere die Glaubensfreiheit und die Eheschließungsfreiheit in Betracht. Ein anschauliches Beispiel bildet der Fall des Hauses Hohenzollern, nach deren Hausverfassung unter bestimmten Bedingungen im Falle einer sogenannten nicht ebenbürtigen

---

62 BVerfGE 67, 329 (340 f.) – *Höferecht*; 97, 1 (6) – *Erbschaftsbesteuerung*.
63 BVerfGE 93, 165 (174).
64 BVerfGE 117, 1 (30 ff.) – *Erbschaftsteuer II*.
65 BVerfGE 58, 377 (389) – *vorzeitiger Erbausgleich*.
66 BVerfGE 99, 341 (352 f.) – *Testierfähigkeit schreibunfähiger stummer Menschen*.
67 Vgl. BVerfGE 91, 346 (358 f.).
68 Vgl. dazu BVerfGE 91, 346 (359), wo diese Frage offen gelassen wird. Nach BVerfGE 112, 332 (352) folgt das Pflichtteilsrecht auch aus Art. 6 GG.
69 BVerfGE 99, 341 (353 ff.).
70 BVerfGE 58, 377 (398) – *vorzeitiger Erbausgleich*; BVerfG/K, NJW 2004, 2008 (2010) – *Erbausschluss nach Hausverfassung der Hohenzollern*.
71 BVerfGE 67, 329 (345) – *Höferecht*.
72 BVerfG/K, NJW 2004, 2008 – *Erbausschluss nach Hausverfassung der Hohenzollern*.
73 BVerfGE 93, 165 (175 f.).

Eheschließung der **Erbausschluss** angeordnet war. Das Bundesverfassungsgericht sah darin unter Würdigung der besonderen Umstände des Einzelfalls, insbesondere Wegfall der staatsrechtlichen Funktion dieser Klausel und erhebliche Einschränkung der Ehewahlmöglichkeiten, eine ungerechtfertigte und unverhältnismäßige Einschränkung der Eheschließungsfreiheit, die nicht durch die Testierfreiheit zu rechtfertigen war.[74]

Rechtsprechung: BVerfGE 58, 377 – *vorzeitiger Erbausgleich*; 67, 329 – *Höferecht*; 91, 346 – *Anerbenregelung bei Hofübergabe*; 93, 165 – *Erbschaftsteuer I*; 97, 1 – *Erbschaftsbesteuerung*; 99, 341 – *Testierfähigkeit*; 112, 332 – *Pflichtteilsentziehung*; BVerfG/K, NJW 2004, 2008 – *Erbausschluss nach Hausverfassung der Hohenzollern.*

Literatur: *H. Jochum/W. Durner*, Grundfälle zu Art. 14 GG, JuS 2005, 320; *H. Pabst*, Vererben- und Verschenken aus grundrechtlicher Sicht, JuS 2001, 1145.

---

74 BVerfG/K, NJW 2004, 2008 – *Erbausschluss nach Hausverfassung der Hohenzollern*; s. zu einer Heirats-klausel auch BayObLG, FamRZ 2000, 380.

3. Kapitel: Art. 9 Abs. 3 GG: Koalitionsfreiheit

> **Fall 16: Unterschriftenaktion**
> Die Polizeigewerkschaft veranstaltete in Nordrhein-Westfalen unter dem Motto
> „5000 Plus" eine landesweite Unterschriftenaktion. Mit einem Flugblatt warb sie
> unter Hinweis auf Millionen geleisteter Überstunden für die Einstellung von 5000
> Polizeibediensteten. Sie legte Flugblätter und Unterschriftenlisten auch im öffentlich
> zugänglichen Bereich von Polizeidienststellen aus. Daraufhin sandte das Innen-
> ministerium ein Schreiben an die Polizeibehörden und -einrichtungen, in dem es da-
> rauf hinwies, dass derartige Listen nicht in Polizeidienstgebäuden ausgelegt oder
> von Polizeibediensteten während der Arbeitszeit verteilt werden dürften. Ist die
> Untersagung verfassungsgemäß?

616 Während die Eigentumsgewährleistung und die Berufsfreiheit zu den Kernelementen
des liberalen Rechtsstaats gehören, bedurfte es für die Aufnahme des Rechts „zur
Wahrung und Förderung der Arbeits- und Wirtschaftsbedingungen Vereinigungen zu
bilden" der Weiterentwicklung zum **Sozialstaat**. Diesen Schritt vollzog die Weimarer
Reichsverfassung als Reaktion auf die großen sozialen Probleme, die infolge der Industrialisierung im ausgehenden 19. Jahrhundert auftraten. An diesen Stand sollte
Art. 9 Abs. 3 GG anknüpfen. Anders als die Weimarer Reichsverfassung[1] enthält das
GG keine ausdrückliche Garantie der Tarifautonomie. Sie ist jedoch vom Schutzbereich der Koalitionsfreiheit umfasst, die nicht nur die Vereinigung zu Koalitionen,
sondern auch die koalitionsgemäße Betätigung schützt.[2]

3.1 Schutzbereich

617 Art. 9 Abs. 3 GG stellt eine **spezielle Ausprägung der Vereinigungsfreiheit** dar, deren
Besonderheit durch die Funktionsbeschreibung „zur Wahrung und Förderung der Ar-
beits- und Wirtschaftsbedingungen" gekennzeichnet wird. Derartige Vereinigungen
werden **Koalitionen** genannt. Es handelt sich um Gewerkschaften und Arbeitgeberverbände. Zum Wesen von Koalitionen gehört es, dass sie die Interessen der jeweils einen
Seite gegenüber der anderen Seite vertreten. Deshalb ist die **Gegnerfreiheit** eine unab-
dingbare Voraussetzung für eine Koalition.[3] Die Tatsache, dass Arbeitnehmervertreter
durch die Einrichtung der Unternehmensmitbestimmung auf der Seite des Unternehmens, also des Arbeitgebers, tätig werden, lässt die Gegnerfreiheit nicht entfallen, weil
die Arbeitnehmervertreter zum einen gerade die Aufgabe haben, die Interessen der
Arbeitnehmer in das Unternehmen einzubringen, zum anderen deren Mitwirkung
nicht direkt und unmittelbar Einfluss etwa auf Tarifverhandlungen hat, da sie im kon-
trollierenden Aufsichtsrat[4], nicht aber im operativ tätigen Vorstand eines Unternehmens mitwirken.[5]

618 Aus der Funktion der Koalitionen folgt des Weiteren als wesentliches Begriffsmerkmal
die **Unabhängigkeit**[6], insbesondere die wirtschaftliche Unabhängigkeit von der Geg-

---

1 Art. 165 Abs. 1 WRV: Die Arbeiter und Angestellten sind dazu berufen, gleichberechtigt in Gemeinschaft
   mit den Unternehmern an der Regelung der Lohn- und Arbeitsbedingungen sowie an der gesamten wirtschaftlichen Entwicklung der produktiven Kräfte mitzuwirken. Die beiderseitigen Organisationen und ihre
   Vereinbarungen werden anerkannt.
2 Grundlegend und in Anknüpfung an die Rechtslage zur Zeit der WRV BVerfGE 4, 96 ff.; wN. s. *U. Mager*,
   Einrichtungsgarantien, 2003, S. 236 Fn. 18.
3 S. zu den ungeschriebenen Merkmalen der Koalition iSd. Art. 9 Abs. 3 GG BVerfGE 18, 18 (26 ff.) –
   Hausgehilfinnen; 58, 233 (247) – *Arbeitnehmerverband*.
4 § 7 I, II Mitbestimmungsgesetz.
5 BVerfGE 50, 290 (374) – *Mitbestimmungsgesetz*.
6 BVerfGE 58, 233 (247).

nerseite, da anderenfalls keine wirksame Interessenvertretung möglich ist. Dies betrifft faktisch vor allem die Gewerkschaften. Die gemeinsame Finanzierung sozialer Einrichtungen, zB. einer Lohnausgleichskasse des Baugewerbes für Arbeitsausfälle im Winter, ist dadurch nicht ausgeschlossen.[7] Entscheidend ist, dass es sich um ein begrenztes, die Funktionsfähigkeit der Koalitionsarbeit insgesamt nicht berührendes Zusammenwirken handelt. Politische oder konfessionelle Unabhängigkeit gehören nicht zu den begriffsnotwendigen Eigenschaften von Koalitionen.[8]

Da der Abschluss von Tarifverträgen Kernaufgabe der Koalitionen ist, sind zudem **619** deren **Tarifwilligkeit** und **Tariffähigkeit** begriffsnotwendig.[9] Das in der Rechtsprechung auftauchende Merkmal der Verbandsmacht oder sozialen Mächtigkeit fügt dem inhaltlich nichts hinzu. Eine Koalition muss schlicht als Verhandlungspartner auftreten können und von der anderen Seite als solcher ernst genommen werden. Anderenfalls kann sie nicht zur „Wahrung und Förderung der Arbeitsbedingungen" beitragen. Schließlich handelt es sich bei Koalitionen grundsätzlich um **überbetriebliche Zusammenschlüsse** in Abgrenzung zu Werksvereinen.[10] Eine Ausnahme gilt für Monopolbetriebe, beispielsweise die Deutsche Bundespost bis zu ihrer Privatisierung.

Die Koalitionsfreiheit wird als **Doppelgrundrecht** bezeichnet.[11] Gemeint ist damit, **620** dass Art. 9 Abs. 3 GG sowohl die individuelle als auch die kollektive Koalitionsfreiheit umfasst, letzteres nach überwiegender Auffassung unabhängig von Art. 19 Abs. 3 GG. Da Art. 9 Abs. 3 GG kein Deutschengrundrecht ist, ergibt sich bei der Konstruktion als Doppelgrundrecht die Folge, dass auch ausländische Koalitionen geschützt wären, wohingegen die Erstreckung des Grundrechtsschutzes gemäß Art. 19 Abs. 3 GG auf inländische juristische Personen beschränkt ist. Dieses Ergebnis legt es nahe, zwischen individuellen und kollektiven Gehalten zu unterscheiden. Koalitionen in Mitgliedstaaten der EU sind unionsrechtskonform ohnehin als „inländisch" anzusehen.[12]

Die **individuelle Koalitionsfreiheit** schützt das Recht jedes Einzelnen, eine Koalition **621** zu gründen, ihr beizutreten, sich in ihr zu betätigen sowie das Recht einer oder allen Koalitionen fernzubleiben oder auszutreten.[13] Nur durch Anerkennung auch der zuletzt genannten negativen Koalitionsfreiheit ist die Freiwilligkeit des Zusammenschlusses gewährleistet.

Die **kollektive Koalitionsfreiheit** umfasst das Recht der Koalition auf ihren Bestand, **622** auf den Zusammenschluss mit anderen Koalitionen, die Freiheit der inneren Ordnung, insbesondere die Satzungsautonomie, sowie die Freiheit koalitionsgemäßer Betätigung.[14] Hierzu gehören ua. der Abschluss von Tarifverträgen[15], die Durchführung von Arbeitskämpfen[16] oder Mitgliederwerbung[17]. Die Abgrenzung zum Schutzbereich anderer Grundrechte ist anhand des Kriteriums „koalitionsspezifische Betätigung" durchzuführen. Politische Meinungsäußerungen oder gewerbliche Tätigkeiten genießen demnach den Schutz von Art. 5 Abs. 1 GG bzw. Art. 12 Abs. 1 GG und unterfal-

---

7 Vgl. BAGE 7, 106 ff.
8 W. *Löwer*, in: von Münch/Kunig, Art. 9 Rn. 95; vgl BVerfGE 57, 220 – Bethel; BAGE 117, 308 ff.
9 BVerfGE 58, 233 (235).
10 BVerfGE 18, 18 (28) – *Hausgehilfinnen*; 50, 290 (368) – *Mitbestimmungsgesetz*; 58, 233 (247) – *Arbeitnehmervertretung*.
11 So erstmals ausdrücklich auch BVerfG, Beschl. v. 26.3.2014, 1 BvR 3185/09 – *Flashmob-Aktion*; krit. *Scholz*, in: Maunz/Dürig, Rn. 240.
12 Vgl. oben Rn. 573.
13 BVerfGE 4, 96 (106) – *Koalitionsfreiheit*.
14 BVerfGE 84, 212 (225) – *Arbeitskampf*.
15 BVerfGE 84, 212 (224).
16 BVerfGE 84, 212 (225).
17 BVerfGE 28, 295 (304) – *Mitgliederwerbung im Betrieb*.

len nicht Art. 9 Abs. 3 GG.[18] Versammlungen sind wegen des ihnen eigenen Gefahren-
potentials stets auch an Art. 8 GG zu messen.[19]

3.2 Gewährleistungsgehalt

623   Auch die Koalitionsfreiheit ist zuallererst ein **Abwehrrecht** gegen staatliche Eingriffe.
Sie weist jedoch Besonderheiten auf. Zum einen ordnet Art. 9 Abs. 3 S. 2 GG ausdrücklich eine **unmittelbare Wirkung** für Privatrechtsverhältnisse an, wenn es heißt,
dass Abreden, welche die in S. 1 umschriebene Freiheit einschränken oder zu behindern suchen, nichtig, hierauf gerichtete Maßnahmen rechtswidrig sind. Zum anderen
erfordert die als Koalitionsbetätigung garantierte Tarifautonomie **ausgestaltende Gesetzgebung**, welche das Rechtsinstrument des Tarifvertrags überhaupt erst schafft.[20]
Insoweit umfasst das Grundrecht der Koalitionsfreiheit auch eine Rechtsinstitutsgarantie: die **Garantie des Rechtsinstituts Tarifvertrag**.[21] Damit stellt sich wiederum das
Problem der Unterscheidung zwischen ausgestaltender und eingreifender Gesetzgebung. Ein weiteres Problem ergibt sich nicht aus dem Grundrecht selbst, sondern aus
der Tatsache, dass der Gesetzgeber in Bezug auf das Arbeitskampfrecht bisher weitgehend untätig geblieben ist. Der Bereich ist folglich ganz überwiegend richterrechtlich
geregelt. „Auch wenn dieses Richterrecht auf der Grundlage von Art. 9 Abs. 3 GG
entwickelt worden ist, bleibt es einfaches Recht, dessen Auslegung und Anwendung
vom BVerfG nach denselben Maßstäben zu überprüfen ist, nach denen entsprechendes
Gesetzesrecht zu überprüfen wäre.“[22]

624   Der stärkste Eingriff in die Koalitionsfreiheit ist ein **Verbot**. Ein solches ist möglich,
wie aus den §§ 2 und 16 Vereinsgesetz folgt, von denen letzterer besondere Schutzvor-
kehrungen zugunsten von Koalitionen enthält. Ein Koalitionsverbot hat es in der Geschichte der Bundesrepublik bisher nicht gegeben. Häufig sind dagegen **Eingriffe in
die Koalitionsbetätigung**. Zu nennen sind Werbebeschränkungen[23], der Einsatz von
Beamten im Streikfall[24] oder die gesetzliche Regelung von Themen, die Gegenstand
von Tarifverträgen sind[25]. Solche Regelungen sind dem Gesetzgeber nicht verschlossen, denn die Koalitionsfreiheit gibt den Koalitionen kein Normsetzungsmonopol für
tarifvertragtaugliche Gegenstände wie etwa Urlaubsregelungen[26], Befristungsregelun-
gen[27] oder Mindestlöhne[28]. Der Gesetzgeber muss sein Tätigwerden aber im Blick auf
die Koalitionsfreiheit rechtfertigen.

625   Von derartiger eingreifender Gesetzgebung ist die **ausgestaltende Gesetzgebung** zu unterscheiden, welche den Tarifparteien Rechtsmacht verleiht und ihr Zusammenwirken
koordiniert und so überhaupt erst die rechtlichen Grundlagen für den Abschluss und
die Wirksamkeit von Tarifverträgen schafft.[29] Für derartige Regelungen kommt dem
Gesetzgeber ein weiter Gestaltungsspielraum zu. Aus der Rechtsinstitutsgarantie eines
funktionsfähigen Tarifvertragssystems ergibt sich als verfassungsrechtliche Vorgabe

---

18 Vgl. *J. Ipsen*, Staatsrecht II, Rn. 702.
19 *W. Löwer*, in: von Münch/Kunig, Art. 9 Rn. 116.
20 BVerfGE 50, 290 (368).
21 S. dazu *U. Mager*, Einrichtungsgarantien, 2003, S. 239, 461 ff.
22 BVerfGE 84, 212 (226); BVerfG/K, NZA 2004, 1338.
23 BVerfGE 28, 295.
24 BVerfGE 88, 103 – *Beamteneinsatz bei Streik*; BVerwGE 69, 208.
25 Vgl. BVerfGE 44, 322 – *Allgemeinverbindlichkeitserklärung von Tarifverträgen*.
26 BVerfGE 103, 293 – *Urlaubsanrechnung*.
27 BVerfGE 94, 268 (284 f.) – *Wissenschaftliches Personal*.
28 *W. Löwer*, in: von Münch/Kunig, Art. 9 Rn. 80.
29 BVerfGE 50, 290 (368).

die Sicherung eines ungefähren Kräftegleichgewichts zwischen den Tarifparteien, die **Parität**, sowie der Grundsatz der **Selbstbestimmung** der Koalitionen.[30]

Schließt eine Koalition ein Mitglied aus, so handelt es sich für die ausschließende **626** Partei um die Betätigung ihrer Koalitionsfreiheit. Darin kann ein nichtstaatlicher Eingriff in die Koalitionsfreiheit der ausgeschlossenen Partei liegen, wenn der **Ausschluss** eine Sanktion auf deren koalitionsgemäße Betätigung darstellt. Befindet das Gericht einen Ausschluss am Maßstab der gesetzmäßigen Koalitionssatzung für rechtswidrig, so liegt darin wiederum ein Eingriff in die Koalitionsfreiheit der ausschließenden Partei.[31]

3.3 Schranken und ihre verfassungsmäßige Konkretisierung

Die Koalitionsfreiheit unterliegt keinem Gesetzesvorbehalt. Ob die Schranke des **Art. 9** **627** **Abs. 2 GG** in Bezug auf Verbote Anwendung findet, ist streitig. Für die Anwendung spricht, dass es sich bei Koalitionen um eine spezielle Art von Vereinigungen handelt. Das Gegenargument, Art. 5 Abs. 2 GG werde auch nicht auf Art. 5 Abs. 3 GG zur Anwendung gebracht[32], überzeugt nicht, weil die Regelungsstrukturen nicht vergleichbar sind. Das Vereinsgesetz enthält in § 16 eine spezielle Verbotsnorm für Arbeitnehmer- und Arbeitgebervereinigungen, die einen völkerrechtlichen Hintergrund hat. Im Übrigen gelten für Eingriffe die **verfassungsimmanenten Schranken**. So kann die Beschränkung von gewerkschaftlichen Werbemaßnahmen zum Schutz der staatlichen Neutralität, der negativen Koalitionsfreiheit Dritter oder der Berufsfreiheit gerechtfertigt sein, sofern sie verhältnismäßig ist.[33] Die Befristung von Arbeitsverträgen mit Wissenschaftlern in der Qualifikationsphase kann unter Rückgriff auf Art. 5 Abs. 3 GG Rechtfertigung finden.[34]

Das Streikverbot für Beamte lässt sich auf die Funktion des Berufsbeamtentums stützen, wie es durch Art. 33 Abs. 4 und 5 GG abgesichert wird. Allerdings ist aufgrund von zwei Entscheidungen des EGMR[35] problematisch geworden, ob das Streikverbot als hergebrachter Grundsatz des Berufsbeamtentums mit Art. 11 EMRK vereinbar ist.[36] Die Entscheidungen des EGMR sind nicht zur Rechtslage in Deutschland ergangen. Insoweit darf nicht aus dem Blick geraten, dass der Beamtenstatus in Deutschland mit dem Alimentations- und dem Fürsorgegrundsatz Elemente enthält, die geeignet sind, das Fehlen des Streikrechts auszugleichen. Einfache Übertragungen verbieten sich deshalb.

Bei der ausgestaltenden Gesetzgebung geht es um **sachgerechte Koordinierung** der Ta- **628** rifautonomie beider Seiten der Tarifparteien.[37] Dies gilt entsprechend für das bisher hauptsächlich richterrechtlich gestaltete Arbeitskampfrecht, das zudem dem Grundsatz der Verhältnismäßigkeit der Kampfmaßnahmen verpflichtet ist.[38]

Der im Zuge der Ergänzung des Grundgesetzes um eine Notstandsverfassung 1968 in **629** Art. 9 Abs. 3 GG eingefügte S. 3 bringt zum Ausdruck, dass **Arbeitskämpfe** – sofern sie solche sind und nicht politischer Generalstreik – **nicht** zum **Anlass für die Not-** **standsmaßnahmen** nach Art. 12a GG (Dienstverpflichtungen), Art. 35 Abs. 2 und 3

---

30 S. dazu *U. Mager*, Einrichtungsgarantien, 2003, S. 245.
31 S. zu einem solchen Fall BVerfGE 100, 214 ff. – *Gewerkschaftsausschluss*.
32 S. *Jarass/Pieroth*, Art. 9 Rn. 49 mwN. zum Meinungsstand.
33 Vgl. BVerfGE 58, 233 (249) – *Arbeitnehmervertretung*.
34 BVerfGE 94, 268 (285) – *Wissenschaftliches Personal*.
35 BVerwGE 69, 208 (214 f.); str. geworden durch EGMR, NZA 2010, 1423 und 1425; s. dazu *Chr. Traulsen*, Das Beamtenstreikverbot zwischen Menschenrechtskonvention und Grundgesetz, JZ 2013, 65 ff.
36 S. BVerwGE 149, 117 ff. – *Beamtenstreik*.
37 BVerfGE 84, 212 (Leitsatz 3) – *Arbeitskampf*.
38 S. dazu aus der Rechtsprechung des BVerfG: BVerfGE 92, 365 (393 ff.) – *Kurzarbeitergeld*.

GG (Anforderungen von Polizeikräften anderer Länder, der Bundespolizei bzw. der Streitkräfte im Falle erheblicher Polizeigefahren oder im Katastrophenfall), Art. 87a Abs. 4 GG und Art. 91 GG (Einsatz von Streitkräften, der Bundespolizei oder von Polizeikräften anderer Länder im Falle einer drohenden Gefahr für den Bestand oder die freiheitlich-demokratische Grundordnung des Bundes oder eines Landes) genommen werden dürfen. Auch dieser Satz ist bisher ohne Anwendung geblieben.

Rechtsprechung: BVerfGE 4, 96 – *Hutfabrikant, Begriff der Koalition*; 18, 18 – *Hausgehilfinnenbund, Begriff der Koalition*; 19, 303 – *Koalitionsbetätigung eines Beamten*; 38, 281 – *Arbeitnehmerkammern als öffentlich-rechtliche Zwangsverbände*; 42, 133 – *Werbung*; 50, 290 – *Mitbestimmung*; 51, 77 – *Personalratstätigkeit keine Koalitionsbetätigung*; 55, 7 – *Allgemeinverbindlicherklärung*; 58, 233 – *Arbeitnehmervertretung, Begriff der Koalition*; 84, 212 – *Aussperrung*; 88, 103 – *Beamteneinsatz*; 92, 26 – *Zweitregister*; 92, 365 – *§ 116 Arbeitsförderungsgesetz*; 93, 352 – *Mitgliederwerbung*; 94, 268 – *wissenschaftliches Personal*; 100, 214 – *konkurrierende Listen*; 100, 271 – *Lohnabstandsklauseln*; 103, 293 – *Anrechnung von Urlaubstagen*; 116, 202 – *Tariftreue*; BVerfG, 1 BvR 1571/15 vom 11.7.2017 – *Tarifeinheitsgesetz.* BVerwGE 149, 117 – *Beamtenstreik.*

Literatur: *A. Engels/W. Höfling*, Der „Bahnstreik"- oder: Offenbarungseid des Arbeitskampfrichterrechts?, NJW 2007, 3102; *U. Fischer*, Gesetzlicher Mindestlohn – Verstoß gegen die Koalitionsfreiheit?, ZRP 2007, 20; *U. Fischer*, Das BVerfG als Superrevisionsinstanz der Arbeitsgerichtsbarkeit in Arbeitskampfsachen? – Der Flashmobfall in Karlsruhe, RdA 2011, 50; *G. Günther/ E. Franz*, Grundfälle zu Art. 9 GG, JuS 2006, 873; *W. Höfling/C. Burkiczak*, Die unmittelbare Drittwirkung gemäß Art. 9 Abs. 3 S. 2 GG, RdA 2004, 263; *W. Leisner*, Der Streik im öffentlichen Dienst – Gefahr für Demokratie, Gewerkschaften und Streikrecht, NJW 2006, 1488; *L.O. Michaelis*, Das beamtenrechtliche Streikverbot, JA 2015, 121; *U. Preis/D. Ulber*, Tariftreue als Verfassungsproblem, NJW 2007, 465; *J. Polakiewicz/A. Kessler*, Streikverbot für deutsche BeamtInnen, NVwZ 2012, 841; *C. Schubert*, Ist der Außenseiter vor der Normsetzung durch die Tarifvertragsparteien geschützt?, RdA 2001, 199.

Lösung zu Fall 16:   Unterschriftenaktion[39]

Die Untersagung könnte die Polizeigewerkschaft NRW in ihren Rechten aus der Koalitionsfreiheit gemäß Art. 9 Abs. 3 S. 1 GG verletzen.

I.   Schutzbereich

Das Auslegen und Verteilen von Flugblättern sowie die Auslegung von Unterschriftenlisten in Polizeigebäuden durch die Polizeigewerkschaft NRW müsste vom Schutzbereich des Art. 9 Abs. 3 S. 1 GG umfasst sein. Art. 9 Abs. 3 S. 1 GG schützt neben der Freiheit jedes Einzelnen, sich zu Koalitionen zusammenzuschließen oder ihnen fernzubleiben (individuelle Koalitionsfreiheit) auch die Koalition selbst in ihrem Bestand, ihrer organisatorischen Ausgestaltung und ihren Betätigungen, sofern diese der Förderung der Arbeits- und Wirtschaftsbedingungen dienen, es sich also um koalitionsspezifische Verhaltensweisen handelt (kollektive Koalitionsfreiheit). Art. 9 Abs. 3 S. 1 GG schützt dagegen nicht allgemeinpolitische Aussagen ohne Bezug zu den Arbeits- und Wirtschaftsbedingungen. Die Aktion der Polizeigewerkschaft NRW verfolgt das Ziel, die Unterstützung der Bevölkerung für die Forderung nach Neueinstellung von Polizeibediensteten zu erlangen. Sie dient damit der Förderung der Arbeitsbedingungen und fällt somit in den Schutzbereich des Art. 9 Abs. 3 S. 1 GG. Die Polizeigewerkschaft betätigt sich im Schutzbereich des Art. 9 Abs. 3 S. 1 GG. Sie ist daher Grundrechtsträgerin. Ob es dafür eines Rückgriffs auf Art. 19 Abs. 3 GG bedarf oder nicht, ist jedenfalls in diesem Fall ohne praktische Bedeutung.

---

39 Fall nach BVerfG, NZA 2007, 394 ff.

II. Eingriff

Indem das Innenministerium der Polizeigewerkschaft NRW eine koalitionsspezifische Tätigkeit untersagt, greift es in die Koalitionsfreiheit ein.

III. Verfassungsrechtliche Rechtfertigung

1. Schranke

Die Koalitionsfreiheit aus Art. 9 Abs. 3 S. 1 GG ist ein vorbehaltslos gewährtes Grundrecht. Die Frage der Anwendbarkeit des Art. 9 Abs. 2 GG stellt sich nicht, da nicht um ein Koalitionsverbot gestritten wird. Auch vorbehaltslose Grundrechte finden ihre Schranken jedoch in der Verfassung selbst. Sie können zum Schutz von Rechtsgütern eingeschränkt werden, denen gleichermaßen verfassungsrechtlicher Rang zukommt (verfassungsimmanente Schranke).

Ein solches Rechtsgut mit Verfassungsrang stellt die Funktionsfähigkeit einer neutralen und allein nach rechtsstaatlichen Gesichtspunkten handelnden öffentlichen Verwaltung dar, wie sie die Gesetzesbindung gemäß Art. 20 Abs. 3 GG verlangt und die Garantien des Berufsbeamtentums gemäß Art. 33 Abs. 4 und 5 GG sichern. Somit besteht eine taugliche Schranke.

2. Verfassungsmäßige Konkretisierung der Grundrechtsschranke

a) Richterrechtliche Konkretisierung

Auch verfassungsimmanente Schranken bedürfen grundsätzlich der einfachgesetzlichen Konkretisierung. Die Reichweite der Koalitionsfreiheit im Verhältnis zu den Arbeitgebern ist jedoch bisher weitgehend gesetzlich ungeregelt geblieben. Mangels gesetzlicher Regelungen hat die Rechtsprechung Richterrecht für den Bereich des kollektiven Arbeitsrechts entwickelt. Die Verfassungsmäßigkeit dieser richterrechtlichen Grundsätze steht allerdings nicht in Streit, sondern die Verhältnismäßigkeit der Untersagung im Einzelfall.

b) Verhältnismäßigkeit im Einzelfall

Die Untersagung der koalitionsgemäßen Betätigung müsste verhältnismäßig sein. Dies ist der Fall, wenn die Untersagung einen legitimen Zweck verfolgt und die Maßnahme diesbezüglich geeignet, erforderlich und angemessen ist.

aa) Legitimer Zweck

Die Sicherung der Funktionsfähigkeit einer neutralen und allein nach rechtsstaatlichen Gesichtspunkten handelnden öffentlichen Verwaltung stellt ein legitimes Ziel dar.

bb) Geeignetheit

Geeignet ist eine Maßnahme bereits dann, wenn dadurch die Erreichung des Zwecks gefördert wird. Das Verteilen und Auslegen von Flugblättern sowie von Unterschriftslisten im öffentlich zugänglichen Bereich der Polizeidienststellen vermag nach außen hin den Eindruck zu begründen, dass eine Vermengung hoheitlicher Tätigkeiten mit der Unterstützung von Partikularinteressen droht, indem sich die Gewerkschaft den Bereich staatlicher Aufgabenerfüllung zur Durchsetzung ihrer politischen Forderungen zu Nutze macht. Die Untersagung des Innenministeriums ist geeignet, der Betätigung von Interessengruppen innerhalb von Dienstgebäuden Grenzen zu setzen.

cc) Erforderlichkeit

Erforderlich ist die Untersagung dann, wenn kein milderes Mittel in Betracht kommt, dass in gleicher Weise geeignet ist, den angestrebten Zweck zu erreichen und den Grundrechtsträger zugleich weniger intensiv beeinträchtigt. Eine zeitliche oder räumliche Begrenzung der Aktion in den Dienstgebäuden würde den Zweck verfehlen, so dass es als milderes Mittel nicht in Betracht kommt.

dd) Angemessenheit

Die Untersagung ist angemessen, wenn im Rahmen einer Gesamtabwägung zwischen den kollidierenden Verfassungsgütern dem durch die Untersagung zu schützenden Verfassungsgut gegenüber der Koalitionsfreiheit ein höheres Gewicht beizumessen ist. Von wesentlicher Bedeutung ist die Schwere des Eingriffs. Die Untersagung durch das Innenministerium führt nicht zu einem gänzlichen Verbot der von der Gewerkschaft initiierten Aktion. Sie kann vielmehr auch weiterhin außerhalb der Polizeidienststellen durchgeführt werden. Da die Aktion sich vornehmlich an die Öffentlichkeit und nicht an die Polizeibediensteten richtet, liegt in der auf die Polizeidienststellen begrenzten Versagung ein Eingriff, der die Aktion nicht im Kern, sondern nur am Rande trifft. Demgegenüber führt die Auslegung und Verteilung von Unterschriftenlisten und Flugblättern in den Polizeidienststellen unweigerlich dem Anschein nach zu einer Vermischung der unter dem Neutralitätsgebot stehenden Amtsausführung mit Interessen einzelner Beamten. Somit kommt der Funktionsfähigkeit der öffentlichen Verwaltung im konkreten Fall ein höheres Gewicht zu als der Koalitionsfreiheit.

Die Untersagung seitens des Innenministeriums ist damit angemessen, mithin verhältnismäßig.

III. Ergebnis

Die Untersagung des Innenministeriums ist im Ergebnis verfassungsmäßig.

Neunter Teil: Ausbürgerungs- und Auslieferungsverbot, Asylrecht

Die Grundrechte des Art. 16 und 16a GG, bis 1993 Gegenstand allein von Art. 16 GG, weisen eine besondere **Nähe zum Völker- und Europarecht** auf, denn es geht zum einen um das rechtliche Band der Staatsangehörigkeit, welches Grundlage für das Staatsvolk, einem konstitutiven Element der Staatlichkeit ist, zum anderen um die Aufnahme von Ausländern zum Schutz vor politischer Verfolgung im Heimatstaat. Für beide Regelungsbereiche gibt es völkerrechtliche Verträge wie auch Völkergewohnheitsrecht und inzwischen auch eine Vielzahl unionsrechtlicher Rechtsgrundlagen.
630

1. Kapitel: Art. 16 Abs. 1 GG: Ausbürgerungsverbot

Art. 16 Abs. 1 GG ist seit der Geltung des Grundgesetzes unverändert geblieben. Sein Inhalt speist sich aus den Unrechtserfahrungen massenhafter Zwangsausbürgerungen, wie sie in der NS-Zeit stattfanden[1] und orientiert sich an Art. 15 der Allgemeinen Erklärung der Menschenrechte, der in Absatz 1 jedem das Recht auf eine Staatsangehörigkeit zuspricht und in Absatz 2 die willkürliche Entziehung verbietet, aber auch das Recht auf einen frei gewählten Wechsel der Staatsangehörigkeit einräumt.
631

1.1 Schutzbereich

Das Ausbürgerungsverbot des Art. 16 Abs. 1 GG ist ein **Deutschengrundrecht**. Voraussetzung für die Eröffnung des persönlichen wie des sachlichen Schutzbereichs ist die **deutsche Staatsangehörigkeit**. Diese Voraussetzung ist enger als die Legaldefinition der Deutschen-Eigenschaft im Sinne des Art. 116 GG und verlangt einen gesetzlichen Erwerbstatbestand, für dessen Regelung gemäß Art. 73 Abs. 1 Nr. 2 GG der Bundesgesetzgeber zuständig ist. Dieser ist hinsichtlich der Ausgestaltung des Staatsangehörigkeitsrechts zum einen an völkerrechtliche Vorgaben, zum anderen an die Grundrechte gebunden, genießt im Übrigen aber einen großen Gestaltungsspielraum.
632

Das Völkerrecht verlangt einen sachgerechten Anknüpfungspunkt für die Staatsangehörigkeit. Anerkannt sind insoweit das **Abstammungsprinzip** (ius sanguinis), also die Ableitung der Staatsangehörigkeit von der Mutter und/oder vom Vater, sowie das **Territorialprinzip** (ius soli), also die Zugehörigkeit zu dem Staat, in dessen Grenzen die Geburt stattgefunden hat. Beide Prinzipien haben Vor- und Nachteile. So kann die ausnahmslose Anwendung des Abstammungsprinzips Staatenlosigkeit perpetuieren, während das Territorialprinzip zufällige Staatsangehörigkeiten ermöglicht und zu Mehrstaatigkeit führen oder die Familieneinheit beeinträchtigen kann.
633

Von den Grundrechten des GG sind insbesondere die **Diskriminierungsverbote** sowie der allgemeine **Gleichheitssatz** von Bedeutung. So verlangt der Grundsatz der Gleichberechtigung von Männern und Frauen, dass im Falle des Staatsangehörigkeitserwerbs durch Abstammung Vater und Mutter gleichermaßen die Staatsangehörigkeit auf ihre Kinder weiterleiten können.[2]
634

Der Erwerb und der Verlust der deutschen Staatsangehörigkeit bestimmen sich nach dem Staatsangehörigkeitsgesetz von 1913, das im Jahr 2000 grundlegend reformiert
635

---

1 S. als weitere Reaktion darauf auch Art. 116 Abs. 2 GG.
2 BVerfGE 37, 217 (239 ff.) – *Staatsangehörigkeit von Abkömmlingen.*

wurde.[3] Insbesondere ergänzte der Gesetzgeber das bis dahin geltende Abstammungsprinzip um Elemente des Territorialprinzips, mit dem Ziel, der zweiten Generation von Ausländern den Erwerb der deutschen Staatsangehörigkeit zu erleichtern.[4]

1.2 Gewährleistungsgehalt und Schranken

636   Art. 16 Abs. 1 GG **verbietet** strikt und ausnahmslos die **Entziehung** der Staatsangehörigkeit und **beschränkt** den **Verlust**. Dies erfordert die Unterscheidung zwischen den beiden Varianten Entziehung und Verlust. Dieser Unterschied liegt weder in dem Gegensatz „Einzelakt – Gesetz" noch in dem Gegensatz politische oder unpolitische Gründe. Die **Entziehung** stellt vielmehr einen **Spezialfall des Verlustes** dar, der sich dadurch auszeichnet, dass der Betroffene von sich aus und durch eigenes Handeln keine Ursache für den Verlust gesetzt hat, diesen also nicht beeinflussen kann.[5] Typischer Fall ist die schon erwähnte **Zwangsausbürgerung**. Typischer Fall des Verlustes ist demgegenüber die willentliche **Selbstausbürgerung**, denn das GG will – in Übereinstimmung mit Art. 15 Abs. 2 AEMR – niemanden gegen seinen Willen an der deutschen Staatsangehörigkeit festhalten. Dementsprechend enthält das Staatsangehörigkeitsgesetz Regelungen über die Entlassung aus der deutschen Staatsangehörigkeit auf Antrag zum Erwerb einer anderen Staatsangehörigkeit[6] sowie den Verzicht auf die deutsche Staatsangehörigkeit für den Fall bestehender Mehrstaatigkeit[7]. Keine Zwangsausbürgerung im Sinne der Entziehung, sondern eine Selbstausbürgerung liegt auch dann vor, wenn der Betroffene zwar nicht mit dem Verlust einverstanden ist, jedoch freiwillig und ohne jeden Zwang durch sein Handeln einen völker- und verfassungsmäßigen gesetzlichen Tatbestand herbeigeführt hat, der zum Verlust führt. Eine Entziehung zeichnet sich demgegenüber dadurch aus, dass sie nicht nur ohne oder gegen den Willen des Betroffenen, sondern auch aus unsachlichen, also willkürlichen und insbesondere von dem Betroffenen in keiner Weise zu beeinflussenden Gründen stattfindet.[8]

637   Art. 16 Abs. 1 S. 2 GG knüpft den Verlust nicht nur an einen gesetzlichen Tatbestand, er verbietet ihn zudem für den Fall, dass er zur Staatenlosigkeit führt. Dies hat in der Praxis die Frage aufgeworfen, ob auch eine auf der Grundlage von falschen Tatsachen **erschlichene Einbürgerung** im Falle der Herbeiführung von **Staatenlosigkeit** unaufhebbar ist. Die Aufhebung einer erschlichenen Einbürgerung ist zunächst keinesfalls eine Entziehung iSd. Art. 16 Abs. 1 S. 1 GG, denn durch das Erschleichen hat der Betroffene selbst und durch ihn beeinflussbar den Verlustgrund gesetzt. Es besteht daher Einigkeit, dass in diesem Fall eine Aufhebung, sofern sie nicht zur Staatenlosigkeit führt, durch einfaches Gesetz geregelt werden kann. Das eigentliche Problem besteht darin, dass diese Konstellation im Falle der Herbeiführung der Staatenlosigkeit dem Wortlaut des Art. 16 Abs. 1 S. 2 GG widerspricht. Andererseits ist zu bedenken, dass die Belohnung rechtswidrigen Verhaltens den in jeder Rechtsanwendung auch liegenden übergreifenden Zweck, die Verbindlichkeit des Rechts zu stärken, unterläuft. Mit diesem übergeordneten Argument lässt sich die Nichtanwendung von Art. 16 Abs. 2 S. 2 GG methodisch im Wege einer teleologischen Reduktion begründen. Der weitere

---

3   S. dazu BVerfGE 116, 24 – *erschlichene Einbürgerung*; BVerfGK 6, 178 – *erschlichene Einbürgerung (eA.)*.

4   S. dazu § 4 Abs. 3, § 29 StAG; *C. Bönning*, Staatsangehörigkeit und Einbürgerung nach dem neuen Gesetz zur Reform des Staatsangehörigkeitsrechts, JA 2000, 257; *K. Hailbronner*, Die Reform des deutschen Staatsangehörigkeitsrechts, NVwZ 1999, 1273.

5   Zur Entziehung in Form der behördlichen Vaterschaftsanfechtung s. BVerfGE 135, 48 ff.

6   §§ 18–24 StAG; zum Problem der Zulässigkeit eines Antrags auf Entlassung bei dann drohender Staatenlosigkeit s. OVG Münster, NJW 1983, 2599.

7   § 26 StAG.

8   Vgl. auch BVerfGE 116, 24 (44); BVerfG, NJW 1990, 2193 (2193) – *Verlust der deutschen Staatsangehörigkeit;* BVerfG, NVwZ 2001, 1393 (1393) – *Verlust der deutschen Staatsangehörigkeit*.

Streit, ob die allgemeine Vorschrift über die Aufhebung rechtswidriger Verwaltungsakte in den Verwaltungsverfahrensgesetzen der Länder als Rechtsgrundlage zur Aufhebung von Einbürgerungsentscheidungen ausreicht,[9] hat sich inzwischen erledigt. Der Gesetzgeber hat mit § 35 StAG eine taugliche Rechtsgrundlage für die Rücknahme *erschlichener* Einbürgerungen geschaffen.

Rechtsprechung: BVerfGE 37, 217 – *Staatsangehörigkeit von Abkömmlingen*; 116, 24 – *erschlichene Einbürgerung*; 135, 48 – *behördliche Vaterschaftsanfechtung*.

Literatur: *C. Bönning*, Staatsangehörigkeit und Einbürgerung nach dem neuen Gesetz zur Reform des Staatsangehörigkeitsrechts, JA 2000, 257; *U. Hufeld*, Art. 16 GG: Ausbürgerung und Auslieferung im Kontext, JA 2007, 41; *J.A. Kämmerer*, Die Rücknahme erschlichener Einbürgerung – Tor zur Staatenlosigkeit, NVwZ 2006, 1015; *A. Leopold*, Einführung in das Staatsangehörigkeitsrecht, JuS 2006, 126; *A. Meßmann/T. Kornblum*, Grundfälle zu Art. 16, 16a GG, JuS 2009, 688 und 810.

Fallbearbeitungen: *K. Hoof*, Ausbürgerung eines Polygamisten, JA 2009, 617 (Hausarbeit).

---

9 S. dazu BVerfGE 116, 24 ff.

2. Kapitel: Art. 16 Abs. 2 GG: Auslieferungsverbot

638   In der ursprünglichen Fassung enthielt Art. 16 Abs. 2 in seinem Satz 1 das für Deutsche geltende Auslieferungsverbot und in seinem Satz 2 das für Ausländer und Staatenlose geltende Asylrecht. Das Grundrecht auf Asyl erhielt durch das 39. Änderungsgesetz mit Wirkung zum 30.6.1993 seine neue Fassung in Art. 16a GG. Die unionsrechtlich bedingte Beschränkung des Auslieferungsverbots im heutigen Art. 16 Abs. 2 S. 2 GG fand durch das 47. Änderungsgesetz mit Wirkung zum 2.12.2000 Eingang in das Grundgesetz.

2.1 Schutzbereich und Gewährleistungsgehalt

639   Das Auslieferungsverbot ist ein **Deutschengrundrecht**. Ihm liegt das Recht jedes Staatsbürgers zugrunde, sich in seinem Heimatland aufhalten zu dürfen, sowie die Pflicht des Staates, seine Angehörigen zu schützen. Dieser Schutz umfasst, dass ein deutscher Staatsbürger sich nur im eigenen Staat strafrechtlich verantworten muss und nicht in einem fremden Staat mit einer unbekannten Rechtsordnung und häufig auch einer fremden Sprache.[1] Völkerrechtlich besteht keine gewohnheitsrechtliche Pflicht zur Auslieferung; vielmehr kann eine solche nur völkervertraglich begründet werden. Als Vertragspartner eines entsprechenden Übereinkommens ist die Bundesrepublik Deutschland an Art. 16 Abs. 2 GG gebunden. Daraus folgte, dass die Bundesrepublik sich bis zum Inkrafttreten des Art. 16 Abs. 2 S. 2 GG nF. im Jahre 2000 ausschließlich zur Auslieferung von Ausländern verpflichten durfte.

640   Die Auslieferung dient üblicherweise dazu, einen Straftäter, der im Inland eine Straftat begangen hat, dann ins Ausland geflohen ist und dort gefasst wurde, in den Staat der Tatbegehung zurückzuführen, um ihn dort vor Gericht zu stellen. Der **Auslieferungsbegriff** des Art. 16 Abs. 2 S. 1 GG erfasst diese Konstellation, ist jedoch nicht auf den Zweck der Strafverfolgung beschränkt. Auslieferung im Sinne des Art. 16 Abs. 2 S. 1 GG ist vielmehr jede auf Ersuchen einer fremden Hoheitsgewalt durch staatliche Stellen durchgeführte **Überstellung einer Person** aus dem Inland **in den Bereich einer fremden Hoheitsgewalt**.[2] Fremde Hoheitsgewalt kann nicht nur durch Staaten, sondern auch durch Internationale Organisationen ausgeübt werden. Der Begriff „Ausland" in Art. 16 Abs. 2 S. 1 GG ist in diesem Sinne zu verstehen. Keine Auslieferung liegt vor, wenn ein Kind auf Grund des Haager Übereinkommens über die zivilrechtlichen Aspekte internationaler Kindesentführung auf Ersuchen eines Elternteils vorläufig dessen Obhut unterstellt wird. „Es fehlt an der für die Auslieferung kennzeichnenden Verbringung in die Hoheitsgewalt eines anderen Staates auf dessen Ersuchen."[3]

641   Auch eine sog. **Durchlieferung** ist als „mittelbare Auslieferung"[4] vom Auslieferungsverbot erfasst. Sie liegt vor, wenn eine von einem fremden Staat an einen anderen fremden Staat ausgelieferte Person durch das Gebiet der Bundesrepublik Deutschland transportiert wird. Dementsprechend ist allein die „Durchlieferung" eines Ausländers, nicht aber eines Deutschen, zulässig (vgl. §§ 43 ff. IRG). Dagegen liegt der Fall bei der **Rücklieferung** anders. Unter Rücklieferung wird die Zurücküberstellung einer Person aus einem ausländischen Staat verstanden, der diese Person nur vorübergehend und unter der Bedingung späterer Rücküberstellung aus seiner Hoheitsgewalt entlassen hat. In der Regel erfolgt eine solche bedingte Auslieferung zum Zweck der Zeugenvernehmung in einem Gerichtsverfahren. Würde die Bundesrepublik sich nicht auf die

---

1   BVerfGE 113, 273 (293) – *Europäischer Haftbefehl* und schon zuvor BVerfGE 29, 183 (193) – *Rücklieferung*.
2   BVerfGE 10, 136 (139) – *Durchlieferung*; BVerfGE 113, 273 (293).
3   BVerfG, NJW 1996, 3145 (3145) – *Rückführung eines Kindes in die USA*.
4   BVerfGE 10, 136 (139).

Bedingung einlassen, würde die Person überhaupt nicht an sie ausgeliefert werden. Einen Bruch der Vereinbarung könnte die Bundesrepublik sich allenfalls einmal leisten. Unter diesen Umständen lässt sich die Unanwendbarkeit des Auslieferungsverbots für Deutsche damit begründen, dass der Betroffene von vornherein nur unter der Bedingung der Rücklieferung nach Deutschland gelangt ist, so dass sich seine Rechtsposition durch die Mitwirkung der deutschen Behörden nicht verschlechtert.

Hinsichtlich der Eigenschaft als Deutscher kommt es auf den Zeitpunkt der Entscheidung über die Auslieferung bzw. die Durchführung der Auslieferung an, nicht auf den Zeitpunkt der Straftat. Bestehen Zweifel, so ist in jedem Stadium des Verfahrens der Sachverhalt soweit aufzuklären, dass die Eigenschaft als Nichtdeutscher eindeutig feststeht.[5] Einbürgerungsbewerber werden grundsätzlich nicht erfasst. Anderes kann allenfalls gelten, wenn der Betroffene zum maßgeblichen Zeitpunkt einen Anspruch auf Einbürgerung hat.[6] **642**

2.2 Schranken und ihre verfassungsmäßige Konkretisierung

Mit dem Inkrafttreten des 47. Gesetzes zur Änderung des Grundgesetzes[7] wurde das bis dahin schrankenlos gewährte Auslieferungsverbot mit einem **qualifizierten Gesetzesvorbehalt** versehen. Darin liegt die bewusste und gewollte Öffnung für die internationale Zusammenarbeit auch im Bereich der Strafverfolgung sowie für das „Zusammenwachsen der europäischen Völker in einer Europäischen Union"[8]. Konkreter Anlass war die Notwendigkeit, die verfassungsrechtlichen Voraussetzungen für die innerstaatliche Umsetzung des Europäischen Rahmenbeschlusses über den **Europäischen Haftbefehl** und die Übergabeverfahren zwischen den Mitgliedstaaten der Europäischen Union[9] zu schaffen. **643**

Der Gesetzesvorbehalt enthält **zwei Qualifizierungskriterien**, von denen einer alternativ gefasst ist. Zum einen kommt eine Auslieferung Deutscher allein **an Mitgliedstaaten der EU** oder an einen internationalen Gerichtshof in Betracht. Zum zweiten gilt auch dies nur, soweit „rechtsstaatliche Grundsätze gewahrt sind". Angesichts dieser Anforderungen ist der Vorwurf eines Verstoßes gegen Art. 79 Abs. 3 GG fernliegend. „Weder wird durch eine rechtsstaatlichen Grundsätzen gehorchende Auslieferung Deutscher deren Menschenwürde verletzt, noch werden dadurch die Staatsstrukturprinzipien des Art. 20 GG angetastet."[10] Das Kriterium der **Wahrung rechtsstaatlicher Grundsätze** verpflichtet den Gesetzgeber dazu, die Auslieferungsvoraussetzungen so zu fassen, dass eine Strukturvergleichbarkeit der rechtsstaatlichen Anforderungen an das Strafen und das Strafverfahren[11] sowie deren Anwendung in Bezug auf die ersuchenden Staaten oder internationalen Gerichte verlangt wird (vgl. §§ 3 ff., 73, 80 ff. IRG). Über diese aus der Qualifizierung des Gesetzesvorbehalts folgenden Anforderungen hinaus gilt der Grundsatz der **Verhältnismäßigkeit**. Dieser verpflichtet den deutschen Gesetzgeber, die Umsetzungsspielräume, welche die unionsrechtliche Normsetzung belässt, in grundrechtsschonender Weise auszufüllen.[12] Entsprechendes gilt bei der innerstaatlichen Umsetzung völkerrechtlicher Verträge. **644**

---

5 BVerfG, NJW 1990, 2193 (2194).
6 BVerfG, NJW 1994, 2016 (2016) – *Auslieferung eines Einbürgerungsbewerbers*.
7 Gesetz vom 29.11.2000, BGBl. I, S. 1633.
8 BVerfGE 113, 273 (295).
9 Rahmenbeschluss 2002/584/JI vom 13.6.2002, Abl. Nr. L 190 vom 18.7.2002, S. 1 – 20, zuletzt geändert durch Rahmenbeschluss 2009/299/JI vom 26.2.2009, Abl. Nr. L 81 vom 27.3.2009, S. 24–36 auf der Grundlage von Art. 31 lit. a) und b), Art. 34 Abs. 2 lit. b) EU; nach der Fassung des Vertrages von Lissabon nunmehr Art. 82 AEUV.
10 BVerfGE 113, 273 (296).
11 S. dazu *von Münch/Mager*, Staatsrecht I, Rn. 545 ff.
12 BVerfGE 113, 273 (300 ff.).

2.3 Exkurs: Auslieferung von Ausländern

645 Auch wenn Ausländer sich nicht auf das Auslieferungsverbot des Art. 16 Abs. 2 S. 1 GG berufen können, ist ihre Auslieferung durch deutsche Behörden nicht schrankenlos zulässig. In konsequenter Befolgung des Verbots der Todesstrafe gemäß Art. 102 GG lässt das IRG eine Auslieferung bei drohender Todesstrafe nur zu, wenn der ersuchende Staat versichert, dass eine solche nicht verhängt oder zumindest nicht vollstreckt wird (§ 8 IRG). Darüber hinaus enthält das IRG weitere Voraussetzungen und Bedingungen der Auslieferung. Eine Auslieferung auf der Grundlage eines europäischen Haftbefehls kommt auch dann nicht in Betracht, wenn dadurch gegen Verfassungsinhalte verstoßen würde, die zur deutschen Verfassungsidentität (Art. 79 Abs. 3 GG) gehören, namentlich das Schuldprinzip als Bestandteil der Menschenwürde.[13]

Rechtsprechung: BVerfGE 113, 273 – *Europäischer Haftbefehl.*

Literatur: *U. Hufeld*, Der Europäische Haftbefehl vor dem BVerfG, JuS 2005, 865; *A. Meßmann/ T. Kornblum*, Grundfälle zu Art. 16, 16a GG, JuS 2009, 688 und 810; *W. Mitsch*, Der Europäische Haftbefehl, JA 2006, 448.

---

13 BVerfGE 140, 317 Rn. 53 ff. – *Europäischer Haftbefehl, Identitätskontrolle* und schon oben in diesem Buch Rn. 110.

3. Kapitel: Art. 16a GG: Asylrecht

Die Gewährung von Asyl insbesondere an heiligen Orten geht zurück bis in die An-   **646**
fänge der Menschheitsgeschichte.[1] Die Verankerung der Asylgewährung als Grundrecht, dh. als subjektives Recht auf Verfassungsebene, hat dagegen Seltenheitswert.[2]
Wie das Ausbürgerungsverbot war auch diese Verfassungsneuheit unmittelbare Reak-
tion auf die Erfahrungen mit und unter dem Nazi-Regime. Die ursprüngliche Fassung
(Art. 16 Abs. 2 S. 2 GG aF.) lautete ebenso knapp wie verheißungsvoll: „Politisch Verfolgte genießen Asylrecht." Dieser Satz wurde in die **Neufassung** des Art. 16a Abs. 1
GG im Jahre **1993**[3] zwar übernommen, jedoch in den Absätzen 2 bis 5 erheblichen
Einschränkungen unterworfen. Hintergrund dieser Änderung war die stetig wachsende
Zahl von Asylbewerbern, die letztlich zwar aus individuell verständlichen, jedoch
nicht aus politischen Gründen im Sinne des Asylrechts nach Deutschland kamen. Die
wachsende Zahl von Bewerbern bei gleichbleibenden Anerkennungszahlen – im Jahre
1960 kamen 2980 Menschen als Asylbewerber nach Deutschland, im Jahre 1992 war
diese Zahl auf 438191 Menschen angewachsen[4]– führte angesichts der Anerkennungs-
verfahren von zum Teil mehreren Jahren Dauer zu einer erheblichen Belastung, zumal
für diese Personengruppe weder Integrationsmaßnahmen noch nennenswerte legale
Arbeitsmöglichkeiten bestanden. Nach der Neufassung von Art. 16a GG sank die Zahl
der Asylanträge bis 2008 auf ca. 28000. Spätestens seit dem Jahr 2016 ist von der
Flüchtlingskrise die Rede, die zu den größten politischen Herausforderungen nicht nur
der deutschen, sondern auch der europäischen Politik gehört. Im Jahr 2016 betrug die
Zahl der registrierten Flüchtlinge in Deutschland fast 750.000.[5] Das Grundrecht auf
Asyl bildet nur noch in sehr eingeschränkter Weise die rechtliche Basis für den Umgang
mit Flüchtlingen.

Die verfassungsrechtliche Verankerung eines individuellen Anspruchs auf Asyl ist we-   **647**
der völkerrechtlich[6], europarechtlich[7] noch durch Art. 79 Abs. 3 GG mit seiner besonderen Garantie der Menschenwürde und der Staatsstrukturprinzipien gefordert[8]. Dennoch weist das Asylrecht eine große **Nähe zur Garantie der Menschenwürde** auf. Auch
ohne ein Grundrecht auf Asyl wäre es staatlichen Stellen nicht erlaubt, Ausländer in
Staaten auszuweisen, in denen ihr Leben, ihre körperliche Unversehrtheit oder ihre
Freiheit in menschenwürdewidriger Weise bedroht wären. Das Grundrecht auf Asyl
geht über diesen Schutzanspruch hinaus, indem es – zumindest in seiner Ursprungsfas-
sung – den Aufenthalt und das Existenzminimum in Deutschland garantiert. Die Neufassung enthält insoweit nunmehr in Absatz 2 eine weitreichende Einschränkung, indem der Zugang nach Deutschland massiv erschwert wird.

3.1 Das internationale und unionsrechtliche Regelungsumfeld

Das Asylrecht des Grundgesetzes hat heute nicht nur wegen der umfangreichen Ein-   **648**
schränkungen, sondern auch wegen der völkerrechtlichen und europarechtlichen
Überlagerungen erheblich an Bedeutung verloren. Völkerrechtlich ist die Bundesrepublik Deutschland an die **Genfer Flüchtlingskonvention** von 1951[9] sowie das **Protokoll**

---

1 *A. von Arnauld*, in: von Münch/Kunig, Art. 16a Rn. 1; *A. Randelzhofer*, in: Maunz/Dürig, Art. 16a Rn. 1.
2 *A. von Arnauld*, in: von Münch/Kunig, Art. 16a Rn. 3; *A. Randelzhofer*, in: Maunz/Dürig, Art. 16a Rn. 2.
3 Gesetz vom 28.6.1993, BGBl. I, S. 1002.
4 S. dazu die 5. Aufl., Rn. 542 ff.
5 Aktuelle Zahlen finden sich auf www.bamf.de, „Aktuelle Zahlen zu Asyl" [zuletzt aufgerufen am
   9.1.2018].
6 *A. von Arnauld*, in: von Münch/Kunig, Art. 16a Rn. 3; *A. Randelzhofer*, in: Maunz/Dürig, Art. 16a Rn. 22.
7 Vgl. Art. 18 Charta der Grundrechte der EU.
8 BVerfGE 94, 49 (Ls. 1b) und S. 102 f.) – *Sichere Drittstaaten*.
9 In Kraft gem. Bekanntmachung vom 25.5.1954, BGBl. II, S. 619 mWv. 22.4.1954; innerstaatlich in Kraft
   gem. Art. 2 Abs. 1 Gesetz vom 1.9.1953, BGBl. II, S. 559 mWv. 24.12.1953.

über die Rechtsstellung der Flüchtlinge von 1967[10] gebunden. **Flüchtling im Sinne dieser Konvention** ist jede Person, die aus der begründeten Furcht vor Verfolgung wegen ihrer Rasse, Religion, Nationalität, Zugehörigkeit zu einer bestimmten sozialen Gruppe oder wegen ihrer politischen Überzeugung sich außerhalb des Landes befindet, dessen Staatsangehörigkeit sie besitzt und den Schutz dieses Landes nicht in Anspruch nehmen kann. Gemäß Art. 33 Abs. 1 der Konvention haben sich die vertragsschließenden Staaten verpflichtet, keinen Flüchtling in Gebiete auszuweisen oder zurückzuweisen, in denen sein Leben oder seine Freiheit wegen seiner Rasse, Religion, Staatsangehörigkeit, seiner Zugehörigkeit zu einer bestimmten sozialen Gruppe oder wegen seiner politischen Überzeugung bedroht sein würde. Nach Absatz 2 dieser Vorschrift kann sich jedoch ein Flüchtling dann nicht auf diese Verpflichtung der Staaten berufen, wenn er aus schwerwiegenden Gründen als eine Gefahr für die Sicherheit des Landes anzusehen ist, in dem er sich befindet, oder er eine Gefahr für die Allgemeinheit dieses Staates bedeutet, weil er wegen eines Verbrechens oder eines besonders schweren Vergehens rechtskräftig verurteilt wurde. Diese völkerrechtlichen Vorgaben sind mit dem grundrechtlichen Asylrecht nicht identisch, weisen aber einen großen Überschneidungsbereich auf.[11] Die Rechtsprechung hat insbesondere den **Begriff des politisch Verfolgten** an den Flüchtlingsbegriff der Genfer Konvention angeglichen.[12] Völkerrechtlich von Bedeutung ist zudem **Art. 3 EMRK**, der bestimmt, dass niemand der Folter oder unmenschlicher oder erniedrigender Strafe oder Behandlung unterworfen werden darf, woraus sich im Wege einer Schutzpflichtinterpretation eine Duldungspflicht ergibt.

649   Die **Europäische Union** verfügt seit 1999 über Kompetenzen in der **Asylpolitik**. Zuvor wurde der Bereich in Verträgen zwischen den Mitgliedstaaten geregelt, insbesondere in dem **Schengener Übereinkommen** betreffend den schrittweisen Abbau der Kontrollen an den gemeinsamen Grenzen vom 14.6.1985[13] sowie dem **Dubliner Übereinkommen** über die Bestimmung des zuständigen Staates für die Prüfung eines in einem Mitgliedstaat der Europäischen Gemeinschaften gestellten Asylantrages vom 15.6.1990[14]. In der Fassung des Vertrages von Lissabon sind nunmehr die folgenden Vorschriften von Bedeutung:

Art. 18 Charta der Grundrechte der EU bestimmt, dass das Recht auf Asyl nach Maßgabe des Genfer Abkommens vom 28. Juli 1951 und des Protokolls vom 31. Januar 1967 über die Rechtsstellung der Flüchtlinge sowie nach Maßgabe des Vertrags über die Europäische Union und des Vertrags über die Arbeitsweise der Europäischen Union gewährleistet wird.

Art. 19 Charta der Grundrechte enthält zudem neben dem Verbot der Kollektivausweisung ein Art. 33 Abs. 2 Genfer Flüchtlingskonvention entsprechendes Abschiebungs- und Ausweisungsverbot.

Nach **Art. 67 Abs. 2 AEUV** entwickelt die EU eine gemeinsame Politik in den Bereichen Asyl, Einwanderung und Kontrollen an den Außengrenzen, die sich auf die Solidarität der Mitgliedstaaten gründet und gegenüber Drittstaatsangehörigen angemessen ist. Dabei stehen Staatenlose Drittstaatsangehörigen gleich. **Art. 78 AEUV** regelt in Absatz 1 die Ziele und in Absatz 2 die Kompetenzen der gemeinsamen Asylpolitik. Sie umfassen die Regelung eines einheitlichen Asylstatus wie auch eines subsidiären

---

10 In Kraft für die Bundesrepublik Deutschland am 5.11.1969 gem. Bekanntmachung vom 14.4.1970, BGBl. II, S. 194.
11 *A. von Arnauld*, in: von Münch/Kunig, Art. 16a Rn. 3 f.
12 Dazu unten Rn. 651.
13 Gesetz vom 15.7.1993, BGBl. II, S. 1010; in Kraft für Deutschland gem. Art. 139 iVm. Bekanntmachung vom 20.4.1994, BGBl. II, S. 631 mWv. 1.9.1993.
14 Gesetz vom 27.6.1994, BGBl. II, S. 791, in Kraft gem. Bekanntmachung vom 2.7.1997, BGBl. II, S. 1452 mWv. 1.9.1997.

Schutzstatus und eines vorübergehenden Schutzes, außerdem die Regelung von Zuständigkeiten sowie gemeinsame Verfahren für die Gewährung und den Entzug der verschiedenen Schutzstatus. Absatz 3 regelt die Möglichkeit vorläufiger Maßnahmen in einer besonderen Notlage. Zum Teil bereits auf der Grundlage der entsprechenden Vorgängerregelungen in Art. 63 EG sind insbesondere ergangen:

– die Verordnung (EG) Nr. 343/2003 vom 18.2.2003 zur Festlegung von Kriterien und Verfahren zur Bestimmung des Mitgliedstaats, der für die Prüfung eines Asylantrags zuständig ist, den ein Staatsangehöriger eines Drittlandes in einem Mitgliedstaat gestellt hat – Dublin II-Verordnung, Abl. L 50 vom 25.2.2003, S. 1; inzwischen ersetzt durch die Verordnung (EU) Nr. 604/2013 vom 26.6.2013 zur Festlegung von Kriterien und Verfahren zur Bestimmung des Mitgliedstaats, der für die Prüfung eines von einem Drittstaatsangehörigen oder Staatenlosen in einem Mitgliedstaat gestellten Antrags auf internationalen Schutz zuständig ist (Neufassung) – Dublin III-Verordnung, Abl. L 180 vom 29.6.2013, S. 31; sowie

– die Richtlinie 2011/95/EU vom 13.12.2011 über Normen für die Anerkennung von Drittstaatsangehörigen oder Staatenlosen als Personen mit Anspruch auf internationalen Schutz, für einen einheitlichen Status für Flüchtlinge oder für Personen mit Anrecht auf subsidiären Schutz und für den Inhalt des zu gewährenden Schutzes – Qualifikationsrichtlinie, Abl. L 337 vom 20.12.2011, S. 9.

Diese Bestimmungen überlagern gemäß Art. 23 Abs. 1 GG mit **Anwendungsvorrang** auch Art. 16a GG.

3.2 Die Regelungsstruktur des Art. 16a GG

Als Ergebnis eines politischen Kompromisses zwischen den Extrempositionen, das verfassungsrechtliche Asylrecht ganz abzuschaffen oder unbeschränkt zu bewahren, ist Art. 16a GG sehr ausführlich geraten, so dass es sich lohnt, in einem ersten Zugriff die Regelungsstruktur zu erfassen: **650**

Im ersten Absatz findet sich der **Anspruch auf Asyl** für politisch Verfolgte.

Der zweite Absatz enthält eine verfassungsunmittelbare **Einschränkung des persönlichen Schutzbereichs**[15] für diejenigen, die sich – und sei es nur zur Durchreise – in einem Land befinden, in dem die Anwendung der Genfer Flüchtlingskonvention sichergestellt ist, wozu von Verfassungs wegen alle EU-Mitgliedstaaten zählen.[16] Damit ist eine Flucht nach Deutschland mit dem Ziel, als Asylbewerber anerkannt zu werden, auf dem Landweg ausgeschlossen.

Absatz 3 enthält eine **Beweislastumkehr** zulasten Asylsuchender. Das Bundesverfassungsgericht bezeichnet dies als „Beschränkung des verfahrensbezogenen Gewährleistungsinhalts"[17].

Absatz 4 schränkt den **Rechtsschutz** und damit das Aufenthaltsrecht zur Erlangung von Rechtsschutz ein.[18]

Absatz 5 öffnet das deutsche Asylrecht für **internationale Zusammenarbeit**, allerdings begrenzt auf Regelungen über die Zuständigkeit und die gegenseitige Anerkennung von Asylentscheidungen mit solchen Staaten, in denen die Beachtung der Genfer Flüchtlingskonvention und der EMRK sichergestellt ist.

3.3 Politisch Verfolgte

Grundrechtsträger des Asylrechts sind nur Ausländer und Staatenlose, die „politisch Verfolgte" sind. „Politisch" ist dabei in Anlehnung an die Genfer Flüchtlingskonvention weit zu verstehen. **Asylrelevante Merkmale** sind neben der politischen Überzeu- **651**

---

15 BVerfGE 94, 49 (Ls. 2).
16 S. zur Problematik dieser Vorschrift noch unten Rn. 655 f.
17 BVerfGE 94, 115 (Ls. 1a) – *Sichere Herkunftsstaaten*.
18 Dazu BVerfGE 94, 166 ff. – *Flughafenverfahren*.

gung im eigentlichen Sinne auch die religiöse Überzeugung sowie unverfügbare Merkmale wie Rasse, Nationalität oder die Zugehörigkeit zu einer sozialen Gruppe. Auch die sexuelle Orientierung, das Geschlecht oder Behinderungen können Asylrelevanz erhalten, wobei nicht jede Diskriminierung oder Ausgrenzung bereits eine Verfolgung darstellt. Eine **Verfolgung** ist vielmehr nur dann anzunehmen, wenn eine Person in Anknüpfung an die genannten Merkmale Gefahren für Leib oder Leben oder ihre persönliche Freiheit ausgesetzt ist bzw. derartige Gefahren begründet befürchten muss.[19] Die drohenden Gefahren müssen von der Art sein, dass die Person sich in einer **ausweglosen Lage** befindet, die ihr das Verbleiben im Land unzumutbar macht.[20] Derartige Maßnahmen sind wiederum nur dann politische Verfolgung, wenn sie **dem Staat als Verfolger zurechenbar** sind. Dies ist nicht nur bei unmittelbar staatlichen Verfolgungsmaßnahmen, sondern auch dann der Fall, wenn der Staat zum Schutz dauerhaft nicht mehr in der Lage ist.[21] Gibt es eine **inländische Fluchtalternative**, fehlt es in der Regel an der ausweglosen Lage oder an der staatlichen Verfolgung.[22] Auch militärische **Kampfmaßnahmen in Bürgerkriegen** werden grundsätzlich nicht als politische Verfolgung bewertet, es sei denn der Kampf wird in einer Weise geführt, „die auf die physische Vernichtung von … nach asylerheblichen Merkmalen bestimmten Personen gerichtet ist, obwohl diese keinen Widerstand mehr leisten wollen oder können"[23]. Strafrechtliche **Verfolgung wegen politischer Straftaten** stellt vielfach auch eine asylerhebliche Verfolgung dar. Dies gilt allerdings dann nicht, wenn die Straftaten sich gegen Rechtsgüter von Privatpersonen richten bzw. gerichtet haben, die Strafwürdigkeit einer Tat international anerkannt ist oder unter Einsatz gemeingefährlicher Waffen stattfand.[24] Terroristen können sich – kurz gesagt – gegenüber strafrechtlicher Verfolgung nicht auf das Asylrecht berufen. Abgesehen davon ist das Grundrecht auf Asyl gemäß Art. 18 GG verwirkbar, wenn es zum Kampf gegen die freiheitliche demokratische Grundordnung missbraucht wird. Eine solche **Verwirkung** bedarf der Entscheidung durch das Bundesverfassungsgericht.

652 Grundsätzlich setzt die Feststellung der Asylberechtigung die Verfolgung in eigener Person voraus. Im Falle einer **Gruppenverfolgung** genügt jedoch bereits die Gruppen-

---

19 BVerfGE 76, 143 (157 f.) – *Ahmadiyya-Glaubensgemeinschaft*; BVerwGE 87, 141 (146) – *Tamilen in Sri Lanka.*

20 BVerfGE 74, 51 (64) – *Nachfluchtgrund*; BVerfGE 76, 143 (158); BVerfGE 80, 315 (335) – *Tamilen.*

21 Das BVerwG geht in BVerwGE 105, 306 (310) – *Bürgerkriegspartei als staatsähnliche Organisation* – davon aus, dass eine Herrschaftsorganisation nur dann staatsähnlich und damit zu politischer Verfolgung fähig sei, wenn sie auf einer organisierten, effektiven und nach innen und außen stabilisierten territorialen Herrschaftsmacht beruht; s. auch BVerwGE 101, 328 (332 f.) – *quasi-staatliche Verfolgung Republik Srpska* und BVerwGE 104, 254 (258) – *quasi-staatliche Verfolgung Somalia*. Dem widerspricht das BVerfG in BVerfG, NVwZ 2000, 1165 – *politische Verfolgung*: Das BVerwG messe dem Erfordernis einer auch nach außen dauerhaft stabilisierten Herrschaftsmacht ein Gewicht bei, das ihm verfassungsrechtlich nicht zukommt. Maßgeblich für die Bewertung einer Maßnahme als politische Verfolgung sei, dass der Schutzsuchende einerseits in ein übergreifendes, das Zusammenleben in der konkreten Gemeinschaft durch Befehl und Zwang ordnendes Herrschaftsgefüge eingebunden ist, welches den ihm Unterworfenen in der Regel Schutz gewährt, andererseits aber wegen asylerheblicher Merkmale von diesem Schutz ausgenommen und durch gezielt zugefügte Rechtsverletzungen aus der konkreten Gemeinschaft ausgeschlossen wird, was ihn in eine ausweglose Lage bringt, der er sich nur durch die Flucht entziehen kann. Das BVerwG hat sich in BVerwGE 114, 16 (20 ff.) – *Politische Verfolgung durch Bürgerkriegspartei in Afghanistan* – dem BVerfG angeschlossen. Nach BVerwGE 126, 243 (250 f.) – *Verfolgung von Christen durch Private im Irak* – genügt die Verfolgung durch Private, wenn der Staat nicht willens oder in der Lage ist, Schutz zu gewährleisten, s. dazu auch Art. 6 lit. c Qualifikations-RL und § 60 Abs. I 1 AufenthG.

22 BVerfGE 80, 315 (342 ff.); BVerfGE 83, 216 (232 f.) – *Jeziden.*

23 BVerfGE 80, 315 (340).

24 *A. von Arnauld*, in: von Münch/Kunig, Art. 16a Rn. 16.

zugehörigkeit, um auch individuelle Verfolgung darzulegen.[25] Bei engen Familienangehörigen von Verfolgten besteht eine Vermutung für eine eigene Verfolgung.[26]

Das Asylrecht soll nur vor gegenwärtiger Verfolgung schützen. Ändern sich die Ver- **653**
hältnisse im ursprünglichen Verfolgerstaat grundlegend, so kann die Anerkennung wi-
derrufen werden. Der Schutz vor gegenwärtiger Verfolgung erfordert aber auch, dass
Nachfluchtgründe, also Tatsachen, die erst nach der Ankunft in Deutschland eingetre-
ten sind, asylbegründend sein können. Die Rechtsprechung unterscheidet zwischen
objektiven, also vom Asylsuchenden nicht beeinflussbaren Nachfluchtgründen wie
etwa Machtwechsel im Heimatstaat, und subjektiven, dh. selbst gesetzten Nachfluchtgründen wie Engagement in einer Oppositionsbewegung, wobei es dann wieder darauf
ankommen soll, ob es sich bei exilpolitischen Betätigungen um „Ausdruck und Fortführung einer schon während des Aufenthalts im Heimatstaat vorhandenen und erkennbar betätigten festen Überzeugung"[27] handelt. Entscheidend kann letztlich nur
sein, ob die asylbegründenden Umstände missbräuchlich herbeigeführt wurden, um
die Asylberechtigung zu erlangen.[28]

3.4 Gewährleistungsgehalt

Seinem Inhalt nach gewährt Art. 16a GG einen **Anspruch auf Einreise und ein vorläu-** **654**
figes Bleiberecht bis zum Abschluss der Prüfung der Asylberechtigung. In Verbindung
mit der Menschenwürdegarantie und dem Sozialstaatsprinzip ist für die Dauer des
Verfahrens zudem die **Versorgung auf dem Niveau des Existenzminimums** garantiert.[29]
Mit der Anerkennung gewährt das Asylrecht einen Anspruch auf Aufenthalt und
Schutz sowie die Möglichkeit zu persönlicher und beruflicher Entfaltung.[30]

3.5 Die Beschränkungen des Asylrechts

Das Asylrecht wird in Art. 16a Abs. 2 GG in seinem persönlichen Geltungsbereich, in
den Absätzen 3 und 4 in seinem verfahrensbezogenen Gehalt beschränkt.

3.5.1 Art. 16a Abs. 2 GG: Die Beschränkung des persönlichen Geltungsbereichs

Gemäß Art. 16a Abs. 2 GG sind solche Ausländer oder Staatenlose, die aus einem **655**
Staat einreisen, in dem sie bereits Schutz vor politischer Verfolgung hätten finden
können, mangels Schutzbedürftigkeit aus dem Geltungsbereich des Art. 16a Abs. 1
GG ausgenommen. Als **sichere Drittstaaten** nennt Art. 16a Abs. 2 S. 1 GG die Mitgliedstaaten der Europäischen Gemeinschaften, womit nach dem Sprachgebrauch seit
dem Vertrag von Lissabon die jeweiligen Mitgliedstaaten der Europäischen Union gemeint sind. Sichere Drittstaaten sind des Weiteren Staaten, in denen die Anwendung
der GFK sowie der EMRK sichergestellt ist, was der Bundesgesetzgeber durch zustim-
mungspflichtiges Gesetz festgestellt haben muss. Diese Staaten sind in Anlage I zu
§ 26a AsylVerfG aufgelistet, wobei der Gesetzgeber sich auf die praktisch relevanten
Staaten beschränkt hat. Zu ihnen gehören Norwegen und die Schweiz.
Rechtsfolge ist, dass bei Einreise aus einem sicheren Drittstaat kein vorläufiges Bleiberecht des Asylbewerbers mehr besteht. Nach Art. 16a Abs. 2 S. 3 GG können aufent-
haltsbeendende Maßnahmen, namentlich die Rückführung in die sicheren Drittstaat,
unabhängig von einem Rechtsbehelf vollzogen werden. Ein gerichtliches Verfahren
kann der Antragsteller in diesem Fall nur noch vom sicheren Drittstaat aus betreiben.

---

25 BVerwGE 70, 232 (234) – *Kriterien für die Bejahung einer Gruppenverfolgung*; BVerwGE 79, 79 (80 f.) –
   Zur mittelbaren staatlichen Gruppenverfolgung.
26 Vgl. § 26 AsylVfG.
27 BVerfGE 74, 51 (66).
28 *A. von Arnauld*, in: von Münch/Kunig, Art. 16a Rn. 23.
29 BVerfGE 132, 134 ff. – *Asylbewerberleistungsgesetz*.
30 Vgl. auch Art. 3, 4, 12 ff., 17 ff., 20 ff., 25 ff. GFK.

656 Das BVerfG hat in den Jahren 2009 und 2010 in Anbetracht der Situation von Asylantragstellern in Griechenland **Zweifel an der Verfassungsmäßigkeit der Drittstaaten-Regelung** geäußert und mit mehreren einstweiligen Anordnungen Abschiebungen nach Griechenland gestoppt.[31] Zu einer Hauptsacheentscheidung kam es nicht, weil das Bundesministerium des Innern am 13.1.2011 das Bundesamt für Migration und Flüchtlinge anwies, Asylbewerber ein Jahr lang nicht mehr im Rahmen der Dublin II-VO nach Griechenland abzuschieben.[32] Der Abschiebestopp wurde am 28.11.2011 verlängert. Am 21.1.2011 verurteilte der EGMR Griechenland und Belgien wegen Verletzungen des Verbots unmenschlicher und erniedrigender Behandlung (Art. 3 EMRK) und des Rechts auf wirksame Beschwerde (Art. 13 EMRK).[33] Der EuGH entschied, dass

- erstens das **Unionsrecht** der Geltung **einer unwiderlegbaren Vermutung entgegensteht**, wonach der nach der Dublin II-VO als zuständig bestimmte Mitgliedstaat die Unionsgrundrechte beachtet,
- dass es zweitens nach Art. 4 EUGrCh den Mitgliedstaaten obliegt, einen Asylbewerber nicht an den „zuständigen Mitgliedstaat" im Sinne der VO zu überstellen, wenn ihnen nicht unbekannt sein kann, dass die systemischen Mängel des Asylverfahrens und der Aufnahmebedingungen für Asylbewerber in diesem Mitgliedstaat ernsthafte und durch Tatsachen bestätigte Gründe für die Annahme darstellen, dass der Antragsteller tatsächlich Gefahr läuft, einer unmenschlichen oder erniedrigenden Behandlung im Sinne dieser Bestimmung ausgesetzt zu werden,
- dass drittens bei fehlender Überstellungsmöglichkeit der Mitgliedsstaat, der die Überstellung vornehmen müsste, die Prüfung der Kriterien der Dublin II-VO fortzuführen hat, um festzustellen, ob anhand eines der weiteren Kriterien ein anderer Mitgliedstaat als für die Prüfung des Asylantrags zuständig bestimmt werden kann,
- dass er viertens dabei aber darauf zu achten hat, dass eine Situation, in der die Grundrechte des Asylbewerbers verletzt werden, nicht durch ein unangemessen langes Verfahren zur Bestimmung des zuständigen Mitgliedstaats verschlimmert wird und erforderlichenfalls den Asylantrag selbst prüfen muss.[34]

Mit dieser Entscheidung des EuGH dürfte feststehen, dass Art. 16a Abs. 2 GG einer unionsrechtskonformen Anwendungsreduktion bedarf.[35]

3.5.2   Art. 16a Abs. 3 und 4 GG: Verfahrensbezogene Beschränkungen

657 Von den sicheren Drittstaaten sind die **sicheren Herkunftsstaaten** zu unterscheiden, die Gegenstand von Art. 16a Abs. 3 GG sind. Diese Grundrechtsschranke ermächtigt den Bundesgesetzgeber durch zustimmungsbedürftiges Gesetz die Staaten zu bestimmen, bei denen gewährleistet erscheint, dass dort keine asylbegründende Verfolgung stattfindet. Rechtsfolge dieser gesetzlichen Festlegung[36], die ihrerseits einer – allerdings nur eingeschränkten – verfassungsrechtlichen Überprüfung zugänglich ist[37], ist die **gesetzliche Vermutung**, dass der Asylbewerber nicht politisch verfolgt wird. Diese Vermutung ist widerleglich, wobei jedoch ein allgemeiner Hinweis auf die Verhältnisse im

---

31 BVerfG v. 8.9.2009, 2 BvQ 56/09 – NVwZ 2009, 1281; BVerfG v. 8.12.2009, 2 BvR 2780/09 – EuGRZ 2009, 707; BVerfG v. 22.12.2009, 2 BvR 2879/09 – NVwZ 2010, 318.
32 BVerfG v. 25.1.2011, 2 BvR 2015/09 – NVwZ 2011, 422.
33 EGMR, NVwZ 2011, 413 – *Abschiebung nach Griechenland als Verstoß gegen Folterverbot – Dublin II-VO*; weitere Verurteilung Griechenlands in EGMR, NVwZ 2011, 418 – *Bedingungen der Abschiebungshaft in Griechenland*.
34 EuGH, NVwZ 2012, 417 – *Überstellung von Asylsuchenden in anderen Mitgliedstaat der EU*.
35 S. dazu *F. Moll/C. Pohl*, Das Drittstaatenkonzept im unionsrechtlichen Kontext, ZAR 2012, 102 (104 f.).
36 Vgl. Anlage II (zu § 29a) AsylVfG. Zurzeit Albanien, Bosnien und Herzegowina, Ghana, Kosovo, Mazedonien (ehemalige jugoslawische Republik), Montenegro, Senegal, Serbien.
37 BVerfGE 94, 115 (Ls. 4d): „Vertretbarkeit".

Land gerade nicht ausreicht, sondern der Antragsteller Tatsachen für ein individuelles Verfolgungsschicksal vortragen muss.[38]

Eine weitere Rechtsfolge findet sich in Art. 16a Abs. 4 GG, wonach **vorläufiger Rechtsschutz** gegen die Vollziehung von Maßnahmen der Aufenthaltsbeendigung in Fällen des Art. 16a Abs. 3 GG sowie anderen Fällen, „die offensichtlich unbegründet sind oder als offensichtlich unbegründet gelten"[39], auf die Prüfung „ernstlicher Zweifel an der Rechtmäßigkeit der Maßnahme" beschränkt wird. Die näheren Regelungen, zu denen der Gesetzgeber ermächtigt wird, finden sich in den §§ 18 ff. AsylVfG. Hierzu gehört auch die **Flughafenregelung** des § 18a AsylVfG.[40] Danach ist bei Ausländern, die aus einem sicheren Herkunftsstaat einreisen wollen und bei der Grenzbehörde um Asyl nachsuchen, „das Asylverfahren vor der Entscheidung über die Einreise durchzuführen, soweit die Unterbringung auf dem Flughafengelände während des Verfahrens möglich ist …". Gleiches gilt für Asylbewerber, die sich nicht mit einem gültigen Pass oder Passersatz ausweisen. Angesichts der Beschränkung dieser Regelung auf „offensichtlich unbegründete" Anträge im Sinne des Art. 16a Abs. 4 GG liegt darin kein Verstoß gegen das Grundrecht auf Asyl. Auch eine Freiheitsentziehung gemäß Art. 2 Abs. 2 S. 2 oder Art. 104 Abs. 1 und 2 GG liegt in der Verweigerung der Einreise nicht, da das Verlassen des Flughafengeländes im Sinne einer Ausreise möglich ist.[41] Im Lichte des Grundrechts auf effektiven Rechtsschutz gemäß Art. 19 Abs. 4 GG haben Gesetzgeber und vollziehende Gewalt aber dafür Sorge zu tragen, dass dem Asylbewerber durch die Umstände (Abgeschlossenheit, kurze Fristen, mangelnde Sprachkenntnis) nicht unzumutbar erschwert wird, Rechtsschutz zu erlangen. Der Antragsteller muss deshalb die Gelegenheit haben, unter Einsatz eines Dolmetschers kostenlos asylrechtskundige Beratung in Anspruch zu nehmen, um die Erfolgsaussichten etwaigen Rechtsschutzes beurteilen zu können.[42]

658

Alle diese Beschränkungen sollen dazu dienen, das Asylrecht auf die wirklich politisch Verfolgten zu begrenzen, bergen aber das Risiko, individuellen Schicksalen nicht gerecht zu werden. Solche ganz individuellen Schicksale sind jeweils Hintergrund des Phänomens des **kirchlichen Asyls**, das jedoch in Spannung steht zum Rechtsstaatsprinzip und zum Gleichbehandlungsgrundsatz und daher allein moralische, aber keine rechtliche Rechtfertigung finden kann. Es ist daher **nicht Gegenstand von Art. 16a GG**, sondern ggf. der kirchlichen Autonomie gemäß Art. 140 GG iVm. Art. 137 Abs. 3 WRV iVm. Art. 4 Abs. 1 GG.

659

3.6 Art. 16a Abs. 5 GG: Öffnung für internationale Zusammenarbeit

Ein einzelner Staat kann die weltweiten Probleme der politischen Verfolgung und sonstigen Fluchtgründe nicht lösen. Internationale Zusammenarbeit ist daher geboten. Die Öffnung dafür, die Art. 16a Abs. 5 GG enthält, ist allerdings von vornherein auf Zuständigkeitsfragen und die gegenseitige Anerkennung beschränkt. Als Vertragspartner kommen nur solche Staaten in Betracht, in denen die GFK und die EMRK Anwendung finden. Die Regelung zielte vor allem darauf, die Grundlagen für die Zusammenarbeit innerhalb der EU zu einer Zeit zu schaffen, als die Asylpolitik noch kein Gegenstand der supranationalen Zusammenarbeit war. Dies hat sich inzwischen geändert, so dass die Regelung erheblich an Bedeutung verloren hat.[43]

660

---

38 BVerfGE 94, 115 (Ls. 5 sowie S. 147).
39 Vgl. § 30 AsylVfG.
40 Dazu BVerfGE 94, 166 ff.
41 BVerfGE 94, 166 (198).
42 BVerfGE 94, 166 (206).
43 *A. von Arnauld*, in: von Münch/Kunig, Art. 16a Rn. 61.

Rechtsprechung: BVerfGE 76, 143 – *Asylgewährung bei Einschränkungen der Freiheit des religiösen Bekenntnisses;* 80, 315 – *zum Begriff der politischen Verfolgung;* 81, 142 – *zur Folter als Asylgrund;* 94, 49; 115; 166 – *zu den Einschränkungen des Asylrechts durch die Verfassungsänderung von 1993;* 132, 134 – *Asylbewerberleistungsgesetz.*

Literatur: *K. Hailbronner,* Das Grundrecht auf Asyl – unverzichtbarer Bestandteil der grundgesetzlichen Wertordnung, historisches Relikt oder gemeinschaftsrechtswidrig?, ZAR 2009, 369; *A. Meßmann/T. Kornblum,* Grundfälle zu Art. 16, 16a GG, JuS 2009, 688 und 810.

Zehnter Teil: **Petitionsrecht und Justizgrundrechte**

1. Kapitel: Art. 17 GG: Petitionsrecht

Das Petitionsrecht eröffnet einen **Anspruch auf Gehör und Befassung durch staatliche Stellen** und insbesondere die **Volksvertretungen** in den Fällen, in denen förmlicher Rechtsschutz nicht eröffnet oder von den Betroffenen nicht erwünscht ist. Ein institutionelles Pendant des Anspruchs findet sich auf Bundesebene in Art. 45c GG, der 1975 in das GG eingefügt wurde.[1] Danach bestellt der Bundestag einen **Petitionsausschuss**, dem die Behandlung der Petitionen obliegt, die beim Bundestag eingehen. Auf der Grundlage des Art. 45c Abs. 2 GG ist das Gesetz über die Befugnisse des Petitionsausschusses des Deutschen Bundestages ergangen.[2] Gemäß § 110 Abs. 1 GOBT stellt der Petitionsausschuss Grundsätze über die Behandlung von Bitten und Beschwerden[3] auf und entscheidet den Einzelfall auf dieser Grundlage. Nach § 112 Abs. 1 GOBT legt der Petitionsausschuss dem Bundestag einen jährlichen Bericht über seine Arbeit vor.[4] Vergleichbare Vorschriften gibt es auf Länderebene. **661**

Nach Struktur und praktischer Bedeutung ist das Petitionsrecht zuallererst ein **Leistungsanspruch**[5], der sich nach Anspruchsvoraussetzungen, Anspruchsinhalt und Anspruchsgrenzen gliedern lässt. **Abwehrrechtlicher Gehalt** kommt ihm insoweit zu, als die Erhebung von Petitionen nicht beeinträchtigt oder gehindert und insbesondere auch keine nachteiligen Folgen an die Erhebung von Petitionen geknüpft werden dürfen,[6] wobei letzteres sich auch als Eingriff in andere Grundrechte darstellen kann. **662**

1.1 Anspruchsvoraussetzungen

Da es sich bei dem Petitionsrecht um einen informellen Rechtsbehelf handelt, der den Menschen einen leichten Zugang zu staatlichen Stellen eröffnen soll, ist der Anspruch an denkbar geringe Voraussetzungen geknüpft. Anspruchsberechtigt ist „jedermann", also jede natürliche Person gleich welcher Staatsangehörigkeit, zudem gemäß Art. 19 Abs. 3 GG auch alle inländischen juristischen Personen, sofern sie keine staatlichen Aufgaben wahrnehmen.[7] Es muss sich um eine identifizierbare Person handeln. Anonyme Petitionen genießen keinen grundrechtlichen Schutz.[8] Ausdrücklich erwähnt ist das Recht, „in Gemeinschaft mit anderen" eine Petition zu erheben. Neben solchen **Sammelpetitionen**[9] gibt es auch das Phänomen von mehrfach oder massenhaft in der- **663**

---

1 32. Gesetz zur Änderung des GG vom 15.7.1975, BGBl. I, S. 1901.
2 Gesetz vom 19.7.1975, BGBl. I 1975, S. 1921.
3 Verfahrensgrundsätze vom 8.3.1989, zuletzt geändert mit Wirkung zum 1.1.2012 durch Beschluss vom 9.11.2011.
4 S. BT-Drs. 17/9900 vom 26.6.2012.
5 *L. Brocker*, in: BeckOK/GG, Art. 17 Rn. 22. Nach *H. H. Klein*, in: Maunz/Dürig, Art. 17 Rn. 82 f. sowie *R. Uerpmann-Wittzack*, in: von Münch/Kunig, Art. 17 Rn. 5 steht der abwehrrechtliche Gehalt, nicht an der Erhebung einer Petition gehindert zu werden, im Vordergrund.
6 *H. H. Klein*, in: Maunz/Dürig, Art. 17 Rn. 82; *R. Uerpmann-Wittzack*, in: von Münch/Kunig, Art. 17 Rn. 5.
7 Vgl. 3.1 Verfahrensgrundsätze, wo es heißt, dass das Grundrecht aus Art. 17 GG allen natürlichen Personen und jeder inländischen juristischen Person des Privatrechts zusteht.
8 Vgl. 7.3 Abs. 1 Verfahrensgrundsätze.
9 Vgl. 2.2 Abs. 2 Verfahrensgrundsätze.

selben Sache erhobenen Einzelpetitionen[10]. Die Verfahrensgrundsätze sehen zudem unter Nutzung des Internets die Form der öffentlichen Petition bzw. e-Petition[11] vor.

664   Bitten oder Beschwerden bedürfen im Rahmen des Art. 17 GG keiner exakten Abgrenzung voneinander. Die Formulierung entspricht dem Begriff der Petition, die im Unterschied zur Meinungsäußerung gezielt darauf gerichtet ist, staatliche Stellen auf einen Zustand aufmerksam zu machen, der als unbefriedigend, ungerecht oder inakzeptabel empfunden wird, und diese zur Abhilfe zu bewegen. Im Unterschied zu einem förmlichen Rechtsbehelf muss keine Verletzung in eigenen Rechten gerügt werden. Es genügt, dass der Petent sich für andere Personen[12] oder das allgemeine Wohl[13] einsetzt. Die Verfahrensgrundsätze definieren **Bitten** als **Forderungen und Vorschläge für ein Handeln** oder Unterlassen von staatlichen Organen, Behörden oder sonstigen Einrichtungen, die öffentliche Aufgaben wahrnehmen. Hierzu gehören insbesondere Vorschläge zur Gesetzgebung.[14] **Beschwerden** sind demgegenüber **Beanstandungen,** die sich **gegen ein Handeln oder Unter**lassen von staatlichen Organen, Behörden oder sonstigen Einrichtungen wenden, die öffentliche Aufgaben wahrnehmen.[15] Letztlich geht es bei Beschwerden um konkret-individuell erfahrenes, zumindest als solches empfundenes staatliches Fehlverhalten.[16] Allein hierauf bezieht sich der Gesetzgebungsauftrag in Art. 45c Abs. 2 GG.[17]

665   **Adressat einer Petition** können sowohl die zuständigen Stellen als auch die Volksvertretungen sein. Funktional handelt es sich bei den zuständigen Stellen in der Regel um solche der Exekutive. Eine informelle Kontrolle von Einzelfallentscheidungen der rechtsprechenden Gewalt durch die rechtsprechende Gewalt im Wege der Petition stünde im Widerspruch zur Unabhängigkeit der Richter (Art. 97 GG).[18] Die Pflicht und die Befugnis zur Befassung bestehen nur im Rahmen der Zuständigkeit; gerade dies ist der Sinn der Formulierung „zuständige Stellen". Da es gegen oder auf Maßnahmen der Exekutive vielfach förmliche Rechtsbehelfe gibt, richten sich die meisten Petitionen an die Volksvertretungen.

666   Die Befassungskompetenz der **Volksvertretungen** ist aufgrund ihrer Kontrollfunktion gegenüber der Exekutive umfassend und nur begrenzt durch die jeweilige Verbandskompetenz.[19] Zu den Volksvertretungen im Sinne des Art. 17 GG zählen neben dem Bundestag und den Landtagen auch die gewählten Gemeindevertretungen.[20] Zwar handelt es sich bei den Gemeinderäten um Organe der Selbstverwaltung und damit der Exekutive. Auch sie sind jedoch unmittelbar demokratisch legitimiert. Soweit ihnen landesrechtlich eine umfassende Befassungs- bzw. Überwachungskompetenz eingeräumt ist, sind sie gleichzeitig bereits als zuständige Stelle tauglicher Petitionsadressat.[21] Die Allzuständigkeit der Volksvertretungen im Rahmen ihrer Verbandskompe-

---

10 S. 2.2 Abs. 1, 3; 7.1 Abs. 2, 3 Verfahrensgrundsätze.
11 S. 2.2 Abs. 4, 7.1 Abs. 4 Verfahrensgrundsätze; s. auch Anlage zu Ziffer 7.1 Abs. 4 Verfahrensgrundsätze.
12 Vgl. 3 Abs. 3 Verfahrensgrundsätze, wo der Nachweis einer Legitimation gefordert wird.
13 Vgl. 2.1 Verfahrensgrundsätze; s. auch OLG Düsseldorf, NJW 1972, 650 – *Verkauf eines Gemeindegrundstücks.*
14 2.1 Verfahrensgrundsätze.
15 2.3 Verfahrensgrundsätze.
16 *K.-A. Hernekamp*, in: von Münch/Kunig, Art. 45c Rn. 12.
17 *K.-A. Hernekamp*, in: von Münch/Kunig, Art. 45c Rn. 12.
18 BVerfG, NVwZ 2002, 1499 – *Zuwanderungsgesetz*; *R. Uerpmann-Wittzack*, in: von Münch/Kunig, Art. 17 Rn. 17, 20.
19 S. zu diesen Grenzen für den Bundestag 5 Verfahrensgrundsätze.
20 OVG Münster, NJW 1979, 281 (281 f.) – *Geltung des Petitionsrechts für Ausländer*; *R. Uerpmann-Wittzack*, in: von Münch/Kunig, Art. 17 Rn. 24.
21 OLG Düsseldorf, NVwZ 1983, 502 (502) – *Ehrenschutzfreier Raum bei Vorwürfen gegen Beamte*; *R. Uerpmann-Wittzack*, in: von Münch/Kunig, Art. 17 Rn. 24.

tenz erstreckt sich auf die Befassung, jedoch nicht auf die verwaltungsmäßige Erledigung des Anliegens selbst. Ihre Befugnisse beschränken sich also darauf, „politischen Einfluss ausüben, Lösungen anregen und Regierungen und Verwaltungen um Abhilfe ersuchen"[22] zu können.

Petitionen lösen nur dann die Befassungspflicht aus, wenn sie schriftlich abgefasst sind. Das **Schriftlichkeitserfordernis** dient der aktenmäßigen Befassung und der Identifizierung des Petenten. Lässt eine Eingabe per Brief, Telefax oder E-Mail Inhalt und Absender des Anliegens eindeutig erkennen, so ist dem Schriftlichkeitserfordernis genügt. Weitere Formerfordernisse wie handschriftliche Unterzeichnung oder qualifizierte Signatur lassen sich aus dem Merkmal der Schriftlichkeit angesichts der gewollten Einfachheit des Petitionsverfahrens nicht ableiten.[23]   **667**

1.2 Anspruchsinhalt

Der Anspruch umfasst die **Prüfung** der Petition sowie deren sachliche **Bescheidung**,   **668**
dh. die Information darüber, was der Petitionsadressat in Reaktion auf die Petition getan hat.[24] Dementsprechend müssen sich aus dem Petitionsbescheid zumindest die Kenntnisnahme vom Inhalt der Petition sowie die Art ihrer Erledigung ergeben.[25] Keine Einigkeit besteht hinsichtlich der Frage, ob der Petent auch einen Anspruch darauf hat, dass der Petitionsadressat die Art und Weise der Erledigung der Petition begründet. Zwar ist der Petitionsbescheid keine gerichtliche oder auch nur gerichtsähnliche Handlung, weshalb rechtsstaatliche Anforderungen aus dem Bereich der Judikative nicht übertragbar sind.[26] Das Petitionsrecht kann die ihm eigene Integrations- und Kommunikationsfunktion aber nur dann erreichen, wenn der Petent sich ernst genommen fühlt und mit ihm tatsächlich kommuniziert wird. Dies erfordert eine Erklärung über die Behandlung des vorgebrachten Anliegens. Anderenfalls ist für die Beschwerdeführer die Entscheidung nicht nachvollziehbar. Schon aus der Funktion des Petitionsrechts folgt also eine **Begründungspflicht**, wie sie teils landesverfassungsrechtlich[27], teils einfachrechtlich[28] inzwischen Verbreitung gefunden hat. An die Ausführlichkeit der Begründung dürfen dagegen wegen der Informalität des Verfahrens keine allzu großen Anforderungen gestellt werden.

1.3 Anspruchsgrenzen

Art. 17 GG enthält keinen ausdrücklichen Vorbehalt, unterliegt aber im Wege systema-   **669**
tischer Interpretation wie jedes Grundrecht verfassungsimmanenten Schranken. Allerdings ist schwer vorstellbar, inwieweit eine Petition mit Grundrechten Dritter oder anderen Werten von Verfassungsrang in Kollision geraten soll. Die wichtigste Fall-

---

22 BVerfG, NJW 1992, 3033 (3033) – *Begründung von Petitionsbescheiden*.
23 Streitig, s. dazu *R. Uerpmann-Wittzack*, in: von Münch/Kunig, Art. 17 Rn. 13 gegen das Erfordernis einer handschriftlichen Unterschrift; dafür *H. H. Klein*, in: Maunz/Dürig, Art. 17 Rn. 62. Nach 4 Abs. 1 Verfahrensgrundsätze gilt: „Die Schriftform ist bei Namensunterschrift gewahrt." Nach *R. Uerpmann-Wittzack*, in: von Münch/Kunig, Art. 17 Rn. 14 ist eine qualifizierte Signatur bei Einreichung per E-Mail nicht erforderlich; *M. Kellner*, NJ 2007, 56 (58 f.) geht davon aus, dass einfache E-Mails nicht dem Schutz von Art. 17 GG unterfallen. Vgl. auch 4 Abs. 1 Verfahrensgrundsätze, wo für Petitionen per E-Mail die Verwendung des entsprechenden Online-Formulars verlangt wird.
24 BVerfGE 2, 225 (230) – *Petitionsbescheid*; BVerfG, NJW 1992, 3033 (3033).
25 S. dazu auch die ausführliche Regelung in 9.1 Verfahrensgrundsätze.
26 So auch BVerfG, NJW 1992, 3033 (3033). Das BVerfG führt aus, dass ein Petitionsbescheid nicht in vollem Umfang der gerichtlichen Kontrolle unterliegt und deshalb nicht alle wesentlichen Entscheidungsgründe enthalten muss, damit eine effektive Kontrolle möglich ist. Keine Begründungspflicht nach BVerfG, NJW 1992, 3033 (3033) wie auch nach BVerfGE 2, 225 (230).
27 Vgl. Art. 10 LV MV; Art. 35 LV SN.
28 Vgl. 9.1.1 Verfahrensgrundsätze.

gruppe stellen schmähende und **beleidigende Petitionen** dar.[29] Allerdings ist das Petitionsrecht von vornherein nicht dahingehend auszulegen, dass es Verhaltensweisen, die nach verfassungsmäßigem Recht verboten sind, unter dem Deckmantel der Petition erlaubt. Das Petitionsrecht wird deshalb überhaupt nicht eingeschränkt, wenn eine schmähende Meinungsäußerung nach Maßgabe der Gesetze, die der Meinungsfreiheit Schranken ziehen, sanktioniert wird. Die Behandlung als Petition hängt allein davon ab, inwieweit ein sachliches Anliegen erkennbar ist.[30] Mit entsprechender Argumentation ist auch die Frage zu lösen, ob eine gegenüber Strafgefangenen verhängte Kontaktsperre in das Recht eingreift, Sammelpetitionen zu erheben. Dieses Recht setzt als selbstverständlich voraus, dass ein Zusammenwirken zwischen den Beschwerdeführern unproblematisch möglich ist. Einen qualifizierten Gesetzesvorbehalt für den Bereich der Streitkräfte enthält **Art. 17a Abs. 1 GG**. Danach kann für Soldaten das Recht, gemeinsam mit anderen Petitionen einzureichen, beschränkt werden. Der Gesetzgeber hat hiervon unter Einhaltung des Zitiergebots in § 1 Abs. 4 Wehrbeschwerdeordnung Gebrauch gemacht. Danach sind gemeinschaftliche Beschwerden unzulässig.

1.4 Rechtsschutz

670 Klagen mit der Behauptung nicht ordnungsgemäßer Behandlung einer Petition können im Wege der allgemeinen **Leistungsklage vor dem Verwaltungsgericht** geltend gemacht werden.[31] Die Erhebung einer Verfassungsbeschwerde erfordert – wie stets – die Erschöpfung des Rechtswegs.

Rechtsprechung: BVerfGE 2, 225 – *Petitionsbescheid*; 8, 42 – *Volksbefragungen zur atomaren Bewaffnung*; 49, 24 – *Kontaktsperregesetz*.
BVerwG, NVwZ 2017, 1459 ff. – *Inhalt des Petitionsgrundrechts*.

Literatur: G. *Krings*, Die Petitionsfreiheit nach Art. 17 GG, JuS 2004, 474.

---

29 Vgl. BVerfG, NJW 1991, 1475 (1476) – *Unterlassung herabsetzender Äußerungen*.
30 Vgl. 7.3 Abs. 1 Verfahrensgrundsätze, welche die Befassung mit Petitionen beleidigendem, nötigendem oder erpresserischem Inhalt „grundsätzlich" ausschließen.
31 Mangels rechtsverbindlicher Regelung sind Petitionsbescheide keine Verwaltungsakte, so dass eine Verpflichtungsklage auf einen Petitionsbescheid mit spezifischem Inhalt ausgeschlossen ist.

2. Kapitel: Justizgrundrechte

Bei den Justizgrundrechten handelt es sich um die **subjektivrechtliche Flankierung** von **671** Gewährleistungen **einer rechtsstaatlichen Rechtsprechung** hinsichtlich Organisation, Verfahren sowie der Ausübung der staatlichen Strafgewalt. Diese Rechte und Ansprüche sind deshalb bereits im ersten Band dieses Lehrbuchs im Kapitel „Rechtsprechung" behandelt worden. Zu nennen sind die folgenden Artikel:

– **Art. 19 Abs. 4 GG** verbürgt den Anspruch auf effektiven Rechtsschutz gegenüber Maßnahmen der öffentlichen Gewalt.[1] Er wird ergänzt durch den allgemeinen Justizgewährleistungsanspruch gemäß **Art. 2 Abs. 1 iVm. Art. 20 Abs. 3 GG**.[2]
– **Art. 101 Abs. 1 S. 1 GG** verbietet Ausnahmegerichte.[3]
– **Art. 101 Abs. 1 S. 2 GG** garantiert den Anspruch auf den gesetzlichen Richter.[4]
– **Art. 103 Abs. 1 GG** gewährt jedermann vor Gericht Anspruch auf rechtliches Gehör.[5]
– **Art. 103 Abs. 2 GG** stellt das Strafen unter einen strikten Gesetzesvorbehalt (nulla poena sine lege).[6]
– **Art. 103 Abs. 3 GG** verbietet die Mehrfachbestrafung.[7]

Zu erwähnen sind schließlich noch das **Verbot der Todesstrafe** gemäß Art. 102 GG[8] **672** sowie die **Rechtsgarantien bei Freiheitsentziehung und -beschränkung** gemäß Art. 104 GG, welche flankierend zu den Grundrechten aus Art. 2 Abs. 2 S. 1 und 2 GG hinzutreten.[9]

Alle genannten Rechte sind gemäß Art. 93 Abs. 1 Nr. 4a GG **verfassungsbeschwerde-** **673** **fähig**, entweder als Grundrecht oder als ausdrücklich genanntes grundrechtsgleiches Recht.

---

1 S. dazu *von Münch/Mager*, Staatsrecht I, Rn. 538 ff.
2 S. dazu *von Münch/Mager*, Staatsrecht I, Rn. 541.
3 S. dazu *von Münch/Mager*, Staatsrecht I, Rn. 528.
4 S. dazu *von Münch/Mager*, Staatsrecht I, Rn. 529 ff.
5 S. dazu *von Münch/Mager*, Staatsrecht I, Rn. 543 f.
6 S. dazu *von Münch/Mager*, Staatsrecht I, Rn. 547.
7 S. dazu *von Münch/Mager*, Staatsrecht I, Rn. 548.
8 S. dazu *von Münch/Mager*, Staatsrecht I, Rn. 546.
9 S. dazu oben Rn. 194, 204, 211 sowie *von Münch/Mager*, Staatsrecht I, Rn. 549.

Schlussbemerkung

Der Grundrechtsschutz ist Ausweis und Gradmesser der Rechtsstaatlichkeit sowie Grundlage und Aufgabe jedes freiheitlichen und demokratischen Gemeinwesens. Mit dem Grundgesetz hat die Bundesrepublik Deutschland eine Verfassung, die den Grundrechten einen herausragenden Platz einräumt und deren praktische Bedeutung sichert, indem sie alle staatliche Gewalt an die Grundrechte bindet und diese Bindung umfassender gerichtlicher einschließlich verfassungsgerichtlicher Kontrolle unterwirft. Zusammen mit dem Grundrechtsschutz durch den Europäischen Gerichtshof für Menschenrechte auf der Grundlage der Europäischen Menschenrechtskonvention und zunehmend auch ergänzt um den Grundrechtschutz im Rahmen der Europäischen Union erscheint der Grundrechtsschutz in Deutschland insgesamt in guter Verfassung.

Verzeichnis wichtiger im Lehrbuch angesprochener Gerichtsentscheidungen

Stichwortverzeichnis

(Die Zahlen bezeichnen die jeweiligen Randnummern)

Stichwortverzeichnis

Stichwortverzeichnis

Stichwortverzeichnis

Stichwortverzeichnis

Stichwortverzeichnis

Stichwortverzeichnis

Stichwortverzeichnis

2., überarbeitete Auflage 2017
X, 312 Seiten. Kart. € 32,–
ISBN 978-3-17-029986-3
Studienbücher

Matthias Knauff (Hrsg.)

Fälle zum Europarecht
unter Berücksichtigung der Bezüge zum deutschen und internationalen Recht

Dem Europarecht kommt in der juristischen Ausbildung und Prüfung eine hohe und weiter steigende Bedeutung zu. Die Fallsammlung ermöglicht Studierenden sowohl im Pflichtfachbereich als auch im Schwerpunkt Europarecht die klausurmäßige Übung, Wiederholung und Vertiefung wichtiger europarechtlicher Fragestellungen einschließlich ihrer Verbindungen zum nationalen Recht und zum Völkerrecht. Für die Neuauflage wurden die Fälle umfassend überarbeitet und aktualisiert.

Der Herausgeber **Prof. Dr. Matthias Knauff**, LL.M. Eur., und die weiteren Autoren, **Dr. Florian Gonsior, PD Dr. Thomas Holzner, Prof. Dr. Urs Kramer, PD Dr. Daniel Krausnick, Prof. Dr. Johannes Saurer**, LL.M., **Prof. Dr. Meinhard Schröder, Prof. Dr. Sebastian Unger** und **Prof. Dr. Ferdinand Wollenschläger**, lehren und prüfen Europarecht an verschiedenen deutschen Universitäten.

Leseproben und weitere Informationen unter www.kohlhammer.de

W. Kohlhammer GmbH · 70549 Stuttgart
vertrieb@kohlhammer.de